陕西统计年鉴 2020

SHAANXI STATISTICAL YEARBOOK

陕西省统计局
国家统计局陕西调查总队 编

中国统计出版社
China Statistics Press

图书在版编目（CIP）数据

陕西统计年鉴. 2020 = Shaanxi Statistical Yearbook-2020 : 汉英对照 / 陕西省统计局，国家统计局陕西调查总队编. -- 北京 : 中国统计出版社，2020.8
ISBN 978-7-5037-9222-9

Ⅰ. ①陕… Ⅱ. ①陕… ②国… Ⅲ. ①统计资料－陕西－2020－年鉴－汉、英 Ⅳ. ①C832.41-54

中国版本图书馆CIP数据核字（2020）第155356号

陕西统计年鉴—2020

作　　者 / 陕西省统计局　国家统计局陕西调查总队
责任编辑 / 郭　栋
封面设计 / 翟　竞
出版发行 / 中国统计出版社
通信地址 / 北京市丰台区西三环南路甲6号　邮政编码 /100073
电　　话 / 邮购（010）63376909　书店（010）68783171
网　　址 /http://www.zgtjcbs.com/
印　　刷 / 河北鑫兆源印刷有限公司
经　　销 / 新华书店
开　　本 /880mm×1230mm　1/16
字　　数 /1050千字
印　　张 /35.5　彩页1.25印张
版　　别 /2020年8月第1版
版　　次 /2020年8月第1次印刷
定　　价 /398.00元

如有印装差错，由本社发行部调换。

陕西一日

6.27
地方财政收入
（亿元）

1118
出　生
（人）

666
死　亡
（人）

745
结　婚
（对）

293
离　婚
（对）

3.37
粮食产量
（万吨）

63.85
住户存款
（亿元）

1647
油料产量
（吨）

12759
入境旅游人数
（人次）

生产总值
（亿元）
70.67

第一产业
5.46

第二产业
32.82

第三产业
32.39

3.11
苹果产量
（万吨）

4.50
进口总值
（亿元）

5.20
蔬菜产量
（万吨）

5.13
出口总值
（亿元）

3001
肉类产量
（吨）

198
客运量
（万人）

173.73
原煤产量
（万吨）

424
货运量
（万吨）

9.71
原油产量
（万吨）

1.30
天然气
（亿立方米）

5.80
发电量
（亿千瓦小时）

1499
汽车产量
（辆）

36.93
能源消费量
（万吨标准煤）

27.98
社会消费品零售额
（亿元）

生产总值（亿元）

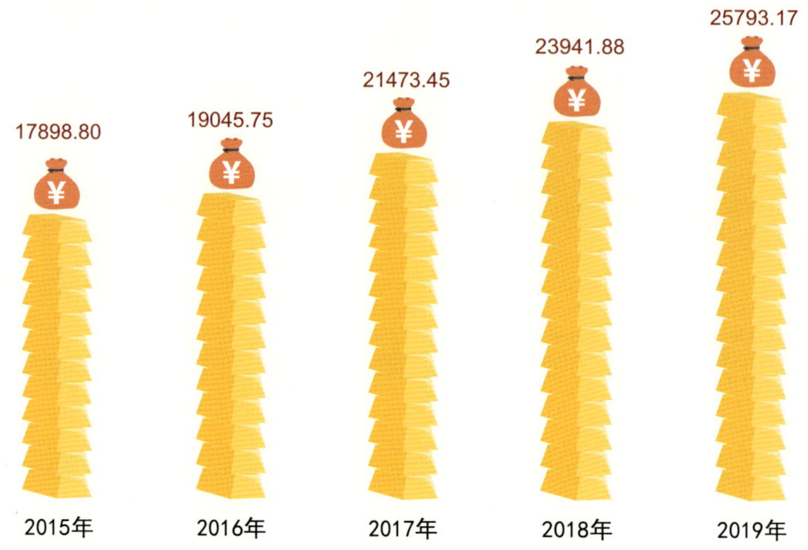

人均生产总值（元）

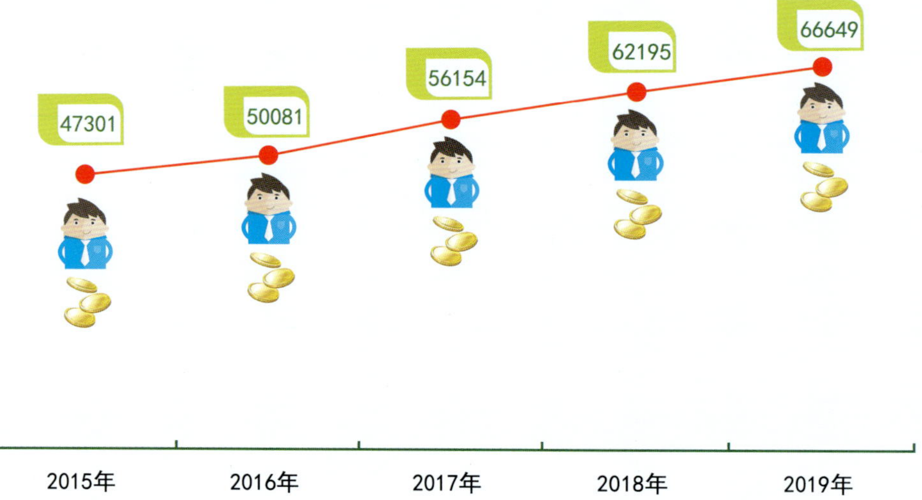

常住人口及城镇人口比重

60岁及以上人口和比重

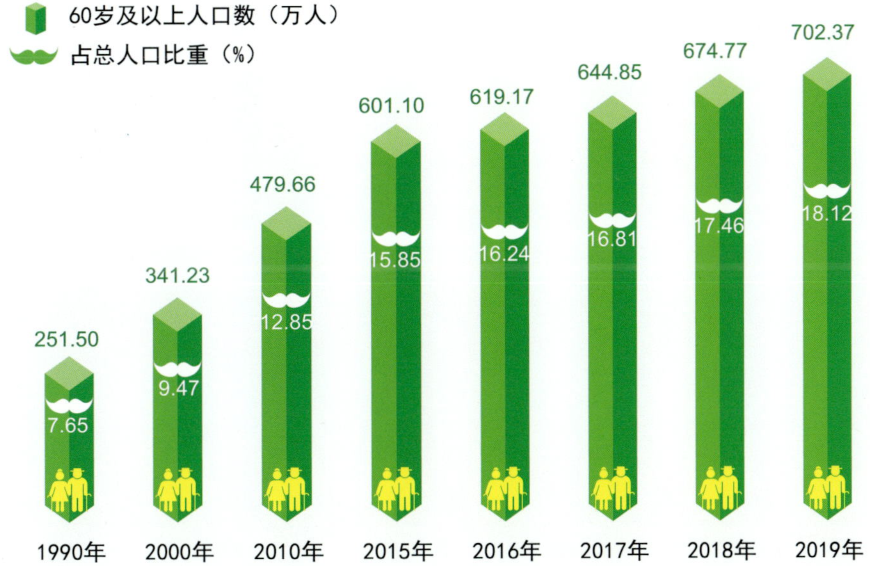

全社会固定资产投资比上年增长（%）

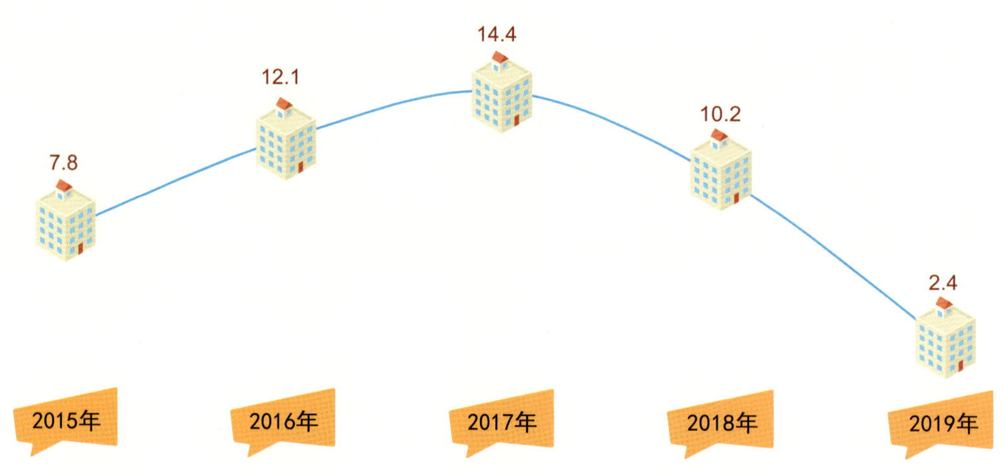

地方财政收入（亿元）

能源生产总量（万吨标准煤）

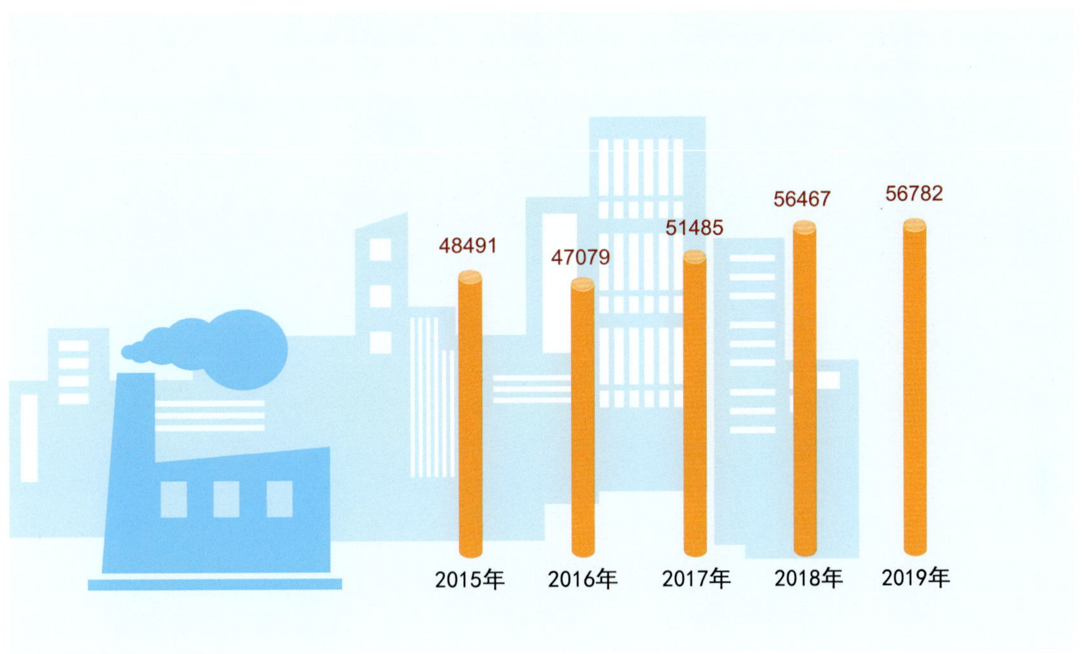

能源消费总量（万吨标准煤）

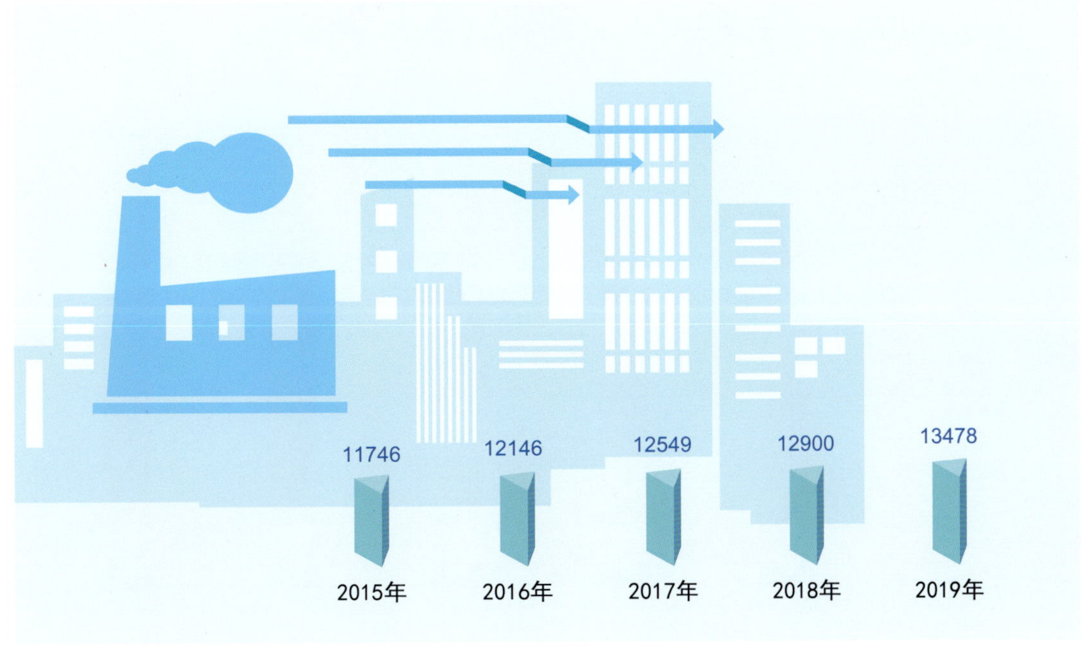

农村居民人均可支配收入（元）

城镇居民人均可支配收入（元）

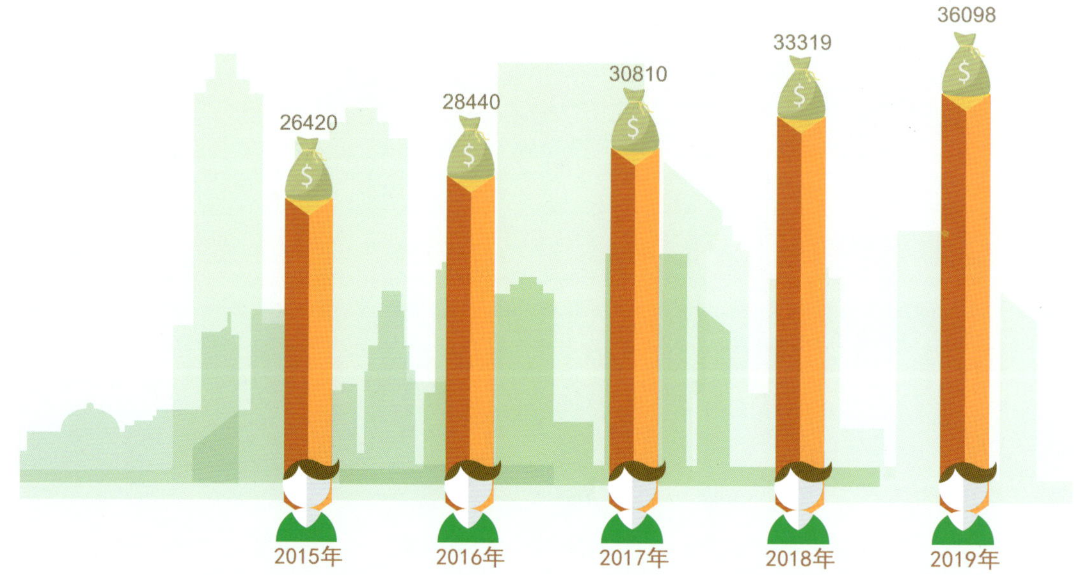

城乡居民收入比（以农村居民为1）

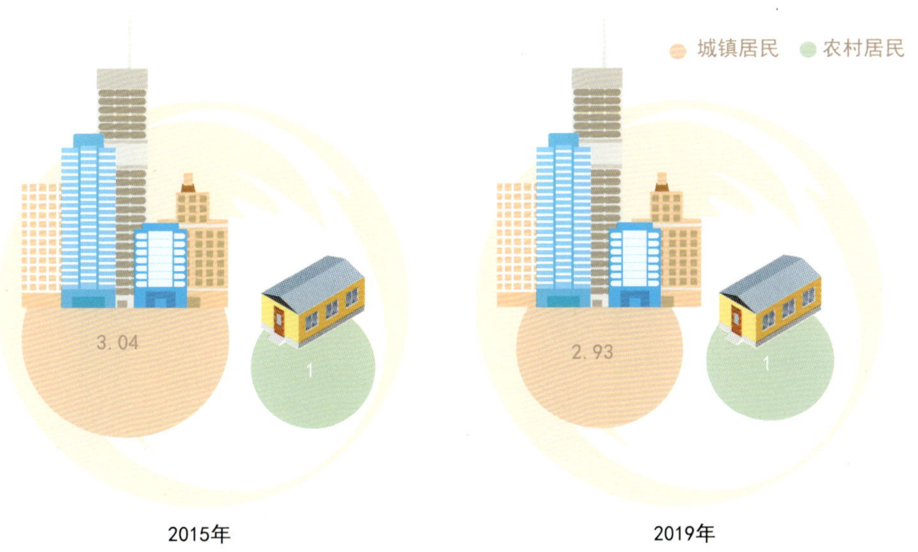

居民人均生活消费支出构成

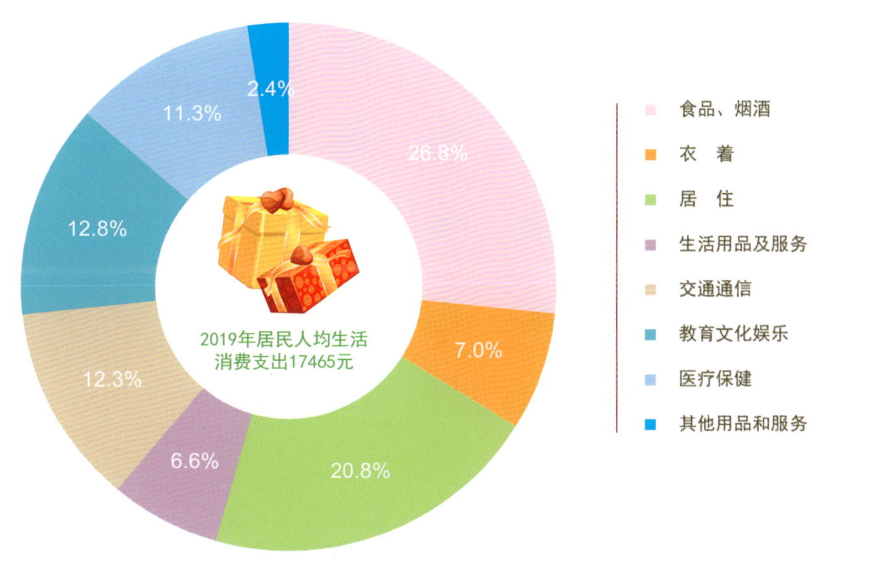

高速公路里程（公里）

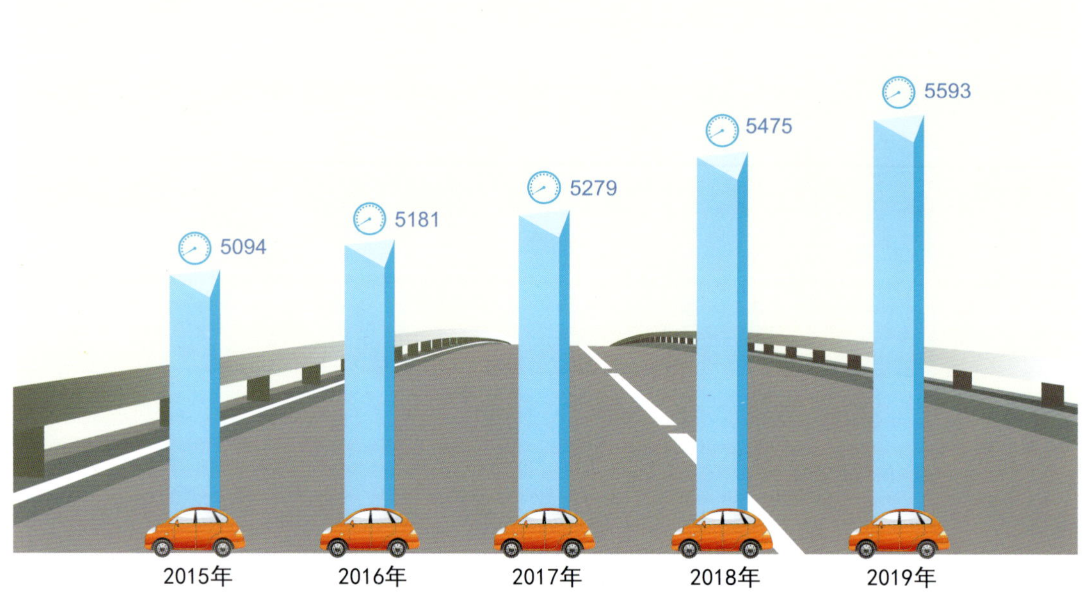

私人汽车拥有量（万辆）

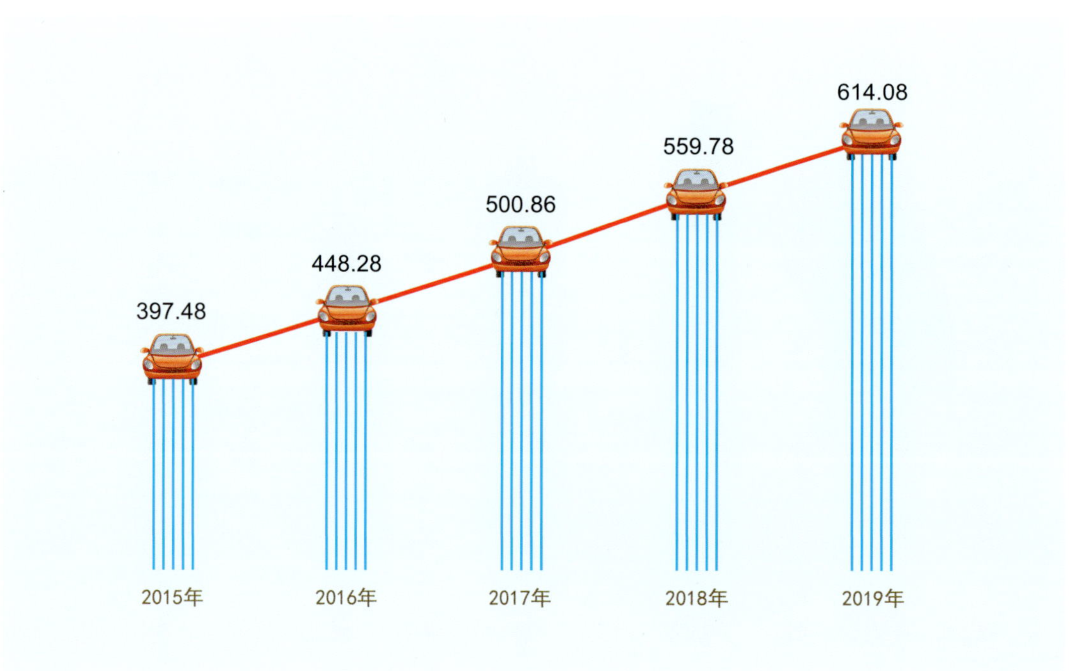

粮食产量（万吨）

苹果产量（万吨）

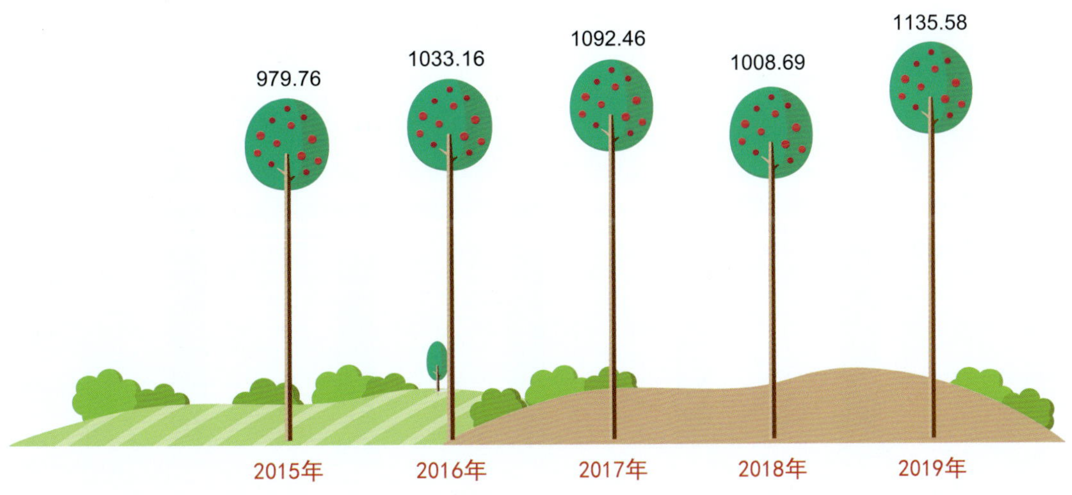

天然原油产量（万吨）

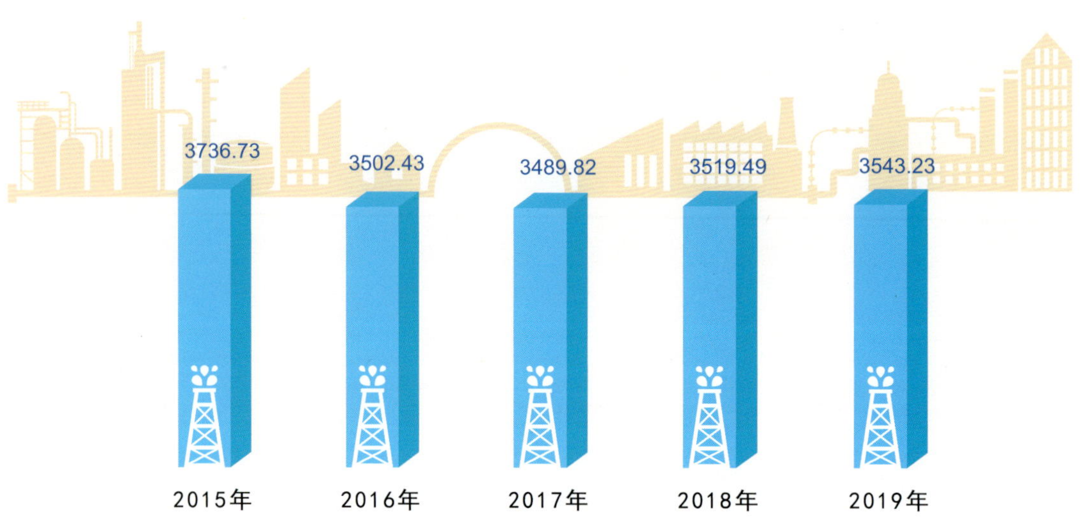

天然气产量（亿立方米）

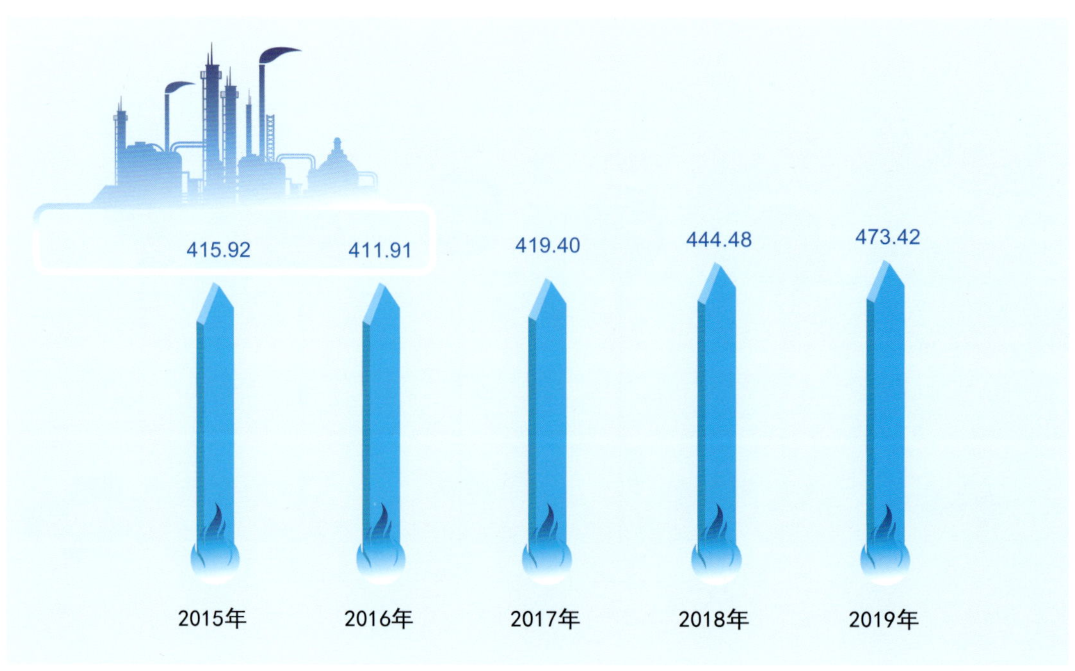

发电量（亿千瓦小时）

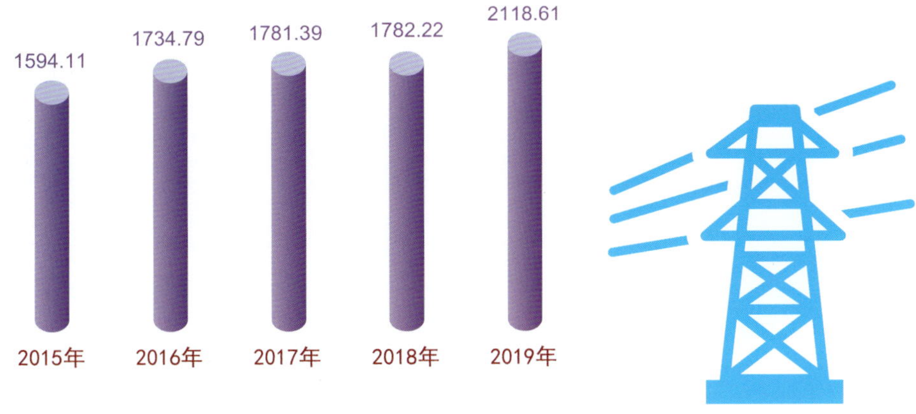

汽车产量（万辆）

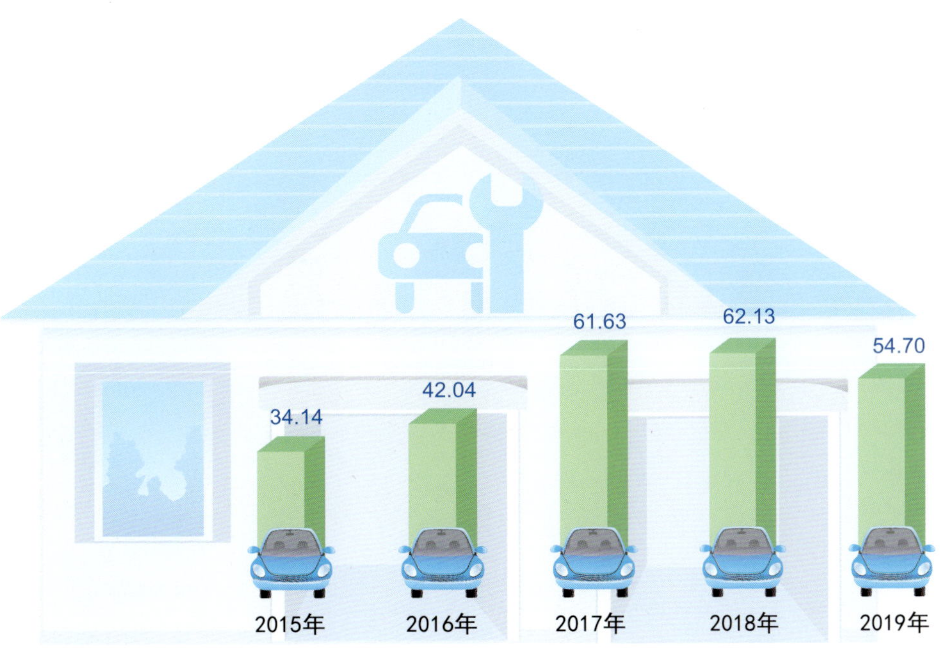

移动电话年末用户（万户）

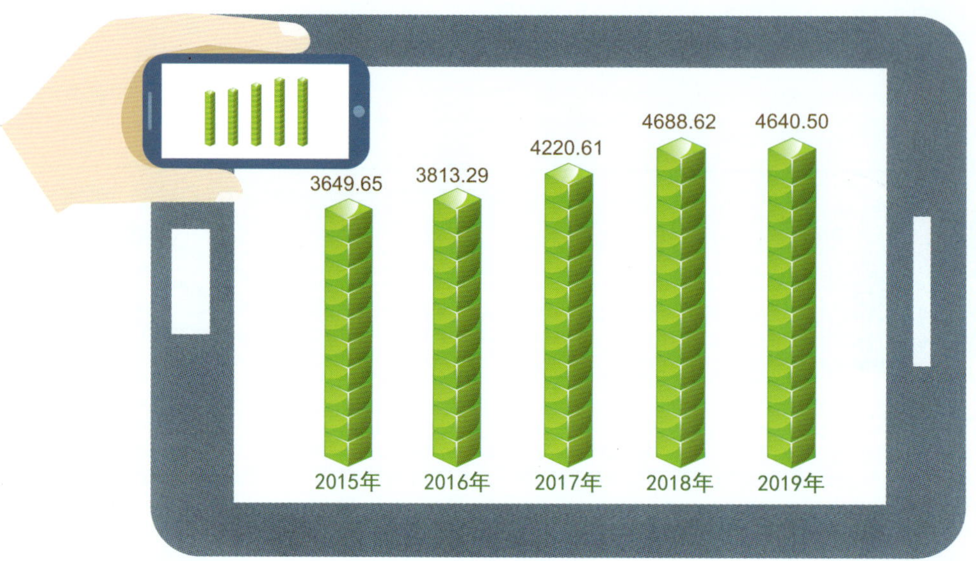

社会消费品零售总额（亿元）

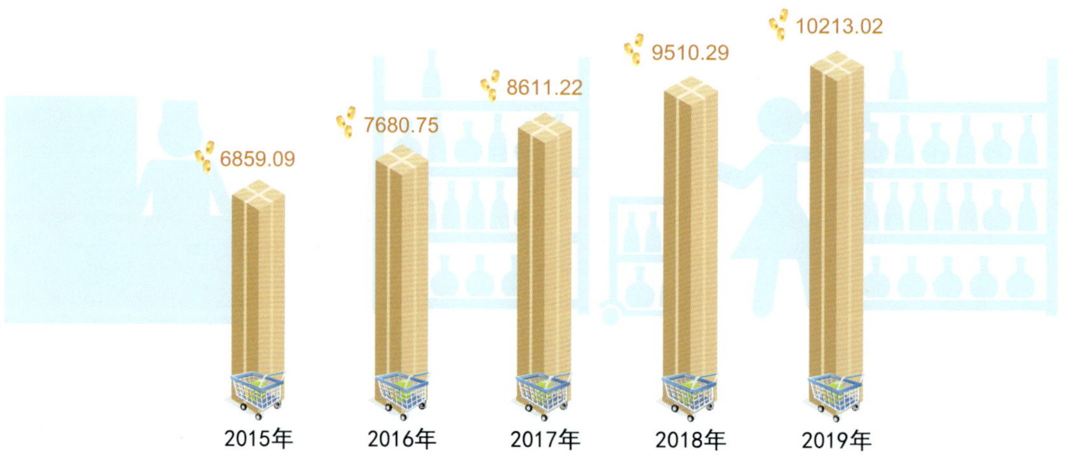

进出口总值（亿元）

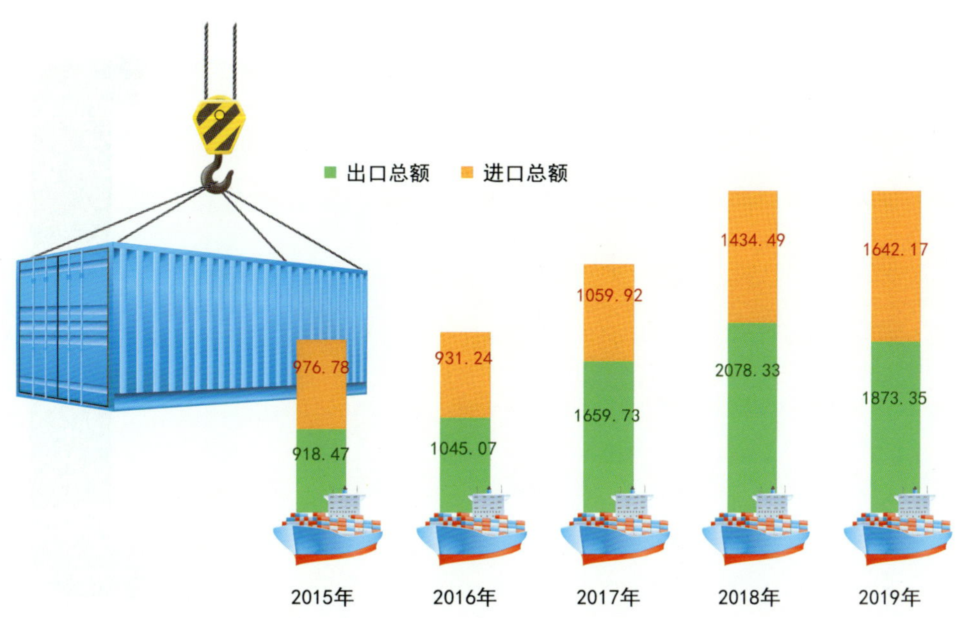

实际利用外商直接投资

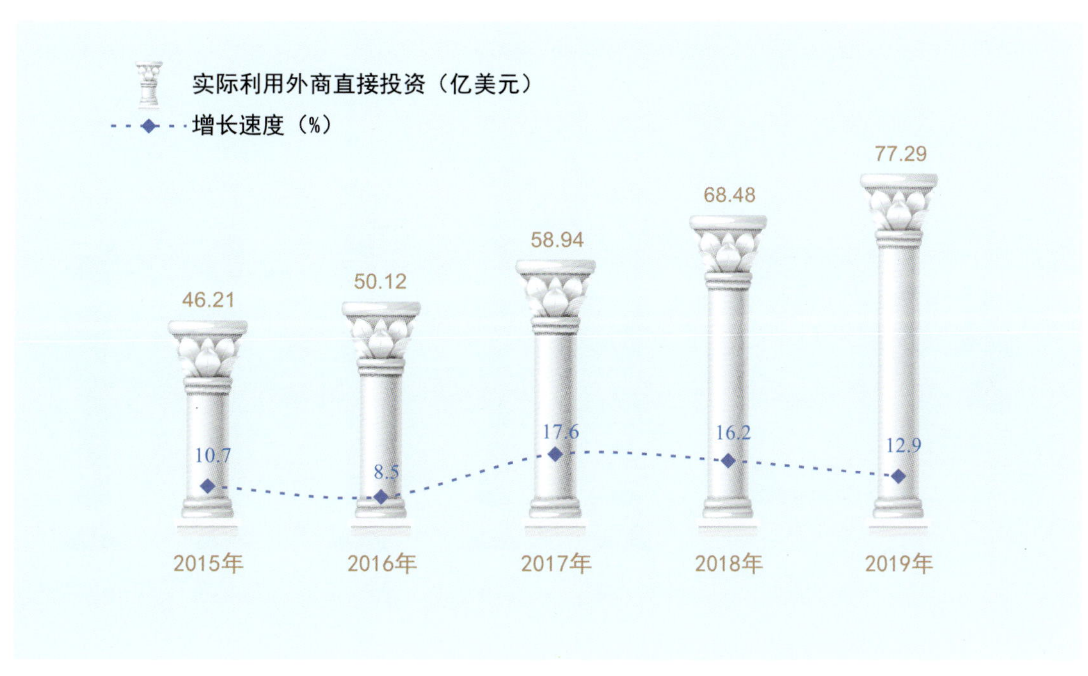

卫生技术人员数（万人）

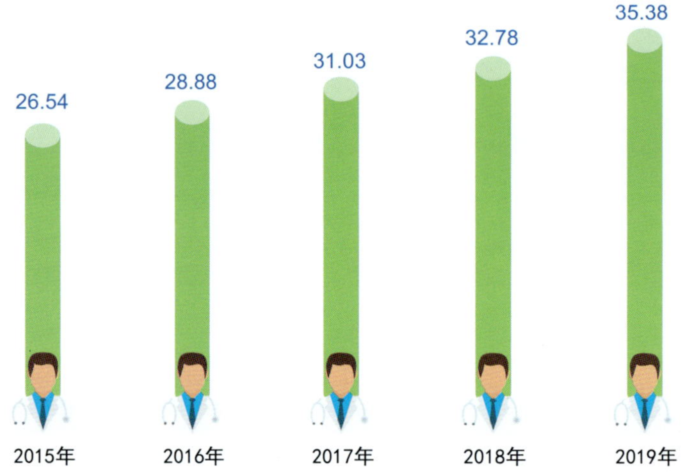

普通高等学校毕业生数（万人）

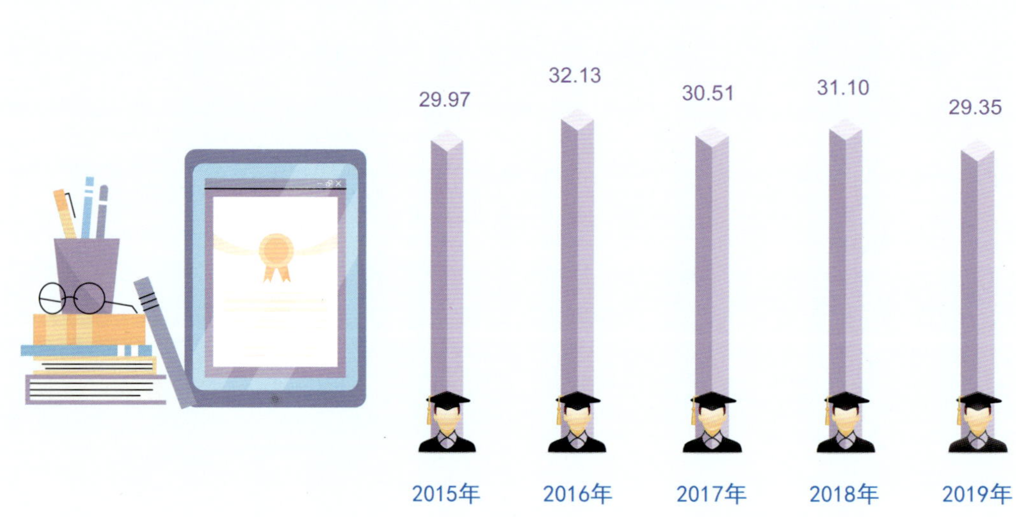

《陕西统计年鉴—2020》

编委会和编辑工作人员名单

编委会

主　　任：徐　强

第一副主任：王素芹

副 主 任：王冬羽　靳　力　张　烨　王　琦　胡清升　徐菊梅
杨忠平　葛小伟　杨志俊　程海营　李瑞虎　孙卫南
吕　康　韩国军　王喜生

委　　员：（以姓氏笔画为序）
马　靖　王　静　王春霞　成建荣　孙保平　李云耀
杨　萌　杨遐龄　肖智莉　吴永忠　何颖洁　张　虹
张伟琴　张志安　陈兴锋　尚玉盈　郑省华　赵颖轶
姜奕慧　姚小清　贾承斌　黄　洁　黄振葵　寇亚萍
韩　豫　魏静怡

编辑部

总 编 辑：张　烨　胡清升

副总编辑：马　靖　张伟琴

责任编辑：孙士梅　种都权

编　　辑：（以姓氏笔画为序）
马　艳　伍池宏　李　玲　李雯佳　罗　丹　金文娟
梁珠荣

英文翻译：伍池宏　李雯佳　金文娟

统计制图：孙士梅

Shaanxi Statistical Yearbook - 2020

EDITORIAL BOARD AND EDITORIAL STAFF

I. Editorial Board

II. Editorial Staff

编 者 说 明

一、《陕西统计年鉴－2020》是一部全面系统反映陕西省经济、社会、科技发展状况的资料性年刊。书中资料根据全省各专业统计年报加工而成，并收录了各市、县及省级有关部门的统计数据。

二、全书内容分为21部分：1．行政区划和自然资源；2．综合；3．国民经济核算；4．人口；5．就业和工资；6．固定资产投资；7．能源；8．财政、金融和保险；9．价格指数；10．人民生活；11．环境和城市；12．农业；13．工业；14．建筑业；15．运输、邮电和服务业；16．批发和零售业、住宿和餐饮业；17．对外经济贸易和旅游；18．教育、科技和文化；19．体育、卫生和其他；20．水利；21．全国各省、市、自治区主要指标。附录为2019年陕西省统计局大事记、2019年陕西调查总队大事记、陕西省统计局机构一览表、陕西调查总队机构一览表。为方便读者使用，各篇章前设有简要说明，列示主要统计指标提要和统计图，后面附主要统计指标解释。

三、本年鉴数据以2019年为主，主要指标列示改革开放以来重点年份的资料。

四、本年鉴依据第四次全国经济普查结果对部分历史数据进行了修订，凡与本年鉴有出入的，均以本年鉴为准。

五、本年鉴全国及各省、自治区、直辖市主要指标资料来源于《中国统计摘要－2020》，部分数据为初步统计数，正式数据以《中国统计年鉴－2020》为准。

六、本年鉴表中的符号使用说明："..."表示数据不足本表最小单位；"空格"表示该项统计指标数据不详或无该项数据；"#"表示其中项。

EDITOR'S NOTES

Ⅰ. *Shaanxi Statistical Yearbook-2020* is an annual statistical publication, which reflects various aspects of province's economic, social science and technology development.

The major data sources of the publication are statistical annual report of different sectors. Also some other statistical data of city, county, and relevant departments are filled.

Ⅱ. The yearbook contains the following twenty-one chapters:

1. Divisions of Administrative Areas and Natural Resources;
2. General Survey;
3. National Accounts;
4. Population;
5. Employment and Wages;
6. Investment in Fixed Assets;
7. Energy;
8. Government Finance, Banking and Insurance;
9. Price Indices;
10. People's Livelihood;
11. Environment and Cities;
12. Agriculture;
13. Industry;
14. Construction;
15. Transport, Post and Telecommunication Services, and Service Industry;
16. Wholesale and Retail Trades, Hotels and Catering Services;
17. Foreign Trade and Tourism;
18. Education, Science, Technology and Culture;
19. Sports, Public Health and Others;
20. Irrigation;
21. Main Indicators of National Economy by Countrywide, Province, Municipality and Autonomous Region.

The addenda include chronicle of events of Shaanxi Provincial Bureau of Statistics in 2019, chronicle of events of NBS Survey Office in Shaanxi in 2019, list of institutions of Shaanxi Provincial Bureau of Statistics and list of institutions of NBS Survey Office in Shaanxi.

As a matter of convenience for readers, we make Brief Introduction, abstract of major indicators and statistical charts at the beginning of each chapter and explanatory notes on main statistical indicators at the end of each chapter.

Ⅲ. The yearbook is based on data of 2019. Each part includes statistical materials for historically important years, especially from 1978. Since then we have been implementing the reform and opening policy.

Ⅳ. This yearbook is based on the results of the fourth national economic census to revise some historical data, and in case of any discrepancy with this yearbook, this yearbook shall prevail.

Ⅴ.The rough data of the nation and other provinces are taken from *China Statistical Abstract-2020*. The official data should refer to *China Statistical Yearbook-2020* later.

Ⅵ. Explanatory symbol for notations used in this yearbook:

"..." indicates that the figure is not large enough to be measured with the smallest unit in the table;

" " (blank) indicates that the data not available;

" # " indicates that the major items of the total.

目　　录

CONTENTS

一、行政区划和自然资源
Divisions of Administrative Areas and Natural Resources

二、综合
General Survey

三、国民经济核算
National Accounts

四、人口
Population

五、就业和工资
Employment and Wages

六、固定资产投资
Investment in Fixed Assets

七、能源
Energy

八、财政、金融和保险
Government Finance, Banking and Insurance

九、价格指数
Price Indices

十、人民生活
People's Livelihood

十一、环境和城市
Environment and Cities

十二、农业
Agriculture

十三、工业
Industry

十四、建筑业

Construction

十五、运输、邮电和服务业
Transport, Post and Telecommunication Services, and Services Industry

十六、批发和零售业、住宿和餐饮业
Wholesale and Retail Trades, Hotels and Catering Services

十七、对外经济贸易和旅游

Foreign Trade and Tourism

十八、教育、科技和文化
Education, Science, Technology and Culture

十九、体育、卫生和其他
Sports, Public Health and Others

二十、水利
Irrigation

二十一、全国各省、自治区、直辖市主要指标
Main Indicators of National Economy by Countrywide, Province, Autonomous Region and Municipality

一、行政区划和自然资源

Divisions of Administrative Areas and Natural Resources

资料整理：李　娟　梁珠荣

简 要 说 明

一、本篇资料反映陕西行政区划、自然资源的开发和利用等情况。自然资源包括土地、气候、森林、水利、矿产资源情况。

二、本篇资料来源：土地资源、矿产资源、森林资源、水利资源、气象资料分别由省自然资源厅、省林业局、省水利厅、省气象局提供，土地资源资料取自省自然资源厅《陕西省国土资源公报（2018年度）》。

Brief Introduction

Ⅰ.This chapter reflects the data on administrative division's areas and the exploitation and utilization of the natural resources of Shaanxi Province. Natural resources cover land, climate, forest, water conservancy and mineral resources.

Ⅱ.Data resources: the data on land resources, mineral resources, forest resources, water conservancy and meteorology are provided by Department of Land and Resources of Shaanxi Province, Shaanxi Provincial Bureau of Forestry, Shaanxi Provincial Department of Water Resources and Shaanxi Provincial Bureau of Meteorology. The data on land resources are obtained from "Shaanxi Territorial Resources communiqué (2018)".

1.行政区划和自然资源

陕西位于东经105°29′－111°15′和北纬31°42′－39°35′之间，东隔黄河与山西相望，西连甘肃、宁夏，北临内蒙古，南连四川、重庆，东南与河南、湖北接壤。2019年全省设西安、铜川、宝鸡、咸阳、渭南、延安、汉中、榆林、安康、商洛10个省辖市和杨凌农业高新技术产业示范区，有6个县级市，71个县和30个市辖区，975个镇，21个乡，318个街道办事处。

全省面积为20.56万平方公里。地势南北高、中间低，西部高、东部低，地形复杂多样，北部为陕北黄土高原，中部为号称“八百里秦川”的关中平原，南部为陕南秦巴山地。

全省以秦岭为界南北河流分属长江水系和黄河水系。主要有渭河、泾河、洛河、无定河和汉江、丹江、嘉陵江等。陕西属大陆性季风气候，2019年平均气温12.7摄氏度，年平均降水量700毫米，南北差异明显。

全省自然资源丰富，矿产多，储量大，探明矿产居全国前十位的矿种60种。

主要城市年降水量（毫米）

（2019年）

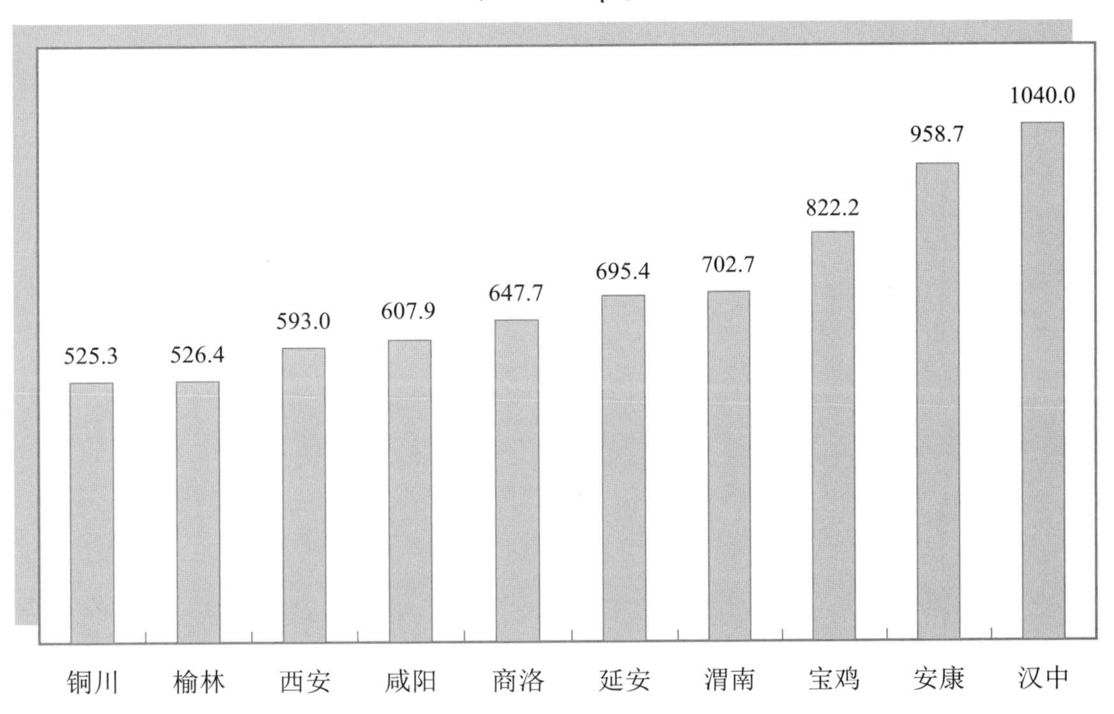

1-1 陕西省行政区划(2019年)
Divisions of Administrative Areas in Shaanxi (2019)

单位：个 (unit)

地　区	Region	地级市 Cities at Prefecture Level	县级市 Cities at County Level	县 Counties	市辖区 Districts under the Jurisdiction of Cities	镇 Towns	乡 Townships	街道办事处 Street Communities
全　省	**Shaanxi**	**11**	**6**	**71**	**30**	**975**	**21**	**318**
西安市	Xi'an	1		2	11	43		129
铜川市	Tongchuan	1		1	3	20	1	17
宝鸡市	Baoji	1		9	3	99		17
咸阳市	Xianyang	1	2	9	2	99		37
渭南市	Weinan	1	2	7	2	108		27
延安市	Yan'an	1	1	10	2	84	12	18
汉中市	Hanzhong	1		9	2	152		25
榆林市	Yulin	1	1	9	2	147	8	29
安康市	Ankang	1		9	1	135		4
商洛市	Shangluo	1		6	1	86		12
杨凌示范区	Yangling	1			1	2		3

1-2 陕西省行政区划一览(2019年)
Divisions List of Administrative Areas in Shaanxi (2019)

单位：个 (unit)

地　区	Region	镇 Towns	乡 Townships	街道办事处 Street Communities	村民委员会 Village Committees	居民委员会 Neighbourhood Committees
全　省	**Shaanxi**	**975**	**21**	**318**	**16878**	**3068**
西安市	**Xi'an**	**43**		**129**	**1853**	**1029**
新城区	Xincheng			9		101
碑林区	Beilin			8		98
莲湖区	Lianhu			9		131
灞桥区	Baqiao			9	116	66
未央区	Weiyang			12	87	173
雁塔区	Yanta			10	61	175
阎良区	Yanliang			7	73	27
临潼区	Lintong			23	226	43
长安区	Chang'an			25	353	142
高陵区	Gaoling			7	86	17
鄠邑区	Huyi	6		8	254	26
蓝田县	Lantian	18		1	337	10
周至县	Zhouzhi	19		1	260	20
铜川市	**Tongchuan**	**20**	**1**	**17**	**359**	**71**
王益区	Wangyi	1		6	26	20
印台区	Yintai	5		4	72	23
耀州区	Yaozhou	8		6	144	26
宜君县	Yijun	6	1	1	117	2
宝鸡市	**Baoji**	**99**		**17**	**1202**	**188**
渭滨区	Weibin	5		5	68	58
金台区	Jintai	4		7	68	56
陈仓区	Chencang	15		3	218	17
凤翔县	Fengxiang	12			160	6
岐山县	Qishan	9			144	15
扶风县	Fufeng	7		1	113	9
眉县	Meixian	7		1	86	11
陇县	Longxian	10			104	3
千阳县	Qianyang	7			65	3
麟游县	Linyou	7			66	4
凤县	Fengxian	9			66	4
太白县	Taibai	7			44	2
咸阳市	**Xianyang**	**99**		**37**	**1943**	**291**
秦都区	Qindu			12	70	112
渭城区	Weicheng			10	78	81
三原县	Sanyuan	9		1	141	10
泾阳县	Jingyang	12		1	213	9
乾县	Qianxian	15		1	173	8

1–2 续表 1 continued

单位：个 (unit)

地区	Region	镇 Towns	乡 Townships	街道办事处 Street Communities	村民委员会 Village Committees	居民委员会 Neighbourhood Committees
礼泉县	Liquan	11		1	213	18
永寿县	Yongshou	6		1	157	7
长武县	Changwu	7		1	133	4
旬邑县	Xunyi	9		1	123	2
淳化县	Chunhua	7		1	128	3
武功县	Wugong	7		1	183	6
兴平市	Xingping	8		5	179	21
彬州市	Binxian	8		1	152	10
渭南市	**Weinan**	**108**		**27**	**1947**	**373**
临渭区	Linwei	14		13	309	90
华州区	Huazhou	9		1	122	28
潼关县	Tongguan	4		1	18	10
大荔县	Dali	15		2	272	29
合阳县	Heyang	11		1	126	94
澄城县	Chengcheng	9		1	160	14
蒲城县	Pucheng	15		2	269	23
白水县	Baishui	7		1	123	16
富平县	Fuping	14		1	268	15
韩城市	Hancheng	6		2	166	39
华阴市	Huayin	4		2	114	15
延安市	**Yan'an**	**84**	**12**	**18**	**1784**	**157**
宝塔区	Baota	9	4	5	320	50
安塞区	Ansai	8		3	117	12
延长县	Yanchang	7		1	159	9
延川县	Yanchuan	7		1	163	14
志丹县	Zhidan	7		1	109	5
吴起县	Wuqi	8		1	91	3
甘泉县	Ganquan	3	2	1	62	9
富县	Fuxian	6	1	1	115	22
洛川县	Luochuan	7	1	1	196	7
宜川县	Yichuan	4	2	1	112	5
黄龙县	Huanglong	5	2		47	3
黄陵县	Huangling	5		1	105	9
子长市	Zichang	8		1	188	9
汉中市	**Hanzhong**	**152**		**25**	**1896**	**287**
汉台区	Hantai	7		8	147	75
南郑区	Nanzheng	20		2	286	27
城固县	Chenggu	15		2	232	36
洋县	Yangxian	15		3	271	16
西乡县	Xixiang	15		2	179	36
勉县	Mianxian	17		1	160	38
宁强县	Ningqiang	16		2	200	13
略阳县	Lueyang	15		2	145	20
镇巴县	Zhenba	19		1	157	24
留坝县	Liuba	7		1	75	1
佛坪县	Foping	6		1	44	1

1−2 续表 2 continued

单位：个 (unit)

地 区	Region	镇 Towns	乡 Townships	街道办事处 Street Communities	村民委员会 Village Committees	居民委员会 Neighbourhood Committees
榆 林 市	**Yulin**	**147**	**8**	**29**	**3104**	**217**
榆 阳 区	Yuyang	14	5	12	313	79
横 山 区	Hengshan	13		5	361	18
府 谷 县	Fugu	14			172	15
靖 边 县	Jingbian	16		1	184	18
定 边 县	Dingbian	16	2	1	185	12
绥 德 县	Suide	15			339	8
米 脂 县	Mizhi	8		1	206	5
佳 县	Jiaxian	12		1	324	9
吴 堡 县	Wubu	5		1	94	9
清 涧 县	Qingjian	9			330	5
子 洲 县	Zizhou	11	1	1	270	9
神 木 市	Shenmu	14		6	326	30
安 康 市	**Ankang**	**135**		**4**	**1630**	**253**
汉 滨 区	Hanbin	24		4	425	100
汉 阴 县	Hanyin	10			141	9
石 泉 县	Shiquan	11			140	21
宁 陕 县	Ningshan	11			68	12
紫 阳 县	Ziyang	17			175	22
岚 皋 县	Langao	12			125	11
平 利 县	Pingli	11			137	8
镇 坪 县	Zhenping	7			58	4
旬 阳 县	Xunyang	21			253	53
白 河 县	Baihe	11			108	13
商 洛 市	**Shangluo**	**86**		**12**	**1105**	**179**
商 州 区	Shangzhou	14		4	250	34
洛 南 县	Luonan	14		2	205	39
丹 凤 县	Danfeng	11		1	132	23
商 南 县	Shangnan	9		1	108	18
山 阳 县	Shanyang	16		2	198	41
镇 安 县	Zhen'an	14		1	147	7
柞 水 县	Zhashui	8		1	65	17
杨凌示范区	**Yangling**	**2**		**3**	**55**	**23**
杨 陵 区	Yangling	2		3	55	23

1—3 自然状况及资源
Natural Conditions and Resources

指　　标		Item		2019
一、自然状况		**Natural Conditions**		
1.土　地		Land		
土地总面积	(万平方公里)	Land Area	(10 000 sq.km)	20.56
2.气　候		Climate		
全省年平均降水量	(毫米)	Annual Average Precipitation in the Whole Province	(mm)	700.0
全省年平均气温	(摄氏度)	Annual Average Temperature in the Whole Province	(℃)	12.7
全省年平均日照时数	(小时)	Annual Average Sunshine Hours in the Whole Province	(hour)	1851.7
全省年平均风速	(米/秒)	Annual Average Wind Speed in the Whole Province	(m/s)	1.7
全省年平均无霜期	(天)	Annual Average Frost-free Period in the Whole Province	(day)	248
二、自然资源		**Natural Resources**		
1.土地资源		Land Resources		
耕地面积	(万公顷)	Area of Cultivated Land	(10 000 hectares)	397.68
园地面积	(万公顷)	Area of Plantation Land	(10 000 hectares)	81.46
林地面积	(万公顷)	Area of Forestland	(10 000 hectares)	1116.36
草地面积	(万公顷)	Area of Grassland	(10 000 hectares)	286.75
城镇村及工矿用地	(万公顷)	Residential Purpose, Manufacturing and Mining Land	(10 000 hectares)	83.34
交通运输用地	(万公顷)	Transportation Land	(10 000 hectares)	26.35
水域及水利设施用地	(万公顷)	Water-conservancy Projects Land	(10 000 hectares)	30.75
其他土地面积	(万公顷)	Area of Unused Land	(10 000 hectares)	33.54
2.林木资源		Forest Resources		
森林面积	(万公顷)	Forest Area	(10 000 hectares)	887
森林覆盖率	(%)	Forest-coverage Rate	(%)	43.06
3.水利资源		Water Resources		
河流流域面积	(万平方公里)	Drainage Area of Rivers	(10 000 sq.km)	20.56
黄河流域		Yellow River (Huanghe River) Drainage Area		13.33
长江流域		Yangtze River (Changjiang River)Drainage Area		7.23
水资源总量	(亿立方米)	Total Amount of Water Resources	(100 million cu. m)	495.32
地表水资源量		Surface Water		469.71
地下水资源量		Ground-Water		139.37
地表水与地下水资源重复量		Duplicated Measurement between Surface and Underground		113.76

注：本表土地资源数据为2018年数。
a) The data of land resources in this table are 2018.

1-4 主要山脉
Main Mountain Ranges

名 称	Mountain Range	海拔高度(米) Altitude above Sea Level (m)
太白山	Taibai Mountains	3767
化龙山	Hualong Mountains	2917
首阳山	Shouyang Mountains	2719
终南山	Zhongnan Mountains	2604
华 山	Huashan Mountains	2160
白于山	Baiyu Mountains	1823
巴 山	Bashan Mountains	1500～2000
子午岭	Ziwuling Mountains	1400～1600

1-5 主要河流
Major Rivers

名 称	River	流域面积(平方公里) Drainage Area (sq.km)	河 长(公里) Length (km)
无定河	Wudinghe River	30261	491.2
延 河	Yanhe River	7687	284.3
泾 河	Jinghe River	45421	455.1
渭 河	Weihe River	62440	818.0
北洛河	Beiluohe River	26905	680.3
嘉陵江	Jialingjiang River	9930	244.0
汉 江	Hanjiang River	61959	652.0
丹 江	Danjiang River	7551	244.0

1-6 主要矿产保有储量(2019年)
Ensured Reserves of Major Mineral (2019)

矿 种		Item		保有储量 Ensured Reserves
钠 盐	(亿吨)	Sodium Salt NaCl	(100 million tons)	9285.77
煤	(亿吨)	Coal	(100 million tons)	1731.08
石油(剩余可采储量)	(万吨)	Petroleum(Surplus Developable Resources)	(10 000 tons)	35016.90
天然气(剩余可采储量)	(亿立方米)	Natural Gas(Surplus Developable Resources)	(100 million cu.m)	9733.82
岩 金	(金属吨)	Rock Gold	(Metal,ton)	473.52
砂 金	(金属吨)	Placer Gold	(Metal,ton)	14.82
伴生金	(金属吨)	Associated Gold	(Metal,ton)	3.87
钼	(金属万吨)	Molybdenum	(Metal, 10 000 tons)	137.93
铅	(金属万吨)	Lead	(Metal, 10 000 tons)	267.64
锌	(金属万吨)	Zinc	(Metal, 10 000 tons)	454.11
汞	(金属吨)	Mercury	(Metal, 10 000 tons)	1761.66
锑	(金属吨)	Antimony	(Metal, 10 000 tons)	42153.77
水泥用石灰岩	(矿石亿吨)	Cement Limestone	(Ore, 100 million tons)	79.60
玻璃用石英岩	(矿石亿吨)	Glass Quartzite	(Ore, 100 million tons)	1.89
铁	(矿石亿吨)	Iron	(Ore, 100 million tons)	11.01

1−7 陕西重要矿产保有储量在全国和西部的位次(2019年)
Precedence of Shaanxi Major Mineral Ensured Reserves in China and Western China(2019)

矿 种	Item	位次 Precedence 全国 National Total	位次 Precedence 西部 West	矿 种	Item	位次 Precedence 全国 National Total	位次 Precedence 西部 West
煤	Coal	4	3	钼矿	Molybdenum	7	3
石油	Petroleum	4	3	金矿	Gold	10	6
天然气	Natural Gas	4	4	银矿	Silver	23	9
铁矿	Iron	16	6	硫铁矿	Pyrite Ore	20	9
铜矿	Copper	19	9	磷矿	Phosphorus Ore	7	4
铅矿	Lead	13	9	盐矿	Sodium Salt NaCl	1	1
锌矿	Zinc	14	10	水泥用灰岩	Cement Limestone	6	3
铝土矿	Bauxite	12	6				

1−8 陕西矿产保有储量居全国前十位的矿种(2019年)
Mineral Kinds of Shaanxi Mineral Ensured Reserves Within the Top Ten Places in China (2019)

位次 Precedence	矿种 Item	矿种数 Types
1	盐矿(NaCl)、透辉石、水泥配料用黄土 Salt (NaClmilliontons), Diopside, Cement batching with loess	3
2	毒重石、透闪石、片麻岩 Witherite, Tremolite, Gneiss	3
3	锶矿(天青石)、电石用灰岩、镁盐(MgCl2)、蓝石棉、石榴子石(砂矿)、蛭石、高岭土、饰面用板岩 Strontium, Calcium carbide with limestone, Magnesium (MgCl2), Blue asbestos, Garnet (mineral), Vermiculite Kaolin, Finishes with slate	8
4	煤炭、石油、天然气、钛矿(钛铁矿)、钒矿、碲矿、制碱用灰岩、镁盐(MgSO4)、陶粒页岩、陶瓷土、海泡石粘土 Coal, Petroleum, Natural Gas, Titanium ores (ilmenite), Vanadium,Tellurium ore, Soda limestone, Magnesium (MgSO4), Haydite shale Ceramic clay,Sepiolite clay	11
5	铼矿、矽线石、重晶石、玻璃用石英岩、陶粒用黏土 Rhenium ore, Sillmanite, Barite,Glass with quartz, Ceramsite clay	5
6	钛矿(金红石)、汞矿、化肥用蛇纹岩、石墨(隐晶质石墨)、石棉、水泥用灰岩、玻璃用脉石英 Titanium ores(rutile TiO2) , Mercury, Fertilizer with serpentinite, Graphite(aphanitic), Asbestine, Cement with limestone, Vein quartz for glass	7
7	油页岩、石煤、钼矿、铌矿(氧化铌)、锗矿、磷矿(矿石)、长石、饰面用大理岩 Oil shale, Stone coal, Molybdenum ore, Niobium (Niobium oxide), Germanium, Phosphate rock (ore), Feldspar, Finish with marble	8
8	镍矿、铍矿(绿柱石)、硫铁矿(伴生硫)、石墨(晶质石墨)、云母 Nickel,Berylliume (Beryl mineral), Pyrite (associated sulfur), Graphite (crystalline), Mica	5
9	稀土矿(稀土氧化物)、冶金用白云岩、冶金用石英岩、石榴子石(矿石) Rare earth ore (rare earth oxide), Metallurgical dolomite, Metallurgical quartzite, Garnet (mineral)	4
10	钛矿(钛铁矿砂矿)、金矿、红柱石、冶金用脉石英、玉石、玻璃用白云岩 Titanium (ilmenite placer minerals), Gold, Andalusite, Metallurgical vein quartz, Jade，Glass with dolomite	6

1−9　主要城市气候基本情况(2019年)
Basic Statistics on Climate of Major Cities (2019)

城　市	City	平均气温(摄氏度) Average Temperature (℃)	日照时数(小时) Sunshine Hours (hour)	平均风速(米/秒) Average Wind Speed (m/s)	相对湿度(%) Relative Humidity (%)	无霜期(天) Frost-free Period (day)	气　压(百帕) Pressure (hPa)	降水量(毫米) Precipitation (mm)
西安市	Xi'an	15.3	1751.8	2.2	61	247	968.7	593.0
铜川市	Tongchuan	11.5	2251.9	2.4	65	243	905.6	525.3
宝鸡市	Baoji	14.2	1579.1	1.1	65	275	945.9	822.2
咸阳市	Xianyang	14.2	1937.3	1.9	66	243	961.5	607.9
渭南市	Weinan	13.9	1917.9	1.6	64	271	942.5	702.7
延安市	Yan'an	10.3	2437.2	2.0	58	179	883.9	695.4
汉中市	Hanzhong	15.5	1178.6	1.1	75	276	957.3	1040.0
榆林市	Yulin	10.0	2826.3	2.6	42	229	885.6	526.4
安康市	Ankang	16.2	1269.9	1.3	72	283	982.3	958.7
商洛市	Shangluo	13.4	1669.9	1.9	66	235	931.0	647.7

1−10　主要城市平均气温(2019年)
Monthly Average Temperature of Major Cities(2019)

单位：摄氏度　　　　(℃)

月　份	Month	西安市 Xi'an	铜川市 Tongchuan	宝鸡市 Baoji	咸阳市 Xianyang	渭南市 Weinan	延安市 Yan'an	汉中市 Hanzhong	榆林市 Yulin	安康市 Ankang	商洛市 Shangluo
一　月	Jan.	1.0	-2.3	1.2	-0.5	0.0	-4.6	3.5	-6.2	4.4	0.9
二　月	Feb.	3.5	-0.3	3.1	2.5	1.7	-1.3	5.5	-2.8	5.6	2.1
三　月	Mar.	12.5	7.9	11.3	11.1	11.2	5.7	11.8	4.7	12.4	10.0
四　月	Apr.	17.5	13.9	16.9	16.8	16.1	14.3	18.5	13.9	18.5	16.0
五　月	May	21.0	16.9	18.9	19.9	19.7	15.8	19.9	16.6	20.8	18.2
六　月	June	25.5	21.7	23.3	24.4	24.4	20.9	23.4	22.2	24.3	22.0
七　月	July	27.5	23.4	25.5	26.7	26.1	22.6	25.7	23.5	26.8	24.4
八　月	Aug.	26.7	22.6	25.2	26.1	24.6	21.0	26.7	21.0	27.3	24.3
九　月	Sept.	20.9	17.3	19.5	20.2	19.4	16.2	20.1	17.6	21.3	18.6
十　月	Oct.	14.5	11.1	13.9	13.6	13.3	10.3	14.9	10.2	15.9	12.9
十一月	Nov.	8.8	5.4	8.5	7.5	7.7	4.2	10.2	3.0	11.2	8.1
十二月	Dec.	3.9	0.1	3.3	2.0	3.0	-1.7	5.2	-3.8	6.1	3.2
极端最高	Highest	39.3	35.2	38.2	39.0	36.9	34.7	36.0	34.6	39.3	37.3
极端最低	Lowest	-7.6	-11.9	-8.2	-10.6	-8.0	-17.4	-2.6	-18.6	-2.4	-9.5
年平均	Annual Average	15.3	11.5	14.2	14.2	13.9	10.3	15.5	10.0	16.2	13.4

1-11 主要城市降水量(2019年)
Monthly Precipitation of Major Cities(2019)

单位：毫米 (millimeters)

月 份 Month	西安市 Xi'an	铜川市 Tongchuan	宝鸡市 Baoji	咸阳市 Xianyang	渭南市 Weinan	延安市 Yan'an	汉中市 Hanzhong	榆林市 Yulin	安康市 Ankang	商洛市 Shangluo
一 月 Jan.	6.6	0.0	3.7	6.4	10.9	0.8	6.2	0.0	10.9	9.3
二 月 Feb.	9.1	10.7	19.5	11.9	9.8	6.5	5.4	3.1	2.0	11.9
三 月 Mar.	1.3	3.0	11.6	2.6	3.5	0.0	18.9	2.6	20.7	4.2
四 月 Apr.	56.7	37.6	86.0	56.8	53.4	33.9	121.3	47.6	36.5	32.1
五 月 May	21.2	27.2	106.0	27.4	38.0	22.8	84.3	11.5	55.4	70.0
六 月 June	112.6	78.3	115.4	102.0	117.0	80.4	133.1	51.5	202.2	127.1
七 月 July	55.6	77.8	102.7	48.7	79.4	178.3	120.2	177.7	96.0	49.8
八 月 Aug.	80.8	79.3	88.1	89.2	91.7	163.2	162.1	108.5	91.4	76.3
九 月 Sept.	163.7	134.8	190.2	173.4	183.0	116.5	260.3	72.7	216.8	198.7
十 月 Oct.	75.3	66.5	77.9	75.1	105.4	75.9	93.4	38.0	196.6	56.6
十一月 Nov.	9.7	10.1	19.4	13.0	10.0	16.9	27.9	11.9	24.0	10.4
十二月 Dec.	0.4	0.0	1.7	1.4	0.6	0.2	6.9	1.3	6.2	1.3

1-12 主要城市日照时数(2019年)
Monthly Sunshine Hours of Major Cities(2019)

单位：小时 (hours)

月 份 Month	西安市 Xi'an	铜川市 Tongchuan	宝鸡市 Baoji	咸阳市 Xianyang	渭南市 Weinan	延安市 Yan'an	汉中市 Hanzhong	榆林市 Yulin	安康市 Ankang	商洛市 Shangluo
一 月 Jan.	80.5	155.1	97.4	67.9	91.7	195.7	29.3	218.6	34.7	87.7
二 月 Feb.	92.0	131.4	65.2	66.6	93.9	144.3	43.5	193.6	51.1	87.7
三 月 Mar.	226.1	236.5	172.5	205.4	217.2	244.7	118.6	274.3	142.5	185.0
四 月 Apr.	174.2	214.1	175.3	183.2	214.3	215.6	176.6	263.5	159.2	172.7
五 月 May	161.3	188.5	144.5	173.1	167.5	213.3	119.3	263.0	124.6	157.9
六 月 June	130.8	153.1	95.3	141.2	138.9	173.0	86.0	216.2	123.2	150.6
七 月 July	204.6	214.6	185.1	216.1	198.1	230.7	152.2	253.7	163.5	180.9
八 月 Aug.	176.1	183.0	165.9	180.0	185.2	216.9	162.9	248.1	183.7	162.4
九 月 Sept.	163.3	169.9	122.0	158.9	179.1	205.5	55.1	223.1	100.9	134.9
十 月 Oct.	85.3	173.6	76.4	168.0	97.1	164.2	47.6	214.9	50.0	74.3
十一月 Nov.	102.2	197.2	92.7	161.9	118.4	195.0	49.3	209.2	47.0	112.7
十二月 Dec.	155.4	234.9	186.8	215.0	216.5	238.3	138.2	248.1	89.5	163.1

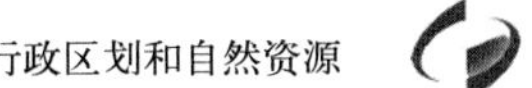

1-13　历届陕西省人民代表大会代表人数
Number of Deputies to All the Previous Shaanxi Province People's Congresses

单位：人　(person)

届　次	Congress	年 份 Year	代表人数 Number of Deputies	# 女代表 Female Deputies 人　数 Number	# 女代表 Female Deputies 占代表总数% As Percentage to Total Deputies (%)	# 少数民族代表 Ethnic Minority Deputies 人　数 Number	# 少数民族代表 Ethnic Minority Deputies 占代表总数% As Percentage to Total Deputies (%)
第一届	First Congress	1954	386	51	13.2	9	2.3
第二届	Second Congress	1959	400	67	16.8	12	3.0
第三届	Third Congress	1964	520	84	16.0	15	2.9
第四届	Fourth Congress	1975					
第五届	Fifth Congress	1978	1186	234	19.7	26	2.2
第六届	Sixth Congress	1983	727	168	23.1	29	4.0
第七届	Seventh Congress	1988	600	117	19.3	19	3.2
第八届	Eighth Congress	1993	602	118	19.6	22	3.7
第九届	Ninth Congress	1998	566	129	22.8	19	3.4
第十届	Tenth Congress	2003	565	117	20.7	18	3.2
第十一届	Eleventh Congress	2008	574	142	24.9	19	3.3
第十二届	Twelfth Congress	2013	578	132	22.8	18	3.1
第十三届	Thirteenth Congress	2018	568	156	27.5	24	4.2

1-14　历届陕西省政治协商会议委员人数
Number of Deputies to All the Previous Shaanxi Province People's Political Consultative Conferences

单位：人　(person)

届　次	Congress	年 份 Year	委员人数 Number of Deputies	中国共产党党员代表 Deputies from the Communist Party of China 人　数 Number	中国共产党党员代表 Deputies from the Communist Party of China 占代表总数% As Percentage to Total Deputies (%)	民主党派和无党派爱国人士代表 Deputies from Democratic Parties and Non-partisan Patriot 人　数 Number	民主党派和无党派爱国人士代表 Deputies from Democratic Parties and Non-partisan Patriot 占代表总数% As Percentage to Total Deputies (%)
第一届	First Congress	1955	165	42	25.5	123	74.5
第二届	Second Congress	1958	262	85	32.4	177	67.6
第三届	Third Congress	1963	275	91	33.1	184	66.9
第四届	Fourth Congress	1977	420	205	48.8	215	51.2
第五届	Fifth Congress	1983	428	162	37.9	266	62.1
第六届	Sixth Congress	1988	502	191	38.0	311	62.0
第七届	Seventh Congress	1993	506	244	48.2	262	51.8
第八届	Eighth Congress	1998	539	216	40.1	323	59.9
第九届	Ninth Congress	2003	590	235	39.8	355	60.2
第十届	Tenth Congress	2008	627	248	39.6	379	60.4
第十一届	Eleventh Congress	2013	648	258	39.8	390	60.2
第十二届	Twelfth Congress	2018	573	226	39.4	347	60.6

主要统计指标解释

行政区划 指国家对行政区域的划分。根据有关法规规定，我国的行政区域划分如下：(1)全国分为省、自治区、直辖市；(2)省、自治区分为自治州、县、自治县、市；(3)自治州分为县、自治县、市；(4)县、自治县分为乡、民族乡、镇；(5)直辖市和较大的市分为区、县；(6)国家在必要时设立的特别行政区。

自然资源 指人类可以直接从自然界获得，并用于生产和生活的物质资源。自然资源一般可以分成可再生资源和非再生资源两大类。可再生资源指在较短时间内可以再生、可以循环利用的资源，包括土地资源、水资源、气候资源、生物资源和海洋资源等。非再生资源指在使用后不能再生的资源，包括矿产资源和地热能源。

土地资源 土地指陆地的表层部分，它主要由岩石、岩石的风化物和土壤构成。土地资源按利用类型可以分为农用地、建筑用地和未利用地。农用地包括耕地、园地、林地、牧草地和水面。建筑用地包括居民点及工矿用地、交通用地和水利设施用地。未利用地指农用地和建筑用地以外的土地，包括滩涂、荒漠、戈壁、冰川和石山等。

森林面积 指由乔木树种构成，郁闭度 0.2 以上(含 0.2)的林地或冠幅宽度 10 米以上的林带的面积，即有林地面积。森林面积包括天然起源和人工起源的针叶林面积、阔叶林面积、针阔混交林面积和竹林面积，不包括灌木林地面积和疏林地面积。

森林覆盖率 指一个国家或地区森林面积占土地总面积的百分比。森林覆盖率是反映森林资源的丰富程度和生态平衡状况的重要指标。在计算森林覆盖率时，森林面积包括郁闭度 0.2 以上的乔木林地面积和竹林地面积，国家特别规定的灌木林地面积、农田林网以及四旁(村旁、路旁、水旁、宅旁)林木的覆盖面积。计算公式为：

$$森林覆盖率(\%)=\frac{森林面积}{土地总面积}\times100\%$$

矿产资源 矿产资源指由地质作用形成的，具有利用价值的，呈固态、液态、气态的自然资源，是社会生产发展的重要物质基础。目前我国已发现矿种有 170 多种，按其特点和用途，可分为能源矿产(如煤炭、石油、天然气、地热)、金属矿产(如铁矿、锰矿、铜矿、铅矿、铝土矿)、非金属矿产(如金刚石、石灰岩、粘土)和水气矿产(如地下水、矿泉水、二氧化碳气)四大类。其中：金属矿产按其物质成份和性质又可分为：黑色金属矿产、有色金属矿产、贵金属矿产、稀有金属矿产、稀土金属矿产、分散元素金属矿产六类。

气候 指地球与大气之间长期能量交换与质量交换所形成的一种自然环境状态，它是多种因素综合作用的结果。气候既是人类生活和生产的环境要素之一，又是供给人类生活和生产的重要资源。气温、降水、湿度等气象要素的多年平均值是用来描述一个地区气候状况的主要参数，而各种气象要素某年、某月的平均值(或总量)则可以反映出该时期天气气候状况的重要特征。

气温 指空气的温度，我国一般以摄氏度(℃)为单位表示。气象观测的温度表是放在离地面约 1.5 米处通风良好的百叶箱里测量的，因此，通常说的气温指的是离地面 1.5 米处百叶箱中的温度。其统计计算方法为：

月平均气温是将全月各日的平均气温相加，除以该月的天数而得。

年平均气温是将 12 个月的月平均气温累加后除以 12 而得。

降水量 指从天空降落到地面的液态或固态(经融化后)水，未经蒸发、渗透、流失而在地面上积聚的深度。其统计计算方法为：

月降水量是将全月各日的降水量累加而得。

年降水量是将 12 个月的月降水量累加而得。

日照时数 指太阳实际照射地面的时间。其统计方法与降水量相同。

Explanatory Notes on Main Statistical Indicators

Divisions of Administrative Areas refers to the division of administrative areas by the State. The relative laws stipulate that 1) the whole country is divided into provinces, autonomous regions and municipalities directly under the Central Government; 2) provinces and autonomous regions are further divided into autonomous prefectures, counties, autonomous counties and cities; 3) autonomous prefectures are further divided into counties, autonomous counties and cities; 4) counties and autonomous counties are further divided into townships, ethnic townships and towns; 5) municipalities directly under the Central Government and large cities are divided into districts and counties, 6) the State shall, when necessary, establish special administrative regions.

Natural Resources refers to material resources that could be obtained from the nature by human being and used for production and living. Natural resources in general can be classified as renewable resources and non-renewable resources. Renewable resources refer to resources that could be renewed and recycled during a relatively short period of time, including land resource, water resource, climate resource, biology resource and marine resource. Non-renewable resources include resources that could not be renewed, such as minerals and geothermal resource.

Land Resource Land refers to the surface of the earth, consisting of mainly rocks and its weathering and earth. Land resource can be classified, by its utilization, as land for agriculture, land for construction and unused land. Land for agriculture includes cultivated land, plantation land, forestland, grassland and waters. Land for construction includes land for residential purpose, for manufacturing and mining, for transportation and for water-conservancy projects. Unused land refers to land other than land for agriculture and construction, including beaches, deserts, Gobi, glaciers and rock mountains

Forest Area refers to the area of forest where trees and bamboo grow with canopy density above 0.2, including land of natural woods and planted woods, but excluding bush land and thin forest land. It reflects the total areas of afforestation.

Forest Coverage Rate refers to the ratio of area of afforested land to total land area. It is a very important indicator that reflects the status of abundance of forest resource and balance of the ecosystem. Forest area includes the area of trees and bamboo grow with canopy density above 0.2, the area of shrubby tree according to regulations of the government, the area of forest land inside farm land and the area of trees planted by the side of villages, farm houses and along roads and rivers. The formula for calculating forest coverage rate is as follows:

$$\text{Forestry coverage rate (\%)} = \frac{\text{Area of Afforested Land}}{\text{Area of Total Land}} \times 100\%$$

Mineral Resources refers to useful minerals, with solid state, liquid state, gaseity, due to the geological process. Minerals are important natural resources, and important material base for social development. At present, there are more than 170 types of minerals discovered in China. They can be categorized into four groups: energy producing minerals (including coal, petroleum, natural gas and terrestrial heat), metallic minerals (including iron, manganese, copper, lead and bauxite), non metallic minerals (including diamond, limestone and clay), and water/gas related minerals (including ground water, mineral water and carbon dioxide). Metallic minerals can be further classified as ferrous, non-ferrous, noble metal, rare metal, rare earth metal and dispersed metals.

Climate refers to the natural environmental status formed by the long-term exchange of energy and mass between the earth and the atmosphere, and is the result of interaction of many factors. Climate is both one of the environment factors and also the important resources for living and production activities of the human being. The average values across several years of meteorological factors such as temperature, rainfall and humidity are used as important parameters to describe the climate of a region, while the average values (or total values) of a given year or month of meteorological factors reflect the key characteristics of climate for that period of time.

Temperature refers to the air temperature. China uses centigrade as the unit. The thermometry used for weather observation is put in a breezy shutter, which is 1.5 meters high from the ground. Therefore, the commonly used temperature refers to the temperature in the breezy shutter 1.5 meters away from the ground. The calculation method is as follows:

Monthly average temperature is the summation of average daily temperature of one month divided by the actual days of that particular month.

Annual average temperature is the summation of monthly average of a year divided by 12 months.

Volume of Precipitation refers to the deepness of liquid state or solid state (thawed) water falling from the sky to the ground that has not been evaporated, infiltrated or run off. The calculation method is as follows:

Monthly precipitation is the summation of daily precipitation of a month.

Annual precipitation is the summation of 12 months precipitation of a year.

Sunshine Hours refers to the actual hours of sun irradiating the earth. The calculation method is the same as that of the precipitation.

二、综　合

资料整理：金文娟　罗　丹　吴小龙

简 要 说 明

一、本篇资料反映陕西经济、科技、社会等方面的规模、水平、速度、结构、比例、效益情况，并收录了基本单位统计情况。

二、国民经济综合资料是抽取全书的精华，通过对各篇章主要统计指标及其速度、结构、比例和效益等的加工计算，来反映国民经济和社会发展的总体情况。

三、本篇资料根据各专业统计年报资料以及国家统计局、省级有关部门提供的统计资料加工整理而成。

Brief Introduction

Ⅰ.This chapter reflects the scale, level, speed, structure, proportion and efficiency of the national economy, science and technology and the social development of Shaanxi Province.

Ⅱ. The summary data on the national economy reflect the overall situation of the economic and social development by presenting further processed statistics including growth, structure, ratio, and efficiency data derived from other chapters.

Ⅲ.The summary data are processed and prepared on the basis of the annual reports of various specialized fields provided by Statistics Bureau of Shaanxi Province and the statistics provided by the National Bureau of Statistics and some related departments of Shaanxi Province.

2.综　合

2019年全省		
生产总值	25793.17	亿元
地方财政收入	2287.90	亿元
社会消费品零售总额	10213.02	亿元
进出口总额	3515.52	亿元
城镇居民人均可支配收入	36098	元
农村居民人均可支配收入	12326	元

生产总值增长速度

（比上年增长%）

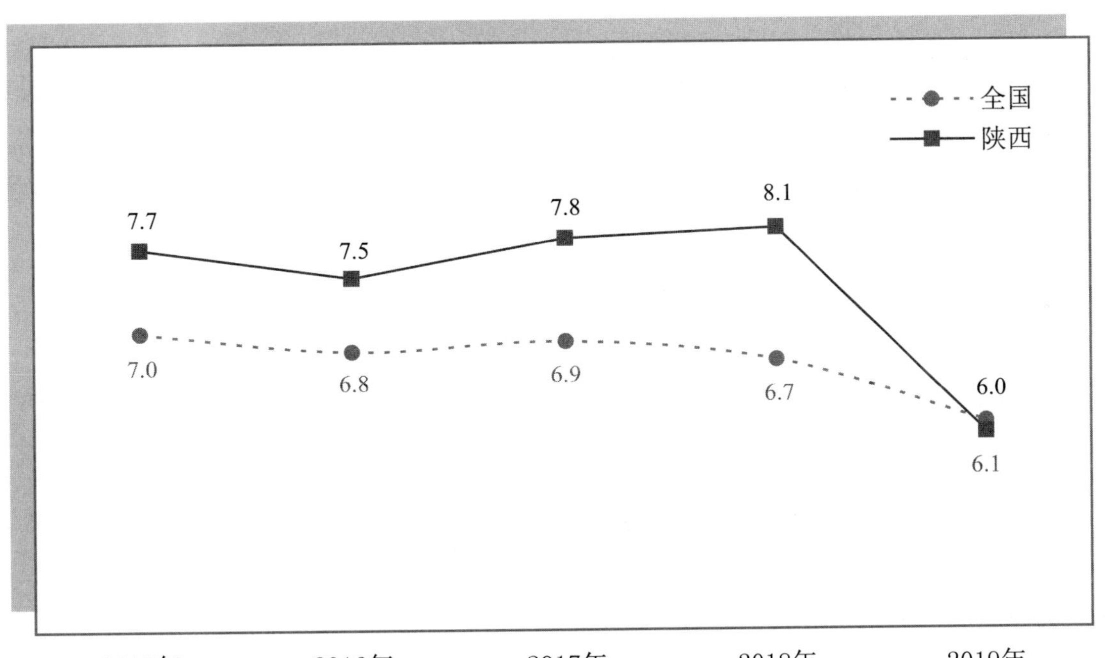

2-1 陕 西 一 日
Selected Indicators on Average Daily Social and Economic Activities

指　　标		Item		2005	2010	2015	2018	2019
每天创造的财富		**Daily Production**						
生产总值	(万元)	Gross Domestic Product	(10 000 yuan)	104579	269731	490378	655942	706662
第一产业		Primary Industry		11468	25938	43828	50142	54546
第二产业		Secondary Industry		49528	138945	237386	307268	328240
第三产业		Tertiary Industry		43583	104848	209163	298532	323876
地方一般预算收入	(万元)	Local General Bugetary Revenue	(10 000 yuan)	7543	26252	56437	61456	62682
粮　食	(万吨)	Grain	(10 000 tons)	3.12	3.25	3.30	3.36	3.37
棉　花	(吨)	Cotton	(ton)	213	144	57	27	21
油　料	(吨)	Oil-bearing Crops	(ton)	1242	1469	1559	1672	1647
肉　类	(吨)	Meat	(ton)	3674	2948	3606	3136	3001
布	(万米)	Cloth	(10 000 m)	217.26	206.16	186.51	210.18	189.82
原　煤	(万吨)	Coal	(10 000 tons)	29.62	98.95	143.08	170.75	173.73
原　油	(吨)	Crude Oil	(ton)	48717	82665	102376	96424	97075
发 电 量	(万千瓦小时)	Electricity	(10 000 kwh)	13834	30189	43674	48828	58044
粗　钢	(吨)	Crude Steel	(ton)	8419	16570	28144	35913	39199
每天消费量		**Daily National Consumption**						
能源消费量	(万吨标准煤)	Energy Consumption	(10 000 tons of SCE)	15.26	22.71	32.18	35.34	36.93
社会消费品零售额	(万元)	Total Retail Sales of Consumer Goods	(10 000 yuan)	37502	92497	187920	260556	279809
每天其他经济活动		**Other Daily Economic Activities**						
货 运 量	(万吨)	Freight Traffic	(10 000 tons)	125.27	286.09	386.05	474.66	423.99
客 运 量	(万人)	Passenger Traffic	(10 000 persons)	107.16	257.41	193.99	199.38	198.13
邮电业务总量	(万元)	Business Volume of Postal and Telecommunication Services	(10 000 yuan)	9072	24736	20742	64515	97551
进出口总值	(万元)	Total Value of Imports and Exports	(10 000 yuan)	1253.93 (万美元)	3310.36 (万美元)	51925	96242	96316
# 出口总值		Total Exports		842.69 (万美元)	1700.75 (万美元)	25163	56941	51325
入境旅游人数	(人次)	Number of Overseas Visitor Arrivals	(person-times)	2544	5813	8028	11976	12759
每天人口变动和婚姻		**Daily Population Changes and Marriages**						
出　生	(人)	Births	(person)	1013	994	1047	1126	1118
死　亡	(人)	Deaths	(person)	608	613	651	658	666
结　婚	(对)	Marriages	(couples)	571	950	976	823	745
离　婚	(对)	Divorces	(couples)	64	122	203	274	293

注：1.本表价值量指标中，除邮电业务总量按不变价格计算，其余均按当年价格计算。
　　2.工业产品产量为规模以上企业数据。

a) Figures in value terms in this table are at current prices, except that on the business volume of postal and telecommunication services which is at constant prices.

b) Output of industrial products are obtained from above designated size enterprises.

2-2　陕西省主要国民经济指标占全国比重(2019年)
Percentage of Shaanxi Main Indicators on National Economic to National Total(2019)

指　　标	Item	陕　西 Shaanxi	全　国 National Total	陕西占全国% Shaanxi as Percentage of National Total (%)
年底总人口　(万人)	Population at Year-end　(10 000 persons)	3876	140005	2.8
就业人员　(万人)	Number of Employed Persons　(10 000 persons)	2071	77471	2.7
生产总值　(亿元)	Gross Domestic Product　(100 million yuan)	25793.17	990865.1	2.6
第一产业	Primary Industry	1990.93	70466.7	2.8
第二产业	Secondary Industry	11980.75	386165.3	3.1
第三产业	Tertiary Industry	11821.49	534233.1	2.2
地方一般预算收入　(亿元)	Local General Bugetary Revenue　(100 million yuan)	2287.90	101076.82	2.3
主要产品产量	Output of Major Products			
粮　食　(万吨)	Grain　(10 000 tons)	1231.13	66384	1.9
棉　花　(万吨)	Cotton　(10 000 tons)	0.76	588.9	0.1
油　料　(万吨)	Oil-bearing Crops　(10 000 tons)	60.10	3493	1.7
肉　类　(万吨)	Meat　(10 000 tons)	109.53	7758.8	1.4
原　煤　(万吨)	Coal　(10 000 tons)	63412.36	384633.2	16.5
原　油　(万吨)	Crude Oil　(10 000 tons)	3543.23	19101.4	18.5
天 然 气　(亿立方米)	Natural Gas　(100 million cu.m)	473.42	1761.7	26.9
发 电 量　(亿千瓦小时)	Electricity　(100 million kwh)	2118.61	75034.3	2.8
粗　钢　(万吨)	Crude Steel　(10 000 tons)	1430.75	99634.2	1.4
水　泥　(万吨)	Cement　(10 000 tons)	6621.23	235012.1	2.8
化　肥　(万吨)	Fertilizers　(10 000 tons)	126.52	5731.2	2.2
纱　(万吨)	Yarn　(10 000 tons)	31.85	2892.1	1.1
布　(亿米)	Cloth　(100 million m)	6.93	575.6	1.2
汽　车　(万辆)	Motor Vehicles　(10 000 units)	54.70	2552.8	2.1
货物周转量　(亿吨公里)	Total Freight Ton-kilometers　(100 million ton-km)	3483.5	199287	1.7
邮电业务总量　(亿元)	Business Volume of Postal and Telecommunication Services　(100 million yuan)	3560.62	123018.8	2.9
社会消费品零售总额　(亿元)	Total Retail Sales of Consumer Goods　(100 million yuan)	10213.02	411649	2.5
进出口总值　(亿元)	Total Value of Imports and Exports　(100 million yuan)	3515.52	315504.8	1.1
# 出口总值	Exports	1873.35	172342.3	1.1
入境旅游人数　(万人次)	Number of Overseas Visitor Arrivals (10 000 person-times)	465.72	14530.78	3.2
国际旅游外汇收入　(亿美元)	Foreign Exchange Earnings from International Tourism　(USD 100 million)	33.68	1312.54	2.6
大学生在校学生数　(万人)	Students Enrollment of College and University　(10 000 persons)	112.20	3031.5	3.7

2-3 国民经济和社会发展总量与速度指标

指　　标	Item	1978	2005
人口与就业	**Population and Employment**		
人　口	Population		
年底总人口　(万人)	Population at Year-end　(10 000 persons)	2779	3690
城镇人口	Urban	454	1374
乡村人口	Rural	2325	2316
男性人口	Male	1444	1899
女性人口	Female	1335	1791
就　业	Employment		
就业人员　(万人)	Number of Employed Persons　(10 000 persons)	1078	1976
# 职工人数	Number of Staff and Workers	257	323
城镇登记失业人数　(万人)	Registered Unemployment in Urban Areas　(10 000 persons)		21.54
宏观经济	**Macro Economy**		
国民经济核算	National Accounting		
生产总值　(亿元)	Gross Domestic Product　(100 million yuan)	81.07	3817.15
第一产业	Primary Industry	24.70	418.60
第二产业	Secondary Industry	42.13	1807.76
第三产业	Tertiary Industry	14.24	1590.79
固定资产投资	Investment in Fixed Assets		
房地产开发投资　(亿元)	Investment in Real Estate Development　(100 million yuan)		298.95
财　政	Government Finance		
地方一般预算收入　(亿元)	Local General Bugetary Revenue　(100 million yuan)		275.32
一般预算支出　(亿元)	General Bugetary Expenditure　(100 million yuan)	18.30	638.96
物价指数　(上年=100)	Price Indices　(preceding year=100)		
商品零售价格指数	Retail Price Index	100.5	100.1
居民消费价格指数	Consumer Price Index	100.6	101.2
利用外资	Utilization of Foreign Capital		
签订利用客商直接投资协议额　(万美元)	Contracted Value of Direct Investments　(USD 10 000)		158237
实际利用客商直接投资额　(万美元)	Actually Utilized Value of Direct Investments　(USD 10 000)		62839
能源生产与消费(等价值)	Production and Consumption of Energy　(Equivalent Value)		
能源生产总量　(万吨标准煤)	Total Energy Production　(10 000 tons of SCE)		14576
能源消费总量　(万吨标准煤)	Total Energy Consumption　(10 000 tons of SCE)		5571

注：1.本表价值量指标中，除邮电业务总量按不变价格计算，其余指标均按当年价格计算。
2.2000年及以后工业产品产量、财务指标为规模以上企业数据。2019年以前营业收入为主营业务收入数据。
3.1998年及以后职工人数、职工工资总额、职工平均工资为在岗职工数据。
4.本表速度指标中，生产总值及三次产业增加值、物价指数、农林牧渔业增加值、工业增加值、居民人均可支配收入和职工平均工资均按不变价格计算。

Principal Aggregate Indicators on National Economic and Social Development and Growth Rates

2010	2015	2018	2019	2019年为下列年份% 2019 as Percentage of the Following Years(%)					1979-2019 平均增长% Average Annual Growth Rate(%)
				1978	2005	2010	2015	2018	
3735	3793	3864	3876	139.5	105.0	103.8	102.2	100.3	0.8
1707	2045	2246	2304	507.5	167.7	135.0	112.7	102.6	4.0
2028	1748	1618	1572	67.6	67.9	77.5	89.9	97.2	-1.0
1930	1958	1994	2000	138.5	105.3	103.6	102.1	100.3	0.8
1805	1835	1870	1876	140.5	104.7	103.9	102.2	100.3	0.8
2074	2071	2071	2071	192.1	104.8	99.9	100.0	100.0	1.6
343	474	453	455	177.0	140.9	132.7	96.0	100.4	1.4
21.42	22.35	24.12	23.79		110.5	111.1	106.5	98.6	
9845.19	17898.80	23941.88	25793.17	5562.9	413.5	219.8	132.8	106.0	10.3
946.74	1599.74	1830.19	1990.93	751.4	204.9	151.9	117.3	104.4	5.0
5071.49	8664.60	11215.27	11980.75	6969.9	415.7	220.6	130.3	105.7	10.9
3826.96	7634.46	10896.42	11821.49	12049.3	474.7	235.1	138.7	106.5	12.4
1159.47	2494.29	3534.67	3903.65		1305.8	336.7	156.5	110.4	
958.21	2059.95	2243.14	2287.90		831.0	238.8	111.1	102.0	
2218.83	4376.06	5302.44	5718.52	31244.3	895.0	257.7	130.7	107.8	15.0
103.6	99.8	102.1	102.4	547.3	137.7	116.5	106.2	102.4	4.2
104.0	101.0	102.1	102.9	697.4	147.3	124.2	108.1	102.9	4.9
221030	578208	537672	298131		188.4	134.9	51.6	55.4	
182006	462118	684794	772947		1230.0	424.7	167.3	112.9	
31846	48491	56467	56782		389.5	178.3	117.1	100.6	
8288	11746	12900	13478		241.9	162.6	114.7	104.5	

a) Figures in value terms in this table are at current prices, except that on the business volume of postal and telecommunication services which is at constant prices.

b) Since 2000, Output of industrial products and financial indicators are obtained from above designated size enterprises. The Business Revenue before 2019 is the Revenue from Principal Business.

c) Figures on number of staff and workers ,total wage bill and average wage refer to fully employed staff and workers since 1998 .

d) The indices and growth rates of the follow indicators are calculated at constant prices: gross domestic product, value-added of the three strata of industry,price indices,value-added of agriculture, forestry, animal husbandry and fishery ,value-added of industry, per capita annual disposable income of households average wage of staff and workers.

2-3 续表 1

指　　标	Item	1978	2005
产　　业	**Industry**		
农　业	Agriculture		
常用耕地面积 (千公顷)	Cultivated Land (1 000 hectares)	3854	2788
农林牧渔业增加值 (亿元)	Value-added of Agriculture, Forestry, Animal Husbandry and Fishery (100 million yuan)	24.70	435.77
主要农产品产量	Output of Major Farm Products		
粮　食 (万吨)	Grain (10 000 tons)	800	1140
棉　花 (万吨)	Cotton (10 000 tons)	10.54	7.78
油　料 (万吨)	Oil-bearing Crops (10 000 tons)	5.65	45.35
烤　烟 (万吨)	Flue-Cured Tobacco (10 000 tons)	1.38	5.88
茶　叶 (吨)	Tea (ton)	1408	11382
水　果 (万吨)	Fruits (10 000 tons)	33.41	765.74
蔬　菜 (万吨)	Vegetables (10 000 tons)		869.93
肉　类 (万吨)	Meat (10 000 tons)	14.20	134.11
工　业	Industry		
工业增加值 (亿元)	Value-added of Industry (100 million yuan)	36.52	1532.17
主要工业产品产量	Output of Major Industrial Products		
纱 (万吨)	Yarn (10 000 tons)	13.85	19.43
布 (亿米)	Cloth (100 million m)	5.81	7.93
原　煤 (万吨)	Coal (10 000 tons)	1666.00	10810.72
原　油 (万吨)	Crude Oil (10 000 tons)	6.03	1778.16
天然气 (亿立方米)	Natural Gas (100 million cu.m)		80.59
发电量 (亿千瓦小时)	Electricity (100 million kwh)	66.10	504.94
粗　钢 (万吨)	Crude Steel (10 000 tons)	24.29	307.28
钢　材 (万吨)	Rolled Steel (10 000 tons)	17.38	337.10
水　泥 (万吨)	Cement (10 000 tons)	210.66	1972.13
化　肥 (万吨)	Fertilizers (10 000 tons)	13.69	122.86
汽　车 (万辆)	Motor Vehicles (10 000 units)		4.26
规模以上工业企业	Industrial Enterprises above Designated Size		
资产总计 (亿元)	Original Value of Fixed Assets (100 million yuan)		5085.90
营业收入 (亿元)	Business Revenue (100 million yuan)		3302.50
利润总额 (亿元)	Total Profits (100 million yuan)		400.70
交通运输	Transportation		
货物运输量 (万吨)	Freight Traffic (10 000 tons)	7160	45724
# 铁　路	Railways	2400	12123
公　路	Highways	4733	33483
货物周转量 (亿吨公里)	Freight Ton-kilometers (100 million ton-km)	176.11	1115.31
# 铁　路	Railways	165.58	905.76
公　路	Highways	10.39	207.85
旅客运输量 (万人)	Passenger Traffic (10 000 persons)	5628	39137
# 铁　路	Railways	2009	3600
公　路	Highways	3605	34780
旅客周转量 (亿人公里)	Passenger-Kilometers (100 million passenger-km)	60.73	571.60
# 铁　路	Railways	47.56	279.08
公　路	Highways	12.95	206.54

continued

2010	2015	2018	2019	2019年为下列年份% 2019 as Percentage of the Following Years(%)					1979-2019 平均增长% Average Annual Growth Rate(%)
				1978	2005	2010	2015	2018	
2861	2904	3015	3011	78.1	108.0	105.2	103.7	99.9	-0.6
989.54	1675.61	1927.77	2098.01	754.6	205.9	152.9	117.7	104.5	5.1
1186	1205	1226	1231	153.9	108.0	103.8	102.2	100.4	1.1
5.26	2.07	0.99	0.76	7.2	9.8	14.4	36.7	76.8	-6.2
53.61	56.91	61.03	60.10	1063.7	132.5	112.1	105.6	98.5	5.9
5.77	5.06	3.36	5.28	382.6	89.8	91.5	104.3	157.1	3.3
24890	54055	71038	79264	5629.5	696.4	318.5	146.6	111.6	10.3
1195.06	1504.78	1566.01	1733.37	5188.2	226.4	145.0	115.2	110.7	10.1
1294.49	1613.45	1808.44	1897.38		218.1	146.6	117.6	104.9	
107.62	131.63	114.46	109.53	771.4	81.7	101.8	83.2	95.7	5.1
4271.78	7103.30	9088.10	9609.70	7890.6	422.1	224.8	130.7	105.1	11.2
27.12	49.46	39.41	31.85	230.0	163.9	117.5	64.4	80.8	2.1
7.52	6.81	7.67	6.93	119.3	87.4	92.1	101.8	90.3	0.4
36115.50	52224.16	62324.51	63412.36	3806.3	586.6	175.6	121.4	101.7	9.3
3017.28	3736.73	3519.49	3543.23	58760.0	199.3	117.4	94.8	100.7	16.8
223.47	415.92	444.48	473.42		587.5	211.8	113.8	106.5	
1101.91	1594.11	1782.22	2118.61	3205.2	419.6	192.3	132.9	118.9	8.8
604.82	1027.27	1310.82	1430.75	5890.3	465.6	236.6	139.3	109.1	10.5
994.89	1655.58	1445.15	2037.51	11723.3	604.4	204.8	123.1	141.0	12.3
5463.79	8580.09	6270.83	6621.23	3143.1	335.7	121.2	77.2	105.6	8.8
82.74	187.13	128.90	126.52	924.2	103.0	152.9	67.6	98.2	5.6
65.21	34.14	62.13	54.70		1283.5	83.9	160.2	88.0	
14688.70	26393.17	32432.48	35958.91		707.0	244.8	136.2	110.9	
10888.80	18823.01	23060.35	24961.57		755.8	229.2	132.6	108.2	
1469.57	1412.41	2436.27	2306.17		575.5	156.9	163.3	94.7	
104423	140908	173253	154758	2161.4	338.5	148.2	109.8	89.3	7.8
27121	32951	42245	44751	1864.6	369.1	165.0	135.8	105.9	7.4
77123	107731	130823	109801	2319.9	327.9	142.4	101.9	83.9	8.0
2465.99	3264.64	4025.99	3483.45	1978.0	312.3	141.3	106.7	86.5	7.6
1267.90	1435.91	1723.00	1750.15	1057.0	193.2	138.0	121.9	101.6	5.9
1195.91	1826.80	2301.37	1731.42	16664.3	833.0	144.8	94.8	75.2	13.3
93954	70806	72773	72318	1285.0	184.8	77.0	102.1	99.4	6.4
5411	7866	10953	11461	570.5	318.4	211.8	145.7	104.6	4.3
87457	61436	60269	59015	1637.0	169.7	67.5	96.1	97.9	7.1
851.45	908.58	957.71	1021.66	1682.3	178.7	120.0	112.4	106.7	7.1
362.60	464.44	510.36	523.62	1101.0	187.6	144.4	112.7	102.6	6.0
383.99	293.23	286.98	279.71	2159.9	135.4	72.8	95.4	97.5	7.8

2-3 续表 2

指　　标		Item		1978	2005
邮电通信业		Postal and Telecommunication Services			
邮电业务总量	(亿元)	Business Volume of Postal and Telecommunication Services	(100 million yuan)	0.50	331.13
函　件	(万件)	Number of Letters Delivered	(10 000 pieces)	9188	15119
报刊期发数	(万份)	Number of Newspapers and Magazines Distributed	(10 000 copies)	319	286
固定电话	(万户)	Number of Fixed Telephone Subscribers	(10 000 subscribers)	4.65	859.32
移动电话	(万户)	Number of Mobile Telephone Subscribers	(10 000 subscribers)		938.10
互联网宽带用户	(万户)	Number of Internet Subscribers	(10 000 subscribers)		236.90
国内商业		Domestic Trade			
社会消费品零售总额	(亿元)	Total Retail Sales of Consumer Goods	(100 million yuan)	33.37	1368.82
对外贸易和旅游		Foreign Trade and Tourism			
进出口总值	(亿元)	Total Value of Imports and Exports	(100 million yuan)		45.77亿美元
进口总值		Imports			15.01亿美元
出口总值		Exports		0.12亿美元	30.76亿美元
国际旅游		International Tourism			
入境旅游人数	(万人次)	Number of Overseas Visitor Arrivals	(10 000 person-times)	1.37	92.84
旅游收入	(万美元)	Foreign Exchange Earnings from International Tourism	(USD 10 000)	177	44625
金　融		Financial Intermediation			
金融机构人民币存款	(亿元)	Deposits of National Banking System in RMB	(100 million yuan)		6446.48
金融机构人民币贷款	(亿元)	Loans of National Banking System in RMB	(100 million yuan)		3983.19
教育·科技·文化		**Education and Culture**			
教　育		Education			
专任教师数	(万人)	Full-time Teachers	(10 000 persons)		
普通高等学校		Regular Institutions of Higher Education		1.07	4.29
中等职业学校		Vocational Secondary Schools		0.33	2.85
普通中学		Secondary Schools		9.17	15.91
小　学		Primary Schools		17.30	18.66
在校学生数	(万人)	Students Enrollment	(10 000 persons)		
普通高等学校		Regular Institutions of Higher Education		3.44	66.69
中等职业学校		Vocational Secondary Schools		2.93	55.84
普通中学		Secondary Schools		193.47	304.56
小　学		Primary Schools		450.51	340.09
科　技					
专利申请量	(件)	Patents Application Accepted	(piece)		4166
专利授权量	(件)	Patents Application Granted	(piece)		1894
文　化		Culture			
制作电视节目	(小时)	Time for TV Programs Production	(hour)		71983

continued

2010	2015	2018	2019	2019年为下列年份% 2019 as Percentage of the Following Years(%)					1979-2019 平均增长% Average Annual Growth Rate(%)
				1978	2005	2010	2015	2018	
902.85	757.09	2354.79	3560.62	708580.4	1075.3	394.4	470.3	151.2	24.1
9734	2499	2194	1290	14.0	8.5	13.2	51.6	58.8	-4.7
517	379	302	272	85.3	95.1	52.6	71.8	90.1	-0.4
781.89	723.28	650.72	641.74	13813.9	74.7	82.1	88.7	98.6	12.8
2518.23	3649.65	4688.62	4640.50		494.7	184.3	127.1	99.0	
368.83	605.42	1057.40	1197.66		505.6	324.7	197.8	113.3	
3376.14	6859.09	9510.29	10213.02	30605.4	746.1	302.5	148.9	107.4	15.0
120.83亿美元	1895.25	3512.82	3515.52		1113.4	2446.5	185.5	100.1	
58.75亿美元	976.78	1434.49	1642.17		1585.9	405.2	168.1	114.5	
62.08亿美元	918.47	2078.33	1873.35	226298.8	882.8	437.4	204.0	90.1	20.7
212.17	293.03	437.14	465.72	33994.2	501.6	219.5	158.9	106.5	15.3
101596	200022	312642	336765	190262.8	754.7	331.5	168.4	107.7	20.2
16456.05	32415.24	40567.42	44225.38		686.0	268.7	136.4	109.0	
10033.12	21760.61	30513.81	34113.19		856.4	340.0	156.8	111.8	
5.83	6.65	6.85	7.03	657.2	164.0	120.6	105.7	102.7	4.7
3.46	2.17	2.09	2.12	644.0	74.4	61.3	97.8	101.5	4.6
17.05	16.18	15.59	15.74	171.6	98.9	92.3	97.3	101.0	1.3
17.52	14.31	16.42	17.07	98.7	91.5	97.4	119.3	104.0	0.0
92.78	109.97	105.48	112.20	3261.6	168.2	120.9	102.0	106.4	8.9
89.93	43.69	39.98	44.34	1513.3	79.4	49.3	101.5	110.9	6.9
259.91	187.57	180.81	180.74	93.4	59.3	69.5	96.4	100.0	-0.2
261.04	233.11	265.61	277.59	61.6	81.6	106.3	119.1	104.5	-1.2
22949	74904	76512	92087		2210.4	401.3	122.9	120.4	
10034	33350	41479	44101		2328.5	439.5	132.2	106.3	
83275	117762	121921	133941		186.1	160.8	113.7	109.9	

2-3 续表 3

指　　标		Item		1978	2005
家庭·生活·环境		**Family, People's Living Conditions and Environment**			
家　庭		Family			
家庭总户数	(万户)	Total Number of Households	(10 000 households)	560.82	1055.74
居民家庭平均每户居住人口	(人)	Average Household Size of All Households	(person)		
城镇居民平均每户居住人口	(人)	Average Household Size in Urban Areas	(person)		
农村居民平均每户居住人口	(人)	Average Household Size in Rural Areas	(person)		
婚　姻		Marriages and Divorces			
结婚数	(对)	Number of Marriages	(couples)	136230	208421
离婚数	(对)	Number of Divorces	(couples)		23447
居　住		Housing			
居民家庭人均住房建筑面积	(平方米)	Per Capita Floor Space of All Households	(sq.m)		
城镇居民人均住房建筑面积	(平方米)	Per Capita Floor Space of Urban Residents	(sq.m)		
农村居民人均住房建筑面积	(平方米)	Per Capita Floor Space of Rural Residents	(sq.m)		
生　活		People's Living Conditions			
居民人均可支配收入	(元)	Per Capita Annual Disposable Income of All Households	(yuan)		
城镇居民人均可支配收入	(元)	Per Capita Annual Disposable Income of Urban Households	(yuan)	310	8159
农村居民人均可支配收入	(元)	Per Capita Annual Disposable Income of Rural Households	(yuan)	133	2162
居民人均生活消费支出	(元)	Per Capita Living Expenditure of All Households	(yuan)		
城镇居民人均生活消费支出	(元)	Per Capita Living Expenditure of Urban Households	(yuan)		
农村居民人均生活消费支出	(元)	Per Capita Living Expenditure of Rural Households	(yuan)		
工　资		Wages			
职工工资总额	(亿元)	Total Wages of Staff and Workers	(100 million yuan)	16.44	477.97
职工平均工资	(元)	Average Wage of Staff and Workers	(yuan)	654	14796
卫　生		Health Care			
医院数	(个)	Number of Hospitals	(unit)	3064	2674
医生数	(万人)	Number of Doctors	(10 000 persons)	3.43	6.03
医院床位数	(万张)	Number of Hospital Beds	(10 000 units)	4.99	10.34
市政建设		Municipal Works			
全年供水总量	(万立方米)	Volume of Tap Water Supply	(10 000 cu.m)	21119	71170
排水管道长度	(公里)	Length of Sewer Pipelines	(km)	431	3250
城市天然气供应量	(万立方米)	Volume of Natural Gas Supply in Urban Areas	(10 000 cu.m)		76285
道路长度	(公里)	Length of Paved Roads	(km)	639	3191
环境、灾害		Environment and Disaster			
环境污染治理投资总额	(万元)	Total Investment in the Treatment of Environmental Pollution	(10 000 yuan)		
突发环境事件次数	(次)	Environmental Disasters	(time)		
火灾发生数	(起)	Number of Fire Disasters	(unit)		7490
火灾损失	(万元)	Loss of Fire Disasters	(10 000 yuan)		4683
交通事故发生数	(件)	Number of Traffic Accidents	(unit)	3979	12011
交通事故损失	(万元)	Loss of Traffic Accidents	(10 000 yuan)	165	6242

continued

2010	2015	2018	2019	2019年为下列年份% 2019 as Percentage of the Following Years(%)					1979-2019 平均增长% Average Annual Growth Rate(%)
				1978	2005	2010	2015	2018	
1198.37	1268.08	1318.18	1329.83	237.1	126.0	111.0	104.9	100.9	2.1
	3.2	3.1	3.0				93.8	96.8	
	2.9	3.1	3.0				102.6	97.5	
	3.4	3.1	3.0				89.4	96.9	
346645	356413	300405	271861	199.6	130.4	78.4	76.3	90.5	1.7
44402	74097	100174	107016		456.4	241.0	144.4	106.8	
	37.0	39.8	40.3				108.9	101.3	
	31.3	38.2	38.8				123.9	101.5	
	42.6	41.5	41.8				98.3	100.8	
	17395	22528	24666				131.1	106.4	
15343	26420	33319	36098	1633.8	305.4	190.3	126.2	105.3	7.1
4477	8689	11213	12326	1124.6	350.2	218.2	131.8	106.8	6.1
	13087	16160	17465				133.5	108.1	
	18464	21966	23514				127.4	107.0	
	7901	10071	10935				138.4	108.6	
1176.33	2734.38	3390.58	3702.71	22522.6	774.7	314.8	135.4	109.2	14.1
34299	56896	74993	82114	1720.1	379.3	193.7	133.5	106.4	7.2
2639	2612	2729	2841	92.7	106.2	107.7	108.8	104.1	-0.2
6.28	7.95	9.88	10.87	316.9	180.3	173.2	136.7	110.0	2.9
13.72	20.63	24.94	26.12	523.4	252.6	190.4	126.6	104.7	4.1
81335	97664	141582	125971	596.5	177.0	154.9	129.0	89.0	4.5
5666	8026	10333	11017	2556.1	339.0	194.4	137.3	106.6	8.2
164654	311286	473094	521589		683.7	316.8	167.6	110.3	
4810	6508	8569	9114	1426.3	285.6	189.5	140.1	106.4	6.7
	2418911	1911030	2642713				109.3	138.3	
	58	27	26				44.8	96.3	
4620	13548	9462	7920		105.7	171.4	58.5	83.7	
8354	11180	10208	12296		262.6	147.2	110.0	120.5	
6004	5406	5816	5584	140.3	46.5	93.0	103.3	96.0	0.8
3311	3742	4465	3799	2302.3	60.9	114.7	101.5	85.1	8.0

2-4 国民经济主要结构指标
Main Composition Indicators on National Economy

单位：%　　(%)

指　　标	Item	2005	2010	2015	2018	2019
人口与就业	**Population and Employment**					
人　口	Population					
城乡结构	Urban and Rural Composition					
城　镇	Urban	37.2	45.7	53.9	58.1	59.4
乡　村	Rural	62.8	54.3	46.1	41.9	40.6
性别结构	Sexual Composition					
男	Male	51.5	51.7	51.6	51.6	51.6
女	Female	48.5	48.3	48.4	48.4	48.4
宏观经济	**Macro Economy**					
国民经济核算	National Accounting					
生产总值产业结构	Industrial Composition					
第一产业	Primary Industry	11.0	9.6	8.9	7.6	7.7
第二产业	Secondary Industry	47.4	51.5	48.4	46.9	46.5
第三产业	Tertiary Industry	41.6	38.9	42.7	45.5	45.8
生产总值地区结构	By Region					
关　中	Guanzhong	66.4	62.5	65.1	63.4	63.2
陕　南	Southern Shaanxi	12.2	11.2	13.6	13.9	14.0
陕　北	Northern Shaanxi	21.4	26.3	21.3	22.8	22.8
能　源	Energy					
能源生产总量结构	Composition of Total Energy Production					
原　煤	Coal	74.7	76.5	76.5	79.3	78.7
原　油	Crude Oil	17.4	13.5	11.0	8.9	8.9
天然气	Natural Gas	6.7	9.1	11.4	10.1	10.5
水电、风电及其他能发电	Hydro-power, Wind Power and Others	1.1	0.9	1.1	1.7	1.9
能源消费总量结构	Composition of Total Energy Consumption					
煤　品	Coal	75.6	70.5	72.6	73.8	72.7
油　品	Petroleum	17.4	17.1	12.2	8.4	7.7
天然气	Natural Gas	4.1	9.0	10.5	10.6	11.4
水电、风电及其他能发电	Hydro-power, Wind Power and Others	3.0	3.4	4.7	7.2	8.1
产　业	**Industry**					
农　业	Agriculture					
农林牧渔业产值结构	Composition of Gross Output Value of Agriculture, Forestry,Animal Husbandry and Fishery					
农　业	Farming	64.7	65.9	66.8	69.3	69.2
林　业	Forestry	3.4	2.1	2.7	3.2	3.0
牧　业	Animal Husbandry	27.2	26.6	24.8	21.1	21.4
渔　业	Fishery	0.8	0.5	0.8	0.9	0.9
农林牧渔服务业	Services in Support of Agriculture,Forestry,Animal Husbandry and Fishery	3.9	4.8	4.9	5.5	5.6

2−4 续表 continued

单位：% (%)

指 标	Item	2005	2010	2015	2018	2019
交通运输业	Transportation					
客运量结构	Composition of Passenger Traffic					
铁 路	Railways	9.2	5.8	11.1	15.1	15.8
公 路	Highways	88.9	93.1	86.8	82.8	81.6
水 运	Waterways	0.9	0.3	0.5	0.5	0.4
民用航空	Civil Aviation	1.1	0.8	1.6	1.6	2.2
货运量结构	Composition of Freight Traffic					
铁 路	Railways	26.5	26.0	23.4	24.4	28.9
公 路	Highways	73.2	73.9	76.5	75.5	71.0
水 运	Waterways	0.3	0.2	0.2	0.1	0.1
民用航空	Civil Aviation	…	…	…	…	0.0
国内贸易	Domestic Trade					
社会消费品零售总额构成	Composition of Total Retail Sales of Consumer Goods					
城 镇	Urban		86.1	88.9	89.2	89.0
乡 村	Rural		13.9	11.1	10.8	11.0
国际旅游	International Tourism					
入境旅游人数结构	Composition of Overseas Visitor Arrivals					
外国人	Foreigners	80.3	73.2	66.3	70.3	70.8
港澳台同胞	Hong Kong, Macao and Taiwan Compatriots	19.7	26.8	33.7	29.7	29.2
生活・环境	**People's Living Conditions and Environment**					
生 活	People's Living Conditions					
居民可支配收入结构	Annual Per Capita Disposable Income					
工资性收入	Wages Income			54.8	54.0	54.0
经营净收入	Net Income from Business			14.6	13.5	13.2
财产净收入	Property Income			6.9	6.0	6.0
转移净收入	Transfer Income			23.8	26.6	26.9
居民消费支出结构	Annual Per Capita Consumption Expenditure					
食品、烟酒	Food,Tobacco and Alcohol			27.9	26.6	26.8
衣 着	Clothing			7.6	7.1	7.0
居 住	Residence			21.3	21.0	20.8
生活用品及服务	Living Articles and Services			6.8	7.4	6.6
交通通信	Transportation and Communications			11.7	12.4	12.3
教育文化娱乐	Recreation, Education and Culture Services			12.3	12.4	12.8
医疗保健	Medicine and Medical Services			10.4	10.8	11.3
其他用品和服务	Others			2.1	2.3	2.4
环 境	Environment					
工业污染防治投资结构	Consumption of Investment in the Treatment of Industrial Pollution					
治理废水	Waste Water Treatment				2.8	3.6
治理废气	Waste Gas Treatment				69.0	38.9
治理固体废物	Solid Wastes Treatment				0.6	0.4
治理噪音	Noise Abatement				0.1	0.1
其 他	Treatment of Other Pollution				27.5	57.0

2-5 国民经济和社会发展比例与效益指标
Indicators on Proportions and Efficiency in National Economic and Social Development

指　　标	Item	2005	2010	2015	2018	2019
人　口	Population					
出生率 (‰)	Birth Rate (‰)	10.02	9.73	10.10	10.67	10.55
死亡率 (‰)	Death Rate (‰)	6.01	6.01	6.28	6.24	6.28
自然增长率 (‰)	Natural Growth Rate (‰)	4.01	3.72	3.82	4.43	4.27
就　业	Employment					
城镇登记失业率 (%)	Registered Unemployment Rate in Urban Areas (%)	4.18	3.85	3.36	3.21	3.23
国民经济核算	National Accounting					
一、二、三产业增加值比例 (%)	Ratio of Value-added by Type of Industry(%)					
(第一产业＝100)	(Value added in Primary Industry=100)					
第一产业	Primary Industry	100.0	100.0	100.0	100.0	100.0
第二产业	Secondary Industry	431.9	535.7	541.6	612.8	601.8
第三产业	Tertiary Industry	380.0	404.2	477.2	595.4	593.8
人均生产总值 (元)	Per Capita GDP (yuan)	10357	26388	47301	62195	66649
财　政	Government Finance					
地方一般预算收入相当于生产总值比例 (%)	Proportion of Local General Bugetary Revenue to GDP (%)	7.2	9.7	11.5	9.4	8.9
一般预算支出相当于生产总值比例 (%)	Proportion of General Bugetary Expenditure to GDP (%)	16.7	22.5	24.4	22.1	22.2
利用外资	Utilization of Foreign Capital					
实际利用外资额相当于签订利用外资额比例 (%)	Proportion of Actually Utilization of Foreign Capital to Signed Utilization of Foreign Capital (%)	39.7	82.3	79.9	127.4	259.3
能　源	Energy					
能源生产弹性系数	Elasticity Ratio of Energy Production	1.14	1.15	0.42	1.20	0.09
能源消费弹性系数	Elasticity Ratio of Energy Consumption	0.99	0.72	0.61	0.35	0.75
单位GDP能耗下降率 (%)	Energy Consumption Per Unit of GDP (%)		3.64	3.21	4.89	1.39

注：能源生产和能源消费用等价值折算，GDP按不变价格计算。
a) Energy production and Energy consumption are converted on the basis of equal value.GDP are calculated at constant prices.

2-5 续表 1 continued

指 标	Item	2005	2010	2015	2018	2019
农 业	Agriculture					
人均耕地面积 (公顷)	Per Capita Cultivated Land (hectare)	0.08	0.08	0.08	0.08	0.08
每公顷耕地农业机械总动力(千瓦)	Total Power of Agricultural Machinery per Hectare of Cultivated Land (kw)	5.04	6.60	9.18	7.67	7.74
每公顷耕地化肥施用量 (公斤)	Chemical Fertilizer Consumption per Hectare of Cultivated Land (kg)	527	688	799	762	673
每公顷耕地生产的农业产值 (元)	Agricultural Output Value per Hectare of Cultivated Land (yuan)	26205	58349	97158	107474	117481
每公顷播种面积农产品产量(公斤)	Output of Farm Crops per Hectare of Sown Area (kg)					
粮 食	Grain	3300	3707	3990	4080	4105
棉 花	Cotton	1107	1366	1412	1431	1398
油 料	Oil-bearing Crops	1638	1860	2078	2144	2194
工 业	Industry					
总资产贡献率 (%)	Ratio of Total Assets to Industrial Output Value (%)	15.4	17.1	12.2	14.1	11.9
资产负债率 (%)	Assets-Liability Ratio (%)	62.2	56.8	56.0	53.9	54.0
流动资产周转次数 (次/年)	Number of Times of Annual of Turnover Circulating Funds (times/year)	1.7	1.7	2.1	1.9	1.9
成本费用利润率 (%)	Ratio of Profits to Industrial Cost (%)	14.5	16.1	8.4	12.2	10.5
建筑业	Construction					
产值利润率 (%)	Ratio of Per-tax Profits to Gross Output Value (%)	1.5	1.9	3.3	3.2	2.4
全员劳动生产率 (元/人)	Overall Labor Productivity (yuan/person)	135356	269553	374782	432961	460471
运输邮电通信业	Transportation, Postal and Telecommunication Services					
铁路网密度 (公里/平方公里)	Railway Density (km/sq.km)	0.016	0.019	0.022	0.025	0.030
公路网密度 (公里/平方公里)	Highway Density (km/sq.km)	0.265	0.717	0.827	0.862	0.876
铁路客运密度 (万人公里/公里)	Density of Passenger Traffic (10 000 person-km/km)	850.8	1004.4	1122.3	1060.3	893.5
铁路货运密度 (万吨公里/公里)	Railway Freight Traffic Density (10 000 ton-km/km)	2686.1	2863.5	3094.5	3326.8	2803.6
固定电话普及率 (部/百人)	Access to Fixed Telephones (set/100 persons)	23.28	20.93	19.07	16.84	16.73
移动电话普及率 (部/百人)	Access to Mobile Telephones (set/100 persons)	25.42	67.42	96.22	121.33	120.99

2–5 续表 2 continued

指　　标	Item	2005	2010	2015	2018	2019
国内商业	Domestic Trade					
人均消费品零售额 （元）	Per Capita Retail Sales of Consumer Goods (yuan)	3714	9049	18127	24705	26390
对外贸易	Foreign Trade					
进出口总值相当于生产总值比例 (%)	Proportion of Total Value of Imports and Exports to GDP (%)	9.8	8.3	10.6	14.7	13.6
金　融	Financial Intermediation					
金融机构存款相当于生产总值比例 (%)	Deposits of Financial Institutions as Percentage of GDP (%)	168.9	167.1	181.1	169.4	171.5
金融机构贷款相当于生产总值比例 (%)	Loans of Financial Institutions as Percentage of GDP (%)	104.3	101.9	121.6	127.4	132.3
教　育	Education					
每万人大学生数 （人）	Number of College and University Students per 10 000 Population (person)	181	248	290	273	289
文　化	Culture					
每万人有艺术表演团体 （个）	Number of Troupesper 10 000 Population (unit)	0.03	0.03	0.02	0.02	0.02
每万人有公共图书馆 （个）	Number of Public Libraries per 10 000 Population (unit)	0.03	0.03	0.03	0.03	0.03
每万人有博物馆 （个）	Number of Museums per 10 000 Population (unit)	0.02	0.03	0.07	0.08	0.08
广播电视	Radio and Television					
广播人口覆盖率 (%)	Radio Coverage of Population (%)	93.2	96.7	98.1	98.8	98.9
电视人口覆盖率 (%)	TV Coverage of Population (%)	94.4	97.7	98.7	99.3	99.4
卫　生	Health Care					
每万人医院数 （个）	Number of Hospitals per 10 000 Population (unit)	0.7	0.7	0.7	0.7	0.7
每万人医生数 （人）	Number of Doctors per 10 000 Population (person)	16	17	21	26	28
每万人医院床位数 （张）	Number of Hospital Beds per 10 000 Population (unit)	28	37	54	65	67
市政建设	Municipal Works					
城市供水普及率 (%)	Coverage Rate of Urban Population with Supply Water (%)	93.20	99.39	97.12	95.45	96.84
城市燃气普及率 (%)	Coverage Rate of Urban Population with Access to Gas (%)	79.80	90.39	94.73	96.74	97.80
人均公园绿地面积 （平方米）	Per Capita Public Green Area (sq.m)		10.67	12.57	11.73	11.62
灾　害	Disasters					
平均每起火灾损失 （元）	Average Loss of per Fire Disaster (yuan)	6253	18082	8252	10789	15525
平均每起交通事故损失 （元）	Average Loss of per Traffic Accident (yuan)	5197	5515	6922	7676	6803

2-6 人均工农业主要产品产量

Per Capita Output of Major Industrial and Agricultural Products

年 份 Year	粮 食 (公斤) Grain (kg)	棉 花 (公斤) Cotton (kg)	油 料 (公斤) Oil-bearing Crops (kg)	蔬 菜 (公斤) Vegetables (kg)	水 果 (公斤) Fruits (kg)	肉 类 (公斤) Meat (kg)	禽 蛋 (公斤) Poultry Eggs (kg)	水产品 (公斤) Aquatic Products (kg)
1978	289.3	3.8	2.0		12.1	5.1	0.9	0.1
1980	268.5	2.9	3.9		9.9	8.2	1.1	0.1
1985	319.0	1.4	10.0	99.6	11.2	10.1	3.8	0.2
1990	328.7	2.4	10.3	112.8	19.0	14.4	5.7	0.6
1995	261.2	1.1	10.9	103.8	81.2	22.7	11.5	1.1
2000	299.9	0.8	10.7	153.3	136.0	25.4	11.7	1.7
2001	267.7	1.4	10.3	144.0	146.4	26.4	11.6	1.7
2002	274.9	1.2	11.2	180.6	157.9	28.9	12.7	1.8
2003	264.1	1.4	11.3	193.3	169.4	31.1	13.4	1.8
2004	315.6	2.2	12.5	213.6	200.1	33.3	13.2	1.9
2005	309.2	2.1	12.3	236.0	207.8	36.4	13.2	2.0
2006	282.0	2.4	11.2	229.7	238.7	27.5	11.1	1.3
2007	289.4	2.3	10.5	250.3	251.6	25.9	11.7	1.4
2008	301.7	2.4	13.0	280.2	282.5	30.0	12.9	1.4
2009	308.7	1.9	14.2	322.8	300.9	26.5	12.9	1.5
2010	317.9	1.4	14.4	347.0	320.3	28.8	12.6	1.6
2011	322.9	1.3	15.0	359.1	340.9	27.0	13.5	2.2
2012	335.1	1.2	15.2	376.9	363.6	31.0	13.8	2.8
2013	322.1	0.9	14.7	395.3	371.8	32.9	14.7	3.3
2014	314.0	0.6	14.9	412.8	383.5	34.5	14.5	3.7
2015	318.4	0.5	15.0	426.4	397.7	34.8	15.3	4.6
2016	332.4	0.4	15.1	438.3	412.2	33.8	18.8	4.8
2017	312.3	0.3	15.6	453.4	434.3	29.7	15.7	4.8
2018	318.5	0.3	15.9	469.7	406.8	29.7	16.0	4.8
2019	318.1	0.2	15.5	490.3	447.9	28.3	16.6	4.9

2-6 续表 continued

年 份 Year	纱 (公斤) Yarn (kg)	布 (米) Cloth (m)	机制纸及纸板 (公斤) Machine-made Paper and Paperboard (kg)	原 煤 (公斤) Coal (kg)	原 油 (公斤) Crude Oil (kg)	发电量 (千瓦小时) Electricity (kwh)	粗 钢 (公斤) Crude Steel (kg)	水 泥 (公斤) Cement (kg)
1978	5.0	21.0	2.4	602.4	2.2	239.1	8.8	76.2
1980	5.3	23.4	3.2	635.7	3.0	280.7	8.7	81.4
1985	5.3	21.5	6.3	902.5	7.4	364.5	11.6	128.6
1990	4.6	22.4	12.9	1021.5	21.5	459.7	15.0	162.7
1995	4.0	22.6	24.6	1214.8	47.8	677.1	15.4	243.6
2000	4.3	19.8	6.6	962.0	205.6	749.9	14.8	272.5
2001	4.3	18.9	7.8	1242.1	251.0	831.8	19.0	304.3
2002	4.8	19.9	6.6	1602.0	290.8	939.2	24.0	363.2
2003	4.9	20.2	8.7	2016.0	345.6	1121.4	47.4	418.4
2004	5.1	20.3	14.2	2291.9	415.6	1308.2	60.0	489.7
2005	5.3	21.5	10.9	2933.3	482.5	1370.1	83.4	535.1
2006	5.1	21.1	13.8	4184.0	538.3	1562.6	105.2	643.0
2007	5.8	22.2	19.2	4944.9	611.8	1886.8	107.0	817.1
2008	5.9	19.9	19.8	6458.8	663.5	2264.3	82.1	965.0
2009	6.6	20.0	20.0	7954.6	724.2	2415.6	140.4	1199.4
2010	7.3	20.2	23.2	9679.8	808.7	2953.4	162.1	1464.4
2011	7.3	16.4	24.8	11002.2	862.7	3233.2	201.0	1720.0
2012	7.7	17.3	21.4	12781.8	941.2	3550.0	221.1	2015.2
2013	9.5	15.3	21.4	13338.9	981.3	3974.2	260.8	2273.7
2014	10.6	16.2	18.8	13797.1	999.6	4247.0	275.4	2409.8
2015	13.1	18.0	18.5	13801.5	987.5	4212.8	271.5	2267.5
2016	10.3	21.1	19.0	13451.2	921.0	4561.9	243.2	1986.9
2017	11.1	24.1	19.9	14895.3	912.6	4658.4	309.7	1955.0
2018	10.2	19.9	18.8	16188.5	914.2	4629.2	340.5	1628.8
2019	8.2	17.9	17.3	16385.6	915.6	5474.4	369.7	1710.9

2-7 各市(区)国民经济主要指标(2019年)

指标	Item	关中 Guanzhong	西安市 Xi'an
年底常住人口 (万人)	Number of Usual Residents in the Households Surveyed at Year-end (10 000 persons)	2459.12	1020.35
城镇非私营单位就业人员年末人数 (万人)	Number of Fully Employed Staff and Workers in Urban Non-private Units at Year-end (10 000 persons)	327.98	187.46
生产总值 (亿元)	Gross Domestic Product (100 million yuan)	16090.29	9321.19
房地产开发投资 (亿元)	Investment in Real Estate Development (100 million yuan)	3282.09	2464.78
地方一般预算收入 (亿元)	Local General Bugetary Revenue (100 million yuan)	997.55	702.56
一般预算支出 (亿元)	General Bugetary Expenditure (100 million yuan)	2622.85	1247.02
城镇非私营单位就业人员工资总额 (亿元)	Total Wages Bill of Fully Employed Staff and Workers in Urban Non-private Units (100 million yuan)	2592.43	1718.33
城镇非私营单位就业人员平均工资 (元)	Average Wage of Fully Employed Staff and Workers in Urban Non-private Units (yuan)		92584
城镇居民人均可支配收入 (元)	Per Capita Annual Disposable Income of Urban Households (yuan)		41850
农村居民人均可支配收入 (元)	Per Capita Annual Disposable Income of Rural Residents (yuan)		14588
农林牧渔业总产值 (亿元)	Gross Output Value of Agriculture, Forestry, Animal Husbandry and Fishery (100 million yuan)	1989.14	499.32
粮食产量 (万吨)	Grain (10 000 tons)	689.58	139.90
棉花产量 (吨)	Cotton (ton)	6520	122
油料产量 (万吨)	Oil-bearing Crops (10 000 tons)	12.03	0.67
规模以上工业总产值 (亿元)	Gross Industrial Output Value above Designated Size (100 million yuan)	14911.96	6252.54
邮电业务总量 (亿元)	Business Volume of Postal and Telecommunication Services (100 million yuan)	2449.35	1432.95
固定电话 (万户)	Number of Fixed Telephone Subscribers (10 000 subscribers)	443.85	276.41
移动电话 (万户)	Number of Mobile Telephone Subscribers (10 000 subscribers)	3167.49	1731.94
社会消费品零售总额 (亿元)	Total Retail Sales of Consumer Goods (100 million yuan)	7870.67	5140.93
进出口总值 (亿元)	Total Value of Imports and Exports (100 million yuan)	3445.25	3243.06
# 出口总值	Exports	1828.21	1730.21
实际利用外商直接投资额 (万美元)	Actually Utilized Value of Direct Investments (USD 10 000)	699666	665666
卫生机构数 (个)	Health Care Institutions (unit)	19547	7011
卫生机构床位数 (张)	Number of Beds (unit)	171683	72549
卫生技术人员 (人)	Medical Technical Personnel (person)	295455	136333

注：本表价值量指标中，除邮电业务总量按不变价格计算，其余均按当年价格计算。

Main Indicators on National Economic by City(District)(2019)

					陕　南				陕　北		
铜川市 Tongchuan	宝鸡市 Baoji	咸阳市 Xianyang	渭南市 Weinan	杨凌示范区 Yangling	Southern Shaanxi	汉中市 Hanzhong	安康市 Ankang	商洛市 Shangluo	Northern Shaanxi	延安市 Yan'an	榆林市 Yulin
78.01	376.10	435.62	527.81	21.23	849.10	343.70	267.49	237.91	567.99	225.57	342.42
11.76	40.24	42.77	41.69	4.06	69.49	28.92	21.24	19.33	83.72	34.85	48.87
354.72	2223.81	2195.33	1828.47	166.77	3566.86	1547.59	1182.06	837.21	5800.17	1663.89	4136.28
29.08	272.51	186.95	284.88	43.89	344.22	154.07	162.77	27.38	277.35	156.27	121.08
24.12	87.98	89.10	86.01	7.78	97.75	49.09	27.70	20.96	561.56	155.93	405.63
123.59	350.22	403.76	467.31	30.95	1051.19	383.90	368.72	298.57	1190.70	447.18	743.52
72.62	259.15	261.92	251.28	29.13	426.86	186.92	132.12	107.82	614.31	245.16	369.15
61906	64358	62178	61623	71920		65518	62833	56628		70541	76576
32504	34446	36187	33674	37994		32828	27016	25503		34888	33904
10229	13094	11918	12775	13570		11098	10475	10025		11876	13226
48.30	317.62	531.54	577.69	14.66	842.71	401.78	247.86	193.07	700.80	261.07	439.73
28.67	132.36	160.32	226.86	1.47	231.65	106.06	76.44	49.15	336.05	70.57	265.48
	34	7	6357		337	206	127	4	776	511	265
0.22	1.87	2.82	6.34	0.11	35.00	18.64	14.23	2.13	13.08	1.20	11.88
355.20	3354.08	2760.08	2004.48	185.58	4574.39	1379.24	1869.90	1325.25	6540.01	1736.79	4803.22
56.14	256.59	361.86	341.81		541.76	222.47	189.89	129.40	569.51	225.60	343.91
8.02	54.05	39.87	65.50		101.12	47.55	34.77	18.80	96.77	38.53	58.24
79.87	368.79	485.41	501.48		771.43	333.31	257.53	180.59	701.56	272.42	429.14
156.50	904.31	900.39	718.81	49.72	1235.61	554.33	466.66	214.62	1106.75	411.13	695.62
3.91	83.98	89.30	14.08	10.93	36.83	10.12	8.82	17.90	33.67	24.19	9.48
3.21	43.80	33.35	11.69	5.96	35.44	9.15	8.65	17.64	9.61	1.32	8.30
4004	11088	10019	5048	3841	15318	5427	4830	5061	15383	3887	11496
871	2890	4329	4251	195	9400	3691	2927	2782	6457	2631	3826
6585	27625	29937	33279	1708	57768	25377	17405	14986	36363	14560	21803
11852	40223	52220	52033	2794	79060	33536	24368	21156	61041	24298	36743

a) Figures in value terms in this table are at current prices, except that on the business volume of postal and telecommunication services which is at constant prices.

2-8 按国民经济行业分的法人单位数
Number of Legal Entites by Sector

单位：个 (unit)

行业	Sector	2018年 法人单位数 Number of Legal Entites	2018年 #企业法人 Business Entity	2019年 法人单位数 Number of Legal Entites	2019年 #企业法人 Business Entity
全省总计	**Total**	**531076**	**421613**	**599136**	**454525**
农、林、牧、渔业	Agriculture, Forestry, Animal Husbandry and Fishery	6065	2013	55975	16432
农业	Farming	10	6	25689	6394
林业	Forestry	3	2	3350	1432
畜牧业	Animal Husbandry	7	7	19699	5959
渔业	Fishery			1139	531
农、林、牧、渔专业及辅助性活动	Agriculture, Forestry, Animal Husbandry and Fishery Professional and Supporting Activities	6045	1998	6098	2116
采矿业	Mining	4418	4418	4674	4674
煤炭开采和洗选业	Mining and Washing of Coal	1002	1002	1026	1026
石油和天然气开采业	Extraction of Petroleum and Natural Gas	28	28	39	39
黑色金属矿采选业	Mining and Processing of Ferrous Metal Ores	236	236	239	239
有色金属矿采选业	Mining and Processing of Non-Ferrous Metal Ores	260	260	299	299
非金属矿采选业	Mining and Processing of Non-metal Ores	916	916	972	972
开采专业及辅助性活动	Professional and Support Activities for Mining	1866	1866	1989	1989
其他采矿业	Mining of Other Ores	110	110	110	110
制造业	Manufacturing	41926	40848	44216	43094
农副食品加工业	Processing of Food from Agricultural Products	3455	2950	3486	2985
食品制造业	Manufacture of Foods	1900	1693	1992	1786
酒、饮料和精制茶制造业	Manufacture of Liquor, Beverages and Refined Tea	1873	1694	1908	1726
烟草制品业	Manufacture of Tobacco	8	8	8	8
纺织业	Manufacture of Textile	497	475	520	499
纺织服装、服饰业	Manufacture of Textile, Wearing Apparel and Accessories	594	591	645	641
皮革、毛皮、羽毛及其制品和制鞋业	Manufacture of Leather, Fur, Feather and Related Products and Footwear	92	89	104	101
木材加工和木、竹、藤、棕、草制品业	Processing of Timber, Manufacture of Wood, Bamboo, Rattan,Palm and Straw Products	927	906	1080	1023
家具制造业	Manufacture of Furniture	915	913	935	933
造纸和纸制品业	Manufacture of Paper and Paper Products	732	728	773	769
印刷和记录媒介复制业	Printing and Reproduction of Recording Media	1171	1171	1229	1229
文教、工美、体育和娱乐用品制造业	Manufacture of Articles for Culture,Education,Arts and Crafts, Sport and Entertainment Activities	902	818	960	872
石油、煤炭及其他燃料加工业	Processing of Petroleum, Coal and Other Fuel	421	421	461	461
化学原料和化学制品制造业	Manufacture of Raw Chemical Materials and Chemical Products	1940	1928	2047	2033
医药制造业	Manufacture of Medicines	710	698	782	769
化学纤维制造业	Manufacture of Chemical Fibres	27	27	27	27
橡胶和塑料制品业	Manufacture of Rubber and Plastics Products	1421	1418	1460	1457
非金属矿物制品业	Manufacture of Non-metallic Mineral Products	5608	5606	5903	5900
黑色金属冶炼和压延加工业	Smelting and Pressing of Ferrous Metals	325	325	350	350
有色金属冶炼和压延加工业	Smelting and Pressing of Non-ferrous Metals	1150	1150	1317	1317

注：本表2018年数据为第四次全国经济普查数据，不包含单纯从事农、林、牧、渔业的法人单位。
a)The data in this table in 2018 are the data of the fourth national economic census,excluding the legal entities engaged solely in agriculture,forestry, animal husbandry and fishery.

2-8 续表 1 continued

单位：个 (unit)

行业	Sector	2018年 法人单位数 Number of Legal Entites	2018年 #企业法人 Business Entity	2019年 法人单位数 Number of Legal Entites	2019年 #企业法人 Business Entity
金属制品业	Manufacture of Metal Products	2925	2924	3100	3098
通用设备制造业	Manufacture of General Purpose Machinery	4713	4713	4928	4928
专用设备制造业	Manufacture of Special Purpose Machinery	2622	2618	2842	2837
汽车制造业	Manufacture of Automobiles	559	559	610	610
铁路、船舶、航空航天和其他运输设备制造业	Manufacture of Railway, Ship, Aerospace and Other Transport Equipments	512	512	528	528
电气机械和器材制造业	Manufacture of Electrical Machinery and Apparatus	1899	1899	2015	2015
计算机、通信和其他电子设备制造业	Manufacture of Computers, Communication and Other Electronic Equipment	1422	1422	1492	1492
仪器仪表制造业	Manufacture of Measuring Instruments and Machinery	801	801	825	825
其他制造业	Other Manufacture	246	244	271	269
废弃资源综合利用业	Utilization of Waste Resources	343	341	392	390
金属制品、机械和设备修理业	Repair Service of Metal Products, Machinery and Equipment	1216	1206	1226	1216
电力、热力、燃气及水生产和供应业	Production and Supply of Electricity, Heat, Gas and Water	3229	3163	3384	3318
电力、热力生产和供应业	Production and Supply of Electric Power and Heat Power	2092	2053	2205	2165
燃气生产和供应业	Production and Supply of Gas	358	356	385	383
水的生产和供应业	Production and Supply of Water	779	754	794	770
建筑业	Construction	57251	57251	60962	60961
房屋建筑业	Construction of Buildings	15168	15168	16035	16035
土木工程建筑业	Civil Engineering	14734	14734	16023	16023
建筑安装业	Building Installation	7738	7738	7909	7909
建筑装饰、装修和其他建筑业	Building Decoration and Other Constructions	19611	19611	20995	20994
批发和零售业	Wholesale and Retail Trades	147183	137515	152792	142928
批发业	Wholesale Trade	67452	59878	69892	62204
零售业	Retail Trade	79731	77637	82900	80724
交通运输、仓储和邮政业	Transport, Storage and Post	13397	12261	13675	12575
铁路运输业	Railway Transport	1	1	53	53
道路运输业	Road Transport	9258	8957	9363	9067
水上运输业	Water Transport	26	22	25	21
航空运输业	Air Transport	92	90	98	96
管道运输业	Transport Via Pipelines	10	10	10	10
多式联运和运输代理业	Multimodal Transport and Forwarding Agency	815	813	957	955
装卸搬运和仓储业	Loading, Unloading and Storage	2533	1715	2492	1705
邮政业	Post	662	653	677	668
住宿和餐饮业	Hotels and Catering Services	11321	11295	11667	11638
住宿业	Hotels	4124	4118	4212	4205
餐饮业	Catering Services	7197	7177	7455	7433
信息传输、软件和信息技术服务业	Information Transmission, Software and Information Technology	20798	20617	21274	21088
电信、广播电视和卫星传输服务	Telecommunication, Radio and Television and Satellite Transmission Service	1312	1246	1295	1231
互联网和相关服务	Internet and Related Service	3876	3839	3950	3913
软件和信息技术服务业	Software and Information Technology	15610	15532	16029	15944

2-8 续表 2 continued

单位：个 (unit)

行业	Sector	2018年 法人单位数 Number of Legal Entites	2018年 #企业法人 Business Entity	2019年 法人单位数 Number of Legal Entites	2019年 #企业法人 Business Entity
金融业	Financial Intermediation	1261	1240	2406	2375
货币金融服务	Monetary and Financial Service	659	640	1019	992
资本市场服务	Capital Market Service	218	218	480	479
保险业	Insurance	78	78	530	530
其他金融业	Other Financial Activities	306	304	377	374
房地产业	Real Estate	19993	19931	21017	20960
房地产业	Real Estate	19993	19931	21017	20960
租赁和商务服务业	Leasing and Business Services	57625	51754	58911	53345
租赁业	Leasing	6455	6317	6639	6509
商务服务业	Business Services	51170	45437	52272	46836
科学研究和技术服务业	Scientific Research and Technical Services	28134	24361	28562	24736
研究和试验发展	Research and Experimental Development	3128	2862	3129	2864
专业技术服务业	Professional Technical Services	16009	14573	16239	14853
科技推广和应用服务业	Science and Technology Popularization and Application Services	8997	6926	9194	7019
水利、环境和公共设施管理业	Management of Water Conservancy, Environment and Public Facilities	5486	4085	6001	4612
水利管理业	Management of Water Conservancy	872	192	882	205
生态保护和环境治理业	Ecological Protection and Environmental Treatment	674	487	725	546
公共设施管理业	Management of Public Facilities	3730	3277	4006	3552
土地管理业	Management of Land	210	129	388	309
居民服务、修理和其他服务业	Service to Households, Repair and Other Services	13423	13128	14017	13708
居民服务业	Service to Households	5342	5101	5284	5037
机动车、电子产品和日用产品修理业	Repair of Motor Vehicle, Electronics and Household Products	6215	6200	6313	6299
其他服务业	Other Services	1866	1827	2420	2372
教　育	Education	20247	3982	20511	4302
教　育	Education	20247	3982	20511	4302
卫生和社会工作	Health and Social Services	11463	1784	11512	1830
卫　生	Health	9796	1520	9824	1554
社会工作	Social Service	1667	264	1688	276
文化、体育和娱乐业	Culture, Sports and Entertainment	13799	11967	13752	11949
新闻和出版业	Journalism and Publishing Activities	225	159	245	177
广播、电视、电影和录音制作业	Radio, Television, Movies and Recordings Production Services	2001	1880	2096	1989
文化艺术业	Cultural and Art Activities	3755	2530	3734	2528
体　育	Sports Activities	1124	943	1161	975
娱乐业	Entertainment	6694	6455	6516	6280
公共管理、社会保障和社会组织	Public Management, Social Security and Social Organization	54057		53828	
中国共产党机关	Organs of Communist Party of China	1527		1499	
国家机构	Government Agencies	14828		14700	
人民政协、民主党派	People's Political Consultative Conference and Democratic Parties	196		193	
社会保障	Social Security	485		487	
群众团体、社会团体和其他成员组织	Non-Governmental Organizations, Social Organizations and Membership Organizations	16548		16661	
基层群众自治组织	Grass Roots Self-Governing Organizations	20473		20288	

2-9 各市、县(市、区)法人单位数
Number of Legal Entites by City and County (City and District)

单位：个 (unit)

地 区	Region	2018	2019	地 区	Region	2018	2019
全 省	**Shaanxi**	**531076**	**599136**	千阳县	Qianyang	1230	1569
西安市	**Xi'an**	**245683**	**254841**	麟游县	Linyou	909	1458
新城区	Xincheng	10768	10791	凤 县	Fengxian	924	1213
碑林区	Beilin	24029	23728	太白县	Taibai	991	1067
莲湖区	Lianhu	19533	19230	**咸阳市**	**Xianyang**	**34999**	**40024**
灞桥区	Baqiao	14601	14645	秦都区	Qindu	5650	5753
未央区	Weiyang	51922	54817	渭城区	Weicheng	2216	2613
雁塔区	Yanta	62483	65034	三原县	Sanyuan	4445	4648
阎良区	Yanliang	3602	3634	泾阳县	Jingyang	1686	2368
临潼区	Lintong	5085	5684	乾 县	Qianxian	2726	3165
长安区	Chang'an	12409	12747	礼泉县	Liquan	3059	3900
高陵区	Gaoling	5362	5721	永寿县	Yongshou	1514	1808
鄠邑区	Huyi	6645	7219	长武县	Changwu	1213	1621
蓝田县	Lantian	3628	4117	旬邑县	Xunyi	1704	1947
周至县	Zhouzhi	5088	6380	淳化县	Chunhua	1571	1884
西咸新区	Xixian	20528	21094	武功县	Wugong	2813	3253
铜川市	**Tongchuan**	**10337**	**12683**	兴平市	Xingping	3796	3888
王益区	Wangyi	1897	2157	彬州市	Binzhou	2606	3176
印台区	Yintai	1470	1685	**渭南市**	**Weinan**	**38658**	**45764**
耀州区	Yaozhou	5821	7410	临渭区	Linwei	10496	12341
宜君县	Yijun	1149	1431	华州区	Huazhou	2004	2448
宝鸡市	**Baoji**	**39096**	**48779**	潼关县	Tongguan	842	1112
渭滨区	Weibin	10473	12027	大荔县	Dali	3579	4408
金台区	Jintai	7393	8836	合阳县	Heyang	2648	3144
陈仓区	Chencang	3754	4863	澄城县	Chengcheng	2428	3229
凤翔县	Fengxiang	3180	4552	蒲城县	Pucheng	4174	5255
岐山县	Qishan	2772	3422	白水县	Baishui	1929	2135
扶风县	Fufeng	2718	3325	富平县	Fuping	3220	4182
眉 县	Meixian	3211	4518	韩城市	Hancheng	5274	5282
陇 县	Longxian	1541	1929	华阴市	Huayin	2064	2228

2–9 续表 continued

单位：个 (unit)

地 区	Region	2018	2019	地 区	Region	2018	2019
延安市	**Yan'an**	**35668**	**38288**	靖边县	Jingbian	5652	7223
宝塔区	Baota	15239	15732	定边县	Dingbian	3334	4606
安塞区	Ansai	1531	2106	绥德县	Suide	1942	2914
延长县	Yanchang	1530	1667	米脂县	Mizhi	1630	2113
延川县	Yanchuan	1546	1947	佳 县	Jiaxian	2745	2804
志丹县	Zhidan	2090	2198	吴堡县	Wubu	1110	1354
吴起县	Wuqi	1878	2188	清涧县	Qingjian	1977	2563
甘泉县	Ganquan	1046	1121	子洲县	Zizhou	2386	2918
富 县	Fuxian	1816	1881	神木市	Shenmu	6195	7557
洛川县	Luochuan	2906	2886	**安康市**	**Ankang**	**26063**	**35095**
宜川县	Yichuan	1201	1350	汉滨区	Hanbin	9591	13353
黄龙县	Huanglong	771	918	汉阴县	Hanyin	2589	3214
黄陵县	Huangling	1528	1645	石泉县	Shiquan	2409	2644
子长市	Zichang	2586	2649	宁陕县	Ningshan	755	1145
汉中市	**Hanzhong**	**31123**	**37768**	紫阳县	Ziyang	1838	2389
汉台区	Hantai	8830	10154	岚皋县	Langao	1440	2134
南郑区	Nanzheng	3252	3600	平利县	Pingli	1517	2180
城固县	Chenggu	3374	3969	镇坪县	Zhenping	1048	1505
洋 县	Yangxian	3357	3992	旬阳县	Xunyang	3532	4573
西乡县	Xixiang	2495	3085	白河县	Baihe	1344	1958
勉 县	Mianxian	3035	3712	**商洛市**	**Shangluo**	**16264**	**22715**
宁强县	Ningqiang	1919	2652	商州区	Shangzhou	3678	4329
略阳县	Lueyang	1593	2515	洛南县	Luonan	2560	3625
镇巴县	Zhenba	1721	2414	丹凤县	Danfeng	2217	2889
留坝县	Liuba	908	917	商南县	Shangnan	1810	2402
佛坪县	Foping	639	758	山阳县	Shanyang	2729	3811
榆林市	**Yulin**	**48833**	**58475**	镇安县	Zhen'an	2030	3997
榆阳区	Yuyang	13223	15308	柞水县	Zhashui	1240	1662
横山区	Hengshan	2862	2950	**杨凌示范区**	**Yangling**	**4352**	**4704**
府谷县	Fugu	5777	6165				

主要统计指标解释

平均增长速度　平均增长速度表明社会经济现象在一个较长的时期内逐期平均增长变化的程度，它不能根据各个环比增长速度直接求得，但与平均发展速度之间存在着一定的数量关系：平均增长速度=平均发展速度－1。

平均发展速度是一种根据环比发展速度计算的序时平均数，由于各时期对比的基础不同，所以计算平均发展速度不能采用一般的序时平均数的计算方法，计算方法分为水平法和累计法。水平法，又称几何平均法，即将环比发展速度按连乘法用几何平均数公式计算。累计法，也称方程法，根据一段时期内各年发展水平总和与基期水平的关系，列出方程式计算平均发展速度。水平法着重考虑最后一年所达到的发展水平；累计法着重考虑整个时期累计发展水平的总量。

本《年鉴》内所列的平均增长速度，除固定资产投资用“累计法”计算外，其余均用“水平法”计算。从某年到某年平均增长速度的年份，均不包括基期年在内。如建国六十年以来的平均增长速度是以 1949 年为基期计算的，则写为1950-2009 年平均增长速度，其余类推。

国民经济行业分类　自 2012 年定期报表开始使用新的《国民经济行业分类》(GB/T4754-2011)。该分类是由国家统计局组织修订，国家质量监督检验检疫总局和中国国家标准化管理委员会于2011年4月29日发布。这次修订是在2002年分类标准的基础上，参照联合国《全部经济活动的国际标准产业分类》(ISIC/Rev.4) 进行的。修订后的《国民经济行业分类》(GB/T4754-2012) 共有门类 20 个，大类 96 个，中类 432 个，小类 1094 个。

企业(单位)登记注册类型　是以在工商行政管理机关登记注册的各类企业为划分对象，以工商行政管理部门对企业登记注册的类型为依据，将企业登记注册类型分为内资企业、港澳台商投资企业和外商投资企业三大类。内资企业包括国有企业、集体企业、股份合作企业、联营企业、有限责任公司、股份有限公司、私营公司和其他企业；港澳台商投资企业和外商投资企业分别包括合资经营企业、合作经营企业、独资经营企业和股份有限公司。对不在工商行政管理部门进行登记注册的行政机关、事业单位和社会团体，主要按其经费来源和管理方式进行划分。

国有企业　指企业全部资产归国家所有，并按《中华人民共和国企业法人登记管理条例》规定登记注册的非公司制的经济组织。不包括有限责任公司中的国有独资公司。

集体企业　指企业资产归集体所有，并按《中华人民共和国企业法人登记管理条例》规定登记注册的经济组织。

股份合作企业　指以合作制为基础，由企业职工共同出资入股，吸收一定比例的社会资产投资组建，实行自主经营，自负盈亏，共同劳动，民主管理，按劳分配与按股分红相结合的一种集体经济组织。

联营企业　指两个及两个以上相同或不同所有制性质的企业法人或事业单位法人，按自愿、平等、互利的原则，共同投资组成的经济组织。联营企业包括国有联营企业、集体联营企业、国有与集体联营企业和其他联营企业。

有限责任公司　指根据《中华人民共和国公司登记管理条例》规定登记注册，由两个以上、五十个以下的股东共同出资，每个股东以其所认缴的出资额对公司承担有限责任，公司以其全部资产对其债务承担责任的经济组织。有限责任公司包括国有独资公司以及其他有限责任公司。

股份有限公司　指根据《中华人民共和国公司登记管理条例》规定登记注册，其全部注册资本由等额股份构成并通过发行股票筹集资本，股东以其认购的股份对公司承担有限责任，公司以其全部资产对其债务承担责任的经济组织。

私营企业　指由自然人投资设立或由自然人控股，以雇佣劳动为基础的营利性经济组织。包括按照《公司法》、《合伙企业法》、《私营企业暂行条例》规定登记注册的私营有限责任公司、私营股份有限公司、私营合伙企业和私营独资企业。

其他企业　指上述企业之外的其他内资经济组织。

与港澳台商合资经营企业　指港澳台地区投资者与内地企业依照《中华人民共和国中外合资经营企业法》及有关法律的规定，按合同规定的比例投资设立、分享利润和分担风险的企业。

与港澳台商合作经营企业　指港澳台地区投资者与内地企业依照《中华人民共和国中外合作经营企业法》及有关法律的规定，依照合作合同的约定进行投资或提供条件设立、分配利润和分担风险的企业。

港澳台商独资经营企业　指依照《中华人民共和国外资企业法》及有关法律的规定，在内地由港澳台地区投资者全额投资设立的企业。

港澳台商投资股份有限公司　指根据国家有关规定，经原外经贸部依法批准设立，其中港、澳、台商的股本占公司注册资本的比例达 25% 以上的股份有限公司。凡其中港、澳、台商的股本占公司注册资本的比例小于 25%的，属于内资企业中的股份有限公司。

中外合资经营企业　指外国企业或外国人与中国内地企业依照《中华人民共和国中外合资经营企业法》及有关法律的规定，按合同规定的比例投资设立、分享利润和分担风险的企业。

中外合作经营企业　指外国企业或外国人与中国内地企业依照《中华人民共和国中外合作经营企业法》及有关法律的规定，依照合作合同的约定进行投资或提供条件设立、分配利润和分担风险的企业。

外资企业　指依照《中华人民共和国外资企业法》及有关法律的规定，在中国内地由外国投资者全额投资设立的企业。

外商投资股份有限公司 指根据国家有关规定，经原外经贸部依法批准设立，其中外资的股本占公司注册资本的比例达 25% 以上的股份有限公司。凡其中外资股本占公司注册资本的比例小于 25%的，属于内资企业中的股份有限公司。

法人单位 指有权拥有资产、承担负债，并独立从事社会经济活动（或与其他单位进行交易）的组织。法人单位应同时具备以下条件：（1）依法成立，有自己的名称、组织机构和场所，能够独立承担民事责任；（2）独立拥有（或授权使用）资产或者经费，承担负债，有权与其他单位签订合同；（3）具有包括资产负债表在内的账户，或者能够根据需要编制账户。

Explanatory Notes on Main Statistical Indicators

Average Annual Growth Rate shows the average growth rate of social and economic development during a longer period. It can not be directly calculated by chain based growth rate. The relation is:

Average Annual Growth Rate = Average Speed of Development – 1

Average speed of development is the time series average of speed which calculated by chain based. Because the reference bases during the different periods are not same, average speed of development can not be calculated by the general method. Level approach and accumulative approach for calculating average speed of development rate are applied. The "level approach", or the method of calculating the geometric average, is derived by the formula of geometric average of the chain-based speeds of development, or comparing the level of the last year of the interval with that of the beginning year; the other is called the "accumulative approach" or the "algebraic average", "equation" method, which is derived by the summation of the actual figure of each year in the interval divided by the figure in the base year. The level approach focuses on the level of the last year, while the accumulative approach emphasizes the aggregate development in the duration.

The average annual growth rates listed in the Yearbook are calculated by the level approach except for the growth rate of investment in fixed assets. The base year is not listed in the duration for which average annual growth rates are computed. For instance, the average annual growth rate of the 60 years since 1949 is shown as the average annual growth rate of 1950-2009 without showing the base year 1949.

Industrial Classification of the National Economy The new *Industrial Classification of the National Economy* (GB/T 4754-2011) is introduced starting from the compilation of 2012 annual statistics. The revision, based on the 2002 classification, was organized by the National Bureau of Statistics taking into consideration of the *International Standards of the Industrial Classification of All Economic Activities* (ISIC/Rev.4) of the United Nations. The new Classification was promulgated by the National Administration of Quality Supervision, Inspection and Quarantine and the Standardization Administration of the People's Republic of China on April 29, 2011. The revised version of the *Industrial Classification of the National Economy* (GB/T 4754-2012) is composed of 20 sections, 96 divisions, 432 groups and 1094 classes.

Registration Status of Enterprises Enterprises are classified into 3 categories, namely domestic-funded enterprises, enterprises with investment from Hong Kong, Macau and Taiwan, and enterprises with foreign investment, according to the registration status of an enterprise in industrial and commercial administration agencies. Domestic-funded enterprises include State-owned enterprises, collective-owned enterprises, cooperative enterprises, joint ownership enterprises, limited liability corporations, share-holding corporations Ltd., private enterprises and other enterprises. Included in the enterprises with investment from Hong Kong, Macau and Taiwan and enterprises with foreign investment are joint-venture enterprises, cooperative enterprises, sole investment enterprises and share-holding corporations Ltd. For government agencies, institutions and social organizations which are not registered in industrial and commercial administration agencies, they are classified mainly by their sources of funding and manner of management.

State-owned Enterprises refer to non-corporation economic units where the entire assets are owned by the State and which have been registered in accordance with the *Regulation of the People's Republic of China on the Management of Registration of Corporate Enterprises*. Not included from this category are solely State-funded corporations in the limited liability corporations.

Collective-owned Enterprises refer to economic units where the assets are owned collectively and which have been registered in accordance with the *Regulation of the People's Republic of China on the Management of Registration of Corporate Enterprises*.

Cooperative Enterprises refer to a form of collective economic units (enterprises) where capitals come mainly from employees as their shares, with certain proportion of capital from the outside, where production is organized on the basis of independent operation, independent accounting for profits and losses, joint work, democratic management, and a distribution system that integrates remuneration according to work with dividend according to capital share.

Joint Ownership Enterprises refer to economic units established by two or more corporate enterprises or corporate institutions of the same or different ownership, through joint investment on the basis of voluntary participation, equality, and mutual benefits. They include State joint ownership enterprises; collective joint ownership enterprises; joint State-collective enterprises; and other joint ownership enterprises.

Limited Liability Corporations refer to economic units established with investment from 2-50 investors and registered in accordance with the *Regulation of the People's Republic of China on the Management of Registration of Corporations*, each investor bearing limited liability to the corporation depending on its share of investment, and the corporation bearing liability to its debt to the maximum of its total assets. Limited liability corporations include solely State-funded limited liability corporations and other limited liability corporations.

Share-holding Corporations Ltd. refer to economic units registered in accordance with the *Regulation of the People's Republic of China on the Management of Registration* *of Corporations*, with total registered capital divided into equal shares and raised through issuing stocks. Each investor bears limited liability to the corporation depending on the holding of shares, and the corporation bears liability to its debt to the maximum of its total assets.

Private Enterprises refer to profit-making economic units invested and established by natural persons, or controlled by natural persons using employed labour. Included in this category are private limited liability corporations, private share-holding corporations Ltd., private partnership enterprises and private-funded enterprises registered in accordance with the *Company Law*, *the Law on Partnership Business* and *Interim Regulations on Private Enterprises* .

Other Domestic-funded Enterprises refer to domestic-funded economic units other than those mentioned above.

Joint Venture Enterprises with Funds from Hong Kong, Macau and Taiwan are enterprises established by investors from Hong Kong, Macau and Taiwan with enterprises in the mainland of China in accordance with the *Law of the People's Republic of China on Sino-foreign Equity Joint Ventures* and other relevant laws, where the establishment of the investment and the sharing of profits and risks are stipulated under joint venture contracts.

Cooperative Enterprises with Funds from Hong Kong, Macau and Taiwan established by investors from Hong Kong, Macau and Taiwan with enterprises in the mainland of China in accordance with the *Law of the People's Republic of China on Sino-foreign Contractual Joint Venture* and other relevant laws, where the investment or provision of facilities and the sharing of profits and risks are stipulated under cooperative contracts.

Enterprises with Sole (exclusive) Investment from Hong Kong, Macau and Taiwan refer to enterprises established in the mainland of China with exclusive investment from investors from Hong Kong, Macau and Taiwan in accordance with the *Law of the People's Republic of China on Wholly Foreign-owned Enterprises* and other relevant laws.

Share-holding Corporations Ltd. with Investment from Hong Kong, Macau and Taiwan refer to share-holding corporations Ltd. established with the approval from the former Ministry of Foreign Trade and Economic Relations in line with relevant State regulations, where the share of investment from Hong Kong, Macau or Taiwan businessmen exceeds 25% of the total registered capital of the corporation. In case the share of investment from Hong Kong, Macau or Taiwan is less than 25% of the total registered capital, the enterprise is to be classified as domestic-funded share-holding corporation Ltd.

Joint Venture Enterprises with Foreign Investment refer to enterprises jointly established by foreign enterprises or foreigners with enterprises in the mainland of China in accordance with the *Law of the People's Republic of China on Sino-foreign Equity Joint Ventures* and other relevant laws, where the sharing of investment, profits and risks is stipulated under contract.

Cooperative Enterprises with Foreign Investment refer to enterprises jointly established by foreign enterprises or foreigners with enterprises in the mainland of China in accordance with the *Law of the People's Republic of China on Sino-foreign Contractual Joint Venture* and other relevant laws, where the investment or provision of facilities and the sharing of profits and risks are stipulated under cooperative contracts.

Enterprises with Sole (exclusive) Foreign Investment refer to enterprises established in the mainland of China with exclusive investment from foreign investors in accordance with the *Law of the People's Republic of China on Wholly Foreign-owned Enterprises* and other relevant laws.

Share-holding Corporations Ltd. with Foreign Investment refer to share-holding corporations Ltd. established with the approval from the former Ministry of Foreign Trade and Economic Relations in line with relevant State regulations, where the share of investment from foreign investors exceeds 25% of the total registered capital of the corporation. In case the share of foreign investment is less than 25% of the total registered capital, the enterprise is to be classified as domestic-funded share-holding corporation Ltd.

Industrial Activity Unit refer to any organization of part of an organization located at one site and conducting one or mainly conducting one social and economic activity. An industrial activity unit shall meet all of such conditions as: (1) conducting one or mainly conducting one economic activity at one site; (2) organizing production, operation or business activities in a relatively independent manner; (3) capable of providing relevant data such as income and payment.

三、国民经济核算

National Accounts

资料整理：孙小芳　何晓红　萨　慧
王阿耕　杨利强　肖　坤

简 要 说 明

一、本篇资料反映陕西国民经济核算情况。

二、国民经济核算资料主要包括生产总值及其有关资料。生产总值是根据不同产业部门、不同支出构成的特点和资料来源情况而采用不同方法计算的。

三、本年鉴公布的生产总值以及与之有关的指标数据，如果遇到普查或者重大核算方法改革，在能够获得更详细的基础资料的情况下，生产总值的历史数据还会发生变动。2018年第四次经济普查后对历史数据进行了修订，本年鉴中的数据是修订后的数据。

四、2012年，根据国家质检总局和国家标准委颁布的《国民经济行业分类》（GB/T 4754—2011），国家统计局对《三次产业划分规定》进行了修订，将“农、林、牧、渔业”中的“农、林、牧、渔服务业”，“采矿业”中的“开采辅助活动”，“制造业”中的“金属制品、机械和设备修理业”等三个大类一并调入第三产业。

五、国民经济核算数据绝对数按当年价格计算，速度按可比价格计算。

Brief Introduction

Ⅰ. This chapter reflects the national accounts of Shaanxi Province.

Ⅱ. The data on national accounts mainly include gross domestic product (GDP) and related data. Data on GDP are calculated with various approaches in accordance with the features of various industrial sectors, various expenditure structures and the data resources.

III. Data on GDP and related indicators published in the Yearbook. Where a census has been conducted, or method of siganificant accounting methods is reformed, historical data of GDP of the previous years may also undergo change. Historical data were revised after the fourth economic Census in 2018, and the data in this yearbook are revised.

IV. “Classification Rules of Three Strata of Industry” was adjusted by National Bureau of Statistics of China in accordance with “Industrial Classification for National Economic Activities” (GB/T 4754—2011) in 2012, which was promulgated by AQSIQ and SAC. Services in support of agriculture, forestry, animal husbandry and fishery, support activities for mining, repair service of metal products, machinery and equipment are categorized into tertiary industry.

Ⅴ. The data on national accounts are calculated at current prices, and the growth rates are calculated at constant prices.

3.国民经济核算

2019年全省				
生产总值	25793.17	亿元	比上年增长	6.0%
第一产业	1990.93	亿元	比上年增长	4.4%
第二产业	11980.75	亿元	比上年增长	5.7%
第三产业	11821.49	亿元	比上年增长	6.5%
人均生产总值	66649	元	比上年增长	5.4%

生产总值构成

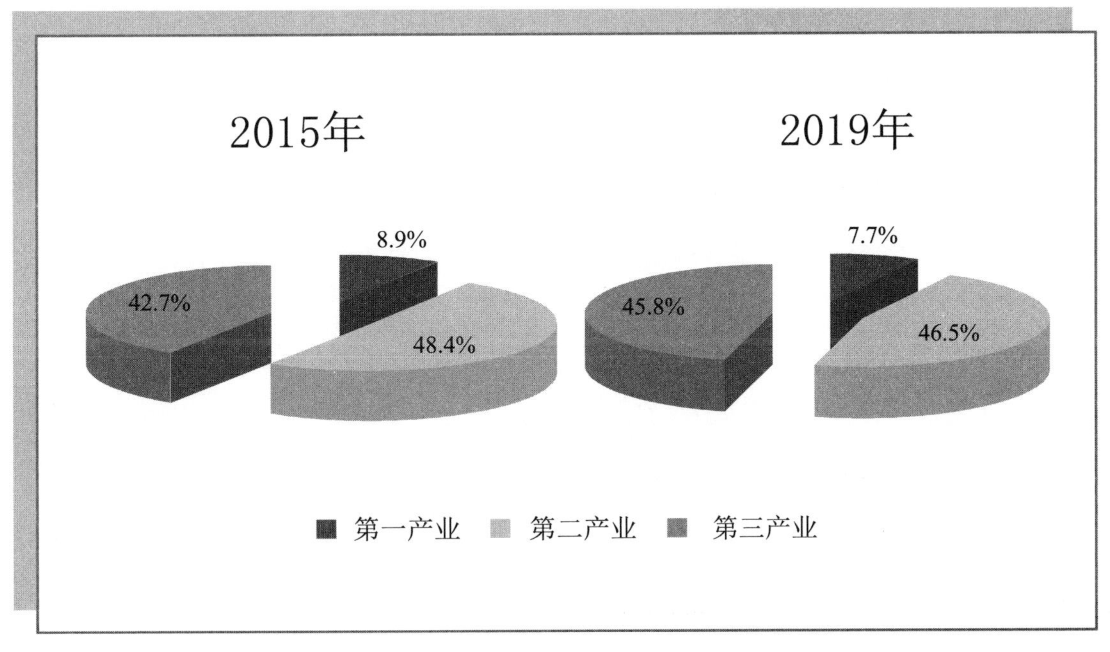

3-1 生 产 总 值
Gross Domestic Product

年 份 Year	生产总值 (亿元) Gross Domestic Product (100 million yuan)	第一产业 Primary Industry	第二产业 Secondary Industry	第三产业 Tertiary Industry	人 均 生产总值 (元) Per Capita GDP (yuan)
1978	81.07	24.70	42.13	14.24	291
1979	94.52	32.52	44.67	17.33	336
1980	94.91	28.47	47.74	18.70	334
1981	102.09	35.40	46.25	20.44	356
1982	111.95	37.02	50.36	24.57	385
1983	123.39	40.00	55.15	28.24	420
1984	149.35	51.05	63.12	35.18	504
1985	180.87	53.39	81.96	45.52	604
1986	208.31	58.00	93.48	56.83	688
1987	244.96	67.84	108.20	68.92	794
1988	314.48	82.69	138.58	93.21	1004
1989	358.37	91.28	158.50	108.59	1124
1990	404.30	105.56	166.95	131.79	1241
1991	468.37	116.88	197.54	153.95	1402
1992	531.63	116.71	232.07	182.85	1571
1993	678.20	148.24	297.49	232.47	1981
1994	839.03	171.81	364.40	302.82	2424
1995	1036.85	217.27	441.67	377.91	2965
1996	1215.84	250.58	514.27	450.99	3446
1997	1363.60	255.42	567.25	540.93	3834
1998	1458.40	266.92	607.82	583.66	4070
1999	1592.64	254.57	681.43	656.64	4415
2000	1804.00	258.22	782.58	763.20	4968
2001	2010.62	263.63	878.82	868.17	5511
2002	2253.39	282.21	1007.56	963.62	6161
2003	2587.72	302.66	1221.17	1063.89	7057
2004	3141.56	356.71	1506.05	1278.80	8545
2005	3817.15	418.60	1807.76	1590.79	10357
2006	4595.64	466.21	2271.02	1858.41	12439
2007	5681.78	560.68	2865.89	2255.21	15342
2008	7177.78	717.48	3666.09	2794.21	19331
2009	7997.83	751.57	4017.46	3228.80	21485
2010	9845.19	946.74	5071.49	3826.96	26388
2011	12175.06	1187.39	6484.32	4503.35	32562
2012	14142.41	1314.84	7612.26	5215.31	37733
2013	15905.35	1463.49	8417.95	6023.91	42318
2014	17402.50	1566.85	9045.03	6790.62	46167
2015	17898.80	1599.74	8664.60	7634.46	47301
2016	19045.75	1696.10	8906.51	8443.14	50081
2017	21473.45	1741.07	10114.06	9618.32	56154
2018	23941.88	1830.19	11215.27	10896.42	62195
2019	25793.17	1990.93	11980.75	11821.49	66649

注：本表按当年价格计算。
a) Data in this table are calculated at current prices.

3-2 生产总值指数
Indices of Gross Domestic Product

(上年=100) (preceding year=100)

年 份 Year	生产总值 Gross Domestic Product	第一产业 Primary Industry	第二产业 Secondary Industry	第三产业 Tertiary Industry	人 均 生产总值 Per Capita GDP
1978	111.0	98.4	114.6	122.2	115.5
1979	107.5	108.0	101.7	122.3	110.0
1980	107.3	108.8	106.2	107.8	98.0
1981	104.5	114.4	96.9	108.8	103.5
1982	109.1	106.4	108.4	115.1	107.6
1983	107.3	101.2	109.2	112.3	106.3
1984	117.8	112.2	119.6	121.5	116.9
1985	116.5	98.4	120.8	129.8	115.1
1986	108.7	104.5	105.8	118.1	107.7
1987	110.0	101.5	110.5	116.2	107.8
1988	121.0	104.8	124.4	127.2	119.2
1989	103.3	106.7	103.0	101.8	101.4
1990	103.4	105.4	101.9	104.6	101.3
1991	107.2	106.8	105.2	110.2	105.7
1992	108.3	103.0	110.4	109.9	106.9
1993	112.1	108.1	115.0	111.5	110.8
1994	108.6	97.0	116.4	106.9	107.4
1995	110.4	104.0	115.2	108.0	109.3
1996	110.9	109.6	112.8	108.9	109.9
1997	110.7	99.7	112.6	114.8	109.8
1998	111.6	107.3	113.8	110.7	110.8
1999	110.3	97.7	112.4	113.7	109.6
2000	110.4	104.0	111.1	112.1	109.6
2001	109.8	101.9	111.2	111.2	109.3
2002	111.1	103.5	113.4	110.9	110.8
2003	111.8	104.1	115.8	109.8	111.5
2004	113.0	108.6	115.4	111.5	112.7
2005	112.1	107.8	112.6	112.5	111.8
2006	112.3	107.5	111.1	115.0	112.0
2007	114.3	105.0	114.1	116.8	114.0
2008	114.7	107.7	115.1	115.8	114.4
2009	112.2	104.9	110.3	115.7	111.9
2010	113.9	105.8	117.1	112.2	113.6
2011	113.1	105.8	115.0	112.4	112.9
2012	112.2	105.9	113.4	112.0	111.9
2013	110.5	104.6	110.9	111.3	110.2
2014	109.6	105.1	110.5	109.3	109.3
2015	107.7	105.1	105.9	110.7	107.3
2016	107.5	104.0	106.6	109.3	107.0
2017	107.8	104.6	107.1	109.3	107.2
2018	108.1	103.3	108.0	109.0	107.4
2019	106.0	104.4	105.7	106.5	105.4

注：本表按不变价格计算。
a) Data in this table are calculated at constant prices.

3-3 生产总值指数
Indices of Gross Domestic Product

(1978年=100) (year of 1978=100)

年 份 Year	生产总值 Gross Domestic Product	第一产业 Primary Industry	第二产业 Secondary Industry	第三产业 Tertiary Industry	人均生产总值 Per Capita GDP
1979	107.5	108.0	101.7	122.3	110.0
1980	115.3	117.5	108.0	131.8	107.8
1981	120.5	134.4	104.7	143.4	111.6
1982	131.5	143.0	113.5	165.1	120.1
1983	141.1	144.7	123.9	185.4	127.7
1984	166.2	162.4	148.2	225.3	149.3
1985	193.6	159.8	179.0	292.4	171.8
1986	210.4	167.0	189.4	345.3	185.0
1987	231.4	169.5	209.3	401.2	199.4
1988	280.0	177.6	260.4	510.3	237.7
1989	289.2	189.5	268.2	519.5	241.0
1990	299.0	199.7	273.3	543.4	244.1
1991	320.5	213.3	287.5	598.8	258.0
1992	347.1	219.7	317.4	658.1	275.8
1993	389.1	237.5	365.0	733.8	305.6
1994	422.6	230.4	424.9	784.4	328.2
1995	466.6	239.6	489.5	847.2	358.7
1996	517.5	262.6	552.2	922.6	394.2
1997	572.9	261.8	621.8	1059.1	432.8
1998	639.4	280.9	707.6	1172.4	479.5
1999	705.3	274.4	795.3	1333.0	525.5
2000	778.7	285.4	883.6	1494.3	575.9
2001	855.0	290.8	982.6	1661.7	629.5
2002	949.9	301.0	1114.3	1842.8	697.5
2003	1062.0	313.3	1290.4	2023.4	777.7
2004	1200.1	340.2	1489.1	2256.1	876.5
2005	1345.3	366.7	1676.7	2538.1	979.9
2006	1510.8	394.2	1862.8	2918.8	1097.5
2007	1726.8	413.9	2125.5	3409.2	1251.2
2008	1980.6	445.8	2446.5	3947.9	1431.4
2009	2222.2	467.6	2698.5	4567.7	1601.7
2010	2531.1	494.7	3159.9	5125.0	1819.5
2011	2862.7	523.4	3633.9	5760.5	2054.2
2012	3211.9	554.3	4120.8	6451.8	2298.6
2013	3549.1	579.8	4570.0	7180.9	2533.1
2014	3889.8	609.4	5049.9	7848.7	2768.7
2015	4189.3	640.5	5347.8	8688.5	2970.8
2016	4503.5	666.1	5700.8	9496.5	3178.8
2017	4854.8	696.7	6105.6	10379.7	3407.7
2018	5248.0	719.7	6594.0	11313.9	3659.9
2019	5562.9	751.4	6969.9	12049.3	3857.5

注：本表按不变价格计算。
a) Data in this table are calculated at constant prices.

3-4　生产总值收入法构成项目
Income Approach Components of Gross Regional Product

单位：亿元　　(100 million yuan)

年　份 Year	生产总值 (亿元) Gross Domestic Product	劳动者报酬 Compensation of Employees	生产税净额 Net Taxes on Producation	固定资产折旧 Depreciation of Fixed Assets	营业盈余 Operatiing Surplus
1992	531.6	309.6	70.1	71.0	80.9
1993	678.2	402.6	88.6	93.5	93.5
1994	839.0	472.2	98.1	128.0	140.7
1995	1036.9	595.9	115.2	143.4	182.4
1996	1215.8	663.8	146.4	166.8	238.9
1997	1363.6	736.3	169.1	180.7	277.4
1998	1458.4	780.4	194.4	209.1	274.5
1999	1592.6	812.4	220.7	252.0	307.5
2000	1804.0	994.9	254.9	284.5	269.7
2001	2010.6	1081.6	281.8	355.3	292.0
2002	2253.4	1132.0	342.2	376.1	403.1
2003	2587.7	1202.8	396.2	418.8	570.0
2004	3141.6	1310.6	428.5	500.4	902.1
2005	3817.2	1607.1	576.7	633.4	999.9
2006	4595.6	1874.3	647.8	740.0	1333.6
2007	5681.8	2193.2	802.1	935.8	1750.7
2008	7177.8	3316.6	994.6	810.6	2056.0
2009	7997.8	3690.9	1268.6	907.0	2131.4
2010	9845.2	4038.3	1528.2	1116.3	3162.4
2011	12175.1	4947.8	2047.9	1448.5	3730.9
2012	14142.4	5647.8	2325.4	1741.6	4427.6
2013	15905.4	6844.4	2621.4	2025.9	4413.6
2014	17402.5	7440.9	3135.0	2464.4	4362.2
2015	17898.8	7921.8	3159.5	2938.5	3879.1
2016	19045.8	8711.1	2952.1	3114.7	4268.0
2017	21473.5	9454.3	3200.2	3457.9	5361.1
2018	23941.9	11059.5	3208.4	3901.5	5772.5

注：本表按当年价格计算。
a) Data in this table are calculated at current prices.

3-5 分行业增加值
Value-added of the Tertiary Industry

单位：亿元 (100 million yuan)

年份 Year	生产总值 Gross Domestic Product	农、林、牧、渔业 Agriculture, Forestry, Animal Husbandry and Fishery	工业 Industry	建筑业 Construction	批发和零售业 Wholesale and Retail Trades	交通运输仓储和邮政业 Transport, Storage and Post	住宿和餐饮业 Hotels and Catering Services	金融业 Financial Intermediation	房地产业 Real Estate	其他服务业
1978	81.07	24.70	36.52	5.61	5.46	3.15		1.72	0.99	2.92
1979	94.52	32.52	39.38	5.29	6.00	3.83		2.01	1.21	4.28
1980	94.91	28.47	42.22	5.52	6.52	3.91		2.31	1.22	4.74
1981	102.09	35.40	40.08	6.17	7.02	3.65		2.67	1.37	5.73
1982	111.95	37.02	43.31	7.05	7.91	4.69		4.13	1.47	6.37
1983	123.39	40.00	47.48	7.67	8.53	5.48		4.45	1.62	8.16
1984	149.35	51.05	53.82	9.30	9.33	7.79		4.87	1.72	11.47
1985	180.87	53.39	68.81	13.15	10.58	9.95		5.63	2.28	17.08
1986	208.31	58.00	78.81	14.67	13.26	11.57		6.52	3.15	22.33
1987	244.96	67.84	90.47	17.73	15.03	15.60		7.54	4.11	26.64
1988	314.48	82.69	117.77	20.81	17.46	21.17		8.73	5.99	39.86
1989	358.37	91.28	136.40	22.10	21.83	25.45		10.10	5.86	45.35
1990	404.30	105.56	143.28	23.67	25.50	33.79		11.69	6.78	54.03
1991	468.37	116.88	168.28	29.26	35.70	35.36		13.52	6.81	62.56
1992	531.63	116.71	198.93	33.14	34.48	37.66	7.31	15.65	8.22	79.53
1993	678.20	148.24	250.07	47.42	39.75	52.44	8.55	18.10	11.30	102.33
1994	839.03	171.81	307.46	56.94	49.18	67.26	10.72	20.95	16.87	137.84
1995	1036.85	217.27	377.91	63.76	71.02	77.92	15.69	24.24	19.06	169.98
1996	1215.84	250.58	439.66	74.61	91.43	84.63	20.48	28.04	22.56	203.85
1997	1363.60	255.42	477.35	89.90	106.47	93.84	24.17	32.45	33.62	250.38
1998	1458.40	266.92	500.26	107.56	112.23	95.72	25.82	37.55	41.36	270.98
1999	1592.64	254.57	549.01	132.42	123.50	104.16	28.78	43.44	47.18	309.58
2000	1804.00	258.22	629.88	152.70	142.08	122.92	33.54	50.27	59.42	354.97
2001	2010.62	263.63	706.62	172.20	163.15	146.37	39.02	58.16	68.11	393.36
2002	2253.39	282.21	819.51	188.05	183.82	160.49	44.53	67.30	77.68	429.80
2003	2587.72	302.66	1006.92	214.25	205.70	169.65	50.46	77.87	83.90	476.31
2004	3141.56	372.28	1269.90	236.15	264.80	204.88	64.60	90.10	95.90	542.95
2005	3817.15	435.77	1532.17	275.59	319.85	249.18	86.20	128.56	109.96	679.87
2006	4595.64	484.81	1943.99	327.03	386.15	298.18	102.17	154.60	128.31	770.40
2007	5681.78	592.63	2449.83	416.06	439.91	337.84	123.72	236.39	159.75	925.65
2008	7177.78	753.72	3122.04	544.05	552.74	395.47	150.67	296.08	202.99	1160.02
2009	7997.83	790.77	3339.81	677.64	675.69	442.34	154.22	345.73	252.49	1319.14
2010	9845.19	989.54	4271.78	799.71	820.88	506.62	189.76	402.81	340.09	1524.00
2011	12175.06	1237.49	5513.91	970.41	986.04	596.27	226.83	455.86	433.73	1754.52
2012	14142.41	1372.51	6505.20	1107.06	1102.38	673.54	259.28	585.96	496.55	2039.93
2013	15905.35	1528.57	7156.94	1308.11	1209.67	673.99	274.60	791.12	579.15	2383.20
2014	17402.50	1637.76	7632.39	1473.69	1316.18	753.33	289.96	1024.32	655.08	2619.79
2015	17898.80	1675.61	7103.30	1603.22	1390.90	803.68	334.54	1177.32	796.04	3014.19
2016	19045.75	1778.87	7226.93	1732.75	1473.19	879.42	346.23	1295.06	865.70	3447.60
2017	21473.45	1830.62	8232.88	1958.95	1606.74	959.14	367.83	1435.94	1010.52	4070.83
2018	23941.88	1927.77	9088.10	2233.02	1734.50	1033.59	392.96	1580.26	1178.62	4773.06
2019	25793.17	2098.01	9609.70	2482.96	1880.44	1059.86	428.31	1708.33	1305.59	5219.97

注：本表按当年价格计算。
a) Data in this table are calculated at current prices.

3–6 分行业增加值指数

Indices of Value-added of the Tertiary Industry

(上年＝100) (preceding year=100)

年 份 Year	生产总值 Gross Domestic Product	农、林、牧、渔业 Agriculture, Forestry, Animal Husbandry and Fishery	工 业 Industry	建筑业 Construction	批发和零售业 Wholesale and Retail Trades	交通运输仓储和邮政业 Transport, Storage and Post	住宿和餐饮业 Hotels and Catering Services	金融业 Financial Intermediation	房地产业 Real Estate	其他服务业
1978	111.0	98.4	114.7	114.6	122.3	121.9				
1979	107.5	108.0	101.7	101.7	123.1	123.0		122.5	123.9	120.3
1980	107.3	108.8	106.2	106.3	77.4	101.5		155.1	100.0	122.6
1981	104.5	114.4	96.9	96.9	114.6	93.6		116.0	113.1	108.9
1982	109.1	106.4	108.4	108.4	96.4	127.9		157.8	105.8	113.6
1983	107.3	101.2	109.2	109.1	104.9	120.1		111.3	113.7	115.7
1984	117.8	112.2	119.6	119.6	128.2	142.3		108.9	106.6	109.3
1985	116.5	98.4	120.8	121.0	154.6	111.5		119.3	135.0	123.2
1986	108.7	104.5	105.9	104.9	117.2	135.5		107.2	128.9	107.1
1987	110.0	101.5	110.5	110.0	106.7	132.8		109.8	122.1	115.4
1988	121.0	104.8	124.8	120.8	139.3	133.4		97.9	133.8	115.0
1989	103.3	106.7	103.9	95.4	76.8	115.9		110.1	104.8	123.2
1990	103.4	105.4	102.5	96.4	110.2	105.8		107.7	99.2	95.9
1991	107.2	106.8	105.3	104.6	119.8	102.5		109.1	112.4	110.4
1992	108.3	103.0	111.2	105.7	116.1	105.9		105.6	116.3	109.1
1993	112.1	108.1	116.1	107.8	115.6	115.9	117.2	103.4	115.6	108.3
1994	108.6	97.0	118.1	104.9	101.7	113.9	103.2	100.9	113.4	106.2
1995	110.4	104.0	116.4	106.2	106.8	109.1	108.1	105.2	110.3	108.0
1996	110.9	109.6	113.8	104.5	107.3	108.2	108.9	106.3	111.2	109.9
1997	110.7	99.7	112.7	111.5	116.8	111.2	118.3	110.2	112.6	116.7
1998	111.6	107.3	113.6	115.4	109.8	109.9	111.3	115.8	118.1	109.6
1999	110.3	97.7	111.6	119.7	110.5	110.2	112.0	116.4	113.9	116.4
2000	110.4	104.0	111.3	109.3	113.1	111.1	114.6	114.1	116.6	111.0
2001	109.8	101.9	111.8	108.6	113.3	113.5	114.8	113.8	114.2	108.3
2002	111.1	103.5	115.2	106.0	111.1	112.5	112.5	115.6	114.0	108.9
2003	111.8	104.1	116.8	111.2	111.7	109.2	113.1	113.8	107.1	108.6
2004	113.0	108.6	117.4	105.7	114.1	110.0	114.6	110.2	102.0	112.4
2005	112.1	107.7	112.4	113.6	110.7	111.8	114.2	110.8	109.5	114.4
2006	112.3	107.4	111.0	111.2	115.8	111.9	116.9	118.5	113.8	115.2
2007	114.3	105.0	114.8	110.3	113.6	112.4	114.6	120.5	118.4	119.4
2008	114.7	107.6	115.4	113.3	115.0	110.5	109.2	113.4	111.7	120.1
2009	112.2	104.9	108.4	122.0	121.1	110.5	106.5	118.2	121.8	114.8
2010	113.9	105.8	117.8	113.3	112.7	109.7	113.2	111.1	122.8	111.3
2011	113.1	105.9	115.8	110.7	114.6	111.4	111.3	106.9	120.4	111.4
2012	112.2	106.0	114.4	108.1	109.2	109.0	108.7	123.9	111.3	112.2
2013	110.5	104.7	111.6	111.2	107.8	102.1	101.3	129.9	113.1	109.5
2014	109.6	105.2	110.5	110.7	108.0	108.6	101.7	117.8	109.2	108.2
2015	107.7	105.1	105.3	108.1	106.6	103.6	111.7	115.1	110.8	114.2
2016	107.5	104.1	106.4	108.3	105.6	108.0	101.9	112.2	107.3	111.3
2017	107.8	104.7	107.7	105.2	107.7	108.1	105.2	107.1	107.8	111.8
2018	108.1	103.3	108.5	106.4	105.7	107.0	103.8	106.1	106.4	113.1
2019	106.0	104.5	105.1	108.2	107.6	104.7	105.4	107.1	103.7	107.2

注：本表按不变价计算。
a) Data in this table are calculated at constant prices.

3-7 分行业增加值指数
Indices of Value-added of the Tertiary Industry

(1978年＝100) (year of 1978=100)

年 份 Year	生产总值 Gross Domestic Product	农、林、牧、渔业 Agriculture, Forestry, Animal Husbandry and Fishery	工 业 Industry	建筑业 Construc-tion	批发和零售业 Wholesale and Retail Trades	交通运输仓储和邮政业 Transport, Storage and Post	住宿和餐饮业 Hotels and Catering Services	金融业 Financial Intermedi-ation	房地产业 Real Estate	其他服务业
1978	100.0	100.0	100.0	100.0	100.0	100.0		100.0	100.0	100.0
1979	107.5	108.0	101.7	101.7	123.1	123.0		122.5	123.9	120.3
1980	115.3	117.5	108.0	108.1	95.3	124.8		190.0	123.9	147.5
1981	120.5	134.4	104.7	104.7	109.2	116.8		220.4	140.1	160.6
1982	131.5	143.0	113.5	113.5	105.3	149.4		347.8	148.2	182.4
1983	141.1	144.7	123.9	123.8	110.5	179.4		387.1	168.5	211.0
1984	166.2	162.4	148.2	148.1	141.7	255.3		421.6	179.6	230.6
1985	193.6	159.8	179.0	179.2	219.1	284.7		503.0	242.5	284.1
1986	210.4	167.0	189.6	188.0	256.8	385.8		539.2	312.6	304.3
1987	231.4	169.5	209.5	206.8	274.0	512.3		592.0	381.7	351.2
1988	280.0	177.6	261.5	249.8	381.7	683.4		579.6	510.7	403.9
1989	289.2	189.5	271.7	238.3	293.1	792.1		638.1	535.2	497.6
1990	299.0	199.7	278.5	229.7	323.0	838.0		687.2	530.9	477.2
1991	320.5	213.3	293.3	240.3	387.0	859.0		749.7	596.7	526.8
1992	347.1	219.7	326.1	254.0	449.3	909.7	100.0	791.7	694.0	574.7
1993	389.1	237.5	378.6	273.8	519.4	1054.3	117.2	818.6	802.3	622.4
1994	422.6	230.4	447.1	287.2	528.2	1200.8	121.0	826.0	909.8	661.0
1995	466.6	239.6	520.4	305.0	564.1	1310.1	130.8	869.0	1003.5	713.9
1996	517.5	262.6	592.2	318.7	605.3	1417.5	142.4	923.7	1115.9	784.6
1997	572.9	261.8	667.4	355.4	707.0	1576.3	168.5	1017.9	1256.5	915.6
1998	639.4	280.9	758.2	410.1	776.3	1732.4	187.5	1178.7	1483.9	1003.5
1999	705.3	274.4	846.2	490.9	857.8	1909.1	210.0	1372.0	1690.2	1168.1
2000	778.7	285.4	941.8	536.6	970.2	2121.0	240.7	1565.5	1970.8	1296.6
2001	855.0	290.8	1052.9	582.7	1099.2	2407.3	276.3	1781.5	2250.7	1404.2
2002	949.9	301.0	1212.9	617.7	1221.2	2708.2	310.8	2059.4	2565.8	1529.2
2003	1062.0	313.3	1416.7	686.9	1364.1	2957.4	351.5	2343.6	2748.0	1660.7
2004	1200.1	340.2	1663.2	726.1	1556.4	3253.1	402.8	2582.6	2803.0	1866.6
2005	1345.3	366.4	1869.4	824.8	1722.9	3637.0	460.0	2861.5	3069.3	2135.4
2006	1510.8	393.5	2075.0	917.2	1995.1	4069.8	537.7	3390.9	3492.9	2460.0
2007	1726.8	413.2	2382.1	1011.7	2266.4	4574.5	616.2	4086.0	4135.6	2937.2
2008	1980.6	444.6	2748.9	1146.3	2606.4	5054.8	672.9	4633.5	4619.5	3527.6
2009	2222.2	466.4	2979.8	1398.5	3156.4	5585.6	716.6	5476.8	5626.6	4049.7
2010	2531.1	493.5	3510.2	1584.5	3557.3	6127.4	811.2	6084.7	6909.5	4507.3
2011	2862.7	522.6	4064.8	1754.0	4076.7	6825.9	902.9	6504.5	8319.0	5021.1
2012	3211.9	554.0	4650.1	1896.1	4451.8	7440.2	981.5	8059.1	9259.0	5633.7
2013	3549.1	580.0	5189.5	2108.5	4799.0	7596.4	994.3	10468.8	10471.9	6168.9
2014	3889.8	610.2	5734.4	2334.1	5182.9	8249.7	1011.2	12332.2	11435.3	6674.7
2015	4189.3	641.3	6038.3	2523.2	5525.0	8546.7	1129.5	14194.4	12670.3	7622.5
2016	4503.5	667.6	6424.8	2732.6	5834.4	9230.4	1151.0	15926.1	13595.2	8483.8
2017	4854.8	699.0	6919.5	2874.7	6283.6	9978.1	1210.9	17056.9	14655.6	9484.9
2018	5248.0	722.1	7507.7	3058.7	6641.8	10676.6	1256.9	18097.4	15593.6	10727.4
2019	5562.9	754.6	7890.6	3309.5	7146.6	11178.4	1324.8	19382.3	16170.6	11499.8

注：本表按不变价计算。
a) Data in this table are calculated at constant prices.

3-8 三次产业贡献率

Share of the Contributions of the Three Strata of Industry to the Increase of the GDP

单位：% (%)

年 份 Year	生产总值 Gross Domestic Product	第一产业 Primary Industry	第二产业 Secondary Industry	第三产业 Tertiary Industry
2000	100.0	5.9	54.5	39.6
2001	100.0	2.8	49.1	48.1
2002	100.0	4.2	53.4	42.4
2003	100.0	4.3	60.1	35.6
2004	100.0	7.6	55.2	37.2
2005	100.0	6.9	49.6	43.5
2006	100.0	6.7	42.6	50.7
2007	100.0	3.6	46.3	50.1
2008	100.0	5.0	48.1	46.9
2009	100.0	3.6	39.8	56.6
2010	100.0	3.5	56.6	39.9
2011	100.0	4.3	59.0	36.7
2012	100.0	4.4	57.7	37.9
2013	100.0	3.7	55.0	41.3
2014	100.0	4.2	58.4	37.4
2015	100.0	5.1	41.0	53.9
2016	100.0	4.7	42.6	52.7
2017	100.0	5.1	43.5	51.4
2018	100.0	3.4	47.4	49.2
2019	100.0	5.9	45.4	48.7

注：三次产业贡献率指各产业增加值增量与GDP增量之比。

a) Share of the contributions of the three strata of industry to the increase of the GDP refers to the proportion of the increment of the value-added of each industry to the increment of GDP.

3-9 三次产业对生产总值增长的拉动

Contribution of the Three Strata of Industry to GDP Growth

单位：百分点 (Percentage points)

年 份 Year	生产总值 Gross Domestic Product	第一产业 Primary Industry	第二产业 Secondary Industry	第三产业 Tertiary Industry
2000	10.4	0.6	5.7	4.1
2001	9.8	0.3	4.8	4.7
2002	11.1	0.5	5.9	4.7
2003	11.8	0.5	7.1	4.2
2004	13.0	1.0	7.2	4.8
2005	12.1	0.8	6.0	5.3
2006	12.3	0.9	5.2	6.2
2007	14.3	0.5	6.6	7.2
2008	14.7	0.7	7.1	6.9
2009	12.2	0.5	4.8	6.9
2010	13.9	0.5	7.9	5.5
2011	13.1	0.6	7.7	4.8
2012	12.2	0.5	7.0	4.7
2013	10.5	0.4	5.8	4.3
2014	9.6	0.4	5.6	3.6
2015	7.7	0.4	3.2	4.1
2016	7.5	0.4	3.2	3.9
2017	7.8	0.4	3.4	4.0
2018	8.1	0.3	3.8	4.0
2019	6.0	0.4	2.7	2.9

注：三次产业拉动指GDP增长速度与各产业贡献率之乘积。

a) Contribution of the three strata of industry to GDP growth refers to the growth rate of GDP multiplied by the contribution share of every industry.

3-10 分行业增加值构成(2019年)
Value-added by Sector(2019)

行业	Sector	增加值(亿元) Value Added (100 million yuan)	构成(%) Composition (%)	2019年比2018年增长% Growth Rate in 2019 over 2018(%)
总计	**Total**	**25793.17**	**100.0**	**6.0**
农、林、牧、渔业	Agriculture, Forestry, Animal Husbandry and Fishery	2098.01	8.1	4.5
工业	Industry	9609.70	37.3	5.1
建筑业	Construction	2482.96	9.6	8.2
批发和零售业	Wholesale and Retail Trades	1880.44	7.3	7.6
交通运输、仓储和邮政业	Traffic, Transport, Storage and Post	1059.86	4.1	4.7
住宿和餐饮业	Hotels and Catering Services	428.31	1.7	5.4
金融业	Financial Intermediation	1708.33	6.6	7.1
房地产业	Real Estate	1305.59	5.1	3.7
其他服务业	Others	5219.97	20.2	7.2
营利性服务业	Profit Services	1825.99	7.1	14.0
非营利性服务业	Non-profit Services	3393.98	13.1	3.3
第一产业	Primary Industry	1990.93	7.7	4.4
第二产业	Secondary Industry	11980.74	46.5	5.7
第三产业	Tertiary Industry	11821.50	45.8	6.5

注：本表增加值及构成按当年价格计算，增长速度按不变价格计算。
a) Value added and Compositionin in this table are calculated at current prices.The growth rates are calculated at constant prices.

3-11 非公有制经济增加值
Value-added of Non-public Economy

年份 Year	非公有制经济增加值(亿元) Value-added of Non-public Economy (100 million yuan)	第一产业 Primary Industry	第二产业 Secondary Industry	第三产业 Tertiary Industry	非公有制经济增加值占生产总值比重(%) Value-added of Non-public Economy as Percentage of GDP(%)	第一产业 Primary Industry	第二产业 Secondary Industry	第三产业 Tertiary Industry
2005	1654.35	124.41	680.08	849.87	43.3	29.7	37.6	53.4
2006	2040.46	139.07	928.62	972.77	44.4	29.8	40.9	52.3
2007	2588.62	167.92	1269.02	1151.68	45.6	30.0	44.3	51.1
2008	3397.24	233.97	1725.26	1438.01	47.3	32.6	47.1	51.5
2009	3888.54	236.74	1895.44	1756.36	48.6	31.5	47.2	54.4
2010	4873.37	282.13	2403.89	2187.35	49.5	29.8	47.4	57.2
2011	6147.91	349.92	3137.62	2660.37	50.5	29.5	48.4	59.1
2012	7240.91	469.40	3730.01	3041.51	51.2	35.7	49.0	58.3
2013	8302.59	477.10	4301.57	3523.92	52.2	32.6	51.1	58.5
2014	9171.12	471.62	4721.51	3977.99	52.7	30.1	52.2	58.6
2015	9564.40	491.12	4558.90	4514.38	53.4	30.7	52.6	59.1
2016	10239.40	480.49	4773.89	4985.02	53.8	28.3	53.6	59.0
2017	11614.99	460.00	5479.70	5675.29	54.1	26.4	54.2	59.0
2018	12976.50	457.55	6145.97	6372.98	54.2	25.0	54.8	58.5
2019	14070.45	469.57	6713.37	6887.50	54.6	23.6	56.0	58.3

注：本表按当年价格计算。
a) Data in this table are calculated at current prices.

3-12 各市(区)生产总值
Gross Domestic Product by City(District)

地 区 年 份 Region Year	生产总值 (亿元) Gross Domestic Product (100 million yuan)	第一产业 Primary Industry	第二产业 Secondary Industry	第三产业 Tertiary Industry	# 工 业 Industry	人均生产总值 (元) Per Capita GDP (yuan)
西安市 Xi'an						
2000	646.13	44.65	277.13	324.35	218.44	9484
2001	734.86	45.87	312.90	376.09	246.90	10628
2002	826.68	47.77	353.58	425.33	280.20	11831
2003	926.12	50.72	402.22	473.18	319.26	13052
2004	1092.35	60.21	464.95	567.19	372.18	15155
2005	1294.05	66.01	511.19	716.86	393.51	16158
2006	1512.56	70.44	612.69	829.42	465.70	18567
2007	1857.75	82.42	763.07	1012.26	569.08	22476
2008	2313.26	102.46	940.42	1270.38	672.60	27736
2009	2689.06	106.09	1105.01	1477.96	763.81	31994
2010	3195.05	133.22	1290.93	1770.89	875.97	37792
2011	3791.71	165.43	1516.30	2109.98	1009.29	44641
2012	4370.16	181.12	1726.70	2462.35	1140.83	51214
2013	4960.23	182.60	1946.58	2831.05	1268.22	57876
2014	5576.98	191.58	2152.43	3232.97	1387.03	64790
2015	5932.86	191.91	2070.47	3670.48	1242.18	68457
2016	6396.36	196.66	2139.49	4060.21	1252.91	72944
2017	7418.04	245.26	2452.92	4719.86	1436.72	77803
2018	8499.41	258.98	2861.86	5378.56	1707.90	86638
2019	9321.19	279.13	3167.44	5874.62	1868.86	92256
铜川市 Tongchuan						
2000	34.55	4.02	15.53	15.00	12.96	4171
2001	37.08	3.85	16.42	16.81	13.86	4448
2002	40.90	4.12	18.50	18.28	15.58	4889
2003	47.43	4.40	22.47	20.56	19.25	5654
2004	56.84	5.02	28.35	23.48	24.74	6754
2005	68.08	5.87	34.04	28.17	29.83	8070
2006	80.06	6.33	42.45	31.28	37.85	9635
2007	95.38	7.45	50.90	37.03	45.40	11440
2008	118.57	9.67	64.74	44.16	57.82	14158
2009	137.50	10.45	76.26	50.79	68.31	16443
2010	165.09	14.22	91.49	59.38	82.83	19793
2011	201.90	17.85	113.63	70.42	103.24	24134
2012	236.14	19.63	134.51	82.00	123.22	28129
2013	278.10	20.89	156.92	100.29	144.13	33036
2014	278.95	22.29	149.39	107.27	136.07	33053
2015	266.41	22.12	115.77	128.52	102.26	31418
2016	270.34	22.85	104.24	143.25	90.27	31928
2017	300.95	23.47	113.61	163.87	98.46	35814
2018	331.92	24.75	123.48	183.69	106.80	40550
2019	354.72	26.77	130.63	197.32	111.51	44794

注：1.本表按当年价格计算。
2.人均生产总值2004年以前按户籍人口计算，2005年及以后按常住人口计算。
3.2017年起西咸新区GDP数据计入西安市。

a) Data in this table are calculated at current prices.
b) Per Capita GDP are calculated at usual residents since 2005, while were were taken from the statistics of household registration before 2004.
c) Since 2017,the GDP data of Xixian New District has been put into Xi'an city.

3-12 续表 1 continued

地 区 年 份 Region Year	生产总值 (亿元) Gross Domestic Product (100 million yuan)	第一产业 Primary Industry	第二产业 Secondary Industry	第三产业 Tertiary Industry	# 工 业 Industry	人均生产总值 (元) Per Capita GDP (yuan)
宝鸡市 Baoji						
2000	195.34	23.18	98.32	73.84	78.89	5425
2001	221.88	25.59	114.88	81.41	91.60	6097
2002	250.37	27.07	132.18	91.12	105.22	6863
2003	281.32	30.66	150.97	99.69	119.02	7683
2004	340.78	40.06	186.99	113.74	150.34	9256
2005	390.81	44.30	219.47	127.04	178.93	10521
2006	462.65	49.70	266.37	146.58	220.46	12345
2007	548.10	56.35	319.17	172.58	261.52	14586
2008	658.64	64.05	389.42	205.17	317.66	17518
2009	738.20	71.20	436.07	230.93	352.01	19701
2010	877.83	81.03	533.08	263.72	437.84	23564
2011	1043.98	92.91	646.12	304.95	534.59	28039
2012	1225.96	102.55	772.04	351.36	645.90	32850
2013	1374.51	110.16	860.18	404.17	714.03	36745
2014	1468.38	122.56	894.06	451.76	732.44	39168
2015	1585.02	135.92	935.18	513.93	753.12	42175
2016	1702.94	151.08	987.44	564.42	784.83	45181
2017	1914.92	156.29	1121.91	636.72	890.70	50686
2018	2110.94	163.59	1236.22	711.14	980.03	55904
2019	2223.81	178.75	1273.88	771.18	990.36	59050
咸阳市 Xianyang						
2000	234.46	52.45	102.33	79.68	86.10	4980
2001	257.08	53.62	109.26	94.20	90.61	5402
2002	281.89	55.36	122.17	104.36	100.93	5879
2003	312.61	60.43	136.58	115.60	113.12	6475
2004	363.46	74.82	158.60	130.03	131.75	7466
2005	409.31	89.10	170.65	149.56	141.08	8319
2006	457.26	98.34	192.63	166.29	159.62	9186
2007	560.68	120.64	239.42	200.62	199.54	11246
2008	717.33	148.44	326.46	242.43	278.23	14341
2009	804.40	153.18	363.61	287.62	304.25	16270
2010	997.82	196.04	466.93	334.85	399.94	20406
2011	1224.08	246.70	595.67	381.71	513.84	24954
2012	1407.59	269.53	699.62	438.44	609.13	28607
2013	1648.03	278.90	846.99	522.14	746.54	33392
2014	1810.29	293.23	935.00	582.06	817.42	36575
2015	1925.77	292.68	975.40	657.69	849.17	38790
2016	2025.64	299.23	1002.15	724.26	868.65	40680
2017	1916.60	267.90	923.69	725.01	783.97	43845
2018	2135.45	285.03	1034.61	815.81	881.73	48854
2019	2195.33	304.17	1011.62	879.54	845.12	50338
渭南市 Weinan						
2000	165.47	37.43	60.42	67.62	51.82	3149
2001	181.45	39.45	64.56	77.44	55.80	3424
2002	201.53	41.55	73.93	86.05	62.61	3790
2003	224.83	44.34	88.94	91.55	75.80	4216
2004	272.55	52.96	113.59	105.99	99.57	5091
2005	314.96	58.66	135.33	120.98	120.38	5866
2006	361.32	63.13	155.06	143.12	138.30	6613
2007	443.18	81.70	188.29	173.20	167.37	8149
2008	544.81	100.81	226.65	217.34	199.63	10042
2009	606.89	106.17	257.22	243.50	221.59	11322
2010	763.40	141.99	337.07	284.35	296.47	14431
2011	977.06	184.17	463.67	329.22	414.14	18444
2012	1104.63	207.09	517.36	380.18	463.39	20791
2013	1260.71	226.91	595.74	438.06	535.41	23669
2014	1353.45	246.23	621.81	485.41	557.26	25358
2015	1364.42	257.04	554.15	553.23	483.37	25496
2016	1410.40	272.47	530.00	607.93	452.82	26285
2017	1547.01	279.12	585.78	682.12	498.80	28769
2018	1724.33	296.87	657.94	769.52	561.62	32199
2019	1828.47	325.05	679.49	823.94	577.96	34481

3-12 续表 2 continued

地 区 年 份 Region Year	生产总值 (亿元) Gross Domestic Product (100 million yuan)	第一产业 Primary Industry	第二产业 Secondary Industry	第三产业 Tertiary Industry	# 工 业 Industry	人均生产总值 (元) Per Capita GDP (yuan)
延安市 Yan'an						
2000	130.63	19.13	78.69	32.81	74.65	6690
2001	158.33	22.68	98.38	37.27	93.30	8021
2002	179.71	24.94	113.35	41.42	107.50	9010
2003	218.02	23.03	149.89	45.10	142.31	10731
2004	270.02	25.86	183.20	60.96	175.04	13032
2005	379.28	29.47	274.02	75.79	265.29	18082
2006	524.64	34.52	401.39	88.73	390.68	24755
2007	640.17	41.92	493.93	104.33	479.94	30090
2008	745.23	53.93	564.00	127.30	548.66	34826
2009	711.39	56.74	506.90	147.75	489.13	32968
2010	863.19	74.90	620.37	167.92	600.83	39601
2011	1090.57	94.33	801.72	194.51	777.49	49767
2012	1261.85	105.55	933.86	222.43	905.73	57460
2013	1354.20	114.28	967.50	272.42	950.77	61496
2014	1402.46	124.26	979.56	298.64	960.02	63454
2015	1195.85	120.71	734.51	340.63	711.13	53799
2016	1081.20	127.87	586.02	367.31	557.29	48224
2017	1308.11	130.99	761.86	415.26	730.37	57934
2018	1555.33	138.13	944.99	472.21	911.87	68782
2019	1663.89	149.33	999.85	514.71	965.10	73703
汉中市 Hanzhong						
2000	119.23	31.41	38.41	49.41	26.77	3250
2001	129.32	31.55	42.28	55.49	28.79	3503
2002	141.31	32.91	47.45	60.95	32.48	3819
2003	160.71	36.79	55.78	68.14	38.54	4329
2004	189.04	43.01	72.83	73.20	54.81	5067
2005	210.46	48.07	79.74	82.66	60.94	5608
2006	243.12	55.64	92.36	95.12	71.74	6965
2007	295.56	66.15	110.44	118.97	84.98	8443
2008	361.75	87.59	126.19	147.97	94.04	10309
2009	404.48	90.09	142.20	172.19	103.20	11666
2010	495.95	109.06	183.11	203.78	137.41	14505
2011	628.98	142.24	246.51	240.23	191.50	18411
2012	733.24	155.26	297.11	280.86	233.97	21460
2013	875.04	165.41	363.06	346.57	288.56	25573
2014	984.40	174.99	424.29	385.12	341.30	28715
2015	1034.89	179.21	416.61	439.07	322.66	30129
2016	1121.14	189.97	444.98	486.19	339.54	32570
2017	1286.63	193.96	551.79	540.87	428.67	37317
2018	1429.47	205.67	620.51	603.29	478.41	41522
2019	1547.59	227.63	662.88	657.09	504.88	45033
榆林市 Yulin						
2000	105.05	13.98	46.60	44.47	40.25	3264
2001	129.31	13.03	62.10	54.18	56.45	3942
2002	162.83	17.68	83.37	61.78	77.67	4953
2003	200.10	19.31	112.51	68.28	105.77	6035
2004	271.13	26.24	167.49	77.40	160.18	8089
2005	426.38	28.34	248.14	149.90	237.41	12630
2006	570.53	35.33	345.03	190.17	332.21	17282
2007	778.29	49.93	498.14	230.22	481.89	23473
2008	1137.77	71.67	773.79	292.31	752.28	34127
2009	1261.28	78.03	843.11	340.14	815.05	37730
2010	1686.81	103.03	1169.52	414.26	1136.36	50351
2011	2209.31	134.05	1590.47	484.79	1550.69	65885
2012	2601.93	154.38	1907.80	539.75	1860.48	77562
2013	2746.31	170.76	1902.44	673.11	1852.81	81648
2014	2917.42	187.44	1993.74	736.24	1939.46	86389
2015	2461.20	192.54	1509.24	759.41	1443.53	72548
2016	2725.24	218.26	1667.59	839.39	1592.12	80354
2017	3284.95	221.60	2111.77	951.58	2019.31	96825
2018	3818.28	231.24	2479.68	1107.35	2371.99	111955
2019	4136.28	250.72	2690.35	1195.22	2569.69	120908

3-12 续表 3 continued

地 区 年 份 Region Year	生产总值 (亿元) Gross Domestic Product (100 million yuan)	第一产业 Primary Industry	第二产业 Secondary Industry	第三产业 Tertiary Industry	# 工 业 Industry	人均生产总值 (元) Per Capita GDP (yuan)
安康市 Ankang						
2000	74.80	22.76	20.29	31.75	12.41	2561
2001	80.74	23.50	21.33	35.91	12.72	2758
2002	91.08	24.59	24.42	42.07	14.97	3107
2003	103.38	26.61	27.53	49.24	17.68	3520
2004	116.55	31.50	33.12	51.93	22.19	3958
2005	138.16	36.71	38.63	62.82	26.10	4684
2006	158.13	42.44	43.55	72.14	29.83	5969
2007	188.37	50.12	54.91	83.35	37.57	7105
2008	239.57	67.97	69.38	102.22	46.09	9024
2009	268.72	70.52	83.48	114.72	55.03	10161
2010	319.61	74.61	110.41	134.59	77.22	12145
2011	395.80	83.15	154.32	158.33	113.83	15045
2012	483.61	93.60	206.55	183.46	162.01	18373
2013	603.04	104.29	272.80	225.95	222.49	22880
2014	680.14	110.83	313.54	255.78	255.06	25765
2015	744.04	115.67	329.23	299.14	268.98	28119
2016	825.08	122.18	362.34	340.55	299.07	31100
2017	948.88	125.17	420.00	403.71	351.07	35692
2018	1065.17	123.35	490.88	450.93	414.71	39969
2019	1182.06	137.52	553.93	490.61	469.23	44241
商洛市 Shangluo						
2000	55.47	17.27	18.20	20.00	8.22	2348
2001	58.89	18.00	15.99	24.90	6.94	2489
2002	65.63	19.11	18.12	28.40	9.36	2792
2003	74.72	21.33	21.92	31.47	9.49	3151
2004	101.46	22.92	32.75	45.79	16.45	4244
2005	109.01	25.43	32.35	51.23	16.47	4518
2006	130.97	28.31	39.12	63.54	19.32	5507
2007	153.54	33.64	46.98	72.92	24.92	6449
2008	187.74	44.27	58.18	85.29	32.35	7865
2009	207.88	45.28	66.50	96.10	36.26	8779
2010	264.07	57.69	91.80	114.58	57.35	11264
2011	332.11	71.08	126.85	134.18	85.54	14195
2012	387.21	77.77	150.81	158.62	105.89	16554
2013	468.48	82.89	200.28	185.32	151.69	19986
2014	525.90	86.68	230.00	209.22	176.39	22393
2015	561.00	85.32	235.24	240.44	180.00	23831
2016	621.07	88.64	265.59	266.84	208.96	26266
2017	677.53	90.29	282.43	304.81	221.83	28509
2018	775.33	94.73	346.32	334.28	284.78	32566
2019	837.21	103.40	376.91	356.91	314.02	35181
杨凌示范区 Yangling						
2000	6.20	0.83	2.06	3.31	0.61	4941
2001	7.71	0.89	2.63	4.19	1.03	5887
2002	9.29	0.94	3.47	4.88	1.34	6796
2003	12.30	1.06	5.18	6.05	3.41	8760
2004	15.20	1.31	6.96	6.93	5.13	10735
2005	16.90	1.42	7.52	7.97	5.25	11665
2006	20.18	1.83	8.77	9.58	6.35	12939
2007	25.00	2.32	10.69	11.99	7.32	15772
2008	30.16	2.85	12.29	15.02	7.79	18772
2009	34.93	3.02	14.53	17.37	8.25	19302
2010	46.16	3.74	21.41	21.02	13.81	22959
2011	59.29	5.59	28.60	25.10	18.92	29426
2012	67.21	6.03	31.37	29.81	19.78	33299
2013	84.39	6.41	42.32	35.66	28.66	41738
2014	95.79	6.78	48.68	40.33	32.92	47265
2015	108.29	6.87	48.89	52.53	30.83	53299
2016	120.97	7.25	55.62	58.10	35.47	59255
2017	136.46	7.37	64.66	64.43	40.19	66354
2018	154.03	7.85	75.91	70.27	46.05	74100
2019	166.77	8.47	78.67	79.64	46.32	79115

3-13 各市(区)生产总值指数
Indices of Gross Domestic Product by City(District)

(上年=100) (preceding year=100)

地区 年份 Region Year	生产总值 Gross Domestic Product	第一产业 Primary Industry	第二产业 Secondary Industry	第三产业 Tertiary Industry	# 工业 Industry	人均生产总值 Per Capita GDP
西安市 Xi'an						
2000	113.0	103.5	115.1	111.5	113.8	111.4
2001	113.1	102.5	115.3	112.6	116.3	111.4
2002	113.3	103.1	115.0	113.0	116.4	112.1
2003	113.1	101.8	117.5	110.5	115.7	111.4
2004	113.1	106.2	115.5	111.7	114.5	111.4
2005	112.3	107.5	109.8	115.1	106.7	110.5
2006	112.9	106.8	110.5	115.2	108.5	111.0
2007	115.1	104.5	113.0	117.4	111.7	113.4
2008	114.8	107.6	113.2	116.4	111.8	113.8
2009	113.0	104.9	110.7	115.1	106.7	112.2
2010	113.6	105.7	115.0	113.2	114.0	112.9
2011	112.6	105.4	111.7	113.9	111.9	112.1
2012	111.9	106.0	110.4	113.4	110.8	111.4
2013	111.2	104.4	112.6	110.7	112.4	110.7
2014	109.7	105.0	109.4	110.2	108.3	109.2
2015	108.9	104.4	104.6	112.1	103.7	108.1
2016	108.8	103.3	107.2	110.0	108.2	107.6
2017	107.7	105.0	105.1	109.4	105.0	106.0
2018	108.2	103.3	107.1	109.1	108.3	105.1
2019	107.0	104.3	107.6	106.8	106.6	103.9
铜川市 Tongchuan						
2000	108.3	108.1	108.5	108.1	108.8	107.7
2001	107.2	98.5	105.8	110.9	107.8	106.5
2002	110.0	104.8	111.8	109.5	111.0	109.6
2003	110.0	105.8	109.4	111.6	110.8	109.7
2004	110.1	115.7	108.1	110.9	108.5	109.8
2005	110.2	106.9	108.0	113.0	106.7	109.9
2006	112.5	107.7	113.8	111.9	114.4	113.3
2007	113.1	104.9	113.0	114.9	114.5	112.7
2008	113.7	107.8	105.8	124.3	106.2	113.2
2009	112.9	104.9	108.4	118.6	107.7	113.0
2010	114.5	106.5	115.4	114.9	116.7	114.8
2011	114.1	106.0	114.7	115.1	115.3	113.8
2012	114.0	106.3	115.4	113.5	116.7	113.6
2013	111.5	104.9	113.5	109.6	114.4	111.2
2014	109.3	104.8	108.7	111.0	109.1	109.0
2015	108.0	105.0	104.4	114.2	104.7	107.8
2016	107.2	104.2	105.2	109.5	105.4	107.0
2017	107.8	104.6	105.6	110.3	106.3	108.6
2018	106.0	103.1	103.2	108.7	103.2	108.8
2019	106.8	104.5	107.3	106.7	106.7	104.0

注：本表按不变价格计算。
a) Data in this table are calculated at constant prices.

3-13 续表 1 continued

(上年=100) (preceding year=100)

地 区 年 份 Region Year	生产总值 Gross Domestic Product	第一产业 Primary Industry	第二产业 Secondary Industry	第三产业 Tertiary Industry	# 工 业 Industry	人均生产总值 Per Capita GDP
宝鸡市 Baoji						
2000	110.5	100.6	112.4	111.1	112.2	109.1
2001	108.2	98.9	110.2	108.3	109.4	107.0
2002	110.5	103.8	113.0	109.0	112.9	110.2
2003	111.6	107.2	114.3	109.0	114.5	111.2
2004	112.6	111.5	115.2	109.1	117.0	112.0
2005	110.9	110.2	112.4	108.6	113.2	109.9
2006	110.8	107.7	112.1	109.6	113.0	109.8
2007	112.9	104.4	114.1	113.8	115.0	112.6
2008	112.7	107.4	113.9	112.3	114.9	112.6
2009	112.4	104.8	113.0	113.7	112.2	112.8
2010	112.8	105.7	115.9	109.1	117.4	113.4
2011	113.1	104.8	115.8	110.1	117.7	113.1
2012	113.6	105.7	116.1	110.5	117.7	113.3
2013	111.3	104.3	113.1	109.1	113.7	111.0
2014	110.0	104.9	111.1	108.8	111.3	109.8
2015	109.5	105.4	109.5	110.4	109.1	109.2
2016	108.7	103.7	109.2	109.1	108.7	108.4
2017	107.8	104.3	108.2	108.1	108.7	107.6
2018	106.7	103.1	106.1	108.6	106.5	106.7
2019	103.5	104.6	102.1	105.7	100.6	103.8
咸阳市 Xianyang						
2000	111.7	106.5	111.3	115.4	110.6	107.8
2001	109.0	104.3	105.7	116.2	104.8	107.8
2002	112.0	102.5	117.9	110.6	119.2	111.3
2003	111.9	107.6	114.7	110.7	115.9	111.1
2004	112.4	110.1	115.3	110.0	116.0	111.5
2005	110.3	108.1	108.7	113.5	109.2	109.1
2006	109.3	106.7	109.4	110.8	109.6	109.4
2007	110.7	104.5	110.7	114.3	111.1	110.5
2008	113.5	107.5	114.0	116.1	116.2	113.1
2009	111.8	104.9	110.2	116.8	107.5	113.1
2010	112.3	106.6	116.6	110.6	118.4	113.6
2011	112.0	105.9	117.0	108.7	118.1	111.7
2012	112.9	106.1	116.5	111.4	118.4	112.6
2013	111.6	104.2	113.5	112.2	114.7	111.2
2014	110.0	104.9	111.8	109.6	112.5	109.7
2015	107.7	104.9	106.6	110.7	106.6	107.4
2016	106.9	103.8	106.7	108.5	106.8	106.6
2017	107.0	106.0	106.3	108.6	106.6	104.3
2018	106.4	103.1	106.0	108.5	106.0	106.4
2019	101.9	104.2	97.7	106.0	96.2	102.1
渭南市 Weinan						
2000	108.2	104.3	107.5	112.0	107.6	107.2
2001	108.3	104.4	107.2	111.4	107.5	107.4
2002	110.4	104.0	113.9	110.7	113.1	110.0
2003	108.4	101.5	114.3	106.7	115.8	108.1
2004	110.9	105.8	115.6	108.8	117.6	110.5
2005	110.5	105.5	113.5	109.7	114.9	110.2
2006	111.1	107.0	110.2	114.2	110.6	110.9
2007	113.0	104.9	111.5	118.3	111.8	113.5
2008	114.2	107.6	112.7	118.4	112.6	114.4
2009	111.9	105.1	112.1	114.2	109.8	113.3
2010	113.2	106.1	119.4	109.5	120.9	114.7
2011	113.2	105.7	118.8	110.4	119.9	113.1
2012	112.9	106.0	117.0	111.0	118.7	112.6
2013	110.5	104.9	112.8	109.9	113.4	110.3
2014	109.6	105.1	111.2	109.3	111.6	109.4
2015	108.1	105.5	107.0	110.7	106.9	107.8
2016	106.2	104.1	106.5	106.9	106.0	105.9
2017	107.6	104.8	108.5	108.0	109.1	107.4
2018	106.9	103.2	106.2	109.2	106.6	107.3
2019	104.2	104.7	103.2	104.9	102.6	105.2

3-13 续表 2 continued

(上年=100) (preceding year=100)

地 区 年 份 Region Year	生产总值 Gross Domestic Product	第一产业 Primary Industry	第二产业 Secondary Industry	第三产业 Tertiary Industry	# 工 业 Industry	人均生产总值 Per Capita GDP
延安市 Yan'an						
2000	109.8	103.1	114.9	109.5	115.4	108.7
2001	112.4	101.0	116.4	109.5	116.2	111.2
2002	112.3	104.0	114.9	109.9	115.1	111.2
2003	115.3	102.0	121.6	105.5	121.4	113.2
2004	119.6	105.2	123.5	114.8	124.7	117.3
2005	114.5	110.2	116.7	109.1	117.4	113.1
2006	114.6	110.2	115.9	111.6	116.1	113.4
2007	113.5	104.5	113.3	117.9	113.4	113.1
2008	114.1	107.1	114.4	115.5	114.6	113.4
2009	110.1	104.9	108.3	118.3	108.1	109.7
2010	113.3	105.8	115.4	108.4	115.7	111.7
2011	110.6	106.1	111.0	110.9	111.0	110.0
2012	109.9	106.1	109.5	112.9	109.4	109.6
2013	106.0	104.3	103.5	115.6	104.9	105.7
2014	106.5	105.6	106.0	108.3	105.9	106.1
2015	102.5	104.6	99.8	110.1	100.0	101.9
2016	101.1	104.7	97.3	108.0	97.0	100.2
2017	107.4	104.9	107.5	108.2	107.3	106.7
2018	108.9	103.0	110.0	108.7	110.4	108.7
2019	106.7	105.2	106.5	107.6	106.4	106.9
汉中市 Hanzhong						
2000	108.2	103.8	109.3	110.2	106.0	107.5
2001	106.6	102.5	108.0	109.0	107.6	105.9
2002	107.2	101.7	108.7	109.2	109.5	107.0
2003	108.4	105.9	110.4	107.8	113.1	108.0
2004	110.0	108.6	113.8	107.4	120.3	109.5
2005	110.6	109.2	109.3	112.3	111.0	110.0
2006	111.0	107.8	112.2	111.6	114.8	110.7
2007	113.2	104.9	112.0	119.0	113.6	112.9
2008	112.2	106.8	110.3	116.5	110.5	111.9
2009	112.9	104.1	110.8	118.7	108.2	114.3
2010	113.7	104.3	119.1	113.1	120.9	115.3
2011	114.0	104.1	121.4	112.7	123.9	114.1
2012	114.3	104.8	120.0	113.4	123.4	114.3
2013	112.1	103.0	117.4	110.7	119.7	111.9
2014	111.2	104.6	115.8	109.0	117.0	111.0
2015	109.5	104.5	109.0	111.8	108.3	109.2
2016	108.6	103.9	109.8	109.3	108.8	108.3
2017	109.2	105.1	112.2	107.9	113.2	109.0
2018	109.1	103.9	111.9	108.2	113.2	109.2
2019	106.1	104.6	105.5	107.4	104.7	106.3
榆林市 Yulin						
2000	114.3	128.0	113.3	109.1	113.8	112.5
2001	114.2	92.4	116.3	118.9	120.8	112.4
2002	112.7	115.9	116.2	108.3	117.9	112.1
2003	117.5	104.5	127.3	110.5	128.0	116.5
2004	121.1	116.3	132.1	109.0	133.7	119.8
2005	122.2	103.2	132.4	112.3	133.1	121.3
2006	118.0	108.4	124.4	109.2	125.0	123.8
2007	120.1	106.6	125.5	112.3	126.2	119.5
2008	121.5	108.4	125.8	114.9	126.0	120.9
2009	111.8	105.7	110.2	116.5	109.6	111.5
2010	117.8	107.0	120.8	113.0	121.1	117.6
2011	114.7	110.1	116.5	110.9	116.8	114.6
2012	111.5	110.2	112.7	108.1	112.7	111.4
2013	108.5	107.8	109.0	107.2	109.0	108.2
2014	109.6	108.4	110.8	106.2	110.9	109.1
2015	104.8	107.5	104.1	106.3	104.2	104.3
2016	106.3	103.4	105.0	109.5	104.5	106.3
2017	107.6	104.8	106.6	110.2	106.1	107.6
2018	109.0	102.9	108.2	112.0	108.0	108.5
2019	107.1	103.9	108.2	105.8	108.2	106.6

3-13 续表 3 continued

(上年=100) (preceding year=100)

地区 年份 Region Year	生产总值 Gross Domestic Product	第一产业 Primary Industry	第二产业 Secondary Industry	第三产业 Tertiary Industry	#工业 Industry	人均生产总值 Per Capita GDP
安康市 Ankang						
2000	105.8	106.0	102.8	108.9	101.4	105.6
2001	106.4	104.6	102.9	109.9	102.0	106.1
2002	108.6	101.3	110.9	112.1	114.9	108.5
2003	108.2	100.2	111.6	111.1	117.1	108.0
2004	109.0	108.7	110.1	108.5	113.5	108.7
2005	108.8	110.4	105.3	110.1	104.3	108.7
2006	109.5	107.7	107.7	111.7	107.2	109.5
2007	112.5	106.3	112.3	116.2	114.6	112.4
2008	114.1	107.7	116.6	115.9	115.3	113.9
2009	113.3	104.8	116.1	115.8	112.8	113.7
2010	113.6	105.2	119.6	113.8	122.8	114.1
2011	113.8	105.3	120.9	112.6	125.0	113.8
2012	115.2	105.6	121.5	114.5	128.2	115.1
2013	112.6	105.3	117.8	111.1	121.0	112.4
2014	111.0	105.5	115.0	109.4	116.9	110.8
2015	112.1	104.8	112.9	114.2	114.2	111.8
2016	110.4	104.1	112.8	110.3	114.6	110.1
2017	109.8	104.8	112.1	108.9	114.4	109.5
2018	109.7	103.9	111.7	109.5	113.5	109.4
2019	107.9	104.3	110.7	106.0	111.1	107.7
商洛市 Shangluo						
2000	110.4	105.0	117.0	110.8	115.0	110.0
2001	108.5	102.8	113.2	109.9	108.9	106.0
2002	110.0	104.5	112.2	112.7	126.1	111.5
2003	107.0	105.9	107.2	107.3	110.2	106.7
2004	107.5	107.2	103.9	110.5	106.7	106.6
2005	108.1	107.7	105.5	110.3	106.4	107.1
2006	109.2	106.1	103.9	113.3	108.6	108.6
2007	111.9	106.3	109.0	116.1	112.7	111.7
2008	113.8	107.2	113.6	116.6	114.5	113.5
2009	111.9	105.0	109.9	115.6	103.9	112.8
2010	112.7	105.3	116.1	113.6	122.0	113.8
2011	112.8	105.2	117.6	112.3	123.2	112.8
2012	113.6	105.9	118.1	113.5	126.0	113.6
2013	111.6	104.9	115.8	110.8	121.2	111.4
2014	109.9	100.4	114.1	109.8	117.4	109.7
2015	111.0	104.4	111.5	112.9	114.6	110.7
2016	109.2	103.7	111.6	108.8	114.2	108.7
2017	108.7	104.1	110.6	108.5	113.4	108.2
2018	107.9	103.5	109.5	107.7	111.8	107.7
2019	105.3	104.8	106.4	104.3	107.7	105.3
杨凌示范区 Yangling						
2000	117.7	105.3	110.9	125.0	135.8	113.4
2001	123.8	105.9	127.3	126.2	166.4	118.5
2002	117.5	104.2	127.7	113.8	128.9	112.6
2003	120.5	106.8	131.8	115.2	209.1	117.7
2004	115.5	115.3	124.2	108.4	139.5	114.5
2005	116.3	114.2	111.6	121.1	110.7	113.7
2006	112.8	114.8	106.0	118.9	107.4	111.0
2007	114.8	106.7	105.5	124.1	98.6	113.0
2008	113.1	106.9	105.0	119.8	98.6	111.6
2009	112.9	105.4	114.5	112.9	98.7	100.3
2010	114.4	106.6	118.1	113.0	120.2	102.9
2011	115.3	107.0	118.8	113.2	120.3	115.0
2012	114.4	107.0	117.2	112.6	119.3	114.2
2013	113.5	104.9	115.1	113.1	116.3	113.3
2014	112.1	104.9	114.1	110.9	113.7	111.8
2015	111.9	104.6	111.0	113.8	110.1	111.6
2016	110.2	104.2	112.5	108.8	112.9	109.6
2017	109.1	104.2	113.7	105.2	113.5	108.3
2018	109.0	103.4	112.5	106.0	110.9	107.8
2019	106.2	104.2	103.7	109.2	102.6	103.4

3-14 各市(区)非公有制经济增加值
Value-added of Non-public Economy by City(District)

地 区 Region	非公有制经济增加值(亿元) Value-added of Non-public Economy (100 million yuan)									
	2010	2011	2012	2013	2014	2015	2016	2017	2018	2019
西安市 Xi'an	1587.94	1916.95	2246.26	2589.24	2939.07	3120.12	3361.09	3931.72	4539.52	5066.18
铜川市 Tongchuan	72.23	93.29	111.46	133.77	135.57	133.38	139.44	156.74	166.20	179.30
宝鸡市 Baoji	423.81	513.65	608.07	687.26	735.66	792.23	859.03	970.51	1077.22	1156.57
咸阳市 Xianyang	484.04	601.44	703.79	837.20	930.49	1000.72	1073.40	1009.70	1142.69	1166.74
渭南市 Weinan	333.61	436.43	504.81	582.45	642.89	661.60	698.19	778.43	855.66	912.77
延安市 Yan'an	147.69	197.43	233.44	266.78	295.92	278.87	281.67	375.72	455.77	498.38
汉中市 Hanzhong	245.55	317.69	376.88	459.39	506.97	530.71	577.65	670.43	758.06	840.25
榆林市 Yulin	607.25	798.51	978.33	1068.31	1178.64	1006.48	1144.40	1391.31	1634.56	1768.02
安康市 Ankang	152.96	192.97	240.84	306.95	359.80	402.36	457.50	551.56	632.09	715.90
商洛市 Shangluo	128.31	164.79	193.60	238.46	271.37	297.89	336.88	373.69	435.86	478.89
杨凌示范区 Yangling	22.49	28.92	32.33	42.61	48.47	57.94	67.14	78.65	89.12	92.88

3-14 续表 continued

地 区 Region	非公有制经济增加值占生产总值比重(%) Value-added of Non-public Economy as Percentage of GDP (%)									
	2010	2011	2012	2013	2014	2015	2016	2017	2018	2019
西安市 Xi'an	49.7	50.6	51.4	52.2	52.7	52.8	52.8	53.0	53.4	54.4
铜川市 Tongchuan	43.8	46.2	47.2	48.1	48.6	50.2	51.6	52.1	50.1	50.5
宝鸡市 Baoji	48.3	49.2	49.6	50.0	50.1	50.1	50.4	50.7	51.0	52.0
咸阳市 Xianyang	48.5	49.1	50.0	50.8	51.4	52.1	53.0	52.7	53.5	53.2
渭南市 Weinan	43.7	44.7	45.7	46.2	47.5	48.6	49.5	50.3	49.6	49.9
延安市 Yan'an	17.1	18.1	18.5	19.7	21.1	23.4	26.1	28.8	29.3	30.0
汉中市 Hanzhong	49.5	50.5	51.4	52.5	51.5	51.5	51.5	52.1	53.0	54.3
榆林市 Yulin	36.0	36.1	37.6	38.9	40.4	41.0	42.0	42.4	42.8	42.7
安康市 Ankang	47.9	48.8	49.8	50.9	52.9	54.2	55.5	58.1	59.3	60.6
商洛市 Shangluo	48.6	49.6	50.0	50.9	51.6	53.1	54.2	55.2	56.2	57.2
杨凌示范区 Yangling	48.7	48.8	48.1	50.5	50.6	53.6	55.5	57.6	57.9	55.7

注：本表按当年价格计算。
a) Data in this table are calculated at current prices.

3-15 各县(市、区)生产总值(2019年)
Gross Domestic Product by County (City and District)(2019)

地 区	Region	生产总值(亿元) Gross Domestic Product (100 million yuan)	生产总值比上年增长(%) Growth Rate of GDP over Preceding Year(%)	地 区	Region	生产总值(亿元) Gross Domestic Product (100 million yuan)	生产总值比上年增长(%) Growth Rate of GDP over Preceding Year(%)
西安市	**Xi'an**			麟游县	Linyou	140.61	15.0
新城区	Xincheng	605.93	6.5	凤 县	Fengxian	77.66	-38.4
碑林区	Beilin	1013.97	6.3	太白县	Taibai	34.44	9.3
莲湖区	Lianhu	789.05	5.1	**咸阳市**	**Xianyang**		
灞桥区	Baqiao	489.19	8.3	秦都区	Qindu	343.85	-4.2
未央区	Weiyang	1255.07	7.2	渭城区	Weicheng	256.59	0.7
雁塔区	Yanta	2271.01	8.0	三原县	Sanyuan	215.35	2.0
阎良区	Yanliang	255.06	5.9	泾阳县	Jingyang	75.73	7.0
临潼区	Lintong	242.69	7.5	乾 县	Qianxian	171.62	0.9
长安区	Chang'an	1001.21	8.2	礼泉县	Liquan	153.48	4.1
高陵区	Gaoling	374.44	4.2	永寿县	Yongshou	84.36	4.1
鄠邑区	Huyi	180.23	2.0	长武县	Changwu	102.55	5.5
蓝田县	Lantian	149.23	3.6	旬邑县	Xunyi	88.39	3.9
周至县	Zhouzhi	137.15	0.2	淳化县	Chunhua	77.52	4.2
铜川市	**Tongchuan**			武功县	Wugong	153.16	3.8
王益区	Wangyi	84.82	7.6	兴平市	Xingping	241.64	3.5
印台区	Yintai	61.75	6.4	彬州市	bingzhou	231.10	3.7
耀州区	Yaozhou	174.91	6.2	**渭南市**	**Weinan**		
宜君县	Yijun	33.19	8.0	临渭区	Linwei	427.61	7.2
宝鸡市	**Baoji**			华州区	Huazhou	99.34	5.9
渭滨区	Weibin	521.14	8.2	潼关县	Tongguan	44.20	5.8
金台区	Jintai	364.95	6.1	大荔县	Dali	168.56	5.3
陈仓区	Chencang	214.41	0.5	合阳县	Heyang	104.98	6.0
凤翔县	Fengxiang	223.66	10.0	澄城县	Chengcheng	98.49	4.1
岐山县	Qishan	179.34	5.1	蒲城县	Pucheng	194.16	5.7
扶风县	Fufeng	147.14	7.0	白水县	Baishui	84.53	3.3
眉 县	Meixian	161.21	5.8	富平县	Fuping	183.96	6.6
陇 县	Longxian	91.55	-9.5	韩城市	Hancheng	351.86	-1.6
千阳县	Qianyang	67.69	7.4	华阴市	Huayin	70.79	0.3

3-15 续表 continued

地 区	Region	生产总值(亿元) Gross Domestic Product (100 million yuan)	生产总值比上年增长(%) Growth Rate of GDP over Preceding Year(%)	地 区	Region	生产总值(亿元) Gross Domestic Product (100 million yuan)	生产总值比上年增长(%) Growth Rate of GDP over Preceding Year(%)
延安市	**Yan'an**			靖边县	Jingbian	389.85	3.6
宝塔区	Baota	363.91	7.3	定边县	Dingbian	317.62	2.4
安塞区	Ansai	114.63	6.3	绥德县	Suide	90.55	5.2
延长县	Yanchang	52.87	8.6	米脂县	Mizhi	65.57	3.5
延川县	Yanchuan	99.44	4.8	佳 县	Jiaxian	57.59	5.4
志丹县	Zhidan	161.55	7.4	吴堡县	Wubu	26.91	4.8
吴起县	Wuqi	178.73	8.1	清涧县	Qingjian	61.41	4.7
甘泉县	Ganquan	29.08	7.6	子洲县	Zizhou	59.96	4.0
富 县	Fuxian	66.37	11.3	神木市	Shenmu	1362.88	7.5
洛川县	Luochuan	243.87	3.2	**安康市**	**Ankang**		
宜川县	Yichuan	37.78	6.3	汉滨区	Hanbin	380.95	7.8
黄龙县	Huanglong	18.67	8.1	汉阴县	Hanyin	112.50	5.8
黄陵县	Huangling	185.93	6.8	石泉县	Shiquan	94.14	7.1
子长市	Zichang	111.07	7.8	宁陕县	Ningshan	31.72	6.7
汉中市	**Hanzhong**			紫阳县	Ziyang	109.59	7.6
汉台区	Hantai	376.06	8.2	岚皋县	Langao	58.02	8.5
南郑区	Nanzheng	218.41	1.6	平利县	Pingli	103.90	9.4
城固县	Chenggu	232.44	2.4	镇坪县	Zhenping	24.34	8.1
洋 县	Yangxian	163.16	7.5	旬阳县	Xunyang	187.05	8.4
西乡县	Xixiang	116.70	6.9	白河县	Baihe	79.84	9.1
勉 县	Mianxian	147.03	5.0	**商洛市**	**Shangluo**		
宁强县	Ningqiang	100.01	9.9	商州区	Shangzhou	156.75	4.2
略阳县	Lueyang	71.17	9.0	洛南县	Luonan	148.56	5.9
镇巴县	Zhenba	92.45	10.1	丹凤县	Danfeng	98.02	6.0
留坝县	Liuba	18.69	9.1	商南县	Shangnan	91.42	4.2
佛坪县	Foping	11.48	8.1	山阳县	Shanyang	152.88	6.2
榆林市	**Yulin**			镇安县	Zhen'an	105.87	4.3
榆阳区	Yuyang	937.14	9.5	柞水县	Zhashui	83.73	6.6
横山区	Hengshan	202.43	6.9	**杨凌示范区**	**Yangling**		
府谷县	Fugu	564.77	9.6	杨陵区	Yangling	166.77	6.2

注：本表数据为快报数。
a) Data in this table are from annual statistical reporting forms.

主要统计指标解释

三次产业 指根据社会生产活动历史发展的顺序对产业结构的划分。目前我国的三次产业划分是：

第一产业是指农、林、牧、渔业（不含农、林、牧、渔服务业）。

第二产业是指采矿业（不含开采辅助活动），制造业（不含金属制品、机械和设备修理业），电力、热力、燃气及水生产和供应业，建筑业。

第三产业即服务业，是指除第一产业、第二产业以外的其他行业。

国内生产总值(GDP) 指按市场价格计算的一个国家(或地区)所有常住单位在一定时期内生产活动的最终成果。国内生产总值有三种表现形态，即价值形态、收入形态和产品形态。从价值形态看，它是所有常住单位在一定时期内生产的全部货物和服务价值超过同期投入的全部非固定资产货物和服务价值的差额，即所有常住单位的增加值之和；从收入形态看，它是所有常住单位在一定时期内创造并分配给常住单位和非常住单位的初次收入之和；从产品形态看，它是所有常住单位在一定时期内最终使用的货物和服务价值与货物和服务净出口价值之和。在实际核算中，国内生产总值有三种计算方法，即生产法、收入法和支出法。三种方法分别从不同的方面反映国内生产总值及其构成。

对于一个地区来说，称为地区生产总值或地区 GDP。

劳动者报酬 指劳动者从事生产活动应获得的全部报酬，既包括货币形式的报酬，也包括实物形式的报酬。主要包括工资、奖金、津贴和补贴，单位为其员工交纳的社会保险费、补充社会保险费和住房公积金、行政事业单位职工的离退休金、单位为其员工提供的其他各种形式的福利和报酬等。

生产税净额 指生产税减生产补贴后的差额。其中，生产税指政府对生产单位从事生产、销售和经营活动，以及因从事生产活动使用某些生产要素（如固定资产和土地等）所征收的各种税收、附加费和其他规费。生产税分为产品税和其他生产税，产品税主要有：增值税、消费税、进口关税、出口税等；其他生产税主要有：房产税、车船使用税、城镇土地使用税等。生产补贴则相反，它是政府为影响生产单位的生产、销售及定价等生产活动而对其提供的无偿支付，包括农业生产补贴、政策亏损补贴、进口补贴等。生产补贴作为负生产税处理。

固定资产折旧 指由于自然退化、正常淘汰或损耗而导致的固定资产价值下降，用以代表固定资产通过生产过程被转移到其产出中的价值。原则上，固定资产折旧应按照固定资产的重置价值计算。

营业盈余 指常住单位创造的增加值扣除劳动者报酬、生产税净额和固定资产折旧后的余额。

支出法国内生产总值 是从最终使用的角度反映一个国家(或地区)一定时期内生产活动最终成果的一种方法，包括最终消费支出、资本形成总额及货物和服务净出口三部分。计算公式为：

支出法国内生产总值=最终消费支出+资本形成总额+货物和服务净出口

Explanatory Notes on Main Statistical Indicators

Three Strata of Industry Classification of economic activities into three strata of industry is a common practice in the world, although the grouping varies to some extent from country to country. In China economic activities are categorized into the following three strata of industry:

Primary industry refers to agriculture, forestry, animal husbandry and fishery(do not include services in support of these industries).

Secondary industry refers to mining and quarrying (do not include support activities for mining), manufacturing (do not include repair service of metal products, machinery and equipment), production and supply of electricity, water and gas, and construction.

Tertiary industry refers to all other economic activities not included in the primary or secondary industries.

Gross Domestic Product (GDP) refers to the final products at market prices produced by all resident units in a country (or a region) during a certain period of time. Gross domestic product is expressed in three different perspectives, namely value, income, and products respectively. GDP in its value perspective refers to the total value of all goods and services produced by all resident units during a certain period of time, minus the total value of input of goods and services of the nature of non-fixed assets; in other words, it is the sum of the value-added of all resident units. GDP from the perspective of income includes the primary income created by all resident units and distributed to resident and non-resident units. GDP from the perspective of products refers to the value of all goods and services for final demand by all resident units plus the net exports of goods and services during a given period of time. In the practice of national accounting, gross domestic product is calculated from three approaches, namely production approach, income approach and expenditure approach, which reflect gross domestic product and its composition from different angles.

For a region, it is called as Gross Regional Product(GRP) or regional GDP.

Compensation of Employees refers to the total payment of various forms to employees for the productive activities they are engaged in. It includes the employees earn in cash or in kind. It mainly include: wages, bonuses and allowances, subsidies, social insurance paid by company or unit for its staff, supplementary social insurance, housing fund, the pension for the employees of the administrative institution, other forms of welfare and remuneration provide by the units for its employees.

Net Taxes on Production refers to taxes on production less subsidies on production. The taxes on production refers to the various taxes, extra charges and fees levied on the production units on their production, sale and business activities as well as on the use of some factors of production, such as fixed assets, land etc. in the production activities they are engaged in. Taxes on production are divided into product tax and other kinds of taxes on production, product tax mainly includes: value-added tax, consumption tax, import duty, export duty; other taxes on production mainly include: House Property Tax, Tax on Vehicles and Boat Operation, Urban Land Use Tax, etc. In contrast to taxes on production, subsidies on production refer to the payment by the government for free to the production units to influence production activities of production units such as production, sales and pricing, which include agricultural production subsidies, subsidies for policy losses, import subsidies, etc. Subsidies on production are therefore regarded as negative taxes on production.

Depreciation of Fixed Assets Refers to the decline of the value of fixed assets due to natural deterioration, normal elimination or loss, it reflects the value of transfer of the fixed assets in the production of the current period. In principle, the depreciation of fixed assets should be calculated on the basis of the re-purchased value of the fixed assets.

Operating Surplus refers to the balance of the value added created by the resident units after deducting the labourers remuneration, net taxes on production and the depreciation of fixed assets.

GDP by Expenditure Approach refers to the method of measuring the final results of production activities of a country (region) during a given period from the perspective of final uses. It includes final consumption expenditure, gross capital formation and net export of goods and services. The formula for computation is.:

GDP by expenditure approach = final consumption expenditure + gross capital formation + net export of goods and services

四、人 口

资料整理：李 艳

简 要 说 明

一、本篇资料反映陕西人口发展变化基本情况，主要内容和数据来源：

1．年末常住人口、性别比例、年龄比例、城镇人口比例以及人口出生率、人口死亡率和人口自然增长率等，数据根据人口普查、1%人口抽样调查或年度人口变动情况抽样调查推算所得，2001－2009年年末常住人口根据2010年第六次全国人口普查数据进行了调整。

2．户籍人口资料数据来源于省公安厅人口统计年报。

二、人口统计调查方法

目前人口统计调查有：在逢“0”的年份进行全国人口普查；在逢“5”的年份进行全国1%人口抽样调查；其余年份进行人口变动情况抽样调查。

Brief Introduction

Ⅰ. This chapter reflects the basic conditions of development and changes of population in Shaanxi, including mainly:

1. Permanent population at the year-end, proportion of population by sex, proportion of population by age, proportion of urban population, birth rate, death rate and natural growth rate of population. The data are estimated by Shaanxi Provincial Bureau of Statistics on the basis of population censuses, the one percent sample survey on population, or annual sample surveys on population changes. Permanent Population at the Year-end from 2001 to 2009 have been adjusted in accordance with the flash sums of the 6th National Population Census in 2010.

2. The total population with residence registration are obtained from the annual reports of population of Shaanxi Provincial Department of Public Security.

Ⅱ. Sampling Methodology

The statistical surveys on population are as follows:

The national population census is conducted in the year ending with 0; the national 1 percent population sample survey is conducted in the year ending with 5; sample surveys on population changes are conducted in the rest of the years.

4.人　口

2019 年全省

年底常住人口	3876	万人	比上年增长 0.3%
# 城镇人口	2304	万人	占总人口比重为 59.43%
人口自然增长率	4.27	‰	比上年下降 0.16个千分点
男女性别比（以女性为100）	106.61		
人口密度	189	人/平方公里	

人口年龄构成

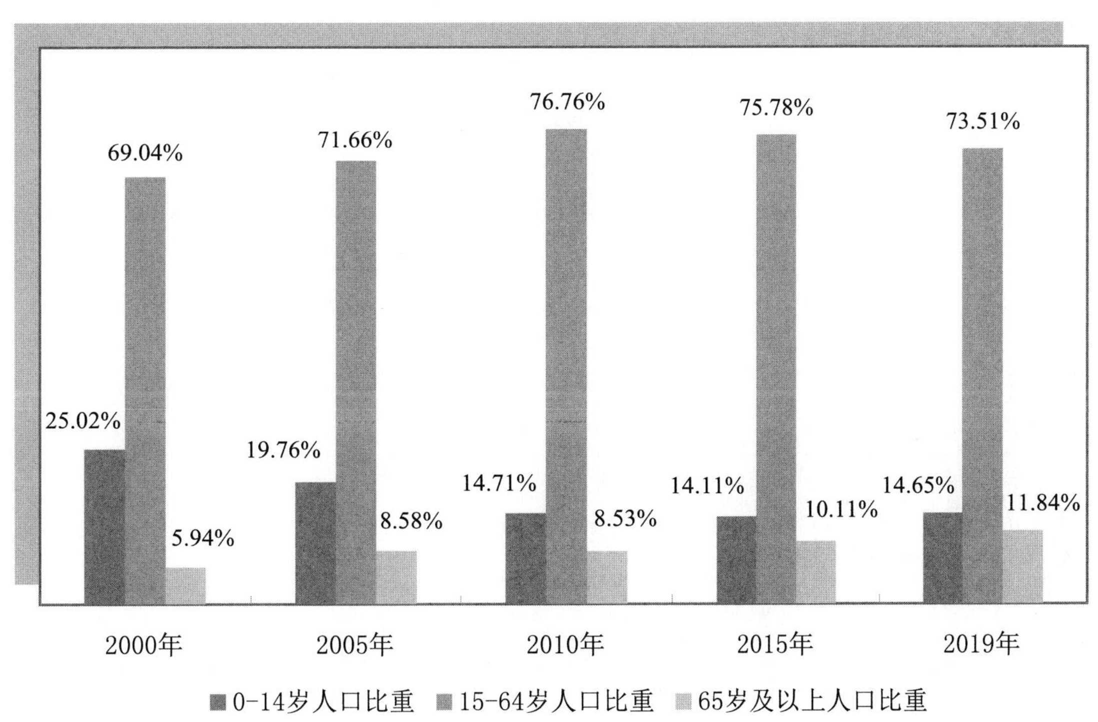

4-1 人口数和构成
Population and Its Composition

单位：万人 (10 000 persons)

年 份 Year	年底总人口 Total Population at Year-end	按性别分 By Sex				按城乡分 By Residence			
		男 Male		女 Female		城镇 Urban		乡村 Rural	
		人口数 Population	比重(%) Proportion	人口数 Female	比重(%) Proportion	人口数 Female	比重(%) Proportion	人口数 Female	比重(%) Proportion
1978	2779	1444	51.96	1335	48.04	454		2325	
1979	2807	1456	51.87	1351	48.13	469		2339	
1980	2831	1468	51.85	1363	48.15	522		2309	
1981	2865	1486	51.87	1379	48.13	535		2329	
1982	2904	1507	51.89	1397	48.11	548		2356	
1983	2931	1525	52.03	1406	47.97	577		2354	
1984	2966	1546	52.12	1420	47.88	1111		1865	
1985	3002	1566	52.17	1436	47.83	1167		1834	
1986	3042	1588	52.20	1454	47.80	1203		1839	
1987	3088	1613	52.23	1476	47.80	1244		1844	
1988	3140	1640	52.23	1500	47.77	1405		1735	
1989	3198	1671	52.25	1527	47.75	1438		1759	
1990	3316	1727	52.08	1589	47.92	1501		1815	
1991	3363	1754	52.16	1609	47.84	1539		1824	
1992	3405	1777	52.19	1628	47.81	1576		1829	
1993	3443	1799	52.25	1644	47.75	1654		1789	
1994	3481	1819	52.26	1662	47.74	1668		1813	
1995	3513	1836	52.26	1677	47.74	1738		1775	
1996	3543	1842	51.99	1701	48.01	1939		1604	
1997	3570	1866	52.27	1704	47.73	2279		1291	
1998	3596	1879	52.25	1717	47.75	2547		1049	
1999	3618	1892	52.29	1726	47.71	2593		1025	
2000	3644	1896	52.03	1748	47.97	1176	32.27	2468	67.73
2001	3653	1879	51.44	1774	48.56	1228	33.62	2425	66.38
2002	3662	1882	51.39	1780	48.61	1268	34.63	2394	65.37
2003	3672	1883	51.28	1789	48.72	1305	35.54	2367	64.46
2004	3681	1893	51.43	1788	48.57	1338	36.35	2343	63.65
2005	3690	1899	51.46	1791	48.54	1374	37.24	2316	62.76
2006	3699	1902	51.42	1797	48.58	1447	39.12	2252	60.88
2007	3708	1906	51.40	1802	48.60	1506	40.62	2202	59.38
2008	3718	1911	51.40	1807	48.60	1565	42.10	2153	57.90
2009	3727	1916	51.41	1811	48.59	1621	43.50	2106	56.50
2010	3735	1930	51.67	1805	48.33	1707	45.70	2028	54.30
2011	3743	1931	51.58	1812	48.42	1770	47.30	1973	52.70
2012	3753	1938	51.65	1815	48.35	1877	50.02	1876	49.98
2013	3764	1944	51.64	1820	48.36	1931	51.31	1833	48.69
2014	3775	1949	51.62	1826	48.38	1985	52.57	1790	47.43
2015	3793	1958	51.63	1835	48.37	2045	53.92	1748	46.08
2016	3813	1969	51.65	1844	48.35	2110	55.34	1703	44.66
2017	3835	1980	51.63	1855	48.37	2178	56.79	1657	43.21
2018	3864	1994	51.60	1870	48.40	2246	58.13	1618	41.87
2019	3876	2000	51.60	1876	48.40	2304	59.43	1572	40.57

注：1.1990年以前为公安年报数，1990年及以后为人口普查及人口变动情况抽样调查推算的常住人口数。
2.2001—2009年人口数根据2010年人口普查进行了修正。
3.城乡人口，2000年以前按乡(镇、街办)级行政区域统计，2000年及以后是以《国家统计局统计上划分城乡的规定》为标准的人口普查和人口变动抽样调查推算数。

a) Data before 1990 were taken from the statistics of household registration.Since 1990, data have been estimated on the basis of the national population census or usual residents of the annual national sample surveys on population changes.

b) Data of population from 2001 to 2009 were adjusted according to the national population census in 2010.

c) Data by residence before 2000 were from the divisions of administrative areas. Since 2000, data have been estimated on the national population census and the basis of the annual national sample surveys on population changes,which regard "The provisions on the division of urban and rural areas" as standard.

4–2　人口自然变动情况
Population Natural Changes

年　份 Year	出生人口 (万人) Births (10 000 persons)	死亡人口 (万人) Deaths (10 000 persons)	出生率 (‰) Birth Rate (‰)	死亡率 (‰) Death Rate (‰)	自然增长率 (‰) Natural Growth Rate (‰)
1953	53.4	18.0	34.00	11.46	22.54
1964	83.1	33.3	40.00	16.00	24.00
1982	54.9	19.3	19.02	6.70	12.30
1990	77.2	21.4	23.48	6.52	16.96
1991	66.2	21.7	19.82	6.51	13.31
1992	63.8	22.2	18.85	6.57	12.28
1993	60.4	22.4	17.63	6.55	11.08
1994	60.9	22.9	17.59	6.60	10.99
1995	55.7	23.0	15.93	6.57	9.36
1996	52.9	23.0	14.99	6.51	8.48
1997	49.5	22.4	13.91	6.29	7.62
1998	48.6	23.0	13.56	6.43	7.13
1999	45.1	23.0	12.51	6.38	6.13
2000	45.4	23.1	12.50	6.36	6.14
2001	38.4	23.2	10.50	6.34	4.16
2002	38.4	23.3	10.48	6.36	4.12
2003	39.2	23.4	10.67	6.38	4.29
2004	39.0	23.3	10.59	6.33	4.26
2005	37.0	22.2	10.02	6.01	4.01
2006	37.7	22.8	10.19	6.15	4.04
2007	37.9	22.8	10.21	6.16	4.05
2008	38.3	23.1	10.29	6.21	4.08
2009	38.2	23.3	10.24	6.24	4.00
2010	36.3	22.4	9.73	6.01	3.72
2011	36.5	22.7	9.75	6.06	3.69
2012	38.0	23.4	10.12	6.24	3.88
2013	37.6	23.1	10.01	6.15	3.86
2014	38.2	23.6	10.13	6.26	3.87
2015	38.2	23.8	10.10	6.28	3.82
2016	40.5	23.7	10.64	6.23	4.41
2017	42.5	23.9	11.11	6.24	4.87
2018	41.1	24.0	10.67	6.24	4.43
2019	40.8	24.3	10.55	6.28	4.27

注：1.本表为人口普查、人口变动情况抽样调查数。
　　2.2001–2009年数据根据2010年人口普查进行了修正。

a) Data in this table are obtained from the national population census and the annual national sample surveys on population changes.

b) Data of population from 2001 to 2009 were adjusted according to the national population census in 2010.

4-3 人口年龄结构和抚养比

Age Composition and Dependency Ration of Population

单位：%　　(%)

年 份 Year	各年龄段人口比重 Percentage to Tatal Population By Age			总抚养比 Gross Dependency Ratio	少年儿童 Children Dependency Ratio	老年人口 Old Dependency Ratio
	0-14岁 Aged 0-14	15-64岁 Aged 15-64	65岁及以上 Aged 65 and Over			
1953	36.71	59.25	4.04	68.78	61.96	6.82
1964	41.26	55.23	3.51	81.06	74.71	6.35
1982	33.06	62.40	4.57	60.30	52.98	7.32
1990	28.88	65.98	5.15	51.57	43.77	7.80
1991	30.21	64.07	5.72	56.08	47.15	8.93
1992	30.15	64.19	5.66	55.78	46.96	8.82
1993	29.30	65.09	5.61	53.64	45.02	8.62
1994	28.31	66.43	5.26	50.53	42.62	7.91
1995	28.88	65.40	5.72	52.90	44.16	8.74
1996	28.90	65.11	6.00	53.59	44.38	9.21
1997	27.63	66.52	5.85	50.33	41.54	8.79
1998	27.15	66.15	6.70	51.16	41.04	10.12
1999	26.28	66.58	7.14	50.21	39.48	10.73
2000	25.02	69.04	5.94	44.84	36.24	8.60
2001	24.49	68.78	6.73	45.39	35.61	9.78
2002	22.35	69.64	8.01	43.60	32.09	11.51
2003	20.90	71.35	7.75	40.15	29.29	10.86
2004	19.81	72.54	7.65	37.86	27.31	10.55
2005	19.76	71.66	8.58	39.55	27.57	11.97
2006	18.70	72.70	8.60	37.55	25.72	11.83
2007	18.13	72.91	8.96	37.16	24.87	12.29
2008	17.75	73.28	8.97	36.46	24.22	12.24
2009	17.05	73.84	9.11	35.43	23.09	12.34
2010	14.71	76.76	8.53	30.27	19.16	11.11
2011	14.55	76.74	8.71	30.31	18.96	11.35
2012	14.42	76.61	8.97	30.53	18.82	11.71
2013	14.30	76.27	9.43	31.11	18.75	12.36
2014	14.10	75.93	9.97	31.70	18.57	13.13
2015	14.11	75.78	10.11	31.96	18.62	13.34
2016	14.13	75.51	10.36	32.43	18.71	13.72
2017	14.34	74.86	10.80	33.58	19.16	14.43
2018	14.50	74.12	11.38	34.92	19.56	15.35
2019	14.65	73.51	11.84	36.04	19.93	16.11

注：本表为人口普查、人口变动情况抽样调查数。抚养比指0−14岁、65岁及以上人口占15−64岁人口的比重。

a) Data in this table are obtained from the national population census and the annual national sample surveys on population changes.Dependency ratio refers to the population aged 0-14,65 and over as percentage of the population aged 15-64.

4-4　60岁及以上人口和比重
Population and Percentage of People Aged 60 and Over

年　份 Year	60岁及以上人口 Population Aged 60 and Over		65岁及以上人口 Population Aged 65 and Over	
	人口数(万人) Population (10 000 persons)	占总人口比重(%) Percentage to Tatal Population(%)	人口数(万人) Population (10 000 persons)	占总人口比重(%) Percentage to Tatal Population(%)
1953	101.50	6.74	60.74	4.04
1964	125.21	6.03	72.88	3.51
1982	215.17	7.44	131.99	4.57
1990	251.50	7.65	169.40	5.15
2000	341.23	9.47	216.45	5.94
2010	479.66	12.85	318.41	8.53
2011	495.78	13.25	325.98	8.71
2012	520.10	13.86	336.65	8.97
2013	551.39	14.65	354.92	9.43
2014	584.28	15.48	376.38	9.97
2015	601.10	15.85	383.46	10.11
2016	619.17	16.24	394.99	10.36
2017	644.85	16.81	414.23	10.80
2018	674.77	17.46	439.72	11.38
2019	702.37	18.12	458.94	11.84

注：本表为人口普查、人口变动情况抽样调查数。
a) Data in this table are obtained from the national population census and the annual national sample surveys on population changes.

4-5　各市(区)常住人口和自然增长率
Usual Residents and Natural Growth Rate by City(District)

地　区	Region	2018 常住人口(万人) Usual Residents (10 000 persons)	2018 出生率(‰) Birth Rate (‰)	2018 死亡率(‰) Death Rate (‰)	2018 自然增长率(‰) Natural Growth (‰)	2019 常住人口(万人) Usual Residents (10 000 persons)	2019 出生率(‰) Birth Rate (‰)	2019 死亡率(‰) Death Rate (‰)	2019 自然增长率(‰) Natural Growth (‰)
全　省	**Shaanxi**	**3864.40**	**10.67**	**6.24**	**4.43**	**3876.21**	**10.55**	**6.28**	**4.27**
西安市	Xi'an	1000.37	12.47	5.48	6.99	1020.35	12.32	5.53	6.79
铜川市	Tongchuan	80.37	9.03	5.86	3.17	78.01	8.50	5.88	2.62
宝鸡市	Baoji	377.10	9.61	6.13	3.48	376.10	9.70	6.19	3.51
咸阳市	Xianyang	436.61	10.05	5.79	4.26	435.62	9.85	6.75	3.10
渭南市	Weinan	532.77	10.12	6.59	3.53	527.81	10.08	6.59	3.49
延安市	Yan'an	225.94	10.50	6.20	4.30	225.57	9.80	5.97	3.83
汉中市	Hanzhong	343.61	9.50	7.25	2.25	343.70	9.30	6.68	2.62
榆林市	Yulin	341.78	11.23	6.45	4.78	342.42	11.19	6.89	4.30
安康市	Ankang	266.89	9.62	7.19	2.43	267.49	9.52	7.21	2.31
商洛市	Shangluo	238.02	10.23	7.14	3.09	237.91	10.20	6.20	4.00
杨凌示范区	Yangling	20.93	9.58	3.90	5.68	21.23	9.36	3.84	5.52

注：本表根据人口变动抽样调查数据结果评估推算。
a) Data in the table are estimated from the 6th national population census.

4-6 各市、县(市、区)常住人口
Usual Residents by City and County (City and District)

单位：万人 (10 000 persons)

地 区	Region	2018	2019	地 区	Region	2018	2019
全 省	**Shaanxi**	**3864.40**	**3876.21**	陇 县	Longxian	25.25	25.20
西安市	**Xi'an**	**1000.37**	**1020.35**	千阳县	Qianyang	12.57	12.54
新城区	Xincheng	64.13	64.72	麟游县	Linyou	9.21	9.23
碑林区	Beilin	67.97	68.77	凤 县	Fengxian	10.73	10.71
莲湖区	Lianhu	76.86	78.33	太白县	Taibai	5.18	5.15
灞桥区	Baqiao	67.73	70.39	**咸阳市**	**Xianyang**	**436.61**	**435.62**
未央区	Weiyang	77.74	82.73	秦都区	Qindu	35.12	34.90
雁塔区	Yanta	134.32	138.53	渭城区	Weicheng	21.29	21.37
阎良区	Yanliang	30.12	30.45	三原县	Sanyuan	41.17	41.19
临潼区	Lintong	69.69	70.04	泾阳县	Jingyang	31.48	31.58
长安区	Chang'an	104.28	106.42	乾 县	Qianxian	53.61	53.57
高陵区	Gaoling	36.26	36.71	礼泉县	Liquan	45.58	45.38
鄠邑区	Huyi	55.86	56.46	永寿县	Yongshou	18.93	19.01
蓝田县	Lantian	53.68	53.61	长武县	Changwu	17.24	17.68
周至县	Zhouzhi	59.41	59.29	旬邑县	Xunyi	26.79	26.87
西咸新区	Xixian	102.32	103.90	淳化县	Chunhua	19.78	19.81
铜川市	**Tongchuan**	**80.37**	**78.01**	武功县	Wugong	41.74	41.48
王益区	Wangyi	17.45	16.73	兴平市	Xingping	50.61	50.63
印台区	Yintai	18.95	18.12	彬州市	Binzhou	33.27	32.16
耀州区	Yaozhou	23.61	22.74	**渭南市**	**Weinan**	**532.77**	**527.81**
新 区	Xinqu	11.35	11.78	临渭区	Linwei	91.21	91.48
宜君县	Yijun	9.01	8.64	华州区	Huazhou	31.81	31.38
宝鸡市	**Baoji**	**377.10**	**376.10**	潼关县	Tongguan	15.42	15.12
渭滨区	Weibin	45.53	45.45	大荔县	Dali	69.63	68.91
金台区	Jintai	39.98	39.83	合阳县	Heyang	44.32	43.91
陈仓区	Chencang	60.39	60.25	澄城县	Chengcheng	37.91	37.31
凤翔县	Fengxiang	48.98	48.75	蒲城县	Pucheng	74.36	73.62
岐山县	Qishan	46.60	46.48	白水县	Baishui	27.96	27.59
扶风县	Fufeng	42.26	42.15	富平县	Fuping	75.03	74.27
眉 县	Meixian	30.43	30.36	韩城市	Hancheng	39.94	39.46

4-6 续表 continued

单位：万人 (10 000 persons)

地 区	Region	2018	2019	地 区	Region	2018	2019
华阴市	Huayin	25.18	24.78	府谷县	Fugu	27.15	27.28
延安市	**Yan'an**	**225.94**	**225.57**	靖边县	Jingbian	38.20	38.41
宝塔区	Baota	49.08	49.71	定边县	Dingbian	33.94	34.21
安塞区	Ansai	17.78	17.76	绥德县	Suide	28.75	28.63
延长县	Yanchang	12.85	12.79	米脂县	Mizhi	14.54	14.42
延川县	Yanchuan	17.15	17.01	佳 县	Jiaxian	15.55	15.08
志丹县	Zhidan	14.69	14.58	吴堡县	Wubu	6.46	6.49
吴起县	Wuqi	15.20	15.26	清涧县	Qingjian	12.47	12.56
甘泉县	Ganquan	7.95	7.91	子洲县	Zizhou	16.39	16.05
富 县	Fuxian	15.74	15.68	神木市	Shenmu	48.50	48.78
洛川县	Luochuan	23.01	22.82	**安康市**	**Ankang**	**266.89**	**267.49**
宜川县	Yichuan	12.23	12.15	汉滨区	Hanbin	88.38	88.64
黄龙县	Huanglong	5.00	4.92	汉阴县	Hanyin	24.97	25.01
黄陵县	Huangling	13.19	13.04	石泉县	Shiquan	17.38	17.42
子长市	Zichang	22.07	21.94	宁陕县	Ningshan	7.03	7.05
汉中市	**Hanzhong**	**343.61**	**343.70**	紫阳县	Ziyang	28.67	28.70
汉台区	Hantai	54.02	54.03	岚皋县	Langao	15.65	15.67
南郑区	Nanzheng	47.72	47.74	平利县	Pingli	19.59	19.63
城固县	Chenggu	47.19	47.21	镇坪县	Zhenping	5.18	5.18
洋 县	Yangxian	38.70	38.71	旬阳县	Xunyang	43.47	43.57
西乡县	Xixiang	34.46	34.47	白河县	Baihe	16.58	16.61
勉 县	Mianxian	38.41	38.41	**商洛市**	**Shangluo**	**238.02**	**237.91**
宁强县	Ningqiang	30.88	30.89	商州区	Shangzhou	54.05	54.03
略阳县	Lueyang	20.00	20.00	洛南县	Luonan	44.94	44.92
镇巴县	Zhenba	24.87	24.88	丹凤县	Danfeng	29.96	29.93
留坝县	Liuba	4.34	4.34	商南县	Shangnan	22.54	22.55
佛坪县	Foping	3.02	3.02	山阳县	Shanyang	42.81	42.79
榆林市	**Yulin**	**341.78**	**342.42**	镇安县	Zhen'an	28.00	27.98
榆阳区	Yuyang	68.48	68.87	柞水县	Zhashui	15.71	15.71
横山区	Hengshan	31.35	31.64	**杨凌示范区**	**Yangling**	**20.93**	**21.23**

注：本表各市、县(市、区)数据根据人口变动抽样调查结果评估推算。
a) Data of City and County (City and District) in the table are estimated from the annual national sample surveys on population changes.

4-7 各市、县(市、区)总户数和户籍人口数(2019年)

Total Households and Population by City and County (City and District)(2019)

地区	Region	总户数(户) Total Households (household)	户籍总人口(人) TotalP opulation (person)	男 Male	女 Female
全 省	**Shaanxi**	**13298277**	**40517301**	**20852690**	**19664611**
西安市	**Xi'an**	**3009456**	**9567388**	**4771294**	**4796094**
新城区	Xincheng	183309	537318	266081	271237
碑林区	Beilin	231080	734014	363518	370496
莲湖区	Lianhu	268255	761267	373395	387872
灞桥区	Baqiao	214164	655053	319283	335770
未央区	Weiyang	315606	977988	474810	503178
雁塔区	Yanta	401190	1277480	625263	652217
阎良区	Yanliang	86374	273950	137139	136811
临潼区	Lintong	229529	730015	369087	360928
长安区	Chang'an	393124	1261768	626587	635181
高陵区	Gaoling	114907	365955	180967	184988
鄠邑区	Huyi	190680	638340	326819	311521
蓝田县	Lantian	195165	656098	340734	315364
周至县	Zhouzhi	186073	698142	367611	330531
铜川市	**Tongchuan**	**275948**	**790363**	**408516**	**381847**
王益区	Wangyi	65749	169712	86188	83524
印台区	Yintai	66416	183966	96337	87629
耀州区	Yaozhou	112753	347125	178195	168930
宜君县	Yijun	31030	89560	47796	41764
宝鸡市	**Baoji**	**1148040**	**3769271**	**1948173**	**1821098**
渭滨区	Weibin	149294	426366	213165	213201
金台区	Jintai	129979	367662	183949	183713
陈仓区	Chencang	166049	599950	312239	287711
凤翔县	Fengxiang	154807	518174	267922	250252
岐山县	Qishan	137486	461834	239036	222798
扶风县	Fufeng	120242	440309	231542	208767
眉 县	Meixian	92998	324608	168808	155800
陇 县	Longxian	80219	271377	142574	128803
千阳县	Qianyang	41715	133302	69996	63306
麟游县	Linyou	26975	85677	45498	40179
凤 县	Fengxian	32044	92614	48352	44262
太白县	Taibai	16232	47398	25092	22306
咸阳市	**Xianyang**	**1564924**	**5237939**	**2706636**	**2531303**
秦都区	Qindu	178281	538646	268440	270206
渭城区	Weicheng	127090	418842	208448	210394
三原县	Sanyuan	132500	406245	205788	200457
泾阳县	Jingyang	148509	534356	269187	265169
乾 县	Qianxian	167389	588409	310378	278031
礼泉县	Liquan	146529	473290	247876	225414

注：本表为公安部门统计数。
a) Data in this table are obtained from the annual reports of the bureau of public secruity.

4-7　续表 1　continued

地　区	Region	总户数（户）Total Households (household)	户籍总人口（人）TotalP opulation (person)	男 Male	女 Female
永寿县	Yongshou	58358	204758	108099	96659
长武县	Changwu	60377	186542	98069	88473
旬邑县	Xunyi	90694	291922	155587	136335
淳化县	Chunhua	62578	191963	100738	91225
武功县	Wugong	128648	438664	229128	209536
兴平市	Xingping	163964	600251	312495	287756
彬州市	Binzhou	100007	364051	192403	171648
渭南市	**Weinan**	**1709751**	**5426273**	**2763846**	**2662427**
临渭区	Linwei	319268	950489	480078	470411
华州区	Huazhou	107731	321686	163871	157815
潼关县	Tongguan	51685	148426	76243	72183
大荔县	Dali	207129	715591	362123	353468
合阳县	Heyang	137478	443150	225193	217957
澄城县	Chengcheng	124545	374051	191516	182535
蒲城县	Pucheng	216407	771486	392891	378595
白水县	Baishui	95369	275750	144095	131655
富平县	Fuping	238623	790898	402860	388038
韩城市	Hancheng	129920	395199	202698	192501
华阴市	Huayin	81596	239547	122278	117269
延安市	**Yan'an**	**866934**	**2336587**	**1214335**	**1122252**
宝塔区	Baota	183507	475003	240006	234997
安塞区	Ansai	68030	196475	102575	93900
延长县	Yanchang	61727	153939	81012	72927
延川县	Yanchuan	72578	187638	98304	89334
志丹县	Zhidan	57462	159598	83171	76427
吴起县	Wuqi	52257	145731	75966	69765
甘泉县	Ganquan	33872	88113	45993	42120
富　县	Fuxian	52884	155806	81877	73929
洛川县	Luochuan	76579	217315	115039	102276
宜川县	Yichuan	48480	123147	63764	59383
黄龙县	Huanglong	18695	48175	25424	22751
黄陵县	Huangling	45712	119670	62085	57585
子长市	Zichang	95151	265977	139119	126858
汉中市	**Hanzhong**	**1388198**	**3809380**	**1976643**	**1832737**
汉台区	Hantai	218680	570883	284933	285950
南郑区	Nanzheng	203435	564853	290646	274207
城固县	Chenggu	210510	542789	279025	263764
洋　县	Yangxian	163892	446339	235952	210387
西乡县	Xixiang	156145	414964	218836	196128
勉　县	Mianxian	144473	411991	211371	200620
宁强县	Ningqiang	112761	324318	169864	154454

4-7 续表 2 continued

地 区	Region	总户数（户）Total Households (household)	户籍总人口（人）TotalP opulation (person)	男 Male	女 Female
略阳县	Lueyang	62480	178828	95267	83561
镇巴县	Zhenba	88698	279972	151097	128875
留坝县	Liuba	15299	41871	22188	19683
佛坪县	Foping	11825	32572	17464	15108
榆林市	**Yulin**	**1369394**	**3850340**	**2017433**	**1832907**
榆阳区	Yuyang	230400	607403	308829	298574
横山区	Hengshan	110285	383558	201553	182005
府谷县	Fugu	97625	249427	131323	118104
靖边县	Jingbian	105394	362131	187868	174263
定边县	Dingbian	103269	359274	187070	172204
绥德县	Suide	137799	352579	185369	167210
米脂县	Mizhi	83664	221902	116657	105245
佳 县	Jiaxian	105449	266791	142559	124232
吴堡县	Wubu	34167	81377	42696	38681
清涧县	Qingjian	69087	213364	115680	97684
子洲县	Zizhou	114566	296462	159425	137037
神木市	Shenmu	177689	456072	238404	217668
安康市	**Ankang**	**1055288**	**3037053**	**1622904**	**1414149**
汉滨区	Hanbin	349983	1018686	537468	481218
汉阴县	Hanyin	104553	311463	167924	143539
石泉县	Shiquan	71614	182098	97557	84541
宁陕县	Ningshan	27012	70562	38005	32557
紫阳县	Ziyang	109577	334010	180623	153387
岚皋县	Langao	54723	166229	89930	76299
平利县	Pingli	97846	230305	123418	106887
镇坪县	Zhenping	22151	58923	31161	27762
旬阳县	Xunyang	149961	450122	241381	208741
白河县	Baihe	67868	214655	115437	99218
商洛市	**Shangluo**	**857269**	**2502132**	**1326294**	**1175838**
商州区	Shangzhou	197497	557332	294062	263270
洛南县	Luonan	151148	455758	240090	215668
丹凤县	Danfeng	100867	313058	165349	147709
商南县	Shangnan	93757	248496	130318	118178
山阳县	Shanyang	153049	466078	248914	217164
镇安县	Zhen'an	101413	299981	161248	138733
柞水县	Zhashui	59538	161429	86313	75116
杨凌示范区	**Yangling**	**53075**	**190575**	**96616**	**93959**

主要统计指标解释

人口数　指一定时点、一定地区范围内有生命的个人总和。

年度统计的年末人口数指每年 12 月 31 日 24 时的人口数。年度统计的全国人口总数内未包括香港、澳门特别行政区和台湾省以及海外华侨人数。

城镇人口和乡村人口　城镇人口是指居住在城镇范围内的全部常住人口；乡村人口是除上述人口以外的全部人口。

出生率(又称粗出生率)　指在一定时期内(通常为一年)一定地区的出生人数与同期内平均人数(或期中人数)之比，用千分率表示。本资料中的出生率指年出生率，其计算公式为：

$$出生率=\frac{年出生人数}{年平均人数}\times1000‰$$

式中：出生人数指活产婴儿，即胎儿脱离母体时(不管怀孕月数)，有过呼吸或其他生命现象。年平均人数指年初、年底人口数的平均数，也可用年中人口数代替。

死亡率(又称粗死亡率)　指在一定时期内(通常为一年)一定地区的死亡人数与同期内平均人数(或期中人数)之比，用千分率表示。本资料中的死亡率指年死亡率，其计算公式为：

$$死亡率=\frac{年死亡人数}{年平均人数}\times1000‰$$

人口自然增长率　指在一定时期内(通常为一年)人口自然增加数(出生人数减死亡人数)与该时期内平均人数(或期中人数)之比，用千分率表示。计算公式为：

$$人口自然增长率=\frac{本年出生人数-本年死亡人数}{年平均人数}\times1000‰$$

$$=人口出生率-人口死亡率$$

总抚养比　也称总负担系数。指人口总体中非劳动年龄人口数与劳动年龄人口数之比。通常用百分比表示。说明每 100 名劳动年龄人口大致要负担多少名非劳动年龄人口。用于从人口角度反映人口与经济发展的基本关系。计算公式为：

$$GDR=\frac{P_{0\sim14}+P_{65^+}}{P_{15\sim64}}\times100\%$$

其中：*GDR* 为总抚养比；

$P_{0\sim14}$ 为 0～14 岁少年儿童人口数；

P_{65^+} 为 65 岁及 65 岁以上的老年人口数；

$P_{15\sim64}$ 为 15～64 岁劳动年龄人口数。

老年人口抚养比　也称老年人口抚养系数。指某一人口中老年人口数与劳动年龄人口数之比。通常用百分比表示。用以表明每 100 名劳动年龄人口要负担多少名老年人。老年人口抚养比是从经济角度反映人口老化社会后果的指标之一。计算公式为：

$$ODR=\frac{P_{65^+}}{P_{15\sim64}}\times100\%$$

其中：*ODR* 为老年人口抚养比；

P_{65^+} 为 65 岁及 65 岁以上的老年人口数；

$P_{15\sim64}$ 为 15～64 岁的劳动年龄人口数。

少年儿童抚养比　也称少年儿童抚养系数。指某一人口中少年儿童人口数与劳动年龄人口数之比。通常用百分比表示。以反映每 100 名劳动年龄人口要负担多少名少年儿童。计算公式为：

$$CDR=\frac{P_{0\sim14}}{P_{15\sim64}}\times100\%$$

其中：*CDR* 为少年儿童抚养比；

$P_{0\sim14}$ 为 0～14 岁少年儿童人口数；

$P_{15\sim64}$ 为 15～64 岁劳动年龄人口数。

Explanatory Notes on Main Statistical Indicators

Total Population refers to the total number of people alive at a certain point of time within a given area.

The annual statistics on total population is taken at midnight, the 31st of December, not including residents in Taiwan province, Hong Kong SAR and Macao SAR and Chinese national residing abroad.

Urban Population and Rural Population Urban population refers to all people residing in cities and towns, while rural population refers to population other than urban population.

Birth Rate (or Crude Birth Rate) refers to the ratio of the number of births to the average population (or mid-period population) during a certain period of time (usually a year), expressed in ‰. Birth rate in the chapter refers to annual birth rate. The following formula is used:

$$\text{Birth Rate} = \frac{\text{Number of Births}}{\text{Annual Average Population}} \times 1000‰$$

Number of births in the formula refers to live births, i.e. when a baby has breathed or showed any vital phenomena regardless of the length of pregnancy.

Annual average population is the average of the number of population at the beginning of the year and that at the end of the year. Sometimes it is substituted by the mid-year population.

Death Rate (or Crude Death Rate) refers to the ratio of the number of deaths to the average population (or mid-period population) during a certain period of time (usually a year), expressed in ‰. Death rate in the chapter refers to annual death rate. The following formula is used:

$$\text{Death Rate} = \frac{\text{Number of Deaths}}{\text{Annual Average Population}} \times 1000‰$$

Natural Growth Rate of Population refers to the ratio of natural increase in population (number of births minus number of deaths) in a certain period of time (usually a year) to the average population (or mid-period population) of the same period, expressed in ‰. The following formula is applied:

$$\text{Natural Growth Rate of Population} = \frac{\text{Number of Births - Number of Deaths}}{\text{Annual Average Population}} \times 1000‰$$

Natural Growth Rate of Population = Birth Rate-Death Rate

Gross Dependency Ratio also called gross dependency coefficient, refers to the ratio of non-working-age population to the working-age population, express in %. Describing in general the number of non-working-age population that every 100 people at working ages will take care of, this indicator reflects the basic relation between population and economic development from the demographic perspective. The gross dependency ratio is calculated with the following formula:

$$GDR = \frac{P_{0\sim14} + P_{65^+}}{P_{15\sim64}} \times 100\%$$

Where: GDR is the gross dependency ratio,

$P_{0\text{-}14}$ is the population of children aged 0-14,

P_{65+} is the elderly population aged 65 and over, and

$P_{15\text{-}64}$ is the working-age population aged 15-64.

Old Dependency Ratio also called old dependency coefficient, refers to the ratio of the elderly population to the working-age population, express in %. It describes the number of the elderly population that every 100 people at working ages will take care of. Old dependency ratio is one of the indicators reflecting the social implication of population aging from the economic perspective. The old dependency ratio is calculated with the following formula:

$$ODR = \frac{P_{65^+}}{P_{15\sim64}} \times 100\%$$

Where: ODR is the old dependency ratio,

P_{65+} is the elderly population aged 65 and over, and

$P_{15\text{-}64}$ is the working-age population aged 15-64.

Children Dependency Ratio also called children dependency coefficient, refers to the ratio of the children population to the working-age population, express in %. It describes the number of children population that every 100 people at working ages will take care of. The children dependency ratio is calculated with the following formula:

$$CDR = \frac{P_{0\sim14}}{P_{15\sim64}} \times 100\%$$

Where: CDR is the children dependency ratio,

$P_{0\text{-}14}$ is the children population aged 0-14, and

$P_{15\text{-}64}$ is the working-age population aged 15-64.

五、就业和工资

Employment and Wages

资料整理：张　峰

简 要 说 明

一、本篇资料反映陕西劳动就业与工资的基本情况。主要内容包括全社会就业人员数、城镇非私营单位就业人员数、城镇私营企业和个体工商业就业人数、城镇非私营单位就业人员工资、城镇私营单位就业人员工资、城镇登记失业率、社会保障情况等。

二、本篇资料中，城镇登记失业人数及失业率、社会保障情况、城镇私营及个体就业人员资料由省人力资源和社会保障厅、省民政厅、省市场监督管理局等部门提供并加工整理。

三、统计范围和调查方法

1．城镇非私营单位：指城镇地区全部非私营法人单位，具体包括国有单位、城镇集体单位、联营经济、股份制经济、外商投资经济、港澳台投资经济等单位。工资统计是统计单位的就业人员，个体就业人员、自由职业者等非单位就业人员不在工资统计范围内。对城镇非私营单位工资统计采用全面调查的方法。

2．城镇私营单位：主要是指在内资法人单位中由自然人投资设立或由自然人控股，以雇佣劳动为基础的营利性经济组织，包括按照《公司法》、《合伙企业法》、《私营企业暂行条例》规定登记注册的私营有限责任公司、私营股份有限公司、私营合伙企业和私营独资企业。对城镇私营单位工资统计采用全面调查和抽样调查相结合的方法。

Brief Introduction

Ⅰ. This chapter reflects the basic conditions of labour employment and wages of Shaanxi Province, mainly including the number of all employed persons, number of urban non-private units, number of urban private enterprise and private industry and commerce, wages of urban non-private units employed persons, wages of urban private enterprise employed persons, registered urban unemployment rate, the social security situation and etc.

Ⅱ. The data on registered urban unemployment and unemployment rate, social security, number of the persons employed in urban private enterprises and self-employed persons in industry and commerce are processed and prepared from figures provided by Shaanxi Provincial Department of Labour and Social Security, Shaanxi Provincial Department of Civil Affairs, Shaanxi Provincial Administration for Market Regulation and etc.

Ⅲ. The Statistical Coverage and Investigation Methods

a) The urban non-private units: are all non-private legal units in urban area, including state-owned units, urban collective-owned units, joint ownership units, cooperative units, foreign funded units and units with funds from Hong Kong, Macao & Taiwan etc. Wage of employed persons in urban non-private units are the persons employed in those units, except self-employed and freelancers. The investigation method of Wage of employed persons in urban non-private units is comprehensive survey.

b) The Urban private units: are established by natural person or controlled by natural person in legal units invested by domestic, are for-profit units based on wage-labor, including private limited liability corporations, private share holding corporations Ltd., partnership corporations and private sole proprietorship corporations registered in accordance with the "company law", "partnership enterprise law" and "Provisional Regulations". The investigation method of Wage of employed persons in urban private units is combined with comprehensive survey and sampling survey.

5.就业和工资

2019 年全省

年底就业人员	2071	万人	
# 城镇非私营单位在岗职工	455	万人	
城镇非私营单位就业人员平均工资	78361	元	比上年增长 8.9%
城镇私营单位就业人员平均工资	43477	元	比上年增长 6.6%
城镇登记失业率	3.23	%	

城镇非私营单位就业人员平均工资（元）

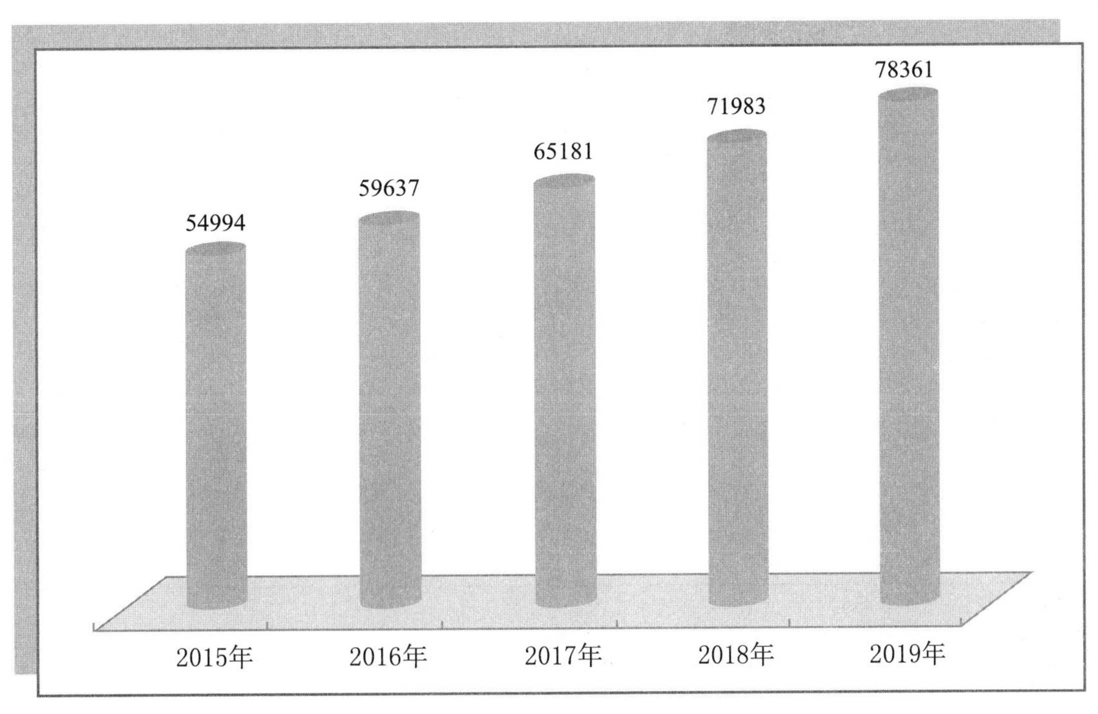

5-1 就业人员人数
Number of Employed Persons

单位：万人 (10 000 persons)

年 份 Year	就业人员 人数 Number of Employed Persons	第一产业 Primary Industry	第二产业 Secondary Industry	第三产业 Tertiary Industry	年末职工 人数 Number of Staff & Workers at Year-end	#国有单位 State-owned Units	#城镇集体单位 Urban Collective-owned Units	其他就业人员 Others	城镇私营及个体就业人员 Employed Persons in Private Enterprises, Self-employed Individuals in Urban Areas	乡村就业人员 Rural Employed Persons
1978	1078	766	193	119	257	222	35		…	821
1979	1105	794	191	120	264	225	40			840
1980	1158	831	199	128	282	239	43		1	875
1981	1202	874	188	140	297	250	47		2	903
1982	1250	904	198	148	309	258	50		3	939
1983	1285	925	199	161	312	261	51		4	969
1984	1337	936	217	184	324	260	63		7	1007
1985	1375	888	287	200	337	271	65		9	1029
1986	1409	874	303	232	350	282	67		10	1049
1987	1449	905	311	233	358	289	68		14	1077
1988	1494	950	299	245	366	298	68		15	1112
1989	1529	973	298	258	374	304	68		17	1138
1990	1576	1010	302	264	379	311	67		17	1180
1991	1640	1054	314	272	390	321	68		18	1232
1992	1672	1069	321	283	395	326	67		19	1258
1993	1708	1061	335	312	398	326	66	14	24	1272
1994	1720	1055	333	332	392	327	60	13	32	1283
1995	1748	1056	341	351	395	333	56	13	42	1298
1996	1776	1053	341	382	398	336	54	11	59	1308
1997	1792	1053	339	400	396	335	52	11	63	1322
1998	1788	1055	300	433	335	270	36	12	99	1342
1999	1808	1052	304	452	335	271	32	11	109	1353
2000	1813	1010	299	504	328	265	29	9	133	1343
2001	1785	994	297	494	324	258	27	9	118	1333
2002	1874	1003	308	563	322	253	25	10	179	1363
2003	1912	997	364	551	319	246	23	11	185	1397
2004	1941	965	361	615	319	243	22	13	184	1425
2005	1976	957	368	651	323	242	21	11	205	1437
2006	1986	956	375	655	324	247	21	11	227	1425
2007	2013	933	401	679	331	240	19	11	257	1414
2008	2039	909	420	710	332	240	19	12	275	1420
2009	2060	876	493	691	335	233	16	17	282	1425
2010	2074	856	561	657	343	239	14	22	333	1376
2011	2059	824	585	650	371	251	14	22	359	1307
2012	2061	797	298	458	386	272	15	25	351	1298
2013	2058	779	322	475	471	223	18	35	297	1256
2014	2067	782	335	528	479	229	17	37	355	1196
2015	2071	789	335	615	474	224	15	38	449	1111
2016	2073	791	338	654	474	224	16	37	494	1068
2017	2072	790	347	698	472	217	15	39	550	1011
2018	2071	788	330	786	453	194	13	40	645	933
2019	2071	787	330	948	455	187	13	46	803	767

注：1.本表职工人数1998年及以后为在岗职工(含劳务派遣人员)数。
2.由于统计制度变化，2012年及以后二、三产业中未含乡村就业人员。

a) Data in this table refer to number of staff and workers including labor dispatch personnel since 1998.

b) Number of employed persons in secondary industry and tertiary industry does not include rural employed persons because of the statistical system since 2012.

5−2 分行业就业人员人数(2019年)
Number of Employed Persons by Sector (2019)

单位：万人 (10 000 persons)

行业	Sector	合计 Total	国有单位 State-owned Units	城镇集体单位 Urban Collective-owned Units	其他单位 Units of Other Types of Ownership	私营企业 Private Enterprises	城镇个体 Urban Self-employed Individuals	乡村就业人员 Rural Employed Persons
总　计	**Total**	**2070.8**	**187.1**	**13.2**	**301.0**	**251.2**	**551.1**	**767.2**
第一产业	Primary Industry	786.7	1.0	0.02	0.3	6.6	19.0	759.7
农、林、牧、渔业	Agriculture, Forestry, Animal Husbandry and Fishery	27.0	1.0	0.02	0.3	6.6	19.0	
第二产业	Secondary Industry	329.8	14.7	7.9	163.8	115.5	27.9	
采矿业	Mining	40.8	2.8	0.2	30.8	6.6	0.4	
制造业	Manufacturing	157.4	4.2	2.3	73.8	57.1	20.0	
电力、热力、燃气及水生产和供应业	Production and Supply of Electricity, Heat,Gas and Water	15.4	4.6	0.0	8.8	1.8	0.1	
建筑业	Construction	116.2	3.1	5.3	50.3	50.1	7.4	
第三产业	Tertiary Industry	947.9	171.4	5.3	136.9	129.1	505.2	
批发和零售业	Wholesale and Retail Trades	349.1	2.0	0.5	20.2	40.0	286.4	
交通运输、仓储和邮政业	Traffic, Transport, Storage and Post	48.4	7.6	0.3	19.2	8.1	13.2	
住宿和餐饮业	Hotels and Catering Services	137.8	0.5	0.1	8.7	14.4	114.1	
信息传输、软件和信息技术服务业	Information Transmission, Software and Information Services	30.1	0.5		12.9	6.2	10.5	
金融业	Financial Intermediation	28.3	4.2	1.0	22.6	0.5	0.03	
房地产业	Real Estate	27.7	0.9	0.1	12.8	12.6	1.24	
租赁和商务服务业	Leasing and Business Services	29.7	1.9	0.7	8.4	11.9	6.8	
科学研究和技术服务业	Scientific Research, Technology Services	20.9	5.3	0.2	7.5	7.6	0.4	
水利、环境和公共设施管理业	Management of Water Conservancy, Environment and Public Facilities	13.5	6.9	0.0	3.4	2.7	0.5	
居民服务、修理和其他服务业	Residents Service, Repair and other Services	72.2	0.5	0.1	1.2	4.7	65.6	
教　育	Education	70.2	47.7	1.6	12.2	7.8	0.9	
卫生和社会工作	Health, Social Work	41.4	26.2	0.7	4.7	8.5	1.3	
文化、体育和娱乐业	Culture, Sports and Entertainment	13.9	3.0		2.7	4.1	4.1	
公共管理、社会保障和社会组织	Public Management, Social Security and Social Organization	64.8	64.1	0.1	0.5		0.2	

5–3 城镇非私营单位企业、事业、机关人数和工资(2019年)
Persons and Wages of Urban Non-private Enterprises, Institutions and State Organs (2019)

指标	Item	合计 Total	企业 Enterprises	事业 Institutions	机关 Agencies & Organizations	民间非盈利组织 Civil Non-profit Organization	其他 Others
一、就业人员年末人数 (人)	Employed Persons in Urban Units at Year-end (person)	5013092	3308077	1080593	522426	91550	10446
# 女 性	Female	1933042	1078505	604333	174871	69224	6109
# 在岗职工及劳务派遣人员人数	Number of Staff and Workers including Labor Dispatch Personnel	4553511	2975269	1003569	477648	86830	10195
1.国有单位	State-owned Units	1734582	294620	956400	476085	3985	3492
2.集体单位	Urban Collective-owned Units	124345	102109	18636	120	3465	15
3.其他单位	Units of Other Types of Ownership	2694584	2578540	28533	1443	79380	6688
二、就业人员工资总额 (万元)	Earning of Employed Persons in Urban Units (10 000 yuan)	38889644	26026946	8510131.6	3872119	400698	79749
# 在岗职工及劳务派遣人员工资总额	Number of Staff and Workers including Labor Dispatch Personnel	37027108	24550431	8270588	3745581	381738	78770
三、就业人员平均工资 (元)	Average Earning of Employed Persons in Urban Units (yuan)	78361	79567	79312	74659	44522	78447
四、在岗职工及劳务派遣人员平均工资 (元)	Average Wage of Staff and Workers (yuan)	82114	83416	83031	78930	44636	79230
1.国有单位	State-owned Units	83109	89065	83360	78944	64882	98481
2.集体单位	Urban Collective-owned Units	61511	61078	68926	68303	30743	57133
3.其他单位	Units of Other Types of Ownership	82407	83635	81253	75055	44158	69090

5−4 城镇非私营单位分行业就业人员年末人数(2019年)

Number of Fully Employed Staff and Workers in Urban Non-private Units at Year-end by Sector (2019)

单位：人 (person)

行业	Sector	年末人数 Number at Year-end	国有单位 State-owned Units	城镇集体单位 Urban Collective-owned Units	其他单位 Units of Other Types of Ownership
总计	**Total**	**5013092**	**1871104**	**132076**	**3009912**
农、林、牧、渔业	Agriculture, Forestry, Animal Husbandry and Fishery	13471	9858	231	3382
采矿业	Mining	338186	28083	2085	308018
制造业	Manufacturing	803849	42010	23472	738367
电力、热力、燃气及水生产和供应业	Production and Supply of Electricity, Heat,Gas and Water	135027	46260	447	88320
建筑业	Construction	586876	30917	53138	502821
批发和零售业	Wholesale and Retail Trades	226534	20007	4508	202019
交通运输、仓储和邮政业	Traffic, Transport, Storage and Post	271497	76227	3300	191970
住宿和餐饮业	Hotels and Catering Services	92580	5231	729	86620
信息传输、软件和信息技术服务业	Information Transmission, Software and Information Services	133833	5229	40	128564
金融业	Financial Intermediation	277888	42400	9982	225506
房地产业	Real Estate	138234	8533	1484	128217
租赁和商务服务业	Leasing and Business Services	110115	19450	6540	84125
科学研究和技术服务业	Scientific Research, Technology Services	129391	52909	1877	74605
水利、环境和公共设施管理业	Management of Water Conservancy, Environment and Public Facilities	103472	69077	163	34232
居民服务、修理和其他服务业	Residents Service, Repair and other Services	18598	5475	1074	12049
教育	Education	614329	476544	15502	122283
卫生和社会工作	Health, Social Work	315951	262096	6777	47078
文化、体育和娱乐业	Culture, Sports and Entertainment	57443	30111	195	27137
公共管理、社会保障和社会组织	Public Management, Social Security and Social Organization	645818	640687	532	4599

5-5 各市(区)城镇非私营单位就业人员年末人数(2019年)
Number of Fully Employed Staff and Workers in Urban Non-private Units at Year-end by City(District)(2019)

单位：人 (person)

地 区	Region	总 计 Total	国有单位 State-owned Units	城镇集体单位 Urban Collective-owned Units	其他单位 Others	# 港澳台投资 Funds from Hong Kong, Macao & Taiwan	# 外商投资 Foreign Funded
全 省	**Shaanxi**	**5013092**	**1871104**	**132076**	**3009912**	**64187**	**108433**
西 安 市	Xi'an	1874598	519836	32792	1321970	98	82238
铜 川 市	Tongchuan	117634	46718	2428	68488	2281	793
宝 鸡 市	Baoji	402399	138780	19576	244043	6543	7275
咸 阳 市	Xianyang	427717	177312	23222	227183	411	5477
渭 南 市	Weinan	416946	190451	12147	214348	433	2336
延 安 市	Yan'an	348460	162527	4701	181232	1250	1634
汉 中 市	Hanzhong	289155	145321	18965	124869	229	3074
榆 林 市	Yulin	488673	234777	5059	248837	943	2123
安 康 市	Ankang	212359	108725	4133	99501	117	868
商 洛 市	Shangluo	193336	90515	8999	93822	138	1519
杨凌示范区	Yangling	40628	15695	54	24879		1096

注：全省数据含省级直报单位。
a) The data of Shaanxi is include the direct reporting organization.

5-6 城镇非私营单位就业人员年末人数和工资
Total Persons and Wages of Employed Staff and Workers in Urban Non-private Units

指 标	Item	年末人数(人) Number of Staff and Workers (person)		工资总额(万元) Total Wages Bill (10 000 yuan)		平均工资(元) Average Wage (yuan)	
		2018	2019	2018	2019	2018	2019
总 计	**Total**	**4931655**	**5013092**	**35356942**	**38889644**	**71983**	**78361**
国有单位	State-owned Units	2077826	1871104	15236268	14772265	72680	79443
集体单位	Urban Collective-owned Units	136053	132076	743193	773575	56482	60041
其他单位	Units of Other Types of Ownership	2717776	3009912	19377481	23343805	72198	78478
(一)内 资	Domestic Funds	2551843	2824849	18028791	21758843	71636	78022
1.股份合作制	Cooperative	14892	14660	94904	91680	70692	64337
2.联 营	Joint Ownership	4971	5556	35140	41494	70818	75608
3.有限责任公司	Limited Liability Corporations	2048226	2121060	14344308	16333641	71146	78071
4.股份有限公司	Share-holding Corporations Ltd.	433063	523816	3294782	4495752	76203	86421
5.其 它	Others	50691	159757	259657	796276	52146	50815
(二)港、澳、台投资	Funds from Hong Kong, Macao & Taiwan	78708	76630	496651	535613	62036	67707
(三)外商投资	Foreign Funded	87225	108433	852040	1049349	97743	98405

5-7 职工平均工资和指数
Average Wage of Staff and Workers and Related Indices

年 份 Year	平均工资(元) Average Wage (yuan)	# 国有单位 State-owned Units	# 城镇集体单位 Urban Collective-owned Units	指数(1978年=100) Indices (1978 year =100)					
				平均货币工资 Average Wage	# 国有单位 State-owned Units	# 城镇集体单位 Urban Collective-owned Units	平均实际工资 Average Real Wage	# 国有单位 State-owned Units	# 城镇集体单位 Urban Collective-owned Units
1978	654	669	558	100.0	100.0	100.0	100.0	100.0	100.0
1979	705	728	570	107.8	108.8	102.2	106.3	107.3	100.7
1980	785	811	636	120.0	121.2	114.0	112.3	113.4	106.6
1981	780	812	609	119.3	121.4	109.1	107.7	109.6	98.6
1982	797	831	619	121.9	124.2	110.9	109.1	111.2	99.3
1983	824	857	652	126.0	128.1	116.8	111.0	112.9	102.9
1984	973	1024	757	148.8	153.1	135.7	126.7	130.4	115.6
1985	1122	1182	869	171.6	176.7	155.7	135.8	139.9	123.3
1986	1291	1363	987	197.4	203.7	176.9	146.7	151.4	131.4
1987	1409	1493	1054	215.4	223.2	188.9	146.6	151.8	128.5
1988	1680	1788	1206	256.9	267.3	216.2	145.5	151.4	122.5
1989	1856	1975	1319	283.8	295.2	236.4	136.7	142.2	113.9
1990	2042	2174	1425	312.2	325.0	255.4	146.6	152.6	119.9
1991	2198	2332	1554	336.1	348.6	278.5	147.1	152.6	121.9
1992	2434	2594	1634	372.2	387.7	292.8	146.5	152.6	115.2
1993	2890	3077	1918	441.9	459.9	343.7	152.5	158.8	118.6
1994	3803	4050	2299	581.5	605.4	412.0	156.6	163.0	110.9
1995	4396	4639	2795	672.2	693.4	500.9	153.4	158.2	114.3
1996	4882	5142	3082	746.5	768.6	552.3	154.4	159.0	114.3
1997	5184	5452	3177	792.7	814.9	569.4	155.9	160.2	111.9
1998	6029	6257	3823	921.9	935.3	685.1	185.5	188.2	137.9
1999	6931	7162	4318	1059.8	1070.6	773.8	219.4	221.6	160.2
2000	7804	8043	4920	1193.3	1202.2	881.7	246.3	248.2	182.0
2001	9120	9440	5293	1394.5	1411.1	948.6	287.6	291.0	195.6
2002	10351	10700	6080	1582.7	1599.4	1089.6	332.4	335.9	228.8
2003	11461	11833	6858	1752.4	1768.8	1229.0	365.1	368.5	256.0
2004	13024	13333	7373	1991.4	1992.9	1321.3	402.8	403.1	267.2
2005	14796	15223	7926	2262.3	2275.5	1420.4	453.5	456.1	284.7
2006	16918	17139	9086	2586.8	2561.9	1628.3	507.9	502.5	319.4
2007	21296	21653	11289	3256.3	3236.6	2023.1	607.7	603.5	377.2
2008	25942	26516	13523	3966.7	3963.5	2423.5	697.1	695.9	425.5
2009	30185	31537	16415	4615.4	4710.1	2941.8	810.3	827.6	516.5
2010	34299	35495	20650	5244.5	5305.7	3700.7	887.9	898.2	626.5
2011	39043	41291	27336	5969.9	6172.0	4898.9	956.2	988.6	784.7
2012	44330	46810	33142	6778.3	6997.0	5939.4	1058.2	1092.3	927.2
2013	48853	49815	39141	7469.9	7446.1	7014.6	1134.4	1130.8	1065.2
2014	52119	51919	43562	7969.3	7760.7	7806.8	1191.2	1160.0	1166.8
2015	56896	57592	46528	8699.7	8608.7	8338.4	1288.8	1275.3	1235.2
2016	61626	62689	49239	9422.9	9370.6	8824.2	1378.0	1370.3	1290.4
2017	67433	69281	54549	10310.9	10355.9	9775.8	1484.1	1490.6	1407.0
2018	74993	75602	57616	11466.8	11300.7	10325.4	1616.5	1593.1	1455.5
2019	82114	83109	61511	12555.7	12422.9	11023.5	1720.1	1702.0	1510.1

注：本表不含城镇私营单位和个体，1998年及以后数据为在岗职工平均工资，指数据此推算。

a) Data in this table do not include urban private enterprises and self-employed individuals. The data refer to average wage of fully employed staff and workers since 1998 and the indices was calculated on it.

5-8 城镇非私营单位就业人员分行业工资总额(2019年)
Earnings of Employed Persons by Sector in Urban Non-private Units (2019)

单位：万元 (10 000 yuan)

行业	Sector	工资总额 Total Wages Bill	国有单位 State-owned Units	城镇集体单位 Urban Collective-owned Units	其他单位 Others
总计	**Total**	**38889644**	**14772265**	**773575**	**23343805**
农、林、牧、渔业	Agriculture, Forestry, Animal Husbandry and Fishery	83155	67853	1119	14184
采矿业	Mining	3385299	268125	13274	3103900
制造业	Manufacturing	5846489	304337	190040	5352113
电力、热力、燃气及水生产和供应业	Production and Supply of Electricity, Heat,Gas and Water	1426895	528370	2270	896255
建筑业	Construction	3654014	165551	222373	3266090
批发和零售业	Wholesale and Retail Trades	1341627	182036	15801	1143790
交通运输、仓储和邮政业	Traffic, Transport, Storage and Post	2423215	580605	20926	1821684
住宿和餐饮业	Hotels and Catering Services	379001	21686	2461	354854
信息传输、软件和信息技术服务业	Information Transmission, Software and Information Services	2054300	42246	129	2011925
金融业	Financial Intermediation	2515007	478950	113447	1922610
房地产业	Real Estate	897775	52811	6594	838371
租赁和商务服务业	Leasing and Business Services	648751	130383	27458	490910
科学研究和技术服务业	Scientific Research, Technology Services	1254785	413071	13997	827717
水利、环境和公共设施管理业	Management of Water Conservancy, Environment and Public Facilities	517955	345555	943	171457
居民服务、修理和其他服务业	Residents Service, Repair and other Services	95886	42564	4618	48704
教育	Education	4777844	4087602	89378	600865
卫生和社会工作	Health, Social Work	2520209	2188086	44684	287439
文化、体育和娱乐业	Culture, Sports and Entertainment	376399	215088	869	160443
公共管理、社会保障和社会组织	Public Management, Social Security and Social Organization	4691040	4657345	3198	30496

5-9 城镇非私营单位就业人员分行业平均工资(2019年)
Average Earnings of Employed Persons by Sector in Urban Non-private Units (2019)

单位：元 (yuan)

行　　业	Sector	平均工资 Average Wage	国有单位 State-owned Units	城镇集体单位 Urban Collective-owned Units	其他单位 Others
总　　计	**Total**	**78361**	**79443**	**60041**	**78478**
农、林、牧、渔业	Agriculture, Forestry, Animal Husbandry and Fishery	62010	68872	48433	42632
采矿业	Mining	100597	90970	65355	101762
制造业	Manufacturing	72846	72320	80155	72641
电力、热力、燃气及水生产和供应业	Production and Supply of Electricity, Heat,Gas and Water	105701	114210	50330	101524
建筑业	Construction	64735	55743	44445	67380
批发和零售业	Wholesale and Retail Trades	59383	90741	35168	56799
交通运输、仓储和邮政业	Traffic, Transport, Storage and Post	89883	76580	63029	95647
住宿和餐饮业	Hotels and Catering Services	41146	40963	33570	41221
信息传输、软件和信息技术服务业	Information Transmission, Software and Information Services	152088	80088	35750	155047
金融业	Financial Intermediation	92560	114365	112916	87474
房地产业	Real Estate	64840	59876	44946	65409
租赁和商务服务业	Leasing and Business Services	58692	67197	41025	58138
科学研究和技术服务业	Scientific Research, Technology Services	98029	78575	76567	112457
水利、环境和公共设施管理业	Management of Water Conservancy, Environment and Public Facilities	50203	50173	58198	50226
居民服务、修理和其他服务业	Residents Service, Repair and other Services	52337	78895	42756	41115
教　育	Education	78636	86482	59395	50120
卫生和社会工作	Health, Social Work	80942	84306	66023	63804
文化、体育和娱乐业	Culture, Sports and Entertainment	65406	71489	44574	58843
公共管理、社会保障和社会组织	Public Management, Social Security and Social Organization	73127	73178	61865	67202

5-10 城镇非私营单位在岗职工(含劳务派遣)分行业平均工资(2019年)
Average Wage of Employed Staff and Workers in Urban Non-private Units by Sector (2019)

单位：元 (yuan)

行业	Sector	平均工资 Average Wage	国有单位 State-owned Units	城镇集体单位 Urban Collective-owned Units	其他单位 Others
总计	**Total**	**82114**	**83109**	**61511**	**82407**
农、林、牧、渔业	Agriculture, Forestry, Animal Husbandry and Fishery	63568	69853	48433	44815
采矿业	Mining	102950	92174	63462	104225
制造业	Manufacturing	73531	72973	83092	73263
电力、热力、燃气及水生产和供应业	Production and Supply of Electricity, Heat,Gas and Water	107398	115567	50889	103348
建筑业	Construction	66533	57492	44902	69581
批发和零售业	Wholesale and Retail Trades	59859	92341	35274	57103
交通运输、仓储和邮政业	Traffic, Transport, Storage and Post	91032	76613	64168	97133
住宿和餐饮业	Hotels and Catering Services	42439	41338	32608	42588
信息传输、软件和信息技术服务业	Information Transmission, Software and Information Services	152989	80652	35750	155955
金融业	Financial Intermediation	152809	146617	113942	159135
房地产业	Real Estate	65846	61485	46673	66335
租赁和商务服务业	Leasing and Business Services	62997	69581	41107	63390
科学研究和技术服务业	Scientific Research, Technology Services	100652	80812	77449	115219
水利、环境和公共设施管理业	Management of Water Conservancy, Environment and Public Facilities	57522	61794	58767	51171
居民服务、修理和其他服务业	Residents Service, Repair and other Services	53541	80789	42772	41906
教育	Education	80865	89274	60921	50126
卫生和社会工作	Health, Social Work	83894	87754	67362	64744
文化、体育和娱乐业	Culture, Sports and Entertainment	66814	73611	44932	59497
公共管理、社会保障和社会组织	Public Management, Social Security and Social Organization	76244	76296	62783	70492

5−11 城镇私营单位分行业就业人员平均工资
Average Wage of Employed Persons in Urban Private Units by Sector

单位：元 (yuan)

行　　业	Sector	2015	2016	2017	2018	2019
总　　计	**Total**	**33220**	**35676**	**37472**	**40783**	**43477**
农、林、牧、渔业	Agriculture, Forestry, Animal Husbandry and Fishery	22993	26255	27177	29498	31325
采矿业	Mining	36772	40376	43956	47174	49282
制造业	Manufacturing	33841	37044	38280	40982	43942
电力、热力、燃气及水生产和供应业	Production and Supply of Electricity, Heat,Gas and Water	32714	34596	47416	43750	45771
建筑业	Construction	33136	36002	37356	41532	44675
批发和零售业	Wholesale and Retail Trades	31480	33577	34944	37880	40745
交通运输、仓储和邮政业	Traffic, Transport, Storage and Post	31296	32903	36053	41870	44229
住宿和餐饮业	Hotels and Catering Services	26799	28393	30042	32302	35100
信息传输、软件和信息技术服务业	Information Transmission, Software and Information Services	42117	45439	55334	60233	60252
金融业	Financial Intermediation	32253	35384	41766	46532	52442
房地产业	Real Estate	37933	38328	39910	43642	47405
租赁和商务服务业	Leasing and Business Services	37018	38768	41110	48042	48099
科学研究和技术服务业	Scientific Research, Technology Services	42208	41934	45715	48100	50086
水利、环境和公共设施管理业	Management of Water Conservancy, Environment and Public Facilities	30193	33887	35859	42017	42789
居民服务、修理和其他服务业	Residents Service, Repair and Other Services	27793	28799	31436	34199	37522
教　育	Education	34863	35752	33977	38915	41040
卫生和社会工作	Health, Social Work	32283	33505	35737	39565	41634
文化、体育和娱乐业	Culture, Sports and Entertainment	28439	29999	31956	34424	37815

5-12 各市(区)城镇非私营单位就业人员工资总额(2019年)
Earnings of Employed Persons and Total Wages Bill of Fully Employed Staff in Urban Non-private Units by City(District)(2019)

单位：万元 (10 000 yuan)

地 区	Region	就业人员工资总额 Total Wages Bill of Employed Persons	国有单位 State-owned Units	城镇集体单位 Urban Collective-owned Units	其他单位 Others	# 港澳台投资 Funds from Hong Kong, Macao & Taiwan	# 外商投资 Foreign Funded
全 省	**Shaanxi**	**38889644**	**14772265**	**773575**	**23343805**	**535613**	**1049349**
西安市	Xi'an	17183315	5271261	161695	11750360	456906	869236
铜川市	Tongchuan	726226	318184	8941	399101	539	4080
宝鸡市	Baoji	2591499	1043264	124056	1424179	17706	41936
咸阳市	Xianyang	2619204	1169655	113019	1336531	33540	31692
渭南市	Weinan	2512781	1220983	68312	1223486	1539	17194
延安市	Yan'an	2451606	1103529	30328	1317749	3906	15246
汉中市	Hanzhong	1869197	1034715	166836	667646	7700	17951
榆林市	Yulin	3691515	1540512	27956	2123047	1847	21197
安康市	Ankang	1321247	818689	19088	483470	10616	6303
商洛市	Shangluo	1078165	577925	53021	447219	626	15215
杨凌示范区	Yangling	291296	129116	322	161857	689	9301

注：全省数据含省级直报单位。下表同。
a) The data of Shaanxi is include the direct reporting organization. The same applies to the table following.

5-13 各市(区)城镇非私营单位就业人员平均工资(2019年)
Average Earnings of Employed Persons and Average Wage of Fully Employed Staff and Workers in Urban Non-private Units by City(District)(2019)

单位：元 (yuan)

地 区	Region	就业人员平均工资 Average Wage of Employed Persons	国有单位 State-owned Units	城镇集体单位 Urban Collective-owned Units	其他单位 Others	# 港澳台投资 Funds from Hong Kong, Macao & Taiwan	# 外商投资 Foreign Funded
全 省	**Shaanxi**	**78361**	**79443**	**60041**	**78478**	**67707**	**98405**
西安市	Xi'an	92584	102653	49998	89689	68698	107616
铜川市	Tongchuan	61906	68765	36316	58196	54969	54690
宝鸡市	Baoji	64358	75145	63398	58304	77082	58998
咸阳市	Xianyang	62178	66493	53256	59636	50023	58710
渭南市	Weinan	61623	64548	58466	59126	38271	68147
延安市	Yan'an	70541	68034	65960	72908	88560	95527
汉中市	Hanzhong	65518	71472	87670	54954	61844	61413
榆林市	Yulin	76576	65809	56273	87362	79948	101810
安康市	Ankang	62833	76241	45962	48962	111869	77428
商洛市	Shangluo	56628	64125	60506	48873	67301	99968
杨凌示范区	Yangling	71920	82523	59704	65257	49920	80735

5-14 城镇登记失业人数及失业率
Registered Urban Unemployment Persons and Unemployment Rate

年 份 Year	年末城镇登记实有失业人数(人) Registered Unemployed Persons in Urban Areas (person)	城镇登记失业率(%) Registered Unemployment Rate in Urban Areas (%)	年 份 Year	年末城镇登记实有失业人数(人) Registered Unemployed Persons in Urban Areas (person)	城镇登记失业率(%) Registered Unemployment Rate in Urban Areas (%)
1980	216209	7.1	2004	184617	3.8
1985	67044	1.9	2005	215414	4.18
1990	112345	3.0	2006	215432	4.03
1991	100790	3.0	2007	209546	4.02
1992	90844	3.0	2008	208337	3.91
1993	108306	3.0	2009	214757	3.94
1994	99800	3.3	2010	214206	3.85
1995	85700	3.2	2011	209061	3.59
1996	125700	3.3	2012	194807	3.22
1997	151600	3.4	2013	210600	3.32
1998	122100	3.1	2014	223486	3.41
1999	107000	2.6	2015	223486	3.36
2000	113861	2.7	2016	227433	3.30
2001	140082	3.2	2017	234351	3.28
2002	135094	3.3	2018	241193	3.21
2003	139490	3.7	2019	237926	3.23

5-15 社会保障基本情况
Basic Statistics on Social Security

指 标	Item	2016	2017	2018	2019
城镇居民最低生活保障户数 (万户)	Number of Families Receiving Minimum Living Allowance in Urban Areas (10 000 households)	21.03	15.70	13.60	11.68
城镇居民最低生活保障人数 (万人)	Number of Persons Receiving Minimum Living Allowance in Urban Areas (10 000 persons)	42.08	30.60	25.90	21.57
参加失业保险职工人数 (万人)	Unemployment Insurance Contributors (10 000 persons)	352.23	356.50	372.35	426.36
参加养老保险职工人数 (万人)	Pension Insurance Contributors (10 000 persons)	789.63	953.94	991.80	1080.73
参加医疗保险职工人数 (万人)	Medical Care Insurancce Contributors (10 000 persons)	599.64	619.76	674.40	712.87
城镇居民基本医疗保险参保人数 (万人)	Basic Medical Care Insurancce Contributors in Urban Areas (10 000 persons)	648.40	631.24	677.48	
参加工伤保险职工人数 (万人)	Work Injury Insurance Contributors (10 000 persons)	441.60	459.35	528.03	577.41
参加生育保险职工人数 (万人)	Maternity Insurance Contributors (10 000 persons)	283.45	328.65	401.86	454.53

5-16 参加基本养老保险的职工及离退休人员(2019年)
Staff and Workers, Retired and VCSR Joined Basic Pension Insurance(2019)

单位：人 (person)

指　　标	Item	职工人数 Number of Employees	离退休职工 Number of Retirees
总　　计	**Total**	**8172686**	**2634621**
一、执行企业基本养老保险制度	Enterprises(including others)	6882056	2086277
1、企　业	Enterprises	5385563	1572845
2、其　他	Others	1496493	513432
二、执行机关事业单位养老保险制度	Agencies and Institutions	1290630	548344

5-17 失业保险基本情况
Basic Statistics on Unemployment Insurance

单位：人 (person)

指　　标	Item	2016	2017	2018	2019
参加失业保险人数	Unemployment Insurance Contributors	3522251	3565028	3723528	4263636
一、企　业	Enterprises	2701461	2779485	2976263	3476294
(一)内资企业	Domestic Units	2626054	2694373	2852498	3339158
1.国有企业	State-owned Units	1390032	1329682	1336126	1518122
2.集体企业	Collective-owned Units	215506	234441	248423	354789
3.其　他	Others	1020516	1130250	1267949	1466247
(二)港澳台及外资企业	Funds from Hong Kong,Macao,Taiwan and Foreign	75407	85112	123765	137136
二、事业单位	Institutions	778749	720100	687975	698068
三、其他单位	Others	42041	65443	59290	89274
领取失业保险金人数	Beneficiaries of Unemployment Insurance Fund	27799	52316	53101	61217

主要统计指标解释

就业人员 指在一定年龄以上，有劳动能力，为取得劳动报酬或经营收入而从事一定社会劳动的人员。具体指年满16周岁，为取得报酬或经营利润，在调查周内从事了1小时（含1小时）以上的劳动或由于学习、休假等原因在调查周内暂时处于未工作状态，但有工作单位或场所的人口。

单位就业人员 指报告期末最后一日24时在本单位中工作，并取得工资或其他形式劳动报酬的人员数。该指标为时点指标，不包括最后一日当天及以前已经与单位解除劳动合同关系的人员，是在岗职工、劳务派遣人员及其他就业人员之和。就业人员不包括：

(1)离开本单位仍保留劳动关系，并定期领取生活费的人员；

(2)利用课余时间打工的学生及在本单位实习的各类在校学生；

(3)本单位因劳务外包而使用的人员。

城镇私营和个体就业人员 城镇私营就业人员指在工商管理部门注册登记，其经营地址设在县城关镇(含县城关镇)以上的私营企业就业人员，包括私营企业投资者和雇工。城镇个体就业人员指在工商管理部门注册登记，并持有城镇户口或在城镇长期居住，经批准从事个体工商经营的就业人员，包括个体经营者和在个体工商户劳动的家庭帮工和雇工。

国有单位 指资产归国家所有的经济组织。包括按《中华人民共和国企业法人登记管理条例》规定登记注册的非公司制的经济组织，以及中央、地方各级国家机关、事业单位和社会团体。

集体单位 指生产资料归集体所有，并按《中华人民共和国企业法人登记管理条例》规定登记注册的经济组织。

其他单位 包括股份合作单位、联营单位、有限责任公司、股份有限公司、港澳台商投资单位以及外商投资单位等其他登记注册类型单位。

在岗职工 指在本单位工作且与本单位签订劳动合同，并由单位支付各项工资和社会保险、住房公积金的人员，以及上述人员中由于学习、病伤、产假等原因暂未工作仍由单位支付工资的人员。在岗职工还包括：

(1)应订立劳动合同而未订立劳动合同人员(如使用的农村户籍人员)；

(2)处于试用期人员；

(3)编制外招用的人员；

(4)派往外单位工作，但工资仍由本单位发放的人员(如挂职锻炼、外派工作等情况)。

工资总额 指根据《关于工资总额组成的规定》(1990年1月1日国家统计局发布的一号令)进行修订，在报告期内(季度或年度)直接支付给本单位全部就业人员的劳动报酬总额。包括计时工资、计件工资、奖金、津贴和补贴、加班加点工资、特殊情况下支付的工资，是在岗职工工资总额、劳务派遣人员工资总额和其他就业人员工资总额之和。

工资总额是税前工资，包括单位从个人工资中直接为其代扣或代缴的房费、水费、电费、住房公积金和社会保险基金个人缴纳部分等。

工资总额不论是计入成本的还是不计入成本的，不论是以货币形式支付的还是以实物形式支付的，均应列入工资总额的计算范围。

平均工资 指单位就业人员在一定时期内平均每人所得的工资额。它表明一定时期工资收入的高低程度，是反映就业人员工资水平的主要指标。计算公式为：

$$\text{平均工资}=\frac{\text{报告期就业人员工资总额}}{\text{报告期就业人员平均人数}}$$

平均工资指数 指报告期就业人员平均工资与基期就业人员平均工资的比率，是反映不同时期就业人员货币工资水平变动情况的相对数。计算公式为：

$$\text{平均工资指数}=\frac{\text{报告期就业人员平均工资}}{\text{基期就业人员平均工资}}\times 100\%$$

平均实际工资指数 就业人员平均实际工资指扣除物价变动因素后的就业人员平均工资。就业人员平均实际工资指数是反映实际工资变动情况的相对数，表明就业人员实际工资水平提高或降低的程度。计算公式为:

$$\text{平均实际工资指数}=\frac{\text{报告期就业人员平均工资指数}}{\text{报告期城镇居民消费价格指数}}\times 100\%$$

城镇登记失业人员 指有非农业户口，在一定的劳动年龄内(16周岁至退休年龄)，有劳动能力，无业而要求就业，并在当地劳动保障部门进行失业登记的人员。

城镇登记失业率 城镇登记失业人员与城镇单位就业人员(扣除使用的农村劳动力、聘用的离退休人员、港澳台及外方人员)、城镇单位中的不在岗职工、城镇私营业主、个体户主、城镇私营企业和个体就业人员、城镇登记失业人员之和的比。

Explanatory Notes on Main Statistical Indicators

Employed Persons refers to persons above a specified age who had labour capacity and performed some social work for compensation or business gains. Specifically, it refers to all persons, aged 16 and over, who performed some work for compensation or business gains for one hour or more during the reference period; or who had work units or sites but were temporarily not at work during the reference period,

Persons Employed in Various Units refer to the total number of employees who work at his unit and obtain wages or other forms of payment at the end of the reporting period. This indicator is a kind of time point index and it equals to the sum of the number of employed staff and workers, labor dispatch personnel and other employed persons. Employed persons do not include:

1)persons who have left their working units while keeping their labour contract (employment relation) unchanged and receiving regular alimony;

2)students who do part-time jobs in spare time and all kinds of enrolled students who do internship in various units;

3)persons employed due to labor outsourcing;

4)persons who dissolve labor contracts with their units on the last day of reporting period or before.

Persons Employed in Private Enterprises and Self-Employed Individuals in Urban Areas Persons employed in private enterprises refer to the persons employed in the private enterprises which have been registered at the departments of industrial and commercial administration for which the business operation are situated at a county town (i.e. a town where the county government is located), or at urban areas with administrative hierarchy higher than a county town. The self-employed individuals in urban areas refer to persons who hold the certificates of residence in urban areas or have resided in the urban areas for a long time and have been registered at the departments of industrial and commercial administration and approved to be engaged in individual industrial or commercial business, including self-employed persons as well as helpers and hired laborers who work in individual households.

State-owned Units refer to economic units whose assets are owned by the state, including non-corporation units registered according to *Regulation of the People's Republic of China on the Registration of Enterprises and Corporations*, state organs, institutions and social organizations at the central-level and local levels.

Collective-owned Units refer to economic units registered according to *Regulation of the People's Republic of China on the Registration of Enterprises and Corporations* where the means of production are collectively owned.

Units of Other Types of Ownership refer to units registered with other types of ownership, including cooperative units, joint ownership units, limited liability corporations, share holding corporations, units funded by entrepreneurs from Hong Kong, Macao, and Taiwan, and foreign- funded units.

Employed Staff and Workers refer to persons who signed labor contracts with working units and working units would pay wages, social insurance and housing funds for them. Persons who have their work posts but are temporarily absent from work for reasons of study or on sick, injury or maternal leave and still receive wages from their working units are also included. Employed staff and workers also include:

1)Persons who should have signed the labor contracts but not (like people with rural household registration);

2)Employees on probation;

3)Employees beyond the staffing quota;

4)Employees who are sent to other working units but still obtain wages from their original units (situations like on-the-job placement, expatriated assignment, etc.)

Total Wage Bill It is revised according to the "Provision of Composition of Total Wages" (Order No.1 by National Bureau of Statistics on January, 1st, ,1990), total wage bill refers to the total remuneration payment to all employed persons in various units during the reporting period (by quarter or by year), including hourly-paid wages, piece-rate wages, bonuses, allowance and subsidies, overtime wages and wages paid under special circumstances. It equals to the sum of total wages of employed staff and workers, dispatch labors and other employed persons.

Total wage bill is pre-tax wages, including the room charges, utility bills, housing funds and social insurance paid or withheld by employee's units.

Total wage bill, whether or not included in cost, whether or not paid in money or in kind, shall be included in the calculation of total wage.

Average Wage refers to the average per capita wage during a certain period of time for employed persons. It shows the general level of wage income during a certain period of time, one major indicator to reflect the wage level. It is calculated as follows:

$$\text{Average Wage} = \frac{\begin{array}{c}\text{Total Wage Bill of Employed}\\ \text{Persons at Reference Time}\end{array}}{\begin{array}{c}\text{Average Number of Persons}\\ \text{Employed at Reference Time}\end{array}}$$

Average Wage Indices refers to the ratio of average wage of employed persons the reporting period to that at the base period, which reflects the change of wage of employed persons at the different period. It is calculated as follows:

$$\begin{array}{c}\text{Average}\\ \text{Wage Indices}\end{array} = \frac{\begin{array}{c}\text{Average Wage of Employed}\\ \text{Persons at Reference Time}\end{array}}{\begin{array}{c}\text{Average Wage of Persons}\\ \text{Employeds at Base Period}\end{array}} \times 100\%$$

Average Real Wage Indices average real wage of employed persons refers to the average wage of employed persons after removing the effects of the price changes and

average real wage indices of employed persons refers to the change of real wage, which reflects the relative increasing or decreasing level of real wage of employed persons ,which is calculated as follows:

$$\text{Average Real Wage Indices} = \frac{\text{Average Wage Indices of Employed Persons at the Reference Time}}{\text{Urban Consumer Price Indices at Reference Time}} \times 100\%$$

Registered Unemployed Persons in Urban Areas refer to the persons with non-agricultural household registration at certain working ages (16 years old to retirement age), who are capable of working, unemployed and willing to work, and have been registered at the local employment service agencies to apply for a job.

Registered Unemployment Rate in Urban Areas refers to the ratio of the number of the registered unemployed persons to the sum of the number of persons employed in various units (minus the employed rural labour force, re-employed retirees, and Hong Kong, Macao, Taiwan or foreign employees), laid-off staff and workers in urban units, owners of private enterprises in urban areas, owners of self-employed individuals in urban areas, employees of private enterprises in urban areas, employee of self-employed individuals in urban areas, and the registered unemployed persons in urban areas.

六、固定资产投资

资料整理：袁军会　陈晓锋　穆　丹　刘海燕　刘卫斌

简 要 说 明

一、本篇资料反映陕西固定资产投资的基本情况，主要包括：全社会固定资产投资，房地产开发投资，商品房销售情况。

二、固定资产投资统计的范围包括：城乡建设项目投资，房地产开发投资及农户投资。

三、固定资产投资统计的资料来源主要为统计局的全面统计报表。除农户固定资产投资统计采用抽样调查方法外，其他均为全面统计报表。

四、统计口径的变化

自1997年起，除房地产开发投资、非农户投资、农户投资及城镇和工矿区私人建房投资外，固定资产投资的统计起点由5万元提高到50万元。

自2006年起，非农户固定资产投资统计改为按项目统计，调查方法由抽样调查改为全面统计报表，起点提高到50万元。城镇和工矿区私人建房投资改为按项目统计，起点为50万元。

自2011年起，提高固定资产投资统计起点标准，从计划总投资额50万元提高到500万元。投资统计的范围从城镇扩大到农村企事业组织，并将这一统计范围定义为“固定资产投资（不含农户）”。

Brief Introduction

Ⅰ.This chapter reflects the basic conditions of investment in fixed assets of Shaanxi Province, mainly including total investment in fixed assets in the whole province, real estate development, Sales of Commercial Buildings.

Ⅱ.Statistics on the investment in fixed assets cover investments in capital construction projects in urban and rural areas, investments in real estate development, as well as rural household investment.

Ⅲ.The data sources for the statistics of investment in fixed assets mainly come from complete statistical report forms. Investment in fixed assets by farm households are calculated with sample survey, and the others come from complete statistical report forms.

Ⅳ. Changes in Statistical Scope

Since 1997, the cut-off point of projects covered by statistics of investment in fixed assets are raised from an investment of 50,000 yuan to 500,000 yuan, except investment in real estate development, farm household investment, non-farm household investment and private investment in housing construction in urban areas and industrial and mining areas.

Since 2006, statistics on investments in fixed assets of rural non-farm households are changed to project-based. Survey method is changed from sample survey to the system of reporting form with complete enumeration. The cut-off point has been raised to 500,000 yuan. Statistics on private investment in housing construction in urban areas and industrial and mining areas have become project-based. The cut-off point has been raised to 500,000 yuan.

Since 2011, the cut-off point of statistics on investments in fixed assets are raised, amount of intended investment are raised from 500,000 yuan to 5,000,000 yuan. The scope of investment statistics expends from urban to rural enterprises, and this scope of statistics is defined “investments in fixed assets(non-farm)”.

6.固定资产投资

2019年全省

全社会固定资产投资			比上年增长	2.4%
# 房地产开发投资	3903.65	亿元	比上年增长	10.4%
商品房销售面积	4401.06	万平方米	比上年增长	6.9%

房地产开发投资（亿元）

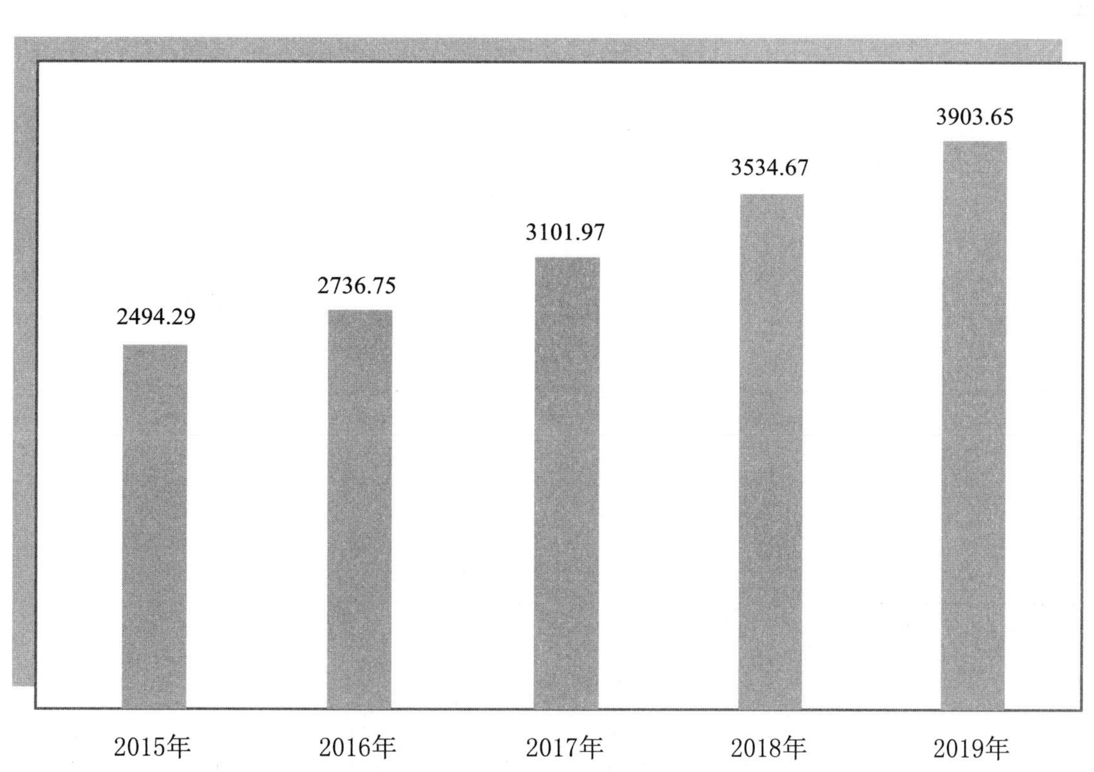

6-1 全社会固定资产投资增长速度
Growth Rate of the Total Investment in Fixed Assets of the Whole Province

单位：% (%)

年 份 Year	全社会固定资产投资 Total Investment	固定资产投资 Investment in Fixed Assets	# 房地产开发 Real Estate Development	农户固定资产投资 Rural Investment in Fixed Assets
1979	4.0	1.9		35.5
1980	31.4	31.0		36.3
1981	-17.5	-22.3		36.0
1982	28.6	31.9		7.9
1983	4.6	-0.1		41.1
1984	31.0	20.0		91.4
1985	43.6	40.8		53.2
1986	9.6	16.8		-13.4
1987	27.3	27.2		27.7
1988	17.1	14.9		26.6
1989	0.5	-2.7		12.9
1990	9.0	10.4		4.2
1991	20.5	17.2		31.8
1992	14.0	22.7		-13.2
1993	60.2	69.8		17.3
1994	24.1	19.2		55.6
1995	14.5	14.1	55.5	16.1
1996	14.7	13.5	6.5	20.3
1997	14.0	15.8	-2.0	5.8
1998	28.5	34.1	73.9	0.5
1999	13.7	13.3	33.1	16.1
2000	20.4	25.9	15.5	-14.8
2001	14.1	14.6	26.5	8.8
2002	14.6	14.7	23.8	12.9
2003	31.2	32.9	52.6	14.2
2004	20.8	22.2	22.6	3.2
2005	28.4	29.8	29.3	7.9
2006	31.7	33.0	32.1	8.6
2007	39.5	40.8	35.6	13.0
2008	33.2	33.1	42.4	35.8
2009	35.1	36.1	23.8	9.1
2010	30.6	31.3	22.9	10.2
2011	30.1	29.7	22.5	46.2
2012	28.1	28.9	30.1	5.2
2013	24.1	24.7	22.0	3.5
2014	17.4	17.8	8.3	0.3
2015	7.8	8.0	2.8	-0.1
2016	12.1	12.3	9.7	-0.2
2017	14.4	14.6	13.3	0.2
2018	10.2	10.4	13.9	2.0
2019	2.4	2.5	10.4	-0.9

注：1.2011年起，城镇固定资产投资数据发布口径改为固定资产投资(不含农户)。固定资产投资(不含农户)等于原口径的城镇固定资产投资加上非农户投资(以下相关表同)。
2.2016年起，全社会固定资产投资不包含跨省项目(以下相关表同)。

a) Urban Investment in Fixed Assets has changed to Investment in fixed assets (excluding rural households) since 2011. Investment in fixed assets (excluding rural households) is the Urban Investment in Fixed Assets and Non-farm Households(The related tables is the same).

b)Total investment in Fixed Assets in 2016 do not include inter provincial project.The same applies to the relevant tables following.

6-2 全社会固定资产投资主要指标增长速度(2019年)
Growth Rate of the Main Indicators and Composition of Total Investment in Fixed Asset of the Whole Province (2019)

单位：% (%)

指 标	Item	合 计 Total	内 资 Domestic	国 有 State-owned	集 体 Collective-owned
一、投资总额	Total Investment	2.4	2.2	-6.0	-8.0
1.按隶属关系分	By Jurisdiction of Management				
中 央	Central Investment	23.2	23.4	13.9	-71.8
地 方	Local Investment	1.4	1.1	-7.0	-7.9
2.按构成分	By Use of Funds				
建筑安装工程	Construction and Installation	2.2	2.3	-7.8	0.5
设备工器具购置	Purchase of Equipment and Instruments	6.5	2.4	-12.8	-36.2
其他费用	Others	0.5	1.4	14.2	-24.5
# 建设用地费	Construction Land Fee	0.2	1.4	12.0	26.6
3.按建设性质分	By Type of Construction				
# 新 建	New Construction	0.2	-0.7	-8.8	-1.4
扩 建	Expansion	-12.2	-13.5	-14.4	-21.8
改建和技改	Reconstruction and Technical Transformation	18.2	22.4	15.3	-59.0
4.按产业构成分	By Type of Industry				
第一产业	Primary Industry	8.3	1.2	-2.8	71.2
第二产业	Secondary Industry	11.5	9.5	1.1	-9.4
第三产业	Tertiary Industry	-1.1	-0.1	-7.4	-33.7
二、本年新增固定资产	Newly Increased Fixed Assets This Year	7.8	8.4	0.2	-12.6

注：本年新增固定资产统计范围不含计划总投资5000万元以下项目。

a) Data for newly increased fixed assets do not include those under 50 million yuan.

6-2 续表 continued

单位：% (%)

指　　标	Item	其 他 Others	港澳台商投资 Funds from Hong Kong, Macao & Taiwan	外商投资 Foreign Funded	个体经营 Self-employed Individual
一、投资总额	Total Investment	8.3	11.9	14.4	3.3
1.按隶属关系分	By Jurisdiction of Management				
中　央	Central Investment	30.5	-49.6	257.2	
地　方	Local Investment	7.1	15.9	13.6	3.3
2.按构成分	By Use of Funds				
建筑安装工程	Construction and Installation	10.4	-11	-10.3	8.8
设备工器具购置	Purchase of Equipment and Instruments	11.2	71.1	55.6	-8.9
其他费用	Others	-4.3	26.2	-69.5	-32.2
# 建设用地费	Construction Land Fee	-1.6	27.1	-93.7	
3.按建设性质分	By Type of Construction				
# 新　建	New Construction	7.9	7.3	55.9	186.2
扩　建	Expansion	-12.7	63.4	9.3	109.2
改建和技改	Reconstruction and Technical Transformation	31.6	-39.4	-33	
4.按产业构成分	By Type of Industry				
第一产业	Primary Industry	-0.4			100.7
第二产业	Secondary Industry	12.6	-1.4	43	419.1
第三产业	Tertiary Industry	7.3	20.4	-68.7	-32.5
二、本年新增固定资产	Newly Increased Fixed Assets This Year	16.3	-21.7	102.2	-0.7

6-3 各市(区)全社会固定资产投资增长速度
Growth Rate of the Total Investment in Fixed Assets of the Whole Province by City(District)

单位：% (%)

地 区	Region	2015	2016	2017	2018	2019
全 省	**Shaanxi**	**7.8**	**12.1**	**14.4**	**10.2**	**2.4**
西 安 市	Xi'an	-12.5	2.0	12.9	8.4	1.1
铜 川 市	Tongchuan	17.2	10.2	12.5	13.8	11.2
宝 鸡 市	Baoji	23.0	24.1	20.5	12.1	5.0
咸 阳 市	Xianyang	22.9	19.1	11.3	9.0	-1.5
渭 南 市	Weinan	18.1	10.6	19.3	14.5	-1.6
# 韩城市	Hancheng	23.3	30.7	20.6	17.0	-15.8
延 安 市	Yan'an	6.2	-15.4	-5.6	6.9	1.1
汉 中 市	Hanzhong	23.0	24.5	19.3	14.0	-4.8
榆 林 市	Yulin	-15.9	6.0	7.5	8.5	14.2
安 康 市	Ankang	25.2	24.2	24.1	16.1	10.0
商 洛 市	Shangluo	22.8	21.9	23.6	8.5	-2.0
杨凌示范区	Yangling	25.1	24.1	15.2	12.9	12.2

注：2016年起全社会固定资产投资不包含跨省项目，增速为同口径数据。
a)Total investment in Fixed Assets in 2016 do not include inter provincial project.Growth rate is calculated on the same line.

6–4 各行业按构成分的固定资产投资增长速度(2019年)
Growth Rate of the Investment by Sector and Use of Funds in the Whole Province (2019)

单位：% (%)

行业	Sector	投资额 Investment	建筑安装工程 Construction and Installation	设备工器具购置 Purchase of Equipment and Instruments	其他费用 Other Expenses
全省总计	**Total**	**2.5**	**2.2**	**7.1**	**0.9**
农、林、牧、渔业	Agriculture, Forestry, Animal Husbandry and Fishery	0.2	-1.8	1.6	15.8
农业	Farming	4.9	1.3	21	20
林业	Forestry	22.1	21	-17.5	45.3
畜牧业	Animal Husbandry	-17	-16.3	-26.4	-11.8
渔业	Fishery	29	22.1	123.9	5.1
农、林、牧、渔专业及辅助性活动	Agriculture, Forestry, Animal Husbandry and Fishery Professional and Supporting Activities	-11.9	-7.7	-28.9	-31.9
采矿业	Mining	30.8	32.4	39	12.8
煤炭开采和洗选业	Mining and Washing of Coal	41.7	38.9	81.7	8.4
石油和天然气开采业	Extraction of Petroleum and Natural Gas	22.6	29.1	5.3	17.5
黑色金属矿采选业	Mining and Processing of Ferrous Metal Ores	8.6	29.2	-42.3	-13.1
有色金属矿采选业	Mining and Processing of Non-Ferrous Metal Ores	6.7	4.2	-28.8	126.8
非金属矿采选业	Mining and Processing of Non-metal Ores	23.1	20.9	24.8	43.7
开采专业及辅助性活动	Professional and Support Activities for Mining	62.2	42.1	365.4	-81.3
其他采矿业	Mining of Other Ores	74.6	395.9	64.6	-42
制造业	Manufacturing	8.3	4.2	15.7	17.2
农副食品加工业	Processing of Food from Agricultural Products	-15.1	-14.8	-23.2	12.3
食品制造业	Manufacture of Foods	1.8	-5.8	37.6	64.2
酒、饮料和精制茶制造业	Manufacture of Liquor, Beverages and Refined Tea	10	8	26.5	0.7
烟草制品业	Manufacture of Tobacco	39.8	22.6		
纺织业	Manufacture of Textile	-23.8	-28.6	-15.1	1.4
纺织服装、服饰业	Manufacture of Textile, Wearing Apparel and Accessories	10	16.8	-5.7	12.2
皮革、毛皮、羽毛及其制品和制鞋业	Manufacture of Leather, Fur, Feather and Related Products and Footwear	180.1	121	431.4	189.7
木材加工和木、竹、藤、棕、草制品业	Processing of Timber, Manufacture of Wood, Bamboo, Rattan,Palm and Straw Products	82.3	66.9	222	33
家具制造业	Manufacture of Furniture	115.3	137.8	16.8	471.5
造纸和纸制品业	Manufacture of Paper and Paper Products	-33.6	-20.9	-71.5	-45.4
印刷和记录媒介复制业	Printing and Reproduction of Recording Media	-3	8.7	-29.9	0.6
文教、工美、体育和娱乐用品制造业	Manufacture of Articles for Culture,Education,Arts and Crafts, Sport and Entertainment Activities	87.1	76.4	189.3	-0.2
石油、煤炭及其他燃料加工业	Processing of Petroleum, Coal and Other Fuel	-8.5	-17.5	7.1	-9.3
化学原料和化学制品制造业	Manufacture of Raw Chemical Materials and Chemical Products	13.4	-14.8	0.3	93.7
医药制造业	Manufacture of Medicines	-5.7	-1.4	-21.3	-18.4
化学纤维制造业	Manufacture of Chemical Fibres	831.3			
橡胶和塑料制品业	Manufacture of Rubber and Plastics Products	45.5	31.3	38	489.8
非金属矿物制品业	Manufacture of Non-metallic Mineral Products	28.4	29.5	26.7	15.7
黑色金属冶炼和压延加工业	Smelting and Pressing of Ferrous Metals	86.8	84.4	137	-40.3
有色金属冶炼和压延加工业	Smelting and Pressing of Non-ferrous Metals	-11.1	-19	-2.7	68.5
金属制品业	Manufacture of Metal Products	24.5	22.8	4.1	418.7
通用设备制造业	Manufacture of General Purpose Machinery	-12.1	-18.1	7.4	-12.4
专用设备制造业	Manufacture of Special Purpose Machinery	18.5	15.5	27.6	17.8

6-4 续表 1 continued

单位：% (%)

行业	Sector	投资额 Investment	建筑安装工程 Construction and Installation	设备工器具购置 Purchase of Equipment and Instruments	其他费用 Other Expenses
汽车制造业	Manufacture of Automobiles	14.9	23.9	28.8	-50.5
铁路、船舶、航空航天和其他运输设备制造业	Manufacture of Railway, Ship, Aerospace and Other Transport Equipments	-0.5	-7.5	12.6	-21.9
电气机械和器材制造业	Manufacture of Electrical Machinery and Apparatus	-3.3	-4.9	-4.2	27.8
计算机、通信和其他电子设备制造业	Manufacture of Computers, Communication and Other Electronic Equipment	8.6	-5.4	35.4	-72.0
仪器仪表制造业	Manufacture of Measuring Instruments and Machinery	-15.0	-36.8	124.1	226.4
其他制造业	Other Manufacture	-34.3	-24.5	-68.8	13.5
废弃资源综合利用业	Utilization of Waste Resources	75.3	75.3	104.0	24.5
金属制品、机械和设备修理业	Repair Service of Metal Products, Machinery and Equipment				
电力、热力、燃气及水生产和供应业	Production and Supply of Electricity, Heat, Gas and Water	4.8	8.4	1.6	-18.8
电力、热力生产和供应业	Production and Supply of Electric Power and Heat Power	2.0	6.6	3.5	-38.4
燃气生产和供应业	Production and Supply of Gas	8.3	4.1	1.3	127.3
水的生产和供应业	Production and Supply of Water	13.0	15.6	-23.5	49.4
建筑业	Construction	-34.2	-31.2	-60.0	-8.8
房屋建筑业	Construction of Buildings	-78.4	-61.4		
土木工程建筑业	Civil Engineering	222.0			
建筑安装业	Building Installation	-97.2		-69.9	
建筑装饰、装修和其他建筑业	Building Decoration and Other Constructions	-39.1	-94.7	495.7	
批发和零售业	Wholesale and Retail Trades	-16.8	-23.3	14.6	-1.6
批发业	Wholesale Trade	-12.1	-20.0	18.6	30.7
零售业	Retail Trade	-19.8	-25.6	11.0	-10.5
交通运输、仓储和邮政业	Transport, Storage and Post	1.7	-0.5	-6.7	26.9
铁路运输业	Railway Transport	-40.0	-52.8	8.8	4.5
道路运输业	Road Transport	10.6	11.5	-9.2	17.0
水上运输业	Water Transport				
航空运输业	Air Transport	7.9	-23.3	-13.5	433.6
管道运输业	Transport Via Pipelines	169.7	10.2	150.0	359.7
多式联运和运输代理业	Multimodal Transport and Forwarding Agency	12.3	21.6	-46.5	-38.5
装卸搬运和仓储业	Loading, Unloading and Storage	-15.4	-18.2	-4.0	8.8
邮政业	Post	25.6			
住宿和餐饮业	Hotels and Catering Services	6.3	13.6	11.7	-34.6
住宿业	Hotels	7.2	19.1	5.5	-45.1
餐饮业	Catering Services	2.4	-9.7	24.5	165.4
信息传输、软件和信息技术服务业	Information Transmission, Software and Information Technology	-27.9	-36.0	1.7	-71.1
电信、广播电视和卫星传输服务	Telecommunication, Radio and Television and Satellite Transmission Service	-12.3	-34.8	7.6	-21.1
互联网和相关服务	Internet and Related Service	-4.1	-1.3	0.4	-53.7
软件和信息技术服务业	Software and Information Technology	-51.7	-46.9	-20.2	-85.6
金融业	Financial Intermediation	-34.5	-21.2	-33.1	-81.1
货币金融服务	Monetary and Financial Service	-2.1	-10.2	-7.6	241.3

6-4 续表 2 continued

单位：% (%)

行业	Sector	投资额 Investment	建筑安装工程 Construction and Installation	设备工器具购置 Purchase of Equipment and Instruments	其他费用 Other Expenses
资本市场服务	Capital Market Service	-62.8	-35.8	-91.4	
保险业	Insurance	-79.0	-79.0		
其他金融业	Other Financial Activities	23.3	66.6		
房地产业	Real Estate	0.5	1.9	-20.8	-2.2
房地产业	Real Estate	0.5	1.9	-20.8	-2.2
租赁和商务服务业	Leasing and Business Services	43.5	49.2	57.8	9.6
租赁业	Leasing	156.0	243.6	143.1	
商务服务业	Business Services	38.6	48.3	0.3	8.4
科学研究和技术服务业	Scientific Research and Technical Services	-13.7	-17.2	-21.9	42.4
研究和试验发展	Research and Experimental Development	-5.0	-7.8	-46.2	106.2
专业技术服务业	Professional Technical Services	-23.9	-30.0	12.2	-19.9
科技推广和应用服务业	Science and Technology Popularization and Application Services	-12.0	-13.5	-22.1	25.9
水利、环境和公共设施管理业	Management of Water Conservancy, Environment and Public Facilities	-3.7	-1.4	-23.3	-15.6
水利管理业	Management of Water Conservancy	-10.8	-8.1	28.6	-45.8
生态保护和环境治理业	Ecological Protection and Environmental Treatment	-18.2	-13.2	-32.5	-50.0
公共设施管理业	Management of Public Facilities	-2.4	-0.6	-21.5	-10.8
土地管理业	Management of Land	12.4	56.2	-90.5	-21.8
居民服务、修理和其他服务业	Service to Households, Repair and Other Services	-14.2	-27.2	6.2	101.4
居民服务业	Service to Households	-12.5	-23.1	13.6	78.4
机动车、电子产品和日用产品修理业	Repair of Motor Vehicle, Electronics and Household Products	75.9	78.8	24.4	
其他服务业	Other Services	-61.5	-75.4	-40.6	44.3
教育	Education	0.4	2.6	-9.5	-24.8
教育	Education	0.4	2.6	-9.5	-24.8
卫生和社会工作	Health and Social Services	-6.1	-7.0	27.8	-53.9
卫生	Health	-1.4	-0.5	28.6	-66.6
社会工作	Social Service	-20.1	-24.1	21.5	44.7
文化、体育和娱乐业	Culture, Sports and Entertainment	24.8	22.0	8.7	66.3
新闻和出版业	Journalism and Publishing Activities	-77.5	-12.4	11.6	
广播、电视、电影和录音制作业	Radio, Television, Movies and Recordings Production Services	-49.2	-48.3	-62.0	18.8
文化艺术业	Cultural and Art Activities	6.8	-2.5	-55.4	237.6
体育	Sports Activities	37.0	42.9	75.2	-58.4
娱乐业	Entertainment	41.0	36.8	57.7	65.6
公共管理、社会保障和社会组织	Public Management, Social Security and Social Organization	-7.6	-12.4	-3.0	99.4
中国共产党机关	Organs of Communist Party of China	724.5	722.1		
国家机构	Government Agencies	-1.2	-10.8	46.6	116.9
人民政协、民主党派	People's Political Consultative Conference and Democratic Parties				
社会保障	Social Security	-27.3	-29.5	-3.7	-82.0
群众团体、社会团体和其他成员组织	Non-Governmental Organizations, Social Organizations and Membership Organizations	-30.5	-23.5	-96.3	
基层群众自治组织	Grass Roots Self-Governing Organizations	-56.8	-46.3	-79.4	-3.5

6-5 分行业固定资产投资施工、投产项目个数及新增固定资产增长速度(2019年)

Number of Investment Projects under Construction and Put into Use and Growth Rate of the Newly Increased Fixed Assets by Sector in the Whole Province(2019)

单位：%　　(%)

行　业	Sector	施工项目 Number of Projects under Construction	全部建成投产项目 Number of Projects Completed and Put into Use	施工项目计划总投资 Total Planned Investment of Projects under Construction	本年完成投资额 Investment Completed This Year	本年新增固定资产 Newly Increased Fixed Assets This Year
全省总计	**Total**	**7.2**	**44.5**	**4.8**	**2.5**	**8.3**
农、林、牧、渔业	Agriculture,Forestry,Animal Husbandry and Fishery	10.4	58.6	-5.1	0.2	6.2
农业	Farming	15.5	66.6	-5.6	4.9	5.3
林业	Forestry	21.0	77.6	11.0	22.1	51.4
畜牧业	Animal Husbandry	-1.1	32.1	-11.1	-17.0	-23.7
渔业	Fishery	19.7	142.9	15.4	29.0	-43.3
农、林、牧、渔专业及辅助性活动	Agriculture, Forestry, Animal Husbandry and Fishery Professional and Supporting Activities	-2.7	55.7	-6.4	-11.9	60.0
采矿业	Mining	55.2	121.5	12.2	30.8	39.2
煤炭开采和洗选业	Mining and Washing of Coal	73.2	154.8	10.0	41.7	37.2
石油和天然气开采业	Extraction of Petroleum and Natural Gas	-35.7	-26.3	18.8	22.6	41.4
黑色金属矿采选业	Mining and Processing of Ferrous Metal Ores	5.3	150.0	10.3	8.6	175.6
有色金属矿采选业	Mining and Processing of Non-Ferrous Metal Ores	-14.6	4.2	-6.6	6.7	-50.6
非金属矿采选业	Mining and Processing of Non-metal Ores	56.0	72.2	55.6	23.1	106.4
开采专业及辅助性活动	Professional and Support Activities for Mining	75.0	185.7	22.7	62.2	177.4
其他采矿业	Mining of Other Ores	-12.5	-33.3	3.3	74.6	
制造业	Manufacturing	27.8	76.3	-4.3	8.3	-32.2
农副食品加工业	Processing of Food from Agricultural Products	9.2	51.1	-17.5	-15.1	-10.6
食品制造业	Manufacture of Foods	13.9	45.5	-11.0	1.8	-3.2
酒、饮料和精制茶制造业	Manufacture of Liquor, Beverages and Refined Tea	25.8	104.8	25.7	10.0	30.2
烟草制品业	Manufacture of Tobacco	33.3		39.1	39.8	
纺织业	Manufacture of Textile	-22.9	-16.9	-11.1	-23.8	-56.3
纺织服装、服饰业	Manufacture of Textile, Wearing Apparel and Accessories	36.7	59.3	105.0	10.0	-78.8
皮革、毛皮、羽毛及其制品和制鞋业	Manufacture of Leather, Fur, Feather and Related Products and Footware	166.7	300.0	175.7	180.1	209.7
木材加工和木、竹、藤、棕、草制品业	Processing of Timber, Manufacture of Wood, Bamboo, Rattan, Palm and Straw Products	75.0	124.2	52.7	82.3	52.4
家具制造业	Manufacture of Furniture	69.2	150.0	36.9	115.3	11.4
造纸和纸制品业	Manufacture of Paper and Paper Products	-25.4	-18.5	-22.7	-33.6	28.8
印刷和记录媒介复制业	Printing and Reproduction of Recording Media	40.0	94.4	1.2	-3.0	-73.9
文教、工美、体育和娱乐用品制造业	Manufacture of Articles for Culture,Education,Arts and Crafts, Sport and Entertainment Activities	83.7	129.2	11.1	87.1	165.8
石油、煤炭及其他燃料加工业	Processing of Petroleum, Coal and Other Fuel	17.9	84.2	-24.2	-8.5	-31.6
化学原料和化学制品制造业	Manufacture of Raw Chemical Materials and Chemical Products	22.3	56.3	12.2	13.4	33.9
医药制造业	Manufacture of Medicines	15.2	101.8	-0.7	-5.7	71.8
化学纤维制造业	Manufacture of Chemical Fibres	50.0	100.0	786.1	831.3	
橡胶和塑料制品业	Manufacture of Rubber and Plastics Products	41.3	149.2	111.5	45.5	66.6
非金属矿物制品业	Manufacture of Non-metallic Mineral Products	45.0	94.7	20.2	28.4	12.7
黑色金属冶炼和压延加工业	Smelting and Pressing of Ferrous Metals	78.0	200.0	26.8	86.8	313.8

注：本年新增固定资产统计范围不含计划总投资5000万元以下项目。

a) Data for newly increased fixed assets do not include those under 50 million yuan.

6-5 续表 1 continued

单位：% (%)

行业	Sector	施工项目 Number of Projects under Construction	全部建成投产项目 Number of Projects Completed and Put into Use	施工项目计划总投资 Total Planned Investment of Projects under Construction	本年完成投资额 Investment Completed This Year	本年新增固定资产 Newly Increased Fixed Assets This Year
有色金属冶炼和压延加工业	Smelting and Pressing of Non-ferrous Metals	29.5	65.4	-35.5	-11.1	-85.3
金属制品业	Manufacture of Metal Products	47.6	85.4	4.7	24.5	7.6
通用设备制造业	Manufacture of General Purpose Machinery	28.7	62.3	-13.7	-12.1	-13.2
专用设备制造业	Manufacture of Special Purpose Machinery	27.5	100.0	-17.7	18.5	33.7
汽车制造业	Manufacture of Automobiles	29.2	57.3	-3.8	14.9	-12.8
铁路、船舶、航空航天和其他运输设备制造业	Manufacture of Railway, Ship, Aerospace and Other Transport Equipments	21.1	43.3	-7.3	-0.5	-43.8
电气机械和器材制造业	Manufacture of Electrical Machinery and Apparatus	22.0	111.1	-4.7	-3.3	0.7
计算机、通信和其他电子设备制造业	Manufacture of Computers, Communication and Other Electronic Equipment	23.1	84.2	-16.6	8.6	-80.9
仪器仪表制造业	Manufacture of Measuring Instruments and Machinery	45.9	208.3	-19.4	-15.0	-87.7
其他制造业	Other Manufacture	22.6	9.5	37.3	-34.3	28.1
废弃资源综合利用业	Utilization of Waste Resources	38.0	95.9	29.7	75.3	32.4
金属制品、机械和设备修理业	Repair Service of Metal Products, Machinery and Equipment	433.3		286.7		315.3
电力、热力、燃气及水生产和供应业	Production and Supply of Electricity, Heat, Gas and Water	6.4	22.2	9.3	4.8	39.1
电力、热力生产和供应业	Production and Supply of Electric Power and Heat Power		17.9	5.9	2.0	54.1
燃气生产和供应业	Production and Supply of Gas	4.1	13.8	20.6	8.3	26.5
水的生产和供应业	Production and Supply of Water	23.3	38.6	15.4	13.0	-3.7
建筑业	Construction	-35.3	-9.1	333.8	-34.2	-81.6
房屋建筑业	Construction of Buildings	50.0		-21.6	-78.4	-7.6
土木工程建筑业	Civil Engineering	-20.0	25.0		222.0	
建筑安装业	Building Installation			-91.6	-97.2	
建筑装饰、装修和其他建筑业	Building Decoration and Other Constructions	-83.3	-40.0	-57.2	-39.1	
批发和零售业	Wholesale and Retail Trades	-1.7	31.4	-23.1	-16.8	-11.7
批发业	Wholesale Trade	13.6	55.6	-23.2	-12.1	0.7
零售业	Retail Trade	-9.3	20.0	-23.0	-19.8	-19.6
交通运输、仓储和邮政业	Transport, Storage and Post	-1.3	36.9	6.7	1.7	-29.6
铁路运输业	Railway Transport	-3.8	-50.0	12.3	-40.0	-97.4
道路运输业	Road Transport	-2.1	32.8	8.2	10.6	-39.7
水上运输业	Water Transport					
航空运输业	Air Transport	-23.8	-25.0	16.0	7.9	327.3
管道运输业	Transport Via Pipelines	28.6	150.0	13.5	169.7	
多式联运和运输代理业	Multimodal Transport and Forwarding Agency	-47.4	-50.0	-23.9	12.3	-17.1
装卸搬运和仓储业	Loading, Unloading and Storage	4.9	67.6	-11.1	-15.4	22.9
邮政业	Post	-14.3	-60.0	4.1	25.6	-91.1
住宿和餐饮业	Hotels and Catering Services	-7.2	21.0	6.7	6.3	34.6
住宿业	Hotels	-1.7	31.1	7.4	7.2	31.5
餐饮业	Catering Services	-19.2	4.7	1.1	2.4	54.4
信息传输、软件和信息技术服务业	Information Transmission, Software and Information Technology	-2.9	26.9	-11.5	-27.9	-1.1
电信、广播电视和卫星传输服务	Telecommunication, Radio and Television and Satellite Transmission Service	6.8	27.7	-12.1	-12.3	59.6
互联网和相关服务	Internet and Related Service	-8.0	18.4	4.1	-4.1	-43.5
软件和信息技术服务业	Software and Information Technology	-9.4	39.1	-18.9	-51.7	-51.3

6-5 续表 2 continued

单位：% (%)

行 业	Sector	施工项目 Number of Projects under Construc-tion	全部建成投产项目 Number of Projects Completed and Put into Use	施工项目计划总投资 Total Planned Investment of Projects under Con-struction	本年完成投资额 Investment Completed This Year	本年新增固定资产 Newly Increased Fixed Assets This Year
金融业	Financial Intermediation	3.7	30.8	-8.9	-34.5	-35.8
货币金融服务	Monetary and Financial Service	15.0	33.3	-36.6	-2.1	-40.0
资本市场服务	Capital Market Service	-25.0		-1.7	-62.8	
保险业	Insurance	-50.0		-2.2	-79.0	
其他金融业	Other Financial Activities				23.3	
房地产业	Real Estate	-7.9	-12.8	10.4	0.5	24.6
房地产业	Real Estate	-7.9	-12.8	10.4	0.5	24.6
租赁和商务服务业	Leasing and Business Services	44.9	46.5	45.8	43.5	59.5
租赁业	Leasing	10.0	-39.4	-10.3	156.0	616.8
商务服务业	Business Services	46.5	76.6	48.0	38.6	39.4
科学研究和技术服务业	Scientific Research and Technical Services	-1.7	37.3	1.7	-13.7	17.9
研究和试验发展	Research and Experimental Development	-2.6	10.5	28.7	-5.0	45.1
专业技术服务业	Professional Technical Services	1.0	65.1	-5.1	-23.9	111.0
科技推广和应用服务业	Science and Technology Popularization and Application Services	-4.4	22.9	-12.2	-12.0	-19.5
水利、环境和公共设施管理业	Management of Water Conservancy, Environment and Public Facilities	1.0	34.2	-3.4	-3.7	30.9
水利管理业	Management of Water Conservancy	4.2	42.9	2.3	-10.8	-5.1
生态保护和环境治理业	Ecological Protection and Environmental Treatment	8.2	35.1	-14.3	-18.2	159.3
公共设施管理业	Management of Public Facilities	-0.4	34.2	-3.6	-2.4	27.5
土地管理业	Management of Land	19.2	-6.0	18.6	12.4	807.8
居民服务、修理和其他服务业	Service to Households, Repair and Other Services	-12.7	39.4	-3.7	-14.2	76.8
居民服务业	Services to Households	-20.5	31.5	-7.4	-12.5	47.0
机动车、电子产品和日用产品修理业	Repair of Motor Vehicle, Electronics and Household Products	83.3	166.7	80.1	75.9	356.8
其他服务业	Other Services	-34.8	-10.5	-14.2	-61.5	145.2
教育	Education	14.8	44.4	29.1	0.4	7.2
教育	Education	14.8	44.4	29.1	0.4	7.2
卫生和社会工作	Health and Social Service	-3.1	34.5	2.7	-6.1	-37.8
卫生	Health	1.7	50.0	7.5	-1.4	-40.2
社会工作	Social Service	-12.4	6.6	-15.9	-20.1	-31.1
文化、体育和娱乐业	Culture, Sports and Entertainment	7.6	54.1	15.1	24.8	95.6
新闻和出版业	Journalism and Publishing Activities		100.0	-97.6	-77.5	
广播、电视、电影和录音制作业	Radio, Television, Movies and Recordings Production Services	-29.0	-23.5	-9.4	-49.2	53.5
文化艺术业	Cultural and Art Activities	-8.6	15.9	5.6	6.8	155.0
体育	Sports Activities		52.7	59.7	37.0	22.8
娱乐业	Entertainment	30.1	111.8	18.7	41.0	88.4
公共管理、社会保障和社会组织	Public Management, Social Security and Social Organization	4.7	36.5	-12.0	-7.6	34.1
中国共产党机关	Organs of Communist Party of China	66.7	100.0	801.7	724.5	
国家机构	Government Agencies	20.5	73.1	-11.1	-1.2	77.4
人民政协、民主党派	People's Political Consultative Conference and Democratic Parties					
社会保障	Social Security	-29.6	-16.7	29.3	-27.3	
群众团体、社会团体和其他成员组织	Mass Organizations, Social Organizations and Other Membership Organizations	-23.5		-50.2	-30.5	
基层群众自治组织	Grass Roots Self-Governing Organizations	-31.9	-21.6	-48.7	-56.8	

6–6 固定资产投资新增生产能力或效益(2019年)
Newly Increased Production Capacity or Project Efficiency through Investment(2019)

名　称		Item		能力或效益 Capacity or Efficiency
原煤开采	(万吨／年)	Coal Mining	(10 000 tons/year)	3922.4
焦　炭	(万吨／年)	Coke	(10 000 tons/year)	512
天然原油开采	(万吨／年)	Petroleum Extraction	(10 000 tons/year)	298.02
石油加工：蒸馏设备能力	止理万吨/年)	Petroleum Processing: Distillation Equipment Capacity	(Processing 10 000 tons/year)	1004
裂化设备能力	止理万吨/年)	Cracking Equipment Capacity	(Processing 10 000 tons/year)	349
粗　钢	(万吨／年)	Crude Steel	(10 000 tons/year)	6
钢　材	(万吨／年)	Steels	(10 000 tons/year)	12
锌冶炼	(吨/年)	Zinc Smelting	(tons/year)	1000
铝加工	(吨/年)	Aluminum Fabrication	(tons/year)	2
水力发电	(万千瓦)	Hydraulic Power	(10 000 kw)	8.82
火力发电	(万千瓦)	Thermal Power	(10 000 kw)	133.6
风力发电	(万千瓦)	Wind Power	(10 000 kw)	82.5
太阳能发电	(万千瓦)	Solar Energy	(10 000 kw)	130.22
其他发电	(万千瓦)	Other Power Generation	(10 000 kw)	0.48
输电线路长度(110KV及以上)	(公里)	Length of Transmission Lines (above 110 000 VA) (km)		2923.3
水　泥	(万吨／年)	Cement	(10 000 tons/year)	236.1
其他汽车制造	(辆)	Other Automobile Manufacturing	(unit)	3705
其他酒	(万吨／年)	Other Wine	(10 000 tons/year)	0.1
机制纸浆	(万吨／年)	Mechanism of the pulp	(10 000 tons/year)	5
新建铁路里程	(公里)	Newly Railways	(km)	21.3
新建公路	(公里)	Newly Highways	(km)	1140.94
# 高速公路		Expressway		130.8
一级公路		First Class		57.5
二级公路		Second Class		144.3
改建公路	(公里)	Reconstructed Highways	(km)	3460.22
# 一级公路		First Class		2
二级公路		Second Class		403.7
新建独立公路桥梁	(延长米)	New-built Separate Highway Bridge	(linear-meter)	7790.14
新建独立公路桥梁	(座)	New-built Separate Highway Bridge	(unit)	21.4
新建独立公路隧道	(延长米)	New-built Separate Highway Tunnel	(linear-meter)	1702
新建独立公路隧道	(处)	New-built Separate Highway Tunnel	(unit)	2
新(扩)建客、货运站	(个)	New (expanded) Passenger and Freight Stations	(unit)	3
新(扩)建客、货运站	(平方米)	New (expanded) Passenger and Freight Stations	(sq.m)	21900
城市自来水供水能力	(万吨／日)	Tap Water Supply Capacity in City	(10 000 tons/day)	45.1
城市污水处理能力	(万吨／日)	Waste Water Treated Capacity in City (10 000 tons/day)		21.26

6-7 分行业工业投资增长速度(2019年)
Growth Rate of the Investment of Industrial by Sector(2019)

单位：% (%)

行 业	Sector	投资额 Investment	# 改建和技术改造 Reconstruction and Technical Transformation
工业投资合计	**Total of Industrial Investment**	**11.5**	**19.6**
采矿业	Mining	30.8	66.8
煤炭开采和洗选业	Mining and Washing of Coal	41.7	93.1
石油和天然气开采业	Extraction of Petroleum and Natural Gas	22.6	56.5
黑色金属矿采选业	Mining and Processing of Ferrous Metal Ores	8.6	76.6
有色金属矿采选业	Mining and Processing of Non-Ferrous Metal Ores	6.7	63.9
非金属矿采选业	Mining and Processing of Non-metal Ores	23.1	-52.1
开采专业及辅助性活动	Professional and Support Activities for Mining	62.2	-48.2
其他采矿业	Mining of Other Ores	74.6	
制造业	Manufacturing	8.3	5.6
农副食品加工业	Processing of Food from Agricultural Products	-15.1	7.0
食品制造业	Manufacture of Foods	1.8	51.6
酒、饮料和精制茶制造业	Manufacture of Liquor, Beverages and Refined Tea	10.0	40.6
烟草制品业	Manufacture of Tobacco	39.8	46.1
纺织业	Manufacture of Textile	-23.8	67.5
纺织服装、服饰业	Manufacture of Textile, Wearing Apparel and Accessories	10.0	752.1
皮革、毛皮、羽毛及其制品和制鞋业	Manufacture of Leather, Fur, Feather and Related Products and Footware	180.1	269.7
木材加工和木、竹、藤、棕、草制品业	Processing of Timber, Manufacture of Wood, Bamboo, Rattan, Palm and Straw Products	82.3	-39.6
家具制造业	Manufacture of Furniture	115.3	-67.2
造纸和纸制品业	Manufacture of Paper and Paper Products	-33.6	-67.3
印刷和记录媒介复制业	Printing and Reproduction of Recording Media	-3.0	-34.0
文教、工美、体育和娱乐用品制造业	Manufacture of Articles for Culture,Education,Arts and Crafts, Sport and Entertainment Activities	87.1	22.0
石油、煤炭及其他燃料加工业	Processing of Petroleum, Coal and Other Fuel	-8.5	78.4
化学原料和化学制品制造业	Manufacture of Raw Chemical Materials and Chemical Products	13.4	-33.6
医药制造业	Manufacture of Medicines	-5.7	-32.5
化学纤维制造业	Manufacture of Chemical Fibres	831.3	-91.5
橡胶和塑料制品业	Manufacture of Rubber and Plastics Products	45.5	24.9
非金属矿物制品业	Manufacture of Non-metallic Mineral Products	28.4	35.1
黑色金属冶炼和压延加工业	Smelting and Pressing of Ferrous Metals	86.8	246.9
有色金属冶炼和压延加工业	Smelting and Pressing of Non-ferrous Metals	-11.1	13.5
金属制品业	Manufacture of Metal Products	24.5	-42.1
通用设备制造业	Manufacture of General Purpose Machinery	-12.1	38.7
专用设备制造业	Manufacture of Special Purpose Machinery	18.5	-8.6
汽车制造业	Manufacture of Automobiles	14.9	68.3
铁路、船舶、航空航天和其他运输设备制造业	Manufacture of Railway, Ship, Aerospace and Other Transport Equipments	-0.5	9.7
电气机械和器材制造业	Manufacture of Electrical Machinery and Apparatus	-3.3	19.1
计算机、通信和其他电子设备制造业	Manufacture of Computers, Communication and Other Electronic Equipment	8.6	-18.3
仪器仪表制造业	Manufacture of Measuring Instruments and Machinery	-15.0	78.8
其他制造业	Other Manufacture	-34.3	6.2
废弃资源综合利用业	Utilization of Waste Resources	75.3	37.0
金属制品、机械和设备修理业	Repair Service of Metal Products, Machinery and Equipment		
电力、热力、燃气及水生产和供应业	Production and Supply of Electricity, Heat, Gas and Water	4.8	52.6
电力、热力生产和供应业	Production and Supply of Electric Power and Heat Power	2.0	47.5
燃气生产和供应业	Production and Supply of Gas	8.3	150.1
水的生产和供应业	Production and Supply of Water	13.0	33.7

6-8 民间投资(2019年)
Private Investment(2019)

行　业	Sector	比上年增长(%) Investment (%)	占民间投资比重(%) Rate (%)
民间投资合计	**Total of Private Investment**	**6.0**	**100.0**
农、林、牧、渔业	Agriculture, Forestry, Animal Husbandry and Fishery	1.3	10.4
采矿业	Mining	41.6	3.3
制造业	Manufacturing	11.2	23.0
电力、热力、燃气及水生产和供应业	Production and Supply of Electricity, Heat, Gas and Water	9.5	3.2
建筑业	Construction	-55.1	
批发和零售业	Wholesale and Retail Trades	-4.8	2.3
交通运输、仓储和邮政业	Transport, Storage and Post	3.4	3.4
住宿和餐饮业	Hotels and Catering Services	23.4	1.7
信息传输、软件和信息技术服务业	Information Transmission, Software and Information Technology	-33.1	0.4
金融业	Financial Intermediation	-26.1	
房地产业	Real Estate	2.8	38.2
租赁和商务服务业	Leasing and Business Services	100.5	1.9
科学研究和技术服务业	Scientific Research and Technical Services	-15.2	0.6
水利、环境和公共设施管理业	Management of Water Conservancy, Environment and Public Facilities	0.4	7.2
居民服务、修理和其他服务业	Service to Households, Repair and Other Services	8.3	0.3
教　育	Education	-12.7	0.7
卫生和社会工作	Health and Social Service	-4.2	1.2
文化、体育和娱乐业	Culture, Sports and Entertainment	11.9	2.1
公共管理、社会保障和社会组织	Public Management, Social Security and Social Organization	-73.2	0.1

6-9 基础设施投资(2019年)
Investment for Basic Infrastructure(2019)

行业	Sector	比上年增长(%) Investment (%)	占基础设施投资比重(%) Rate (%)
基础设施投资合计	**Total Investment of Infrastructure**	**-1.0**	**100.0**
一、电力、热力、燃气及水生产和供应业	Production and Supply of Electricity,Heat,Gas and Water	4.8	13.7
电力、热力的生产和供应业	Production and Supply of Electric Power and Heat Power	2.0	9.2
燃气的生产和供应业	Production and Supply of Gas	8.3	1.7
水的生产和供应业	Production and Supply of Water	13.0	2.7
二、交通运输和邮政业	Transport and Post	4.5	23.3
铁路运输业	Railway Transport	-40.0	1.8
道路运输业	Road Transport	10.6	20.2
水上运输业	Water Transport		
航空运输业	Air Transport	7.9	0.8
管道运输业	Transport Via Pipelines	169.7	0.2
多式联运和运输代理业	Multimodal Transport and Forwarding Agency	12.3	0.2
装卸搬运	Loading, Unloading	36.9	
邮政业	Post	25.6	
三、信息传输业	Information Transmission	-10.1	1.4
电信、广播电视和卫星传输服务	Telecommunication, Radio and Television and Satellite Transmission Service	-12.3	1.0
互联网和相关服务	Internet and Related Service	-4.1	0.4
四、水利、环境和公共设施管理业	Management of Water Conservancy, Environment and Public Facilities	-3.8	61.6
水利管理业	Management of Water Conservancy	-10.8	4.7
生态保护和环境治理业	Ecological Protection and Environmental Treatment	-18.2	2.6
公共设施管理业	Management of Public Facilities	-2.4	54.3

6-10 文化产业投资(2019年)
Culture Industry Investment(2019)

行 业	Sector	比上年增长(%) Investment (%)	占文化产业投资比重(%) Rate (%)
文化产业投资合计	**Total Investment of Culture Industry**	**-8.4**	**100.0**
新闻信息服务	News Information Service	-7.3	0.5
内容创作生产	Cultural Works Production	-8.0	10.1
创意设计服务	Creative Design Service	-12.0	0.3
文化传播渠道	Culture Transmitting Channel	-27.5	1.9
文化投资运营	Cultural Investment and Operation	72.3	10.1
文化娱乐休闲服务	Cultural Leisure and Entertainment Service	-14.6	65.4
文化辅助生产和中介服务	Cultural Production Supporting and Intermediary Service	-13.1	8.0
文化装备生产	Cultural Equipment Production	-2.1	2.5
文化消费终端生产	Cultural Consumption Terminal Production	130.1	1.3

6-11 全社会固定资产投资到位资金增长速度(2019年)
Growth Rate of the Source of Funds of Investment in Fixed Assets for Finance Allocation in the Whole Province(2019)

单位：% (%)

指 标	Item	合 计 Total	固定资产投资 Investment in Fixed Assets	# 房地产开发 Real Estate Development	农户投资 Farm Households
上年末结余资金	Funds of Last Year-end	4.0	4.0	8.3	
本年实际到位资金	Funds of This Year	1.2	1.3	7.6	-0.9
国家预算内资金	State Budget	-1.6	-1.6		
国内贷款	Domestic Loans	-5.2	-4.4	-3.5	-42.3
债 券	Bond	319.1	319.1		
利用外资	Foreign Investment	-32.1	-32.1		
自筹资金	Self-raising Fund	0.5	0.1	5.0	14.1
其他资金来源	Others	9.1	10.4	12.5	-91.3
本年各项应付款合计	Total Payment of this year	1.8	1.8	6.4	
# 工程款	Project Payment	24.6	24.6	19.4	

注：固定资产投资到位资金统计范围不含计划总投资5000万元以下项目。

a) Data for newly increased fixed assets do not include those under 50 million yuan.

6–12 各市(区)按国民经济行业分的固定资产投资增长速度(2019年)
Growth Rate of the Investment by Sector and City(District)(2019)

单位：% (%)

地 区 Region	总 计 Total	农、林、牧、渔业 Agriculture, Forestry, Animal Husbandry & Fishery Industry	采矿业 Mining	制造业 Manufacturing	电力、热力、燃气及水生产和供应业 Production and Supply of Electricity, Heat,Gas and Water	建筑业 Construction	批发和零售业 Wholesale and Retail Trades	交通运输仓储和邮政业 Transport, Storage and Post	住宿和餐饮业 Hotels and Catering Services	信息传输、软件和信息技术服务业 Information Transmission, Software and Information
全 省 Shaanxi	**2.5**	**0.2**	**30.8**	**8.3**	**4.8**	**-34.2**	**-16.8**	**1.7**	**6.3**	**-27.9**
西安市 Xi'an	1.5	-21.6	106.5	4.2	0.2	-70.2	-31.2	2.7	0.8	-30.1
铜川市 Tongchuan	8.6	-18.0	121.0	46.9	148.3		0.2	-28.0	86.0	71.9
宝鸡市 Baoji	5.3	5.8	263.2	33.9	-6.6	45.5	-15.8	87.0	-13.9	-21.3
咸阳市 Xianyang	-1.2	-7.5	27.0	-3.8	-21.6	172.2	-50.0	-30.1	50.0	-2.8
渭南市 Weinan	-3.3	-10.0	100.6	26.5	51.2		-47.4	-12.0	-5.9	-70.7
#韩城市 Hancheng	-16.2	-3.0	242.3	10.4	-30.1		-82.0	-75.9	-31.1	
延安市 Yan'an	0.1	-14.7	30.9	-46.0	52.1		-32.3	42.0	0.7	-38.6
汉中市 Hanzhong	-2.6	42.1	19.0	7.3	4.7	-81.4	127.7	0.0	23.7	-57.2
榆林市 Yulin	14.3	4.6	16.7	36.2	13.7		5.5	-19.0	77.2	-1.8
安康市 Ankang	9.8	11.5	51.1	10.1	-3.8	-60.7	-14.5	38.6	-1.9	30.3
商洛市 Shangluo	-1.0	-20.0	-9.4	-3.1	20.9		-11.9	14.3	80.3	30.1
杨凌示范区 Yangling	12.9	-23.2		-36.1	-69.3		6.9	51.2	654.9	2.4
不分地区 Not Classified by Region	1.7		24.3		-38.9			-3.0		

6–12 续表 continued

单位：% (%)

地 区 Region	金融业 Financial Intermediation	房地产业 Real Estate	租赁和商务服务业 Leasing and Business Services	科学研究和技术服务业 Scientific Research and Technical Services	水利环境和公共设施管理业 Management of Water Conservancy, Environment and Public Facilities	居民服务、修理和其他服务业 Services to Households, Repair and Other Services	教 育 Education	卫生和社会工作 Health and Social Services	文化体育和娱乐业 Culture, Sports and Entertainment	公共管理、社会保障和社会组织 Public Management, Social Security and Social Organization
全 省 Shaanxi	**-34.5**	**0.5**	**43.5**	**-13.7**	**-3.7**	**-14.2**	**0.4**	**-6.1**	**24.8**	**-7.6**
西安市 Xi'an	-82.2	-4.7	38.8	-29.0	11.9	24.9	27.0	0.9	16.7	-15.7
铜川市 Tongchuan		7.7	32.6	-93.5	-34.8	342.0	-41.0	96.1	93.5	47.9
宝鸡市 Baoji	-86.2	3.4	55.8	-34.8	-27.8	-51.5	3.7	15.6	2.2	36.0
咸阳市 Xianyang	-63.9	51.2	38.5	81.5	4.8	-40.1	-22.0	-35.2	-30.0	0.6
渭南市 Weinan	141.4	39.9	-16.0	-53.8	-36.7	15.3	-3.4	-46.3	1.2	-33.6
#韩城市 Hancheng		27.3	-62.5	-63.4	-50.5	42.6	-56.0	-36.9	-50.1	-79.3
延安市 Yan'an		18.5	28.7	54.1	-12.9	-1.8	-37.8	-15.6	16.4	-1.9
汉中市 Hanzhong		-28.7	-2.8	26.8	6.9	-38.6	-23.9	-37.1	62.8	-73.8
榆林市 Yulin	-55.7	22.4	570.9	4.0	3.8	-3.9	3.4	-24.4	115.1	78.9
安康市 Ankang	372.0	1.6	184.9	113.6	0.8	-9.6	1.0	66.9	32.8	25.1
商洛市 Shangluo		-13.6	23.3	-16.6	-1.4	-80.9	53.5	-2.5	73.7	-68.2
杨凌示范区 Yangling	-6.0	98.7		-96.5	-10.7	-90.0	-33.0	-78.8	14.4	-9.2
不分地区 Not Classified by Region					11.1					

6-13 各市(区)工业投资增长速度(2019年)
Growth Rate of the Investment of Industry by City(District) (2019)

单位：% (%)

地区	Region	投资额 Investment	# 改建和技术改造 Reconstruction and Technical Transformation
全省	**Shaanxi**	**11.5**	**19.6**
西安市	Xi'an	4.4	10.2
铜川市	Tongchuan	70.0	91.9
宝鸡市	Baoji	37.0	31.2
咸阳市	Xianyang	-3.5	-16.1
渭南市	Weinan	38.1	63.5
# 韩城市	Hancheng	38.3	150.4
延安市	Yan'an	-7.5	19.4
汉中市	Hanzhong	7.5	43.0
榆林市	Yulin	23.6	69.7
安康市	Ankang	10.3	30.4
商洛市	Shangluo	0.5	-28.9
杨凌示范区	Yangling	-38.7	-37.3
不分地区	Not Classified by Region	4.7	

6-14 各市(区)能源工业投资增长速度(2019年)
Growth Rate of the Investment in Energy Industry by City(District)(2019)

单位：% (%)

地区	Region	能源工业投资 Energy Industry	煤炭开采和洗选业 Mining and Washing of Coal	石油和天然气开采业 Extraction of Petroleum and Natural Gas	石油、煤炭及其他燃料加工业 Processing of Petroleum,Coal and Other Fuel	电力、热力生产和供应业 Production and Distribution of Electricity and Heat
全省	**Shaanxi**	**13.9**	**41.7**	**22.6**	**-8.5**	**2.0**
西安市	Xi'an	-3.7	113.0	145.5	-5.7	-14.6
铜川市	Tongchuan	134.9	83.4	1.7	94.3	157.3
宝鸡市	Baoji	89.0	472.6	48.4	303.0	-12.2
咸阳市	Xianyang	12.3	44.4		142.0	-33.5
渭南市	Weinan	77.1	231.0	-22.2	24.6	65.7
# 韩城市	Hancheng	90.4	446.8	-24.5	22.4	-38.8
延安市	Yan'an	-13.7	54.4	21.8	-48.1	16.0
汉中市	Hanzhong	-7.9				-8.5
榆林市	Yulin	20.8	16.6	-2.0	45.3	18.9
安康市	Ankang	4.4	271.5		297.9	-9.5
商洛市	Shangluo	25.7			31.4	25.6
杨凌示范区	Yangling					
不分地区	Not Classified by Region	5.0		24.3		-40.8

6–15 各市(区)按构成分的固定资产投资增长速度（2019年）
Growth Rate of the Investment by Use of Funds and City(District)(2019)

单位：%　　　　(%)

地　区	Region	总　计 Total	建筑安装工程 Construction and Installation	设备工具器具购置 Purchase of Equipment and Instruments	其他费用 Others	# 建设用地费 Construction Land Fee
全　省	**Shaanxi**	**0.6**	**-0.5**	**7.2**	**1.5**	**-5.0**
西 安 市	Xi'an	3.8	2.9	13.8	-1.3	-14.3
铜 川 市	Tongchuan	9.5	1.9	77.0	-14.6	31.2
宝 鸡 市	Baoji	1.8	-2.4	11.8	39.2	84.2
咸 阳 市	Xianyang	-5.1	-2.9	-16.0	-16.8	13.6
渭 南 市	Weinan	-13.5	-11.7	-20.4	-28.8	-27.3
# 韩城市	Hancheng	-26.4	-26.2	-21.5	-35.4	-87.2
延 安 市	Yan'an	-3.0	-6.4	-8.3	36.9	2.6
汉 中 市	Hanzhong	-6.3	-4.7	-10.8	-9.9	-14.0
榆 林 市	Yulin	13.3	5.0	32.9	27.7	-18.7
安 康 市	Ankang	7.7	8.2	45.0	-23.8	0.5
商 洛 市	Shangluo	-1.7	-0.8	-9.7	-3.3	58.1
杨凌示范区	Yangling	-7.8	-6.3	-36.5	119.5	302.8
不分地区	Not Classified by Region	1.7	7.1	-29.2	0.2	-76.5

注：本表不含房地产开发投资。下表同。
a) Data in this table do not include those of real estate development. The same applies to the table following.

6–16 各市(区)按建设性质分的固定资产投资增长速度(2019年)
Growth Rate of the Investment by Type of Construction and City(District)(2019)

单位：%　　　　(%)

地　区	Region	总　计 Total	新　建 New Construction	扩　建 Expansion	改建和技改 Reconstruction and Technological Transformation	单纯建造生活设施 Construction of Living Facilities	迁　建 Removal Construction	恢　复 Reestablishment	单纯购置 Purchase of Equipment
全　省	**Shaanxi**	**0.6**	**0.2**	**-12.2**	**18.2**	**15.3**	**-22.5**	**0.2**	**28.6**
西 安 市	Xi'an	3.8	3.2	-30.5	29.6	-27.4	-28.8		17.3
铜 川 市	Tongchuan	9.5	0.1	102.6	64.2		14.7	-45.4	45.8
宝 鸡 市	Baoji	1.8	3.4	-36.6	20.8	-89.7	54.4	47.9	
咸 阳 市	Xianyang	-5.1	-1.7	-19.4	-19.8	-67.2	-87.0	370.6	44.9
渭 南 市	Weinan	-13.5	-17.5	27.9	34.9	131.4	-50.9	95.4	50.4
# 韩城市	Hancheng	-26.4	-33.5	-57.6	42.4	733.3	92.4		44.3
延 安 市	Yan'an	-3.0	-3.1	11.1	-7.4		-81.5	-14.0	-7.2
汉 中 市	Hanzhong	-6.3	-6.6	-6.4	-3.1	93.0	-34.6	56.9	-73.8
榆 林 市	Yulin	13.3	8.6	12.4	56.2		27.0	-31.2	202.7
安 康 市	Ankang	7.7	7.1	3.5	24.1	-56.6	-8.8	-66.8	28.7
商 洛 市	Shangluo	-1.7	-0.1	0.7	-13.1	-87.2	-43.3	-47.0	
杨凌示范区	Yangling	-7.8	-11.7	13.2	-0.5				156.8
不分地区	Not Classified by Region	1.7	2.9	-96.6	-77.1				

6-17 各市(区)固定资产投资施工、投产项目个数及新增固定资产增长速度(2019年)

Number of Investment Projects under Construction and Put into Use and Growth Rate of the Newly Increased Fixed Assets by City(District)(2019)

单位：% (%)

地　　区	Region	施工项目 Number of Project under Construction	全部建成投产项目 Number of Project Completed and Put into Use	施工项目计划总投资 Total Investment Planned under Construction	本年完成投资额 Investment Completed This Year	本年新增固定资产 Newly Increased Fixed Assets of This Year
全　　省	**Shaanxi**	**7.2**	**44.7**	**0.5**	**0.6**	**6.3**
西 安 市	Xi'an	9.0	62.4	7.1	3.8	27.4
铜 川 市	Tongchuan	-12.5	-5.9	0.8	9.5	32.8
宝 鸡 市	Baoji	17.7	45.3	-0.5	1.8	-2.4
咸 阳 市	Xianyang	11.6	49.2	-7.6	-5.1	-37.3
渭 南 市	Weinan	-3.3	69.7	-20.1	-13.5	16.6
#韩城市	Hancheng	-15.4	159.1	-40.2	-26.4	-29.5
延 安 市	Yan'an	12.9	84.6	6.4	-3.0	38.8
汉 中 市	Hanzhong	-1.9	18.2	5.8	-6.3	92.7
榆 林 市	Yulin	16.5	39.7	5.3	13.3	-9.4
安 康 市	Ankang	7.9	61.5	7.5	7.7	24.1
商 洛 市	Shangluo	-4.4	38.8	-3.3	-1.7	34.8
杨凌示范区	Yangling	-12.9	10.1	-9.2	-7.8	188.3
不分地区	Not Classified by Region	-7.0	12.5	-15.5	1.7	-21.9

注：1.本表不含房地产开发投资。
　　2.本年新增固定资产指标统计范围不含计划总投资5000万元以下项目。
a) Data in this table do not include those of real estate development.
b) Data for newly increased fixed assets do not include those under 50 million yuan.

 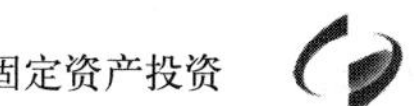

6-18 房地产开发投资主要指标及构成(2019年)

Main Indicators and Composition of Investment for Real Estate Development(2019)

指 标	Item	房地产开发 Real Estate Development	# 地 方 Local Governments
一、企业(单位)个数 (个)	Number of Enterprises (unit)	2640	2234
二、本年完成投资 (万元)	Investment Completed This Year (10 000 yuan)	39036487	37831890
1.按隶属关系分	Group by Jurisdiction of Management		
中 央	Central	1204597	
地 方	Local	37831890	37831890
# 市县属	City and County Level	37831890	37831890
2.按构成分	By Composition of Funds		
建筑工程	Construction	26526264	25605666
安装工程	Installation	2429260	2393476
设备工器具购置	Purchase of Equipment and Instruments	605523	588735
其他费用	Others	9475440	9244013
# 旧建筑物购置费	Purchase of Used Buildings	113349	113349
土地购置费	Total Value of Land Purchased	7604177	7420045
3.按工程用途分	By Use of Projects		
住 宅	Residential Buildings	29570773	28728510
# 别墅、高档公寓	Villas,High-grade Apartments	532745	493289
办公楼	Office Buildings	2148613	2039753
商业营业用房	Houses for Business Use	3554137	3514172
其 他	Others	3762964	3549455
三、本年新增固定资产(万元)	Newly Increased Fixed Assets of This Year (10 000 yuan)	7272348	7272348
四、房屋建筑面积及竣工价值	Floor Space of Buildings Completed and Value of Buildings Completed		
施工面积 (万平方米)	Floor Space of Buildings under Construction (10 000 sq.m)	27728.39	27063.05
# 住 宅	Residential Buildings	20154.62	19687.01
竣工面积 (万平方米)	Floor Space of Buildings Completed (10 000 sq.m)	1782.13	1782.13
# 住 宅	Residential Buildings	1281.67	1281.67
竣工价值 (亿元)	Value of Buildings Completed (100 million yuan)	554.54	554.54
# 住 宅	Residential Buildings	362.09	362.09

6–18 续表 continued

指 标	Item	按登记注册类型分 By Status of Registration					
		内 资				港澳台投资	外商投资
		Domestic Funded	国 有 State-owned	集 体 Collective-owned	其 它 Others	Funds from Hong Kong, Macao and Taiwan	Foreign Funded
一、企业(单位)个数 (个)	Number of Enterprises (unit)	2608	138	10	2460	18	14
二、本年完成投资 (万元)	Investment Completed This Year (10 000 yuan)	38729270	3200870	51564	35476836	208761	98456
1.按隶属关系分	Group by Jurisdiction of Management						
中 央	Central	1204597	273076		931521		
地 方	Local	37524673	2927794	51564	34545315	208761	98456
# 市县属	City and County Level	37524673	2927794	51564	34545315	208761	98456
2.按构成分	By Composition of Funds						
建筑工程	Construction	26272202	1816585	46145	24409472	166602	87460
安装工程	Installation	2416256	140225	4718	2271313	6945	6059
设备工器具购置	Purchase of Equipment and Instruments	602363	43651	572	558140	1005	2155
其他费用	Others	9438449	1200409	129	8237911	34209	2782
# 旧建筑物购置费	Purchase of Used Buildings	113349	100		113249		
土地购置费	Total Value of Land Purchased	7584420	673617		6910803	19757	
3.按工程用途分	By Use of Projects						
住 宅	Residential Buildings	29419584	2556182	31724	26831678	106770	44419
# 别墅、高档公寓	Villas,High-grade Apartments	532745	34679		498066		
办公楼	Office Buildings	2141717	287452	3518	1850747	6896	
商业营业用房	Houses for Business Use	3472008	110291	16072	3345645	30535	51594
其 他	Others	3695961	246945	250	3448766	64560	2443
三、本年新增固定资产(万元)	Newly Increased Fixed Assets of This Year (10 000 yuan)	7071580	481226		6590354	194727	6041
四、房屋建筑面积及竣工价值	Floor Space of Buildings Completed and Value of Buildings Completed						
施工面积 (万平方米)	Floor Space of Buildings under Construction (10 000 sq.m)	27308.63	2118.85	21.08	25168.70	235.69	184.07
# 住 宅	Residential Buildings	19896.65	1547.74	16.21	18332.71	132.23	125.74
竣工面积 (万平方米)	Floor Space of Buildings Completed (10 000 sq.m)	1756.08	123.70		1632.38	24.02	2.03
# 住 宅	Residential Buildings	1270.79	96.43		1174.36	8.86	2.03
竣工价值 (亿元)	Value of Buildings Completed (100 million yuan)	540.06	42.31		497.76	13.88	0.60
# 住 宅	Residential Buildings	357.82	32.99		324.84	3.66	0.60

6–19 房地产开发投资资金来源(2019年)
Sources of Funds of Investment for Real Estate Development (2019)

单位：万元 (10 000 yuan)

指标	Item	总计 Total	内资 Domestic	国有 State-owned	集体 Collective-owned	其他 Others	港澳台投资 Funds from Hong Kong, Macao and Taiwan	外商投资 Foreign Investment
一、本年资金来源合计	Total of Sources of Funds This Year	61489073	60567099	4326726	62564	56177809	695434	226540
1.上年末结余资金	Funds of Last Year-end	12376911	12065530	871124	11470	11182936	264971	46410
2.本年资金来源小计	Subtotal of Sources of Funds This Year	49112162	48501569	3455602	51094	44994873	430463	180130
国内贷款	Domestic Loans	3729864	3646864	782678		2864186	63000	20000
# 银行贷款	Loans from Bank	3127170	3044170	596147		2448023	63000	20000
非银行金融机构贷款	Loans from Non-bank	602694	602694	186531		416163		
利用外资	Foreign Investment							
自筹资金	Self-raising Funds	22538933	22387538	1456100	37942	20893496	88717	62678
定金及预收款	Booked and Prepayed Money	14429508	14164898	924622	10670	13229606	201580	63030
个人按揭贷款	Individual Credit	6131051	6037058	219883	2482	5814693	75680	18313
其他资金来源	Others	2282806	2265211	72319		2192892	1486	16109
二、本年各项应付款合计	Total Payment of this year	10441447	10272505	928495		9344010	85914	83028
# 工程款	Project Payment	6205379	6057186	486901		5570285	71738	76455

6–20 各市(区)房地产开发投资和新增固定资产(2019年)
Investment for Real Estate Development and Newly Increased Fixed Assets by City(District)(2019)

单位：万元 (10 000 yuan)

地区	Region	计划总投资 Total Investment Planed	自开始建设至本年底累计完成投资 Accumulative Investment Actually Completed Since Start of Construction up to the end of This Year	本年完成投资 Investment Completed This Year	本年新增固定资产 Newly Increased Fixed Assets of This Year
全　省	**Shaanxi**	**254005229**	**157606567**	**39036487**	**7272348**
西安市	Xi'an	185121974	117188597	24647783	4983083
铜川市	Tongchuan	3003657	1868634	290759	97398
宝鸡市	Baoji	12606469	6515141	2725170	179431
咸阳市	Xianyang	6916329	3978282	1869495	132107
渭南市	Weinan	13529671	6441813	2848819	616179
# 韩城市	Hancheng	2110325	951025	509711	126624
延安市	Yan'an	7190024	4824971	1562654	277543
汉中市	Hanzhong	8511721	5451458	1540691	317388
榆林市	Yulin	6595148	4741171	1210774	351813
安康市	Ankang	6648691	4464683	1627662	199349
商洛市	Shangluo	1644241	827803	273791	32962
杨凌示范区	Yangling	2237304	1304014	438889	85095

6-21 各市(区)按构成和工程用途分的房地产开发投资(2019年)
Investment for Real Estate Development by Use of Funds and Projects by City(District)(2019)

单位：万元 (10 000 yuan)

地区	Region	按构成分 by Use of Founds				按工程用途分 by Use of Projects				
		建筑安装工程 Construction and Installation Projects	设备工器具购置 Purchase of Equipment and Instruments	其他费用 Others	# 土地购置费 Total Value of Land Purchased	住宅 Residential Buildings	# 别墅、高档公寓 Villas, High-grade Apartments	办公楼 Office Buildings	商业营业用房 Houses for Business Use	其他 Others
全省	**Shaanxi**	**28955524**	**605523**	**9475440**	**7604177**	**29570773**	**532745**	**2148613**	**3554137**	**3762964**
西安市	Xi'an	17592820	294743	6760220	5237157	18051619	410267	1896095	1979943	2720126
铜川市	Tongchuan	198576	2855	89328	88657	245176		20279	12775	12529
宝鸡市	Baoji	2542151	35647	147372	98533	2470792	20570	25644	173447	55287
咸阳市	Xianyang	1146790	32644	690061	644785	1693983	6557	6938	105381	63193
渭南市	Weinan	2169957	73194	605668	559908	2154381	4271	48431	380026	265981
# 韩城市	Hancheng	442871	16214	50626	38584	363625	250	12920	69176	63990
延安市	Yan'an	1128165	39296	395193	370693	1086978	39772	50113	235585	189978
汉中市	Hanzhong	1368314	38884	133493	98169	1167335	8425	13848	266437	93071
榆林市	Yulin	882055	36096	292623	202944	925405	4384	21352	85486	178531
安康市	Ankang	1349265	39602	238795	218247	1218107	34657	53663	221459	134433
商洛市	Shangluo	255569	11864	6358	823	192144	1830	1217	74533	5897
杨凌示范区	Yangling	321862	698	116329	84261	364853	2012	11033	19065	43938

6-22 房地产开发面积及造价(2019年)
Floor Space and Cost of Buildings in Real Estate Development(2019)

地区	Region	施工房屋面积(万平方米) Floor Space of Buildings Construction (10 000 sq.m)	# 住宅 Residential Buildings	竣工房屋面积(万平方米) Floor Space of Buildings Completed (10 000 sq.m)	# 住宅 Residential Buildings	竣工房屋价值(亿元) Value of Buildings Completed (100 million yuan)	# 住宅 Residential Buildings	竣工房屋造价(元/平方米) Cost of Buildings Completed (yuan/sq.m)	# 住宅 Residential Buildings
全省	**Shaanxi**	**27728.39**	**20154.62**	**1782.13**	**1281.67**	**554.54**	**362.09**	**3112**	**2825**
西安市	Xi'an	17475.02	12450.59	1057.69	761.59	372.11	231.24	3518	3036
铜川市	Tongchuan	516.81	378.76	25.10	15.70	6.00	3.79	2391	2416
宝鸡市	Baoji	1377.88	1173.63	49.35	31.72	10.78	7.17	2184	2261
咸阳市	Xianyang	927.97	795.47	43.33	39.35	10.11	9.08	2334	2308
渭南市	Weinan	1983.04	1474.88	218.91	157.01	53.49	37.90	2443	2414
# 韩城市	Hancheng	268.77	192.05	37.68	28.75	7.09	4.94	1883	1720
延安市	Yan'an	1270.75	784.69	78.89	47.98	21.80	11.92	2763	2485
汉中市	Hanzhong	1208.99	904.45	102.34	77.49	25.61	19.55	2502	2523
榆林市	Yulin	1285.78	903.09	94.50	64.76	29.17	21.40	3087	3304
安康市	Ankang	1073.10	790.35	87.14	63.17	16.46	11.49	1889	1820
商洛市	Shangluo	333.33	267.46	2.15	0.18	0.51	0.03	2383	1450
杨凌示范区	Yangling	275.72	231.26	22.74	22.74	8.51	8.51	3743	3743

6–23 商品房屋销售情况(2019年)
Seal of Commercialized Buildings(2019)

地 区	Region	商品房销售面积(平方米) Floor Space of Commercialized Buildings Sold (sq.m)	住宅 Residential Buildings	# 别墅、公寓 Villas, High-grade Apartments	办公楼 Office Buildings	商业营业用房 Houses for Business Use	其他 Others
全 省	**Shaanxi**	**44010642**	**38182513**	**379254**	**1846893**	**1950416**	**2030820**
西安市	Xi'an	26386939	21554633	238347	1761540	1224371	1846395
铜川市	Tongchuan	603303	559690		11881	14535	17197
宝鸡市	Baoji	2611793	2512725		9299	89719	50
咸阳市	Xianyang	2010157	1952898		2819	54440	
渭南市	Weinan	3307919	3018303	8881	39985	212249	37382
# 韩城市	Hancheng	566629	372113	4800	39985	121767	32764
延安市	Yan'an	1382223	1299626		4187	71792	6618
汉中市	Hanzhong	2497427	2308050	66571	4237	133283	51857
榆林市	Yulin	1866371	1744171		10845	50360	60995
安康市	Ankang	1826998	1774928	65455		51726	344
商洛市	Shangluo	722848	675211		2100	45537	
杨凌示范区	Yangling	794664	782278			2404	9982

6–23 续表 continued

地 区	Region	商品房销售额(万元) Total Sale of Commercialized Buildings (10 000 yuan)	住宅 Residential Buildings	# 别墅、公寓 Villas, High-grade Apartments	办公楼 Office Buildings	商业营业用房 Houses for Business Use	其他 Others
全 省	**Shaanxi**	**39602074**	**33591672**	**500153**	**2237839**	**2374629**	**1397934**
西安市	Xi'an	29896423	24627867	407279	2190223	1754462	1323871
铜川市	Tongchuan	264969	232407		8378	14514	9670
宝鸡市	Baoji	1300906	1241343		6895	52618	50
咸阳市	Xianyang	1512659	1439095		2139	71425	
渭南市	Weinan	1558805	1409493	7133	16271	120197	12844
# 韩城市	Hancheng	276393	181876	5680	16271	67367	10879
延安市	Yan'an	914595	790645		4475	115059	4416
汉中市	Hanzhong	1199558	1073862	44277	100	107599	17997
榆林市	Yulin	1240677	1154969		8337	50618	26753
安康市	Ankang	1007222	943374	41464		63767	81
商洛市	Shangluo	273278	249479		1021	22778	
杨凌示范区	Yangling	432982	429138			1592	2252

6-24 房地产开发经营情况(2019年)
Operating Statistics on Enterprises for Real Estate Development(2019)

单位：万元 (10 000 yuan)

地区	Region	主营业务收入 Revenue from Principal Business	土地转让收入 Land Transferred	商品房屋销售收入 Commercialized Building Sold	房屋出租收入 House Leased	其它收入 Others	主营业务成本 Operating Costs of Main Business	税金及附加 Operating Tax and Extra Charge on Main Business
全省	**Shaanxi**	**20388103**	**37143**	**19068944**	**161657**	**1063101**	**15921280**	**938584**
西安市	Xi'an	15006722	6839	13918843	113139	920825	11242142	739487
铜川市	Tongchuan	105242		100221	1015	3831	91515	4550
宝鸡市	Baoji	897265	10	870037	11690	13592	808859	27312
咸阳市	Xianyang	621647		601135	2012	15576	475925	28940
渭南市	Weinan	949579	3667	884539	5004	55770	831878	31012
#韩城市	Hancheng	90808	2000	86056		2152	67501	5013
延安市	Yan'an	291184	70	267294	3699	20105	325705	10414
汉中市	Hanzhong	710907	15212	685919	1874	7497	577680	24190
榆林市	Yulin	723036	7417	696705	11922	6822	610420	31113
安康市	Ankang	781423	610	749061	9866	18547	672763	29353
商洛市	Shangluo	122810	3110	118491	210	381	122423	7703
杨凌示范区	Yangling	178290	208	176700	1226	156	161973	4511

6-25 房地产开发企业基本情况(2019年)
Basic Statistics on Real Estate Development Enterprises (2019)

地区	Region	开发公司个数(个) Number of Enterprises for Real Estate Development (unit)	实收资本金总计(万元) Total Capital Held (10 000 yuan)	资产总计(万元) Total Assets (10 000 yuan)	本年折旧(万元) Depreciation This Year (10 000 yuan)	负债合计(万元) Total Liabilities (10 000 yuan)	所有者权益合计(万元) Owners' Equity (10 000 yuan)	全部从业人员年平均人数(人) Average Number of Employed Persons (persons)	本年应付职工薪酬(万元) Total Wages This Year (10 000 yuan)
全省	**Shaanxi**	**2640**	**19870980**	**201527769**	**162487**	**174134042**	**27393727**	**86269**	**830514**
西安市	Xi'an	1115	13374618	146358489	87190	127878235	18480254	45951	567038
铜川市	Tongchuan	92	222788	2304528	1584	1965473	339055	2027	11152
宝鸡市	Baoji	263	892109	11023811	23315	8734014	2289796	6277	41154
咸阳市	Xianyang	156	1695612	5542656	4710	4810195	732461	4567	30198
渭南市	Weinan	224	609848	7107958	10734	5816854	1291104	7271	52019
#韩城市	Hancheng	35	58027	994558	611	870810	123748	1345	4492
延安市	Yan'an	139	770367	7640244	8700	6478054	1162189	3969	27234
汉中市	Hanzhong	245	784868	6147420	5440	5165622	981798	5949	40735
榆林市	Yulin	192	567696	5635659	10221	4952534	683125	3031	20372
安康市	Ankang	146	686890	7366140	8679	6262608	1103532	4932	28983
商洛市	Shangluo	45	148111	1225339	1547	1019810	205529	1502	7337
杨凌示范区	Yangling	23	118073	1175526	368	1050643	124883	793	4293

主要统计指标解释

全社会固定资产投资 是以货币形式表现的在一定时期内全社会建造和购置固定资产的工作量以及与此有关的费用的总称。该指标是反映固定资产投资规模、结构和发展速度的综合性指标,又是观察工程进度和考核投资效果的重要依据。全社会固定资产投资按登记注册类型可分为国有、集体、个体、联营、股份制、外商、港澳台商、其他等。

固定资产投资（不含农户） 指城镇和农村各种登记注册类型的企业、事业、行政单位及城镇个体户进行的计划总投资500万元及500万元以上的建设项目投资和房地产开发投资，包含原口径的城镇固定资产投资加上农村企事业组织项目投资，该口径自2011年起开始使用。

民间固定资产投资 指具有集体、私营、个人性质的内资企事业单位以及由其控股（包括绝对控股和相对控股）的企业单位在中华人民共和国境内建造或购置固定资产的投资。

基础设施投资 指为社会生产和生活提供基础性、大众性服务的工程和设施，是社会赖以生存和发展的基本条件。包括以下行业投资：铁路运输业、道路运输业、水上运输业、航空运输业、管道运输业、多式联运和运输代理业、装卸搬运业、邮政业、电信广播电视和卫星传输服务业、互联网和相关服务业、水利管理业、生态保护和环境治理业、公共设施管理业。

实际到位资金 指用于固定资产投资的各种货币资金。包括国家预算资金、国内贷款、利用外资、自筹资金和其他资金。

国家预算资金 国家预算包括一般预算、政府性基金预算、国有资本经营预算和社保基金预算。各类预算中用于固定资产投资的资金全部作为国家预算资金填报，其中一般预算中用于固定资产投资的部分包括基建投资、车购税、灾后恢复重建基金和其他财政投资。各级政府债券也应归入国家预算资金。

国内贷款 指报告期固定资产投资项目单位向银行及非银行金融机构借入用于固定资产投资的各种国内借款，包括银行利用自有资金及吸收存款发放的贷款、上级拨入的国内贷款、国家专项贷款（包括煤代油贷款、劳改煤矿专项贷款等），地方财政专项资金安排的贷款、国内储备贷款、周转贷款等。

利用外资 指报告期收到的境外（包括外国及港澳台地区）资金(包括设备、材料、技术在内)。包括对外借款(外国政府贷款、国际金融组织贷款、出口信贷、外国银行商业贷款、对外发行债券和股票)、外商直接投资、外商其他投资(包括利用外商投资收益在国内进行固定资产再投资活动的资金)。不包括我国自有外汇资金(国家外汇、地方外汇、留成外汇、调济外汇和国内银行自有资金发放的外汇贷款等)。各类外资按报告期的外汇牌价（中间价）折成人民币计算。

自筹资金 指固定资产投资单位在报告期收到的，由各企、事业单位筹集用于固定资产投资的资金，包括各类企事业单位的自有资金和从其他单位筹集的用于固定资产投资的资金，但不包括各类财政性资金、从各类金融机构借入资金和国外资金。

其他资金来源 指在报告期收到的除以上各种资金之外的用于固定资产投资的资金。包括社会集资、个人资金、无偿捐赠的资金及其他单位拨入的资金等。

固定资产投资按国民经济行业分 指根据其从事的社会经济活动性质对各类单位进行的分类。应根据建设项目建成投产后的主要产品种类或主要用途及社会经济活动种类来划分，不能根据项目单位本身的行业类别来划分。如果项目投产后有几种产品，应根据主要产品来确定行业类别。一般情况下，一个建设项目只能属于一种国民经济行业。

固定资产投资按隶属关系分 是按建设单位或企业、事业、行政单位的主管上级机关确定的。

（1）中央 是指中共中央、人大常委会和国务院各部、委、局、总公司以及直属机构直接领导的建设项目和企业、事业、行政单位。这些单位的固定资产投资计划由国务院各部门直接编制和下达，统一组织或委托下级实施。包括有中央垂直管理的部门（如国家统计局各级调查队）和中央直属企业、事业单位（如工商银行、中国电信、中国石油）等。

（2）地方 是由省（自治区、直辖市）、地（区、市、州、盟）、县（区、市、旗）三级政府及业务主管部门直接领导和管理的建设项目、企业、事业、行政单位。地方项目还包括不隶属以上各级政府及主管部门的建设项目和企业、事业单位，如外商投资企业和无主管部门的企业等。

固定资产投资按建设性质分 按整个建设项目情况来确定。建设项目的性质一般分为新建、扩建、改建和技术改造、单纯建造生活设施、迁建、恢复、单纯购置。农户投资不划分建设性质。

（1）新建 指从无到有“平地起家”开始建设的项目。现有企业、事业、行政单位投资的项目一般不属于新建。但如有的单位原有基础很小，经过建设后新增的固定资产价值超过该企业、事业、行政单位原有固定资产价值（原值）三倍以上的，也应作为新建。

（2）扩建 指在厂内或其他地点，为扩大原有产品的生产能力（或效益）或增加新的产品生产能力，而增建的生产车间（或主要工程）、分厂、独立的生产线等项目。行政、事业单位在原单位增建业务性用房（如学校增建教学用房、医院增建门诊部、病房等）也作为扩建。

现有企、事业单位为扩大原有主要产品生产能力或增加新的产品生产能力，增建一个或几个主要生产车间（或主要工程）、分厂，同时进行一些更新改造工程的，也应作为扩建。

（3）改建和技术改造 指现有企业、事业单位对原有设施进行技术改造或更新（包括相应配套的辅助性生产、生活福利设施）的建设项目。改建项目包括企业、事业单位为适应市场变化的需要，而改变企业的主要产品种类（如军工企业转民用产品等）的建设项目；原有产品生产作业线由于各工序（车间）之间能力不平衡，为填平补齐充分发挥原有生产能力而增建但不增加主要产品生产能力的建设项目。技术改造是指企业、事业单位在现有基础上用先进的技术代替落后的技术，用先进的工艺和装备代替落后的工艺和装备，以改变企业落后的技术经济面貌，实现以内涵为主的扩大再生产，达到提高产品质量、促进产品更新换代、节约能源、降低消耗、扩大生产规模、全面提高社会经济效益的目的。技术改造具体包括以下内容：机器设备和工具的更新改造；生产工艺改革、节约能源和原材料的改造；厂房建筑和公共设施的改造；保护环境进行的“三废”治理改造；劳动条件和生产环境的改造等。

固定资产投资按构成分

（1）建筑工程 指各种房屋、建筑物的建造工程。这部分投资额必须兴工动料，通过施工活动才能实现，是固定资产投资额的重要组成部分。

（2）安装工程 指各种设备、装置的安装工程。

在安装工程中，不包括被安装设备本身价值。

（3）设备工器具购置 指报告期内购置或自制的，达到固定资产标准的设备、工具、器具的价值。新建单位及扩建单位的新建车间，按照设计或计划要求购置或自制的全部设备、工具、器具，不论是否达到固定资产标准均计入“设备工器具购置”中。

（4）其他费用 指在固定资产建造和购置过程中发生的，除建筑安装工程和设备、工器具购置投资完成额以外的应当分摊计入固定资产投资的费用，不指经营中财务上的其他费用。

施工项目 指报告期内进行过建筑或安装施工活动的项目。凡是报告期内施过工的建设项目，不论施工时间长短，均作为施工项目统计。施工项目个数可以反映一定时期固定资产投资的实际规模，与同期全部建成投产项目个数相比，可以从建设速度的角度反映固定资产投资的效果。根据建设项目施工活动的不同性质，施工项目又分为：本年正式施工项目、本年收尾项目和以前年度全部停缓建项目。

全部建成投产项目 工业项目指设计文件规定形成生产能力的主体工程及其相应配套的辅助设施全部建成，经负荷试运转，证明具备生产设计规定合格产品的条件，并经过验收鉴定合格或达到竣工验收标准，与生产性工程配套的生活福利设施可以满足近期正常生产的需要，正式移交生产的建设项目。非工业项目指设计文件规定的主体工程和相应的配套工程全部建成，能够发挥设计规定的全部效益，经验收鉴定合格或达到竣工验收标准，正式移交使用的建设项目。

本年新增生产能力（或工程效益） 指在本年度内按照新增生产能力（或工程效益）的计算条件和标准，实际建成投入生产或交付使用的生产能力（或工程效益）。

新增固定资产 指报告期内已经完成建造和购置过程，并已交付生产或使用单位的固定资产价值。该指标是表示固定资产投资成果的价值指标，也是反映建设进度，计算固定资产投资效果的重要指标。

房地产开发投资 指各种登记注册类型的房地产开发法人单位统一开发的包括统代建、拆迁还建的住宅、厂房、仓库、饭店、宾馆、度假村、写字楼、办公楼等房屋建筑物和配套的服务设施，土地开发工程（如道路、给水、排水、供电、供热、通讯、平整场地等基础设施工程）的投资；不包括单纯的土地交易活动。

计划总投资 指房地产开发企业在建的建设工程按照总体设计（或按设计概算或预算）规定的内容全部建成计划需要的总投资。

自开始建设累计完成投资 指房地产开发企业在建的房屋建设工程或正在开发的土地开发工程从开始建设到本年末止累计完成的全部投资。

商品房销售面积 指报告期内出售商品房屋的合同总面积(即双方签署的正式买卖合同中所确定的建筑面积)。由现房销售建筑面积和期房销售建筑面积两部分组成。

商品房销售额 指报告期内出售商品房屋的合同总价款(即双方签署的正式买卖合同中所确定的合同总价)。该指标与商品房销售面积同口径，由现房销售额和期房销售额两部分组成。

Explanatory Notes on Main Statistical Indicators

Total Investment in Fixed Assets in the Whole Country refers to the volume of activities in construction and purchases of fixed assets of the whole country and related fees, expressed in monetary terms during the reference period. It is a comprehensive indicator which shows the size, structure and growth of the investment in fixed assets, providing a basis for observing the progress of construction projects and evaluating results of investment. Total investment in fixed assets in the whole country includes, by type of ownership, the investment by State-owned units, collective-owned units, individuals, joint ownership units, share-holding units, as well as investments by entrepreneurs from foreign countries and from Hong Kong, Macao and Taiwan, and by other units.

Investment in Fixed Assets (Excluding Rural Households) refers to the investment in construction projects with a total planned investment of 5 million yuan and over by enterprises of various ownerships, institutions, administrative units and urban self-employed individuals, and the investment in real estate development in both urban and rural areas. Since 2011, it covers the urban investment in fixed assets under the previous statistical coverage plus project investments by rural enterprises and institutions.

Non-governmental Investment in Fixed Assets refers to the investment in the construction or purchase of fixed assets in the territory of the People's Republic of China by domestic-funded enterprises and institutions with collective, private and personal nature and by enterprises and institutions controlled by them (including absolute and relative holding).

Infrastructure Investment refers to projects and facilities that provide basic and popular services for social production and life. It is the basic condition for the survival and development of society. It includes: railway transport, road transport, water transport, air transport, pipeline transport, multimodal transport and transport agent Intermodality and Forwarding Agency, loading and unloading, posts, telecommunications, radio and television and satellite transmission services, Internet and related services, water management industry, ecological protection and environmental governance, public facilities management.

Actual Funds for Investment refer to all kinds of monetary funds used for fixed assets investment. It includes state budget funds, domestic loans, foreign capital utilization, self-raising funds and other funds.

Fund from the State Budget State budget consists of general budget, government fund budget, operation budget of state-owned assets and social security fund budget. Funds for investment in fixed assets from various budgets are reported as fund from the state budget, of which, the general budget utilized on fixed assets investment includes investment on infrastructure construction, vehicle purchase tax, post-disaster restoration and reconstruction funds and other financial investment. Government bonds at all levels should also be included.

Domestic Loans refer to loans of various forms borrowed by investing units from banks and non-bank financial institutions during the reference period for the purpose of investment in fixed assets, including loans issued by banks from their self-owned funds and deposit, loans appropriated by higher responsible authorities, special loans by government (including loan for substituting petroleum with coal, special loans for reform-through-labour coal mines), loans arranged by local government from special funds, domestic reserve loan, and revolving loan, etc.

Foreign Investment refers to overseas (including foreign countries, Hongkong, Macao and Taiwan) funds received during the reference period (covering equipment, materials and technology), including foreign borrowings (loans from foreign governments and international financial institutions, export credit, commercial loans from foreign banks, issue of bonds and stocks overseas), foreign direct investment and other foreign investments (including funds from foreign direct investment income that are reinvested in fixed assets domestically). Excluded from this category is capital in foreign exchanges owned by China (foreign exchanges owned by the central and local governments, foreign exchanges retained by enterprises, foreign exchanges by enterprises through the regulating mechanism, loans in foreign exchanges issued by the Bank of China with its own fund, etc.). In calculating the utilization of foreign capital, foreign currencies are converted into Chinese Renminbi applying the exchange rate (central parity rate) at the end of the reference period.

Self-raised Funds refer to funds for investment in fixed assets received during the reference period by investing units, including investment in fixed assets using own funds of various enterprises and institutions or funds raised from other units other than financial funds, funds borrowed from financial institutions and overseas funds.

Other Funds refer to funds for investment in fixed assets received from sources other than those listed above, including funds raised from individuals and through donations, and funds transferred from other units.

Investment in Fixed Assets by Sector refers to the classification of investment by the nature of social economic activities the investing units are engaged in. The classification of construction projects by sector is determined by the major products or the purpose of the projects when they are put into production or use, and by the nature of their social economic activities, instead of being determined by industrial classification of the project enterprises. The project will be classified according to major product if there are several kinds of products yielded. In general, one project can only be classified into one sector.

Investment in Fixed Assets by Jurisdiction of Management refers to the classification of investment by the competent authorities under which investment is made by construction units, enterprises, institutions or administrative units.

(1) Central investment refers to the investment in projects or by enterprises, institutions or administrative units which are

under the direct leadership and management of the State Council and of the national commissions, ministries, agencies and State-owned large corporations. Various ministries and departments of the State Council prepare and implement plans through unified organization or lower-level commissions, which include departments direct under central government (i.e. survey offices at all level of the National Bureau of Statistics) and enterprises and institutions directly under central government (like the Industrial and Commercial Bank of China, China Telecom and China National Petroleum Corporation).

(2) Local investment refers to the investment in projects or by enterprises, institutions or administrative units which are under the direct leadership and management of competent departments and governments at the level of province (autonomous regions and municipalities directly under the Central Government), prefecture （prefectures, cities and leagues） and county (districts, cities and banners). Also included are projects by foreign-invested enterprises and enterprises without competent managing authorities.

Investment in Fixed Assets by Type of Construction Construction projects in general can be classified, by the type of construction, into new construction, expansion, reconstruction and technical transformation, purely construction of living facilities, moving, restoration and purely purchasing. However, investment by type of construction is not applied to investment by real-estate development units and investment by rural households.

(1) New construction in general refers to construction projects, which start from scratch. The existing projects invested by enterprises, institutions and administrative agencies cannot be classified as new construction. In case the size of the existing unit is quite small, and the value of newly added fixed assets is more than three times of the original value, the expansion will be considered as new construction.

(2) Expansion refers to projects of construction of new production workshop, branch factory or independent production line within a factory or in other locations, for the purpose of increasing the production capacity (or improving efficiency) or adding new production capacity. Newly constructed accommodation for the operation of institutions and administrative organizations (such as newly constructed buildings for teaching in schools, buildings for clinics or wards in hospitals, etc.) are also classified as expansion.

Also included in expansion are investments by existing enterprises or institutions in building major production line(s) or branch factory (ies) along with some work on innovation, for the purpose of expanding the production capacity of original products or producing new products.

(3) Reconstruction and technical transformation refers to construction projects by existing enterprises or institutions in innovation or technical transformation of the old facilities (including auxiliary production equipment and welfare facilities). Also considered as reconstruction is the construction of new workshops by the existing enterprises or institutions to change the variety of products to meet the market demand (such as the production of civil products by defence industries), or to bring the designed production capacity into full play through a more balanced production process on production lines. Technical transformation refers to replacement of old technology or equipment by new technology or equipment, in order to expand the reproduction through improvement of technology contents in production, to improve product quality, to promote new products, to save energy, to reduce consumption, to expand the production scale and to improve overall social-economic efficiency. Contents of technical transformation include: updating of machinery, equipment and tools; reforming production process by using energy or materials saving technology; construction of factory workshops and transformation of public facilities; treatment transformation of "three wastes" (waste gas, waste water and industrial residue) aiming at environmental protection; improvement of working conditions and environment, etc.

Investment in Fixed Assets by Structure

(1) Construction refers to the construction of houses and buildings, also known as work volume of construction. This part of investment can only be achieved through construction activities, it is the major component of the total investment in fixed assets.

(2) Installation refers to the installation of various kinds of equipment and instruments, also known as work volume of installation.

The value of equipment installed itself is not included in the value of installation projects.

(3) Purchase of equipment and instruments refers to the total value of equipment, tools, and instruments purchased or self-produced which come up to the cut-off point for fixed assets during the reference period. Equipment, tools and instruments purchased or self-produced for new workshops by newly established or expanded units are categorized as "purchase of equipment and instruments" no matter whether they come up to the cut-off point for fixed assets.

(4) Other expenses refer to expenses arising during the construction or purchase of fixed assets other than those expenses on construction, installation and purchase of equipment and instruments. Other financial expenses arising in operation are not included.

Projects under Construction refer to projects with construction and installation activities undertaken in the reference period. All projects that have construction activities undertaken during the reference period are reported as projects under construction irrespective of the length of construction work. The number of projects under construction can reflect the actual size of investment in fixed assets during a given period, and when compared with the number of projects completed and put into use during the same period, it demonstrates the results of investment in fixed assets from the angle of the speed of the construction. Depending on the nature of construction activities, projects under construction can also be classified into projects beginning construction in current year, winding-up projects in current year and stopped or suspended projects in previous years (with resumption of work in current year).

Projects Completed and Put into Use Industrial projects refer to the major projects and anxilliary facilities having been completed in accordance with the design documents, resulting in forming production capacity and having checked and accepted after relevant tests, while the living and

welfare facilities having been completed and being capable of ensuring normal production. Non-industrial projects refer to the major projects and anxilliary facilities which have been completed in accordance with the design documents; have been checked, accepted after relevant examination; and have been formally delivered for use.

The Newly Increased Production Capacity (project efficiency) of Current Year refers to the production capacity (project efficiency) that has been completed and put into operation in current year according to the calculation conditions and standards on newly increased production capacity (project efficiency).

Newly Increased Fixed Assets refer to the newly increased value of fixed assets, constructed or purchased, that have been transferred to the investors. This is an indicator that demonstrates the results of investment in fixed assets in monetary terms, and an important indicator to reflect the speed of construction and to calculate the efficiency of investment.

Investment in Real Estate Development refers to investment by real estate development companies, commercialized buildings construction companies and other real estate development units of various types of ownership in the construction of buildings, such as residential buildings, factory buildings, warehouses, hotels, guesthouses, holiday villages, office buildings, the complementary service facilities and land development projects, such as roads, water supply, water drainage, power supply, heating supply, telecommunications, land leveling and other infrastructural projects. It does not include activities in pure land transactions.

Total Investment Planned refers to the total amount required for the completion of the activities according to the planned design or budget for the project under construction by real estate development companies.

Accumulative Investment Actually Completed Since Starting of Construction refers to all the investment accomplished by real estate development companies in the construction of building or the development of land from the beginning to the end of the year.

Area of Commercialized Housing Sold refers to total contracted area of commercialized housing (i.e. area of floor space as designated in the formal contracts signed by both sides) during the reference time. It constitutes floor space of completed housing and floor space of future housing.

Value of Commercialized Housing Sold refers to the total contracted value (i.e. value of sales/purchase for selling/purchase of commercialized housing as designated in the contract signed by both sides) during the reference time. This indicator has the same coverage as the area of commercialized housing sold, which constitutes floor space of completed housing and floor space of housing yet to be completed.

七、能　源

资料整理：蔡军辉

简 要 说 明

一、本篇资料反映陕西能源生产、消费和能耗水平等情况。主要内容有能源生产、消费及品种构成，能源生产和消费弹性系数，分行业、分主要能源品种的消费量，能源加工转换效率及生活用能源消费量、单位生产总值能耗等指标。

二、关于数据口径与计算的说明：

1．能源生产与消费弹性系数分别以能源生产、消费增长速度与地区生产总值增长速度相比求得。

2．能源平衡表中，进口量和出口量采用海关统计数据，电力折算标准煤系数按平均发电煤耗计算。

3．能源加工转换效率表中的电力折算标准煤系数采用当量值计算，每千瓦小时折0.1229千克标准煤。

4．GDP按不变价格计算。

三、根据第四次全国经济普查结果对2015—2018年数据进行了调整。

Brief Introduction

Ⅰ. This chapter reflects the energy production, consumption and efficiency of Shaanxi Province, mainly including energy production, consumption and composition, elasticity ratio of energy production and consumption, consumption of energy by sector and by types of energy, efficiency of energy processing and conversion and the consumption of energy for non-production uses, energy consumption of unit gross domestic product.

Ⅱ. Data coverage and calculation:

1. The elasticity ratio of energy production is calculated as the quotient of the growth rate of energy production divided by the growth rate of GDP; and the elasticity ratio of energy consumption is calculated as the quotient of the growth rate of energy consumption divided by the growth rate of GDP.

2. In the energy balance sheet, the data on the imports and exports are data from the customs statistics. The ratio for converting electric power into the standard coal equivalent is calculated according to the average consumption of coal for generating electricity.

3. In the table on the efficiency of energy conversion, the ratio for converting electric power into the standard coal equivalent is calculated on the basis of heat value equivalent. One kilowatt is equal to 0.1229 kg SCE.

4. Gross domestic product are calculated at constant price.

III. Data from 2015 to 2018 were adjusted according to the results of the fourth national Economic census.

7.能　源

2019 年全省				
能源生产总量	56781.90	万吨标准煤	比上年增长	0.6%
能源消费总量	13478.06	万吨标准煤	比上年增长	4.5%
平均每天消费能源	36.93	万吨标准煤		
#原　煤	79.86	万　吨		
原　油	5.03	万　吨		
天然气	2984	万立方米		
电　力	52341	万千瓦小时		

能源生产总量构成
（2019年）

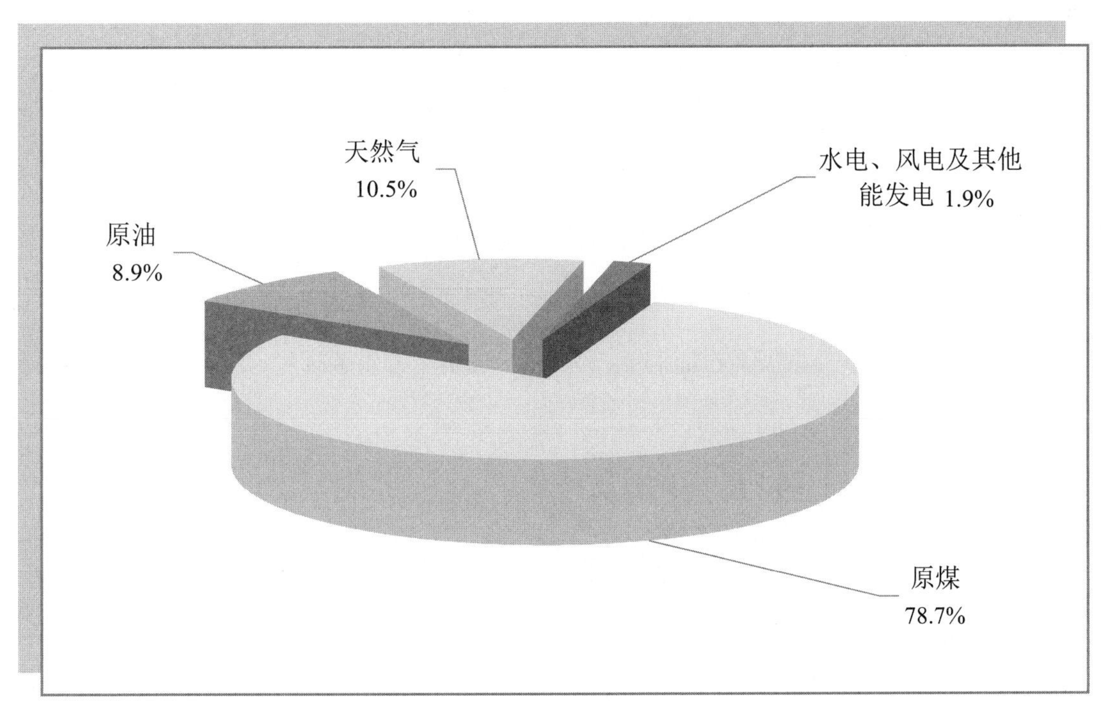

7-1 能源生产、消费总量及构成
Total Production and Consumption of Energy and Its Composition

指　标	Item	2010	2011	2012	2013	2014
能源生产总量	**Total Energy Production**	**31845.63**	**36500.59**	**41168.40**	**44431.03**	**46981.85**
（万吨标准煤）	**(10 000 tons of SCE)**					
原　煤	Coal	24370.38	27991.63	31847.45	33997.02	35736.98
原　油	Crude Oil	4310.49	4607.83	5039.48	5268.73	5382.69
天然气	Natural Gas	2885.46	3620.42	3998.94	4786.41	5454.46
水电、风电及其他能发电	Hydro-power,Wind Power and Others	279.30	280.71	282.53	378.87	407.72
能源生产构成　　（%）	**Energy Production Composition (%)**	**100.00**	**100.00**	**100.00**	**100.00**	**100.00**
原　煤	Coal	76.53	77.10	77.36	76.52	76.07
原　油	Crude Oil	13.54	12.40	12.24	11.86	11.46
天然气	Natural Gas	9.06	9.74	9.71	10.77	11.61
水电、风电及其他能发电	Hydro-power,Wind Power and Others	0.88	0.76	0.69	0.85	0.87
能源消费总量	**Total Energy Consumption**	**8287.63**	**9107.48**	**9914.53**	**10610.48**	**11222.46**
（万吨标准煤）	**(10 000 tons of SCE)**					
煤　品	Coal	5844.95	6562.60	7255.99	7671.85	8125.91
油　品	Crude Oil	1421.13	1444.03	1571.34	1652.66	1690.24
天然气	Natural Gas	742.26	820.15	804.67	907.10	998.58
水电、风电及其他能发电	Hydro-power,Wind Power and Others	279.30	280.71	282.53	378.87	407.72
能源消费构成　　（%）	**Energy Consumption Composition (%)**	**100.00**	**100.00**	**100.00**	**100.00**	**100.00**
煤　品	Coal	70.53	72.06	73.19	72.30	72.41
油　品	Crude Oil	17.15	15.86	15.85	15.58	15.06
天然气	Natural Gas	8.96	9.01	8.12	8.55	8.90
水电、风电及其他能发电	Hydro-power,Wind Power and Others	3.37	3.08	2.85	3.57	3.63

7-1　续表　continued

指　标	Item	2015	2016	2017	2018	2019
能源生产总量	**Total Energy Production**	**48491.24**	**47078.64**	**51485.48**	**56467.33**	**56781.90**
（万吨标准煤）	**(10 000 tons of SCE)**					
原　煤	Coal	37088.81	36186.58	40347.64	44788.77	44675.88
原　油	Crude Oil	5338.29	5003.57	4985.56	5031.53	5061.86
天然气	Natural Gas	5531.69	5345.34	5429.29	5713.23	5948.14
水电、风电及其他能发电	Hydro-power, Wind Power and others	532.44	543.15	723.00	933.80	1096.03
能源生产构成　（%）	**Energy Production Composition (%)**	**100.00**	**100.00**	**100.00**	**100.00**	**100.00**
原　煤	Coal	76.49	76.86	78.37	79.32	78.68
原　油	Crude Oil	11.01	10.63	9.68	8.91	8.91
天然气	Natural Gas	11.41	11.35	10.55	10.12	10.48
水电、风电及其他能发电	Hydro-power, Wind Power and others	1.10	1.15	1.40	1.65	1.93
能源消费总量	**Total Energy Consumption**	**11745.93**	**12146.47**	**12548.52**	**12900.38**	**13478.06**
（万吨标准煤）	**(10 000 tons of SCE)**					
煤　品	Coal	8530.00	9105.79	9368.33	9518.02	9802.13
油　品	Crude Oil	1429.56	1167.72	1078.97	1083.73	1039.89
天然气	Natural Gas	1232.92	1276.93	1337.92	1364.83	1540.01
水电、风电及其他能发电	Hydro-power, Wind Power and others	553.45	596.03	763.29	933.80	1096.03
能源消费构成　（%）	**Energy Consumption Composition (%)**	**100.00**	**100.00**	**100.00**	**100.00**	**100.00**
煤　品	Coal	72.62	74.97	74.66	73.78	72.73
油　品	Crude Oil	12.17	9.61	8.60	8.40	7.72
天然气	Natural Gas	10.50	10.51	10.66	10.58	11.43
水电、风电及其他能发电	Hydro-power, Wind Power and others	4.71	4.91	6.08	7.24	8.13

注：1.能源消费总量用等价值计算，等价值指电力按当年平均火力发电煤耗换算成标准煤。
2.2015—2018年数据根据第四次经济普查结果进行了调整。

a) The equivalent weight refers to the value that electric power converts to standard coal by its heat equivalent, equivalent value refers to the value of average standard coal consumption by thermal power in the current year.

b) Data for 2015-2018 were adjusted for the fourth economic census.

7-2 主要能源平衡情况(2019年)
Main Energy Balance Sheet(2019)

指　标	Item	综合能源(万吨标准煤) Comprehensive Energy (10 000 tons of SCE)	煤　炭(万吨) Coal (10 000 tons)	天然气(亿立方米) Natural Gas (100 million cu.m)	电　力(亿千瓦小时) Electricity (100 million kwh)
一、可供本地区消费能源	**Volume of total Energy Available for Consumption**	**13445.07**	**21530.01**	**144.54**	**50.01**
年初库存	Stock at the Beginning of the Year	2137.79	2232.10		
一次能源生产量	Primary Energy Output	56781.90	63630.04	473.42	332.78
外省(区、市)调入量	Inflow from Other Provinces (Regions, Cities)	3060.36	2373.35		262.18
本省(区、市)调出量(-)	Outflow from this Provinces (Regions, Cities)	-46162.75	-44163.49	-328.88	-544.95
出口量(-)	Exports				
年末库存(-)	Stock at Year-end	-2372.23	-2542.00		
二、加工转换投入(-)产出(+)量	**Input (-) or Output (+) of Processing and Transformation**	**-952.99**	**-17871.82**	**-54.93**	**1860.45**
火力发电	Thermal Power	0.00	-7223.46	-1.24	1860.45
供　热	Heating	-136.88	-776.83	-5.12	
煤炭洗选	Separation Coal	-317.26	-1892.13		
炼　焦	Coke Making	-538.52	-7562.60		
炼油及煤制油	Oil Refining and Coal to Make Oil	-271.89	-417.22	-9.10	
天然气液化		-42.72		-39.47	
煤制品加工	Processing of Coal Products	-0.70	0.42		
回收能	Recovery of Energy	385.79			
三、损失量	**Loss Volume**	**234.41**			**77.60**
四、终端消费	**Final Consumption**	**12290.66**	**3676.98**	**89.61**	**1832.85**
第一产业	Primary Industry	199.17	19.49		36.85
农、林、牧、渔业	Agriculture, Forestry, Animal Husbandry and Fishery	199.17	19.49		36.85
第二产业	Secondary Industry	8200.69	3230.32	56.25	1216.13
工　业	Industry	7986.95	3216.97	56.16	1181.21
建筑业	Construction	213.74	13.35	0.09	34.92
第三产业	Tertiary Industry	2226.95	142.47	11.83	317.69
交通运输、仓储和邮政业	Transportation, Storage and Post Services	1100.42	10.74	3.65	77.48
批发、零售业和住宿、餐饮业	Wholesale and Retail Trades, Hotels and Catering Services	521.41	47.50	7.44	93.91
其　他	Others	605.12	84.23	0.74	146.30
生活消费	Household Consumption	1663.85	284.70	21.53	262.19
城　镇	Urban Areas	1121.11	48.85	20.84	161.22
乡　村	Rural Area	542.75	235.85	0.69	100.97

7-2　续表　continued

指　标	Item	原　油 (万吨) Crude Oil (10 000 tons)	汽　油 (万吨) Gasoline (10 000 tons)	煤　油 (万吨) Kerosene (10 000 tons)	柴　油 (万吨) Diesel Oil (10 000 tons)	燃料油 (万吨) Fuel Oil (10 000 tons)
一、可供本地区消费能源	**Volume of total Energy Available for Consumption**	**1835.35**	**-334.14**	**12.45**	**-299.80**	**-154.07**
年初库存	Stock at the Beginning of the Year	119.40	33.64	1.78	33.91	3.07
一次能源生产量	Primary Energy Output	3543.23				
外省(区、市)调入量	Inflow from Other Provinces (Regions, Cities)		88.74	15.20	82.45	3.79
本省(区、市)调出量(-)	Outflow from this Provinces (Regions, Cities)	-1719.84	-422.26		-386.57	-157.45
出口量(-)	Exports					
年末库存(-)	Stock at Year-end	-107.44	-34.26	-4.53	-29.59	-3.48
二、加工转换投入(-)产出(+)量	**Input (－) or Output (+) of Processing and Transformation**	**-1777.40**	**640.01**	**78.67**	**676.38**	**161.03**
火力发电	Thermal Power				-0.34	
供　热	Heating				-0.10	
煤炭洗选	Separation Coal					
炼　焦	Coke Making					
炼油及煤制油	Oil Refining and Coal to Make Oil	-1777.40	640.02	78.67	676.91	162.58
天然气液化						
煤制品加工	Processing of Coal Products					
回收能	Recovery of Energy					
三、损失量	**Loss Volume**					
四、终端消费	**Final Consumption**	**60.34**	**305.87**	**91.12**	**376.58**	**6.96**
第一产业	Primary Industry		9.08		41.13	
农、林、牧、渔业	Agriculture, Forestry, Animal Husbandry and Fishery		9.08		41.13	
第二产业	Secondary Industry	60.34	30.27	0.54	85.84	3.58
工　业	Industry	60.34	20.01	0.30	60.31	1.72
建筑业	Construction		10.26	0.24	25.53	1.86
第三产业	Tertiary Industry		159.46	90.58	244.65	3.38
交通运输、仓储和邮政业	Transportation, Storage and Post Services		119.73	89.55	218.59	1.68
批发、零售业和住宿、餐饮业	Wholesale and Retail Trades, Hotels and Catering Services		28.50	0.38	15.66	0.83
其　他	Others		11.24	0.65	10.39	0.87
生活消费	Household Consumption		107.06		4.96	
城　镇	Urban Areas		77.31		0.26	
乡　村	Rural Area		29.74		4.70	

注：综合能源消费电力按等价值折算。
a) Comprehensive energy consumption Electric power and heat are converted on the basis of equal value.

7-3 能源生产弹性系数
Elasticity Ratio of Energy Production

指 标		2015	2016	2017	2018	2019
能源生产增长速度(%)	Growth Rate of Energy Production over Preceding Year (%)	3.2	-2.9	9.4	9.7	0.6
电力生产增长速度(%)	Growth Rate of Electricity Production over Preceding Year (%)	0.1	4.8	6.6	5.9	14.2
生产总值增长速度(%)	Rate of Gross Domestic Product (GDP) over Preceding Year (%)	7.7	7.5	7.8	8.1	6.0
能源生产弹性系数	Elasticity Ratio of Energy Production	0.42	-0.39	1.20	1.20	0.09
电力生产弹性系数	Elasticity Ratio of Electricity Production	0.02	0.64	0.85	0.72	2.39

注：生产总值增长速度按不变价计算，能源生产用等价值折算，“十三五”数据根据第四次经济普查进行调整。
a) The growth rates of GDP are calculated at constant prices. Energy production are converted on the basis of equal value.

7-4 平均每万人能源生产量
Energy Production Per 10 000 Population

品 种	Item	2015	2016	2017	2018	2019
生产总量(吨标准煤)	**Total Production (ton of SCE)**	**127848.41**	**123481.08**	**134236.18**	**146121.84**	**146488.19**
原 煤(吨)	Coal(ton)	138618.65	135251.22	148881.17	162918.12	164155.30
原 油(吨)	Crude Oil(ton)	9851.98	9186.41	9098.88	9113.96	9140.97
天然气(万立方米)	Natural Gas(10 000 cu. m)	1096.58	1080.39	1093.50	1146.08	1221.34
电 力(万千瓦小时)	Electricity(10 000 kwh)	4279.34	4462.03	4729.66	4968.98	5658.17

注：能源生产总量用等价值折算。
a) Total energy production are converted on the basis of equal value.

7-5 能源加工转换效率
Efficiency of Energy Conversion

指 标	Item	2015	2016	2017	2018	2019
总效率(%)	**Total Efficiency (%)**	**81.09**	**81.92**	**82.18**	**81.06**	**80.61**
火力发电	Thermal Power	39.41	39.81	39.97	40.16	40.69
供 热	Heating	78.09	75.71	77.52	77.60	79.81
洗 煤	Separation Coal	95.92	95.94	95.34	95.60	96.18
炼 焦	Coke Making	89.83	90.54	90.60	90.23	90.74
炼 油	Oil Refining	95.27	91.12	89.09	92.03	90.47

7—6　能源消费弹性系数
Elasticity Ratio of Energy Consumption

指　　标	Item	2015	2016	2017	2018	2019
能源消费增长速度(%)	Growth Rate of Energy Consumption over Preceding Year (%)	4.7	3.4	3.3	2.8	4.5
电力消费增长速度(%)	Growth Rate of Electricity Consumption over Preceding Year (%)	-0.4	9.6	9.5	6.7	5.6
生产总值增长速度(%)	Growth Rate of Gross Domestic Product (GDP) over Preceding Year (%)	7.7	7.5	7.8	8.1	6.0
能源消费弹性系数	Elasticity Ratio of Energy Consumption	0.61	0.45	0.42	0.35	0.75
电力消费弹性系数	Elasticity Ratio of Electricity Consumption	-0.05	1.27	1.22	0.82	0.93

注：生产总值增长速度按不变价计算，能源消费用等价值折算。

a) The growth rates of GDP are calculated at constant prices. Energy consumption are converted on the basis of equal value.

7—7　平均每天各种能源消费量
Average Daily Energy Consumption by Variety

品　　种	Item	2015	2016	2017	2018	2019
消费总量(万吨标煤)	**Total Consumption (10 000 tons of SCE)**	**32.18**	**33.19**	**34.38**	**35.34**	**36.93**
原　煤　(万吨)	Coal (10 000 tons)	66.60	77.59	83.80	74.97	79.86
焦　炭　(吨)	Coke (ton)	26314	22688	22729	21072	20569
原　油　(吨)	Crude Oil (ton)	57564	49832	50783	51073	50349
汽　油　(吨)	Gasoline (ton)	6672	7030	7601	8174	8380
煤　油　(吨)	Kerosene (ton)	945	821	1370	2136	2497
柴　油　(吨)	Diesel Oil (ton)	11216	11192	10241	10974	10332
天然气　(万立方米)	Natural Gas (10 000 cu.m)	2218	2239	2298	2526	2984
电　力(万千瓦小时)	Electricity (10 000 kwh)	33818	40249	43839	47787	52341

注：能源消费总量用等价值折算。

a) Total energy consumption are converted on the basis of equal value.

7－8 各市(区)单位GDP能耗下降率
Energy Consumption Per Unit of GDP by City (District)

单位：% (%)

地 区	Region	2010	2011	2012	2013	2014	2015	2016	2017	2018	2019
全 省	**Shaanxi**	**3.64**	**3.56**	**3.54**	**3.55**	**3.58**	**3.21**	**3.83**	**4.19**	**4.89**	**1.39**
西安市	Xi'an	2.02	3.56	3.51	3.57	5.89	3.20	3.83	4.61	5.99	4.78
铜川市	Tongchuan	4.31	3.62	3.62	5.31	6.62	6.60	3.92	4.79	6.00	-3.14
宝鸡市	Baoji	2.01	3.53	3.64	3.53	4.10	3.59	4.41	5.60	4.63	2.41
咸阳市	Xianyang	3.59	3.61	3.50	3.50	3.35	3.39	3.40	4.98	3.04	-0.73
渭南市	Weinan	4.72	3.60	3.61	3.81	4.33	3.21	3.73	5.65	4.74	2.02
延安市	Yan'an	5.38	3.50	3.50	3.50	3.40	3.80	3.50	4.04	2.92	-27.50
汉中市	Hanzhong	3.63	3.61	3.56	3.51	4.05	4.96	4.66	3.87	5.08	7.90
榆林市	Yulin	3.46	3.60	3.60	3.80	3.80	3.50	3.30	3.30	3.22	3.28
安康市	Ankang	3.89	3.50	3.63	3.33	4.50	4.00	4.51	3.11	3.45	3.96
商洛市	Shangluo	3.20	3.51	3.38	3.32	3.08	2.97	3.64	3.80	6.08	4.64
杨凌示范区	Yangling	2.48	3.20	2.62	2.60	3.68	2.10	2.04	2.01	3.01	3.14

注：能源消耗按等价值计算，GDP按不变价格计算。

a) Energy consumption are converted on the basis of equal value. GDP are calculated at constant prices.

7—9　全省用电总量(2019年)

Total Electricity Consumption in the Whole Province (2019)

单位：亿千瓦时　　(100 million kwh)

指　　标	Item	2019
全省用电量总计	**Total Electricity Consumption in the Whole Province**	**1910.45**
农、林、牧、渔业用电	Electricity Consumption for Agriculture,Forestry,Animal Husbandry, and Fishery	36.85
# 排灌用电	Electricity Consumption for drainage and irrigation	15.73
工业用电	Electricity Consumption for Industry	1258.81
轻工业	Light Industry	58.15
重工业	Heavy Industry	1200.66
# 电力、热力生产和供应业	Production and Supply of Electric Power and Heat Power	342.51
建筑业用电	Construction electricity	34.92
交通运输、仓储和邮政业用电	Electricity Consumption for Transport, Storage and Post Transport	77.48
信息传输、软件和信息技术服务业用电	Electricity Consumption for Information Transmission, Software and Information Technology	20.67
批发和零售业用电	Electricity Consumption for Wholesale and Retail Trades	71.62
住宿和餐饮业用电	Electricity Consumption for Hotels and Catering Services	22.28
金融业用电	Electricity Consumption for Financial Intermediation	3.59
房地产业用电	Electricity Consumption for Real Estate	28.11
租赁和商务服务业用电	Electricity Consumption for Leasing and Business Services	6.60
公共事业及其管理组织用电	Electricity Consumption for the Non-profit Organization and the Management Organization	87.33
城乡居民生活用电	Electricity Consumption for Cities and Rural Areas Residential	262.19
乡村用电	Electricity Consumption for Rural Areas	161.22
城市用电	Electricity Consumption for Cities	100.97

注：本表工业用电量采用统计局统计数据，其他行业用电量采用中电联数据。

a) Thisd data of industrial electricity consumption in this table adopts the date of National Bureau of Statistics, while the other industries adopt the data of China Electricity Federation.

7-10 平均每万元工业总产值能源消费量(2019年)
Energy Consumption Per 10 000 Yuan of Gross Industrial Output Value(2019)

行　　业	Sector	能源消费量 (万吨标准煤) Total Energy Consumption (10 000 tons of SCE)	产值能耗 (吨标准煤／万元) Output Energy Consumption (ton of SCE/10 000 yuan)
工　业	**Industry**	**9903.68**	**0.37**
采矿业	**Mining**	**1223.43**	**0.21**
煤炭开采和洗选业	Mining and Washing of Coal	537.12	0.16
石油和天然气开采业	Extraction of Petroleum and Natural Gas	627.69	0.40
黑色金属矿采选业	Mining and Processing of Ferrous Metal Ores	10.08	0.05
有色金属矿采选业	Mining and Processing of Non-Ferrous Metal Ores	19.21	0.07
非金属矿采选业	Mining and Processing of Non-metal Ores	13.91	0.06
开采专业及辅助性活动	Professional and Support Activities for Mining	15.43	0.09
制造业	**Manufacturing**	**5588.83**	**0.30**
农副食品加工业	Processing of Food from Agricultural Products	40.76	0.03
食品制造业	Manufacture of Foods	42.91	0.06
酒、饮料和精制茶制造业	Manufacture of Liquor, Beverages and Refined Tea	19.48	0.03
烟草制品业	Manufacture of Tobacco	2.65	0.01
纺织业	Manufacture of Textile	17.03	0.06
纺织服装、服饰业	Manufacture of Textile, Wearing Apparel and Accessories	0.86	0.01
皮革、毛皮、羽毛及其制品和制鞋业	Manufacture of Leather, Fur, Feather and Related Products and Footwear	0.62	0.02
木材加工及木、竹、藤、棕、草制品业	Processing of Timber, Manufacture of Wood, Bamboo, Rattan,Palm and Straw Products	2.36	0.04
家具制造业	Manufacture of Furniture	0.83	0.01
造纸及纸制品业	Manufacture of Paper and Paper Products	17.88	0.13
印刷业和记录媒介的复制	Printing and Reproduction of Recording Media	4.41	0.02
文教、工美、体育和娱乐用品制造业	Manufacture of Articles for Culture, Education, Arts and Crafts, Sport and Entertainment Activities	0.50	0.01
石油、煤炭及其他燃料加工业	Processing of Petroleum, Coal and Other Fuel	1083.44	0.60
化学原料及化学制品制造业	Manufacture of Raw Chemical Materials and Chemical Products	2371.42	1.69

7−10 续表 continued

行 业	Sector	能源消费量（万吨标准煤）Total Energy Consumption (10 000 tons of SCE)	产值能耗（吨标准煤／万元）Output Energy Consumption (ton of SCE/10 000 yuan)
医药制造业	Manufacture of Medicines	18.03	0.02
化学纤维制造业	Manufacture of Chemical Fibres	5.65	0.20
橡胶和塑料制品业	Manufacture of Rubber and Plastics Products	15.27	0.05
非金属矿物制品业	Manufacture of Non-metallic Mineral Products	574.42	0.36
黑色金属冶炼及压延加工业	Smelting and Pressing of Ferrous Metals	669.35	0.69
有色金属冶炼及压延加工业	Smelting and Pressing of Non-ferrous Metals	539.46	0.41
金属制品业	Manufacture of Metal Products	10.86	0.03
通用设备制造业	Manufacture of General Purpose Machinery	9.51	0.02
专用设备制造业	Manufacture of Special Purpose Machinery	11.57	0.02
汽车制造业	Manufacture of Automobiles	30.20	0.02
铁路、船舶、航空航天和其他运输设备制造业	Manufacture of Railway, Ship, Aerospace and Other TransportEquipments	4.86	0.01
电气机械及器材制造业	Manufacture of Electrical Machinery and Apparatus	25.66	0.02
计算机、通信和其他电子设备制造业	Manufacture of Computers, Communication and Other Electronic Equipment	49.57	0.04
仪器仪表制造业	Manufacture of Measuring Instruments and Machinery	0.53	0.00
其他制造业	Other Manufacture	15.29	0.65
废弃资源综合利用业	Utilization of Waste Resources	3.30	0.03
金属制品、机械和设备修理业	Repair Service of Metal Products, Machinery and Equipment	0.15	0.01
电力、热力、燃气及水生产和供应业	**Production and Supply of Electricity, Heat, Gas and Water**	**3091.41**	**1.55**
电力、热力的生产和供应业	Production and Supply of Electric Power and Heat Power	3015.34	1.93
燃气生产和供应业	Production and Supply of Gas	71.16	0.18
水的生产和供应业	Production and Supply of Water	4.92	0.13

注：本表能源消费量为当量值，工业总产值为现价；统计范围是年主营业务收入2000万元及以上的法人工业企业。

a) Energy consumption in this table is the equivalent weight, the gross industrial output value is at current prices.Statistical scope in this table is industrial enterprises with annual principal business sales over 20 million yuan.

7-11 规模以上工业企业主要能源按行业分组消费量(2019年)

行业	Sector	原煤(万吨) Coal (10 000 tons)	焦炭(万吨) Coke (10 000 tons)
工业	**Industry**	**29497.06**	**741.97**
采矿业	**Mining**	**12181.99**	**0.01**
煤炭开采和洗选业	Mining and Washing of Coal	12115.43	
石油和天然气开采业	Extraction of Petroleum and Natural Gas	49.79	
黑色金属矿采选业	Mining and Processing of Ferrous Metal Ores	2.22	
有色金属矿采选业	Mining and Processing of Non-Ferrous Metal Ores	2.82	0.01
非金属矿采选业	Mining and Processing of Non-metal Ores	11.35	
开采专业及辅助性活动	Professional and Support Activities for Mining	0.37	
制造业	**Manufacturing**	**10865.24**	**716.56**
农副食品加工业	Processing of Food from Agricultural Products	31.49	0.01
食品制造业	Manufacture of Foods	34.38	
酒、饮料和精制茶制造业	Manufacture of Liquor, Beverages and Refined Tea	3.03	
烟草制品业	Manufacture of Tobacco		
纺织业	Manufacture of Textile	0.69	
纺织服装、服饰业	Manufacture of Textile, Wearing Apparel and Accessories	0.02	
皮革、毛皮、羽毛及其制品和制鞋业	Manufacture of Leather, Fur, Feather and Related Products and Footwear	0.23	
木材加工和木、竹、藤、棕、草制品业	Processing of Timber, Manufacture of Wood, Bamboo, Rattan,Palm and Straw Products	0.01	
家具制造业	Manufacture of Furniture	0.00	
造纸及纸制品业	Manufacture of Paper and Paper Products	10.11	
印刷和记录媒介复制业	Printing and Reproduction of Recording Media	0.04	
文教、工美、体育和娱乐用品制造业	Manufacture of Articles for Culture, Education, Arts and Crafts, Sport and Entertainment Activities	0.01	
石油、煤炭及其他燃料加工业	Processing of Petroleum, Coal and Other Fuel	5793.99	20.44
化学原料及化学制品制造业	Manufacture of Raw Chemical Materials and Chemical Products	2910.39	121.00
医药制造业	Manufacture of Medicines	6.31	
化学纤维制造业	Manufacture of Chemical Fibres		
橡胶和塑料制品业	Manufacture of Rubber and Plastics Products	4.44	
非金属矿物制品业	Manufacture of Non-metallic Mineral Products	617.97	0.46
黑色金属冶炼及压延加工业	Smelting and Pressing of Ferrous Metals	165.94	556.58
有色金属冶炼及压延加工业	Smelting and Pressing of Non-ferrous Metals	1285.41	18.03
金属制品业	Manufacture of Metal Products	0.16	0.05
通用设备制造业	Manufacture of General Purpose Machinery	0.07	0.00
专用设备制造业	Manufacture of Special Purpose Machinery	0.38	
汽车制造业	Manufacture of Automobiles		
铁路、船舶、航空航天和其他运输设备制造业	Manufacture of Railway, Ship, Aerospace and Other TransportEquipments	0.00	
电气机械及器材制造业	Manufacture of Electrical Machinery and Apparatus	0.00	
计算机、通信和其他电子设备制造业	Manufacture of Computers, Communication and Other Electronic Equipment		
仪器仪表制造业	Manufacture of Measuring Instruments and Machinery		
其他制造业	Other Manufacture		
废弃资源综合利用业	Utilization of Waste Resources	0.17	
金属制品、机械和设备修理业	Repair Service of Metal Products, Machinery and Equipment		
电力、热力、燃气及水生产和供应业	**Production and Supply of Electricity, Heat, Gas and Water**	**6449.84**	**25.39**
电力、热力的生产和供应业	Production and Supply of Electric Power and Heat Power	6449.84	25.39
燃气生产和供应业	Production and Supply of Gas		
水的生产和供应业	Production and Supply of Water		

注：消费量包括中间消费和损失量；统计范围是年主营业务收入2000万元及以上的法人工业企业；热力包括余热余压的回收利用。

Industrial Enterprises above Designated Size Consumption of Main Energy by Sector (2019)

天然气(气态) (亿立方米) Natural Gas (100 million cu.m)	原 油 (万吨) Crude Oil (10 000 tons)	汽 油 (万吨) Gasoline (10 000 tons)	煤 油 (万吨) Kerosene (10 000 tons)	柴 油 (万吨) Diesel Oil (10 000 tons)	热 力 (万百万千焦) Heat (10 billion kilo-joule)	电 力 (亿千瓦时) Electricity (100 million kwh)
109.50	**1837.74**	**5.72**	**0.30**	**58.69**	**9957.86**	**1162.77**
31.59	**59.71**	**2.06**	**0.27**	**23.75**	**94.12**	**167.69**
0.14		0.17	0.04	7.50	78.93	74.47
31.14	59.71	1.49		7.73	7.10	69.49
		0.01		0.48		4.75
0.10		0.09	0.23	0.97		12.74
		0.01		1.76		3.49
0.22		0.30		5.30	8.09	2.76
32.69	**1778.03**	**3.18**	**0.03**	**34.15**	**9798.84**	**734.32**
0.45	0.00	0.14		0.23	197.09	11.74
0.88		0.09		0.17	134.86	6.63
0.55		0.06		0.04	68.94	5.53
0.12		0.03		0.19	9.27	0.72
0.13		0.01	0.00	0.00	41.63	11.15
0.01		0.01		0.00		0.54
		0.10			1.01	0.16
0.02		0.01		0.01	13.71	1.07
0.01		0.02		0.02		0.53
0.10		0.01		0.02	153.28	3.10
0.10	0.00	0.05		0.03	7.59	2.20
		0.02		0.10		0.30
2.09	1778.03	0.04		1.27	1272.91	84.01
21.34		0.85	0.00	0.93	5921.64	205.99
0.44		0.18	0.00	0.04	58.22	4.33
0.00					139.01	0.71
1.20		0.05	0.00	0.32	16.72	7.06
1.74		0.20	0.00	28.29	826.46	68.93
0.35		0.03		0.63	696.47	71.93
0.47		0.09		0.47	37.08	153.72
0.14		0.19	0.00	0.06	0.75	6.95
0.09		0.10	0.00	0.07	0.03	6.75
0.19		0.22	0.00	0.17	46.62	5.28
0.59		0.21	0.00	0.60	36.13	15.94
0.10		0.13	0.02	0.08	5.30	2.62
0.66		0.14	0.00	0.08	82.95	11.55
0.56		0.05		0.02	30.76	33.68
0.00		0.13		0.00	0.42	0.32
0.30		0.01		0.20		9.59
0.03		0.00		0.12		1.17
0.00		0.00				0.11
45.22		**0.48**	**0.00**	**0.78**	**64.90**	**260.77**
4.68		0.33	0.00	0.76	64.90	239.64
40.52		0.08	0.00	0.01		17.32
0.03		0.07		0.01		3.81

a) Consumption covers intermediate consumption and loss. The scope of statistics include corporate industrial enterprises with revenue from principal business over 20 million yuan.

7-12 各市(区)规模以上工业企业能源消费量(2019年)

单位：万吨标煤

行业	Sector	西安市 Xi'an	铜川市 Tongchuan	宝鸡市 Baoji
工业	**Industry**	**634.77**	**332.47**	**573.39**
采矿业	**Mining**	**3.14**	**35.33**	**5.06**
煤炭开采和洗选业	Mining and Washing of Coal		34.95	2.90
石油和天然气开采业	Extraction of Petroleum and Natural Gas		0.14	
黑色金属矿采选业	Mining and Processing of Ferrous Metal Ores			
有色金属矿采选业	Mining and Processing of Non-Ferrous Metal Ores			1.95
非金属矿采选业	Mining and Processing of Non-metal Ores		0.24	0.21
开采专业及辅助性活动	Professional and Support Activities for Mining	3.14		
制造业	**Manufacturing**	**289.41**	**213.62**	**308.55**
农副食品加工业	Processing of Food from Agricultural Products	17.54	0.17	1.97
食品制造业	Manufacture of Foods	8.88	0.35	17.77
酒、饮料和精制茶制造业	Manufacture of Liquor, Beverages and Refined Tea	4.13	0.02	3.44
烟草制品业	Manufacture of Tobacco	0.39		1.04
纺织业	Manufacture of Textile	2.96	0.19	5.38
纺织服装、服饰业	Manufacture of Textile, Wearing Apparel and Accessories	0.08	0.00	0.04
皮革、毛皮、羽毛及其制品和制鞋业	Manufacture of Leather, Fur, Feather and Related Products and Footwear	0.06		0.40
木材加工及木、竹、藤、棕、草制品业	Processing of Timber, Manufacture of Wood, Bamboo, Rattan,Palm and Straw Products	0.54	0.11	0.04
家具制造业	Manufacture of Furniture	0.50	0.01	0.04
造纸及纸制品业	Manufacture of Paper and Paper Products	1.96	0.02	11.45
印刷和记录媒介复制业	Printing and Reproduction of Recording Media	2.54		1.15
文教、工美、体育和娱乐用品制造业	Manufacture of Articles for Culture, Education, Arts and Crafts, Sport and Entertainment Activities	0.24	0.01	0.00
石油、煤炭及其他燃料加工业	Processing of Petroleum, Coal and Other Fuel	0.52	0.11	
化学原料及化学制品制造业	Manufacture of Raw Chemical Materials and Chemical Products	113.95	1.78	97.02
医药制造业	Manufacture of Medicines	5.86	0.09	0.57
化学纤维制造业	Manufacture of Chemical Fibres	5.56		
橡胶和塑料制品业	Manufacture of Rubber and Plastics Products	8.95	0.02	0.26
非金属矿物制品业	Manufacture of Non-metallic Mineral Products	29.14	125.29	97.39
黑色金属冶炼及压延加工业	Smelting and Pressing of Ferrous Metals	1.80		4.48
有色金属冶炼及压延加工业	Smelting and Pressing of Non-ferrous Metals	5.02	84.57	42.96
金属制品业	Manufacture of Metal Products	2.87	0.21	1.47
通用设备制造业	Manufacture of General Purpose Machinery	1.95	0.00	4.28
专用设备制造业	Manufacture of Special Purpose Machinery	2.83	0.24	3.34
汽车制造业	Manufacture of Automobiles	19.23	0.25	9.45
铁路、船舶、航空航天和其他运输设备制造业	Manufacture of Railway, Ship, Aerospace and Other TransportEquipments	2.41	0.00	1.49
电气机械及器材制造业	Manufacture of Electrical Machinery and Apparatus	15.43	0.07	0.66
计算机、通信和其他电子设备制造业	Manufacture of Computers, Communication and Other Electronic Equipment	33.39		2.42
仪器仪表制造业	Manufacture of Measuring Instruments and Machinery	0.44	0.00	0.01
其他制造业	Other Manufacture	0.10	0.01	
废弃资源综合利用业	Utilization of Waste Resources	0.12	0.03	0.02
金属制品、机械和设备修理业	Repair Service of Metal Products, Machinery and Equipment	0.03	0.06	
电力、热力、燃气及水生产和供应业	**Production and Supply of Electricity, Heat, Gas and Water**	**342.22**	**83.52**	**259.78**
电力、热力的生产和供应业	Production and Supply of Electric Power and Heat Power	335.21	83.32	259.41
燃气生产和供应业	Production and Supply of Gas	4.66	0.02	0.21
水的生产和供应业	Production and Supply of Water	2.35	0.18	0.16

注：本表能源消费量为当量值，统计范围是年主营业务收入2000万元及以上的法人工业企业。

Industrial Enterprises above Designated Size Consumption of Energy by City(District) (2019)

(10 000 tons of SCE)

咸阳市 Xianyang	渭南市 Weinan	延安市 Yan'an	汉中市 Hanzhong	榆林市 Yulin	安康市 Ankang	商洛市 Shangluo	杨凌示范区 Yangling
575.60	**1807.30**	**740.12**	**401.54**	**4310.82**	**86.19**	**77.93**	**69.89**
22.71	**50.45**	**167.19**	**5.84**	**626.35**	**5.82**	**8.07**	
22.42	33.11	52.28	0.04	391.12	0.31		
		112.50		223.91			
	0.13		5.23		0.58	4.13	
	12.85		0.26		1.02	3.13	
0.29	1.04		0.32	7.09	3.92	0.80	
	3.32	2.41		4.22			
402.83	**1171.32**	**413.93**	**325.84**	**2317.18**	**74.77**	**65.21**	**6.16**
8.30	2.03	0.26	2.18	0.77	4.16	1.84	1.54
4.26	1.81	0.00	0.61	7.76	1.00	0.19	0.28
2.97	2.11	0.55	1.36	0.92	2.90	0.44	0.63
	0.07	0.42	0.59		0.15		
6.17	0.22		0.58	0.06	1.46	0.02	
0.22	0.01	0.00	0.12	0.13	0.21	0.05	
0.12			0.00	0.00	0.01	0.03	
0.37	0.13		0.01	0.06	0.17	0.00	0.94
0.04	0.01		0.04	0.00	0.17	0.00	0.03
3.70	0.55	0.05	0.00		0.13	0.01	
0.45	0.02	0.01	0.07	0.00	0.16	0.00	0.01
0.00	0.00		0.01	0.05	0.15	0.03	0.01
32.46	94.99	173.72		781.51			0.13
218.70	622.81	233.12	11.02	1060.56	6.27	5.99	0.20
1.61	1.08	0.11	2.62	0.46	1.56	3.09	0.99
0.03	0.06						
3.05	1.57	0.05	0.25	0.05	0.74	0.22	0.11
99.75	65.78	4.86	42.02	34.67	48.41	27.10	0.03
1.11	360.88		240.22	57.11	1.58	2.17	
0.17	0.56		19.79	365.40	1.29	19.71	
2.38	0.26	0.01	0.88	0.04	1.80	0.04	0.90
0.97	1.11	0.00	0.55	0.00	0.53	0.00	0.11
0.93	2.04	0.58	0.26	1.01	0.22	0.01	0.13
0.58	0.02		0.00	0.01	0.60	0.06	0.01
0.16	0.00		0.30		0.50		
0.53	4.50	0.01	0.28		0.33	3.72	0.12
12.98	0.21		0.16		0.20	0.21	
	0.00		0.05		0.02	0.00	
0.30	8.46		0.03	6.37	0.02		
0.55	0.03	0.19	1.86	0.18	0.05	0.27	0.00
0.00				0.06			
150.05	**585.54**	**159.00**	**69.86**	**1367.30**	**5.59**	**4.65**	**63.73**
149.60	583.66	131.72	69.58	1337.62	5.43	4.54	55.05
0.08	1.71	27.04	0.00	28.72	0.05		8.65
0.37	0.16	0.23	0.27	0.96	0.11	0.11	0.02

a) Energy consumption in this table is the equivalent weight, Statistical scope in this tableis industrial enterprises with annual principal business sales over 20 million yuan.

主要统计指标解释

能源生产总量 指一定时期内，一次能源生产量的总和。该指标是观察能源生产水平、规模、构成和发展速度的总量指标。一次能源生产量包括原煤、原油、天然气、水电、核能及其他动力能(如风能、地热能等)发电量，不包括低热值燃料生产量、生物质能、太阳能等的利用和由一次能源加工转换而成的二次能源产量。

能源消费总量 是指一定地域内，国民经济各行业和居民家庭在一定时间消费的各种能源的总和。包括：原煤、原油、天然气、水能、核能、风能、太阳能、地热能、生物质能等一次能源；一次能源通过加工转换产生的洗煤、焦炭、煤气、电力、热力、成品油等二次能源和同时产生的其他产品；其他化石能源、可再生能源和新能源。其中水能、风能、太阳能、地热能、生物质能等可再生能源，是指人们通过一定技术手段获得的，并作为商品能源使用的部分。在核算过程中，一次能源、二次能源消费不能重复计算。能源消费总量分为终端能源消费量、能源加工转换损失量和能源损失量三部分。

(1)终端能源消费量：指一定时期内，全国生产和生活消费的各种能源在扣除了用于加工转换二次能源消费量和损失量以后的数量。

(2)能源加工转换损失量：指一定时期内，全国投入加工转换的各种能源数量之和与产出各种能源产品之和的差额。该指标是观察能源在加工转换过程中损失量变化的指标。

(3)能源损失量：指一定时期内，能源在输送、分配、储存过程中发生的损失和由客观原因造成的各种损失量，不包括各种气体能源放空、放散量。

能源生产弹性系数 是研究能源生产增长速度与国民经济增长速度之间关系的指标。计算公式：

$$能源生产弹性系数=\frac{能源生产总量年平均增长速度}{国民经济年平均增长速度}$$

国民经济年平均增长速度，可根据不同的目的或需要，用国民生产总值、国内生产总值等指标来计算，本年鉴是采用国内生产总值指标计算的。

电力生产弹性系数 是研究电力生产增长速度与国民经济增长速度之间关系的指标。一般来说，电力的发展应当快于国民经济的发展，也就是说电力应超前发展。计算公式为：

$$电力生产弹性系数=\frac{电力生产量年平均增长速度}{国民经济年平均增长速度}$$

能源消费弹性系数 反映能源消费增长速度与国民经济增长速度之间比例关系的指标。计算公式为：

$$能源消费弹性系数=\frac{能源消费量年平均增长速度}{国民经济年平均增长速度}$$

电力消费弹性系数 反映电力消费增长速度与国民经济增长速度之间比例关系的指标。计算公式为：

$$电力消费弹性系数=\frac{电力消费量年平均增长速度}{国民经济年平均增长速度}$$

能源加工转换效率 指一定时期内，能源经过加工、转换后，产出的各种能源产品的数量与同期内投入加工转换的各种能源数量的比率。该指标是观察能源加工转换装置和生产工艺先进与落后、管理水平高低等的重要指标。计算公式为：

$$能源加工转换效率=\frac{能源加工转换产出量}{能源加工转换投入量}\times100\%$$

单位生产总值能耗 指一定时期内，一个国家或地区每生产一个单位的生产总值所消耗的能源。计算公式为：

$$单位生产总值能耗=\frac{能源消费总量}{生产总值}$$

Explanatory Notes on Main Statistical Indicators

Total Energy Production refers to the total production of primary energy by all energy producing enterprises in the country in a given period of time. It is a comprehensive indicator to show the level, scale, composition and pace of development of energy production of the country. The production of primary energy includes that of coal, crude oil, natural gas, hydro-power and electricity generated by nuclear energy and other means such as wind power and geothermal power. However, it does not include the production of fuels of low calorific value, bio-energy, solar energy and secondary energy converted from primary energy.

Total Energy Consumption refers to the total consumption of energy of various kinds by the production sectors of the economy and the households in a given period of time. It includes the primary kinds of energy such as coal, crude oil, natural gas, hydro-power, nuclear power, wind power, solar power, geothermal power and bio-energy; the secondary kinds of energy and their products which are transformed from the primary energy such as washed coal, coke, coal gas, electricity, heating, and petroleum products; and other kinds of fossil energy, renewable energy and new energy. The renewable energy, including hydro-power, wind power, solar power, geothermal power and bio-energy, refers to the part attained with some given technical means and used for commercial purposes. Total energy consumption can be divided into three parts: end-use energy consumption; loss during the process of energy conversion; and energy loss.

(1) End-use Energy Consumption: It refers to the total energy consumption by the production sectors and the households in the country (region) in a given period of time. It does not include the consumption during the conversion of primary energy into secondary energy and the loss in the process of energy conversion.

(2) Loss During the Process of Energy Conversion: It refers to the total input of various kinds of energy for conversion, minus the total output of various kinds of energy in the country in a given period of time. It is an indicator to show the loss that occurs during the process of energy conversion.

(3) Energy Loss: It refers to the total of the loss of energy during the course of energy transport, distribution and storage and the loss caused by any objective reason in a given period of time. The loss of various kinds of gas due to gas discharges and stocktaking is not included.

Elasticity Ratio of Energy Production is an indicator to show the relationship between the growth rate of energy production and the growth rate of the national economy. The formula is:

$$\text{Elasticity Ratio of Energy Production} = \frac{\text{Average Annual Growth Rate of Energy Production}}{\text{Average Annual Growth Rate of National Economy}}$$

The average annual growth rate of the national economy can be measured by indicators such as the Gross National Product and the Gross Domestic Product, depending on the purposes or needs. The Gross Domestic Product has been used in the calculation of the ratio in this Yearbook.

Elasticity Ratio of Electricity Production is an indicator to show the relationship between the growth rate of electricity production and the growth rate of the national economy. Generally speaking, the growth rate of electricity production should be higher than that of the national economy.

Its formula is:

$$\text{Elasticity Ratio of Electricity Production} = \frac{\text{Average Annual Growth Rate of Electricity Production}}{\text{Average Annual Growth Rate of National Economy}}$$

Elasticity Ratio of Energy Consumption is an indicator to show the relationship between the growth rate of energy consumption and the growth rate of the national economy. The formula is:

$$\text{Elasticity Ratio of Energy Consumption} = \frac{\text{Average Annual Growth Rate of Energy Consumption}}{\text{Average Annual Growth Rate of National Economy}}$$

Elasticity Ratio of Electricity Consumption is an indicator to show the relationship between the growth rate of electricity consumption and the growth rate of the national economy. The formula is:

$$\text{Elasticity Ratio of Electricity Consumption} = \frac{\text{Average Annual Growth Rate of Electricity Consumption}}{\text{Average Annual Growth Rate of National Economy}}$$

Efficiency of Energy Processing and Conversion refers to the ratio of the total output of energy products of various kinds after processing and conversion to the total input of energy of various kinds for processing and conversion in the same reference period. It is an important indicator to show the current conditions of energy processing and conversion equipment, production technique and management. The formula is:

$$\text{Efficiency of Energy Processing \& Conversion} = \frac{\text{Output of Energy After Processing \& Conversion}}{\text{Input of Energy for Processing \& Conversion}} \times 100\%$$

Energy Consumption per Unit of GDP refers to the energy consumption per unit of Gross Domestic Product in a country or the Gross Regional Product in a region in the same reference period. The formula is:

$$\text{Energy Consumption per Unit of GDP} = \frac{\text{Total Energy Consumption}}{\text{Gross Domestic Product}}$$

八、财政、金融和保险

Government Finance, Banking and Insurance

资料整理：张应剑　乔　波

简要说明

一、本篇资料反映陕西财政收支情况及金融、证券、保险业务发展情况，内容包括地方一般预算分项目收入，地方财政分项目支出；金融机构存贷款余额，上市公司、证券公司情况，期货交易情况，保险业保费收入。

二、本篇资料财政收支由省财政厅提供，金融、证券、保险资料分别由中国人民银行西安分行、中国证券监督管理委员会陕西监管局、中国保险监督管理委员会陕西监管局提供。

Brief Introduction

Ⅰ. This chapter reflects the basic situation of budgetary revenue and expenditure and the development of banking, bond and insurance of Shaanxi Province, mainly including local general bugetary revenue by item, local bugetary expenditure by item, balance of deposit and loan of financial institutions,general situation of listed companies and securities companies, general situation of futures trading and premium of insurance transactions.

Ⅱ. The data on financial revenue and expenditure are provided by Finance Department of Shaanxi Provincial.The data on banking,bond and insurance are provided by Xi’an Branch of the People’s Bank of China, Shaanxi Bureau of China Securities Regulatory Commission and Shaanxi Bureau of China Insurance Regulatory Commission.

8.财政、金融和保险

2019年全省		
地方一般预算收入	2287.90	亿元
财政支出	5718.52	亿元
金融机构人民币存款年底余额	44225.38	亿元
金融机构人民币贷款年底余额	34113.19	亿元

金融机构人民币存贷款年底余额

（亿元）

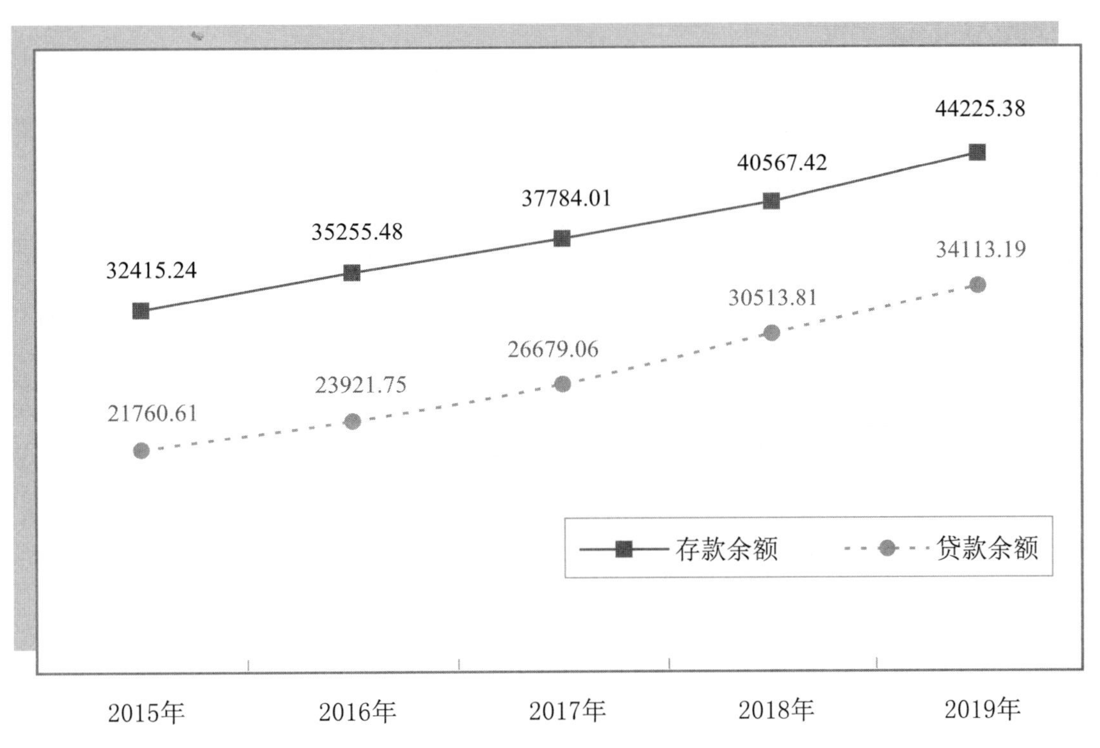

8−1 地方财政分项目收入
Government Revenue and Expenditure by Item

单位：亿元 (100 million yuan)

项　　目	Item	2015	2016	2017	2018	2019
地方一般预算收入	**Local General Bugetary Revenue**	**2059.95**	**1833.99**	**2006.69**	**2243.14**	**2287.90**
税收收入	Total Tax Revenue	1290.33	1204.39	1485.58	1774.29	1846.11
增值税	Value Added Tax	233.92	394.13	690.85	776.91	782.64
营业税	Business Tax	398.44	202.92			
企业所得税	Corporate Income Tax	147.42	130.74	176.54	228.28	250.52
企业所得税退税	Corporate Income Tax Drawback					
个人所得税	Individual Income Tax	53.34	58.85	79.05	102.58	74.44
资源税	Resource Tax	90.70	82.67	144.66	181.31	230.42
城市维护建设税	City Maintenance and Construction Tax	77.61	85.71	100.36	118.07	112.42
房产税	House Property Tax	41.59	42.84	44.72	59.57	65.80
印花税	Stamp Tax	19.53	18.42	23.91	27.55	29.61
城镇土地使用税	Urban Land Use Tax	28.34	27.69	36.71	40.79	45.12
土地增值税	Land Appreciation Tax	40.86	34.89	44.82	87.82	80.50
车船税	Tax on Vehicles and Boat Operation	15.98	17.72	19.01	21.52	25.41
耕地占用税	Farm Land Occupation Tax	71.55	54.75	51.15	34.19	45.04
契　税	Deed Tax	68.53	50.81	72.56	90.67	97.32
烟叶税	Tobacco Leaf Tax	2.50	2.24	1.24	1.76	1.65
其他税收收入	Other Tax Revenue				3.29	5.22
非税收入	Total Non-tax Revenue	769.63	629.60	521.11	468.85	441.79
专项收入	Special Program Receipts	228.68	156.66	159.59	175.94	167.81
行政事业性收费收入	Charge of Administrative and Institutional Units	133.81	117.98	103.17	78.11	78.15
罚没收入	Penalty Receipts	50.21	39.48	41.60	43.07	47.21
国有资本经营收入	Operation Income of State-owned Assets	74.40	95.64	32.57	0.99	0.85
国有资源(资产)有偿使用收入	Income from Use of State-owned Resources (Assets)	177.32	159.14	136.18	133.86	111.95
其他收入	Other Non-tax Receipts	105.20	60.70	48.00	36.88	35.83

8-2 财政分项目支出
Government Revenue and Expenditure by Item

单位：亿元 (100 million yuan)

项　　目	Item	2015	2016	2017	2018	2019
一般预算支出	**General Bugetary Expenditure**	**4376.06**	**4389.37**	**4833.19**	**5302.44**	**5718.52**
一般公共服务支出	Expenditure for General Public Services	359.36	364.86	417.34	490.33	528.96
外交支出	Expenditure for Foreign Affairs					0.01
国防支出	Expenditure for National Defense	3.25	3.66	4.45	3.85	6.00
公共安全支出	Expenditure for Public Security	187.07	215.79	241.82	269.46	285.90
教育支出	Expenditure for Education	758.07	777.53	828.25	871.44	951.23
科学技术支出	Expenditure for Science and Technology	57.28	62.01	79.34	87.22	71.38
文化体育与传媒支出	Expenditure for Culture, Sport and Media	103.09	125.85	121.95	126.11	127.58
社会保障和就业	Expenditure for Social Safety Net and Employment Effort	631.99	655.47	718.22	793.86	853.54
医疗卫生与计划生育支出	Expenditure for Medical and Health Care,and Family Planning	369.38	381.66	418.27	455.31	466.29
节能环保支出	Expenditure for Environment Protection	150.77	126.80	162.52	176.02	245.48
城乡社区支出	Expenditure for Urban and Rural Community Affairs	406.01	433.15	477.73	537.90	634.68
农林水支出	Expenditure for Agriculture, Forestry and Water Conservancy	520.58	543.30	545.40	626.79	684.18
交通运输支出	Expenditure for Transportation	350.89	256.15	304.03	276.28	283.94
资源勘探信息等支出	Expenditures for Affairs of Resource Exploration and Information	107.30	107.44	93.46	90.33	89.67
商业服务业等支出	Expenditure for Affairs of Commerce and Services	44.56	49.03	42.78	50.20	41.50
金融支出	Expenditure for Financial Affairs	12.86	4.68	17.67	40.32	29.20
国土海洋气象等支出	Expenditure for Affairs of Land, Ocean and Weather	41.54	35.80	53.15	59.59	58.50
住房保障支出	Expenditure for Affairs of Housing Security	249.10	215.98	199.36	194.00	168.63
粮油物资储备支出	Expenditure for Affairs of Management of Grain & Oil Reserves	19.78	18.88	18.30	17.62	15.82
其他支出	Other Expenditure	3.16	11.33	14.63	135.83	176.02

8-3 各市、县(市、区)财政收支(2019年)

Government Revenue and Expenditure by City and County (City and District) (2019)

单位：万元 (10 000 yuan)

地　区	Region	地方一般预算收入 Local General Bugetary Revenue	一般预算支出 General Bugetary Expenditure
全　省	**Shaanxi**	**22878983**	**57185163**
省本级	Provincial Level	6310431	8537754
西安市	**Xi'an**	**7025624**	**12470153**
市本级	City Level	4429153	7814611
新城区	Xincheng	227250	229618
碑林区	Beilin	367845	290175
莲湖区	Lianhu	389740	358792
灞桥区	Baqiao	182840	355428
未央区	Weiyang	311884	335458
雁塔区	Yanta	459339	353002
阎良区	Yanliang	70143	224871
临潼区	Lintong	131584	458230
长安区	Chang'an	208071	504679
高陵区	Gaoling	120553	355325
鄠邑区	Huxian	74905	338450
蓝田县	Lantian	27218	427514
周至县	Zhouzhi	25099	424000
铜川市	**Tongchuan**	**241231**	**1235897**
市本级	City Level	108473	365601
王益区	Wangyi	22307	156979
印台区	Yintai	17907	177557
耀州区	Yaozhou	70575	371942
宜君县	Yijun	21969	163818
宝鸡市	**Baoji**	**879796**	**3502199**
市本级	City Level	475786	1133930
渭滨区	Weibin	60279	183678
金台区	Jintai	47497	192089
陈仓区	Chencang	42157	272110
凤翔县	Fengxiang	57145	220638
岐山县	Qishan	44212	266847
扶风县	Fufeng	31784	251675
眉　县	Meixian	34115	213100
陇　县	Longxian	13282	235636
千阳县	Qianyang	6790	143863
麟游县	Linyou	40629	145246
凤　县	Fengxian	18918	140269
太白县	Taibai	7202	103118
咸阳市	**Xianyang**	**891009**	**4037620**
市本级	City Level	353387	859963
秦都区	Qindu	90428	222983
渭城区	Weicheng	38006	115913
三原县	Sanyuan	36312	279605
泾阳县	Jingyang	18883	230159
乾　县	Qianxian	19625	313795
礼泉县	Liquan	27653	296437
永寿县	Yongshou	7628	196864
长武县	Changwu	68063	212613
旬邑县	Xunyi	27900	243141
淳化县	Chunhua	6488	210044
武功县	Wugong	22383	269456
兴平市	Xingping	48090	308908
彬州市	Binzhou	126163	277739
渭南市	**Weinan**	**860083**	**4673138**
市本级	City Level	181547	651417
临渭区	Linwei	60910	516550
华州区	Huazhou	29026	249045
潼关县	Tongguan	10568	140289
大荔县	Dali	19355	427539
合阳县	Heyang	20506	353621
澄城县	Chengcheng	28354	318836
蒲城县	Pucheng	58033	496776
白水县	Baishui	13372	258462
富平县	Fuping	60451	501325
韩城市	Hancheng	353388	553086

8-3 续表 continued

单位：万元 (10 000 yuan)

地 区	Region	地方一般预算收入 Local General Bugetary Revenue	一般预算支出 General Bugetary Expenditure	地 区	Region	地方一般预算收入 Local General Bugetary Revenue	一般预算支出 General Bugetary Expenditure
华阴市	Huayin	24573	206192	靖边县	Jingbian	135846	440129
延安市	**Yan'an**	**1559251**	**4471761**	定边县	Dingbian	140294	447296
市本级	City Level	554646	1468614	绥德县	Suide	24185	372000
宝塔区	Baota	145307	373232	米脂县	Mizhi	15698	240560
安塞区	Ansai	96291	230403	佳 县	Jiaxian	12704	301031
延长县	Yanchang	29323	213262	吴堡县	Wubu	4959	169019
延川县	Yanchuan	26497	261503	清涧县	Qingjian	15688	290166
志丹县	Zhidan	165034	273895	子洲县	Zizhou	10429	327734
吴起县	Wuqi	167068	283982	神木市	Shenmu	912155	1331773
甘泉县	Ganquan	8581	139003	**安康市**	**Ankang**	**276966**	**3687237**
富 县	Fuxian	30055	180202	市本级	City Level	120881	543210
洛川县	Luochuan	14266	203864	汉滨区	Hanbin	49496	740291
宜川县	Yichuan	20049	167398	汉阴县	Hanyin	14233	275000
黄龙县	Huanglong	9151	147445	石泉县	Shiquan	10600	224081
黄陵县	Huangling	222067	259155	宁陕县	Ningshan	5652	138176
子长市	Zichang	70916	269803	紫阳县	Ziyang	10753	403864
汉中市	**Hanzhong**	**490858**	**3838962**	岚皋县	Langao	8918	304832
市本级	City Level	138093	559350	平利县	Pingli	8758	266031
汉台区	Hantai	124266	377779	镇坪县	Zhenping	4582	123319
南郑区	Nanzheng	70075	390344	旬阳县	Xunyang	35561	399382
城固县	Chenggu	24510	400825	白河县	Baihe	7532	269051
洋 县	Yangxian	27430	337963	**商洛市**	**Shangluo**	**209609**	**2985711**
西乡县	Xixiang	22817	307656	市本级	City Level	48659	384502
勉 县	Mianxian	41330	314217	商州区	Shangzhou	33014	413367
宁强县	Ningqiang	9067	304236	洛南县	Luonan	28741	378919
略阳县	Lueyang	14324	298695	丹凤县	Danfeng	15907	387695
镇巴县	Zhenba	11716	373966	商南县	Shangnan	17524	302595
留坝县	Liuba	3569	94270	山阳县	Shanyang	31884	520929
佛坪县	Foping	3661	79661	镇安县	Zhen'an	17843	365642
榆林市	**Yulin**	**4056309**	**7435183**	柞水县	Zhashui	16037	232062
市本级	City Level	1840102	1871384	**杨凌示范区**	**Yangling**	**77816**	**309548**
榆阳区	Yuyang	521022	766658	区本级	District Level	55700	178664
横山区	Hengshan	70684	361178	杨陵区	Yangling	22116	130884
府谷县	Fugu	352543	516255				

8-4 金融机构人民币信贷收支(年底余额)
Summary of Sources & Uses of Funds of Financial Institutions in RMB at Year-end

单位：亿元 (100 million yuan)

项 目	Item	2018	2019
资金来源总计	**Total Funds Sources**	**40548.91**	**44626.93**
一、各项存款合计	Total Deposits	40567.42	44225.38
(一)境内存款	Domestic Deposits	40553.32	44210.17
1、住户存款	Household Deposits	20759.76	23305.07
2、非金融企业存款	Non Financial Enterprise Deposits	12111.82	12817.99
3、机关团体存款	Broad Government Deposits	6205.35	6351.20
4、财政性存款		554.35	638.14
5、非银行金融机构存款	Non-bank Financial Institution Deposits	922.05	1097.78
(二)境外存款	Overseas Deposits	14.10	15.20
二、金融债券	Financial Bond	29.78	122.80
三、卖出回购资产	Sell Buy Back Assets		9.50
四、借款及非银行业金融机构拆入	Loan and Non-bank Financial Institution Borrowing	9.38	47.86
五、联行往来(净)	Interbank Transactions(net)		
六、应付及暂收款	Accounts Payable and Suspense Credits	803.94	942.81
七、各项准备	All Provisions	918.38	982.08
八、所有者权益	Owner's Equity	1681.97	1822.01
九、其他	Others	-3461.97	-3525.52
资金运用总计	**Total Use of Funds**	**40548.91**	**44626.93**
一、各项贷款合计	Total Loans	30513.81	34113.19
(一)境内贷款	Domestic Loans	30512.50	34112.49
1、住户贷款	Household Loans	8441.91	10028.67
2、非金融企业及机关团体贷款	Non Financial Enterprise and Organizations and Communities Loans	22070.41	24078.64
3、非银行业金融机构贷款	Non-bank Financial Institution Loans	0.19	5.19
(二)境外贷款	Overseas Loans	1.30	0.69
二、债券投资	Investment in Bonds	1719.04	2461.59
三、股权及其他资产	Equity and Other Assets	1119.40	1066.08
四、买入返售资产	Buying Back the Sale of Assets	66.00	48.02
五、存放非银行业金融机构款项	Deposit of Non-bank Financial Institution	2.71	1.94
六、联行往来(净)	Interbank Transactions(net)	6528.27	6300.55
七、金银占款	Position for Bullion and Silver Purchase		
八、外汇买卖	Foreign Exchange Trading		
九、应收及预付款	Accounts receivable and Advance Payment	286.18	309.44
十、投资性房地产	Investment Real Estates	0.85	0.92
十一、固定资产	Fixed Assets	312.66	325.19

8–5 证券业主要情况
General Statistics on Securities Markets

指 标		Item		2018	2019
上市公司情况		**Listed Companies**			
上市公司	(户)	Number of Listed Companies	(accounts)	49	53
# A 股	(只)	A Shares	(number)	49	53
上市公司总股本	(亿股)	Total Issued Capital of Listed Companies	(100 million shares)	689.52	762.73
# 流通股本		Negotiable Shares		572.78	621.17
上市公司股票市价总值	(亿元)	Total Market Capitalization of Listed Companies	(100 million yuan)	4869.17	6773.14
# 股票流通市值		Negotiable Market Capitalization		4140.31	5636.99
证券公司及交易情况		**Securities Companies and Trading**			
证券公司	(个)	Number of Securities Companies	(number)	3	3
证券营业部	(个)	Security Exchange	(number)	256	258
(含外地公司在陕营业部)		(include Nonlocal Exchange in Shaanxi)			
证券交易开户数	(万户)	Total Stock Investors	(10 000 accounts)	509.25	553.83
证券交易额	(亿元)	Trading Volume	(100 million yuan)	41572.93	56816.10
# 股票、基金		Stocks and Funds		22224.88	32118.51
期货交易情况		**Futures Trading**			
期货代理交易额	(亿元)	Agent's Turnover of Futures	(100 million yuan)	90628.29	114355.03

8–6 保险业保费收入(2019年)
Premium of Insurance Transactions (2019)

单位：万元 (10 000 yuan)

地 区	Region	保费收入 Premium		赔款与给付 Payment	
		人身险 Life Insurance	财产险 Property Insurance	人身险 Life Insurance	财产险 Property Insurance
全 省	**Shaanxi**	**8162458**	**2172467**	**1698370**	**1301923**
省本级	The Same Level	865	1860	1120	8418
西安市	Xi'an	4166509	1062003	796798	617430
铜川市	Tongchuan	112607	39205	24911	23021
宝鸡市	Baoji	636306	141041	178793	90092
咸阳市	Xianyang	748954	193585	184381	116543
渭南市	Weinan	714626	174340	163938	107607
延安市	Yan'an	332348	113296	68540	68812
汉中市	Hanzhong	522161	106429	105050	62449
榆林市	Yulin	399164	213569	60378	135974
安康市	Ankang	332641	83374	62323	45935
商洛市	Shangluo	196275	43764	52138	25640

主要统计指标解释

财政收入 指国家财政参与社会产品分配所取得的收入，是实现国家职能的财力保证。主要包括：

（1）各项税收：包括国内增值税、国内消费税、进口货物增值税和消费税、出口货物退增值税和消费税、营业税、企业所得税、个人所得税、资源税、城市维护建设税、房产税、印花税、城镇土地使用税、土地增值税、车船税、船舶吨税、车辆购置税、关税、耕地占用税、契税、烟叶税等。

（2）非税收入：包括专项收入、行政事业性收费、罚没收入和其他收入。

财政支出 指国家财政将筹集起来的资金进行分配使用，以满足经济建设和各项事业的需要。主要包括：

（1）一般公共服务：指政府提供基本公共管理与服务的支出，包括人大事务、政协事务、政府办公厅（室）及相关机构事务、发展与改革事务、统计信息事务、财政事务、税收事务、审计事务、海关事务、人力资源事务、纪检监察事务、人口与计划生育事务、商贸事务、知识产权事务、工商行政管理事务、国土资源事务、海洋管理事务、测绘事务、地震事务、气象事务、民族事务、宗教事务、港澳台侨事务、档案事务、共产党事务、民主党派事务及工商联事务、群众团体事务、彩票事务等。

（2）外交：指政府外交事务支出，包括外交行政管理、驻外机构、对外援助、国际组织、对外合作与交流、边界勘界联检等方面的支出。

（3）国防：指政府用于国防方面的支出，包括用于现役部队、预备役部队、民兵、国防科研事业、专项工程、国防动员等方面的支出。

（4）公共安全：指政府维护社会公共安全方面的支出，包括武装警察、公安、国家安全、检察、法院、司法行政、监狱、劳教、国家保密、缉私警察等。

（5）教育：指政府教育事务支出，包括教育行政管理、学前教育、小学教育、初中教育、普通高中教育、普通高等教育、初等职业教育、中专教育、技校教育、职业高中教育、高等职业教育、广播电视教育、留学生教育、特殊教育、干部继续教育、教育机关服务等。

（6）科学技术：指用于科学技术方面的支出，包括科学技术管理事务、基础研究、应用研究、技术研究与开发、科技条件与服务、社会科学、科学技术普及、科技交流与合作等。

（7）文化教育与传媒：指政府在文化、文物、体育、广播影视、新闻出版等方面的支出。

（8）社会保障和就业：指政府在社会保障与就业方面的支出，包括社会保障和就业管理事务、民政管理事务、财政对社会保险基金的补助、补充全国社会保障基金、行政事业单位离退休、企业改革补助、就业补助、抚恤、退役安置、社会福利、残疾人事业、城市居民最低生活保障、其他城镇社会救济、农村社会救济、自然灾害生活救助、红十字事务等。

（9）医疗卫生：指政府医疗卫生方面的支出，包括医疗卫生管理事务支出、医疗服务支出、医疗保障支出、疾病预防控制支出、卫生监督支出、妇幼保健支出、农村卫生支出等。

（10）环境保护：指政府环境保护支出，包括环境保护管理事务支出、环境监测与监察支出、污染治理支出、自然生态保护支出、天然林保护工程支出、退耕还林支出、风沙荒漠治理支出、退牧还草支出、已垦草原退耕还草、能源节约利用、污染减排、可再生能源和资源综合利用等支出。

（11）城乡社区事务：指政府城乡社区事务支出，包括城乡社区管理事务支出、城乡社区规划与管理支出、城乡社区公共设施支出、城乡社区住宅支出、城乡社区环境卫生支出、建设市场管理与监督支出等。

（12）农林水事务：指政府农林水事务支出，包括农业支出、林业支出、水利支出、扶贫支出、农业综合开发支出等。

（13）交通运输：指政府交通运输和邮政业方面的支出，包括公路运输支出、水路运输支出、铁路运输支出、民用航空运输支出、邮政业支出等。

（14）工业商业金融等事务：指政府对工业、商业及金融等方面的支出，包括采掘业支出、制造业支出、建筑业支出、工业和信息产业监管支出、国有资产监管支出、商业流通事务支出、金融业监管支出、旅游业管理与服务支出等。

中央财政收入和地方财政收入 指按现行分税制财政体制划分的中央本级收入和地方本级收入。属于中央财政的收入包括关税，进口货物增值税和消费税，出口货物退增值税和消费税，消费税，铁道部门、各银行总行、各保险公司总公司等集中交纳的营业税和城市维护建设税，增值税75%部分，纳入共享范围的企业所得税60%部分，未纳入共享范围的中央企业所得税、中央企业上交的利润，个人所得税60%部分，车辆购置税，船舶吨税，证券交易印花税97%部分，海洋石油资源税，中央非税收入等。属于地方财政的收入包括营业税（不含铁道部门、各银行总行、各保险公司总公司集中交纳的营业税），地方企业上交利润，城市维护建设税（不含铁道部门、各银行总行、各保险公司总公司集中交纳的部分），房产税，城镇土地使用税，土地增值税，车船税，耕地占用税，契税，烟叶税，印花税，增值税25%部分，纳入共享范围的企业所得税40%部分，个人所得税40%部分，证券交易印花税 3%部分，海洋石油资源税以外的其他资源税，地方非税收入等。

信贷资金 指金融机构以信用方式积聚和分配的货币资金。金融机构信贷资金的来源有各项存款、金融债券、对国际金融机构负债、流通中现金、其他项目等；信贷资金的运用有各项贷款、有价证券及投资、金银占款、外汇占款、财政借款及在国际金融机构中的资产等。

存款　指企业、机关、团体或居民根据资金必须收回的原则，把货币资金存入银行或其他信贷机构保管并取得一定利息的一种信用活动形式。根据存款对象或性质的不同可划分为单位存款、个人存款、财政性存款、临时性存款、委托存款、其他存款等科目。它是银行信贷资金的主要来源。

贷款　指银行或其他信贷机构根据资金必须归还的原则，按一定利率，为企业、个人等提供资金的一种信用活动形式。银行贷款分为境内贷款和境外贷款，境内贷款有短期贷款、中长期贷款、融资租赁、票据融资等。

保险公司　在中国境内的、经过保险监督管理部门批准设立，并依法登记注册的各类商业保险公司。

保险金额　指保险人承担赔偿或者给付保险金责任的最高限额。

保费　指投保人为取得保险人在约定范围内所承担赔偿责任而支付给保险人的费用。

赔款　指保险人根据保险合同的规定，向被保险人支付的赔偿保险责任损失的金额。

给付　包括死伤医疗给付和满期给付。死伤医疗给付是指保险人根据人寿保险及长期健康保险合同的规定，因被保险人在保险期内发生保险责任范围内的保险事故支付给被保险人(或受益人)的金额。满期给付是指被保险人生存期满，保险人按人寿保险合同规定支付给被保险人的满期保险金额。

Explanatory Notes on Main Statistical Indicators

Government Revenue refers to income for the government finance through participating in the distribution of social products. It is the financial guarantee to ensure government functioning. The contents of government revenue include the following main items:

(1) Various tax revenues, including domestic value added tax (VAT), domestic consumption tax, VAT and consumption tax from imports, VAT and consumption tax rebate for exports, business tax, corporate income tax, individual income tax, resource tax, city maintenance and construct tax, house property tax, stamp tax, urban land use tax, land appreciation tax, tax on vehicles and boat operation, ship tonnage tax, vehicle purchase tax, tariffs, farm land occupation tax, deed tax, and tobacco leaf tax, etc.

(2) Non-tax revenue, including special program receipts, charge of administrative and institutional units, penalty receipts and others non-tax receipts.

Government Expenditure refers to the distribution and use of the funds which the government finance has raised, so as to meet the needs of economic construction and various causes. It includes the following main items:

(1) Expenditure for general public services: It refers to the spending on the basic public management and services which provided by governments, including the expense on affairs of People's Congress, affairs of People's Political Consultative Conference, affairs of government general office and relative institutions, affairs of development and reform, affairs of statistics, affairs of finance, affairs of taxation, affairs of audit, affairs of customs, affairs of human resources and social security, affairs of discipline inspection and supervision, affairs of population and family planning, affairs of commerce and trade, affairs of intellectual property, affairs of administration for industry and commerce, affairs of land and resources, affairs of oceanic administration, affairs of surveying and mapping, affairs of earthquake, ethnic affairs, religious affairs, affairs of Hong Kong, Macao, Taiwan, and Overseas Chinese, affairs of archives administration, affairs of Chinese Communist Party, affairs of democratic parties and federation of industry and commerce, affairs of mass organization, and affairs of lottery, etc.

(2) Expenditure for foreign affairs: It refers to the spending of government on foreign affairs, including the expense on administration of foreign affairs, missions overseas, external assistance, international organizations, foreign cooperation and communication, surveying and joint inspection on borderline, etc.

(3) Expenditure for national defence: It refers to the spending of government on national defence, including the expense on active force, reserve force, militia, scientific research on national defence, special projects, mobilization of national defence, etc.

(4) Expenditure for public security: It refers to the spending of government on maintaining social and public security, including the expense on armed police force, public security, state security, prosecution, courts, justice, prison, labour education and rehabilitation, protection of state secrecy, anti-smuggling police, etc.

(5) Expenditure for education: It refers to the spending of government on education, including the expense on the administration of education, pre-primary education, primary education, secondary education, high school education, regular higher education, primary vocational education, secondary vocational education, technical school education, vocational high school education and higher vocational education, radio and television education, student abroad education, special education, on the job training of cadres, education authorities services, etc.

(6) Expenditure for science and technology: It refers to the spending of government on science and technology (S&T), including the expense on the administration of S&T, basic research, applied research, research and development, conditions and services of S&T, popularization of social science, science and technology, exchanges and cooperation of S&T, etc.

(7) Expenditure for culture, sport and media: It refers to the spending of government on culture, cultural heritage, sports, radio, film, television, press and publication, etc.

(8) Expenditure for social safety net and employment effort: It refers to the spending of government on social safety net and employment, including the expense on administration of social safety net and employment, civil affairs, budgetary subsidy on the social insurance funds, subsidy on National Social Security Fund, retirees of administrative units and institutions, subsidy on enterprise reform, subsidy on employment effort, pension, placement of ex-serviceman, social welfare, the handicapped undertakings, the system of cost of living allowances for urban residents, other urban social relief, rural social relief, living relief of natural disasters, affairs of Red Cross Society, etc.

(9) Expenditure for medical and health care: It refers to the spending of government on medical and health care, including the expense on administration of medical and health care, medical services, health care, disease prevention and control, health inspection and supervision, women and children's health, rural health care, etc.

(10) Expenditure for environment protection: It refers to the spending of government on environment protection, including the expense on administration of environment protection, environment monitoring and supervision, pollution control, natural ecology protection, project of virgin forests protection, reforesting farmland, controlling the sources of dust storms, returning pastureland to grassland, returning pastureland to grassland, returning cultivated land to grassland, energy conservation, emissions reduction, comprehensive utilization of

renewable energy and resources, etc.

(11) Expenditure for urban and rural community affairs: It refers to the spending of government on urban and rural community affairs, including the expense on administration of urban and rural community, planning and management of urban and rural community, public facilities of urban and rural community, housing of urban and rural community, sanitation of urban and rural community, management and supervision on the construction market, etc.

(12) Expenditure for agriculture, forestry and water conservancy: It refers to the spending of government on agriculture, forestry and water conservancy, including the expense on agriculture, forestry, water conservancy, poverty alleviation, comprehensive agricultural development, etc.

(13) Expenditure for transportation: It refers to the spending of government on transportation and postal services, including the expense on road transportation, waterway transportation, railway transportation, civil aviation transportation, and postal services.

(14) Expenditure for industry, commerce and banking: It refers to the spending of government on industry, commerce and banking, including the expense on mining, manufacturing, construction, industry and information technology supervision and administration, State-owned assets supervision and administration, commerce and circulation affairs, financial intermediation supervision and administration, tourism administration and service, etc.

Revenue of the Central Government and Revenue of the Local Governments refers to the revenue collected by the Central Government and that by the local governments as defined by the decentralized taxation system. In accordance with this system, the revenue of the Central Government includes tariff, VAT and consumption tax from imports, VAT and consumption tax rebate for exports, consumption tax, business tax and city maintenance and construct tax from the Ministry of Railways, head offices of banks, head offices of insurance company, which are handed over to the government in a centralized way, 75% of the value added tax, 60% the share part of the corporate income tax, unshared part of corporate income tax of the central enterprises, profit handed in by the central enterprises, 60% of individual income tax, vehicle purchase tax, ship tonnage tax, 97% of stamp tax on securities transactions, resource tax on the offshore petroleum resources. The revenue of the local governments includes business tax (excluding the part of the Ministry of Railways, head offices of banks, head offices of insurance company, which are handed over to the government in a centralized way), profit handed in by the local enterprises, city maintenance and construct tax (excluding the part of the Ministry of Railways, head offices of banks, head offices of insurance company, which are handed over to the government in a centralized way), house property tax, urban land use tax, land appreciation tax, tax on vehicles and boat operation, farm land occupation tax, deed tax, and tobacco leaf tax, stamp tax, 25% of the value added tax, 40% the share part of the corporate income tax, 40% of individual income tax, 3% of stamp tax on securities transactions, resource tax other than the tax on offshore petroleum resources, local non-tax revenue, etc.

Credit Funds refer to the monetary funds accumulated and distributed in the means of credit by the financial institutions. The sources of credit funds include various deposits, financial bonds, liabilities to international financial institutions, currency in circulation, other items. The uses of credit funds include loans, securities and investment, position for bullion and silver purchase, position for foreign exchange purchase, advances to treasury, and assets with international financial institutions.

Deposit is a form of credit by which enterprises, institutions, organizations or households can put money into banks and other credit institutions for safekeeping and interest earning under the principle of free withdrawal. According to different depositors, deposits are divided into corporate deposits, personal deposits, fiscal deposits, temporary deposits, entrusted deposits, other deposits and etc. Deposits are major sources of the credit funds of banks.

Loan is a form of credit by which banks and other credit institutions provide funds at certain interest rate to enterprises and individuals in the light of the principle of unconditional repayment. Loans from Chinese banks include short-term loan, medium- term and long-term loans, entrusted loans, and other loans.The bank loans are divided into domestic loans and overseas loans. The domestic loans include short-term loans, medium & long-term loans, financial lease, bill financing and etc.

Insurance Companies refer to commercial insurance companies of various forms registered by law and established in China with the approval of insurance regulatory agencies.

Amount Insured refers to the maximum that the insurant will get for the claim of the case insured.

Premium is the fee paid by the insurant to the insurer to obtain the obligation of compensation from the insurance within the agreed terms.

Settled Claim is the compensation paid by the insurer to the insurant in accordance with the insurance contract.

Payment includes payment for death, injury or medical treatment and payment at maturity. Payment for death, injury or medical treatment refers to the money paid to the insurant (or the beneficiary) in accordance with the life or health insurance contract when the insurant encounters accidents within the insured period covered in the contract. Payment at maturity refers to the payment to the insurant in accordance with the life insurance contract at the end of the insured period.

九、价格指数

Price Indices

资料整理：黄　洁　张晓萍　杨晨光　冯　奕
姚小清　王国强　沈晓梅　康　敏　王凌霜

简 要 说 明

一、本篇资料反映生产、流通、消费与投资等环节的价格变动情况。主要包括居民消费价格指数、商品零售价格指数、农业生产资料价格指数、工业生产者价格指数、农产品生产价格指数、固定资产投资价格指数和房地产价格指数。

二、本篇资料由国家统计局陕西调查总队提供。

三、居民消费价格指数、商品零售价格指数采用抽样调查和重点调查相结合的方法编制，即选择不同经济区域的市、县以及有代表性的商品和服务项目作为样本，对其市场价格进行定期调查，以样本推断总体。

四、工业生产者价格指数采用重点调查与典型调查相结合的方法统计。重点调查对象为年主营业务收入2000万元及以上的工业法人企业，典型调查对象为年主营业务收入2000万元以下的工业法人企业。

五、固定资产投资价格指数采用重点调查与典型调查相结合的方法统计。

六、农产品生产价格指数采用抽样调查和重点调查相结合的调查方法进行统计。

Brief Introduction

Ⅰ. This chapter reflects price changes in production, circulation, consumption and investment, mainly including consumer price indices, retail price indices, price indices of means of agricultural production, industrial producers' price indices, producers' price indices for farm products, price indices for investment in fixed assets and real estate price indices.

Ⅱ. The data are provided by NBS Survey Office in Shaanxi.

Ⅲ. The data for the calculation of consumer price indices and retail price indices in the province are collected through stratified random sampling. Cities and counties distributed in different economic regions of the province are selected as sample areas, and representative commodities and services are selected as sample commodities and services. Regular surveys are conducted to collect data on market prices. The data on the population are estimated on the basis of the sample.

Ⅳ. The industrial producers price indices are collected through key-point survey combined with typical survey. The key investigation objects are the industrial enterprises above designated size. The typical investigation objects are the industrial enterprises below designated size.

Ⅴ. The data for the calculation of price indices of investment in fixed assets are collected through key-point survey combined with typical survey.

Ⅵ. The data for the calculation of producers' price indices of farm products are collected through sampling survey combined with key-point survey.

9.价格指数

2019年全省	
居民消费价格指数(上年=100)	102.9
#城 市	102.9
工业生产者出厂价格指数(上年=100)	100.8
工业生产者购进价格指数(上年=100)	100.3

居民消费价格指数
(上年=100)

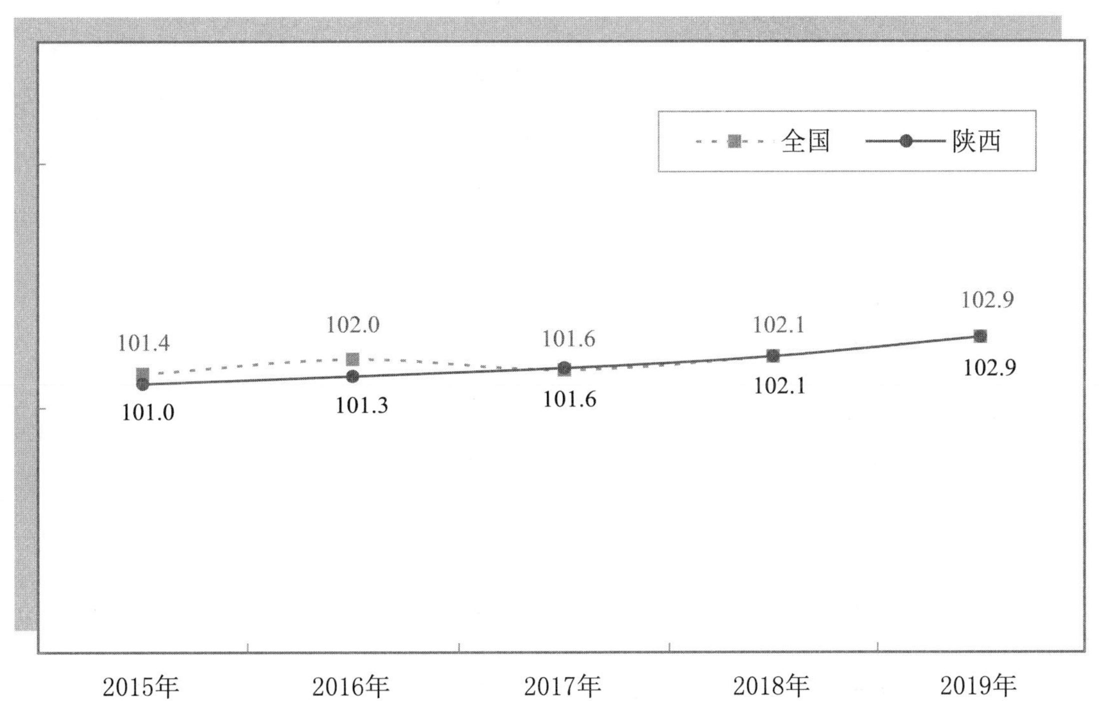

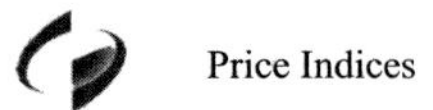

9-1 商品零售价格和居民消费价格指数
Retail Price Indices and Consumer Price Indices

年 份 Year	上年价格=100 preceding year=100			1978年价格=100 1978=100		
	商品零售价格指数 Retail Price Index	居民消费价格指数 Consumer Price Index	# 城市居民 Urban Household	商品零售价格指数 Retail Price Index	居民消费价格指数 Consumer Price Index	# 城市居民 Urban Household
1979	101.6	101.7	101.4	101.6	101.7	101.4
1980	104.7	105.3	105.4	106.4	107.1	106.9
1981	103.0	103.6	103.6	109.6	111.0	110.7
1982	101.0	101.4	100.4	110.7	112.6	111.7
1983	101.5	101.5	102.2	112.4	114.3	113.5
1984	103.9	103.0	103.4	116.8	117.7	117.4
1985	106.5	107.0	107.6	124.4	125.9	126.3
1986	105.2	106.0	106.6	130.9	133.5	134.6
1987	108.6	108.6	109.2	142.2	145.0	147.0
1988	119.0	119.1	120.1	169.2	172.7	176.5
1989	118.8	118.3	117.6	201.0	204.3	207.6
1990	101.6	101.3	102.6	204.2	207.0	213.0
1991	105.8	106.0	107.3	216.0	219.4	228.5
1992	109.5	109.7	111.2	236.5	240.7	254.1
1993	111.8	111.8	114.0	264.4	269.1	289.7
1994	125.9	126.7	128.2	332.9	340.9	371.4
1995	117.0	119.0	118.0	389.5	405.7	438.3
1996	108.1	109.7	110.3	421.0	445.1	483.4
1997	101.6	104.8	105.2	427.7	466.5	508.6
1998	96.2	98.4	97.7	411.4	459.0	496.9
1999	97.5	97.8	97.2	401.1	448.9	483.0
2000	98.3	99.5	100.3	394.3	446.7	484.4
2001	99.1	101.0	100.1	390.8	451.2	484.9
2002	98.6	98.9	98.2	385.3	446.2	476.2
2003	100.5	101.7	100.8	387.2	453.8	480.0
2004	102.5	103.1	103.0	396.9	467.9	494.4
2005	100.1	101.2	100.9	397.3	473.5	498.8
2006	101.8	101.5	102.1	404.5	480.6	509.3
2007	105.0	105.1	105.2	424.7	505.1	535.8
2008	106.9	106.4	106.2	454.0	537.4	569.0
2009	99.9	100.5	100.0	453.5	540.1	569.0
2010	103.6	104.0	103.7	469.8	561.7	590.1
2011	104.8	105.7	105.7	492.4	593.7	623.7
2012	102.3	102.8	102.6	503.7	610.3	639.9
2013	101.8	103.0	102.8	512.8	628.6	657.8
2014	100.7	101.6	101.6	516.4	638.7	668.3
2015	99.8	101.0	100.9	515.4	645.1	674.3
2016	100.3	101.3	101.3	516.9	653.5	683.1
2017	101.3	101.6	101.8	523.6	664.0	695.4
2018	102.1	102.1	102.0	534.6	677.9	709.3
2019	102.4	102.9	102.9	547.3	697.4	729.8

9-2 商品零售价格分类指数(2019年)
Retail Price Indices by Category (2019)

(上年价格=100) (preceding year=100)

项 目	Item	全 省 Provincial Indices	城 市 Urban Indices	农 村 Rural Indices
商品零售价格指数	**Retail Price Index**	**102.4**	**102.4**	**102.4**
一、食品	**Food**	**106.4**	**106.4**	**106.9**
1.粮食	Grain	100.7	100.6	101.3
2.薯类	Potato	101.4	101.1	103.5
3.豆类	Beans	100.9	101.1	99.5
4.食用油	Edible Oil	100.6	100.4	101.8
5.菜	Vegetables	101.2	101.1	101.5
6.畜肉类	Livestock Meat	131.3	131.5	130.0
7.禽肉类	Poultry	112.7	113.0	109.6
8.水产品	Aquatic Products	98.6	98.5	99.8
9.蛋类	Eggs	106.6	106.6	106.7
10.奶类	Milk	102.4	102.3	103.3
11.干鲜瓜果类	Dried and Fresh Melons and Fruits	103.7	103.1	109.0
12.糖果糕点类	Candy and Cake	100.6	100.6	100.4
13.调味品	Flavoring	101.3	101.3	101.2
14.其他食品类	Other Foods	101.3	101.3	101.4
15.在外餐饮	Dining Out	103.5	103.5	104.0
二、饮料、烟酒	**Beverages, Tobacco and Liquor**	**101.1**	**100.9**	**102.5**
1.茶及饮料	Tea and Beverages	101.3	101.0	103.6
茶叶	Tea	100.4	99.7	104.5
2.烟草	Tobacco	100.0	100.0	100.5
3.酒类	Liquor	101.9	101.7	103.4
三、服装、鞋帽	**Garments, Shoes and Hats**	**102.1**	**102.3**	**100.0**
1.服装	Garments	102.4	102.7	99.8
(1)男士服装	Man's Garments	101.7	102.0	99.8
(2)女士服装	Woman's Garments	103.4	103.9	99.6
(3)儿童服装	Children's Garments	100.6	100.7	100.1
2.鞋帽袜	Footgear and Hats	101.3	101.4	100.6
(1)鞋	Shoes	101.1	101.2	100.4
(2)袜子	Socks and Stockings	101.6	101.7	101.1
(3)帽子	Hats	102.9	103.0	101.8
3.其他衣着配件	Other Clothing Accessories	101.3	101.3	101.7
四、纺织品	**Textiles**	**104.0**	**104.5**	**101.0**
1.服装材料	Clothing Material	104.2	104.6	101.9
2.床上用品	Bedding	104.0	104.5	100.7

9-2 续表 continued

(上年价格=100) (preceding year=100)

项目	Item	全省 Provincial Indices	城市 Urban Indices	农村 Rural Indices
五、家用电器及音像器材	**Household Appliances, Music and Video Equipment**	**98.8**	**98.9**	**97.8**
1.家庭设备	Household Facilities	99.5	99.6	98.7
2.文娱用耐用消费品	Durable Consumer Goods for Recreation	97.7	97.8	96.4
3.专业音像器材	Professional Audiovisual Equipment	99.4	99.3	101.1
六、文化办公用品	**Cultural and Office Appliances**	**100.3**	**100.3**	**100.1**
七、日用品	**Articles for Daily Use**	**101.8**	**101.9**	**100.9**
1.日用百货	General Merchandise for Daily Use	100.6	100.6	100.9
2.厨具餐具茶具	Kitchenware, Tableware and Tea set	103.5	103.8	101.7
3.清洗用品	Washing Products	102.7	102.9	100.4
4.其他日用品	Others	99.8	99.7	100.1
八、体育娱乐用品	**Sports and Recreation Articles**	**100.8**	**100.7**	**101.6**
1.体育户外用品	Outdoor Sporting Goods	100.2	100.1	100.6
2.娱乐用品	Recreational Articles	101.1	101.0	101.9
九、交通、通信用品	**Transportation and Communication Appliances**	**99.2**	**99.4**	**97.3**
1.交通运输机械	Means of Transportation	99.2	99.3	98.6
2.通信器材	Communication Appliances	98.9	99.5	94.5
十、家具	**Furniture**	**101.8**	**101.7**	**102.4**
十一、化妆品	**Cosmetics**	**99.9**	**99.9**	**100.1**
十二、金银饰品	**Gold and Silver Jewellery**	**108.3**	**108.4**	**107.0**
十三、中西药品及医疗保健用品	**Traditional Chinese and Western Medicines and Health Care Articles Care Articles**	**102.3**	**102.1**	**103.8**
1.医疗卫生器具	Medical Instruments	100.3	100.2	101.5
2.中药	Traditional Chinese Medicine	104.3	103.9	107.0
3.西药	Western Medicines	101.3	101.1	102.4
4.保健器具及用品	Health Care Appliances and Articles	103.6	104.1	100.8
十四、书报杂志及电子出版物	**Books, Newspapers, Magazines and Electronic Publications**	**104.6**	**104.6**	**103.7**
1.教材及参考书	Teaching Materials and Reference Books	102.7	102.8	102.7
2.书报杂志	Newspapers and Magazines	108.7	108.8	107.5
3.计算机办公软件	Computer Office Software	100.0	100.1	98.8
十五、燃料	**Fuels**	**99.6**	**99.3**	**101.7**
1.煤炭及制品	Coal and Coal Products	106.1	105.5	108.8
2.石油及制品	Petroleum and its Products	97.1	97.2	96.5
十六、建筑材料及五金电料	**Building Materials and Hardware**	**102.1**	**102.0**	**102.6**
1.建筑装璜材料	Building Decoration Materials	102.6	102.6	103.2
2.五金水暖	Hardware and Plumbing	100.6	100.5	101.1

9-3 居民消费价格分类指数(2019年)
Consumer Price Indices by Category (2019)

(上年价格=100) (preceding year=100)

项 目	Item	全 省 Provincial Indices	城 市 Urban Indices	农 村 Rural Indices
居民消费价格总指数	**Consumer Price Index**	**102.9**	**102.9**	**102.9**
非食品烟酒价格指数	Non Food Alcohol and Tobacco Price Index	101.7	101.9	101.3
非食品(原口径)指数	Non-food Price Index (Original Caliber)	101.7	101.8	101.3
服务价格指数	Services Price Index	102.2	102.3	101.8
消费品价格指数	Consumer Price Index	103.3	103.2	103.4
一、食品烟酒	**Food,Alcohol and Tobacco**	**105.6**	**105.3**	**106.6**
1.食品	Food	107.2	106.8	108.1
(1)粮食	Grain	100.7	100.4	101.2
(2)薯类	Potato	101.1	100.4	103.0
(3)豆类	Beans	100.6	100.9	99.7
(4)食用油	Edible Oil	100.5	99.9	101.9
(5)菜	Vegetables	100.9	100.9	101.2
(6)畜肉类	Livestock Meat	128.1	127.8	128.9
(7)禽肉类	Poultry	112.1	112.4	111.5
(8)水产品	Aquatic Products	98.6	98.5	99.1
(9)蛋类	Eggs	106.7	106.6	106.9
(10)奶类	Milk	103.0	102.0	105.7
(11)干鲜瓜果类	Dried and Fresh Melons and Fruits	105.1	103.6	109.3
(12)糖果糕点类	Candy and Cake	100.5	100.7	100.1
(13)调味品	Flavoring	100.9	100.6	101.3
(14)其他食品类	Other Foods	101.1	101.3	100.5
2.茶及饮料	Tea and Beverages	101.3	100.3	104.1
茶叶	Tea	100.3	98.8	104.5
3.烟酒	Tobacco and Liquor	100.9	100.5	101.5
(1)烟草	Tobacco	100.3	100.0	100.8
(2)酒类	Liquor	101.8	101.4	102.6
4.在外餐饮	Dining Out	104.0	104.0	104.2
二、衣着	**Clothing**	**102.1**	**102.6**	**100.6**
1.服装	Garments	102.3	103.0	100.3
(1)男式服装	Man's Garments	101.9	102.3	100.5
(2)女式服装	Woman's Garments	103.0	104.0	99.9
(3)儿童服装	Children's Garments	101.1	101.0	101.5
2.服装材料	Clothing Material	102.8	102.8	102.8

9-3 续表 1 continued

(上年价格=100) (preceding year=100)

项　目	Item	全　省 Provincial Indices	城　市 Urban Indices	农　村 Rural Indices
3.其他衣着及配件	Other Clothing Accessories	101.8	101.8	101.9
(1) 袜子	Socks and Stockings	101.6	101.6	101.6
(2) 帽子	Hats	102.7	102.9	102.3
4.衣着加工服务费	Clothing Manufacturing Services	100.7	100.6	100.7
5.鞋类	Footwear	101.4	101.7	100.8
(1)鞋	Shoes	101.1	101.2	100.8
(2)鞋类加工服务	Footwear Processing Services	107.4	110.5	101.3
三、居住	**Residence**	**102.4**	**102.5**	**102.2**
1.租赁房房租	Rent	103.4	103.7	102.4
2.住房保养维修及管理	Housing Maintenance and Management	102.8	102.8	102.8
3.水电燃料	Water, Electricity and Fuels	101.0	100.7	102.0
4.自有住房	Private Housing	103.1	103.5	102.2
四、生活用品及服务	**Articles and Services for Daily Use**	**101.3**	**101.5**	**100.6**
1.家具及室内装饰品	Furniture and Interior Decorations	101.0	100.6	102.0
(1)家具	Furniture	101.9	101.8	102.3
(2)室内装饰品	Interior Decorations	96.9	95.7	100.4
2.家用器具	Household Appliances	99.1	99.4	98.2
3.家用纺织品	Home Textiles	102.9	103.8	100.9
(1)床上用品	Bed Articles	103.3	104.2	100.7
(2)窗帘门帘	The curtains and curtain	104.4	106.2	101.0
4.家庭日用杂品	Daily Use Household Articles	102.1	102.4	101.3
5.个人护理用品	Personal Care Products	100.1	100.1	100.3
化妆品	Cosmetics	100.2	100.1	100.3
6.家庭服务	Household Services	104.9	105.0	104.4
五、交通和通信	**Transportation and Communication**	**98.8**	**99.1**	**98.0**
1.交通	Transportation	98.6	98.7	98.1
(1)交通工具	Transportation Facility	98.9	99.1	98.2
(2)交通工具用燃料	fuels for vehicles	94.1	94.2	93.9
(3)交通工具使用和维修	Vehicles Use and Maintenance	101.1	101.1	101.0
(4)交通费	Traffic Fare	99.6	99.4	100.2
市内公共交通	Incity Traffic Fare	101.5	101.5	101.7
2.通信	Communication	99.3	99.8	97.8
(1)通信工具	Communication Facility	98.0	99.5	93.2
(2)通信服务	Communication Service	99.9	100.0	99.5
(3)邮递服务	Mail Service	99.6	99.8	99.1

9-3 续表 2 continued

(上年价格=100) (preceding year=100)

项　　目	Item	全　省 Provincial Indices	城　市 Urban Indices	农　村 Rural Indices
六、教育文化和娱乐	**Education , Culture and Recreation**	**102.8**	**103.2**	**101.8**
1.教育	Education	103.4	103.6	102.7
(1)教育用品	Educationsupplies	103.8	104.1	102.6
(2)教育服务	Education Services	103.3	103.5	102.7
2.文化娱乐	Cultural and Recreational Articles	101.9	102.4	100.5
(1)文娱耐用消费品	Durable Consumer Goods for Cultural and Recreational Use	98.5	99.0	97.4
(2)其他文娱用品	Other Cultural and Recreational Articles	103.0	103.2	102.6
书报杂志	Newspapers and Magazines	108.4	108.4	108.2
(3)文化娱乐服务	Cultural and Recreational services	100.5	100.8	99.8
(4)旅游	Touring and Outing	105.0	105.4	103.8
七、医疗保健	**Health Care**	**101.4**	**101.0**	**102.3**
1.药品及医疗器具	Medicines and Medical Instruments	103.0	102.6	103.8
(1)中药	Traditional Chinese Medicine	105.0	104.0	107.2
(2)西药	Western Medicine	102.1	101.6	103.1
(3)滋补保健品	Dietary Supplements	104.4	106.2	99.8
(4)医疗卫生器具	Medical Instruments	100.8	100.3	102.2
(5)保健器具	Health Care Appliances	100.5	100.5	100.4
2.医疗服务	Medical Services	100.2	100.0	100.9
(1)综合医疗类	ComprehensiveMedical	100.6	100.0	102.9
(2)诊断类	Diagnosis	100.0	100.0	100.1
(3)治疗类	Treatments	100.2	100.0	100.6
(4)康复类	Rehabilitations	100.2	100.0	100.8
(5)中医医疗服务类	ChineseMedicalservices	99.9	100.0	99.8
(6)其他医疗服务	Other medical services	100.3	100.0	100.8
八、其他用品和服务	**Other Articles and Services**	**104.0**	**103.7**	**104.8**
1.其他用品类	Other Articles	103.9	103.9	104.0
(1)首饰手表	Jewelry andWatches	106.9	107.2	106.2
(2)其他杂项用品	Other Miscellaneous Articles	100.0	99.9	100.2
箱　　包	Bags	101.1	101.3	100.4
母婴用品	Mother and Baby Products	99.2	99.2	99.2
2.其他服务类	Other Services	104.1	103.6	105.7
(1)旅馆住宿	Hotel Accommodations	101.4	101.2	102.5
(2)美容美发洗浴	Beauty Salons and Baths	103.9	103.8	104.4
(3)养老服务	Pension Services	101.8	100.3	110.0
(4)金融保险	Financial Services	106.1	105.9	106.9
(5)其他服务类	Other Services	102.3	101.7	104.5
中介服务	Intermediary services	103.4	102.4	107.2

9-4 十九个市、县商品零售价格分类指数(2019年)
Retail Price Indices by Category of 19 Cities and Counties(2019)

(上年价格=100) (preceding year=100)

地区	Region	总指数 General Index	一、食品 Food	二、饮料烟酒 Beverages, Tobacco and Liquor	三、服装鞋帽 Garments, Shoes and Hats	四、纺织品 Textiles	五、家用电器及音像器材 Household Appliances, Music and Video Equipment	六、文化办公用品 Cultural and Office Appliances	七、日用品 Articles for Daily Use	八、体育娱乐用品 Sports and Recreation Articles
全省	**Shaanxi**	**102.4**	**106.4**	**101.1**	**102.1**	**104.0**	**98.8**	**100.3**	**101.8**	**100.8**
国家调查点	**National Survey Points**									
西安市	Xi'an	102.1	105.1	100.8	103.1	105.5	98.4	100.5	102.4	101.1
宝鸡市	Baoji	102.7	108.0	102.0	100.9	102.4	102.1	100.6	100.5	98.9
汉台区	Hantai	102.1	107.2	100.6	102.2	100.0	98.5	95.7	101.0	100.7
咸阳市	Xianyan	101.7	107.6	98.6	100.8	108.5	98.2	99.4	97.2	97.6
榆阳区	Yuyang	100.7	105.5	101.8	102.2	93.8	97.7	99.5	99.7	100.7
汉滨区	Hanbin	101.9	104.3	101.4	104.4	102.4	98.6	100.7	104.8	100.3
三原县	Sanyuan	102.3	107.9	102.0	99.9	99.7	95.3	102.2	101.7	101.9
商州区	Shangzhou	102.1	108.4	99.2	101.3	99.6	96.5	99.2	102.3	100.8
省级调查点	**Provincial Survey Points**									
铜川市	Tongchuan	103.8	105.6	100.9	102.5	102.7	98.8	100.0	101.8	102.8
宝塔区	Baota	103.7	107.8	102.2	100.7	100.7	98.8	99.7	104.6	105.1
临渭区	Linwei	101.4	104.4	100.5	101.0	100.7	100.3	100.4	100.7	101.1
西乡县	Xixiang	103.3	108.8	103.4	101.4	103.0	99.9	103.7	103.0	101.4
陇县	Longxian	102.2	105.2	100.6	101.5	104.6	95.8	102.7	101.1	100.5
洛南县	Luonan	101.6	106.3	103.1	102.9	100.1	97.0	98.6	99.8	99.2
蒲城县	Pucheng	102.2	106.4	102.2	96.4	100.0	97.6	98.3	100.2	100.0
鄠邑区	Huyi	102.9	107.4	104.0	100.4	101.0	100.8	100.4	101.1	104.8
绥德县	Suide	102.1	106.6	101.7	102.1	101.8	93.7	98.0	100.8	97.5
华阴市	Huayin	102.4	106.0	100.5	102.7	101.3	100.6	101.5	100.7	101.8
略阳县	Lueyang	102.0	106.9	101.6	99.6	100.2	97.7	97.3	100.2	101.0

9-4 续表 continued

(上年价格=100) (preceding year=100)

地区	Region	九、交通通信用品 Transportation and Communication Appliances	十、家具 Furniture	十一、化妆品 Cosmetics	十二、金银饰品 Gold and Silver Jewellery	十三、中西药品及医疗保健用品 Traditional Chinese and Western Medicines and Health	十四、书报杂志及电子出版物 Books, Newspapers, Magazines and Electronic Publications	十五、燃料 Fuels	十六、建筑材料及五金电料 Building Materials and Hardware
全省	**Shaanxi**	**99.2**	**101.8**	**99.9**	**108.3**	**102.3**	**104.6**	**99.6**	**102.1**
国家调查点	**National Survey Points**								
西安市	Xi'an	99.8	101.3	99.9	109.1	101.5	103.7	99.3	102.0
宝鸡市	Baoji	98.3	103.7	96.6	106.4	101.3	108.4	99.6	103.5
汉台区	Hantai	98.3	103.6	100.8	107.7	102.4	104.2	95.7	103.5
咸阳市	Xianyan	96.3	102.2	101.3	107.6	103.8	102.4	99.0	100.7
榆阳区	Yuyang	94.1	97.4	100.4	108.6	103.9	99.2	97.2	100.4
汉滨区	Hanbin	99.4	100.3	103.5	107.2	102.4	104.5	96.4	101.3
三原县	Sanyuan	92.8	100.4	98.7	112.1	104.1	109.4	104.0	101.0
商州区	Shangzhou	96.3	101.2	100.3	102.0	105.4	103.4	97.4	102.0
省级调查点	**Provincial Survey Points**								
铜川市	Tongchuan	98.9	107.5	104.7	106.3	112.6	111.9	100.4	105.5
宝塔区	Baota	99.0	101.8	100.8	110.8	105.0	105.2	106.9	101.1
临渭区	Linwei	100.9	100.2	100.4	106.6	100.5	102.8	97.3	99.7
西乡县	Xixiang	95.3	101.2	101.8	107.3	108.3	102.8	99.5	102.2
陇县	Longxian	99.0	105.7	98.7	111.2	103.3	103.7	101.8	101.7
洛南县	Luonan	95.8	102.2	100.0	101.9	103.4	101.8	96.7	101.1
蒲城县	Pucheng	98.6	99.9	100.0	107.2	104.1	102.1	104.9	102.1
鄠邑区	Huyi	98.6	104.0	100.6	105.5	100.9	103.7	98.9	106.3
绥德县	Suide	96.9	106.3	101.7	107.0	106.9	104.7	99.7	99.6
华阴市	Huayin	98.6	103.0	101.2	105.3	102.1	102.9	101.1	103.0
略阳县	Lueyang	96.3	100.0	98.1	106.7	107.3	102.0	98.2	102.0

9—5 十九个市、县居民消费价格分类指数(2019年)
Consumer Price Indices by Category and Region of 19 Cities and Counties(2019)

(上年价格=100) (preceding year=100)

地 区	Region	总指数 General Index	一、食品烟酒 Food, Alcohol and Tobacco	二、衣着 Clothing	三、居住 Residence	四、生活用品及服务 Articles and Services for Daily Use	五、交通和通信 Transportation and Communication	六、教育文化和娱乐 Education, Culture and Recreation	七、医疗保健 Health Care	八、其他用品和服务 Other Articles and Services
全 省	**Shaanxi**	**102.9**	**105.6**	**102.1**	**102.4**	**101.3**	**98.8**	**102.8**	**101.4**	**104.0**
国家调查点	**National Survey Points**									
西安市	Xi'an	102.7	104.1	103.1	102.6	101.5	99.3	104.2	100.9	103.9
宝鸡市	Baoji	102.7	106.6	100.9	101.7	101.7	99.1	101.3	100.5	105.7
汉台区	Hantai	103.4	107.1	102.0	102.4	101.6	99.1	102.5	101.2	105.5
咸阳市	Xianyan	102.7	106.8	101.1	101.4	100.1	97.9	102.1	101.3	103.8
榆阳区	Yuyang	102.4	106.5	101.9	103.4	99.0	95.4	100.5	101.3	100.9
汉滨区	Hanbin	103.0	103.6	104.1	104.7	101.9	99.1	103.6	100.9	102.4
三原县	Sanyuan	103.3	107.3	100.0	103.9	99.8	97.0	101.2	102.2	108.4
商州区	Shangzhou	103.0	107.7	101.6	101.7	99.9	97.9	100.9	102.0	105.9
省级调查点	**Provincial Survey Points**									
铜川市	Tongchuan	103.1	105.3	102.7	101.5	103.2	99.1	103.6	104.6	100.6
宝塔区	Baota	102.8	107.1	100.6	100.7	101.9	98.5	101.7	102.3	105.5
临渭区	Linwei	102.3	104.0	100.8	103.5	100.8	100.2	100.6	100.2	104.4
西乡县	Xixiang	103.4	108.2	101.4	101.0	102.0	97.1	101.4	104.7	106.1
陇 县	Longxian	102.6	105.1	102.1	102.7	101.8	98.6	100.6	101.5	105.3
洛南县	Luonan	102.7	106.1	102.5	103.1	99.7	97.8	100.7	101.7	99.9
蒲城县	Pucheng	102.3	104.8	97.0	101.4	100.0	98.5	106.0	101.7	108.3
鄠邑区	Huyi	102.9	107.2	100.3	101.9	101.9	99.0	101.0	102.2	102.5
绥德县	Suide	102.7	106.2	102.3	101.7	99.7	97.7	101.0	103.0	102.6
华阴市	Huayin	102.6	104.7	102.8	103.4	101.1	99.4	101.6	100.7	102.2
略阳县	Lueyang	102.6	106.5	99.4	101.5	99.7	98.8	100.3	103.4	107.4

9-6 农业生产资料价格指数
Price Indices for Means of Agricultural Production

(上年价格=100) (preceding year=100)

类 别	Item	2018	2019
总指数	**General Index**	**103.8**	**103.3**
一、农用手工工具	Farm Handtools	103.7	101.4
二、饲 料	Forage	101.4	101.6
混合饲料	Mixed Forage	100.8	101.7
其 他(其他饲料)	Others	102.8	101.5
三、仔畜幼禽及产品畜	Poults and Livestock Products	88.0	135.4
四、半机械化农具	Semi-mechanized Farm Tools	104.6	101.2
五、机械化农具	Mechanized Farm Machinery	106.3	102.2
六、化学肥料	Chemical Fertilizer	108.0	101.0
氮 肥	Nitrogenous Fertilizer	111.8	100.8
磷 肥	Phosphate Fertilizer	105.3	100.5
钾 肥	Potash Fertilizer	101.8	101.8
复合肥料	Compound Fertilizer	105.2	101.6
七、农药及农药器械	Pesticide and Its Appliances	105.7	102.9
化学农药	Chemical Pesticide	106.4	103.1
杀虫剂	Insecticide	107.2	101.8
杀菌剂	Bactericide	103.8	102.7
除草剂	Herbicide	106.1	106.2
农药器械	Appliances for Pesticide	102.2	102.4
八、农用机油	Agricultural Engine Oil	111.8	95.3
九、其他农业生产资料	Other Means of Agricultural Production	103.0	102.3
农用种子	Seeds for Farming	101.4	101.9
农用薄膜	Pellicle for Farming	104.6	102.2
未列明的其他农用生产资料	Others	106.3	103.9
十、农业生产服务	Service for Agricultural Production	102.7	100.5
排灌费	Expenditure of Irrigation and Drainage	100.4	100.4
机械作业费	Expenditure of Mechanical Operations	100.6	95.9
农业用电	Agricultural Electricity	100.0	99.9
农业用工	Agricultural Labor	106.5	104.9

9-7 工业生产者出厂价格指数
Producer Price Index for Industrial Products

(上年价格=100) (preceding year=100)

类　别	Item	2018	2019
总指数	**General Index**	**105.4**	**100.8**
按轻重工业分	Grouped by Light & Heavy Industries		
轻工业	Light Industry	101.4	101.3
以农产品为原料	Agricultural Products as Raw Materials	101.7	102.0
以非农产品为原料	Non-agricultural Products as Raw Materials	100.2	98.4
重工业	Heavy Industry	106.2	100.8
采掘工业	Mining & Quarrying Industry	104.1	101.0
原料工业	Raw Materials Industry	108.2	98.1
加工工业	Processing Industry	106.1	102.5
按用途分	Grouped by Use		
生产资料	Means of Production	106.4	100.5
采掘工业	Mining & Quarrying Industry	104.1	101.0
原料工业	Raw Materials Industry	108.5	98.0
加工工业	Processing Industry	106.5	101.9
生活资料	Consumer Goods	100.6	102.4
食　品	Food	101.1	102.8
衣　着	Clothing	101.6	101.6
一般日用品	Articles for Daily Use	98.6	100.3
耐用消费品	Durable Consumer Goods	101.2	103.4
按工业部门分	By Department of Industry		
1.冶金工业	Metallurgical Industry	110.8	101.2
2.电力工业	Power Industry	101.5	99.7
3.煤炭及炼焦工业	Coal and Coking Industry	102.4	99.2
4.石油工业	Petroleum Industry	112.3	99.6
5.化学工业	Chemical Industry	103.3	100.0
6.机械工业	Machine Industry	100.5	101.1
7.建筑材料工业	Building Materials Industry	113.6	107.7
8.森林工业	Forestry Industry	101.1	102.2
9.食品工业	Food Industry	101.1	102.9
10.纺织工业	Textile Industry	105.1	95.5
11.缝纫工业	Tailoring Industry	101.1	101.4
12.皮革工业	Leather Industry	100.0	100.0
13.造纸工业	Paper Making Industry	104.1	99.4
14.文教艺术用品工业	Cultural, Education & Handicrafts Article	98.9	98.4
15.其它工业	Other Industry	99.5	101.2

9–8　工业生产者购进价格指数
Purchasing Price Index for Industrial Products

(上年价格=100)　　(preceding year=100)

类　　别	Item	2018	2019
总指数	**General Index**	**104.2**	**100.3**
一、燃料、动力类	Fuels	105.7	101.3
二、黑色金属材料类	Ferrous Metal Materials	105.1	94.9
钢　材	Steel	105.5	99.2
其　它	Others	104.6	88.8
三、有色金属材料类和电线类	Non-ferrous Metals	104.1	98.4
四、化工原材料类	Chemical Raw Materials	103.6	98.8
五、木材及纸浆类	Timber and Paper Pulp	104.4	98.7
六、建筑材料类及非金属矿类	Building Materials and Non-metal Mineral	113.0	104.3
七、其它工业原材料及半成品	Other Industrial Raw Materials and Half-products	100.9	100.0
八、农副产品类	Farm Products	103.4	100.7
九、纺织原材料类	Textile Raw Materials	101.3	100.4

9–9　固定资产投资价格指数
Price Index of Investment in Fixed Assets

(上年价格=100)　　(preceding year=100)

类　　别	Item	2018	2019
总指数	**General Index**	**105.4**	**102.6**
一、建筑安装工程	Construction and Installation	107.1	102.8
1.材料费	Material	110.8	102.9
金属材料	Metal Material		98.8
非金属材料	Nonmetallic Material		105.8
化工材料	Chemical Materials		101.3
木、竹材及其制品	Wood, Bamboo and Their Products		99.0
装饰材料及配件	Decorative Materials and Accessories		101.5
水暖及厨卫洁具	Plumbing and Kitchenware		103.2
电气电料	Electric and Electric Material		101.8
仪表及其他	Instrumentation and Others		100.9
2.人工费	Labour	104.8	103.1
3.机械使用费	Machinery	102.4	101.5
二、设备工器具购置	Purchase of Equipment,Tools and Instruments	100.6	100.1
三、其它费用	Others	103.1	103.5

9-10 农产品生产价格指数
Producers' Price Indices for Farm Products

(上年价格=100) (preceding year=100)

类　　别	Item	2018	2019
总指数	**General Index**	**100.9**	**107.7**
一、农业产品	Planting Products	103.7	104.2
# 小　麦	Wheat	106.9	95.9
玉　米	Corn	105.6	101.5
油　料	Oil-bearing Crops	106.7	104.8
水　果	Fruit	101.1	103.5
二、林业产品	Forestry Products	95.3	98.0
三、饲养动物及其产品	Animal Feeding and Products	96.1	115.5
# 活　猪	Live pigs	87.5	123.5
鸡　蛋	Eggs	108.9	99.7
四、渔业产品	Fishery Products	103.1	96.1

9-11 西安市住宅销售价格指数
Sales Price Index of Residential Buildings in Xi'an

(上年价格=100) (preceding year=100)

类　　别	Item	2018	2019
新建商品住宅销售价格指数	**New Commercialized Residential Buildings**	**114.6**	**121.1**
1.90平方米以下	Less Than 90 Sq.m	114.1	122.4
2.90－144平方米	90-144 Sq.m	114.8	121.1
3.144平方米以上	144 Sq.m and more	114.8	120.0
二手住宅销售价格指数	**Sales Price Index of Second-hand House**	**111.3**	**108.8**
1.90平方米以下	Less Than 90 Sq.m	113.3	109.1
2.90－144平方米	90-144 Sq.m	110.3	107.5
3.144平方米以上	144 Sq.m and more	110.4	111.3

主要统计指标解释

居民消费价格指数 是反映一定时期内城乡居民所购买的生活消费品和服务项目价格变动趋势和程度的相对数，是对城市居民消费价格指数和农村居民消费价格指数进行综合汇总计算的结果。通过该指数可以观察和分析消费品的零售价格和服务项目价格变动对城乡居民实际生活费支出的影响程度。

城市居民消费价格指数 是反映一定时期内城市居民家庭所购买的生活消费品价格和服务项目价格变动趋势和程度的相对数。通过该指数可以观察和分析消费品的零售价格和服务项目价格变动对城镇居民收入和消费支出的影响。

农村居民消费价格指数 是反映一定时期内农村居民家庭所购买的生活消费品价格和服务项目价格变动趋势和程度的相对数。该指数可以观察农村消费品的零售价格和服务项目价格变动对农村居民收入和生活消费支出的影响。

商品零售价格指数 是反映一定时期内城乡商品零售价格变动趋势和程度的相对数。商品零售价格的变动与国家的财政收入、市场供需的平衡、消费与积累的比例关系有关。因此，该指数可以从一个侧面对上述经济活动进行观察和分析。

农业生产资料价格指数 指反映一定时期内农业生产资料价格变动趋势和程度的相对数。其编制目的是了解农业生产中投入物质资料价格的变动状况，服务于国民经济核算。1994 年以前，农业生产资料价格指数仅仅是商品零售价格指数的一个类别，此后，从商品零售价格指数中分离出来，单独编制。

农产品生产者价格指数 是反映一定时期内，农产品生产者出售农产品价格水平变动趋势及幅度的相对数。该指数可以客观反映全国农产品生产价格水平和结构变动情况，满足农业与国民经济核算需要。其中某代表品生产价格指数是通过对全部有出售该产品行为的调查单位的个体指数进行几何平均求得的，类价格指数是通过对其所属的类（或代表品）的价格指数进行加权平均求得的。季度累计价格指数的计算方法与分季指数的计算方法相同。

工业生产者出厂价格指数 是反映一定时期内全部工业产品第一次出售时的出厂价格总水平的变动趋势和变动幅度的相对数。

工业生产者购进价格指数 是反映作为中间投入的原材料、燃料、动力购进价格总水平的变动趋势和变动幅度的相对数。

固定资产投资价格指数 是反映一定时期内固定资产投资品及取费项目的价格变动趋势和变动幅度的相对数。该指数可以准确地反映固定资产投资中涉及的各类投资品和取费项目价格变动趋势和变动幅度，消除按现价计算的固定资产投资指标中的价格变动因素，真实地反映固定资产投资的规模、速度、结构和效益。

Explanatory Notes on Main Statistical Indicators

Consumer Price Indices reflect the trend and degree of changes in prices of consumer goods and services purchased by urban and rural households during a given period. They are obtained by combining Consumer Price Indices of Urban Household and Consumer Price Indices of Rural Household. The Indices enable the observation and analysis of the degree of impact of the changes in the prices of retailed goods and services on the actual living expenses of urban and rural residents.

Consumer Price Indices of Urban Household reflect the trend and degree of changes in prices of consumer goods and services purchased by urban households during a given period. It can be used to observe and analyze the impact of price changes in consumer goods and services on urban household income and consumption expenditure.

Consumer Price Indices of Rural Household reflect the trend and degree of changes in prices of consumer goods and services purchased by rural households during a given period. It can be used to observe the impact of change in retail prices of consumer goods and service prices on rural household income and consumption expenditure on living.

Retail Price Indices reflect the trend and degree of change in retail prices of commodities during a given period. The change in retail prices of commodities is related to government revenue, the equilibrium of market supply and demand, and the ratio of consumption to accumulation. Therefore, the retail price indices are useful from an oblique perspective for observing and analyzing the changes of the above economic activities.

Price Indices for Means of Agricultural Production reflect the trend and degree of changes in the prices of the means of agricultural production during a given period. Compilation of these indices helps to understand the price changes of material input in agricultural production and facilitate the compilation of national accounts. Before 1994, price indices for means of agricultural production were a sub-category in the retail price indices for commodities, and it has been compiled separately since 1994.

Producer Prices Indices for Farm Products reflect the trend and degree of changes in producers' prices received by farmers when they sell farm products during a given period. These indices depict the change in the level and structure of producer prices for farm products of the country and meet the needs of agricultural statistics and national accounts statistics. The producer price index for a given product is calculated as the geometrical mean of individual indices for all surveyed units which sell such product, and the indices for a product category is obtained as the weighted mean of price indices for all products in the category. Method for calculating accumulative quarterly indices is the same as for calculating the individual quarterly indices.

Producer Price Indices for Industrial Products reflect the trend and degree of changes in general ex-factory prices of all manufactured goods for first sale during a given period.

Purchasing Price Indices for Industrial Producers reflect changes in the level and degree of purchasing prices such as intermediate input such as raw materials, fuels and power.

Price Indices for Investment in Fixed Assets reflect the trend and degree of changes in prices of investment goods and projects in fixed assets during a given period. Removing the factor of price change in the aggregates of investment at current prices, this indicator shows the changes in the prices of commodities and fees involved in the investment of fixed assets, and can be used to observe the actual size, growth, structure, and efficiency of investment in fixed assets.

十、人民生活

People's Livelihood

资料整理：杨　萌　于秋白　杨　文
马　瑞　陈燮函　武德朋

简 要 说 明

一、本篇资料反映陕西城乡居民生活状况，主要包括全省居民家庭常住人口、可支配收入、生活消费支出、主要商品购买数量、耐用消费品拥有情况、居住情况等。

二、本篇资料来源：

全省居民、城镇居民和农村居民收支和生活状况、来源于国家统计局陕西调查总队城乡一体化住户收支与生活状况抽样调查。

三、从2012年四季度起，国家统计局对分别进行的城乡住户调查实施了一体化改革，统一了城乡居民收入指标名称、分类和统计标准，建立了城乡统一的一体化住户调查《住户收支与生活状况调查》。由于2013年调查样本为全新抽取样本，且与往年城镇居民、农村居民抽选总体、方法不同，调查范围更广，统计口径发生变化，与老口径数据存在差异。本年鉴2013年起为新口径数据，2013年以前为按新口径回溯计算数据。

Brief Introduction

Ⅰ. This chapter reflects the people's living conditions in Shaanxi, consisting of the resident population, disposable income, living expenditure, the main commodity purchase quantity, consumer durables situation, the inhabit situation and etc.

Ⅱ. Sources of Data:

The data on the income, expenditure and livelihood of province residents, urban residents and rural residents are obtained from sample surveys on income, expenditure and living conditions by urban and rural household integration under Shaanxi Survey Office of the National Bureau of Statistics.

Ⅲ. In the fourth quarter of 2012, the NBS launched its reform on the household survey programme in order to produce aggregates with the same concepts and definitions for the urban and rural population. This new survey programme is an integrated one whereas there had existed two separate household surveys for the urban and rural households. The reform took a number of measures, including the integration of concepts, classifications and standards, which provided a basis for producing data covering all households. Because of investigation samples in 2013 are brand new samples, the selected population and methods are different from urban and rural residents chosen in previous years. The field of investigation are broader, statistics range have been changed, they are different from the old range data. Since 2013, the data of this yearbook are new range data, and the data of new calibre retrospective calculation before 2013.

10.人民生活

2019 年全省

居民人均可支配收入	24666	元	比上年增长	9.5%
农村居民人均可支配收入	12326	元	比上年增长	9.9%
城镇居民人均可支配收入	36098	元	比上年增长	8.3%

居民人均可支配收入（元）

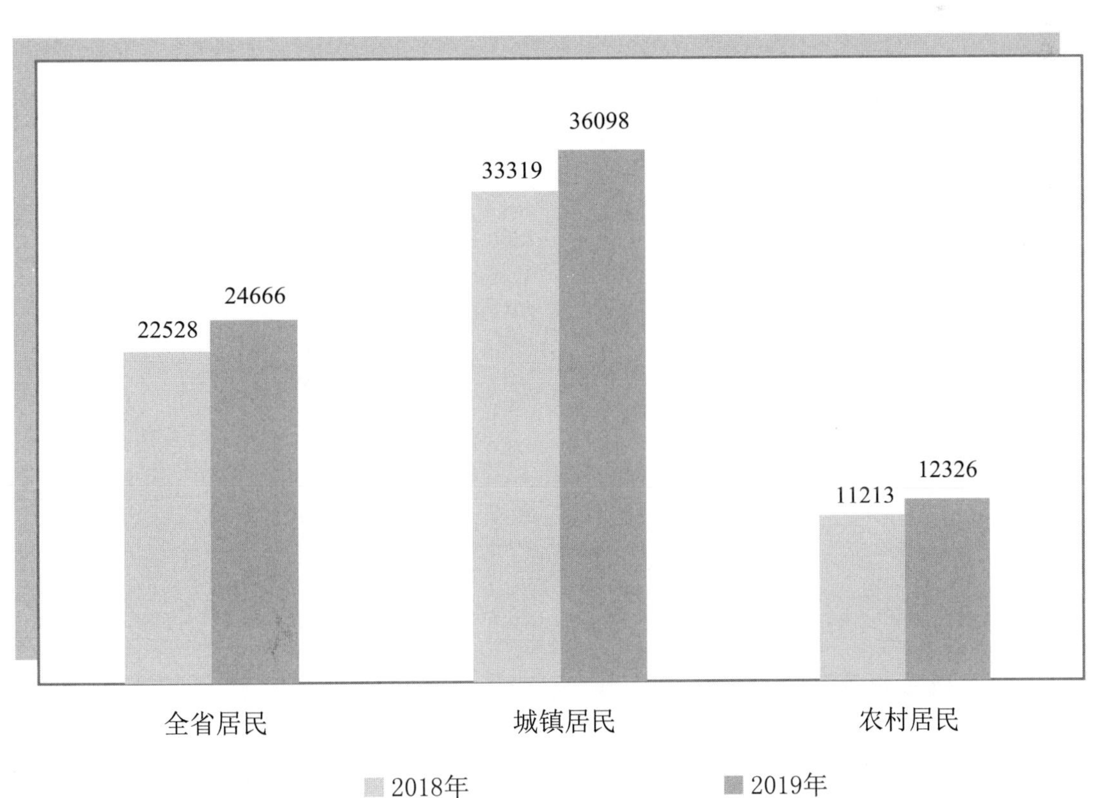

10-1 城乡居民人均可支配收入
Per Capita Disposable Income of Urban and Rural Households

年份 Year	城镇居民人均可支配收入 Per Capita Disposable Income of Urban Households			农村居民人均可支配收入 Per Capita Disposable Income of Rural Households		
	绝对数（元） Value (yuan)	指数 Index（上年=100） (preceding year=100)	指数 Index（1978年=100） (year of 1978=100)	绝对数（元） Value (yuan)	指数 Index（上年=100） (preceding year=100)	指数 Index（1978年=100） (year of 1978=100)
1978	310		100.0	133		100.0
1979				150	111.0	111.0
1980	407		122.8	142	92.6	102.8
1981	427	101.3	124.4	177	122.8	126.1
1982	452	104.9	130.5	218	121.6	153.4
1983	488	106.3	138.7	236	107.4	164.8
1984	552	109.4	151.7	263	108.9	179.5
1985	650	109.5	166.0	295	106.7	191.4
1986	814	117.5	195.1	299	96.8	185.3
1987	905	101.8	198.6	329	103.8	192.5
1988	1040	95.7	190.1	404	106.6	205.3
1989	1239	101.3	192.5	434	89.7	184.1
1990	1369	107.7	207.3	530	104.2	191.9
1991	1498	102.0	211.5	534	96.3	184.7
1992	1705	102.4	216.5	559	98.2	181.4
1993	2102	108.1	234.1	653	106.2	192.6
1994	2684	99.6	233.1	805	97.3	187.4
1995	3310	104.5	243.6	963	99.4	186.2
1996	3810	104.4	254.2	1165	110.0	204.8
1997	4001	99.8	253.8	1273	102.4	209.6
1998	4213	108.0	274.0	1415	113.1	237.1
1999	4638	113.5	310.8	1475	106.6	252.7
2000	5098	109.8	341.2	1472	103.3	261.0
2001	5447	106.9	364.8	1529	101.3	264.3
2002	6277	117.6	428.9	1648	104.6	276.5
2003	6737	106.6	457.4	1741	102.2	282.6
2004	7403	106.9	488.9	1953	106.3	300.4
2005	8159	109.4	534.9	2162	106.9	321.1
2006	9125	109.7	586.9	2396	107.9	346.5
2007	10578	110.5	648.5	2824	110.0	381.1
2008	12613	112.5	729.6	3373	110.6	421.5
2009	13836	109.9	801.8	3722	109.2	460.3
2010	15343	107.1	858.7	4477	112.0	515.5
2011	17836	110.0	944.6	5484	114.3	589.3
2012	20269	110.8	1046.6	6285	111.2	655.3
2013	22346	107.2	1122.0	7092	109.4	716.8
2014	24366	107.3	1203.9	7932	109.9	787.8
2015	26420	107.5	1294.2	8689	108.3	853.2
2016	28440	106.3	1375.7	9396	106.9	912.1
2017	30810	106.4	1463.7	10265	108.1	986.0
2018	33319	106.0	1551.6	11213	106.8	1053.0
2019	36098	105.3	1633.8	12326	106.8	1124.6

注：1.本表绝对数按当年价格计算，指数按可比价格计算。

2.本表为城乡住户调查一体化数据，2013年及以后为新口径调查数据，2013年以前为按新口径回溯计算数据。

a) Level data in this table are calculated at current prices while indices at constant prices.

b) This table is the integrated data of urban and rural household survey,the data of new caliber survey in 2013 and later,and the data of new caliber retrospective calculation before 2013.

10-2 各市(区)城乡居民人均可支配收入
Per Capita Disposable Income of Urban and Rural Households by City (District)

单位：元 (yuan)

地　区	Region	城镇居民人均可支配收入 Per Capita Disposable Income of Urban Households			农村居民人均可支配收入 Per Capita Disposable Income of Rural Households		
		2018	2019	2019年比2018年增长% Increase of 2019 over 2018 (%)	2018	2019	2019年比2018年增长% Increase of 2019 over 2018(%)
西 安 市	Xi'an	38729	41850	8.1	13286	14588	9.8
铜 川 市	Tongchuan	29996	32504	8.4	9289	10229	10.1
宝 鸡 市	Baoji	31802	34446	8.3	11936	13094	9.7
咸 阳 市	Xianyang	33364	36187	8.5	10893	11918	9.4
渭 南 市	Weinan	31133	33674	8.2	11655	12775	9.6
延 安 市	Yan'an	32226	34888	8.3	10786	11876	10.1
汉 中 市	Hanzhong	30380	32828	8.1	10088	11098	10.0
榆 林 市	Yulin	31317	33904	8.3	12034	13226	9.9
安 康 市	Ankang	24977	27016	8.2	9504	10475	10.2
商 洛 市	Shangluo	23491	25503	8.6	9112	10025	10.0
杨凌示范区	Yangling	35193	37994	8.0	12392	13570	9.5

注：本表西安市数据含西咸新区。
a)Data of Xi'an include Xixian new district in this table.

10-3 全省居民家庭基本情况
Basic Conditions of All Households

指　　标	Item	2015	2016	2017	2018	2019
调查户数 (户)	Number of Households Surveyed (household)	4309	4339	4304	4800	4800
调查户人口 (人)	Number of Residents in the Household Surveyed(person)					
1.常住人口	Permanent Residents	13762	13697	13370	14752	14348
2.平均每户常住人口	Average Household Size	3.2	3.2	3.1	3.1	3.0
3.平均每户劳动力人数	Labours Per Households	2.2	2.2	2.2	2.1	2.1
平均每户整劳动力人数	Ablebodied Labours Per Households	1.1	1.1	1.0	1.0	0.9
平均每户半劳动力人数	Semiablebodied Labours Per Households	1.1	1.2	1.2	1.2	1.2
4.平均每劳动力负担人口	Average Number of Persons Supported by a Laborer	1.5	1.5	1.4	1.4	1.4
平均每人可支配收入 (元)	Annual Per Capita Disposable Income (yuan)	17395	18874	20635	22528	24666
工资性收入	Wages Income	9536	10366	11254	12161	13309
经营净收入	Net Income from Business	2531	2538	2630	3034	3256
财产净收入	Property Income	1194	1104	1180	1351	1476
转移净收入	Transfer Income	4134	4866	5571	5982	6625
平均每人生活消费支出 (元)	Annual Per Capita Consumption Expenditure (yuan)	13087	13943	14900	16160	17465
食品、烟酒	Food,Tobacco and Alcohol	3646	3857	4124	4293	4672
衣　着	Clothing	990	1024	1084	1141	1228
居　住	Residence	2786	2851	2979	3388	3625
生活用品及服务	Living Articles and Services	887	953	1036	1201	1151
交通通信	Transportation and Communications	1537	1664	1761	2006	2155
教育文化娱乐	Recreation, Education and Culture Services	1608	1785	1858	2009	2243
医疗保健	Medicine and Medical Services	1364	1528	1705	1749	1978
其他用品和服务	Others	269	281	354	373	413
平均每人年末现住房建筑面积 (平方米)	Floor Area per Capita at Year-end (sq.m)	37.0	38.7	39.3	39.8	40.3

10-4 全省居民人均可支配收入
Per Capita Disposable Income of All Households

单位：元 (yuan)

指　　标	Item	2018	2019
可支配收入	**Disposable Income**	**22528.3**	**24666.3**
一、工资性收入	**Wages Income**	**12161.4**	**13308.7**
(一)工资	Wage	11481.3	12564.5
1.按月发放的工资	The wages by monthly	8573.3	9455.3
2.补发工资	Retroactive pay	269.2	259.4
3.不按月发放的奖金、津贴、过节费等	The Bonus, allowance, holiday fee etc.by no-monthly	2638.8	2849.8
(二)实物福利	Benefits in kind	47.5	41.4
1.从单位或雇主得到的实物产品折价	The Discount of Real Products from the Company or Employer	31.8	21.3
2.从单位或雇主得到的服务折价	The Discount of Services from the Company or Employer	15.7	20.1
3.单位或雇主实物福利报销所得	The Reimbursement Income in kind from the Company or Employer		
(三)其他	Others	632.6	702.9
1.住房公积金	Housing Funds	413.8	533.0
2.辞退金	Dismissal Payments	1.3	3.1
3.自由职业劳动所得(如稿费、翻译费)	Income by liberal work (Such as Remuneration, Translation Fee)	25.5	38.3
4.安家费	Settling-in Allowance	1.0	4.2
5.股票期权	Stock Options		0.2
6.其他劳动所得	Others	191.0	124.2
二、经营净收入	**Net Income from Business**	**3034.0**	**3256.2**
(一)第一产业经营净收入	Net Income from Primary Industry Business	1454.7	1569.1
1.农业	Agricultural	1254.7	1319.9
2.林业	Forestry	51.5	72.8
3.牧业	Animal Husbandry	149.2	177.5
4.渔业	Fishery	-0.7	-1.1
(二)第二产业经营净收入	Net Income from Secondary Industry Business	158.1	165.5
(三)第三产业经营净收入	Net Income from Tertiary Industry Business	1421.2	1521.5
1.批发和零售业	Wholesale and Retail Trades	716.9	751.7
2.交通运输、仓储和邮政业	Transport, Storage and Post	257.6	285.2
3.住宿和餐饮业	Hotels and Catering Services	190.0	220.0
4.房地产业	Real Estate	-4.3	-21.0
5.租赁和商务服务业	Leasing and Business Services	9.3	18.1
6.居民服务、修理和其他服务业	Services to Households and Other Services	195.8	208.5
7.农林牧渔服务业	Services to Agriculture, Forestry, Animal Husbandry and Fishery	17.3	10.2
8.其他	Others	38.6	48.7

10-4 续表 continued

单位：元 (yuan)

指 标	Item	2018	2019
三、财产净收入	**Net Income from Properties**	**1350.5**	**1475.8**
# 利息净收入	Net Interests	66.0	91.7
红利收入	Bonus	239.3	227.2
储蓄性保险净收益	Net Benefits of Savings Insurance	4.4	1.2
转让承包土地经营权租金净收入	The Rent Income by Transfer of Land Rights	42.8	50.5
出租房屋财产性收入	The Property Income by Renting House	371.4	426.8
出租机械、专利、版权等资产的收入	The Income by Renting Assets like Mechanical, Patents, Copyright ect.	20.9	28.8
四、转移净收入	**Net Income from Transfer**	**5982.4**	**6625.4**
(一)转移性收入	Income from Transfer	6907.0	7634.2
1.养老金或离退休金	Pension or Retired Pension	4426.4	4877.1
2.社会救济和补助	Social Relief and Aid	121.5	143.3
3.政策性生活补贴	Policy Allowance	77.7	93.3
4.报销医疗费	Reimbursement of Medical treatment	317.1	373.9
5.家庭外出从业人员寄回带回收入	Income from Family Outings Employees	1286.5	1442.4
6.赡养收入	Alimony Income	447.5	473.5
7.其他经常转移收入	Others Recurring Income from Transfer	74.7	69.7
8.从政府和组织得到的实物产品和服务折价	The Discount of Real Products and Services from the Governments and Organizations	40.2	41.5
9.现金政策性惠农补贴	The Cash Policy Subsidies for Agricultural	115.4	119.3
(二)转移性支出	Transfer Expenditure	924.6	1008.8
1.个人所得税	Personal Income Tax	50.7	49.5
2.社会保障支出	Expenditure for Social Security	735.6	819.0
3.外来从业人员寄给家人的支出	Expenditure for Family from Migrant Workers	0.9	2.3
4.赡养支出	Expenditure for Alimony	97.8	93.5
5.其他	Others	39.6	44.5

10-5 全省居民人均生活消费支出
Per Capita Consumption Expenditure of All Households

单位：元 (yuan)

指　标	Item	2018	2019
生活消费支出	**Total Consumption Expenditure**	**16159.7**	**17464.9**
一、食品、烟酒	**Food,Tobacco and Alcohol**	**4292.5**	**4671.9**
1.食　品	Food	2711.2	2778.4
# 谷　物	Grain	445.9	435.8
薯　类	Potato	71.2	88.5
豆　类	Beans	51.1	52.5
食用油	Edible Oil	145.5	135.6
蔬菜和食用菌	Vegetables and Edible Mushrooms	379.6	352.6
肉　类	Meat	475.5	523.1
禽　类	Poultry	62.1	77.2
水产品	Aquatic Products	74.4	85.3
蛋　类	Eggs	75.0	83.5
奶　类	Milk	287.1	277.4
干鲜瓜果类	Fresh and Dried Fruits	326.7	363.3
糖果糕点类	Candy and Pastry	118.0	111.7
2.烟　酒	Tobacco and Alcohol	490.2	534.8
# 烟　草	Tobacco	319.6	377.6
酒　类	Alcohol	170.7	157.2
3.饮　料	Beverages	99.7	112.7
4.饮食服务	Catering Services	991.4	1246.1
二、衣　着	**Clothing**	**1141.1**	**1227.5**
# 衣　类	Garments	915.7	983.1
鞋　类	Footwear	225.4	244.4
三、居　住	**Residence**	**3388.2**	**3625.3**
# 租赁房房租	Rental Housing Rent	157.1	199.9
住房维修及管理	Housing Repair and Management	615.1	644.5
水电燃料及其他	Water,Electric Power Fuel and Others	839.8	862.3
四、生活用品及服务	**Living Articles and Services**	**1200.8**	**1151.1**
# 家具及室内装饰品	Furniture and External Decorations	223.9	202.1
家用器具	Household Appliances	343.3	300.8
家用纺织品	Household textile	102.4	92.9
家庭日用杂品	Household Articles of Daily Use	266.5	252.4
个人用品	Personal Items	210.1	244.9
家庭服务	Household Services	54.6	58.0
五、交通通信	**Transportation and Communications**	**2005.8**	**2154.8**
# 交　通	Transportation	1422.8	1513.8
通　信	Communications	583.0	641.0
六、教育文化娱乐	**Recreation, Education and Culture Services**	**2008.8**	**2243.4**
# 教　育	Education	1304.3	1551.9
文化娱乐	Recreation	704.5	691.5
七、医疗保健	**Medicine and Medical Services**	**1749.4**	**1977.5**
医疗器具及药品	Medical Instruments and Medicines	600.2	630.7
医疗服务	Medical Services	1149.2	1346.8
八、其他用品和服务	**Others**	**373.2**	**413.3**

10-6　全省居民家庭人均购买主要商品数量
Per Capita Purchases of Major Commodities of All Households

品　名		Item		2018	2019
小　麦	(公斤)	Wheat	(kg)	0.6	0.5
面　粉	(公斤)	Flour	(kg)	30.5	28.7
大　米	(公斤)	Rice	(kg)	16.8	16.4
薯　类	(公斤)	Potato	(kg)	12.6	15.6
豆　类	(公斤)	Beans	(kg)	8.6	9.6
食用植物油	(公斤)	Edible Vegetable Oil	(kg)	9.8	9.5
鲜　菜	(公斤)	Fresh Vegetables	(kg)	70.1	74.4
猪　肉	(公斤)	Pork	(kg)	10.9	10.1
牛　肉	(公斤)	Beef	(kg)	1.0	1.2
羊　肉	(公斤)	Mutton	(kg)	1.0	1.3
鸡	(公斤)	Chicken	(kg)	2.0	2.4
鸭	(公斤)	Duck	(kg)	0.1	0.1
鱼　类	(公斤)	Fish	(kg)	1.9	2.3
虾　类	(公斤)	Shrimp	(kg)	0.3	0.4
鲜　蛋	(公斤)	Fresh Eggs	(kg)	7.3	8.2
鲜　奶	(公斤)	Fresh Milk	(kg)	7.9	8.8
酸　奶	(公斤)	Yogurt	(kg)	3.3	3.9
奶　粉	(公斤)	Milk Powder	(kg)	0.9	0.9
鲜瓜果	(公斤)	Fresh Fruits	(kg)	41.8	45.8
糕　点	(公斤)	Cake	(kg)	3.6	3.9
茶　叶	(公斤)	Tea	(kg)	0.3	0.3
卷　烟	(盒)	Cigarette	(box)	32.7	36.0
啤　酒	(公斤)	Beer	(kg)	3.0	2.9
白　酒	(公斤)	Liquor	(kg)	1.6	1.5
果　酒	(公斤)	Wine	(kg)	0.2	0.2
鞋	(双)	Footwear	(pair)	2.3	2.4
水	(吨)	Water	(ton)	21.8	23.8
电	(度)	Electricity	(kwh)	586.4	620.0
煤　炭	(公斤)	Coal	(kg)	115.2	97.7
管道天燃气	(立方米)	Pipeline Natural Gas	(cu.m)	61.9	51.2
罐装液化石油气	(公斤)	Canned Liquified Petroleum Gas	(kg)	3.3	2.3

10-7 全省居民家庭平均每百户年末耐用消费品拥有量
Main Durable Goods Owned Per 100 All Households

指 标		Item		2018	2019
家用汽车	(辆)	Automobile	(unit)	27.7	28.8
摩托车	(辆)	Motorcycle	(unit)	37.8	35.4
助力车	(台)	Strength-aid Cycle	(unit)	36.7	39.3
洗衣机	(台)	Washing Machine	(unit)	94.3	96.6
电冰箱(柜)	(台)	Refrigerator	(unit)	89.9	91.8
微波炉	(台)	Microwave Oven	(unit)	25.8	25.7
彩色电视机	(台)	Color TV Set	(unit)	104.3	104.7
# 接入有线电视		Cable TV Set		42.4	
空 调	(台)	Air Conditioner	(unit)	80.6	84.4
热水器	(台)	Water Heater	(unit)	69.8	69.3
# 太阳能热水器		Solar Water Heater		32.4	
消毒碗柜	(台)	Sterilizing Cupboard	(unit)		
洗碗机	(台)	Dish Washer	(unit)	0.9	0.9
排油烟机	(台)	Exhauster	(unit)	43.9	45.7
固定电话	(线)	Ordinary Telephone	(unit)	13.6	8.0
移动电话	(部)	Mobile Telephone	(unit)	247.0	248.5
# 接入互联网		Access to the Internet		161.4	177.1
计算机	(台)	Computer	(unit)	36.8	37.3
# 接入互联网		Access to the Internet		26.7	27.5
摄像机	(台)	Pickup Camera	(unit)		
照相机	(台)	Camera	(unit)	10.6	10.2
中高档乐器	(架)	High-end Instruments	(unit)	2.8	3.7
健身器材	(台)	Setting-up Apparatus	(unit)	3.1	3.9
组合音响	(套)	Music Center	(set)		
空气净化器(含新风系统)	(台)	Air Cleaner(Including Fresh Air System)	(unit)	3.7	4.7
吸尘器	(台)	Vacuum Cleaners	(unit)	3.9	5.0

10–8 全省居民家庭年末居住情况
Housing Conditions of All Households

指　　标		Item		2018	2019
调查户数	(户)	Number of Households Surveyed	(household)	4800	4800
平均每户居住人口	(人)	Average Number of Resident Population	(person)	3.1	3.0
平均每人建筑面积	(平方米)	The Average Floor Area Per Person	(sq.m)	39.8	40.3
一、按住户居住空间样式分	(%)	By Style of Living Space	(%)	100.0	100.0
单栋楼房		Dependent Building		17.0	15.2
单栋平房		Single-storey House		34.0	35.4
四居室及以上单元房		Four Bedrooms		0.9	0.5
三居室单元房		Three Bedrooms		16.8	16.9
二居室单元房		Two Bedrooms		18.1	20.1
一居室单元房		One Bedroom		1.7	1.3
筒子楼或连片平房		Tube-shaped Apartment or Lace Single-storey Houses		6.7	5.7
其他		Others		4.8	4.9
二、按主要建筑材料分	(%)	By Main Building Materials	(%)	100.0	100.0
钢筋混凝土		Reinforced Concrete		36.7	37.7
砖混材料		Brick-and-concrete Buildings		50.3	48.2
砖瓦砖木		Brick and Brick-wood Structure		8.3	8.6
竹草土坯		Bamboo Grass and Sun-dried Mud Brick		1.3	1.0
其他		Others		3.4	4.5
三、按现住房房屋来源分	(%)	By Source of Housing	(%)	100.0	100.0
租赁公房		Public-rent Housing		1.2	1.2
租赁私房		Private-rent Housing		4.5	4.3
自建住房		Self-establish Housing		58.1	58.0
购买商品房		Commercial Residential Housing		20.8	21.8
购买房改住房		Private Housing through Housing Reform		7.9	8.2
购买保障性住房		Indemnificatory Housing		2.2	2.0
拆迁安置房		Resettlement Housing		2.5	2.0
继承或获赠住房		Inheriting and Donation Housing		1.5	1.0
免费借用房		Free Housing		0.7	0.8
雇主提供免费住房		Free Housing from Employer		0.1	0.1
其他		Others		0.5	0.6
四、按住宅外道路路面情况分	(%)	By Pavement Condition Outside	(%)	100.0	100.0
水泥或柏油路面		Cement or Asphalt Pavement		87.0	87.6
沙石或石板等硬质路面		Hard Sand or Stone Pavement		8.2	7.9
其他		Others		4.8	4.5
五、按住宅有管道供水情况分	(%)	By Piped Water Supply Condition	(%)	100.0	
管道供水入户		Pipe water into People's Homes		91.6	
管道供水至公共取水点		Pipe water to Public Watering Points		1.3	
没有管道设施		No Pipeline Facilities		7.1	
六、按住户主要饮用水来源情况分	(%)	By Source of main Drinking Water	(%)	100.0	100.0
经过净化处理的自来水		Purified Tap Water		73.5	76.7
受保护的井水和泉水		Protected Wells and Springs		18.7	16.4
不受保护的井水和泉水		Unprotected Wells and Springs		4.4	3.8
江河湖泊水		Rivers and Lakes Water		0.6	0.3
收集雨水		Collected Rainwater		1.6	1.7
桶装水		Barrels Water		0.6	0.8
其他		Others		0.6	0.3
七、按住户厕所类型分	(%)	By Household Lavatory Type	(%)	100.0	100.0
水冲式卫生厕所		Sanitary Water Closet		51.9	61.4
水冲式非卫生厕所		Insanitary Water Closet		1.6	20.9
卫生旱厕		Sanitary Latrine		10.8	9.1
普通旱厕		Latrine		34.9	8.5
无厕所		No Lavatory		0.8	0.1
八、按住户主要取暖设备状况分	(%)	By Heating Facilities Condition	(%)	100.0	100.0
由市政或小区集中供暖		Central Heating		23.9	23.5
自行供暖		Self Heating		59.1	61.5
无取暖设备		Without Heating Equipment		17.0	15.0
九、按主要炊用能源状况分	(%)	By Cooking Fuel Condition	(%)	100.0	100.0
柴草		Firewood		29.3	27.7
煤炭		Coal		8.6	8.6
罐装液化石油气		Canned Liquified Petroleum Gas		4.8	3.9
管道液化石油气		Pipeline Liquified Petroleum Gas		0.8	0.4
管道煤气		Pipeline Gas		0.2	0.2
管道天然气		Pipeline Natural Gas		32.3	34.6
电		Electricity		23.4	24.4
沼气		Methane		0.0	
其他		Others		0.6	0.2

10—9 城镇居民家庭基本情况
Basic Conditions of Urban Households

指 标	Item	2015	2016	2017	2018	2019
调查户数 (户)	Number of Households Surveyed (household)	1729	1748	1715	2830	2830
调查户人口 (人)	Number of Residents in the Household Surveyed(person)					
1.常住人口	Permanent Residents	5085	5066	4939	8638	8424
2.平均每户常住人口	Average Household Size	2.9	2.9	2.9	3.1	3.0
3.平均每户劳动力人数	Labours Per Households	2.1	2.1	2.1	2.1	2.1
平均每户整劳动力人数	Ablebodied Labours Per Households	1.1	1.1	1.0	1.1	1.0
平均每户半劳动力人数	Semiablebodied Labours Per Households	1.0	1.0	1.0	1.0	1.1
4.平均每劳动力负担人口	Average Number of Persons Supported by a Laborer	1.4	1.4	1.4	1.4	1.4
平均每人可支配收入 (元)	Annual Per Capita Disposable Income (yuan)	26420	28440	30810	33319	36098
工资性收入	Wages Income	15742	16877	18106	19352	20983
经营净收入	Net Income from Business	2140	2014	2029	2582	2760
财产净收入	Property Income	2274	2056	2156	2451	2644
转移净收入	Transfer Income	6264	7493	8520	8934	9711
平均每人生活消费支出 (元)	Annual Per Capita Consumption Expenditure (yuan)	18464	19369	20388	21966	23514
食品、烟酒	Food,Tobacco and Alcohol	5146	5422	5799	5929	6376
衣 着	Clothing	1500	1542	1627	1728	1816
居 住	Residence	3823	3681	3797	4301	4641
生活用品及服务	Living Articles and Services	1298	1368	1487	1740	1611
交通通信	Transportation and Communications	2308	2456	2395	2753	2891
教育文化娱乐	Recreation, Education and Culture Services	2202	2474	2618	2730	3037
医疗保健	Medicine and Medical Services	1784	2017	2141	2233	2528
其他用品和服务	Others	403	409	526	552	614
平均每人年末现住房建筑面积 (平方米)	Floor Area per Capita at Year-end (sq.m)	31.3	32.6	32.7	38.2	38.8

10-10 城镇居民人均可支配收入
Per Capita Disposable Income of Urban Households

单位：元 (yuan)

指　　标	Item	2018	2019
可支配收入	**Disposable Income**	**33319.3**	**36098.2**
一、工资性收入	**Wages Income**	**19352.5**	**20982.9**
(一)工资	Wage	18207.3	19737.7
1.按月发放的工资	The wages by monthly	15231.3	16512.6
2.补发工资	Retroactive pay	366.5	352.5
3.不按月发放的奖金、津贴、过节费等	The Bonus,allowance,holiday fee etc.by no-monthly	2609.5	2872.5
(二)实物福利	Benefits in kind	71.1	60.1
1.从单位或雇主得到的实物产品折价	The Discount of Real Products from the Company or Employer	46.5	33.1
2.从单位或雇主得到的服务折价	The Discount of Services from the Company or Employer	24.6	27.0
(三)其他	Others	1074.2	1185.2
1.住房公积金	Housing Funds	808.4	1025.8
2.辞退金	Dismissal Payments	2.5	
3.自由职业劳动所得(如稿费、翻译费)	Income by liberal work (Such as Remuneration, Translation Fee)	29.3	35.0
4.安家费	Settling-in Allowance	2.0	7.0
5.股票期权	Stock Options		0.5
6.其他劳动所得	Others	232.0	116.9
二、经营净收入	**Net Income from Business**	**2581.9**	**2760.2**
(一)第一产业经营净收入	Net Income from Primary Industry Business	380.3	428.0
(二)第二产业经营净收入	Net Income from Secondary Industry Business	265.8	278.0
(三)第三产业经营净收入	Net Income from Tertiary Industry Business	1935.7	2054.3
1.批发和零售业	Wholesale and Retail Trades	1055.8	1117.2
2.交通运输、仓储和邮政业	Transport, Storage and Post	271.9	357.3
3.住宿和餐饮业	Hotels and Catering Services	292.7	272.3
4.房地产业	Real Estate	-2.2	-37.2
5.租赁和商务服务业	Leasing and Business Services	2.3	6.1
6.居民服务、修理和其他服务业	Services to Households and Other Services	260.0	283.3
7.农林牧渔服务业	Services to Agriculture, Forestry, Animal Husbandry and Fishery	4.4	-0.3
8.其他	Others	50.8	55.7

10-10 续表 continued

单位：元 (yuan)

指 标	Item	2018	2019
三、财产净收入	**Net Income from Properties**	**2450.9**	**2644.3**
# 利息净收入	Net Interests	135.0	177.9
红利收入	Bonus	392.9	372.5
储蓄性保险净收益	Net Benefits of Savings Insurance	7.8	2.1
出租房屋财产性收入	The Property Income by Renting House	685.2	791.8
出租机械、专利、版权等资产的收入	The Income by Renting Assets like Mechanical,Patents,Copyright ect.	35.9	40.2
四、转移净收入	**Net Income from Transfer**	**8933.9**	**9710.8**
(一)转移性收入	Income from Transfer	10397.8	11353.7
1.养老金或离退休金	Pension or Retired Pension	7893.3	8597.9
# 离退休金	Retired Pension	7654.6	8310.7
城镇居民社会养老保险	Urban Employee Social Pension Insurance	63.8	49.9
2.社会救济和补助	Social Relief and Aid	70.7	76.5
3.政策性生活补贴	Policy Allowance	86.4	91.7
4.报销医疗费	Reimbursement of Medical treatment	419.7	493.6
5.家庭外出从业人员寄回带回收入	Income from Family Outings Employees	1171.2	1362.5
6.赡养收入	Alimony Income	578.3	567.7
7.其他经常转移收入	Others Recurring Income from Transfer	97.2	99.8
8.从政府和组织得到的实物产品和服务折价	The Discount of Real Products and Services from the Governments and Organizations	49.6	37.0
9.现金政策性惠农补贴	The Cash Policy Subsidies for Agricultural	31.3	26.9
10.其他	Others		
(二)转移性支出	Transfer Expenditure	1463.8	1642.9
1.个人所得税	Personal Income Tax	97.1	91.6
2.社会保障支出	Expenditure for Social Security	1145.1	1329.7
(1)个人缴纳的养老保险	Pension Insurance Personal Rendered	788.1	923.5
(2)个人缴纳的医疗保险	Medical Care Insurance Personal Rendered	307.6	329.5
(3)个人缴纳的失业保险	Unemployment Insurance Personal Rendered	29.0	34.4
(4)其他社会保障支出	Others	20.3	42.3
3.外来从业人员寄给家人的支出	Expenditure for Family from Migrant Workers	1.0	1.5
4.赡养支出	Expenditure for Alimony	159.9	152.6
5.其他	Others	60.7	67.5

10–11 城镇居民人均生活消费支出
Per Capita Consumption Expenditure of Urban Households

单位：元 (yuan)

指　　标	Item	2018	2019
生活消费支出	**Total Consumption Expenditure**	**21966.4**	**23514.3**
一、食品、烟酒	**Food,Tobacco and Alcohol**	**5928.7**	**6376.3**
1.食　品	Food	3529.8	3560.1
# 谷　物	Grain	476.0	463.4
薯　类	Potato	69.2	74.9
豆　类	Beans	64.4	63.1
食用油	Edible Oil	155.0	137.3
蔬菜和食用菌	Vegetables and Edible Mushrooms	503.5	466.4
肉　类	Meat	614.2	675.8
禽　类	Poultry	92.6	110.7
水产品	Aquatic Products	130.7	143.8
蛋　类	Eggs	98.7	104.1
奶　类	Milk	396.2	377.8
干鲜瓜果类	Fresh and Dried Fruits	503.1	551.3
糖果糕点类	Candy and Pastry	174.0	161.4
2.烟　酒	Tobacco and Alcohol	578.3	622.5
# 烟　草	Tobacco	367.6	422.4
酒　类	Alcohol	210.6	200.1
3.饮　料	Beverages	137.5	157.8
4.饮食服务	Catering Services	1683.0	2035.8
二、衣　着	**Clothing**	**1728.2**	**1816.1**
# 衣　类	Garments	1396.2	1472.0
鞋　类	Footwear	332.0	344.1
三、居　住	**Residence**	**4300.9**	**4641.2**
# 租赁房房租	Rental Housing Rent	236.3	284.5
住房维修及管理	Housing Repair and Management	705.9	734.1
水电燃料及其他	Water,Electric Power Fuel and Others	1101.7	1081.8
四、生活用品及服务	**Living Articles and Services**	**1740.5**	**1610.7**
# 家具及室内装饰品	Furniture and External Decorations	354.8	264.7
家用器具	Household Appliances	466.5	409.4
家用纺织品	Household textile	144.3	133.8
家庭日用杂品	Household Articles of Daily Use	342.2	315.0
个人用品	Personal Items	343.0	391.2
家庭服务	Household Services	89.8	96.6
五、交通通信	**Transportation and Communications**	**2752.7**	**2890.8**
# 交　通	Transportation	1990.5	2064.0
通　信	Communications	762.2	826.9
六、教育文化娱乐	**Recreation, Education and Culture Services**	**2729.7**	**3036.8**
# 教　育	Education	1559.9	1888.7
文化娱乐	Recreation	1169.7	1148.1
七、医疗保健	**Medicine and Medical Services**	**2233.4**	**2528.4**
医疗器具及药品	Medical Instruments and Medicines	813.0	865.3
医疗服务	Medical Services	1420.4	1663.1
八、其他用品和服务	**Others**	**552.4**	**613.8**

10-12 城镇居民家庭人均购买主要商品数量
Per Capita Purchases of Major Commodities of Urban Households

指标		Item		2018	2019
小麦	(公斤)	Wheat	(kg)	0.4	0.3
面粉	(公斤)	Flour	(kg)	22.9	21.2
大米	(公斤)	Rice	(kg)	17.7	16.1
薯类	(公斤)	Potato	(kg)	16.1	19.6
豆类	(公斤)	Beans	(kg)	10.5	11.0
食用植物油	(公斤)	Edible Vegetable Oil	(kg)	10.0	9.1
鲜菜	(公斤)	Fresh Vegetables	(kg)	91.4	99.4
猪肉	(公斤)	Pork	(kg)	13.0	12.0
牛肉	(公斤)	Beef	(kg)	1.6	1.9
羊肉	(公斤)	Mutton	(kg)	1.3	1.7
鸡	(公斤)	Chicken	(kg)	2.9	3.4
鸭	(公斤)	Duck	(kg)	0.2	0.2
鱼类	(公斤)	Fish	(kg)	3.2	3.5
虾类	(公斤)	Shrimp	(kg)	0.6	0.7
鲜蛋	(公斤)	Fresh Eggs	(kg)	9.7	10.2
鲜奶	(公斤)	Fresh Dairy Products	(kg)	12.0	12.6
酸奶	(公斤)	Yogurt	(kg)	5.4	6.2
奶粉	(公斤)	Milk Powder	(kg)	1.0	0.9
鲜瓜果	(公斤)	Fresh Fruit	(kg)	59.1	64.2
糕点	(公斤)	Cake	(kg)	5.0	5.3
茶叶	(公斤)	Tea	(kg)	0.4	0.4
卷烟	(盒)	Cigarette	(box)	28.8	31.1
啤酒	(公斤)	Beer	(kg)	2.8	2.7
白酒	(公斤)	Liquor	(kg)	1.6	1.6
果酒	(公斤)	Wine	(kg)	0.2	0.2
鞋	(双)	Footwear	(pair)	2.7	2.6
水	(吨)	Water	ton)	32.1	31.8
电	(度)	Electricity	(kwh)	705.6	741.7
煤炭	(公斤)	Coal	(kg)	56.9	45.5
管道天燃气	(立方米)	Gas pipeline	(cu.m)	112.0	91.6
罐装液化石油气	(公斤)	Bottled LPG	(kg)	2.8	2.1

10–13　城镇居民家庭平均每百户年末耐用消费品拥有量
Main Durable Goods Owned Per 100 Urban Households

指　　标		Item		2018	2019
家用汽车	(辆)	Automobile	(unit)	36.6	37.4
摩托车	(辆)	Motorcycle	(unit)	20.1	18.4
助力车	(台)	Strength-aid Cycle	(unit)	30.9	33.1
洗衣机	(台)	Washing Machine	(unit)	98.3	99.8
电冰箱(柜)	(台)	Refrigerator	(unit)	97.0	97.9
微波炉	(台)	Microwave Oven	(unit)	42.1	41.4
彩色电视机	(台)	Color TV Set	(unit)	104.0	104.4
# 接入有线电视		Cable TV Set		55.0	
空　调	(台)	Air Conditioner	(unit)	115.1	120.7
热水器	(台)	Water Heater	(unit)	86.1	86.0
# 太阳能热水器		Solar Water Heater		28.4	
洗碗机	(台)	Dish Washer	(unit)	1.4	1.1
排油烟机	(台)	Exhauster	(unit)	72.0	74.3
固定电话	(线)	Ordinary Telephone	(unit)	19.7	10.2
移动电话	(部)	Mobile Telephone	(unit)	236.6	238.2
# 接入互联网		Access to the Internet		165.3	180.7
计算机	(台)	Computer	(unit)	55.9	56.0
# 接入互联网		Access to the Internet		41.3	42.3
照相机	(台)	Camera	(unit)	19.0	18.0
中高档乐器	(架)	High-end Instruments	(unit)	4.8	6.4
健身器材	(台)	Setting-up Apparatus	(unit)	5.5	7.0
空气净化器（含新风系统）	(台)	Air Cleaner (Including Fres	(unit)	6.8	8.5
吸尘器	(台)	Vacuum Cleaners	(unit)	6.9	9.2

10—14 城镇居民家庭年末居住情况
Housing Conditions of Urban Households

指标	Item	2018	2019
调查户数 (户)	Number of Households Surveyed (household)	2830	2830
平均每户居住人口 (人)	Average Number of Resident Population (person)	3.1	3.0
平均每人建筑面积 (平方米)	The Average Floor Area Per Person (sq.m)	38.2	38.8
一、按住户居住空间样式分 (%)	By Style of Living Space (%)	100.0	100.0
单栋楼房	Dependent Building	13.0	11.4
单栋平房	Single-storey House	13.0	13.3
四居室及以上单元房	Four Bedrooms	1.5	0.9
三居室单元房	Three Bedrooms	30.1	30.0
二居室单元房	Two Beedrooms	33.6	36.7
一居室单元房	One Beedroom	3.1	2.3
筒子楼或连片平房	Tube-shaped Apartment or Lace Single-storey Houses	4.6	4.2
其他	Others	1.1	1.2
二、按主要建筑材料分 (%)	By Main Building Materials (%)	100.0	100.0
钢筋混凝土	Reinforced Concrete	56.2	57.6
砖混材料	Brick-and-concrete Buildings	39.6	38.3
砖瓦砖木	Brick and Brick-wood Structure	2.8	2.7
竹草土坯	Bamboo Grass and Sun-dried Mud Brick	0.2	0.1
其他	Others	1.2	1.3
三、按现住房房屋来源分 (%)	By Source of Housing (%)	100.0	100.0
租赁公房	Public-rent Housing	2.2	2.2
租赁私房	Private-rent Housing	6.5	6.6
自建住房	Self-establish Housing	26.6	26.8
购买商品房	Commercial Residential Housing	38.2	39.2
购买房改住房	Private Housing through Housing Reform	14.8	15.2
购买保障性住房	Indemnificatory Housing	4.0	3.4
拆迁安置房	Resettlement Housing	3.4	3.1
继承或获赠住房	Inheriting and Donation Housing	2.4	1.1
免费借用房	Free Housing	0.9	1.2
雇主提供免费住房	Free Housing from Employer	0.2	0.2
其他	Others	0.8	1.0
四、按住宅外道路路面情况分 (%)	By Pavement Condition Outside (%)	100.0	100.0
水泥或柏油路面	ement or Asphalt Pavement	95.1	96.5
沙石或石板等硬质路面	Hard Sand or Stone Pavement	3.9	3.0
其他	Others	1.0	0.5
五、按住宅有管道供水情况分 (%)	By Piped Water Supply Condition (%)	100.0	
管道供水入户	Pipe water into People's Homes	97.3	
管道供水至公共取水点	Pipe water to Public Watering Points	0.9	
没有管道设施	No Pipeline Facilities	1.8	
六、按住户主要饮用水来源情况分 (%)	By Source of main Drinking Water (%)	100.0	100.0
经过净化处理的自来水	Purified Tap Water	90.0	90.7
受保护的井水和泉水	Protected Wells and Springs	6.4	6.0
不受保护的井水和泉水	Unprotected Wells and Springs	1.4	1.2
江河湖泊水	Rivers and Lakes Water	0.6	0.4
收集雨水	Collected Rainwater	0.2	0.2
桶装水	Barrels Water	1.1	1.4
其他	Others	0.3	0.1
七、按住户厕所类型分 (%)	By Household Lavatory Type (%)	100.0	100.0
水冲式卫生厕所	Sanitary Water Closet	82.6	86.4
水冲式非卫生厕所	Insanitary Water Closet	1.4	8.3
卫生旱厕	Sanitary Latrine	3.7	2.1
普通旱厕	Latrine	11.5	3.2
无厕所	No Lavatory	0.8	
八、按住户主要取暖设备状况分 (%)	By Heating Facilities Condition (%)	100.0	100.0
由市政或小区集中供暖	Central Heating	44.4	43.2
自行供暖	Self Heating	46.3	48.4
无取暖设备	Without Heating Equipment	9.3	8.4
九、按主要炊用能源状况分 (%)	By Cooking Fuel Condition (%)	100.0	100.0
柴草	Firewood	7.1	5.8
煤炭	Coal	4.3	3.4
罐装液化石油气	Canned Liquified Petroleum Gas	4.8	4.4
管道液化石油气	Pipeline Liquified Petroleum Gas	1.2	0.8
管道煤气	Pipeline Gas	0.4	0.3
管道天然气	Pipeline Natural Gas	57.7	61.0
电	Electricity	23.6	24.0
沼气	Methane		
其他	Others	0.9	0.3

10-15 农村居民家庭基本情况
Basic Conditions of Rural Households

指 标	Item	2015	2016	2017	2018	2019
调查户数 (户)	Number of Households Surveyed (household)	2580	2591	2589	1970	1970
调查户人口 (人)	Number of Residents in the Household Surveyed(person)					
1.常住人口	Permanent Residents	8677	8631	8432	6114	5924
2.平均每户常住人口	Average Household Size	3.4	3.3	3.3	3.1	3.0
3.平均每户劳动力人数	Labours Per Households	2.3	2.3	2.3	2.1	2.1
平均每户整劳动力人数	Ablebodied Labours Per Households	1.1	1.0	0.9	0.8	0.7
平均每户半劳动力人数	Semiablebodied Labours Per Households	1.2	1.3	1.3	1.3	1.4
4.平均每劳动力负担人口	Average Number of Persons Supported by a Laborer	1.5	1.5	1.4	1.5	1.4
平均每人可支配收入 (元)	Annual Per Capita Disposable Income (yuan)	8689	9396	10265	11213	12326
工资性收入	Wages Income	3548	3916	4272	4621	5025
经营净收入	Net Income from Business	2909	3058	3242	3508	3792
财产净收入	Property Income	152	159	185	197	214
转移净收入	Transfer Income	2080	2263	2566	2887	3295
平均每人生活消费支出 (元)	Annual Per Capita Consumption Expenditure (yuan)	7901	8568	9306	10071	10935
食品、烟酒	Food,Tobacco and Alcohol	2199	2307	2417	2577	2832
衣 着	Clothing	496	511	531	526	592
居 住	Residence	1786	2026	2145	2431	2529
生活用品及服务	Living Articles and Services	491	543	577	635	655
交通通信	Transportation and Communications	793	880	1114	1223	1360
教育文化娱乐	Recreation, Education and Culture Services	1037	1103	1083	1253	1387
医疗保健	Medicine and Medical Services	959	1044	1260	1241	1383
其他用品和服务	Others	140	154	178	185	197
平均每人年末现住房建筑面积 (平方米)	Floor Area per Capita at Year-end (sq.m)	42.6	44.7	46.0	41.5	41.8

10–16 农村居民人均可支配收入
Per Capita Disposable Income of Rural Households

单位：元 (yuan)

指 标	Item	2018	2019
可支配收入	**Disposable Income**	**11212.8**	**12325.7**
一、工资性收入	**Wages Income**	**4620.8**	**5024.6**
(一)工资	Wage	4428.4	4821.1
1.按月发放的工资	The wages by monthly	1591.6	1837.0
2.补发工资	Retroactive pay	167.3	158.9
3.不按月发放的奖金、津贴、过节费等	The Bonus, allowance, holiday fee etc.by no-monthly	2669.5	2825.2
(二)实物福利	Benefits in kind	22.8	21.3
1.从单位或雇主得到的实物产品折价	The Discount of Real Products from the Company or Employer	16.4	8.7
2.从单位或雇主得到的服务折价	The Discount of Services from the Company or Employer	6.5	12.6
(三)其他	Others	169.5	182.2
1.住房公积金	Housing Funds	0.2	1.0
2.辞退金	Dismissal Payments		6.4
3.自由职业劳动所得(如稿费、翻译费)	Income by liberal work (Such as Remuneration,Translation Fee)	21.4	41.7
4.安家费	Settling-in Allowance		1.1
5.股票期权	Stock Options		
6.其他劳动所得	Others	148.0	132.0
二、经营净收入	**Net Income from Business**	**3508.0**	**3791.5**
(一)第一产业经营净收入	Net Income from Primary Industry Business	2581.3	2801.0
1.农业	Agricultural	2254.2	2385.1
2.林业	Forestry	89.8	134.3
3.牧业	Animal Husbandry	237.7	283.5
4.渔业	Fishery	-0.3	-1.8
(二)第二产业经营净收入	Net Income from Secondary Industry Business	45.1	44.2
(三)第三产业经营净收入	Net Income from Tertiary Industry Business	881.6	946.3
1.批发和零售业	Wholesale and Retail Trades	361.5	357.1
2.交通运输、仓储和邮政业	Transport, Storage and Post	242.5	207.2
3.住宿和餐饮业	Hotels and Catering Services	82.3	163.7
4.房地产业	Real Estate	-6.5	-3.6
5.租赁和商务服务业	Leasing and Business Services	16.7	31.1
6.居民服务、修理和其他服务业	Services to Households and Other Services	128.4	127.9
7.农林牧渔服务业	Services to Agriculture, Forestry, Animal Husbandry and Fishery	30.8	21.7
8.其他	Others	25.8	41.2

10-16 续表 continued

单位：元 (yuan)

指　　标	Item	2018	2019
三、财产净收入	**Net Income from Properties**	**196.6**	**214.4**
# 利息净收入	Net Interests	-6.4	-1.3
红利收入	Bonus	78.1	70.4
储蓄性保险净收益	Net Benefits of Savings Insurance	0.9	0.2
转让承包土地经营权租金净收入	The Rent Income by Transfer of Land Rights	63.9	76.8
出租房屋财产性收入	The Property Income by Renting House	42.4	32.8
出租机械、专利、版权等资产的收入	The Income by Renting Assets like Mechanical,Patents,Copyright ect.	5.2	16.4
四、转移净收入	**Net Income from Transfer**	**2887.5**	**3295.1**
(一)转移性收入	Income from Transfer	3246.7	3619.3
1.养老金或离退休金	Pension or Retired Pension	791.1	860.6
# 离退休金	Retired Pension	384.4	367.3
新型农村养老保险	Urban Employee Social Pension Insurance	329.5	397.7
2.社会救济和补助	Social Relief and Aid	174.8	215.5
3.政策性生活补贴	Policy Allowance	68.6	95.1
4.报销医疗费	Reimbursement of Medical treatment	209.4	244.8
5.家庭外出从业人员寄回带回收入	Income from Family Outings Employees	1407.5	1528.8
6.赡养收入	Alimony Income	310.3	371.9
7.其他经常转移收入	Others Recurring Income from Transfer	51.0	37.2
8.从政府和组织得到的实物产品和服务折价	The Discount of Real Products and Services from the Governments and Organizations	30.2	46.4
9.现金政策性惠农补贴	The Cash Policy Subsidies for Agricultural	203.7	218.9
(二)转移性支出	Transfer Expenditure	359.2	324.1
1.个人所得税	Personal Income Tax	2.1	3.9
2.社会保障支出	Expenditure for Social Security	306.2	267.7
(1)个人缴纳的养老保险	Pension Insurance Personal Rendered	80.8	93.6
(2)个人缴纳的医疗保险	Medical Care Insurance Personal Rendered	223.2	171.6
(3)个人缴纳的失业保险	Unemployment Insurance Personal Rendered	0.3	0.2
(4)其他社会保障支出	Others	1.8	2.3
3.外来从业人员寄给家人的支出	Expenditure for Family from Migrant Workers	0.8	3.1
4.赡养支出	Expenditure for Alimony	32.7	29.6
5.其他	Others	17.4	19.8

10-17　农村居民人均生活消费支出
Per Capita Consumption Expenditure of Rual Households

单位：元　　(yuan)

指　　标	Item	2018	2019
生活消费支出	**Total Consumption Expenditure**	**10070.8**	**10934.7**
一、食品、烟酒	**Food,Tobacco and Alcohol**	**2576.9**	**2832.1**
1.食　品	Food	1852.8	1934.5
# 谷　物	Grain	414.3	406.1
薯　类	Potato	73.3	103.2
豆　类	Beans	37.1	41.1
食用油	Edible Oil	135.5	133.7
蔬菜和食用菌	Vegetables and Edible Mushrooms	249.6	229.6
肉　类	Meat	330.1	358.2
禽　类	Poultry	30.1	41.0
水产品	Aquatic Products	15.4	22.1
蛋　类	Eggs	50.1	61.3
奶　类	Milk	172.7	169.0
干鲜瓜果类	Fresh and Dried Fruits	141.8	160.4
糖果糕点类	Candy and Pastry	59.2	57.9
2.烟　酒	Tobacco and Alcohol	397.9	440.1
# 烟　草	Tobacco	269.1	329.3
酒　类	Alcohol	128.8	110.8
3.饮　料	Beverages	60.1	63.9
4.饮食服务	Catering Services	266.1	393.6
二、衣　着	**Clothing**	**525.5**	**592.1**
# 衣　类	Garments	411.8	455.3
鞋　类	Footwear	113.7	136.8
三、居　住	**Residence**	**2431.2**	**2528.6**
# 租赁房房租	Rental Housing Rent	74.0	108.7
住房维修及管理	Housing Repair and Management	519.8	547.7
水电燃料及其他	Water,Electric Power Fuel and Others	565.1	625.4
四、生活用品及服务	**Living Articles and Services**	**634.7**	**655.0**
# 家具及室内装饰品	Furniture and External Decorations	86.6	134.6
家用器具	Household Appliances	214.1	183.6
家用纺织品	Household textile	58.6	48.7
家庭日用杂品	Household Articles of Daily Use	187.1	184.7
个人用品	Personal Items	70.8	87.0
家庭服务	Household Services	17.6	16.2
五、交通通信	**Transportation and Communications**	**1222.5**	**1360.3**
# 交　通	Transportation	827.5	920.0
通　信	Communications	395.0	440.4
六、教育文化娱乐	**Recreation, Education and Culture Services**	**1252.9**	**1387.0**
# 教　育	Education	1036.2	1188.3
文化娱乐	Recreation	216.6	198.7
七、医疗保健	**Medicine and Medical Services**	**1241.8**	**1382.6**
医疗器具及药品	Medical Instruments and Medicines	377.0	377.2
医疗服务	Medical Services	864.8	1005.3
八、其他用品和服务	**Others**	**185.3**	**197.0**

10-18 农村居民家庭人均购买主要商品数量
Per Capita Purchases of Major Commodities of Rural Households

指　　标		Item		2018	2019
小　麦	(公斤)	Wheat	(kg)	0.8	0.7
面　粉	(公斤)	Flour	(kg)	38.5	36.7
大　米	(公斤)	Rice	(kg)	15.9	16.6
薯　类	(公斤)	Potato	(kg)	8.9	11.2
豆　类	(公斤)	Beans	(kg)	6.7	8.2
食用植物油	(公斤)	Edible Vegetable Oil	(kg)	9.6	9.9
鲜　菜	(公斤)	Fresh Vegetables	(kg)	47.7	47.5
猪　肉	(公斤)	Pork	(kg)	8.8	8.1
牛　肉	(公斤)	Beef	(kg)	0.3	0.4
羊　肉	(公斤)	Mutton	(kg)	0.7	0.9
鸡	(公斤)	Chicken	(kg)	1.1	1.4
鸭	(公斤)	Duck	(kg)	0.0	0.0
鱼　类	(公斤)	Fish	(kg)	0.6	0.9
虾　类	(公斤)	Shrimp	(kg)	0.0	0.1
鲜　蛋	(公斤)	Fresh Eggs	(kg)	4.7	6.0
鲜　奶	(公斤)	Fresh Dairy Products	(kg)	3.7	4.6
酸　奶	(公斤)	Yogurt	(kg)	1.1	1.5
奶　粉	(公斤)	Milk Powder	(kg)	0.8	0.8
鲜瓜果	(公斤)	Fresh Fruit	(kg)	23.6	26.0
糕　点	(公斤)	Cake	(kg)	2.1	2.3
茶　叶	(公斤)	Tea	(kg)	0.3	0.3
卷　烟	(盒)	Cigarette	(box)	36.9	41.3
啤　酒	(公斤)	Beer	(kg)	3.1	3.1
白　酒	(公斤)	Liquor	(kg)	1.6	1.4
果　酒	(公斤)	Wine	(kg)	0.2	0.2
鞋	(双)	Footwear	(pair)	2.0	2.2
水	(吨)	Water	ton)	11.0	15.1
电	(度)	Electricity	(kwh)	461.5	488.8
煤　炭	(公斤)	Coal	(kg)	176.4	154.0
管道天燃气	(立方米)	Gas pipeline	(cu.m)	9.5	7.6
罐装液化石油气	(公斤)	Bottled LPG	(kg)	3.9	2.4

10-19　农村居民家庭平均每百户年末耐用消费品拥有量
Main Durable Goods Owned Per 100 Rural Households

指　　标		Item		2018	2019
家用汽车	(辆)	Automobile	(unit)	17.4	18.5
摩托车	(辆)	Motorcycle	(unit)	58.2	55.5
助力车	(台)	Strength-aid Cycle	(unit)	43.4	46.7
洗衣机	(台)	Washing Machine	(unit)	89.7	92.9
电冰箱(柜)	(台)	Refrigerator	(unit)	81.7	84.5
微波炉	(台)	Microwave Oven	(unit)	7.1	7.2
彩色电视机	(台)	Color TV Set	(unit)	104.7	105.0
# 接入有线电视		Cable TV Set		28.0	
空　调	(台)	Air Conditioner	(unit)	41.0	41.5
热水器	(台)	Water Heater	(unit)	51.0	49.5
# 太阳能热水器		Solar Water Heater		36.9	
洗碗机	(台)	Dish Washer	(unit)	0.4	0.7
排油烟机	(台)	Exhauster	(unit)	11.7	12.0
固定电话	(线)	Ordinary Telephone	(unit)	6.7	5.4
移动电话	(部)	Mobile Telephone	(unit)	258.9	260.6
# 接入互联网		Access to the Internet		157.0	172.9
计算机	(台)	Computer	(unit)	14.9	15.2
# 接入互联网		Access to the Internet		10.0	10.0
照相机	(台)	Camera	(unit)	1.0	1.1
中高档乐器	(架)	High-end Instruments	(unit)	0.6	0.5
健身器材	(台)	Setting-up Apparatus	(unit)	0.4	0.3
空气净化器(含新风系统)	(台)	Air Cleaner(Including Fresh	(unit)	0.2	0.2
吸尘器	(台)	Vacuum Cleaners	(unit)	0.4	0.1

10-20 农村居民家庭年末居住情况
Housing Conditions of Rural Households

指　　标	Item	2018	2019
调查户数 (户)	Number of Households Surveyed (household)	1970	1970
平均每户居住人口 (人)	Average Number of Resident Population (person)	3.1	3.0
平均每人建筑面积 (平方米)	The Average Floor Area Per Person (sq.m)	41.5	41.8
一、按住户居住空间样式分 (%)	By Style of Living Space (%)	100.0	100.0
单栋楼房	Dependent Building	21.6	19.7
单栋平房	Single-storey House	58.1	61.5
四居室及以上单元房	Four Bedrooms	0.2	0.1
三居室单元房	Three Bedrooms	1.6	1.4
二居室单元房	Two Beedrooms	0.3	0.4
一居室单元房	One Beedroom	0.1	0.1
筒子楼或连片平房	Tube-shaped Apartment or Lace Single-storey Houses	9.0	7.6
其他	Others	9.1	9.2
二、按主要建筑材料分 (%)	By Main Building Materials (%)	100.0	100.0
钢筋混凝土	Reinforced Concrete	14.3	14.1
砖混材料	Brick-and-concrete Buildings	62.4	59.8
砖瓦砖木	Brick and Brick-wood Structure	14.7	15.6
竹草土坯	Bamboo Grass and Sun-dried Mud Brick	2.6	2.2
其他	Others	6.0	8.3
三、按现住房房屋来源分 (%)	By Source of Housing (%)	100.0	100.0
租赁公房	Public-rent Housing	0.1	
租赁私房	Private-rent Housing	2.3	1.6
自建住房	Self-establish Housing	94.2	94.9
购买商品房	Commercial Residential Housing	0.8	1.1
购买房改住房	Private Housing through Housing Reform	0.1	
购买保障性住房	Indemnificatory Housing	0.2	0.3
拆迁安置房	Resettlement Housing	1.4	0.8
继承或获赠住房	Inheriting and Donation Housing	0.4	0.9
免费借用房	Free Housing	0.4	0.3
雇主提供免费住房	Free Housing from Employer		
其他	Others	0.1	0.1
四、按住宅外道路路面情况分 (%)	By Pavement Condition Outside (%)	100.0	100.0
水泥或柏油路面	Cement or Asphalt Pavement	77.6	77.1
沙石或石板等硬质路面	Hard Sand or Stone Pavement	13.1	13.7
其他	Others	9.3	9.2
五、按住宅有管道供水情况分 (%)	By Piped Water Supply Condition (%)	100.0	
管道供水入户	Pipe water into People's Homes	84.9	
管道供水至公共取水点	Pipe water to Public Watering Points	1.8	
没有管道设施	No Pipeline Facilities	13.3	
六、按住户主要饮用水来源情况分 (%)	By Source of main Drinking Water (%)	100.0	100.0
经过净化处理的自来水	Purified Tap Water	54.7	60.2
受保护的井水和泉水	Protected Wells and Springs	32.8	28.6
不受保护的井水和泉水	Unprotected Wells and Springs	7.9	6.9
江河湖泊水	Rivers and Lakes Water	0.5	0.3
收集雨水	Collected Rainwater	3.1	3.4
桶装水	Barrels Water	0.1	0.1
其他	Others	0.9	0.5
七、按住户厕所类型分 (%)	By Household Lavatory Type (%)	100.0	100.0
水冲式卫生厕所	Sanitary Water Closet	16.7	31.9
水冲式非卫生厕所	Insanitary Water Closet	2.0	35.8
卫生旱厕	Sanitary Latrine	18.8	17.4
普通旱厕	Latrine	61.7	14.8
无厕所	No Lavatory	0.8	0.1
八、按住户主要取暖设备状况分 (%)	By Heating Facilities Condition (%)	100.0	100.0
由市政或小区集中供暖	Central Heating	0.4	0.2
自行供暖	Self Heating	73.8	77.0
无取暖设备	Without Heating Equipment	25.8	22.8
九、按主要炊用能源状况分 (%)	By Cooking Fuel Condition (%)	100.0	100.0
柴草	Firewood	54.7	53.4
煤炭	Coal	13.5	14.6
罐装液化石油气	Canned Liquified Petroleum Gas	4.8	3.4
管道液化石油气	Pipeline Liquified Petroleum Gas	0.3	
管道煤气	Pipeline Gas		
管道天然气	Pipeline Natural Gas	3.3	3.4
电	Electricity	23.2	24.9
沼气	Methane	0.0	0.0
其他	Others	0.2	0.3

主要统计指标解释

住户 指居住在一个住宅内，共同分享生活开支或收入的一群人。居住在同一房间内、不共同分享生活开支的人群，每个人都视为一个住户。住家保姆、住家家庭帮工视为单独的住户。

常住居民 指住户成员中，经常在家居住、或者调查期内居住时间超过一半的人员，以及本住户供养的学生。常住居民是住户收支的调查对象。

整、半劳动力 整劳动力是指男子18周岁到50周岁，女子18周岁到45周岁；半劳动力是指男子16周岁到17周岁，51周岁到60周岁；女子16周岁到17周岁，46周岁到55周岁，同时具有劳动能力的人。虽然在劳动年龄之内，但已丧失劳动能力的人，不应算为劳动力；超过劳动年龄，但能经常参加劳动，计入半劳动力数内。常住人口中的职工，若这些职工为劳动力，就包括在本户的整半劳动力中。

居民可支配收入 指居民可用于最终消费支出和储蓄的总和，即居民可用于自由支配的收入。既包括现金收入，也包括实物收入。按照收入的来源，可支配收入包含四项，分别为：工资性收入、经营净收入、财产净收入和转移净收入。

工资性收入 指就业人员通过各种途径得到的全部劳动报酬和各种福利，包括受雇于单位或个人、从事各种自由职业、兼职和零星劳动得到的全部劳动报酬和福利。

经营净收入 指住户或住户成员从事生产经营活动所获得的净收入，是全部经营收入中扣除经营费用、生产性固定资产折旧和生产税之后得到的净收入。计算公式为：

经营净收入 = 经营收入 - 经营费用 - 生产性固定资产折旧 - 生产税

财产净收入 指住户或住户成员将其所拥有的金融资产、住房等非金融资产和自然资源交由其他机构单位、住户或个人支配而获得的回报并扣除相关的费用之后得到的净收入。财产净收入包括利息净收入、红利收入、储蓄性保险净收益、转让承包土地经营权租金净收入、出租房屋净收入、出租其他资产净收入和自有住房折算净租金等。财产净收入不包括转让资产所有权的溢价所得。

转移净收入 计算公式为：转移净收入=转移性收入-转移性支出

转移性收入 指国家、单位、社会团体对住户的各种经常性转移支付和住户之间的经常性收入转移。包括养老金或退休金、社会救济和补助、政策性生产补贴、政策性生活补贴、救灾款、经常性捐赠和赔偿、报销医疗费、住户之间的赡养收入，本住户非常住成员寄回带回的收入等。转移性收入不包括住户之间的实物馈赠。

转移性支出 指调查户对国家、单位、住户或个人的经常性或义务性转移支付。包括缴纳的税款、各项社会保障支出、赡养支出、经常性捐赠和赔偿支出以及其他经常转移支出等。

居民消费支出 指居民用于满足家庭日常生活消费需要的全部支出，既包括现金消费支出，也包括实物消费支出。消费支出可划分为食品烟酒、衣着、居住、生活用品及服务、交通通信、教育文化娱乐、医疗保健以及其他用品及服务八大类。

Explanatory Notes on Main Statistical Indicators

Households refer to persons living and sharing economically together in one house. When people don't share living expenses, every single person are deemed to be one household. Live-in Nanny and family helpers are deemed to be one household.

Usual Resident Population refers to persons staying at home regularly or for over half of time in survey period and students provided by the household. Usual resident population is the respondent of household living expenses.

Full/Semi Labour Force Full labour force refers to persons capable of work, aged 18-50 for males and 18-45 for females. Semi labour force refers to persons capable of work, aged 16-17 and 51-60 for males and 16-17 and 46-55 for females. Persons at their working ages but not capable of work are not to be included as labour force. Persons not at working ages but participating regularly in work are included in semi labour force. For staff and workers who are usual residents, are included as full or semi labour force of the household if they are in the labour force.

Disposable Income of Resident refers to the income of households for purpose of final expenditure and savings. It includes income both in cash and in kind. By sources of income, disposable income includes four categories: income from wages and salaries, net business income, net income from properties and net income from transfer.

Income from Wages and Salaries refers to remuneration of labour and salaries from all kinds of sources, including those employed by other units or individuals, freelance work, part-time jobs, and sporadic labour.

Net Business Income refers to net income earned by households and their members engaged in production and business activities. It refers to the net income of operating revenue minus operating costs, depreciation of productive fixed assets, and production tax. The formula is:

Net Business Income=Operating Revenue-Operating Costs-Depreciation of Productive Fixed Assets-Production Tax

Net Income from Properties refers to the net income received as returns by households or members of financial assets, non-financial assets such as housing, to other institutions, households or individuals, and minus relevant costs. Net income from properties includes net income of interest, bonus income, net income of saving insurance, net income of rents of transferring management right of contract land, income of renting housing, income of renting other assets, net converted rents of self-owned housing. Net income from properties do not include premium of transferring ownership of assets.

Net Income from Transfer The formula is:

Net Income from Transfer=Income from Transfers-Expenditure from Transfer

Income from Transfer refers to the regular transfer from country, institutions, social communities to households and between households. It includes old-age and retirement pension, disaster relief funds, regular donation and compensation, applying for medical fees, supporting income between households, income from non-usual-residing members of households, etc. Income from transfer do not include presents in kinds between households.

Expenditure from Transfer refers to regular or deontic transfer from households to country, institutions, households or individuals. It includes taxes paid, expenditure of all kinds of social security, supporting expenditure, regular donation and compensation and other regular transfer expenditure, etc.

Consumption Expenditure of Residents refers to all expenditure of households for living expenditure to satisfy family daily living. It includes expenditure in cash and in kind. It includes eight categories: food, tobacco and liquor; clothing; residence; household facilities, articles and services; transport and communications; education, cultural and recreational activities; health care and medical services, and miscellaneous goods and services.

十一、环境和城市

Environment and Cities

资料整理：宋天航　梁珠荣

简 要 说 明

一、本篇资料主要反映陕西环境保护事业发展情况和城市公用事业基本情况。

环境保护事业发展情况主要包括供水、用水情况以及工业废水和生活污水的排放及治理情况；城市空气质量，废气排放及处理情况；工业固体废物的产生、处理及利用情况；城市生活垃圾清运及处理情况；城市道路交通和区域环境噪声监测情况；造林及自然保护基本情况；地质、地震、海洋、森林灾害及突发环境事件情况；环境污染治理投资等情况。

城市公用事业基本情况主要包括城市建设、供水、供气、供热、市政设施、城市绿化、环境卫生等情况。

二、本篇资料由省自然资源厅、省生态环境厅、省住房和城乡建设厅、省水利厅、省林业局等提供。

Brief Introduction

I. This chapter reflects the development of environment protection and public utilities in Shaanxi Province.

The development of environment protection mainly include water supply and utilization, discharge and treatment of industrial and other waste water; urban air quality, emission and treatment of waste gas; production, treatment and utilization of industrial solid wastes, collection and disposal of consumption wastes in cities; national monitoring of road traffic noise and urban environmental noise in key cities; forestation, grassland construction and natural protection; incidences of geological, seismic, marine and forest disasters, environmental emergency investment in environment pollution treatment, etc.

The public utilities mainly include urban construction, water supply, gas supply, heat supply, public facilities, urban greening and environmental hygiene, etc.

II. The data resources are provided by Shaanxi Provincial Department of Natural Resources, Shaanxi Provincial Department of Ecology and Environment, Shaanxi Provincial Department of Housing and Urban-Rural Construction, Shaanxi Provincial Department of Water Resources and Shaanxi Provincial Bureau of Forestry.

11.环境和城市

2019年全省城市		
人均公园绿地面积	11.62	平方米
人均城市道路面积	16.84	平方米
人均日生活用水量	150.65	升
用水普及率	96.84	%
燃气普及率	97.80	%

人均城市道路面积（平方米）
（2019年）

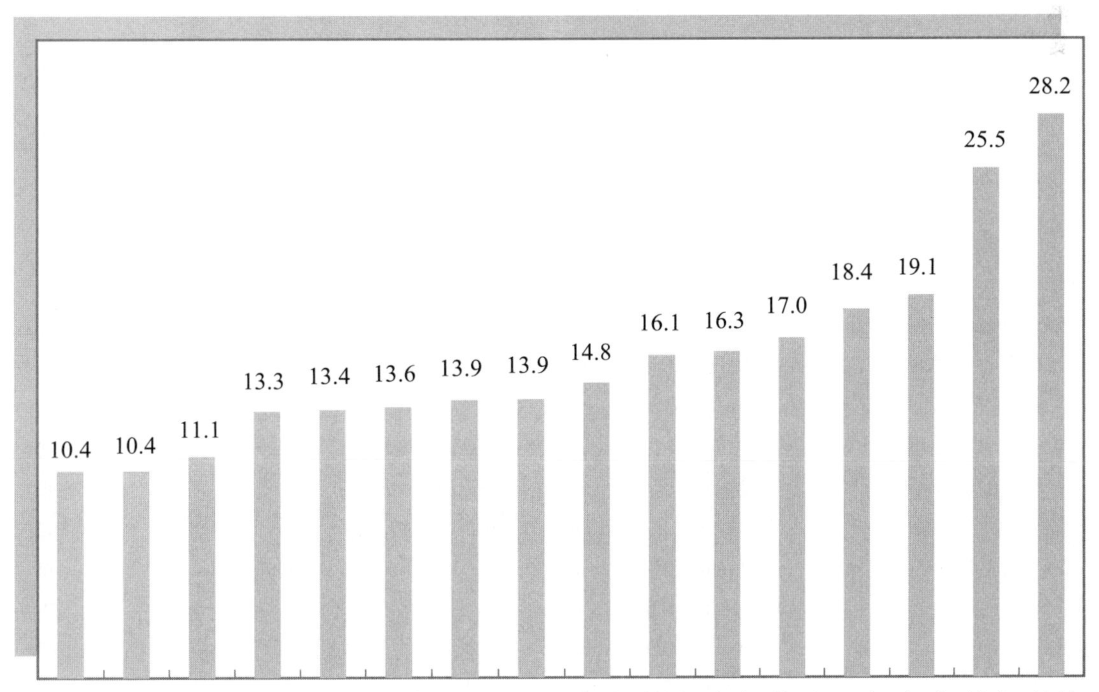

11-1 环境保护基本情况
Basic Statistics on Environmental Protection

指标		Item		2018	2019
水环境		**Water Environment Conditions**			
水资源总量	(亿立方米)	Total Amount of Water Resources	(100 million cu. m)	371.43	495.32
地表水资源量		Surface Water		347.55	469.71
地下水资源量		Ground-Water		125.03	139.37
地表水与地下水资源重复量		Duplicated Measurement between Surface and Underground		101.15	113.76
人均水资源量	(立方米/人)	Per Capita Water Resources	(cu.m/person)	964.77	1279.80
用水总量	(亿立方米)	Water Consumption	(100 million cu. m)	93.72	92.55
# 农业用水		Water Consumption of Agriculture		57.07	55.13
工业用水		Water Consumption of Industry		14.49	14.85
生活用水		Water Consumption of Consumption		17.40	18.09
生态环境补水		Water Consumption of Ecological Protection		4.76	4.48
废水排放总量	(万吨)	Total Volume of Waste Water Discharged	(10 000 tons)	186801.23	202641.32
# 工业废水排放量		Volume of Industrial Waste Water Discharged		21722.42	23937.45
城镇生活污水排放量		Volume of Consumption Waste Water Discharged		164945.36	178536.71
集中式治理设施污水排放量		Volume of Sewage Discharged from Centralized Treatment Facilities		133.45	167.16
化学需氧量(COD)排放量	(吨)	COD Discharge	(ton)	180582	166301
# 工业废水中COD排放量		COD Discharge by Industrial Waste Water		9783	9489
农业COD排放量		COD Discharge by Agriculture		703	761
城镇生活污水中COD排放量		COD Discharge by Consumption Waste Water		168885	154898
集中式治理设施COD排放量		Volume of COD Discharged by Centralized Treatment Facilities		1211	1153
氨氮排放量	(吨)	Ammonia Nitrogen Discharge	(ton)	24685	22739
# 工业废水中氨氮排放量		Ammonia Nitrogen Discharge by Industrial Waste Water		666	536
农业氨氮排放量		Ammonia Nitrogen Discharge by Agriculture		46	23
生活污水中氨氮排放量		Ammonia Nitrogen Discharge by Consumption Waste Water		23758	21995
集中式治理设施氨氮排放量		Volume of Ammonia Nitrogen Discharged by Centralized Treatment Facilities		216	184
大气环境		**Atmospheric Environment Conditions**			
二氧化硫(SO_2)排放量	(吨)	Sulphur Dioxide (SO_2) Emission	(ton)	222217	203844
# 工业SO_2排放量		Volume of Sulphur Dioxide Emission by Industry		115926	107896
城镇生活SO_2排放量		Volume of Sulphur Dioxide Emission by Consumption		106281	95939
集中式治理设施SO_2排放量		Volume of SO_2 Discharged by Centralized Treatment Facilities		10	9
氮氧化物排放量	(吨)	Volume of Nitrogen oxides	(ton)	308682	152899
# 工业氮氧化物排放量		Volume of Nitrogen oxides by Industry		144378	135021
城镇生活氮氧化物排放量		Volume of Nitrogen oxides by Consumption		18890	17830
机动车氮氧化物排放量		Volume of Nitrogen oxides by Motor Vehicles		145382	166208
集中式治理设施氮氧化物排放量		Volume of Nitrogen oxides by Centralized Treatment Facilities		32	48
烟(粉)尘排放量	(吨)	Volume of Soot Emission	(ton)	195039	155450
# 工业烟(粉)尘排放量		Volume of Industrial Soot Emission		103097	97100
城镇生活烟尘排放量		Volume of Consumption Soot Emission		80446	58343
机动车烟尘排放量		Volume of Soot Emission by Motor Vehicles		11488	1851
集中式治理设施烟尘排放量		Volume of Soot Emission by Centralized Treatment Facilities		8	7

11-1 续表 1 continued

指　　标	Item	2018	2019
固体废物	**Solid Wastes**		
一般工业固体废物产生量 (万吨)	Volume of Industrial Solid Wastes Produced (10 000 tons)	11146.49	11637.39
一般工业固体废物综合利用量 (万吨)	Volume of Industrial Solid Wastes Utilized (10 000 tons)	3393.77	4222.44
# 综合利用往年贮存量	The Comprehensive Utilization Stored Quantity in Early Years	25.69	29.78
一般工业固体废物综合利用率 (%)	Ratio of Industrial Solid Wastes Utilized (%)	30.45	36.28
一般工业固体废物处置量 (万吨)	Volume of Industrial Solid Wastes Treated (10 000 tons)	6611.28	5724.95
# 处置往年贮存量	Stored Quantity Treated in Early Years	370.89	241.65
一般工业固体废物处置率 (%)	Ratio of Industrial Solid Wastes Treated (%)	59.31	49.19
一般工业固体废物贮存量 (万吨)	Industrial Solid Wastes Stored Quantity (10 000 tons)	1537.97	1961.29
危险废物产生量 (吨)	Volume of Hazardous Wastes (ton)	1194318	1480784
危险废物综合利用量 (吨)	Volume of Hazardous Wastes Utilized (ton)	417846	581551
# 综合利用往年贮存量	The Comprehensive Utilization Stored Quantity in Early Years	7007	10973
危险废物综合利用率 (%)	Ratio of Hazardous Wastes Utilized (%)	34.99	39.27
危险废物处置量 (吨)	Volume of Hazardous Wastes Treated (ton)	607655	872332
危险废物处置率 (%)	Ratio of Hazardous Wastes Treated (%)	50.88	58.91
危险废物贮存量 (吨)	Hazardous Wastes Stored Quantity (ton)	214009	88935
生态环境	**Ecological Environment Conditions**		
森林面积 (万公顷)	Area of Forest (1 0000 hectares)	886.84	886.84
森林覆盖率 (%)	Forest Coverage Rate (%)	43.06	43.06
累计水土流失治理面积 (千公顷)	Accumulative Area of Water and Soil Conservation (1 000 hectares)	7917.95	8039.84
当年造林面积 (公顷)	Total Area of Afforestation (hectare)	348094	333451
人工造林	Manual Planting	160912	151419
飞播造林	Airplane Planting	27004	45000
当年新封山(沙)育林面积	New Cloring Hillsides for Afforestation	75220	79427
退化林修复	Restoration of Degraded Forest	84958	57272
人工更新	Artificial Regeneration		333
自然保护区数 (个)	Number of Nature Reserves (unit)	61	61
# 国家级	Nation Level	26	26
自然保护区面积 (万公顷)	Area of Nature Reserves (10 000 hectares)	114.56	114.56
自然灾害	**Natural Disasters**		
地质灾害次数 (次)	Number of Geologic Hazards (time)	258	64
地质灾害伤亡人数 (人)	Number of Geologic Hazard Casualties (person)	5	6
地质灾害直接经济损失 (万元)	Direct Economic Losses of Geologic Hazard (10 000 yuan)	9874	3558
森林火灾次数 (次)	Number of Forest Fires (time)	125	202
森林火灾受害森林面积 (公顷)	Danaged Forest Area (hectare)	281	444

11-1 续表 2 continued

指 标	Item	2018	2019
环境污染与治理	**Investment in the Treatment of Environmental Pollution**		
突发环境事件次数 (次)	Environmental Disasters (time)	27	26
环境污染治理投资总额 (万元)	Total Investment in the Treatment of Environmental Pollution (10 000 yuan)	1911030	2642713
城镇环境基础设施投资	Investment in Urban Environmental Infrastructure	1398902	1454205
燃 气	Gas	143291	110189
集中供热	Centralized Heating	200104	191178
排 水	Drainage Works	364405	376329
园林绿化	Gardening and Greening	590970	640194
市容环境卫生	Environmental Sanitation	100132	136315
工业污染防治投资	Investment in the Treatment of Industrial Pollution	167776	294610
治理废水	Treatment of Waste Water	4719	10700
治理废气	Treatment of Waste Gas	115808	114533
治理固体废物	Treatment of Solid Waste	983	1155
治理噪声	Treatment of Noise Pollution	172	252
治理其他	Treatment of Other Pollution	46093	167971
完成环保验收项目环保投资 (万元)	Investment in Completion Acceptance of Environmental Protection (10 000 yuan)	344352	893898
环境污染治理投资占GDP比重 (%)	Total Investment in the Treatment of Environmental Pollution as Percent of GDP (%)	0.78	1.02
工业废气治理设施运行费用 (万元)	Operating Costs of Industrial Waste Gas Treatment Facilities (10 000 yuan)	470764	523838
工业废水治理设施运行费用 (万元)	Operating Costs of Industrial Waste Water Treatment Facilities (10 000 yuan)	200208	225224
本年林业投资完成额 (万元)	Investment Completed This Year for Afforestation (10 000 yuan)	1372268	1141571
生态修复治理	Ecological Construction and Protection		847322
林(草)产品加工制造	Forestry Support and Protection		28689
林业草原服务、保障和公共管理	Development of Forestry		265560
城市环境	**Urban Environmental**		
城市供水总量 (万立方米)	Total Water Supply (10 000 cu.m)	141581.74	125970.74
城市用水普及率 (%)	Coverage Rate of Urban Population with Access to Tap Water (%)	95.45	96.84
城市污水排放量 (万立方米)	Volume of City Sewage (10 000 cu.m)	118968	126452
城市污水处理量 (万立方米)	Disposal of City Sewage (10 000 cu.m)	110906	120815
城市污水处理厂集中处理率 (%)	Treatment Rate of City Sewage (%)	93.22	95.54
城市生活垃圾清运量 (万吨)	Urban Consumption Wastes Collected and Transported (10 000 tons)	644.80	633.98
城市生活垃圾无害化处理量 (万吨)	Volume of City Consumption Wastes (10 000 tons)	638.78	632.13
城市生活垃圾无害化处理率 (%)	Treatment Rate of City Consumption Wastes (%)	99.07	99.71
城市燃气普及率 (%)	Coverage Rate of Urban Population with Access to Gas (%)	96.74	97.80
城市集中供热面积 (万平方米)	Area of Centralized Heating in Urban (10 000 sq.m)	35041	39614
城市人均公园绿地面积 (平方米)	Per Capita Public Green Area (sq.m)	11.73	11.62
建成区绿化覆盖率 (%)	Green Covered Area as % of Completed Area (%)	38.79	39.32

注：城市环境部分，统计范围2018年为全省设区市和杨凌示范区及兴平、华阴、韩城、神木4个县级市，2019年为全省设区市和杨凌示范及兴平、华阴、韩城、神木、彬州5个县级市。

a)Data of urban enviromental include those of cities at prefecture level,Yangling,Xingping,Huayin,Hancheng and Shenmu. Xingping,Huayin,Hancheng,Shenmu and Binzhou.

11-2 各市(区)工业固体废物排放及处理情况(2018年)

Production and Treatment of Industrial Solid Wastes by City(District)(2018)

单位：万吨 (10 000 tons)

地 区 Region	一般工业固体废物产生量 Volume of Industrial Solid Wastes Produced	危险废物产生量 Volume of Hazardous Wastes Produced	一般工业固体废物贮存量 Volume of Industrial Solid Wastes in Stocks	危险废物贮存量 Volume of Hazardous Wastes in Stocks	一般工业固体废物处置量 Volume of Industrial Solid Wastes Disposed	#处置往年贮存量 Storage Capacity Disposed in Former Years	危险废物处置量 Volume of Hazardous Wastes Disposed	一般工业固体废物综合利用量 Volume of Industrial Solid Wastes Utilized
全 省 Shaanxi	**11146.49**	**119.43**	**1537.97**	**21.40**	**6611.28**	**370.89**	**60.77**	**3393.77**
西安市 Xi'an	193.32	5.39	2.27	0.04	77.43	1.75	2.49	117.27
铜川市 Tongchuan	323.62	0.25	85.81	0.19	52.38	0.05	0.06	188.98
宝鸡市 Baoji	769.41	3.63	184.76	0.63	503.57	113.68	1.47	200.77
咸阳市 Xianyang	598.15	1.81	20.23	0.05	317.61	0.01	1.61	261.74
渭南市 Weinan	4259.61	9.11	322.34	0.26	3140.77	1.32	1.01	808.15
#韩城市 Hancheng	886.47	1.94	169.87	0.06	382.30	0.02	0.13	336.13
延安市 Yan'an	506.19	20.75	2.67	1.05	237.96	0.75	19.54	267.02
汉中市 Hanzhong	595.47	32.86	223.17	15.26	25.26	0.72	0.19	347.87
榆林市 Yulin	3123.20	25.08	527.21	3.29	1928.47	252.57	15.45	920.88
安康市 Ankang	66.32	1.46	29.84	0.05	2.29	0.01	0.00	35.02
商洛市 Shangluo	453.83	18.88	139.61	0.58	285.41	0.04	18.74	28.88
杨凌示范区 Yangling	50.35	0.01	0.00	0.00	1.28	0.00	0.00	49.07
西咸新区 Xixian	207.02	0.19	0.06	0.01	38.86	0.00	0.19	168.11

11-3 各市(区)工业废水排放及处理量(2018年)

Discharge and Treatment of Industrial Waste Water by City(District)(2018)

地 区 Region	工业用水总量(万吨) Total Water Use in Industry (10 000 tons)	工业废水排放总量(万吨) Total Volume of Industrial Waste Water Discharged (10 000 tons)	化学需氧量排放量(吨) COD Discharge (ton)	氨氮排放量(吨) Ammonia Nitrogen Discharge (ton)	工业废水处理量(万吨) Volume of Treated Industrial Waste Water (10 000 tons)	废水治理设施数(套) Number of Facilities for Treatment of Waste Water (set)	废水治理设施处理能力(万吨/日) Treatment Capacity of Facilities for Treatment of Waste Water (10 000 tons/day)	废水治理设施运行费用(万元) Operate Expenditure for Facilities for Treatment of Waste Water (10 000 yuan)
全 省 Shaanxi	**69962.00**	**21722.42**	**9783.14**	**665.99**	**48161.74**	**1758**	**354.02**	**200208**
西安市 Xi'an	8843.58	4163.42	1278.53	76.29	4091.11	299	25.47	30084
铜川市 Tongchuan	922.24	428.11	217.66	3.53	446.19	43	5.52	1610
宝鸡市 Baoji	6615.69	2012.57	1241.05	111.34	3092.29	163	29.25	10256
咸阳市 Xianyang	7166.61	3454.74	1560.31	95.08	3847.54	135	60.14	15601
渭南市 Weinan	11975.95	3588.61	1923.94	144.78	7506.71	160	47.19	44990
#韩城市 Hancheng	3958.23	970.69	679.44	19.20	3496.52	42	17.33	16697
延安市 Yan'an	7468.52	1197.75	544.32	12.84	3318.19	114	20.68	20800
汉中市 Hanzhong	2369.27	474.46	437.92	73.25	5789.46	111	28.18	5503
榆林市 Yulin	18653.32	4786.38	1817.08	94.64	17879.95	552	104.17	58453
安康市 Ankang	344.69	181.96	288.62	22.83	205.41	79	8.76	879
商洛市 Shangluo	1242.31	763.30	221.52	22.11	926.46	48	18.58	7917
杨凌示范区 Yangling	405.81	87.93	131.45	5.41	141.75	23	1.24	1036
西咸新区 Xixian	3954.01	583.19	120.74	3.89	916.67	31	4.85	3079

11-4 各市(区)工业废气排放及处理情况(2018年)
Emission and Treatment of Industrial Waste Gas by City(District)(2018)

地区 Region	工业废气排放总量(亿立方米) Total Volume of Industrial Waste Gas Emission (100 million cu.m)	二氧化硫排放量(吨) Volume of Industrial Sulphur Dioxide Emission (ton)	氮氧化物排放量(吨) Volume of Nitrogen Oxides Emission (ton)	烟(粉)尘排放量(吨) Volume of Soot Emission (ton)	废气治理设施数(套) Number of Facilities for Treatment of Waste Gas (set)	废气治理设施处理能力(万立方米/时) Treatment Capacity of Facilities for Treatment of Waste Gas (10 000 cu.m/hour)	废气治理设施运行费用(万元) Operate Expenditure for Facilities for Treatment of Waste Gas (10 000 yuan)	空气日报优良率(%) Air Quality Fine Rate (%)
全 省 Shaanxi	**18386.05**	**115925.81**	**144378.19**	**103096.74**	**7742**	**65240.20**	**470764**	**66.5**
西安市 Xi'an	1040.40	3064.43	5574.79	2322.45	1225	8034.07	31219	51.5
铜川市 Tongchuan	652.75	6601.49	15847.05	13147.24	472	2420.08	11175	64.4
宝鸡市 Baoji	1243.46	3506.09	12157.44	7586.33	1144	4737.91	46985	69.3
咸阳市 Xianyang	1054.29	2118.81	9308.62	2047.70	910	2782.89	37679	43.0
渭南市 Weinan	5282.89	19446.69	34821.33	23996.33	933	17766.49	118129	48.8
# 韩城市 Hancheng	3856.17	8543.18	22450.82	19819.78	222	11162.34	82301	52.1
延安市 Yan'an	710.69	6301.20	4844.66	2233.22	299	1568.77	45977	86.3
汉中市 Hanzhong	1255.26	6006.13	9576.10	19544.45	629	3771.29	34158	80.5
榆林市 Yulin	5195.33	61013.43	45844.55	26229.01	1143	17791.84	103619	74.5
安康市 Ankang	1032.84	1663.71	1580.78	2619.48	335	685.93	4266	89.0
商洛市 Shangluo	185.90	4565.27	1647.85	2552.08	305	986.67	7035	90.7
杨凌示范区 Yangling	118.72	183.17	499.83	34.02	81	136.26	1213	66.6
西咸新区 Xixian	613.54	1455.39	2675.17	784.43	266	4557.98	29309	47.9

注：空气日报优良率渭南市数据未含韩城市。
a)Air Quality Fine Rate

11-5 城市设施水平(2019年)
Level of Public Facilities in Cities(2019)

城市 City	人均公园绿地面积(平方米) Per Capita Public Green Area (sq.m)	人均城市道路面积(平方米) Per Capita Area of Paved Roads (sq.m)	人均日生活用水量(升) Per Capita Daily Consumption of Tap Water for Residential Use (liter)	供水普及率(%) Coverage Rate of Population with Access to Tap Water (%)	燃气普及率(%) Coverage Rate of Population with Access to Gas (%)
全 省 Shaanxi	**11.62**	**16.84**	**150.65**	**96.84**	**97.80**
西安市 Xi'an	9.98	18.44	177.27	98.32	99.98
铜川市 Tongchuan	12.08	13.57	77.23	97.02	97.02
宝鸡市 Baoji	12.42	14.77	138.63	95.74	99.78
咸阳市 Xianyang	15.39	10.38	134.41	98.95	99.93
彬州市 Binzhou	12.19	17.01	81.45	99.22	44.39
兴平市 Xingping	11.58	13.41	110.51	88.91	100.00
渭南市 Weinan	14.61	11.11	142.84	99.95	92.62
韩城市 Hancheng	9.09	16.13	109.11	99.54	99.60
华阴市 Huayin	13.12	13.90	85.03	100.00	86.03
延安市 Yan'an	12.53	13.94	109.92	93.98	99.33
汉中市 Hanzhong	13.39	13.35	143.48	81.91	90.88
榆林市 Yulin	16.35	28.19	90.14	89.41	92.95
神木市 Shenmu	12.00	25.52	112.68	97.70	95.54
安康市 Ankang	8.34	16.32	115.91	100.00	94.28
商洛市 Shangluo	14.27	10.36	120.13	100.00	97.02
杨凌示范区 Yangling	14.18	19.15	176.17	99.62	98.60

11-6 城市市政设施(2019年)
Municipal Infrastructure in Cities(2019)

城市	City	道路长度(公里) Length of Paved Roads (km)	道路面积(万平方米) Area of Paved Roads (10 000 sq.m)	城市桥梁(座) City Bridges (set)	#立交桥 Flyover	城市道路照明灯盏数(盏) Number of Street Lights (unit)	城市排水管道长度(公里) Length of City Sewage Pipes (km)
全　省	**Shaanxi**	**9114.11**	**21038.60**	**799**	**153**	**824590**	**11016.90**
西安市	Xi'an	5019.30	11762.51	426	99	453961	6290.73
铜川市	Tongchuan	247.70	559.31	35	5	25414	505.24
宝鸡市	Baoji	546.35	1385.99	59	4	62162	628.15
咸阳市	Xianyang	320.14	1068.70	17	14	43813	313.00
彬州市	Binzhou	74.40	195.43	7	1	3694	83.07
兴平市	Xingping	205.45	303.52	12	3	12300	96.17
渭南市	Weinan	387.62	614.27	12	4	34269	503.82
韩城市	Hancheng	140.85	280.29	3		4110	163.99
华阴市	Huayin	82.92	161.19	21		6244	124.30
延安市	Yan'an	281.10	578.95	59	2	22620	168.26
汉中市	Hanzhong	365.61	765.70	9	1	29052	436.18
榆林市	Yulin	631.64	1671.19	44	7	69873	910.74
神木市	Shenmu	278.68	566.44	17	2	18522	113.96
安康市	Ankang	243.38	573.29	24		25656	242.47
商洛市	Shangluo	164.11	250.62	29	2	7800	237.56
杨凌示范区	Yangling	124.86	301.20	25	9	5100	199.26

11-7 城市供水情况(2019年)
Basic Statistics on Tap Water Supply in Cities (2019)

城市	City	综合生产能力(万立方米/日) Production Capacity (10 000 cu.m/day)	#地下水 Groundwater	全年供水总量(万立方米) Annual Volume of Tap Water Supply (10 000 cu.m)	#生产运营用水 Water Consumption of Production and Operations	#公共服务用水 Water Consumption of Public Services	#居民家庭用水 Water Consumption of Household
全　省	**Shaanxi**	**566.67**	**193.41**	**125970.74**	**40925.59**	**5018.90**	**61471.08**
西安市	Xi'an	280.67	82.22	74235.10	22334.86	1122.16	39421.49
铜川市	Tongchuan	16.40	4.00	2432.91	1093.40	119.11	1008.44
宝鸡市	Baoji	39.00	14.00	7820.33	2622.17	816.08	3728.65
咸阳市	Xianyang	78.20	17.30	11889.23	6041.38	152.18	4845.14
彬州市	Binzhou	1.80		522.00	127.00	89.00	246.90
兴平市	Xingping	13.00	13.00	3236.35	2109.60	166.25	645.35
渭南市	Weinan	45.70	20.60	6481.82	2641.65	665.08	2216.00
韩城市	Hancheng	10.00	5.00	1114.50	245.00	121.00	568.00
华阴市	Huayin	8.45	8.45	716.00	237.00	63.00	297.00
延安市	Yan'an	9.50		3192.53	1025.31	75.20	1490.26
汉中市	Hanzhong	12.89	12.89	4043.50	85.43	466.70	1977.20
榆林市	Yulin	17.75	7.75	3256.00	614.00	296.30	1447.40
神木市	Shenmu	4.21	0.10	1536.04	410.00	330.04	562.00
安康市	Ankang	11.00		2355.24	590.73	240.00	1246.25
商洛市	Shangluo	8.10	8.10	1682.43	390.50	240.00	820.20
杨凌示范区	Yangling	10.00		1456.76	357.56	56.80	950.80

11-8 城市园林绿化情况(2019年)
Basic Statistics on Parks, Gardens and Green Areas in Cities(2019)

城市	City	园林绿化覆盖面积(公顷) Covered area of Gardening and Greening (hectare)	# 建成区 Developed Areas	园林绿地面积(公顷) Areas of Green Land (hectare)	# 建成区 Developed Areas	公园绿地面积(公顷) Capita Public Green Area (hectare)	公园个数(个) Number of Parks (unit)	公园面积(公顷) Area of Parks (hectare)
全　省	**Shaanxi**	**69289**	**53373**	**59616**	**48480**	**14516**	**314**	**8528**
西安市	Xi'an	36117	27726	31994	25483	6363	114	3409
铜川市	Tongchuan	2227	1941	1933	1749	498	14	107
宝鸡市	Baoji	5032	3962	4297	3693	1166	30	940
咸阳市	Xianyang	5520	2865	5038	2472	1584	6	731
彬州市	Binzhou	429	352	336	326	140	2	22
兴平市	Xingping	886	806	711	711	262	3	145
渭南市	Weinan	3193	2692	2488	2358	808	11	772
韩城市	Hancheng	933	709	688	618	158	7	36
华阴市	Huayin	761	644	567	566	152	5	49
延安市	Yan'an	1713	1671	1575	1545	520	31	487
汉中市	Hanzhong	2842	2173	2243	1867	768	14	252
榆林市	Yulin	3525	2943	2836	2706	969	16	868
神木市	Shenmu	1435	1178	1276	1062	266	6	142
安康市	Ankang	2304	1799	1734	1650	293	36	298
商洛市	Shangluo	1237	941	1045	821	345	14	248
杨凌示范区	Yangling	1136	970	857	854	223	5	22

11-9 城市环境卫生情况(2019年)
Basic Statistics on Urban Sanitation in Cities(2019)

城市	City	道路清扫保洁面积(万平方米) Area of Paved Roads under Cleaning Program (10 000 sq.m)	# 机械清扫 Machinery Cleaning	生活垃圾清运量(万吨) Consumption Wastes Collected and Transported (10 000 tons)	公厕数量(座) Number of Public Lavatories (set)	# 三类以上 Third Grade and Above	市容环卫专用车辆设备总数(辆) Number of Special Vehicles for Environmental Sanitation (coach)
全　省	**Shaanxi**	**19163.46**	**15466.02**	**633.98**	**6129**	**5909**	**4642**
西安市	Xi'an	10293.50	9264.15	389.99	3258	3258	2453
铜川市	Tongchuan	546.74	448.63	17.21	211	211	137
宝鸡市	Baoji	1544.00	790.00	37.89	528	528	215
咸阳市	Xianyang	797.00	660.00	31.53	337	228	259
彬州市	Binzhou	172.00	168.00	5.44	58	32	44
兴平市	Xingping	254.00	176.14	9.00	50	50	43
渭南市	Weinan	722.42	632.52	18.67	320	320	296
韩城市	Hancheng	261.45	232.69	7.53	62	62	72
华阴市	Huayin	130.00	78.00	5.10	55	44	67
延安市	Yan'an	356.00	319.00	25.24	246	246	181
汉中市	Hanzhong	765.35	606.84	18.35	183	161	137
榆林市	Yulin	1978.00	983.55	27.46	465	436	319
神木市	Shenmu	625.00	537.50	9.35	107	107	152
安康市	Ankang	252.00	147.00	15.39	130	107	138
商洛市	Shangluo	180.00	140.00	8.26	68	68	89
杨凌示范区	Yangling	286.00	282.00	7.58	51	51	40

11-10 城市燃气情况(2019年)
Basic Statistics on Supply of Gas in Cities(2019)

城市 City	天然气 Natural Gas				液化石油气 Liquefied Petroleum Gas			
	供气总量(万立方米) Volume of Gas Supply (10 000 cu.m)	销售气量(万立方米) Volume of Gas Sold (10 000 cu.m)	#居民家庭 Consumption for Residential Use	用气人口(万人) Population with Access to Gas (10 000 persons)	供气总量(吨) Volume of Gas Supply (ton)	销售气量(吨) Volume of Gas Sold (ton)	#居民家庭 Consumption for Residential Use	用气人口(万人) Population with Access to Gas (10 000 persons)
全　省 Shaanxi	**521589**	**510873**	**191354**	**1168.25**	**30336**	**30015**	**22027**	**53.92**
西安市 Xi'an	315238	306058	101353	632.76	30336	30015	22027	53.92
铜川市 Tongchuan	15484	15480	4814	40.00	7078	7011	4466	4.92
宝鸡市 Baoji	29767	29514	8458	93.58	685	675		
咸阳市 Xianyang	32677	32668	13134	102.40	103	98	6	0.03
彬州市 Binzhou	611	591	236	2.10	1850	1828	460	0.47
兴平市 Xingping	3706	3542	3068	16.40	75	73	72	3.00
渭南市 Weinan	20229	20054	7827	45.20	2300	2300	2100	6.23
韩城市 Hancheng	8879	8740	5099	16.06	2250	2228	2228	6.01
华阴市 Huayin	1190	1180	562	6.10	760	755	360	1.25
延安市 Yan'an	30661	30009	16270	41.07	495	490	490	3.88
汉中市 Hanzhong	9325	9318	6767	40.17	6440	6439	4391	0.17
榆林市 Yulin	35696	35666	13953	55.10	3551	3457	3445	11.97
神木市 Shenmu	7301	7298	4106	19.90				
安康市 Ankang	1317	1276	681	25.90	670	649	470	1.31
商洛市 Shangluo	6004	5978	3604	16.00	2413	2350	2260	7.22
杨凌示范区 Yangling	3505	3503	1424	15.51	1667	1663	1279	7.46

主要统计指标解释

水资源总量 指当地降水形成的地表和地下产水总量，即地表径流量与降水入渗补给量之和。

地表水资源量 指河流、湖泊以及冰川等地表水体中可以逐年更新的动态水量，即天然河川径流量。

地下水资源量 指地下饱和含水层逐年更新的动态水量，即降水和地表水入渗对地下水的补给量。

地表水与地下水资源重复量 指地表水和地下水相互转化的部分，即天然河川径流量中的地下水排泄量和地下水补给量中来源于地表水的入渗补给量。

用水总量 指各类用水户取用的包括输水损失在内的毛水量。

农业用水 包括农田灌溉用水、林果地灌溉用水、草地灌溉用水、鱼塘补水和畜禽用水。

工业用水 指工矿企业在生产过程中用于制造、加工、冷却、空调、净化、洗涤等方面的用水，按新水取用量计，不包括企业内部的重复利用水量。

生活用水 包括城镇生活用水和农村生活用水。城镇生活用水由居民用水和公共用水（含第三产业及建筑业等用水）组成；农村生活用水指居民生活用水。

生态环境补水 仅包括人为措施供给的城镇环境用水和部分河湖、湿地补水，而不包括降水、径流自然满足的水量。

工业废水排放量 指经过企业厂区所有排放口排到企业外部的工业废水量。包括生产废水、外排的直接冷却水、超标排放的矿井地下水和与工业废水混排的厂区生活污水，不包括外排的间接冷却水(清污不分流的间接冷却水应计算在内)。

生活污水排放量 指城镇居民每年排放的生活污水。用人均系数法测算。测算公式为：

$$\frac{\text{生活污水}}{\text{排放量}}=\frac{\text{城镇生活污水}}{\text{排放系数}}\times\frac{\text{市镇非}}{\text{农业人口}}\times 365$$

化学需氧量(COD) 指用化学氧化剂氧化水中有机污染物时所需的氧量。COD 值越高，表示水中有机污染物污染越重。

工业废气排放量 指报告期内企业厂区内燃料燃烧和生产工艺过程中产生的各种排入大气的含有污染物的气体的总量，以标准状态(273K，101325Pa)计算。测算公式为：

$$\frac{\text{工业废气}}{\text{排放量}}=\frac{\text{燃料燃烧过程}}{\text{中废气排放量}}+\frac{\text{生产工艺过程}}{\text{中废气排放量}}$$

生活及其他 SO_2 排放量 以生活及其他煤炭消费量和其含硫量为基础，根据以下公式计算：

$$\frac{\text{生活及其他}}{SO_2\text{排放量}}=\frac{\text{生活及其他}}{\text{煤炭消费量}}\times\text{含硫量}\times 0.8\times 2$$

工业 SO_2 排放量 指报告期内企业在燃料燃烧和生产工艺过程中排入大气的 SO_2 总量，计算公式为：

$$\frac{\text{工业}SO_2}{\text{排放量}}=\frac{\text{燃料燃烧过程}}{\text{中}SO_2\text{排放量}}+\frac{\text{生产工艺过程}}{\text{中}SO_2\text{排放量}}$$

工业烟尘排放量 指企业厂区内燃料燃烧过程中产生的烟气中夹带的颗粒物排放量。

生活及其他烟尘排放量 指除工业生产活动以外的所有社会、经济活动及公共设施的经营活动中燃烧所排放的烟尘纯重量。以生活及其他煤炭消费量为基础进行测算。

工业粉尘排放量 指企业在生产工艺过程中排放的能在空气中悬浮一定时间的固体颗粒物排放量。如钢铁企业的耐火材料粉尘、焦化企业的筛焦系统粉尘、烧结机的粉尘、石灰窑的粉尘、建材企业的水泥粉尘等。不包括电厂排入大气的烟尘。

一般工业固体废物产生量 指未被列入《国家危险废物名录》或者根据国家规定的危险废物鉴别标准（GB5085）、固体废物浸出毒性浸出方法（GB5086）及固体废物浸出毒性测定方法（GB／T 15555）鉴别方法判定不具有危险特性的工业固体废物。计算公式是：

一般工业固体废物产生量=（一般工业固体废物综合利用量－其中：综合利用往年贮存量）+一般工业固体废物贮存量+（一般工业固体废物处置量－其中：处置往年贮存量）+一般工业固体废物倾倒丢弃量

一般工业固体废物综合利用量 指报告期内企业通过回收、加工、循环、交换等方式，从固体废物中提取或者使其转化为可以利用的资源、能源和其他原材料的固体废物量（包括当年利用的往年工业固体废物累计贮存量）。如用作农业肥料、生产建筑材料、筑路等。综合利用量由原产生固体废物的单位统计。

一般工业固体废物处置量 指报告期内企业将工业固体废物焚烧和用其他改变工业固体废物的物理、化学、生物特性的方法，达到减少或者消除其危险成分的活动，或者将工业固体废物最终置于符合环境保护规定要求的填埋场的活动中，所消纳固体废物的量。

一般工业固体废物贮存量 指报告期内企业以综合利用或处置为目的，将固体废物暂时贮存或堆存在专设的贮存设施或专设的集中堆存场所内的量。专设的固体废物贮存场所或贮存设施必须有防扩散、防流失、防渗漏、防止污染大气、水体的措施。

危险废物 指列入国家危险废物名录或根据国家规定的危险废物鉴别标准和鉴别方法认定的，具有爆炸性、易燃性、易氧化性、毒性、腐蚀性、易传染疾病等危险特性之一的废物。

自然保护区 指为了保护自然环境和自然资源，促进国民经济的持续发展，将一定面积的陆地和水体划分出来，并

经各级人民政府批准而进行特殊保护和管理的区域个数。根据保护对象，自然保护区分为自然生态系统类、野生生物类、自然遗迹类。风景名胜区、文物保护区不计在内。

环境突发事件 指由于违反环境保护法规的经济、社会活动与行为，以及意外因素的影响或不可抗拒的自然灾害等原因，致使环境受到污染，国家重点保护的野生动植物、自然保护区受到破坏，人体健康受到危害，社会经济和人民财产受到损失，造成不良社会影响的突发性事件。

环境污染治理投资 指在污染源治理和城市环境基础设施建设的资金投入中，用于形成固定资产的资金，其中污染源治理投资包括工业污染源治理投资和“三同时”项目环保投资两部分。环境污染治理投资为城市环境基础设施投资、工业污染源治理投资与“三同时”项目环保投资之和。

城市桥梁 指为跨越天然或人工障碍物而修建的构筑物。包括跨河桥、立交桥、人行天桥以及人行地下通道等。按使用年限分为永久性桥和半永久性桥。

城市园林绿地面积 指报告期末用作园林和绿化的各种绿地面积。包括公园绿地、生产绿地、防护绿地、附属绿地和其他绿地的面积。

Explanatory Notes on Main Statistical Indicators

Total Water Resources refers to total volume of surface water and groundwater and is measured as run-off for surface water and replenishment of groundwater with rainfall in local area.

Surface Water Resources refers to total volume of year by year renewable dynamic resources which exist in rivers, lakes, glaciers and other surface water and are the natural run-off of rivers.

Groundwater Resources refers to total volume of year by year renewable dynamic resources which exist in saturation acquifers of groundwater and are measured as replenishment of groundwater with rainfall and surface water.

Duplicated Measurement between Surface Water and Groundwater refers to mutual exchange between surface water and groundwater, i.e. run-off of rivers includes some depletion into groundwater while groundwater includes some replenishment from surface water.

Water Use refers to gross water used by various water users, including losses during distribution.

Water Use by Agriculture includes uses of water by irrigation of farming fields, forestry and orchards, irrigation of grassland, replenishment of fishing farms and water used by animal husbandry.

Water Use by Industry refers to new withdrawals of water, excluding reuse of water within enterprises.

Water Use by Living Consumption includes use of water for living consumption in both urban and rural areas. Urban water use by living consumption is composed of household use and public use (including tertiary industry and construction). Rural water use by living consumption includes water used by households.

Water Use by Ecological and Environmental Protection includes replenishment of rivers and lakes and use for urban environment.

Waste Water Discharged by Industry refers to the volume of waste water discharged by industrial enterprises through all their outlets, including waste water from production process, directly cooled water, groundwater from mining wells which does not meet discharge standards and sewage from households mixed with waste water produced by industrial activities, but excluding indirectly cooled water discharged (It should be included if the discharge is not separated from waste water).

Urban Non-industrial Waste Water Discharge refers to annual discharge of non-industrial waste water by urban households. It is estimated by per capita coefficient using the formula:

$$\begin{matrix}\text{Urban non-industrial}\\ \text{waste water discharge}\end{matrix} = \begin{matrix}\text{urban non-industrial waste}\\ \text{water discharge coefficient}\end{matrix} \times \begin{matrix}\text{urban non-agricultural}\\ \text{population}\end{matrix} \times 365$$

Chemical Oxygen Demand (COD) refers to the amount of oxygen required when chemical oxidants are used to oxidize organic pollutants in water. A higher value of COD corresponds to more serious pollution by organic pollutants.

Industrial Waste Air Emission refers to the discharge into atmosphere of waste air containing pollutants generated from fuel burning and production processes in enterprises within a given period of time. It is calculated at standard status (273K, 101325Pa) as:

$$\begin{matrix}\text{Industrial waste}\\ \text{air emission}\end{matrix} = \begin{matrix}\text{emission through}\\ \text{fuel burning}\end{matrix} + \begin{matrix}\text{emission through}\\ \text{production process}\end{matrix}$$

SO_2 Emission through Non-industrial and Other Activities is calculated on the basis of consumption of coal by households and other activities and the sulphur content of coal with the following formula:

$$\begin{matrix}SO_2\text{ emission}\\ \text{through non-}\\ \text{industrial and}\\ \text{other activities}\end{matrix} = \begin{matrix}\text{of coal by}\\ \text{households}\\ \text{and other}\\ \text{activities}\end{matrix} \times \begin{matrix}\text{sulphur}\\ \text{content}\end{matrix} \times 0.8 \times 2$$

SO_2 Emission through Industrial Activities refers to volume of sulphur dioxide emission from fuel burning and production process by enterprises during a given period of time. It is calculated as:

$$\begin{matrix}SO_2\text{ emission}\\ \text{through industrial}\\ \text{activities}\end{matrix} = \begin{matrix}SO_2\text{ emission from}\\ \text{fuel burning}\end{matrix} + \begin{matrix}SO_2\text{ emission from}\\ \text{production process}\end{matrix}$$

Industrial Soot Emission refers to the volume of soot in smoke emitted in the process of fuel burning in the premises of enterprises.

Soot Emission by Consumption and Others refers to the net volume of soot emitted by fuel burning from all social and economic activities and operations of public facilities other than industrial activities. It is calculated on the basis of coal consumption by households and others.

Industrial Dust Emission refers to volume of dust emitted by production process of enterprises and suspended in the air for a given period of time, including dust from refractory material of iron and steel works, dust from coke-screening systems and sintering machines of coke plants, dust from lime kilns and dust from cement production in building material enterprises, but excluding soot and dust emitted from power plants.

Common Industrial Solid Wastes Produced refers to the industrial solid wastes that are not listed in the 《National Catalogue of Hazardous Wastes》, or not regarded as hazardous according to the national hazardous waste identification standards (GB5085), solid waste-Extraction procedure for leaching toxicity (GB5086) and solid waste-Extraction procedure for leaching toxicity (GB/T 15555). The calculation formula is as followed:

Common Industrial Solid Wastes Produced = (common

industrial solid wastes utilized – the proportion of utilized stock of previous years) + common industrial solid waste stock + (common industrial solid wastes disposed – the proportion of disposed stock of previous years) + common industrial solid wastes discharged.

Common Industrial Solid Wastes Comprehensively Utilized refers to volume of solid wastes from which useful materials can be extracted or which can be converted into usable resources, energy or other materials by means of reclamation, processing, recycling and exchange (including utilizing in the year the stocks of industrial solid wastes of the previous year) during the report period, e.g. being used as agricultural fertilizers, building materials or as material for paving road. Examples of such utilizations include fertilizers, building materials and road materials. The information shall be collected by the producing units of the wastes.

Common Industrial Solid Wastes Disposed refers to the quantity of industrial solid wastes which are burnt or specially disposed using other methods to alter the physical, chemical and biological properties and thus to reduce or eliminate the hazard, or placed ultimately in the sites meeting the requirements for environmental protection during the report period.

Stock of Common Industrial Solid Wastes refers to the volume of solid wastes placed in special facilities or special sites by enterprises for purposes of utilization or disposal during the report period. The sites or facilities should take measures against dispersion, loss, seepage, and air and water contamination.

Hazardous Wastes refers to those included in the national hazardous wastes catalogue or specified as any one of the following properties in the national hazardous wastes identification standards: explosive, ignitable, oxidizable, toxic, corrosive or liable to cause infectious diseases or lead to other dangers.

Natural Reserves refer to certain areas of land, waters or sea demarked and approved by relevant governments at all levels to put under special protection and management in order to protect the natural environment and natural resources and to promote the sustainable development of the national economy. According to the objects be protected, the natural reserves are classified into classes of natural ecosystem, wild life and natural heritage. Scenic spots and cultural preservation zones are not included.

Sudden Accidents Effecting Environment refer to sudden accidents, due to economic or social activities that are contrary to environment protection laws or due to unforeseen factors or natural disasters, that lead to environment pollution, destruction of protected wild animals, plants or nature reserves, damage to human health, economic and property losses, and other negative impacts on the society.

Investment in Environment Pollution Harnessing Projects refers to the proportion of investment in fixed assets in the total investment in harnessing pollution and in the construction of urban environment infrastructure facilities. The investment in harnessing pollution It includes investment in harnessing sources of industrial pollution and investment in environment protection facilities designed concurrently with construction projects. Investment in environment pollution harnessing is the total of investment in harnessing pollution and investment in urban environment infrastructure facilities.

Urban Bridges refer to bridges built to cross over natural or man-made barriers, including bridges over rivers, overpasses for traffic and for pedestrians, underpasses for pedestrians, etc. Both permanent and semi-permanent bridges are included.

Area of Parks and Green Land refers to the total area occupied for green projects at the end of the reference period, including park green land, production green land, protection green land, green land attached to institutions, and other green areas.

十二、农　业

Agriculture

资料整理：闫宇婕　赵胜利　孔庆惠
郑月霞　姜亦武　陈　伟

简 要 说 明

一、本篇资料反映陕西农业生产和农村经济的基本情况，内容主要包括耕地、农林牧渔业产值、主要农产品产量、造林、畜牧业和渔业生产情况、农业机械拥有量、农业基地县等方面的统计资料。

二、农村经济统计范围包括除县城关镇以外所有乡镇的社会经济活动。

三、粮食播种面积及产量、主要畜禽产品产量全省为抽样调查数。

四、本篇资料中，渔业及农业现代化情况由省农业农村厅提供，造林情况及2010年以后林产品产量由省林业局提供，灾情由省民政厅提供。

五、根据第三次全国农业普查结果，对2007−2017年部分数据进行了修订。

Brief Introduction

I. This chapter reflects the basic conditions of agricultural production and rural economy of Shaanxi Province, mainly including cultivated land, output of agriculture, forestry, animal husbandry and fishery, output of major products, forestation, animal husbandry and fishery production, quantity of agricultural machinery and agricultural base county.

II. Rural social and economic statistics cover social and economic activities in all townships except county towns.

III. The sown area and output of grain and output of main animal products of Shaanxi Province are collected with sample survey.

IV. The fishery and agricultural modernization situation are provided by Shaanxi Provincial Department of Agriculture and Rural Affairs. The forestation situation and output of forest product after 2010 are provided by Shaanxi Province Forestry Department. The data on disasters are provided by Shaanxi Provincial Department of Civil Affairs.

V. According to the results of the third national agricultural census, some data from 2007 to 2017 have been revised.

12.农 业

2019年全省

年末常用耕地面积	3010.52	千公顷	占全省土地面积	14.6%
农林牧渔业总产值	3536.80	亿　元	比上年增长	4.3%
农作物播种面积	4132.08	千公顷	比上年增长	1.0%
粮食产量	1231.13	万　吨	比上年增长	0.4%
园林水果产量	1733.37	万　吨	比上年下降	10.7%

果园面积和水果产量

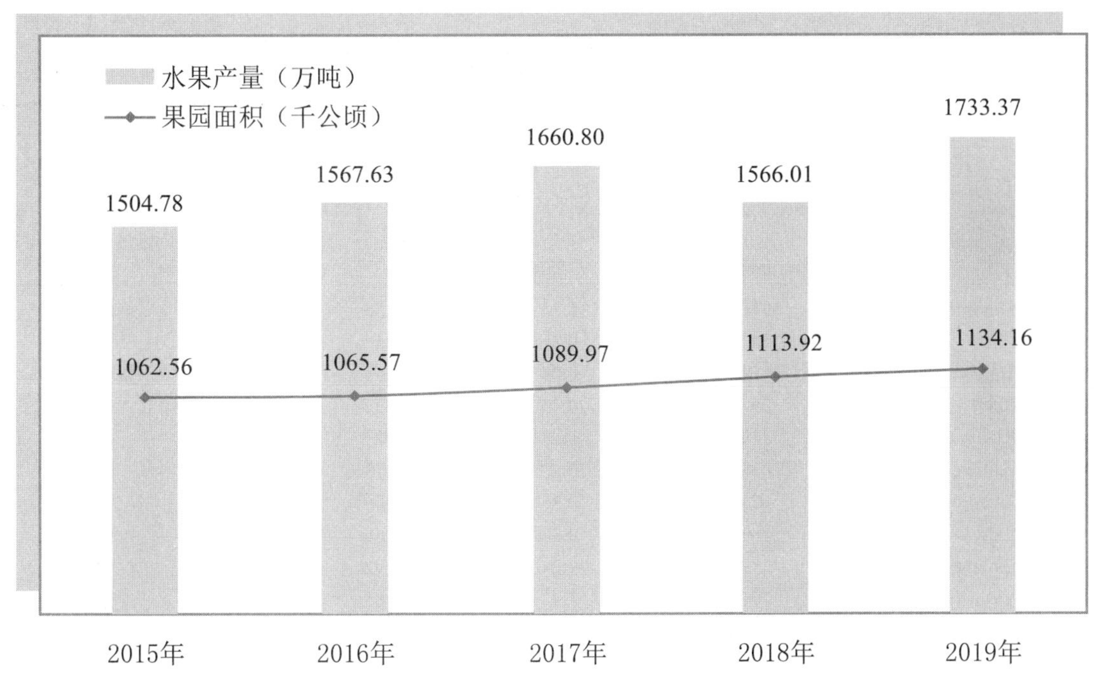

12-1 常用耕地面积
Area of Cultivated Land

年 份 Year	年末常用耕地面积(千公顷) Area of Cultivated Land (1 000 hectares)	# 水 田 Paddy Field	# 水浇地 Irrigated Field	每一乡村人口占有耕地(公顷) The Average Area of Cultivated Land per Rural Person (hectare)	# 水田、水浇地 Paddy Field and Irrigated Field
1978	3853.60	170.07	1047.93	0.16	0.05
1980	3815.67	169.93	1095.80	0.16	0.05
1985	3627.07	166.13	1003.33	0.15	0.05
1990	3533.00	171.47	998.20	0.13	0.04
1995	3393.44	176.04	995.59	0.12	0.04
1996	3358.98	173.54	996.37	0.12	0.04
1997	3325.01	174.00	976.83	0.12	0.04
1998	3302.47	171.09	992.42	0.12	0.04
1999	3238.28	170.88	1007.75	0.12	0.04
2000	3113.96	172.53	997.22	0.11	0.04
2001	2965.83	163.95	968.66	0.11	0.04
2002	2854.81	159.27	974.22	0.10	0.04
2003	2795.82	154.22	916.21	0.10	0.04
2004	2795.52	156.68	897.56	0.10	0.04
2005	2788.45	155.04	926.44	0.10	0.04
2006	2783.30	153.45	921.44	0.10	0.04
2007	2840.73	152.64	900.97	0.10	0.04
2008	2848.37	151.69	899.50	0.10	0.04
2009	2860.04	148.22	906.41	0.10	0.04
2010	2860.53	146.65	900.43	0.10	0.04
2011	2860.98	144.65	934.44	0.10	0.04
2012	2864.29	143.76	965.95	0.11	0.04
2013	2870.98	141.97	958.44	0.11	0.04
2014	2865.99	142.70	979.39	0.11	0.04
2015	2904.11	140.13	964.53	0.11	0.04
2016	2915.08	136.11	987.36	0.11	0.04
2017	3014.38	139.68	995.69	0.11	0.04
2018	3014.66	138.77	996.68	0.11	0.04
2019	3010.52	138.23	971.35	0.11	0.04

12-2 各市(区)常用耕地面积(2019年)
Area of Cultivated Land by City(District)(2019)

地 区	Region	年末常用耕地面积(千公顷) Cultivated Land (1 000 hectares)	# 水 田 Paddy Field	# 水浇地 Irrigated Field	每一乡村人口占有耕地(公顷) The Average Area of Cultivated Land per Rural Person (hectare)	# 水田、水浇地 Paddy Field and Irrigated Field
全 省	**Shaanxi**	**3010.52**	**138.23**	**971.35**	**0.11**	**0.04**
西 安 市	Xi'an	240.89	0.35	154.10	0.06	0.04
铜 川 市	Tongchuan	71.55	0.04	5.51	0.16	0.01
宝 鸡 市	Baoji	291.72	0.43	120.32	0.11	0.04
咸 阳 市	Xianyang	319.63	0.28	152.23	0.10	0.05
渭 南 市	Weinan	480.97	0.82	324.13	0.12	0.08
# 韩城市	Hancheng	24.09	0.36	14.06	0.11	0.07
延 安 市	Yan'an	261.38	0.88	7.68	0.16	0.01
汉 中 市	Hanzhong	212.37	99.24	3.92	0.07	0.03
榆 林 市	Yulin	791.58	3.47	173.85	0.30	0.07
安 康 市	Ankang	193.62	31.07	0.69	0.08	0.01
商 洛 市	Shangluo	133.95	1.64	16.12	0.06	0.01
杨凌示范区	Yangling	5.00		4.95	0.05	0.04

12-3 农林牧渔业总产值
Gross Output Value of Agriculture, Forestry, Animal Husbandry and Fishery

单位：万元 (10 000 yuan)

年 份 Year	农林牧渔业总产值 Total	农 业 Farming	林 业 Forestry	牧 业 Animal Husbandry	渔 业 Fishery	农林牧渔服务业 Service in Support of Agriculture
1978	362748	309084	11717	41802	145	
1980	418773	349984	16625	51996	168	
1985	795777	611883	50751	131815	1328	
1990	1699568	1243236	90170	357676	8486	
1995	3816465	2578674	168848	1046501	22442	
2000	4648889	3277761	272175	1063900	35053	
2001	4788356	3374163	235930	1140722	37541	
2002	5090762	3532131	266225	1251170	41236	
2003	5112543	3343544	268260	1455952	44787	
2004	6512051	4137371	263525	1794364	51236	265555
2005	7307239	4729047	250070	1989982	54879	283261
2006	8215406	5234189	289488	2141302	34427	516000
2007	10028501	6382630	248518	2740463	42427	614463
2008	12778611	7884362	288871	3852637	60582	692159
2009	13398772	8349262	305934	3942676	65000	735900
2010	16690774	11007085	351824	4445412	82909	803544
2011	20638446	13506811	423402	5686233	106000	916000
2012	23095464	15128048	584353	6185338	146109	1051615
2013	25697795	16971378	676185	6685979	177625	1186628
2014	27485936	18487935	735734	6770387	198949	1292931
2015	28215621	18854577	757926	6988090	236132	1378896
2016	29948304	19978146	855406	7347476	262453	1504824
2017	30776241	20952939	968798	6952206	274518	1627780
2018	32399874	22449583	1046155	6828276	298331	1777530
2019	35368034	24458323	1060581	7572377	313813	1962940

注：1.2002年及以前农林牧渔业总产值含农民家庭兼营工业产值，按当年市场价格计算。
2.2003年及以后不含农民家庭兼营工业产值，按生产者价格计算，2004年及以后含农林牧渔服务业产值.

a) Before 2002 Gross Output Value of Agriculture, Forestry, Animal Husbandry and Fishery included commodity industry run by Rural Household, Data in this table are calculated at current prices.

b) Since 2003 it exclude commodity industry run by Rural Household,Data in this table are calculated at producer's price. Since 2004 it include services for Agriculture, Forestry,Animal Husbandry and Fishery.

12-4 各市(区)农林牧渔业总产值(2019年)
Gross Output Value of Agriculture, Forestry, Animal Husbandry and Fishery by City(District)(2019)

单位：万元 (10 000 yuan)

地 区	Region	农林牧渔业总产值 Total	农 业 Farming	林 业 Forestry	牧 业 Animal Husbandry	渔 业 Fishery	农林牧渔服务业 Service in Support of Agriculture
全 省	**Shaanxi**	**35368034**	**24458323**	**1060581**	**7572377**	**313813**	**1962940**
西 安 市	Xi'an	4993220	3493827	184739	727049	21867	565738
铜 川 市	Tongchuan	483021	369830	8025	79413	2674	23079
宝 鸡 市	Baoji	3176225	2052082	138657	814979	13622	156885
咸 阳 市	Xianyang	5315445	4107367	82472	772730	16815	336061
渭 南 市	Weinan	5776859	4292049	80250	1087058	74033	243469
#韩城市	Hancheng	456675	363737	11389	44263	1601	35685
延 安 市	Yan'an	2610696	2179810	62117	298655	7282	62832
汉 中 市	Hanzhong	4017838	2551365	162598	1099561	67925	136389
榆 林 市	Yulin	4397313	2721726	108090	1357241	25426	184830
安 康 市	Ankang	2478591	1486036	110843	700684	68156	112872
商 洛 市	Shangluo	1930700	1102333	146528	572117	9314	100408
杨凌示范区	Yangling	146636	90469	12556	31130		12481

注：本表按当年价格计算。

a) Data in this table are calculated at current prices.

12–5 农林牧渔业总产值指数(1978年=100)
Indices of Gross Output Value of Agriculture, Forestry, Animal Husbandry and Fishery (year of 1978=100)

年 份 Year	农林牧渔业 总 产 值 Total	农 业 Farming	林 业 Forestry	牧 业 Animal Husbandry	渔 业 Fishery	农林牧渔服务业 Service in Support of Agriculture
1978	100.0	100.0	100.0	100.0	100.0	
1980	97.0	92.0	123.3	107.7	113.7	
1985	148.2	152.7	189.0	159.6	303.5	
1990	191.7	204.0	176.7	231.9	992.9	
1995	250.8	250.8	251.7	364.6	1834.7	
2000	320.0	336.8	322.1	403.7	2795.2	
2001	328.0	341.5	328.6	426.3	2937.7	
2002	348.4	361.7	363.4	452.3	3193.3	
2003	366.1	371.8	389.2	503.4	3404.1	
2004	399.8	416.8	383.6	526.1	3482.4	
2005	432.2	448.9	359.7	587.1	3844.6	
2006	463.8	484.4	367.9	627.1	4063.7	
2007	487.0	508.1	409.9	652.1	4336.0	
2008	525.4	547.7	446.8	707.6	4713.2	
2009	551.2	568.5	499.0	755.0	5080.8	
2010	583.1	605.7	512.4	789.1	5540.0	
2011	615.8	645.7	562.1	788.3	6925.0	
2012	652.7	683.8	617.2	831.7	8213.1	
2013	684.0	709.8	719.0	875.8	9592.9	
2014	718.9	748.1	764.3	905.6	10772.8	
2015	754.8	793.7	864.4	911.0	12076.3	
2016	785.7	832.6	990.6	908.3	13126.9	
2017	821.8	877.6	1129.3	914.7	13573.2	
2018	848.9	905.7	1324.7	923.8	14346.9	
2019	885.4	962.8	1421.4	896.1	15021.2	

注：本表按可比价格计算。
a) Data in this table are calculated at constant prices.

12–6 农林牧渔业总产值指数(上年=100)
Indices of Gross Output Value of Agriculture, Forestry, Animal Husbandry and Fishery (preceding year=100)

年 份 Year	农林牧渔业 总 产 值 Total	农 业 Farming	林 业 Forestry	牧 业 Animal Husbandry	渔 业 Fishery	农林牧渔服务业 Service in Support of Agriculture
1978	102.7	101.6	94.4	100.5	94.3	
1980	85.9	81.2	109.2	95.7	100.6	
1985	102.8	100.8	113.7	115.6	148.9	
1990	106.1	107.6	93.8	108.6	115.3	
1995	104.0	104.8	100.0	102.8	113.1	
2000	104.6	103.8	105.5	106.8	99.7	
2001	102.5	101.4	102.0	105.6	105.1	
2002	106.2	105.9	110.6	106.1	108.7	
2003	105.1	102.8	107.1	111.3	106.6	
2004	109.2	112.1	98.6	104.5	102.3	
2005	108.1	107.7	93.8	111.6	110.4	104.2
2006	107.3	107.9	102.3	106.8	105.7	105.8
2007	105.0	104.9	111.4	104.0	106.7	106.1
2008	107.9	107.8	109.0	108.5	108.7	106.2
2009	104.9	103.8	111.7	106.7	107.8	105.5
2010	105.8	106.5	102.7	104.5	109.0	105.2
2011	105.6	106.6	109.7	99.9	125.0	107.0
2012	106.0	105.9	109.8	105.5	118.6	107.6
2013	104.8	103.8	116.5	105.3	116.8	107.8
2014	105.1	105.4	106.3	103.4	112.3	108.2
2015	105.0	106.1	113.1	100.6	112.1	105.3
2016	104.1	104.9	114.6	99.7	108.7	106.8
2017	104.6	105.4	114.0	100.7	103.4	106.2
2018	103.3	103.2	117.3	101.0	105.7	105.8
2019	104.3	106.3	107.3	97.0	104.7	105.7

注：本表按可比价格计算。
a) Data in this table are calculated at constant prices.

12—7　农林牧渔业分项产值

Gross Output Value of Agriculture, Forestry, Animal Husbandry and Fishery by Item

单位：万元　　(10 000 yuan)

指　　标	Item	2016	2017	2018	2019
农林牧渔业总产值	**Gross Output Value of Agriculture, Forestry, Animal Husbandry and Fishery**	**29948304**	**30776241**	**32399874**	**35368034**
一、农业总产值	Output Value of Farming	19978146	20952939	22449583	24458323
(一) 谷物及其他作物	Cereals and Other Crops	4489418	4505367	4582300	4491247
1.谷　物	Cereal	2660465	2591315	2615880	2629397
2.薯　类	Tubers	738021	789806	808911	693861
3.豆　类	Beans	159020	156264	172147	213592
4.油　料	Oil-bearing	399011	437866	443333	483543
5.棉　花	Cotton	45994	38346	28255	7724
6.麻　类	Fiber Crops	694	556	664	715
7.糖　料	Sugar Crops			623	594
8.烟　草	Tobacco	101640	74923	92797	106404
9.其他农作物	Others	384573	416292	419690	355417
(二)蔬菜、园艺作物	Vegetables Gardening Crops	5905978	6162035	6576874	7671423
# 1.蔬　菜	Vegetables	5741918	5964561	6255099	7256548
2.花　卉	Flowers	88266	116546	219581	257752
(三)水果、坚果、茶叶和香料作物	Fruits,Nuts Tea and Spices Crops	8884765	9555366	10375002	11225429
# 1.水　果	Fruits	7677214	8185363	8801874	9472740
# 园林水果	Garden Fruit	6897407	7283687	7899418	8364795
# 苹　果	Apples	3822649	4096708	4977725	5291293
2.坚　果	Nuts	520298	626080	566481	625357
3.茶　叶	Tea	373008	421778	530788	607638
4.香料作物	Spices Crops	314245	322144	475859	519694
(四)中药材	Chinese Herbal Medicines	697984	730172	915407	1070224
二、林业产值	Output Value of Forestry	855406	968798	1046155	1060581
(一)林木的培育和种植	Cultivation and Planting of Trees	613567	721734	794954	827442
(二)竹木采运	Logging andTransport of Bamboo	37079	43000	47758	39836
(三)林产品	Forestry Products	204760	204064	203443	193303
三、牧业产值	Output Value of Animal Husbandry	7347476	6952206	6828276	7572377
(一)牲畜的饲养	Stock Breeding	2834957	2764283	2744065	2842314
1.牛的饲养	Cattle	606418	712843	707678	764021
2.羊的饲养	Sheep	1289744	1002529	988614	1043936
3.其他牲畜饲养	Others	81336	89074	67621	56897
4.奶产品	Milk Products	780352	900514	918622	923420
5.毛绒产品	Feather and Cashmere Products	77107	59323	61530	54040
(二)猪的饲养	Pigs Breeding	3024619	2922398	2780859	3219205
(三)家　禽	Poultry Breeding	1192333	990013	1057306	1202425
# 禽　蛋	Egg	730014	576960	630122	687104
(四)狩猎和捕捉动物	Animal Hunting and Trapping	3218	3070	5215	6410
(五)其它畜牧业	Other Animal Husbandry	292349	272442	240831	302023
四、渔业产值	Output Value of Fishery	262453	274518	298331	313813
五、农林牧渔服务业	Service in Support of Agriculture	1504824	1627780	1777530	1962940

注：本表按当年生产者价格计算。

a) Data in this table are calculated at producer's price.

12−8 农林牧渔业增加值

Value Added of Agriculture, Forestry, Animal Husbandry and Fishery

单位：万元 (10 000 yuan)

指　　标	Item	2015	2016	2017	2018	2019
农林牧渔业增加值	**Total**	**16756069.65**	**17788719**	**18306150**	**19273148**	**20980142**
农　　业	Farming	11629913.86	12332059	12928562	13807718	15013455
林　　业	Forestry	469696	519105	583763	625374	639103
牧　　业	Animal Husbandry	3767485.792	3965572	3747972	3701845	4080408
渔　　业	Fishery	133124	147563	154117	166942	176321
农林牧渔服务业	Service in Support of Agriculture	755850	824420	891736	971269	1070855

12−9 各市(区)农林牧渔业增加值(2019年)

Value Added of Farming, Forestry, Animal Husbandry Fishery by City(District)(2019)

单位：万元 (10 000 yuan)

地　　区	Region	农林牧渔业 Total	农　业 Farming	林　业 Forestry	牧　业 Animal Husbandry	渔　业 Fishery	农林牧渔服务业 Service in Support of Agriculture	农林牧渔业增加值比上年增长% Growth Rate as Last Year (%)
全　省	**Shaanxi**	**20980142**	**15013455**	**639103**	**4080408**	**176321**	**1070855**	**4.5**
西安市	Xi'an	3096775	2267013	107115	405837	11309	305501	4.4
铜川市	Tongchuan	279431	215705	4330	46176	1524	11696	4.5
宝鸡市	Baoji	1875646	1251388	82531	446318	7222	88187	4.8
咸阳市	Xianyang	3234507	2574307	46216	411400	9803	192781	4.4
渭南市	Weinan	3388156	2556306	44203	607969	41985	137693	4.7
# 韩城市	Hancheng	264227	211648	6115	26639	906	18919	4.5
延安市	Yan'an	1528332	1292765	36949	159417	4163	35038	5.2
汉中市	Hanzhong	2352229	1540782	99056	597268	39149	75974	4.5
榆林市	Yulin	2614379	1684350	62499	745752	14579	107199	4.1
安康市	Ankang	1429231	903016	65053	365566	41602	53994	4.3
商洛市	Shangluo	1091427	663541	87131	278304	5016	57435	4.9
杨凌示范区	Yangling	90032	64229	4020	16417		5366	4.5

注：本表按当年价格计算，增长速度按可比价计算。

a) Data in this table are calculated at current prices. Growth rate are calculated at constant prices.

12-10 主要农作物播种面积
Total Sown Areas of Major Farm Crops

单位：千公顷 (1 000 hectares)

年 份 Year	总播种面积 Total Sown Area	粮食作物播种面积 Sown Area of Grain Crops	夏粮 Summer Grain	#小麦 Wheat	秋粮 Autumn Grain	#稻谷 Rice	#玉米 Corn	#大豆 Soja
1978	5254.67	4488.00	1949.33	1604.67	2493.33	160.00	1090.67	206.00
1980	5072.67	4310.37	1906.67	1590.67	2404.00	162.67	1076.67	211.33
1985	4663.33	3965.33	1928.00	1693.33	2037.33	156.67	950.67	202.00
1990	4860.00	4134.67	1925.33	1690.67	2209.33	159.33	1024.67	288.67
1995	4496.85	3807.73	1805.33	1600.23	2002.40	139.35	902.63	240.51
2000	4555.49	3821.59	1716.62	1537.26	2104.97	144.81	1056.96	246.96
2001	4264.84	3517.63	1590.29	1424.24	1927.34	140.78	1005.06	229.06
2002	4198.37	3397.29	1512.25	1356.75	1885.04	130.52	999.93	224.25
2003	4090.26	3157.28	1402.71	1255.11	1754.57	123.35	940.53	198.19
2004	4303.04	3362.01	1324.90	1152.70	2037.11	135.25	1132.56	237.58
2005	4391.24	3453.33	1389.53	1211.53	2063.77	133.79	1148.37	232.51
2006	3983.48	3081.27	1338.76	1181.61	1742.51	106.50	1041.63	180.77
2007	4164.13	3107.78	1318.03	1133.35	1789.75	113.77	1171.91	164.49
2008	4214.72	3151.71	1294.61	1117.70	1857.10	121.35	1193.82	206.76
2009	4202.00	3173.26	1291.66	1119.18	1881.60	121.76	1219.05	205.26
2010	4216.16	3199.35	1282.18	1119.73	1917.18	115.29	1257.54	201.74
2011	4171.53	3145.51	1236.54	1089.23	1908.97	113.14	1252.65	201.09
2012	4182.84	3147.38	1227.06	1078.72	1920.32	113.86	1241.59	198.24
2013	4108.22	3086.09	1163.62	1021.66	1922.47	114.30	1225.98	189.52
2014	4053.87	3029.64	1139.42	1000.60	1890.22	108.68	1212.84	143.47
2015	4050.00	3018.91	1140.18	1002.60	1878.72	107.45	1203.89	142.87
2016	4158.60	3143.96	1118.77	980.78	2025.19	107.42	1341.75	151.18
2017	4062.96	3019.4	1105.5	963.15	1913.9	105.64	1196.88	151.90
2018	4092.10	3005.98	1108.29	967.31	1897.69	105.39	1179.47	151.61
2019	4132.08	2998.92	1104.35	965.93	1894.57	105.32	1177.05	151.11

12-10 续表 continued

单位：千公顷 (1 000 hectares)

年 份 Year	棉花 Cotton	油料 Oil-bearing	#油菜籽 Rapeseeds	#花生 Peanuts	麻类 Fiber Crops	糖料 Sugar Crops	烤烟 Flue-cured Tobacco	蔬菜 Vegetables	瓜类 Melon
1978	252.67	130.00	73.33	4.7	7.13	2.60	7.60	78.67	14.67
1980	242.00	160.00	89.33	8.7	3.73	3.30	3.33	79.33	20.27
1985	94.67	240.00	114.00	47.67	2.20	4.33	34.67	121.33	30.60
1990	112.67	269.33	132.00	39.56	2.88	3.53	72.13	145.33	22.87
1995	72.75	302.18	169.77	32.87	1.50	2.28	48.33	174.23	27.63
2000	30.09	303.63	163.75	33.45	0.91	1.43	47.08	228.71	33.49
2001	50.38	291.14	167.70	30.86	0.75	1.52	40.60	219.43	37.07
2002	42.81	280.63	166.05	29.63	0.68	1.27	31.26	263.70	37.56
2003	65.06	285.58	165.82	29.51	0.51	0.33	30.95	276.80	43.52
2004	80.09	283.32	173.21	28.04	0.76	0.24	30.40	301.30	44.87
2005	70.23	276.86	178.71	29.55	1.06	0.10	32.58	331.70	51.04
2006	85.30	249.21	160.60	28.87	1.05	0.09	32.93	356.38	59.92
2007	83.14	249.47	161.35	28.05	0.65	0.09	29.95	364.38	59.98
2008	74.08	271.11	173.89	33.69	0.47	0.19	30.88	376.19	56.75
2009	50.19	285.86	187.44	32.77	0.33	0.06	32.69	418.97	61.77
2010	38.51	288.23	191.90	33.03	0.41	0.07	26.51	439.77	65.99
2011	35.50	284.69	192.29	34.90	0.39	0.05	29.32	452.97	72.37
2012	31.81	285.60	187.43	36.45	0.37	0.06	31.55	443.04	68.76
2013	22.55	276.61	188.80	36.17	0.35	0.05	27.75	449.40	70.07
2014	17.79	277.41	184.19	38.86	0.33	0.07	23.83	455.35	73.52
2015	14.66	273.83	184.48	37.95	0.33	0.09	21.61	463.93	75.73
2016	12.03	272.77	179.81	39.02	0.33	0.11	20.52	465.83	71.85
2017	8.47	278.96	180.12	39.45	0.33	0.09	17.09	480.65	71.47
2018	6.92	284.64	176.70	39.86	0.90	0.09	14.66	495.06	75.36
2019	5.46	273.94	175.50	39.64	0.86	0.09	22.26	507.13	76.51

注：2009年及以后粮食播种面积为抽样调查数。
a) Since 2009 sown area of grain crops are sample survey data.

12-11 各市(区)主要农作物播种面积(2019年)
Total Sown Areas of Major Farm Crops by City(District)(2019)

单位：千公顷 (1 000 hectares)

地 区	Region	总播种面积 Total Sown Area	粮食作物播种面积 Sown Area of Grain Crops	夏 粮 Summer Grain	# 小 麦 Wheat	秋 粮 Autumn Grain	# 稻 谷 Rice	# 玉 米 Corn	# 大 豆 Soja
全 省	**Shaanxi**	**4132.08**	**2998.92**	**1104.35**	**965.93**	**1894.57**	**105.32**	**1177.05**	**151.11**
西 安 市	Xi'an	358.60	273.14	148.76	147.75	124.39	0.13	116.28	2.73
铜 川 市	Tongchuan	79.56	67.84	22.03	22.03	45.82	0.04	43.78	1.39
宝 鸡 市	Baoji	378.07	300.25	187.04	186.35	113.21	0.05	98.31	7.38
咸 阳 市	Xianyang	427.07	331.48	189.92	188.65	141.56		131.46	4.41
渭 南 市	Weinan	680.90	517.89	285.51	284.99	232.38	0.64	218.87	4.62
# 韩城市	Hancheng	18.99	14.25	7.44	7.44	6.81	0.15	5.93	0.02
延 安 市	Yan'an	183.30	144.36	2.87	0.23	141.49	1.44	72.79	16.59
汉 中 市	Hanzhong	485.56	253.60	76.56	39.03	177.04	80.48	70.85	16.86
榆 林 市	Yulin	888.77	727.27		0.06	727.27	2.05	271.76	71.80
安 康 市	Ankang	412.93	223.22	79.94	29.68	143.28	20.12	85.26	14.16
商 洛 市	Shangluo	234.62	159.59	65.76	37.19	93.83	0.18	70.98	18.48
杨凌示范区	Yangling	4.62	2.18	1.26	1.26	0.92		0.88	

12-11 续表 continued

单位：千公顷 (1 000 hectares)

地 区	Region	棉 花 Cotton	油 料 Oil-bearing	# 油菜籽 Rapeseeds	# 花 生 Peanuts	麻 类 Fiber Crops	糖 料 Sugar Crops	烤 烟 Flue-cured Tobacco	蔬 菜 Vegetables
全 省	**Shaanxi**	**5.46**	**273.94**	**175.50**	**39.64**	**0.86**	**0.09**	**22.26**	**507.13**
西 安 市	Xi'an	0.08	3.10	2.90	0.08				71.81
铜 川 市	Tongchuan		1.64	1.58					2.41
宝 鸡 市	Baoji	0.01	9.61	7.50		0.19		2.66	44.99
咸 阳 市	Xianyang		13.56	13.38	0.08			0.67	72.54
渭 南 市	Weinan	4.51	24.16	13.04	7.31				89.88
# 韩城市	Hancheng	0.04	0.77	0.62	0.01				3.88
延 安 市	Yan'an	0.56	4.85	1.54	0.68			1.13	22.04
汉 中 市	Hanzhong	0.03	77.76	72.33	4.87	0.01	0.01	3.07	63.85
榆 林 市	Yulin	0.19	59.50	1.84	15.54	0.52	0.05		38.64
安 康 市	Ankang	0.07	67.35	55.01	7.66	0.12	0.02	7.69	78.03
商 洛 市	Shangluo		12.04	6.01	3.41	0.02		7.04	21.23
杨凌示范区	Yangling		0.36	0.36					1.72

注：本表全省粮食面积为抽样调查数。

a) The sown area of grain crops of Shaanxi in this table are sample survey data.

12-12　主要农作物产品产量
Output of Major Farm Products

单位：万吨　　(10 000 tons)

年　份 Year	粮　食 Grain	夏　粮 Summer Grain	# 小 麦 Wheat	秋　粮 Autumn Grain	# 稻 谷 Rice	# 玉 米 Corn	# 大 豆 Soja
1978	800.00	293.50	251.00	542.00	81.50	292.00	19.95
1980	757.00	264.00	229.90	493.00	75.70	274.70	17.86
1985	951.90	459.20	423.30	492.70	88.30	291.60	18.35
1990	1070.70	501.70	463.70	569.00	100.40	333.80	30.75
1995	913.40	457.80	410.40	455.60	64.20	282.30	20.46
2000	1089.10	445.50	418.60	643.60	94.70	413.70	22.20
2001	976.61	432.74	406.63	543.87	92.05	352.81	19.60
2002	1005.60	440.10	405.30	565.50	80.30	374.50	21.20
2003	968.40	440.60	395.50	527.80	75.50	373.20	15.90
2004	1160.36	449.00	407.90	711.40	80.83	475.36	30.18
2005	1139.50	436.80	401.20	702.70	79.30	470.10	31.79
2006	1041.90	429.39	392.63	612.51	66.36	448.57	22.12
2007	1071.98	389.82	355.57	682.16	72.03	501.57	40.09
2008	1120.25	431.03	383.84	689.22	80.92	498.73	50.19
2009	1149.06	417.23	374.14	731.83	80.15	550.98	46.41
2010	1185.98	436.76	393.55	749.21	76.81	566.02	44.85
2011	1207.39	429.77	393.75	777.62	79.06	585.70	43.49
2012	1255.92	453.79	416.62	802.13	80.64	602.93	42.80
2013	1210.55	397.55	363.76	813.01	84.02	616.79	30.88
2014	1183.53	419.54	385.54	763.99	80.02	567.21	23.11
2015	1204.67	456.60	423.07	748.07	80.37	567.70	15.79
2016	1263.96	437.29	403.18	826.67	80.47	636.21	24.31
2017	1194.20	442.13	406.41	752.07	80.57	551.15	23.91
2018	1226.31	438.30	401.34	788.01	80.69	584.46	23.93
2019	1231.13	420.31	382.04	810.82	80.37	609.58	23.39

12-12　续表　continued

单位：万吨　　(10 000 tons)

年　份 Year	棉　花 Cotton	油　料 Oil-bearing	# 油菜籽 Rapeseeds	# 花 生 Peanuts	麻　类 Fiber Crops	糖　料 Sugar Crops	烤　烟 Flue-cured Tobacco	蔬　菜 Vegetables
1978	10.54	5.65	4.01	0.51	0.50	1.89	1.38	
1980	8.08	10.97	7.72	1.15	0.27	3.11	0.57	
1985	4.30	29.86	16.40	10.05	0.24	7.85	6.26	297.16
1990	7.78	33.39	19.25	7.03	0.18	5.92	12.32	367.30
1995	3.99	38.15	25.45	6.02	0.11	1.03	6.34	362.86
2000	2.74	38.76	22.40	7.33	0.09	1.79	7.36	556.53
2001	4.98	37.54	23.13	7.09	0.07	1.94	6.29	525.46
2002	4.30	41.08	24.58	7.01	0.11	3.10	5.10	660.48
2003	5.27	41.33	27.05	6.90	0.07	0.80	4.88	708.94
2004	8.23	46.06	29.45	7.18	0.11	0.67	5.32	785.34
2005	7.78	45.35	30.33	7.58	0.09	0.30	5.88	869.93
2006	8.83	41.36	27.29	7.55	0.14	0.24	5.99	848.48
2007	8.36	38.92	26.62	7.07	0.08	0.31	5.35	926.91
2008	8.78	48.39	32.61	8.49	0.05	0.30	6.58	1040.55
2009	7.00	52.74	34.30	10.22	0.04	0.17	6.47	1201.80
2010	5.26	53.61	35.41	9.51	0.05	0.20	5.77	1294.49
2011	4.74	55.94	36.34	10.10	0.05	0.16	6.29	1342.71
2012	4.44	56.98	37.11	10.82	0.05	0.17	7.19	1412.45
2013	3.55	55.18	36.53	10.63	0.05	0.16	6.45	1485.60
2014	2.43	56.22	37.57	11.60	0.05	0.15	5.25	1556.16
2015	2.07	56.91	39.02	11.33	0.04	0.15	5.06	1613.45
2016	1.69	57.28	37.49	12.29	0.05	0.16	4.52	1666.93
2017	1.20	59.82	38.33	12.46	0.05	0.17	3.82	1733.99
2018	0.99	61.03	37.01	12.60	0.07	0.13	3.36	1808.44
2019	0.76	60.10	37.26	12.30	0.16	0.13	5.28	1897.38

注：2009年及以后粮食产量为抽样调查数。
a) Since 2009 grain products are sample survey data.

12-13 各市(区)主要农产品产量(2019年)
Output of Major Farm Products by City(District)(2019)

地　区	Region	粮食(万吨) Grain (10 000 tons)	夏粮 Summer Grain	#小麦 Wheat	秋粮 Autumn Grain	#稻谷 Rice	#玉米 Corn	#大豆 Soja
全　省	**Shaanxi**	**1231.13**	**420.31**	**382.04**	**810.82**	**80.37**	**609.58**	**23.39**
西安市	Xi'an	139.90	70.63	70.22	69.27	0.06	65.85	0.54
铜川市	Tongchuan	28.67	5.46	5.46	23.21	0.02	22.49	0.28
宝鸡市	Baoji	132.36	77.99	77.82	54.37	0.03	50.81	1.30
咸阳市	Xianyang	160.32	79.16	78.67	81.16		77.97	1.01
渭南市	Weinan	226.86	105.67	105.45	121.19	0.57	116.38	0.90
#韩城市	Hancheng	4.93	2.19	2.19	2.74	0.09	2.25	
延安市	Yan'an	70.57	1.03	0.08	69.53	0.78	49.19	4.04
汉中市	Hanzhong	106.06	25.49	13.52	80.56	53.23	22.41	2.34
榆林市	Yulin	265.48		0.01	265.48	2.15	145.11	13.58
安康市	Ankang	76.44	23.77	8.37	52.67	14.12	29.02	2.72
商洛市	Shangluo	49.15	18.11	9.26	31.04	0.11	26.56	2.94
杨凌示范区	Yangling	1.47	0.83	0.83	0.64		0.61	

12-13 续表 continued

地　区	Region	棉花(吨) Cotton (ton)	油料(吨) Oil-bearing (ton)	#油菜籽 Rapeseeds	#花生 Peanuts	麻类(吨) Fiber Crops (ton)	糖料(吨) Sugar Crops (ton)	烤烟(吨) Flue-cured Tobacco (ton)	蔬菜(万吨) Vegetables (10 000 tons)
全　省	**Shaanxi**	**7633**	**600986**	**372608**	**122961**	**1556**	**1292**	**52796**	**1897.38**
西安市	Xi'an	122	6693	5857	419				378.58
铜川市	Tongchuan		2152	1997					7.12
宝鸡市	Baoji	34	18722	13355	4	207		5209	148.77
咸阳市	Xianyang	7	28244	27621	258			1649	322.57
渭南市	Weinan	6357	63376	26000	28709				308.97
#韩城市	Hancheng	78	1710	1308	11				14.96
延安市	Yan'an	511	11996	3454	2072			2463	116.05
汉中市	Hanzhong	206	186379	170071	14947	3	301	10145	263.46
榆林市	Yulin	265	118785	3494	44527	1133	292		116.29
安康市	Ankang	127	142299	111356	22321	192	699	17010	164.14
商洛市	Shangluo	4	21253	8316	9704	21		16320	58.72
杨凌示范区	Yangling		1086	1086					12.69

注：全省粮食产量为抽样调查数。
a) The sown area of grain crops of Shaanxi in this table are sample survey data.

12-14 主要农产品单位面积产量
Output of Major Farm Products Per Hectare

单位：公斤/公顷 (kg/hectare)

年 份 Year	粮 食 Grain	夏 粮 Summer Grain	#小 麦 Wheat	秋 粮 Autumn Grain	#稻 谷 Rice	#玉 米 Corn	#大 豆 Soja
1978	1785	1395	1470	2175	5130	2520	970
1980	1755	1380	1440	2055	4650	2550	844
1985	2400	2385	2550	2415	5640	3060	908
1990	2595	2610	2745	2580	6300	3255	1066
1995	2399	2536	2565	2275	4609	3128	851
2000	2850	2595	2723	3057	6540	3914	899
2001	2776	2721	2855	2822	6539	3510	856
2002	2960	2910	2987	3000	6153	3745	945
2003	3067	3141	3151	3008	6121	3968	802
2004	3452	3389	3539	3492	5977	4197	1270
2005	3300	3144	3312	3405	5927	4094	1367
2006	3381	3207	3323	3515	6231	4307	1224
2007	3449	2958	3137	3811	6330	4280	2437
2008	3554	3329	3434	3711	6668	4178	2427
2009	3621	3230	3343	3889	6582	4520	2261
2010	3707	3406	3515	3908	6662	4501	2223
2011	3838	3476	3615	4074	6988	4676	2163
2012	3990	3698	3862	4177	7082	4856	2159
2013	3923	3416	3560	4229	7351	5031	1629
2014	3907	3682	3853	4042	7363	4677	1611
2015	3990	4005	4220	3982	7480	4716	1105
2016	4020	3909	4111	4082	7491	4742	1608
2017	3955	3999	4220	3930	7627	4605	1574
2018	4080	3955	4149	4152	7656	4955	1578
2019	4105	3806	3955	4280	7631	5179	1548

12-14 续表 continued

单位：公斤/公顷 (kg/hectare)

年 份 Year	棉 花 Cotton	油 料 Oil-bearing	#油菜籽 Rapeseeds	#花 生 Peanuts	麻 类 Fiber Crops	糖 料 Sugar Crops	烤 烟 Flue-cured Tobacco	蔬 菜 Vegetables
1978	420	435	555	1080	1065	7260	1815	
1980	330	690	855	1320	735	9600	1712	
1985	450	1245	1440	2155	1095	18210	1815	24492
1990	690	1245	1455	1770	615	16755	1710	25274
1995	548	1263	1499	1830	726	4531	1312	20827
2000	911	1277	1368	2192	985	12578	1564	24334
2001	989	1290	1379	2297	960	12724	1550	23946
2002	1004	1464	1480	2367	1573	24389	1628	25047
2003	811	1447	1631	2340	1283	24147	1576	25612
2004	1027	1626	1700	2563	1451	27630	1749	26066
2005	1107	1638	1697	2563	883	29208	1805	26227
2006	1035	1660	1699	2615	1453	28565	1820	23808
2007	1006	1560	1650	2520	1231	34444	1787	25438
2008	1185	1785	1875	2520	1064	15789	2131	27660
2009	1395	1845	1830	3119	1212	28333	1979	28685
2010	1366	1860	1845	2879	1220	28571	2177	29436
2011	1335	1965	1890	2894	1282	32000	2145	29642
2012	1396	1995	1980	2968	1351	28333	2279	31881
2013	1574	1995	1935	2939	1429	32000	2325	33057
2014	1366	2027	2040	2985	1515	21429	2203	34175
2015	1412	2078	2115	2986	1212	16667	2342	34778
2016	1405	2100	2085	3150	1515	14545	2203	35784
2017	1417	2144	2128	3158	1515	18889	2235	36076
2018	1431	2144	2094	3160	778	14202	2289	36530
2019	1398	2194	2123	3102	1816	15070	2372	37414

注：2009年及以后粮食单产为抽样调查数。
a) Since 2009 grain products per hectare are sample survey data.

12−15 各市(区)主要农作物单位面积产量(2019年)
Output of Major Farm Products Per Hectare by City(District)(2019)

单位：公斤／公顷 (kg/hectare)

地区	Region	粮食 Grain	夏粮 Summer Grain	#小麦 Wheat	秋粮 Autumn Grain	#稻谷 Rice	#玉米 Corn	#大豆 Soja
全省	**Shaanxi**	**4105**	**3806**	**3955**	**4280**	**7631**	**5179**	**1548**
西安市	Xi'an	5122	4748	4753	5569	4850	5663	1961
铜川市	Tongchuan	4226	2479	2479	5066	6225	5137	1985
宝鸡市	Baoji	4408	4170	4176	4803	6758	5168	1757
咸阳市	Xianyang	4837	4168	4170	5733		5931	2291
渭南市	Weinan	4380	3701	3700	5215	8861	5318	1939
#韩城市	Hancheng	3456	2942	2942	4018	5795	3789	2899
延安市	Yan'an	4888	3599	3761	4914	5395	6757	2435
汉中市	Hanzhong	4182	3330	3464	4551	6614	3164	1390
榆林市	Yulin	3650		1508	3650	10464	5340	1892
安康市	Ankang	3425	2974	2820	3676	7020	3404	1920
商洛市	Shangluo	3080	2755	2490	3308	5913	3742	1593
杨凌示范区	Yangling	6749	6591	6591	6965		6971	

12−15 续表 continued

单位：公斤／公顷 (kg/hectare)

地区	Region	棉花 Cotton	油料 Oil-bearing	#油菜籽 Rapeseeds	#花生 Peanuts	麻类 Fiber Crops	糖料 Sugar Crops	烤烟 Flue-cured Tobacco	蔬菜 Vegetables
全省	**Shaanxi**	**1398**	**2194**	**2123**	**3102**	**1816**	**15070**	**2372**	**37414**
西安市	Xi'an	1534	2157	2019	4972				52717
铜川市	Tongchuan		1313	1264					29611
宝鸡市	Baoji	4359	1947	1782	3000	1071		1956	33068
咸阳市	Xianyang	2100	2082	2064	3076			2475	44471
渭南市	Weinan	1410	2623	1993	3927				34378
#韩城市	Hancheng	1976	2220	2101	1833				38598
延安市	Yan'an	919	2475	2241	3035			2180	52646
汉中市	Hanzhong	6143	2397	2351	3072	251	22803	3302	41260
榆林市	Yulin	1366	1996	1899	2866	2191	5824		30100
安康市	Ankang	1701	2113	2024	2914	1650	31205	2213	21035
商洛市	Shangluo	2609	1765	1384	2844	1167		2317	27666
杨凌示范区	Yangling		3000	3000					73916

注：全省粮食单产为抽样调查数。
a) The grain products per hectare of Shaanxi in this table are sample survey data.

12－16　茶、桑、果面积及产量
Areas and Output of Tea Plantation, Cocoon, Orchards

年　份 Year	茶园面积 (千公顷) Area of Tea Plantations (1 000 hectares)	茶叶产量 (吨) Output of Tea (ton)	桑园面积 (千公顷) Area of Mulberry Field (1 000 hectares)	果园面积 (千公顷) Area of Orchards (1 000 hectares)	水果产量 (万吨) Output of Fruits (10 000 tons)	# 苹果 Apples	# 柑桔 Citrus
1978	31.07	1408	12.00	98.60	33.41	9.92	0.12
1980	24.00	1428	17.40	104.27	28.00	8.93	0.30
1985	26.16	2822	46.75	109.93	33.53	14.09	0.52
1990	29.19	4548	37.31	304.78	62.03	34.93	0.89
1995	30.64	5252	76.83	685.35	283.96	233.76	1.12
2000	35.28	6126	58.76	664.76	493.79	388.57	3.52
2001	38.23	6273	65.59	680.11	534.19	408.57	5.85
2002	43.28	7003	71.43	703.75	577.35	440.59	6.40
2003	50.86	7952	75.23	750.51	621.14	461.79	9.86
2004	56.34	10239	78.30	788.47	735.61	555.21	11.75
2005	59.47	11382	79.83	817.45	765.74	560.12	16.76
2006	62.94	12827	97.50	860.49	881.95	649.98	16.32
2007	66.38	14377	31.61	869.94	931.88	697.13	22.08
2008	67.11	15973	27.82	908.80	1048.78	736.11	22.99
2009	74.84	20054	59.84	950.94	1120.05	790.00	29.37
2010	80.64	24890	48.37	1001.90	1195.06	834.57	26.91
2011	84.53	28199	41.25	1019.61	1274.51	874.75	31.66
2012	89.16	34852	33.91	1037.23	1362.77	929.06	33.45
2013	99.31	40195	28.52	1050.28	1397.29	901.89	42.67
2014	108.29	48491	20.71	1060.39	1445.68	939.14	44.35
2015	112.16	54055	17.81	1062.56	1504.78	979.76	46.05
2016	118.03	61131	14.91	1065.57	1567.63	1033.16	43.56
2017	126.57	66672	13.90	1089.97	1660.80	1092.46	45.75
2018	135.89	71038	18.91	1113.92	1566.01	1008.69	46.91
2019	145.16	79264	19.96	1134.16	1733.37	1135.58	50.36

12－17　水果生产情况
Production of Fruit

品　种	Item	2017		2018		2019	
		面　积 (公顷) Area of Orchards (hectare)	产　量 (吨) Output (ton)	面　积 (公顷) Area of Orchards (hectare)	产　量 (吨) Output (ton)	面　积 (公顷) Area of Orchards (hectare)	产　量 (吨) Output (ton)
水果合计	**Total**	**1089969**	**16607972**	**1113917**	**15660147**	**1134160**	**17333682**
1.苹　果	Apples	586171	10924555	597570	10086877	614573	11355809
2.柑　桔	Citrus	23234	457490	23497	469069	23734	503587
3.梨	Pears	46207	1052073	46568	997191	44648	1046067
4.葡　萄	Grapes	44742	785571	46878	728393	46970	767406
5.桃	Peach	36790	713896	33906	717220	34802	783282
6.红　枣	Jujube	202398	924650	214795	979261	207684	999314
7.杏	Apricot	33334	125079	34076	124984	34643	136615
8.柿　子	Persimmon	14820	234320	19578	260666	22262	287434
9.猕猴桃	Kiwi	50248	1008651	53162	947888	58455	1072439
10.石　榴	Pomegranate	3694	45726	4082	53916	4151	56712
11.其他水果	Others	48330	335961	39806	294682	42237	325017

注：本表为果业监测结果。
a) Data in this table are the results of fruits monitoring.

12−18　各市(区)茶、桑、果面积及产量(2019年)

Areas and Output of Tea Plantation, Cocoon, Orchards by City(District)(2019)

地　区	Region	茶园面积 (公顷) Area of Tea Plantations (Hectare)	茶叶产量 (吨) Output of Tea (ton)	桑园面积 (公顷) Area of Orchards (Hectare)	果园面积 (公顷) Area of Orchards (Hectare)	水果产量 (吨) Output of Fruits (ton)	苹果 Apples	柑桔 Citrus
全　省	**Shaanxi**	**145164**	**79264**	**19963**	**1134160**	**17333682**	**11355809**	**503587**
西安市	Xi'an			218	49689	971789	70661	
铜川市	Tongchuan				39267	585193	557993	
宝鸡市	Baoji			159	62014	1322185	708982	
咸阳市	Xianyang				205364	4568856	3776145	
渭南市	Weinan				205202	3378857	1737420	
# 韩城市	Hancheng				4485	79094	65397	
延安市	Yan'an			34	244100	3595474	3497990	
汉中市	Hanzhong	73863	45431	1679	34712	600836	16922	413325
榆林市	Yulin			1504	263827	2021209	976407	
安康市	Ankang	56608	30060	14252	25591	216019	5314	89360
商洛市	Shangluo	14694	3773	2117	3117	33719	4895	902
杨凌示范区	Yangling				1276	39545	3080	

12−18　续表　continued

地　区	Region	梨 Pears	葡萄 Grapes	桃 Peach	红枣 Jujube	杏 Apricot	柿子 Persimmon	猕猴桃 Kiwi	石榴 Pomegranate	其它水果 Others
全　省	**Shaanxi**	**1046067**	**767406**	**783282**	**999314**	**136615**	**287434**	**1072439**	**56712**	**325017**
西安市	Xi'an	20264	168579	110241	6691	26072	4087	424486	35054	105654
铜川市	Tongchuan	1104	7945	6501	60	180	950		6	10454
宝鸡市	Baoji	3886	44401	40669		2234	8684	503842	158	9329
咸阳市	Xianyang	222795	84927	293841	10262	13108	91226	37431	11357	27764
渭南市	Weinan	523677	405900	262142	218789	15881	135612	35571	10004	33861
# 韩城市	Hancheng	497	2485	8163	149	326	1784		117	176
延安市	Yan'an	30119	3768	5501	33189	24133	4			770
汉中市	Hanzhong	57601	11257	24228	426	2926	14430	31740	12	27969
榆林市	Yulin	179942	30548	13950	728635	50033				41694
安康市	Ankang	5668	5841	22342	1169	1667	16961	4340	121	63236
商洛市	Shangluo	1000	3095	3444	93	370	15480	671		3769
杨凌示范区	Yangling	11	1145	423		11		34358		517

注：本表全省水果产量为果业监测数据。

a) Data in this table are the results of fruits monitoring.

12-19 主要林产品产量

Output of Major Forest Products

单位：吨 (ton)

年 份 Year	生 漆 Lacquer	油桐籽 Tung-oil Seeds	五倍籽 Chinese Gall	棕 片 Palm Sheet	核 桃 Walnuts	板 栗 Chestnut	花 椒 Pepper
1978	668	14800	50		28275	3460	577
1980	930	17685	83		25700	2715	539
1985	635	17718	337	1448	12826	1777	694
1990	685	18672	1589	2265	16833	4770	2501
1995	773	15460	2922	3015	30599	8019	7135
2000	1176	12968	863	2962	34866	20098	16298
2000	1176	12968	863	2962	34866	20098	16298
2001	893	13003	968	3060	10474	11211	16471
2002	821	9278	934	3183	34779	21352	25112
2003	975	9634	1034	3177	44091	24022	22781
2004	995	12068	1513	3059	54243	26290	28441
2005	1060	12562	1963	3044	55206	27855	28178
2006	1613	11631	2241	3333	43492	29232	31507
2007	1851	11496	2383	3511	46764	35720	34904
2008	1697	14534	2785	4164	74218	40303	44000
2009	2552	17871	3386	3989	89040	46088	48571
2010	1915	17096	3152	3202	60696	51698	44789
2011	2434	19664	3441	3147	142073	68569	52974
2012	3494	22622	3969	2987	163965	71282	61698
2013	4516	28421	4265	2536	162638	73643	52537
2014	2864	29114	4590	3473	186578	79872	61072
2015	3445	27764	4483	2962	216372	80892	66245
2016	3239	27549	4388	3575	305658	89342	64146
2017	885	21436	2472	3311	375587	98420	82842
2018	3361	26905	1982	3965	301173	81011	77584
2019					393884	92155	82465

注：2010年以后为林业部门统计数据。

a) Data in this table are from forestry authorities.

12–20 各市(区)主要林产品面积及产量(2019年)
Areas and Output of Major Forest Products by City(District)(2019)

地 区	Region	核 桃 Walnut		板 栗 Chestnut		花 椒 Pepper	
		面 积 (公顷) Area of Orchards (hectare)	产 量 (吨) Output (ton)	面 积 (公顷) Area of Orchards (hectare)	产 量 (吨) Output (ton)	面 积 (公顷) Area of Orchards (hectare)	产 量 (吨) Output (ton)
全 省	**Shaanxi**	**377007**	**393884**	**129109**	**92155**	**78273**	**82465**
西 安 市	Xi'an	8841	38732	1349	9042	651	937
铜 川 市	Tongchuan	12548	20925			4993	7823
宝 鸡 市	Baoji	63336	61595	4006	3841	10997	9170
咸 阳 市	Xianyang	12180	29822			2466	1278
渭 南 市	Weinan	33035	52960	164	225	53329	57501
# 韩城市	Hancheng	2371	1386	32	68	23765	26000
延 安 市	Yan'an	18461	14873	159	660	2617	2062
汉 中 市	Hanzhong	35299	35947	16871	23273	1075	1228
榆 林 市	Yulin	38626	6879			22	56
安 康 市	Ankang	49242	27828	26854	26136	2079	1940
商 洛 市	Shangluo	105439	113162	79706	28463	44	470
杨凌示范区	Yangling						

注：本表除花椒面积之外均为林业部门统计数据。
a)Data except epper area in this table are from forestry authorities.

12–21 各市(区)造林情况(2019年)
Area of Afforestation by City(District)(2019)

地 区	Region	造林面积 (公顷) Afforestation Area (hectare)	按造林方式分 By Approach		按林种用途分 By Function of Forest		按经济成份分 By Economic Composition		森林抚育面积 (公顷) Area of Tending Forest (hectare)
			# 人工造林 Manual Planting	# 飞播造林 Airplane Planting	# 经济林 By-product Forests	# 防护林 Protection Forests	公有经济造林 Afforestation of State-owned	非公有经济造林 Afforestation of Non-State-owned	
全 省	**Shaanxi**	**333451**	**151419**	**45000**	**52414**	**209869**	**248933**	**24094**	**218826**
西 安 市	Xi'an	2556	2556		200	2356	2316	240	
铜 川 市	Tongchuan	7041	3307	1334	12	7029	6935	106	3000
宝 鸡 市	Baoji	24029	1828	6665	2707	12368	15075		17725
咸 阳 市	Xianyang	19653	4720	4000	253	14734	14920	67	14173
渭 南 市	Weinan	29602	13934	3667	6674	14861	14641	8294	14599
# 韩城市	HanCheng	3933	1067			2580	2580	20	1333
延 安 市	Yan'an	65475	40412	8000		59052	60409	800	56700
汉 中 市	Hanzhong	23105	6566	4333	5547	7565	4600	9966	20734
榆 林 市	Yulin	48659	39166		8181	37985	43165	3001	35577
安 康 市	Ankang	53998	25690	8334	22436	21389	42225	1600	19045
商 洛 市	Shangluo	34533	12106	8667	5584	16550	27867		12607
杨凌示范区	Yangling	67	67			67	67		

12−22　畜牧业和渔业生产情况
Production of Animal Husbandry and Fishery

指　　标		Item		2015	2016	2017	2018	2019
一、牲畜年末头数		**Number of Large Animals**	**(year-end)**					
(一)大牲畜	(万头)	Large Animals	(10 000 heads)	158.06	161.09	154.51	153.12	153.55
1.牛		Cattle and Buffaloes		153.81	157.71	151.23	149.87	150.17
#奶　牛		Muich Cows		25.49	25.85	28.42	27.89	27.40
2.马		Horses		0.24	0.22	0.22	0.23	0.23
3.驴		Donkeys		3.51	2.78	2.70	2.65	2.78
4.骡		Mules		0.50	0.38	0.35	0.36	0.36
(二)猪存栏数	(万头)	Hogs	(10 000 heads)	933.62	923.75	854.42	839.04	795.70
#母　猪		Sow		89.32	88.15	82.25	84.74	74.93
(三)羊存栏数	(万只)	Sheep and Goats	(10 000 heads)	1137.74	1160.45	868.52	866.76	815.05
1.山　羊		Goats		910.20	949.78	712.04	715.73	676.49
#奶山羊		Muich Goats		85.42	80.07	81.25	83.92	131.29
2.绵　羊		Sheep		227.55	210.67	156.48	151.03	138.56
(四)家禽存栏数	(万只)	Poultry	(10 000 heads)	7998.11	7995.11	7315.58	7255.05	7760.16
(五)养蜂箱数	(万箱)	Bee	(10 000 heads)	55.39	64.40	78.76	78.83	110.94
(六)家兔存栏数	(万只)	Rabbit	(10 000 heads)	127.40	100.73	90.00	116.13	118.23
二、畜产品产量		**Output of Livestock Products**						
肉类总产量	(万吨)	Output of Meat	(10 000 tons)	131.63	128.71	113.41	114.46	109.53
#猪　肉		Pork		99.79	95.84	85.83	86.57	80.94
牛　肉		Beef		7.90	8.03	8.33	8.24	8.49
羊　肉		Mutton		12.69	13.67	9.80	9.57	9.25
奶类产量	(万吨)	Milk	(10 000 tons)	161.07	160.49	156.93	159.73	159.66
#牛　奶		Cow Milk		112.34	111.56	107.28	109.75	107.77
山羊毛产量	(吨)	Goat Wool	(ton)	4343.69	4119.00	3236.29	3225.57	3128.05
#羊　绒	(吨)	Cashmere	(ton)	1971.84	1887.00	1492.53	1478.26	1438.00
绵羊毛产量	(吨)	Sheep Wool	(ton)	5934.47	5016.00	3108.00	3059.31	2962.85
禽蛋产量	(万吨)	Poultry Eggs	(10 000 tons)	58.06	71.57	60.08	61.58	64.11
蜂蜜产量	(吨)	Honey	(ton)	4334.69	4653.62	5647.21	5677.49	6921.34
蚕茧产量	(吨)	Silkworm Cocoon	(ton)	8927	6414	7218	7452	6488
三、渔　业		**Fisheries**						
1.水产品产量	(吨)	Output of Aquatic Products	(ton)		184217	184947	184843	189264
2.水产养殖面积	(公顷)	Cultivatable area of Aquatic Products	(hectare)		53694	53183	52844	51395

注：本表主要畜禽存栏和畜禽产品产量为抽样调查数，水产品产量及养殖面积为渔业部门数据。

a) The number of main livestock and the output of livestock products are sample survey data.
The number of the output of aquatic products and cultivatable area are obtained from the fisheries department.

12−23 各市(区)牲畜存栏情况（2019年）
Livestock by City(District)(2019)

地 区	Region	大牲畜年末头数(头) Large Animals (year-end) (head)	牛 Cattle and Buffaloes	#奶牛 Dairy cow	马 Horses	驴 Donkeys	骡 Mules	家禽(万只) Poultry (10 000 heads)
全 省	**Shaanxi**	**1535491**	**1501700**	**274023**	**2346**	**27834**	**3611**	**7760.16**
西安市	Xi'an	51704	51567	27895	137			643.67
铜川市	Tongchuan	13288	13288	5401				271.77
宝鸡市	Baoji	343536	340484	125986	1907	1091	54	619.65
咸阳市	Xianyang	130163	128201	85323	15	1185	762	792.21
渭南市	Weinan	203478	203299	91226	21	147	11	1639.50
#韩城市	Hancheng	5805	5750	898	5	50		56.00
延安市	Yan'an	74495	61147	2119	32	12341	975	302.14
汉中市	Hanzhong	254813	254581	3098	146	52	34	851.65
榆林市	Yulin	196632	183284	37199	59	11551	1738	801.66
安康市	Ankang	192157	192106	16	16		35	714.03
商洛市	Shangluo	72561	71079	371	13	1467	2	1068.45
杨凌示范区	Yangling	9261	9261	3313				8.64

12−23 续表 continued

地 区	Region	猪年末头数(头) Hogs (year-end) (head)	#母猪 Sow	羊(只) Sheep and Goats (head)	#山羊 Goats	#奶山羊 Dairy Goat	蜂(箱) Bee (box)	兔(万只) Rabbit (10 000 heads)
全 省	**Shaanxi**	**7956980**	**749263**	**8150500**	**6764915**	**1312932**	**1109430**	**118.23**
西安市	Xi'an	296612	41317	71900	71198	69052	23033	3.97
铜川市	Tongchuan	56041	6598	33016	31726	18477	1863	39.11
宝鸡市	Baoji	629727	58587	574543	553826	553826	279064	6.52
咸阳市	Xianyang	1078507	107057	391284	333065	314670	7755	12.16
渭南市	Weinan	1252867	127266	535092	368029	324061	37116	9.54
#韩城市	Hancheng	47750	6650	33310	11980	680	3100	
延安市	Yan'an	349956	40473	551376	505607	12694	188990	6.85
汉中市	Hanzhong	1591990	156993	271148	269985	2541	284732	10.55
榆林市	Yulin	966915	73054	5491233	4557387	16478	37171	6.26
安康市	Ankang	1181354	126673	560467	560225		141804	3.27
商洛市	Shangluo	537919	77786	228237	227134	1133	107902	20.00
杨凌示范区	Yangling	56497	5447	1410	1086			

注：本表全省主要畜禽存栏为抽样调查数。
a) The number of main livestock of Shaanxi in this table are sample survey data.

12-24　各市(区)主要畜产品和水产品产量(2019年)
Output of Livestock and Aquatic Products by City(District)(2019)

地　区	Region	肉类总产量(吨) Output of Meat (ton)	#猪肉 Pork	#牛肉 Beef	#羊肉 Mutton	#禽肉 Poultry	奶类产量(吨) Milk (ton)	牛奶 Cow Milk	羊奶 Sheep Milk
全　省	**Shaanxi**	**1095347**	**809400**	**84947**	**92500**	**101753**	**1596621**	**1077720**	**518901**
西安市	Xi'an	51437	33531	3329	927	12257	123710	80059	43652
铜川市	Tongchuan	10053	5241	1599	577	1632	33528	27298	6230
宝鸡市	Baoji	102622	67401	19003	5459	10504	479073	350650	128424
咸阳市	Xianyang	121171	92219	9001	7826	10409	359197	246170	113027
渭南市	Weinan	149941	120257	10301	7670	11374	476179	266285	209894
#韩城市	Hancheng	5817	3571	442	532	1271	2725	2393	332
延安市	Yan'an	45673	33550	3720	4273	3969	6288	2436	3852
汉中市	Hanzhong	208144	175523	13215	3204	16021	10150	8255	1895
榆林市	Yulin	161889	96863	8301	50165	5364	70186	59524	10662
安康市	Ankang	169554	134870	10229	9951	14454	68	68	
商洛市	Shangluo	87462	61433	4379	3386	17887	2536	1921	615
杨凌示范区	Yangling	5641	4795	642	29	102	7496	6845	651

12-24　续表　continued

地　区	Region	山羊毛(吨) Goat Wool (ton)	山羊绒(吨) Cashmere (ton)	绵羊毛(吨) Sheep Wool (ton)	禽蛋(吨) Poultry Eggs (ton)	蜂蜜(公斤) Honey (kg)	蚕茧(吨) Silkworm Cocoon (ton)	水产品(吨) Aquatic Products (ton)	水产养殖面积(公顷) Water Area for Breeding Aquatics(hactare)
全　省	**Shaanxi**	**3128**	**1438**	**2963**	**641095**	**6921343**	**6488**	**189264**	**51395**
西安市	Xi'an				53872	322965		13614	1213
铜川市	Tongchuan				23008	7644		2090	574
宝鸡市	Baoji	5		4	50045	613662		7505	3185
咸阳市	Xianyang	12	5	34	68831	114018		8220	1872
渭南市	Weinan	8	3	59	138172	567396		55184	6039
#韩城市	Hancheng	5	2	14	2533	21250			
延安市	Yan'an	188	59	39	26641	1000626	135	3197	2985
汉中市	Hanzhong				67765	2280202	336	46490	7280
榆林市	Yulin	2916	1371	2826	74160	359028	94	6140	14837
安康市	Ankang				54854	819714	5451	41551	12223
商洛市	Shangluo				74348	836089	472	5273	1188
杨凌示范区	Yangling				669			1000	733

注：本表全省主要畜禽产品产量为抽样调查数。水产品产量及面积为渔业部门数据。

a) The output of livestock products of Shaanxi in this table are sample survey data.Aquatic production and area data from the fisheries sector.

12-25 粮食生产大县情况
Large County of Food Production

县　区	Region	2015 播种面积(千公顷) Sown Area (1 001 hectares)	2015 产　量(万吨) Output (10 001 tons)	2018 播种面积(千公顷) Sown Area (1 001 hectares)	2018 产　量(万吨) Output (10 001 tons)	2019 播种面积(千公顷) Sown Area (1 001 hectares)	2019 产　量(万吨) Output (10 001 tons)
全　省	**Shaanxi**	**3018.91**	**1204.67**	**3005.98**	**1226.31**	**2998.92**	**1231.13**
生产大县合计	Total of Large Counties	1388.72	659.07	1303.23	618.00	1300.13	620.13
生产大县占全省%	As Percentage of Shaanxi	46.00	54.71	43.35	50.40	43.35	50.37
阎良区	Yanliang	21.05	13.00	18.51	12.03	17.90	11.50
临潼区	Lintong	71.82	35.32	66.87	32.91	66.74	33.26
长安区	Changan	42.51	21.95	30.93	15.62	30.97	15.75
高陵区	Gaoling	19.54	13.99	17.65	12.36	17.57	12.29
鄠邑区	Huyi	42.94	22.58	36.48	19.13	37.21	19.59
蓝田县	Lantian	40.56	17.25	40.30	17.04	40.22	17.10
周至县	Zhouzhi	30.41	14.17	25.55	11.91	25.50	12.02
陈仓区	Chencang	53.46	21.55	50.89	19.73	50.80	20.30
凤翔县	Fengxiang	56.74	27.23	55.36	25.68	55.27	25.50
岐山县	Qishan	43.00	24.02	40.68	22.62	40.61	22.38
扶风县	Fufeng	47.85	27.73	45.26	25.74	45.18	25.62
眉　县	Meixian	15.11	8.38	13.11	7.25	13.09	7.32
千阳县	Qianyang	19.84	6.34	18.27	5.75	17.54	5.72
三原县	Sanyuan	39.88	19.83	38.01	18.89	37.94	18.85
泾阳县	Jingyang	51.48	25.23	33.44	16.10	33.38	16.11
乾　县	Qianxian	56.88	27.46	54.40	25.45	54.26	24.97
武功县	Wugong	40.75	21.04	38.48	19.48	38.41	19.78
兴平市	Xingping	42.99	22.48	36.45	18.67	36.39	18.94
临渭区	Linwei	87.36	37.06	83.89	36.40	83.75	36.53
华州区	Huaxian	32.96	13.98	32.10	13.67	32.07	13.97
大荔县	Dali	66.57	30.75	63.52	29.68	63.41	30.68
合阳县	Heyang	51.89	21.85	50.60	21.97	50.50	22.98
澄城县	Chengcheng	42.88	17.60	41.12	18.13	41.06	16.87
蒲城县	Pucheng	90.10	38.17	87.94	37.78	87.79	37.58
富平县	Fuping	85.72	39.64	82.48	37.79	82.33	38.03
韩城市	Hancheng	15.08	5.13	14.29	4.85	14.25	4.93
汉台区	Hantai	17.68	10.82	16.52	11.33	16.43	11.40
南郑区	Nanzheng	31.21	14.23	31.92	15.65	31.83	15.56
城固县	Chenggu	27.62	15.04	28.35	15.53	28.27	15.48
洋　县	Yangxian	30.44	14.70	33.35	16.53	33.24	16.50
勉　县	Mianxian	29.92	13.08	29.87	13.66	29.76	13.65
汉滨区	Hanbin	42.48	17.47	46.64	18.67	46.46	18.97

注：全省为抽样调查数。
a) The data of Shaanxi are sample survey data.

12−26 商品棉基地县情况
Base County of Marketable Cotton

县 区	Region	2015		2018		2019	
		播种面积 (公顷) Sown Area (hectare)	产 量 (吨) Output (ton)	播种面积 (公顷) Sown Area (hectare)	产 量 (吨) Output (ton)	播种面积 (公顷) Sown Area (hectare)	产 量 (吨) Output (ton)
全 省	**Shaanxi**	**14660**	**20700**	**6921**	**9904**	**5459**	**7633**
基地县合计	Total of Base Counties	8328	11748	4879	7227	3570	5057
基地县占全省%	As Percentage of Shaanxi	56.8	56.8	70.5	73.0	65.4	66.3
阎良区	Yanliang	8	15				
临潼区	Lintong						
临渭区	Linwei	3120	4114	3505	5029	2728	3781
华州区	Huaxian	188	276	82	143	81	146
大荔县	Dali	1527	2025	157	280	105	186
蒲城县	Pucheng	3302	5016	970	1399	653	938
富平县	Fuping	183	302	165	376	3	6

12−27 烤烟主产县情况
Base County of Flue-cured Tobacco

县 区	Region	2015		2018		2019	
		播种面积 (公顷) Sown Area (hectare)	产 量 (吨) Output (ton)	播种面积 (公顷) Sown Area (hectare)	产 量 (吨) Output (ton)	播种面积 (公顷) Sown Area (hectare)	产 量 (吨) Output (ton)
全 省	**Shaanxi**	**21607**	**50600**	**14658**	**33559**	**22262**	**52796**
基地县合计	Total of Base Counties	15069	36090	11578	25440	14741	33689
基地县占全省%	As Percentage of Shaanxi	69.7	71.3	79.0	75.8	66.2	63.8
宜君县	Yijun						
陇 县	Longxian	1944	3297	1439	2618	2060	3817
乾 县	Qianxian						
永寿县	Yongshou						
长武县	Changwu						
旬邑县	Xunyi	511	1033	463	932	422	862
彬州市	Binzhou	210	651	197	626	245	787
合阳县	Heyang						
澄城县	Chengcheng						
宝塔区	Baota	158	367	143	358	143	360
富 县	Fuxian	480	2724	399	844	867	1750
洛川县	Luochuan						
宜川县	Yichuan	85	188	9	17	33	60
黄龙县	Huanglong	115	327	97	274	87	293
洋 县	Yangxian	536	3047	206	1282	479	3096
西乡县	Xixiang	640	1952	202	872	218	945
平利县	Pingli	241	472	170	310	349	582
旬阳县	Xunyang	4892	9822	3803	7512	5364	10788
洛南县	Luonan	5257	12210	4450	9795	4474	10349

12-28 苹果基地县情况
Base County of Apple

县 区	Region	2015		2018		2019	
		苹果园面积(公顷) Area of Apple Orchards (hectare)	产 量(吨) Output (ton)	苹果园面积(公顷) Area of Apple Orchards (hectare)	产 量(吨) Output (ton)	苹果园面积(公顷) Area of Apple Orchards (hectare)	产 量(吨) Output (ton)
全 省	**Shaanxi**	**575773**	**9797575**	**597570**	**10086877**	**614573**	**11355809**
基地县合计	Total of Base Counties	452952	8517052	464653	8441371	467241	9528605
基地县占全省%	As Percentage of Shaanxi	78.7	86.9	77.8	83.7	76.0	83.9
印台区	Yintai	8929	119746	8331	109142	8747	121434
耀洲区	Yaozhou	16247	233324	19761	282045	19760	306904
宜君县	Yijun	9620	118743	7473	110397	7613	112055
陈仓区	Chencang	2348	38551	3924	34033	3770	33905
凤翔县	Fengxiang	6939	113937	9024	124274	9364	140296
岐山县	Qishan	2473	40609	3424	93980	3424	98844
扶风县	Fufeng	8076	132597	7370	302556	8042	314395
陇 县	Longxian	4328	71056	3104	27786	3101	31988
千阳县	Qianyang	5078	83374	4215	32930	4215	41328
乾 县	Qianxian	22827	417935	22275	397732	22275	422316
礼泉县	Liquan	24326	1041673	28730	815146	28730	874012
永寿县	Yongshou	21590	343436	19652	342896	19638	388843
彬 县	Binxian	17170	359410	18461	326851	18710	364468
长武县	Changwu	13986	222760	16056	243012	16056	335000
旬邑县	Xunyi	26862	455386	24301	436214	21976	478471
淳化县	Chunhua	27276	662470	25333	560000	25333	600000
合阳县	Heyang	14580	251005	15050	283358	15050	314732
澄城县	Chengcheng	20043	339113	16843	322454	16040	323795
蒲城县	Pucheng	11471	202423	11994	233503	11994	252976
白水县	Baishui	22773	445150	26471	479030	26706	500818
富平县	Fuping	7462	128890	7575	124016	7575	125854
韩城市	Hancheng	3110	54064	3523	59240	3523	65397
宝塔区	Baota	20412	252000	21070	350000	21303	365000
延长县	Yanchang	20483	240900	20773	280000	20907	296500
延川县	Yanchuan	12190	66800	13439	104716	14772	131320
安塞县	Ansai	11362	49000	12423	151660	14146	171328
富 县	Fuxian	24398	507700	24748	496400	24860	574000
洛川县	Luochuan	34275	801000	35593	553000	35515	900626
宜川县	Yichuan	19530	438000	20133	475000	20350	500000
黄陵县	Huangling	12787	286000	13583	290000	13744	342000

注：本表基地县产量为监测推算结果。
a) The outputs of Base Counties are calculateed results by monitoring.

12—29　梨基地县情况
Base County of Pear

县　区	Region	2015 梨园面积(公顷) Area of Pears Orchards (hectare)	2015 产　量(吨) Output (ton)	2018 梨园面积(公顷) Area of Pears Orchards (hectare)	2018 产　量(吨) Output (ton)	2019 梨园面积(公顷) Area of Pears Orchards (hectare)	2019 产　量(吨) Output (ton)
全　省	**Shaanxi**	**46972**	**1000489**	**46568**	**997191**	**44648**	**1046067**
基地县合计	Total of Base Counties	24985	616111	25309	561286	25285	589554
基地县占全省%	As Percentage of Shaanxi	53.2	61.6	54.3	56.3	56.6	56.4
秦都区	Qindu	590	22201	261	6880	259	8462
乾　县	Qianxian	1211	28754	1294	29107	1294	30174
礼泉县	Liquan	2980	164393	3271	139107	3271	139679
彬　县	Binxian	1154	12526	1235	10837	1288	11423
临渭区	Linwei	2596	51919	2210	43079	2087	43330
蒲城县	Pucheng	14158	294302	15071	287133	15098	310422
富平县	Fuping	450	9766	366	7608	358	7823
子长县	Zichang	281	4487	192	3120	192	3178
宜川县	Yichuan	159	238	141	1520	170	1550
洋　县	Yangxian	1405	27525	1268	32895	1268	33513

注：本表基地县产量为监测推算结果。
a) The outputs of Base Counties are calculateed results by monitoring.

12—30　猕猴桃基地县情况
Base County of Kiwi

县　区	Region	2015 猕猴桃园面积(公顷) Area of Kiwi Orchards (hectare)	2015 产　量(吨) Output (ton)	2018 猕猴桃园面积(公顷) Area of Kiwi Orchards (hectare)	2018 产　量(吨) Output (ton)	2019 猕猴桃园面积(公顷) Area of Kiwi Orchards (hectare)	2019 产　量(吨) Output (ton)
全　省	**Shaanxi**	**45667**	**905293**	**53162**	**947888**	**58455**	**1072439**
基地县合计	Total of Base Counties	34227	710907	36895	770432	35746	830503
基地县占全省%	As Percentage of Shaanxi	74.9	78.5	69.4	81.3	61.2	77.4
灞桥区	Baqiao	374	8454	576	16846	449	14369
长安区	Chang'an	151	3354	75	1306	99	2809
周至县	Zhouzhi	16839	320285	17909	320560	16617	347884
户　县	Huxian	759	13629	428	8470	633	13726
眉　县	Meixian	14612	356119	15397	405145	15439	430500
城固县	Chenggu	1492	9066	2510	18105	2510	21215

注：本表基地县产量为监测推算结果。
a) The outputs of Base Counties are calculateed results by monitoring.

12-31 各市(区)灾情(2019年)

Conditions in Natural Disaster by City(District)(2019)

地区	Region	受灾人口(万人次) Disaster Population Covered (10 000 persons-times)	死亡失踪人口(人) Population of Death and Abscondence (persons)	农作物受灾面积(千公顷) Disaster Areas of Farm Crops (1 000 hectares)	农作物绝收面积(千公顷) Disaster Areas of Farm Crops of No Harvest (1 000 hectares)	倒塌民房(万间) Broken Civil Buildings (10 000 units)	直接经济损失(亿元) Direct Economic Losses (100 million yuan)
全省	**Shaanxi**	**509.30**	**47**	**687.60**	**112.60**	**0.70**	**60.40**
西安市	Xi'an	3.20	3	1.90	1.30	0.01	0.4
铜川市	Tongchuan	0.01					0.0
宝鸡市	Baoji	58.60	1	34.90	1.40	0.01	3.1
咸阳市	Xianyang	47.60		48.60	0.02	0.01	1.9
渭南市	Weinan	141.00	1	156.70	6.60	0.01	8.9
延安市	Yan'an	11.70		17.10	1.00		3.3
汉中市	Hanzhong	49.70	17	21.40	4.30	0.52	12.5
榆林市	Yulin	114.30	11	351.30	93.10	0.01	17.1
安康市	Ankang	34.80	13	16.60	4.70	0.17	11.5
商洛市	Shangluo	48.40	1	39.10	0.32	0.02	1.9
杨凌示范区	Yangling						

12-32 农业现代化情况

Agriculture Modernization

指标		Item		2015	2018	2019
农业机械总动力合计	**(万千瓦)**	**Total Agricultural Machinery Power**	**(10 000 kw)**	**2667.27**	**2311.80**	**2331.49**
大中型拖拉机	(万台)	Large and Medium Tractors	(10 000 units)	11.11	9.84	10.40
小型拖拉机	(万台)	Small Tractors	(10 000 units)	21.81	21.99	21.65
拖拉机配套农具	(万部)	Tractors Towing Farm Machinery	(10 000 units)	49.79	53.66	55.59
粮食作物联合收割机	(台)	Combine Harvesters for Food Crops	(unit)	41139	44256	45490
其他作物联合收割机	(台)	Combine Harvesters for Other Crops	(unit)			8996
机动脱粒机	(万台)	Mobile Thresher	(10 000 units)	41.85	49.30	50.22
节水灌溉类机械	(套)	Watersaving Irrigation Machinery	(unit)	44053	61429	61629
农用水泵	(万台)	Number of Agricultural Pumps	(10 000 units)	33.26	34.05	33.59
当年机耕地面积	(千公顷)	Area Cultivated by Mechanical	(1 000 hectares)	2882.88	2848.09	3053.70
当年机械播种面积	(千公顷)	Area Sown by Mechanical	(1 000 hectares)	2029.62	2064.51	2122.14
当年机械收获面积	(千公顷)	Mechanical harvest Area	(1 000 hectares)	1821.77	1936.19	1899.22
农用化肥施用量(折纯量)	(万吨)	Consumption of Chemical Fertilizers	(10 000 tons)	231.95	229.64	202.52
氮肥		Nitrogenous Fertilizer		93.52	88.85	80.36
磷肥		Phosphate Fertilizer		18.52	17.94	17.40
钾肥		Potash Fertilizer		24.40	24.13	23.13
复合肥		Compound Fertilizer		95.50	98.72	81.63
农用塑料薄膜使用量	(吨)	Plastic Film Consumption	(ton)	43068	44147	44780
#地膜使用量		Film Consumption		22147	20932	21912
地膜覆盖面积	(千公顷)	Film Coverage Area	(1 000 hectares)	454.14	427.70	425.21
农用柴油使用量	(万吨)	Diesel Consumption	(10 000 tons)	92.32	92.58	93.84
农药使用量	(吨)	Pesticides Consumption	(ton)	13092	12550	12240

注：本表为农机部门数据。

a) Data in this table come from Agricultural Machinery Bureau.

12—33　各市(区)农业现代化情况（2019）
Agriculture Modernization by City(District) (2019)

地　区	Region	农用机械总动力合计（万千瓦）Total Agricultural Machinery Power (10 000 kw)	大中型拖拉机（台）Large and Medium Tractors (unit)	小　型拖拉机（台）Small Tractors (unit)	拖拉机机配农具（部）Tractors Towing Machinery (unit)	粮食作物联合收割机（台）Combine Harvesters for Food Crops (unit)	其他作物联合收割机（台）Combine Harvesters for Other Crops (unit)	机　动脱粒机（台）Mobile Thresher (unit)
全　　省	**Shaanxi**	**2331.49**	**103983**	**216537**	**555890**	**45490**	**8996**	**502226**
西 安 市	Xi'an	245.60	8938	6009	45635	7689	126	12813
铜 川 市	Tongchuan	34.71	4319	4460	19276	527	16	2294
宝 鸡 市	Baoji	249.33	16067	24502	87253	7687	187	47911
咸 阳 市	Xianyang	255.81	16929	14896	61566	8480	215	15749
渭 南 市	Weinan	558.91	24824	67643	173145	14982	293	23725
延 安 市	Yan'an	168.25	5258	50127	72261	1147	2086	6780
汉 中 市	Hanzhong	189.30	4972	5283	8060	1174	3732	96883
榆 林 市	Yulin	306.90	20230	28964	65827	3385	1937	46078
安 康 市	Ankang	217.94	1439	10881	13686	224	354	181437
商 洛 市	Shangluo	70.41	247	3639	6954	47	38	68453
杨凌示范区	Yangling	8.51	640	63	1792	96		73

12—33　续表　continued

地　区	Region	节水灌溉类机　械（套）Watersaving Irrigation Machinery (unit)	农　用水　泵（台）Pumps (unit)	秸秆粉碎还田机械（台）Straw Crushing Return-to-field Machine (unit)	饲养机械（台/套）Feeding Machine (unit)	畜产品采集加工机械设备（台/套）Livestock Products Collecting and Processing Machine (unit)	化肥施用折纯量（吨）Consumption of Chemical Fertilizers (ton)	农用塑料薄膜使用量（吨）Plastic Film Consumption (ton)
全　　省	**Shaanxi**	**61629**	**335908**	**24987**	**14922**	**6211**	**2025193**	**44780**
西 安 市	Xi'an	1869	62397	5911	1831	921	242879	3351
铜 川 市	Tongchuan	1796	1130	463	213	21	52579	489
宝 鸡 市	Baoji	322	20437	996	1057	925	251819	1630
咸 阳 市	Xianyang	26859	32019	3649	2567	1841	434038	6074
渭 南 市	Weinan	13352	45885	11726	1051	535	447436	15304
延 安 市	Yan'an	6683	22064	1165	722	171	145109	5073
汉 中 市	Hanzhong	3369	36756	207	925	272	132461	2916
榆 林 市	Yulin	1041	60031	443	2553	1492	157818	4741
安 康 市	Ankang	3103	30322	107	2147	9	105006	3109
商 洛 市	Shangluo	3124	23554	50	1834	12	51643	1433
杨凌示范区	Yangling	7	502	207	11	6	4405	660

注：本表为农机部门数据。全省数据包含农垦。
a) Data in this table come from Agricultural Machinery Bureau.The province's data include farms and land reclamation.

12-34 各市、县(市、区)农村经济主要指标(2019年)
Main Indicators of Rural Economy by City and County (City and District) (2019)

地　区	Region	农林牧渔业总产值(万元) Gross Output Value of Farming, Forestry, Animal Husbandry and Fishery (10 000 yuan)	农林牧渔业增加值(万元) Value Added of Farming, Forestry, Animal Husbandry and Fishery (10 000 yuan)	年末常用耕地面积(公顷) Area of Cultivated Land (hectares)	农用机械总动力(千瓦) Total Agricultural Machinery Power (kw)	农用化肥施用折纯量(吨) Consumption of Chemical Fertilizers (ton)	农用塑料薄膜使用量(吨) Plastic Film Consumption (ton)
全　省	**Shaanxi**	**35368034**	**20980142**	**3010515**	**23314932**	**2025193**	**44780**
西安市	**Xi'an**	**4993220**	**3096775**	**240885**	**2456028**	**242879**	**3351**
新城区	Xincheng						
碑林区	Beilin						
莲湖区	Lianhu						
灞桥区	Baqiao	327267	217210	3715	118980	2352	8
未央区	Weiyang	6419	3876	106	37550	169	16
雁塔区	Yanta				40174		
阎良区	Yanliang	487524	314957	15178	110650	30042	1544
临潼区	Lintong	666124	405378	44147	422225	39222	204
长安区	Chang'an	490776	321072	31253	356114	15572	165
高陵区	Gaoling	528930	325491	14768	231471	12802	34
鄠邑区	Huyi	484760	300110	33647	501694	30730	573
蓝田县	Lantian	517089	310156	38997	247797	45932	379
周至县	Zhouzhi	646428	392638	32625	341683	52414	100
西咸新区	Xixian	837903	505887	26450	47690	13644	327
铜川市	**Tongchuan**	**483021**	**279431**	**71547**	**347055**	**52579**	**489**
王益区	Wangyi	25777	14718	5285	32500	1472	16
印台区	Yintai	76753	44335	9456	71000	8040	100
耀州区	Yaozhou	225379	129212	28415	128555	27512	247
宜君县	Yijun	115138	66617	25137	115000	11437	125
新　区	Xinqu	39974	24549	3254		4118	1
宝鸡市	**Baoji**	**3176225**	**1875646**	**291716**	**2493283**	**251819**	**1630**
渭滨区	Weibin	86124	52073	5080	58049	4217	14
金台区	Jintai	46448	27261	9903	133700	4489	5
陈仓区	Chencang	449269	263998	43576	411474	30394	134
凤翔县	Fengxiang	438770	258902	45659	63536	42975	97
岐山县	Qishan	422256	252503	35283	377773	24667	132
扶风县	Fufeng	379270	224775	30548	348051	48474	40
眉　县	Meixian	415091	246014	23121	422350	44641	131
陇　县	Longxian	343972	201330	35322	250852	14189	459
千阳县	Qianyang	186395	108507	18186	189003	12448	106
麟游县	Linyou	131245	71927	29205	124325	14771	176
凤　县	Fengxian	149771	90270	9368	51516	6344	147
太白县	Taibai	127614	78086	6465	62653	4210	191
咸阳市	**Xianyang**	**5315445**	**3234507**	**319635**	**2558158**	**434038**	**6074**
秦都区	Qindu	134540	78200	3555	111100	6931	140
渭城区	Weicheng						
三原县	Sanyuan	512923	310555	32730	250900	29203	446
泾阳县	Jingyang	507076	306143	30807	377930	27248	1660
乾　县	Qianxian	525600	317628	47064	298763	111663	145
礼泉县	Liquan	812990	519150	28823	210900	83255	734

注：全省粮食和猪牛羊禽相关数据为抽样调查数据。
a) The Shaanxi data of grain, pig, cattle, sheep are sample survey data.

12−34 续表 1 continued

地 区	Region	农林牧渔业总产值(万元) Gross Output Value of Farming, Forestry, Animal Husbandry and Fishery (10 000 yuan)	农林牧渔业增加值(万元) Value Added of Farming, Forestry, Animal Husbandry and Fishery (10 000 yuan)	年末常用耕地面积(公顷) Area of Cultivated Land (hectares)	农用机械总动力(千瓦) Total Agricultural Machinery Power (kw)	农用化肥施用折纯量(吨) Consumption of Chemical Fertilizers (ton)	农用塑料薄膜使用量(吨) Plastic Film Consumption (ton)
永寿县	Yongshou	378301	210169	20555	229129	30334	133
长武县	Changwu	343442	186130	12021	165200	33707	756
旬邑县	Xunyi	502679	309221	27786	127700	28775	837
淳化县	Chunhua	487215	287527	28698	111718	21422	207
武功县	Wugong	391253	250330	27590	164490	26625	156
兴平市	Xingping	364691	252604	27957	304971	15503	90
彬州市	Binzhou	354735	206850	32049	205358	19372	770
渭南市	**Weinan**	**5776859**	**3388156**	**480966**	**5348497**	**447436**	**15304**
临渭区	Linwei	850412	491560	52668	914348	61961	1798
华州区	Huazhou	251489	151812	23608	306603	26965	387
潼关县	Tongguan	96342	56644	10710	79799	9374	51
大荔县	Dali	859041	490512	64259	1159992	80019	2713
合阳县	Heyang	509299	294603	58402	335823	24551	651
澄城县	Chengcheng	564600	318882	47998	1010000	23749	357
蒲城县	Pucheng	638098.0	393554.0	88717	367942	60259.0	6200.0
白水县	Baishui	580266	353727	25985	305608	70849	702
富平县	Fuping	741886	437728	66330	779069	57454	2083
高新区	Gaoxin	6331	3563	463		263	
经开区	Jingkai	57553	34893	5169		6286	
韩城市	Hancheng	456675	264227	24089	240577	18010	118
华阴市	Huayin	164867	96451	12567	89313	7696	244
延安市	**Yan'an**	**2610696**	**1528332**	**261375**	**1682514**	**145109**	**5073**
宝塔区	Baota	296634	178526	31563	90000	6810	279
安塞区	Ansai	232223	126481	39622	96200	5091	319
延长县	Yanchang	185484	110926	14635	109703	6416	162
延川县	Yanchuan	169243	101983	23473	132000	5365	1243
志丹县	Zhidan	139964	79935	31394	93165	4037	677
吴起县	Wuqi	111937	70299	26610	149849	3359	768
甘泉县	Ganquan	91039	53710	6005	75030	3896	232
富 县	Fuxian	296493	171541	10054	119103	11362	414
洛川县	Luochuan	432143	244889	10274	258000	52518	76
宜川县	Yichuan	255004	154889	14917	184402	19372	81
黄龙县	Huanglong	100434	59566	11028	80000	10861	66
黄陵县	Huangling	172932	98926	9128	179000	12005	112
子长市	Zichang	127166	76661	32674	116062	4017	644
汉中市	**Hanzhong**	**4017838**	**2352229**	**212374**	**1893000**	**132461**	**2916**
汉台区	Hantai	287841	168881	13490	185071	12053	658
南郑区	Nanzheng	590131	345285	36179	234042	15077	438
城固县	Chenggu	834598	491183	23781	251266	34465	210
洋 县	Yangxian	559221	325551	27962	215183	19487	546
西乡县	Xixiang	417399	244401	22345	232345	11019	167
勉 县	Mianxian	418953	245481	28354	201997	21719	186
宁强县	Ningqiang	319083	186050	21173	206900	10354	212

12−34 续表 2 continued

地　区	Region	农林牧渔业总产值(万元) Gross Output Value of Farming, Forestry, Animal Husbandry and Fishery (10 000 yuan)	农林牧渔业增加值(万元) Value Added of Farming, Forestry, Animal Husbandry and Fishery (10 000 yuan)	年末常用耕地面积(公顷) Area of Cultivated Land (hectares)	农用机械总动力(千瓦) Total Agricultural Machinery Power (kw)	农用化肥施用折纯量(吨) Consumption of Chemical Fertilizers (ton)	农用塑料薄膜使用量(吨) Plastic Film Consumption (ton)
略阳县	Lueyang	166394	97263	10045	223140	2500	148
镇巴县	Zhenba	331827	194002	24058	73645	4704	268
留坝县	Liuba	58928	34503	3134	37881	463	66
佛坪县	Foping	33463	19629	1853	31530	620	17
榆林市	**Yulin**	**4397313**	**2614379**	**791575**	**3068993**	**157818**	**4741**
榆阳区	Yuyang	714010	415790	84976	429678	37707	312
横山区	Hengshan	474796	280327	81384	218079	12488	218
府谷县	Fugu	168525	98712	43263	240670	5401	49
靖边县	Jingbian	563266	333053	85834	538175	12149	1310
定边县	Dingbian	488718	291181	213526	603300	34054	850
绥德县	Suide	356059	215474	52405	167479	14635	157
米脂县	Mizhi	192511	115449	27870	153409	5284	213
佳　县	Jiaxian	307097	185610	53405	145259	3238	170
吴堡县	Wubu	102165	62167	8069	49492	906	19
清涧县	Qingjian	328863	200051	27365	139456	5069	606
子洲县	Zizhou	290372	174664	30628	99880	14449	423
神木市	Shenmu	410931	241901	82850	284116	12438	414
安康市	**Ankang**	**2478591**	**1429231**	**193620**	**2179366**	**105006**	**3109**
汉滨区	Hanbin	605722	364197	40566	655000	48270	931
汉阴县	Hanyin	283381	168100	22630	261000	10216	274
石泉县	Shiquan	167163	96784	13141	157000	4613	195
宁陕县	Ningshan	103156	56119	3414	68017	334	51
紫阳县	Ziyang	281583	161937	22578	196000	3748	154
岚皋县	Langao	162530	95110	16811	111000	4157	415
平利县	Pingli	224838	124103	18599	177249	4089	403
镇坪县	Zhenping	84561	45975	4955	52000	1317	53
旬阳县	Xunyang	375542	205126	36772	342100	22724	458
白河县	Baihe	190115	111780	14154	160000	5538	176
商洛市	**Shangluo**	**1930700**	**1091427**	**133954**	**704052**	**51643**	**1433**
商州区	Shangzhou	288665	170188	21448	104662	6902	198
洛南县	Luonan	417801	235694	32260	157026	14400	396
丹凤县	Danfeng	230072	122138	12054	51322	5220	109
商南县	Shangnan	255275	140942	14095	84888	4492	175
山阳县	Shanyang	347520	210480	23964	123633	8218	104
镇安县	Zhen'an	239912	134345	21441	129500	7981	304
柞水县	Zhashui	151455	77640	8692	53021	4430	148
杨凌示范区	**Yangling**	**146636**	**90032**	**5004**	**85120**	**4405**	**660**

12—34　续表 3　continued

地　区	Region	粮　食 播种面积 (公顷) Sown Area of Grain (hectares)	粮　食 产　量 (吨) Output of Grain (ton)	油　料 产　量 (吨) Output of Oil-bearing (ton)	棉　花 产　量 (吨) Output of Cotton (ton)	蔬　菜 产　量 (吨) Output of Vegetables (ton)	水　果 产　量 (吨) Output of Fruits (ton)	# 苹 果 Output of Apples
全　省	**Shaanxi**	**2998920**	**12311300**	**600986**	**7633**	**18973767**	**17333682**	**11355809**
西安市	**Xi'an**	**273143**	**1398993**	**6693**	**122**	**3785802**	**971789**	**70661**
新城区	Xincheng							
碑林区	Beilin							
莲湖区	Lianhu							
灞桥区	Baqiao	4716	24684	272	49	122810	78587	50
未央区	Weiyang	14	71			663	104	
雁塔区	Yanta							
阎良区	Yanliang	17903	114974	87		740748	30992	2282
临潼区	Lintong	66741	332607	641		531277	78317	2263
长安区	Chang'an	30972	157518	1132		205784	50474	132
高陵区	Gaoling	17566	122926			623339	27061	2700
鄠邑区	Huyi	37207	195893	466		286468	103130	262
蓝田县	Lantian	40216	171041	3320	73	109387	69407	4567
周至县	Zhouzhi	25497	120206	539		228774	417744	2390
西咸新区	Xixian	32312	159073	236		936552	115973	56015
铜川市	**Tongchuan**	**67842**	**286705**	**2152**		**71232**	**585193**	**557993**
王益区	Wangyi	3361	8503	16		7132	23580	17600
印台区	Yintai	10574	38606	557		12979	122125	121434
耀州区	Yaozhou	25432	73063	1406		37784	273447	262860
宜君县	Yijun	26622	162215	158		10752	112882	112055
新　区	Xinqu	1852	4318	15		2585	53159	44044
宝鸡市	**Baoji**	**300250**	**1323621**	**18722**	**34**	**1487671**	**1322185**	**708982**
渭滨区	Weibin	3553	10127	749		7501	26392	101
金台区	Jintai	11041	35696	892		4751	3656	197
陈仓区	Chencang	50799	203032	1962		197937	60125	33905
凤翔县	Fengxiang	55266	255007	1765		161971	150884	140296
岐山县	Qishan	40612	223824	1253	4	162672	134439	98844
扶风县	Fufeng	45184	256168	537	30	40776	350202	314395
眉　县	Meixian	13087	73228	506		15647	460726	2003
陇　县	Longxian	32719	104296	3505		120630	39088	31988
千阳县	Qianyang	17536	57179	1898		139344	46211	41328
麟游县	Linyou	22457	74384	4184		50407	2745	2012
凤　县	Fengxian	6072	23924	1052		167267	45382	43562
太白县	Taibai	1923	6756	419		418768	2335	351
咸阳市	**Xianyang**	**331482**	**1603231**	**28244**	**7**	**3225692**	**4568856**	**3776145**
秦都区	Qindu	4328	24752	23		29945	46127	29823
渭城区	Weicheng							
三原县	Sanyuan	37938	188519	1549		1200354	167018	99574
泾阳县	Jingyang	33384	161058	385		1153667	86071	15449
乾　县	Qianxian	54264	249713	5625		40098	497890	422316
礼泉县	Liquan	25333	112282	1581		64621	1231846	874012

12-34 续表 4 continued

地 区	Region	粮食播种面积(公顷) Sown Area of Grain (hectares)	粮食产量(吨) Output of Grain (ton)	油料产量(吨) Output of Oil-bearing (ton)	棉花产量(吨) Output of Cotton (ton)	蔬菜产量(吨) Output of Vegetables (ton)	水果产量(吨) Output of Fruits (ton)	#苹果 Output of Apples
永寿县	Yongshou	19190	80642	2359		22451	412880	388843
长武县	Changwu	12124	54281	620		20411	345698	335000
旬邑县	Xunyi	20060	123992	1938		61927	490223	478471
淳化县	Chunhua	23657	108929	2582		44672	659115	600000
武功县	Wugong	38409	197849	489	7	193643	84119	47730
兴平市	Xingping	36386	189432	417		356302	141727	120459
彬州市	Binzhou	26406	111782	10676		37601	406142	364468
渭南市	**Weinan**	**517892**	**2268573**	**63376**	**6357**	**3089738**	**3378857**	**1737420**
临渭区	Linwei	68223	297441	5454	3756	750357	323134	46111
华州区	Huazhou	32066	139736	2265	146	600034	29778	944
潼关县	Tongguan	13090	42363	4307	195	44960	13240	1171
大荔县	Dali	63413	306810	28360	186	498841	571120	96713
合阳县	Heyang	50504	229790	2282	969	238715	520766	314732
澄城县	Chengcheng	41061	168719	5854	10	65944	412187	323795
蒲城县	Pucheng	87790	375765	3702	938	191551	614171	252976
白水县	Baishui	24722	102180	6927		84780	501650	500818
富平县	Fuping	82331	380305	854	6	371302	265621	125854
高新区	Gaoxin	847	3680	42		815	1947	168
经开区	Jingkai	14680	64195	671	25	33321	25986	8741
韩城市	Hancheng	14250	49250	1710	78	149584	79094	65397
华阴市	Huayin	24914	108339	948	48	59534	20163	
延安市	**Yan'an**	**144359**	**705653**	**11996**	**511**	**1160548**	**3595474**	**3497990**
宝塔区	Baota	18238	73613	1386		151593	370035	365000
安塞区	Ansai	15485	53981	321		246980	173271	171328
延长县	Yanchang	5760	23191	1151	30	83098	312400	296500
延川县	Yanchuan	10935	30359	1340	480	55921	167936	131320
志丹县	Zhidan	18659	71587	367		92218	104408	82200
吴起县	Wuqi	17233	70610	2000		88923	16375	14067
甘泉县	Ganquan	7711	45270	72		88020	7500	6300
富 县	Fuxian	5733	33290	50		100701	574920	574000
洛川县	Luochuan	11938	106324			22131	900626	900626
宜川县	Yichuan	4206	27282	377	1	43999	504194	500000
黄龙县	Huanglong	8959	73495	3036		14984	70000	69617
黄陵县	Huangling	7952	53580	893		50055	343537	342000
子长市	Zichang	11550	43071	1003		121925	50272	45032
汉中市	**Hanzhong**	**253602**	**1060573**	**186379**	**206**	**2634602**	**600836**	**16922**
汉台区	Hantai	16429	114009	14269		249765	47777	
南郑区	Nanzheng	31831	155634	32003		235910	20223	72
城固县	Chenggu	28268	154772	22186		818935	338158	546
洋 县	Yangxian	33236	165044	29986	206	747887	123511	3636
西乡县	Xixiang	26590	97521	23307		114948	7636	
勉 县	Mianxian	29763	136520	31271		159253	11419	42
宁强县	Ningqiang	27144	78177	14476		61843	19999	4724

12−34 续表 5 continued

地 区	Region	粮食播种面积(公顷) Sown Area of Grain (hectares)	粮食产量(吨) Output of Grain (ton)	油料产量(吨) Output of Oil-bearing (ton)	棉花产量(吨) Output of Cotton (ton)	蔬菜产量(吨) Output of Vegetables (ton)	水果产量(吨) Output of Fruits (ton)	#苹果 Output of Apples
略阳县	Lueyang	17275	44624	5844		60017	13855	2278
镇巴县	Zhenba	37744	95217	11580		134235	15953	4943
留坝县	Liuba	2683	9869	1002		31072	1372	568
佛坪县	Foping	2639	9186	455		20737	933	113
榆林市	**Yulin**	**727273**	**2654808**	**118785**	**265**	**1162928**	**2021209**	**976407**
榆阳区	Yuyang	78118	451707	4706		219819	46224	5450
横山区	Hengshan	71699	267297	1012		82153	70152	33982
府谷县	Fugu	29205	69453	2109	21	39137	61061	5270
靖边县	Jingbian	69343	319516	15252		298648	55129	31859
定边县	Dingbian	165427	374273	22918		199752	6447	2134
绥德县	Suide	53209	243829	30215	134	71229	311496	196316
米脂县	Mizhi	35308	133964	10124		24538	245813	212340
佳 县	Jiaxian	57426	198396	2603		22203	309622	29194
吴堡县	Wubu	12190	55619	1075		19550	112596	28230
清涧县	Qingjian	34786	109219	13578	110	98086	420501	113675
子洲县	Zizhou	52920	177914	3617		49198	348166	301837
神木市	Shenmu	67644	253621	11576		38615	34002	16120
安康市	**Ankang**	**223221**	**764447**	**142299**	**127**	**1641420**	**216019**	**5314**
汉滨区	Hanbin	46455	189685	50299	123	498888	56654	791
汉阴县	Hanyin	23192	98247	25515	4	192470	32291	405
石泉县	Shiquan	15723	62565	13004		81143	7090	150
宁陕县	Ningshan	2965	12394	367		42432	376	121
紫阳县	Ziyang	38621	105073	10298		246235	7519	64
岚皋县	Langao	14522	42326	3052		163573	5230	
平利县	Pingli	17177	57606	8880		110913	4261	690
镇坪县	Zhenping	7017	21524	1543		38825	126	58
旬阳县	Xunyang	40221	117778	21658		160592	62651	2601
白河县	Baihe	17329	57249	7683		106349	39821	434
商洛市	**Shangluo**	**159589**	**491537**	**21253**	**4**	**587249**	**33719**	**4895**
商州区	Shangzhou	27287	91387	416		99491	6018	261
洛南县	Luonan	34708	120869	6882		171615	9141	210
丹凤县	Danfeng	18348	52979	1162		25013	5364	1340
商南县	Shangnan	10864	30882	8908		87456	1500	36
山阳县	Shanyang	27837	85264	2376		64422	9881	2650
镇安县	Zhen'an	28055	70928	1221	4	82548	1193	130
柞水县	Zhashui	12490	39228	288		56704	622	268
杨凌示范区	**Yangling**	**2178**	**14700**	**1086**		**126885**	**39545**	**3080**

12–34 续表 6 continued

地 区	Region	肉类产量(吨) Output of Meat (ton)	禽蛋产量(吨) Output of Poultry Eggs (ton)	奶类产量(吨) Output of Milk (ton)	牛存栏(万头) Stocked Cattle (10 000 heads)	#奶牛 Dairy cow	猪存栏(万头) Stocked Hogs (10 000 heads)	羊存栏(万只) Stocked (10 000 heads)	家禽存栏(万只) Stocked (10 000 heads)
全 省	**Shaanxi**	**1095346**	**641095**	**1596620**	**150.17**	**27.40**	**795.70**	**815.05**	**7760**
西安市	**Xi'an**	**51437**	**53874**	**123711**	**5.16**	**2.79**	**29.66**	**7.19**	**644**
新城区	Xincheng								
碑林区	Beilin								
莲湖区	Lianhu								
灞桥区	Baqiao	1788	795	3449	0.11	0.11	0.51	0.09	6
未央区	Weiyang			41	0.00	0.00			
雁塔区	Yanta								
阎良区	Yanliang	2297	3214	20771	0.62	0.60	1.43	0.91	38
临潼区	Lintong	15932	12512	51948	1.39	1.16	6.04	2.13	164
长安区	Chang'an	4832	9900	6244	0.27	0.10	2.20	0.37	95
高陵区	Gaoling	3676	8365	12605	0.59	0.42	2.12	0.51	90
鄠邑区	Huyi	5830	6635	7287	0.42	0.11	5.57	0.62	76
蓝田县	Lantian	8488	6859	14317	1.03	0.12	3.58	2.16	97
周至县	Zhouzhi	6759	4431	3349	0.62	0.11	6.22	0.21	56
西咸新区	Xixian	1835	1163	3700	0.11	0.07	2.00	0.20	21
铜川市	**Tongchuan**	**10053**	**23008**	**33528**	**1.33**	**0.54**	**5.60**	**3.30**	**272**
王益区	Wangyi	1019	3587	646	0.01	0.01	0.54	0.10	37
印台区	Yintai	3112	4445	2384	0.19	0.05	1.18	0.56	42
耀州区	Yaozhou	4405	12119	28262	0.81	0.43	3.12	1.69	125
宜君县	Yijun	1056	1269		0.21		0.32	0.88	18
新 区	Xinqu	460	1588	2236	0.11	0.04	0.45	0.07	50
宝鸡市	**Baoji**	**102621**	**50045**	**479073**	**34.05**	**12.60**	**62.97**	**57.45**	**620**
渭滨区	Weibin	1054	398	2164	0.07	0.04	0.75	0.21	13
金台区	Jintai	2296	738	9170	0.60	0.20	0.87	0.63	15
陈仓区	Chencang	22526	9479	37088	5.00	1.19	20.22	4.86	160
凤翔县	Fengxiang	11652	8992	56845	6.48	2.35	7.10	1.76	103
岐山县	Qishan	13964	7688	26050	2.06	0.62	8.47	2.36	74
扶风县	Fufeng	15924	10009	9992	0.81	0.44	12.86	1.64	96
眉 县	Meixian	8539	4196	71156	2.45	2.00	2.89	0.41	49
陇 县	Longxian	8030	2032	157119	5.38	2.90	2.43	29.93	24
千阳县	Qianyang	5714	1418	89467	4.81	2.75	1.37	6.39	20
麟游县	Linyou	5518	2575	19901	5.00	0.11	1.76	7.60	33
凤 县	Fengxian	4980	1825		1.22		3.40	1.15	24
太白县	Taibai	2425	695	123	0.17	0.01	0.86	0.50	9
咸阳市	**Xianyang**	**121172**	**68831**	**359197**	**12.82**	**8.53**	**107.85**	**39.13**	**792**
秦都区	Qindu								
渭城区	Weicheng								
三原县	Sanyuan	4460	11410	34128	0.82	0.41	2.35	1.88	135
泾阳县	Jingyang	11732	10325	101357	2.36	2.36	6.43	3.97	111
乾 县	Qianxian	11489	5175	119365	3.85	3.62	9.11	4.17	55
礼泉县	Liquan	5765	1875	4184	0.34	0.14	6.23	1.18	23

12-34 续表 7 continued

地 区	Region	肉类产量(吨) Output of Meat (ton)	禽蛋产量(吨) Output of Poultry Eggs (ton)	奶类产量(吨) Output of Milk (ton)	牛存栏(万头) Stocked Cattle (10 000 heads)	#奶牛 Dairy Cow	猪存栏(万头) Stocked Hogs (10 000 heads)	羊存栏(万只) Stocked (10 000 heads)	家禽存栏(万只) Stocked (10 000 heads)
永寿县	Yongshou	17902	3701	6256	1.43		15.91	10.98	46
长武县	Changwu	1612	1918	2204	0.08	0.01	1.37	0.92	24
旬邑县	Xunyi	29164	3433	8396	0.15	0.03	27.71	5.57	42
淳化县	Chunhua	11346	5726	13763	1.30	0.26	13.20	5.67	72
武功县	Wugong	11318	10065	36309	1.46	1.34	11.51	1.24	114
兴平市	Xingping	12782	12678	19937	0.56	0.29	11.15	0.83	145
彬州市	Binzhou	3602	2525	13297	0.48	0.07	2.87	2.72	25
渭南市	**Weinan**	**149941**	**138172**	**476179**	**20.33**	**9.12**	**125.29**	**53.51**	**1640**
临渭区	Linwei	20015	18624	60731	6.40	1.50	17.64	7.62	225
华州区	Huazhou	6435	8096	2692	0.54	0.05	5.47	1.54	97
潼关县	Tongguan	6411	2310	211	0.18	0.02	5.24	0.43	26
大荔县	Dali	24323	13854	69995	3.66	1.25	13.51	8.24	161
合阳县	Heyang	10239	7066	118959	4.00	3.74	9.13	2.85	83
澄城县	Chengcheng	38583	12375	491	0.22	0.01	32.37	2.16	137
蒲城县	Pucheng	14190	28078	42660	1.74	0.83	12.34	4.75	362
白水县	Baishui	9660	5428	2488	0.61	0.03	12.09	2.73	54
富平县	Fuping	11132	36142	153748	1.36	0.87	10.39	17.95	397
高新区	Gaoxin	500	30	463	0.02	0.01	0.34	0.05	1
经开区	Jingkai	778	424	1512	0.24	0.05	0.69	0.52	7
韩城市	Hancheng	5817	2533	2725	0.58	0.09	4.78	3.33	56
华阴市	Huayin	1860	3212	19504	0.79	0.67	1.32	1.34	34
延安市	**Yan'an**	**45673**	**26641**	**6288**	**6.11**	**0.21**	**35.00**	**55.14**	**302**
宝塔区	Baota	3712	4546	1176	0.74	0.07	2.15	2.03	44
安塞区	Ansai	4673	1575	175	1.00	0.01	1.68	7.34	26
延长县	Yanchang	2163	1626	206	0.34	0.01	1.04	6.19	21
延川县	Yanchuan	1702	1384	200	0.83	0.01	1.49	4.81	23
志丹县	Zhidan	2212	1764	91	0.21	0.01	1.59	12.42	22
吴起县	Wuqi	3743	1443	39	0.17	0.00	1.92	9.04	16
甘泉县	Ganquan	2855	6576	1812	0.34	0.00	1.11	5.39	68
富 县	Fuxian	1976	1834	54	0.74	0.00	1.12	0.49	19
洛川县	Luochuan	14543	1131	1128	0.20	0.00	15.85	1.09	13
宜川县	Yichuan	1364	1073	213	0.16		1.18	0.88	13
黄龙县	Huanglong	1502	1096		0.32		0.88	0.80	12
黄陵县	Huangling	1648	944	652	0.12	0.01	1.50	0.59	9
子长市	Zichang	3580	1649	542	0.94	0.08	3.49	4.08	17
汉中市	**Hanzhong**	**208144**	**67765**	**10150**	**25.46**	**0.31**	**159.20**	**27.11**	**852**
汉台区	Hantai	11577	8977	5146	1.05	0.18	6.84	0.44	111
南郑区	Nanzheng	23986	8641	934	2.75	0.03	21.10	2.71	111
城固县	Chenggu	28285	8188	581	2.11	0.03	19.59	1.53	104
洋 县	Yangxian	28442	7454	441	5.41	0.02	22.72	3.36	86
西乡县	Xixiang	36997	5812	25	3.34	0.00	24.74	4.92	68
勉 县	Mianxian	25676	10043	3023	2.78	0.05	22.78	0.98	119
宁强县	Ningqiang	20509	5913		3.19		16.99	1.99	82

12−34 续表 8 continued

地 区	Region	肉类产量(吨) Output of Meat (ton)	禽蛋产量(吨) Output of Poultry Eggs (ton)	奶类产量(吨) Output of Milk (ton)	牛存栏(万头) Stocked Cattle (10 000 heads)	#奶牛 Dairy Cow	猪存栏(万头) Stocked Hogs (10 000 heads)	羊存栏(万只) Stocked (10 000 heads)	家禽存栏(万只) Stocked (10 000 heads)
略阳县	Lueyang	9381	6874		1.15		5.23	2.02	97
镇巴县	Zhenba	19482	4240		3.20		17.49	8.67	50
留坝县	Liuba	2370	981		0.42		0.99	0.23	13
佛坪县	Foping	1440	642		0.06		0.73	0.26	10
榆林市	**Yulin**	**161889**	**74160**	**70186**	**18.33**	**3.72**	**96.69**	**549.12**	**802**
榆阳区	Yuyang	44928	15801	17060	4.80	0.90	30.15	106.89	170
横山区	Hengshan	12164	6106	339	0.87	0.02	4.97	98.34	63
府谷县	Fugu	6165	4249	682	0.73	0.02	2.85	17.75	45
靖边县	Jingbian	23087	8343	7429	1.22	0.31	13.66	93.41	70
定边县	Dingbian	14434	9792	12929	1.02	0.70	7.82	73.65	109
绥德县	Suide	12874	6237	6463	0.78	0.19	9.69	17.83	66
米脂县	Mizhi	5826	6340	1137	0.89	0.24	3.64	15.16	76
佳 县	Jiaxian	10586	3403	771	1.13	0.08	7.25	19.12	37
吴堡县	Wubu	1701	1333	1311	0.11	0.03	1.01	4.81	15
清涧县	Qingjian	6233	2447	3083	1.19	0.33	4.47	10.97	28
子洲县	Zizhou	6202	3441	7739	0.92	0.33	3.43	20.01	43
神木市	Shenmu	17687	6668	11243	4.68	0.58	7.76	71.18	79
安康市	**Ankang**	**169554**	**54854**	**68**	**19.21**	**0.00**	**118.14**	**56.05**	**714**
汉滨区	Hanbin	40372	15238	60	4.76	0.00	29.13	10.58	186
汉阴县	Hanyin	20945	7280		2.42		14.61	3.56	88
石泉县	Shiquan	13617	5906		2.44		8.55	3.92	67
宁陕县	Ningshan	2220	656		0.22		0.95	1.25	12
紫阳县	Ziyang	20457	4660		0.59		15.18	6.90	58
岚皋县	Langao	10209	5428		0.28		5.90	3.81	66
平利县	Pingli	13482	5030		0.56		9.56	5.55	61
镇坪县	Zhenping	8718	1636		0.25		6.67	1.18	19
旬阳县	Xunyang	29261	4630		6.71		20.55	13.36	101
白河县	Baihe	10273	4391	8	0.98		7.04	5.94	56
商洛市	**Shangluo**	**87462**	**74348**	**2536**	**7.11**	**0.04**	**53.79**	**22.82**	**1068**
商州区	Shangzhou	10127	9901	2023	0.48	0.03	5.91	1.60	113
洛南县	Luonan	16022	15217	19	2.62	0.00	12.92	3.88	160
丹凤县	Danfeng	19311	8433	424	1.27	0.00	7.70	2.24	328
商南县	Shangnan	8483	13893		0.44		5.49	2.15	176
山阳县	Shanyang	21764	18633		1.00		14.71	6.74	189
镇安县	Zhen'an	7757	4632	70	1.09		4.75	5.52	56
柞水县	Zhashui	3998	3639		0.21		2.32	0.70	47
杨凌示范区	**Yangling**	**5641**	**669**	**7496**	**0.93**	**0.33**	**5.65**	**0.14**	**9**

主要统计指标解释

农林牧渔业总产值 指以货币表现的农、林、牧、渔业全部产品和对农林牧渔业生产活动进行的各种支持性服务活动的价值总量，它反映一定时期内农林牧渔业生产总规模和总成果。1957年以前的农林牧渔业总产值中包括了厩肥和农民自给性手工业(如农民自制衣服、鞋、袜，自己从事粮食初步加工等)。1958 年及以后，林业中增加了村及村以下竹木采伐产值；牧业中取消了厩肥产值；副业中取消了农民自给性手工业产值，增加了村及村以下办的工业产值；渔业中增加了海洋捕捞水产品产值。1980 年及以后，在副业中增加了农民家庭兼营工业商品部分的产值。从 1984 年起村及村以下工业产值划归工业。从 1993 年起取消副业，将野生动物的捕猎划入牧业，野生植物采集和农民家庭兼营商品性工业划归农业。从 2003 年起，执行新的国民经济行业分类标准，农林牧渔业总产值中包括了农林牧渔服务业产值，2018年以后农林牧渔服务业产值改称农林牧渔专业及辅助性活动产值。林业中增加了森林采运业产值。农业中取消了家庭兼营商品性工业产值，将野生林产品的采集划归林业。第一、二、三次农业普查以后，根据农业普查结果，对农业、畜牧业、渔业年报数据和农业、畜牧业、渔业产值进行了修订。

农林牧渔业总产值的计算方法通常是按农、林、牧、渔业产品及其副产品的产量分别乘以各自单位产品价格求得；少数生产周期较长，当年没有产品或产品产量不易统计的，则采用间接方法匡算其产值；然后将四业产品产值及农林牧渔专业及辅助性活动产值相加即为农林牧渔业总产值。

粮食产量 指农业生产经营者日历年度内生产的全部粮食数量。按收获季节包括夏收粮食、早稻和秋收粮食，按作物品种包括谷物、薯类和豆类。其产量计算方法：谷物按脱粒后的原粮计算，豆类按去豆荚后的干豆计算；薯类(包括甘薯和马铃薯，不包括芋头和木薯)1963 年以前按每 4 公斤鲜薯折 1 公斤粮食计算，从 1964 年开始改为按 5 公斤鲜薯折 1 公斤粮食计算；城市郊区作为蔬菜的薯类(如马铃薯等)按鲜品计算，并且不作粮食统计。

棉花产量 指全社会的产量。包括春播棉和夏播棉。产量按皮棉计算。不包括木棉。

油料产量 指全部油料作物的生产量。包括花生、油菜籽、芝麻、向日葵籽、胡麻籽（亚麻籽）和其他油料。不包括大豆、木本油料和野生油料。花生以带壳干花生计算。

水产品产量 指渔业（捕捞和养殖）生产活动的最终有效成果，包括全部海水和淡水鱼类、甲壳类（虾、蟹）、贝类、头足类、藻类和其他类渔业产品的最终产量。水产品产量是通过各级水产部门逐级上报取得数据。1995 年及以前，贝类中牡蛎按鲜肉计算；蚶、蛤、蛙按 5 斤鲜品折 1 斤计算。1996 年以后则统一按鲜品计算。

猪、牛、羊肉产量 指当年出栏并已屠宰、除去头蹄下水后带骨肉(即胴体重)的重量。包括全社会范围内的产量。1996 年以前为全面统计并逐级上报数据。1996 年第一次农业普查以后，根据普查结果，对畜牧业主要年报数据进行了修正。1999 年以后，国家统计局在部分地区开展了猪、牛、羊、禽等主要畜禽品种的抽样调查，并用抽样数据作为国家定案数据使用。未开展抽样调查的地区和品种，仍使用各级统计部门逐级上报数据。2008 年，建立了主要畜禽监测调查制度，猪、牛、羊、禽等主要畜禽数据均以抽样调查数为法定数据。

期初(末)畜禽存栏头(只)数 指报告期初(末)农村各种合作经济组织和国营农场、农民个人、机关、团体、学校、工矿企业、部队等单位以及城镇居民饲养的大牲畜、猪、羊、家禽等畜禽的存栏数。数据上报方式及数据调整情况同猪、牛、羊肉产量。

农作物播种面积 指农业生产经营者应在日历年度内收获农作物在全部土地（耕地或非耕地）上的播种或移植面积。凡是本年内收获的农作物，无论是本年还是上年播种，都算为播种面积，但不包括本年播种，下年收获的农作物面积。

农用化肥施用量 指本年内实际用于农业生产的化肥数量，包括氮肥、磷肥、钾肥和复合肥。化肥施用量要求按折纯量计算数量。折纯量是指把氮肥、磷肥、钾肥分别按含氮、含五氧化二磷、含氧化钾的百分之百成份进行折算后的数量。复合肥按其所含主要成分折算。公式为：

折纯量=实物量×某种化肥有效成份含量的百分比

农业机械总动力 指主要用于农、林、牧、渔业的各种动力机械的动力总和。包括耕作机械、排灌机械、收获机械、农用运输机械、植物保护机械、牧业机械、林业机械、渔业机械和其他农业机械〔内燃机按引擎马力折成瓦(特)计算、电动机按功率折成瓦(特)计算〕。不包括专门用于乡、镇、村、组办工业、基本建设、非农业运输、科学试验和教学等非农业生产方面用的动力机械与作业机械。这个指标的统计数据主要来源于农机部门。

Explanatory Notes on Main Statistical Indicators

Gross Output Value of Agriculture, Forestry, Animal Husbandry and Fishery refers to the total value of products of agriculture, forestry, animal husbandry and fishery, and total value of services in support of agriculture, forestry, animal husbandry and fishery activities. It reflects the total scale and results of agricultural production during a given period. Prior to 1957, China's gross agricultural output value included barnyard manure and handicraft products for self-consumption (clothes, shoes, stockings, and initial grain processing undertaken by peasants). Since 1958, cutting and felling of bamboo and trees by villages and other cooperative organizations under villages have been included in forestry; value of barnyard manure has been excluded from animal husbandry; self consumed handicrafts have not been included from sideline occupations, while the output value of industries run by villages and cooperative organizations under village has been included in sideline occupations; and the output value of fish catches by motor fishing boats has been added to fishery. Since 1980, the value of handicraft products made for sale by individuals in households has been added to sideline occupations. Since 1984, industries run by villages and under villages have been included in the sector of industry. Since 1993, the subdivision of sideline occupations has been cancelled, and the hunting of wild animals has been classified into animal husbandry, and the gathering of wild plants and commodity industry run by rural household have been included in farming. A new industrial classification of economic activities was introduced in 2003. Under the new classification, value of services to agriculture, forestry, animal husbandry and fishery is included in the gross output value of agriculture. In 2018, the output value of agriculture, forestry, animal husbandry and fishery services was renamed the output value of professional and auxiliary activities in support of agriculture, forestry, animal husbandry and fishery, value of wood felling and transport is included in forestry, value of industrial output by rural households is not included in agriculture. According to the result of the first, second, third Agriculture Census, efforts were made to adjust the annual reports of animal husbandry and fishery output and the output value of agriculture, animal husbandry and fishery output to make the figures from the annual reports consistent with the census data.

Gross output value of agriculture is obtained by multiplying the output of each product or by-product by its price, resulting in the output value of each single item. For a small number of products, annual output of which is not available or difficult to get due to the long production (growing) process involved, the output value is estimated through an indirect approach. The sum of output values of all products of agriculture, forestry, animal husbandry and fishery and professional and auxiliary activities in support of agriculture, forestry, animal husbandry and fishery is then equal to the gross output value of agriculture.

Grain Output refers to the total output of grains produced by agricultural producers within a calendar year. It includes summer grain, early rice and autumn grain if classified by harvest seasons; it covers cereal, tubers and beans if classified by type of crops. Output of cereal should be limited to husked grain only. Output of beans refers to dry beans without pods. The output of tubers (sweet potatoes and potatoes, not including taros and cassava) are converted into that of grain at the ratio 4:1, i.e. 4 kilograms of fresh tubers were equivalent to 1 kilogram of grain up to 1963. Since 1964 the ratio for conversion has been 5:1. Tubers supplied as vegetables (such as potatoes) in cities and suburbs are calculated as fresh vegetables and their output is not included in the output of grain.

Cotton Output refers to cotton production in the whole country including cotton planted in spring and in autumn. Output is measured as the weight of ginned cotton. Ceiba is not included.

Output of Oil-bearing Crops refers to the total production of oil-bearing crops of various kinds, including peanuts (dry, in shell), rapeseeds, sesame, sunflower seeds, flax seeds, and other oil-bearing crops. Soybeans, oil-bearing woody plants, and wild oil-bearing crops are not included.

Output of Aquatic Products refers to final output actually yielded from fishing production (fishery and breeding), including all output of marine and freshwater fish, crustaceans (shrimps, crabs), shellfish, cephalopod, seaweed and other fishery products. Data on output of aquatic products are reported by aquatic product agencies level by level. Before 1995, among the shellfish, oyster was counted as fresh meat; 5 kilograms of ark shell, clams and frogs are equivalent to 1 kilogram of fresh aquatic products; they have all been counted as fresh aquatic products since 1996.

Output of Pork, Beef, and Mutton refers to the meat of slaughtered hogs, cattle, sheep and goats with head, feet, and offal taken away. Data refers to the production of the whole country. Before 1996, it was a comprehensive reporting from the lower level to the upper one. The First Agricultural Census of China in 1996 revealed some discrepancy between the production of animal products from the annual reports and that from the census. Efforts were made to adjust the output value of animal husbandry to make the figures from the annual reports consistent with the census data. Since 1999, the NBS conducted sample surveys for the major animal husbandry products, such as hogs, cattle, sheep and goats and fowls, and the data from sample surveys are used as national finalized data. Those products, which are not covered by the sample survey, are still reported by statistical agencies level by level. In 2008, A Monitoring and Survey Program was set up on main livestock, the data on the main livestock such as hog, cattle, sheep and poultry became the official data based on the sampling survey.

Number of Livestock or Poultry in Stock at Beginning (or End) of Period refers to the total number of large animals, pigs, sheep, fowls, etc. raised by rural cooperative organizations, State farms, rural individuals, government agencies, schools, industrial and mining enterprises, army, and urban residents at the beginning (or end) of the reference period. Data reporting system and data adjustment are the same as that in the output of pork, beef and mutton.

Sown Area of Crops refers to area of all land (cultivated or non-cultivated area) sown or transplanted with crops that are harvested within the calendar year by agricultural producers. All crops harvested within the year are counted as sown area, regardless of being sown in this year or the previous year. Crops sown this year but will be harvested in the coming year are excluded.

Consumption of Chemical Fertilizers in Agriculture refers to the quantity of chemical fertilizers applied in agriculture in the year, including nitrogenous fertilizer, phosphate fertilizer, potash fertilizer, and compound fertilizer. The consumption of chemical fertilizers is calculated in terms of volume of effective components by means of converting the gross weight of the respective fertilizers into weight containing effective component (e.g. nitrogen content in nitrogenous fertilizer, phosphorous pentoxide contents in phosphate fertilizer, and potassium oxide contents in potash fertilizer). Compound fertilizer is converted in regard to its major components. The formula is:

Volume of effective component= physical quantity × effective component of certain chemical fertilizer (%)

Total Power of Agricultural Machinery refers to total mechanical power of machinery used in agriculture, forestry, animal husbandry and fishery, including machinery for ploughing, irrigation and drainage, harvesting, transport, plant protection, animal husbandry, forestry and fishery and other agricultural machineries. (For the power of internal combustion engines, it is converted from its horsepower into watts while for electric motors the output power is converted into watts.) Machinery employed for non-agricultural purposes, such as the machines used in township-run and village-run industry, construction, non-agricultural transport, scientific experiments and teaching, are not included. Data are mainly from agricultural machinery agencies.

十三、工　业

资料整理：姚志鹏　党钰帅　袁星伟　戴红彬

简 要 说 明

一、本篇资料反映陕西工业经济方面的基本情况，内容包括规模以上工业企业按企业登记注册类型、轻重工业、企业规模、工业行业大类分组的主要经济指标和经济效益指标，主要工业产品产量。

二、规模以上工业企业统计范围

1998年至2006年为全部国有及年主营业务收入500万元以上的非国有工业法人单位。

2007至2010年为年主营业务收入500万元及以上的工业法人单位。

2011年起提高到年主营业务收入2000万元及以上的工业法人单位。

三、按照2011年《统计上大中小微型企业划分办法》，工业企业大中小微型划分标准是：

大型：从业人员1000人及以上、营业收入40000万元及以上。

中型：从业人员300—1000人、营业收入2000—40000万元。

小型：从业人员20—300人、营业收入300—2000万元。

微型：从业人员20人以下、营业收入300万元以下。

Brief Introduction

I. This chapter reflects the basic conditions of the industrial sector, mainly including economic indicators of industrial enterprises above designated size; as well as their economic indicators, efficiency indicators, output and production capacity of key industrial products classified by type of registration, by light and heavy industries, by size of enterprise, by branch of industry.

II. The Scopes of Industrial Statistics

The scopes of industrial statistics are all State-owned industrial enterprises and non-State-owned industrial enterprises with revenue from principal business over 5 million yuan from 1998 to 2006.

The scopes of industrial statistics are all industrial enterprises with revenue from principal business over 5 million yuan form 2007 to 2010.

The scopes of industrial statistics are raised to all industrial enterprises with revenue from principal business over 20 million yuan from 2011.

III. According to "*the Division Standard of Large/Medium/Small/Mini Sized Enterprises*" in 2011, the division standard of large/medium/small/mini sized enterprises is:

Large sized enterprises:

Number of employed persons:1000 person and above.

Amount of operating revenue:400 million yuan and above.

Medium sized enterprises:

Number of employed persons: 300-1000 person.

Amount of operating revenue: 20-400 million yuan.

Small sized enterprises:

Number of employed persons: 20-300 person.

Amount of operating revenue: 3-20 million yuan.

Mini sized enterprises:

Number of employed persons: 20 person and below.

Amount of operating revenue: 3 million yuan and below.

13.工　业

2019年全省		
规模以上工业企业单位数	6974	个
# 大中型工业企业	813	个
规模以上工业总产值	26623.11	亿元

规模以上工业利润总额（亿元）

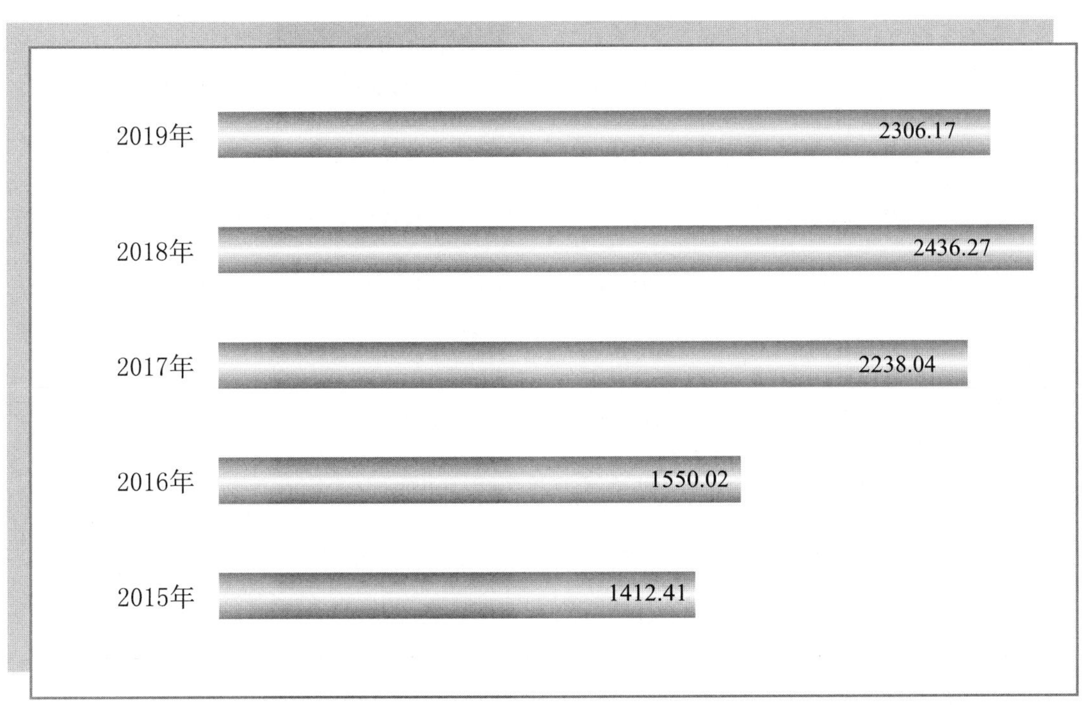

13-1 规模以上工业企业主要经济指标(1998-2019年)
Main Indicators of Industrial Enterprises above Designated Size (1998-2019)

单位：亿元 (100 million yuan)

年 份 Year	企业单位数(个) Number of Enterprises (unit)	工业总产值 Gross Industrial Output Value	资产总计 Total Assets	营业收入 Business Revenue	利润总额 Total Profits
1998	2685	960.81	2158.36	867.48	-11.40
1999	2589	1097.45	2514.49	950.36	6.92
2000	2553	1268.43	2683.07	1133.82	63.80
2001	2440	1457.62	3071.06	1292.71	62.96
2002	2461	1667.10	3227.24	1503.30	93.18
2003	2493	2118.17	3672.72	1843.33	158.62
2004	3012	2735.22	4432.45	2632.18	253.90
2005	2997	3397.71	5085.90	3302.50	400.70
2006	3375	4442.81	6130.02	4380.18	523.95
2007	3372	5692.33	7494.03	5512.63	691.83
2008	3526	7322.92	9163.02	6944.88	872.63
2009	4480	8470.40	12119.26	8188.52	854.11
2010	4564	11199.84	14688.70	10888.80	1469.57
2011	3684	14283.48	17234.61	13790.12	1933.92
2012	4284	16926.49	20591.16	16328.25	2057.22
2013	4489	18982.47	22443.11	17763.00	1973.32
2014	5017	20015.88	24371.44	18622.14	1846.98
2015	5350	20333.98	26393.17	18823.01	1412.41
2016	5799	21837.61	28939.56	20110.64	1550.02
2017	6208	23825.18	30642.94	22090.99	2238.04
2018	6426	25192.36	32432.48	23060.35	2436.27
2019	6974	26623.11	35958.91	24961.57	2306.17

注：2019年以前营业收入为主营业务收入数据。
a) The Business Revenue before 2019 is the Revenue from Principal Business.

13-2 规模以上工业企业主要经济效益指标(1998-2019年)
Main Indicators on Economic Benefit of Industrial Enterprises above Designated Size(1998-2019)

年 份 Year	总资产贡献率 (%) Ratio of Profits, Taxes and Interests to Average Assets (%)	资产负债率 (%) Ratio of Debts to Assets (%)	流动资产周转次数 (次/年) Turnover of Current Assets (times/year)	成本费用利润率 (%) Ratio of Profits to Total Industrial Costs (%)	产品销售率 (%) Sales Ratio of Products (%)
1998	4.96	71.53	0.99	-1.31	95.79
1999	6.06	68.86	1.03	0.74	96.00
2000	7.83	68.17	1.12	6.06	96.70
2001	7.58	66.01	1.15	5.19	97.17
2002	8.40	65.75	1.29	6.74	97.69
2003	10.40	63.94	1.34	9.71	97.59
2004	14.10	65.40	1.60	10.90	97.40
2005	15.38	62.15	1.72	14.46	97.74
2006	16.60	59.80	1.90	14.00	98.20
2007	17.27	57.35	1.97	14.54	97.49
2008	17.30	55.80	1.90	14.80	96.60
2009	13.60	56.00	1.60	12.30	95.90
2010	17.11	56.84	1.67	16.14	96.91
2011	18.84	56.61	1.82	16.97	96.52
2012	18.03	56.91	1.87	14.95	96.34
2013	16.00	56.06	2.02	12.86	95.20
2014	15.67	56.79	2.19	11.50	95.52
2015	12.20	56.04	2.08	8.44	95.20
2016	11.11	56.08	1.98	8.62	95.65
2017	13.48	54.13	1.99	11.48	96.42
2018	14.13	53.92	1.92	12.17	95.98
2019	11.85	53.96	1.85	10.53	

13-3 规模以上工业企业主要经济指标(2019年)

单位：万元

分　组	Item	企业单位数（个）Number of Enterprises (unit)	#亏损企业 Unprofitable Enterprises
总　计	**Total**	**6974**	**872**
按登记注册类型分	**By Status of Registration**		
内资企业	Domestic Funded	6763	833
国有企业	State-owned Enterprises	72	17
中央企业	Central	10	1
地方企业	Local	62	16
集体企业	Collective-owned Enterprises	44	5
股份合作企业	Cooperative Enterprises	14	5
联营企业	Joint Ownership Enterprises	1	1
国有联营企业	State Joint Ownership Enterprises	1	1
有限责任公司	Limited Liability Corporations	2938	439
国有独资公司	State Sole Funded Corporations	160	45
其他有限责任公司	Other Limited Liability Corporations	2778	394
股份有限公司	Share-holding Corporations Limited	346	58
私营企业	Private Enterprises	3333	308
私营独资企业	Private-funded Enterprises	87	14
私营合伙企业	Private Partnership Enterprises	40	10
私营有限责任公司	Private Limited Liability Corporations	3030	264
私营股份有限公司	Private Share-holding Corporations Ltd.	176	20
其他企业	Other Enterprises	15	
港、澳、台商投资企业	Enterprises with Funds from Hong Kong, Macao and Taiwan	50	8
合资经营企业(港或澳、台资)	Joint-venture Enterprises	21	5
合作经营企业(港或澳、台资)	Cooperative Enterprises	1	1
港澳台商独资经营企业	Enterprises with Sole Investment	21	2
港澳台商投资股份有限公司	Share-holding Corporations Ltd.	1	
其他港澳台商投资企业	Other Enterprises with Funds from Hong Kong,Macao and Taiwan	6	
外商投资企业	Foreign Funded Enterprises	161	31
中外合资经营企业	Joint-venture Enterprises	85	17
中外合作经营企业	Cooperation Enterprises	1	
外资企业	Enterprises with Sole Funds	65	13
外商投资股份有限公司	Share-holding Corporations Ltd.	5	1
其他外商投资企业	Other Foreign Funded Enterprises	5	

Main Indicators of Industrial Enterprises above Designated Size(2019)

(10 000 yuan)

工业总产值 Gross Industrial Output Value	资产总计 Total Assets	流动资产合计 Total Current Assets	#应收账款 Accounts Receivable	#存货 Inventories	#产成品 Finished products	负债合计 Total Liabilities
266231102	**359589059**	**134831388**	**28325413**	**23861342**	**9979138**	**194047703**
248122821	336958535	125693401	26438320	22014152	9206295	184214783
9418184	13226448	3339939	811341	604954	155288	8800338
6263385	8124650	494997	97839	53622	5913	5601163
3154799	5101798	2844943	713503	551332	149375	3199175
618701	718689	395133	78908	30441	15061	390591
238622	221178	117809	15942	9339	3649	94990
8361	19651	2746	1368	635		18262
8361	19651	2746	1368	635		18262
142363138	204735977	88684847	17478846	15421503	6086063	115171785
33413073	77842970	32160918	4711142	4807873	1575325	42725785
108950065	126893007	56523929	12767704	10613630	4510738	72446001
38551965	80557011	14123993	2323674	2018328	852669	41469626
56883105	37457851	19021546	5726708	3925601	2090813	18263973
948667	622171	268152	58687	29552	18202	228040
1107449	1243497	562063	77773	20496	15537	712124
50506459	32312660	16815492	5279286	3561524	1906934	16098909
4320531	3279524	1375839	310963	314029	150141	1224900
40745	21731	7389	1532	3351	2752	5218
4415812	4391291	2315351	419995	278099	76086	2439357
3003650	3321887	1716432	128565	187329	48626	2095514
2361	1637	1440	525	451	97	134
1269516	774529	431303	226469	70887	23611	242002
11841	2838	127		127		2138
128445	290400	166049	64435	19306	3752	99571
13692469	18239234	6822636	1467098	1569091	696757	7393563
4569305	5879048	2868273	727424	668271	333972	3555220
80000	15063	6032	1495	3611	384	4979
7837404	10857007	3169131	648777	614827	139546	3192005
931518	1091184	640811	75246	254002	221497	502917
274241	396932	138389	14157	28380	1359	138441

13-3 续表 1

单位：万元

分　组	Item	企业单位数(个) Number of Enterprises (unit)	#亏损企业 Unprofitable Enterprises
按经济组织类型分	**By Economic Type of Orgnization**		
独资企业	Appropratorship	289	51
国有企业	State-owned Enterprises	72	17
集体企业	Collective-owned Enterprises	44	5
私营独资企业	Private-funded Enterprises	87	14
港澳台商独资经营企业	Enterprises with Sole Investment	21	2
外资企业	Enterprises with Sole Funds	65	13
合作、合伙企业	Partnership	83	17
股份合作企业	Cooperative Enterprises	14	5
国有联营企业	State Joint Ownership Enterprises	1	1
私营合伙企业	Private Partnership Enterprises	40	10
合作经营企业(港或澳、台资)	Cooperative Enterprises	1	1
中外合作经营企业	Cooperation Enterprises	1	
其他企业(内资)	Other Enterprises	15	
其他港澳台商投资企业	Other Enterprises with Funds from Hong Kong,Macao and Taiwan	6	
其他外商投资企业	Other Foreign Funded Enterprises	5	
股份有限公司	Share-holding Corporations Limited	528	79
股份有限公司(内资)	Share-holding Corporations Ltd.	346	58
私营股份有限公司	Private Share-holding Corporations Ltd.	176	20
港澳台商投资股份有限公司	Share-holding Corporations Ltd.with Funds from Hong Kong, Macao and Taiwan	1	
外商投资股份有限公司	Share-holding Corporations Ltd.with Foreign Investment	5	1
有限责任公司	Limited Liability Corporations	6074	725
国有独资公司	State Sole Funded Corporations	160	45
私营有限责任公司	Private Limited Liability Corporations	3030	264
合资经营企业(港或澳、台资)	Joint-venture Enterprises	21	5
中外合资经营企业	Joint-venture Enterprises	85	17
其他有限责任公司	Other Corporations	2778	394
按轻重工业分	**Grouped by Light & Heavy Industries**		
轻工业	Light Industry	2339	171
重工业	Heavy Industry	4635	701
按企业规模分	**Grouped by Size of Enterprises**		
大型企业	Large Enterprises	173	24
中型企业	Medium-sized Enterprises	640	98
小型企业	Small Enterprises	5408	622
微型企业	Mini Enterprises	753	128

continued

(10 000 yuan)

工业总产值 Gross Industrial Output Value	资产总计 Total Assets	流动资产 合 计 Total Current Assets	#应收账款 Accounts Receivable	#存 货 Inventories	#产成品 Finished products	负债合计 Total Liabilities
20092472	26198843	7603658	1824183	1350661	351707	12852976
9418184	13226448	3339939	811341	604954	155288	8800338
618701	718689	395133	78908	30441	15061	390591
948667	622171	268152	58687	29552	18202	228040
1269516	774529	431303	226469	70887	23611	242002
7837404	10857007	3169131	648777	614827	139546	3192005
1880223	2210088	1001917	177226	85567	27529	1073719
238622	221178	117809	15942	9339	3649	94990
8361	19651	2746	1368	635		18262
1107449	1243497	562063	77773	20496	15537	712124
2361	1637	1440	525	451	97	134
80000	15063	6032	1495	3611	384	4979
40745	21731	7389	1532	3351	2752	5218
128445	290400	166049	64435	19306	3752	99571
274241	396932	138389	14157	28380	1359	138441
43815854	84930557	16140769	2709883	2586486	1224307	43199580
38551965	80557011	14123993	2323674	2018328	852669	41469626
4320531	3279524	1375839	310963	314029	150141	1224900
11841	2838	127		127		2138
931518	1091184	640811	75246	254002	221497	502917
200442553	246249572	110085043	23614121	19838628	8375595	136921428
33413073	77842970	32160918	4711142	4807873	1575325	42725785
50506459	32312660	16815492	5279286	3561524	1906934	16098909
3003650	3321887	1716432	128565	187329	48626	2095514
4569305	5879048	2868273	727424	668271	333972	3555220
108950065	126893007	56523929	12767704	10613630	4510738	72446001
54918374	34896164	18941976	4071104	5991952	2494931	16416289
211312728	324692895	115889412	24254309	17869390	7484207	177631414
120492899	214881343	70852660	11105739	11246113	4099487	113938949
48346969	60715786	25501327	6120922	5084707	2349791	33368941
89808630	71472711	34276172	10051334	6899555	3232389	37837183
7582604	12519219	4201230	1047419	630966	297472	8902630

13-3 续表 2

单位：万元

分 组	Item	所有者权益 合 计 Owners' Equity	营业收入 Business Revenue
总 计	**Total**	**164830870**	**249615726**
按登记注册类型分	By Status of Registration		
内资企业	Domestic Funded	152040060	233743725
国有企业	State-owned Enterprises	4425325	9549757
中央企业	Central	2523487	7023910
地方企业	Local	1901838	2525846
集体企业	Collective-owned Enterprises	323202	530059
股份合作企业	Cooperative Enterprises	126188	158402
联营企业	Joint Ownership Enterprises	1389	3394
国有联营企业	State Joint Ownership Enterprises	1389	3394
有限责任公司	Limited Liability Corporations	89314318	135991974
国有独资公司	State Sole Funded Corporations	35117184	35653106
其他有限责任公司	Other Limited Liability Corporations	54197134	100338868
股份有限公司	Share-holding Corporations Limited	39083720	35886448
私营企业	Private Enterprises	18750993	51582888
私营独资企业	Private-funded Enterprises	393973	902945
私营合伙企业	Private Partnership Enterprises	531372	792055
私营有限责任公司	Private Limited Liability Corporations	15793397	46052501
私营股份有限公司	Private Share-holding Corporations Ltd.	2032251	3835387
其他企业	Other Enterprises	14926	40803
港、澳、台商投资企业	Enterprises with Funds from Hong Kong, Macao and Taiwan	1951440	4175180
合资经营企业(港或澳、台资)	Joint-venture Enterprises	1225880	3059253
合作经营企业(港或澳、台资)	Cooperative Enterprises	1503	2172
港澳台商独资经营企业	Enterprises with Sole Investment	532527	972644
港澳台商投资股份有限公司	Share-holding Corporations Ltd.	700	11134
其他港澳台商投资企业	Other Enterprises with Funds from Hong Kong,Macao and Taiwan	190829	129977
外商投资企业	Foreign Funded Enterprises	10839370	11696822
中外合资经营企业	Joint-venture Enterprises	2317527	4418835
中外合作经营企业	Cooperation Enterprises	10084	74864
外资企业	Enterprises with Sole Funds	7665002	5907796
外商投资股份有限公司	Share-holding Corporations Ltd.	588267	1051431
其他外商投资企业	Other Foreign Funded Enterprises	258490	243896

continued

(10 000 yuan)

营业成本 Cost of Business	销售费用 Operating Expenses	管理费用 Manage-ment Expenses	财务费用 Financial Expenses	利润总额 Total Profits	亏损企业亏损额 Losses of Unprofitable Enterprises	平均用工人数(人) Average number of employed worker (person)
198064248	**6316177**	**9323445**	**3620286**	**23061746**	**1803888**	**1540656**
184476470	5686974	8717301	3576533	21738479	1742222	1450962
8450255	71812	317390	103898	439378	27143	69923
6579500	1363	145877	60871	142697	575	35372
1870755	70449	171513	43028	296680	26568	34551
380916	18395	32459	1804	69669	1992	4796
121010	1260	10225	1140	6877	10168	1744
5541		690	490	-3061	3061	314
5541		690	490	-3061	3061	314
107480886	3328240	5032254	2320155	11938863	1160106	802790
25937980	687371	1299796	879237	3163750	279559	186437
81542906	2640869	3732458	1440918	8775113	880547	616353
25338786	586909	1431101	751582	5025481	386699	214510
42670520	1677941	1890594	397066	4254964	153051	356186
725526	43167	64898	3041	37444	8415	7342
469346	30220	70882	15152	129512	15527	7389
38406336	1491916	1615189	333569	3682936	117463	319308
3069313	112638	139624	45303	405073	11646	22147
28556	2418	2589	400	6310		699
3957724	92686	220022	24870	184731	8995	36304
3111967	31452	124533	22634	84442	7859	27787
1946	105	131	-10	-9	9	59
744255	49801	90580	930	76962	1127	6773
11067	6	34		16		30
88489	11322	4744	1316	23320		1655
9630054	536517	386123	18883	1138536	52671	53390
3736570	228182	142298	27798	382032	37875	23404
69045	2195	1976	-70	1594		389
4958664	139766	147350	-25683	627218	14655	24404
690911	163542	84859	15247	80130	140	3318
174865	2832	9640	1591	47562		1875

13-3 续表 3

单位：万元

分组	Item	所有者权益合计 Owners' Equity	营业收入 Business Revenue
按经济组织类型分	**By Economic Type of Orgnization**		
独资企业	Appropratorship	13340029	17863201
国有企业	State-owned Enterprises	4425325	9549757
集体企业	Collective-owned Enterprises	323202	530059
私营独资企业	Private-funded Enterprises	393973	902945
港澳台商独资经营企业	Enterprises with Sole Investment	532527	972644
外资企业	Enterprises with Sole Funds	7665002	5907796
合作、合伙企业	Partnership	1134781	1445563
股份合作企业	Cooperative Enterprises	126188	158402
国有联营企业	State Joint Ownership Enterprises	1389	3394
私营合伙企业	Private Partnership Enterprises	531372	792055
合作经营企业(港或澳、台资)	Cooperative Enterprises	1503	2172
中外合作经营企业	Cooperation Enterprises	10084	74864
其他企业(内资)	Other Enterprises	14926	40803
其他港澳台商投资企业	Other Enterprises with Funds from Hong Kong,Macao and Taiwan	190829	129977
其他外商投资企业	Other Foreign Funded Enterprises	258490	243896
股份有限公司	Share-holding Corporations Limited	41704938	40784400
股份有限公司(内资)	Share-holding Corporations Ltd.	39083720	35886448
私营股份有限公司	Private Share-holding Corporations Ltd.	2032251	3835387
港澳台商投资股份有限公司	Share-holding Corporations Ltd.with Funds from Hong Kong, Macao and Taiwan	700	11134
外商投资股份有限公司	Share-holding Corporations Ltd.with Foreign Investment	588267	1051431
有限责任公司	Limited Liability Corporations	108651122	189522563
国有独资公司	State Sole Funded Corporations	35117184	35653106
私营有限责任公司	Private Limited Liability Corporations	15793397	46052501
合资经营企业(港或澳、台资)	Joint-venture Enterprises	1225880	3059253
中外合资经营企业	Joint-venture Enterprises	2317527	4418835
其他有限责任公司	Other Corporations	54197134	100338868
按轻重工业分	**Grouped by Light & Heavy Industries**		
轻工业	Light Industry	18162399	49437467
重工业	Heavy Industry	146668471	200178260
按企业规模分	**Grouped by Size of Enterprises**		
大型企业	Large Enterprises	100942394	118265817
中型企业	Medium-sized Enterprises	27344016	44169061
小型企业	Small Enterprises	33635372	81235625
微型企业	Mini Enterprises	2909088	5945223

continued

营业成本 Cost of Business	销售费用 Operating Expenses	管理费用 Manage-ment Expenses	财务费用 Financial Expenses	利润总额 Total Profits	亏损企业亏损额 Losses of Unprofitable Enterprises	平均用工人数（人） Average number of employed worker (person)
15259616	322940	652677	83989	1250670	53333	113238
8450255	71812	317390	103898	439378	27143	69923
380916	18395	32459	1804	69669	1992	4796
725526	43167	64898	3041	37444	8415	7342
744255	49801	90580	930	76962	1127	6773
4958664	139766	147350	-25683	627218	14655	24404
958798	50351	100877	20008	212104	28766	14124
121010	1260	10225	1140	6877	10168	1744
5541		690	490	-3061	3061	314
469346	30220	70882	15152	129512	15527	7389
1946	105	131	-10	-9	9	59
69045	2195	1976	-70	1594		389
28556	2418	2589	400	6310		699
88489	11322	4744	1316	23320		1655
174865	2832	9640	1591	47562		1875
29110076	863096	1655618	812132	5510699	398485	240005
25338786	586909	1431101	751582	5025481	386699	214510
3069313	112638	139624	45303	405073	11646	22147
11067	6	34		16		30
690911	163542	84859	15247	80130	140	3318
152735758	5079790	6914274	2704157	16088273	1323304	1173289
25937980	687371	1299796	879237	3163750	279559	186437
38406336	1491916	1615189	333569	3682936	117463	319308
3111967	31452	124533	22634	84442	7859	27787
3736570	228182	142298	27798	382032	37875	23404
81542906	2640869	3732458	1440918	8775113	880547	616353
38820981	2835035	1848935	331863	3849797	141591	357986
159243267	3481142	7474511	3288423	19211949	1662297	1182670
91805321	2199113	4106399	1958087	11438180	662436	648222
33767820	1556780	1827631	664822	5199597	452004	329477
67360442	2442165	3214201	858326	6146238	555843	523234
5130665	118119	175215	139051	277731	133606	39723

13-4 规模以上工业企业分行业主要经济指标(2019年)

单位：万元

分组	Item	企业单位数(个) Number of Enterprises (unit)	#亏损企业 Unprofitable Enterprises
总计	**Total**	**6974**	**872**
煤炭开采和洗选业	Mining and Washing of Coal	546	146
石油和天然气开采业	Extraction of Petroleum and Natural Gas	10	2
黑色金属矿采选业	Mining and Processing of Ferrous Metal Ores	40	7
有色金属矿采选业	Mining and Processing of Non-Ferrous Metal Ores	64	9
非金属矿采选业	Mining and Processing of Non-metal Ores	109	6
开采专业及辅助性活动	Professional and Support Activities for Mining	105	6
农副食品加工业	Processing of Food from Agricultural Products	610	20
食品制造业	Manufacture of Foods	294	22
酒、饮料和精制茶制造业	Manufacture of Liquor, Beverages and Refined Tea	359	18
烟草制品业	Manufacture of Tobacco	2	
纺织业	Manufacture of Textile	102	15
纺织服装、服饰业	Manufacture of Textile, Wearing Apparel and Accessories	91	3
皮革、毛皮、羽毛及其制品和制鞋业	Manufacture of Leather, Fur, Feather and Related Products and Footwear	20	1
木材加工和木、竹、藤、棕、草制品业	Processing of Timber, Manufacture of Wood, Bamboo, Rattan, Palm and Straw Products	42	6
家具制造业	Manufacture of Furniture	62	2
造纸及纸制品业	Manufacture of Paper and Paper Products	75	10
印刷和记录媒介复制业	Printing and Reproduction of Recording Media	100	11
文教、工美、体育和娱乐用品制造业	Manufacture of Articles for Culture, Education, Arts and Crafts, Sport and Entertainment Activities	59	3
石油、煤炭及其他燃料加工业	Processing of Petroleum, Coal and Other Fuel	106	41
化学原料及化学制品制造业	Manufacture of Raw Chemical Materials and Chemical Products	373	58
医药制造业	Manufacture of Medicines	228	32
化学纤维制造业	Manufacture of Chemical Fibres	6	1
橡胶和塑料制品业	Manufacture of Rubber and Plastics Products	194	18
非金属矿物制品业	Manufacture of Non-metallic Mineral Products	890	76
黑色金属冶炼和压延加工业	Smelting and Pressing of Ferrous Metals	68	17
有色金属冶炼和压延加工业	Smelting and Pressing of Non-ferrous Metals	216	26
金属制品业	Manufacture of Metal Products	273	28
通用设备制造业	Manufacture of General Purpose Machinery	255	31
专用设备制造业	Manufacture of Special Purpose Machinery	333	46
汽车制造业	Manufacture of Automobiles	167	26
铁路、船舶、航空航天和其他运输设备制造业	Manufacture of Railway, Ship, Aerospace and Other Transport Equipments	127	10
电气机械和器材制造业	Manufacture of Electrical Machinery and Apparatus	292	34
计算机、通信和其他电子设备制造业	Manufacture of Computers, Communication and Other Electronic Equipment	195	28
仪器仪表制造业	Manufacture of Measuring Instruments and Machinery	82	12
其他制造业	Other Manufacture	20	2
废弃资源综合利用业	Utilization of Waste Resources	38	3
金属制品、机械和设备修理业	Repair Service of Metal Products, Machinery and Equipment	15	3
电力、热力生产和供应业	Production and Supply of Electric Power and Heat Power	266	58
燃气生产和供应业	Production and Supply of Gas	89	13
水的生产和供应业	Production and Supply of Water	51	22

Main Indicators of Industrial Enterprises above Designated Size by Industrial Sector (2019)

(10 000 yuan)

工业总产值 Gross Industrial Output Value	资产总计 Total Assets	流动资产合计 Total Current Assets	#应收账款 Accounts Receivable	#存货 Inventories	#产成品 Finished products	负债合计 Total Liabilities
266231102	**359589059**	**134831388**	**28325413**	**23861342**	**9979138**	**194047703**
31713982	52613454	21208188	2729612	981160	371827	24853404
15655481	46965562	2082889	58291	260361	143088	24312046
1936659	1501114	686763	93825	65611	52674	772084
2854102	3911313	1302018	116284	246083	159699	1257439
2229847	954957	415673	86988	116539	63636	389399
1838816	2927103	1994062	751801	123037	20367	1603786
14378505	5821673	3105355	476499	1146514	532260	2634638
6842332	3082538	1325824	390612	370034	185173	1311101
7300630	4785420	2481021	505631	740143	364592	2106756
2145227	1999262	1464557	85494	971315	20291	571407
2764373	1716847	687680	75595	208962	97014	792203
977553	505000	277011	61647	101109	35696	178522
306518	195395	98945	23675	21132	12723	115307
608043	384941	177405	28064	34711	19848	141397
623301	330731	163736	33739	58581	31075	102767
1225451	735375	299852	108678	75278	42330	331633
1954024	1420260	762703	202617	168893	66680	678491
666810	248521	132855	42785	49127	23710	73561
18217544	42650490	16202408	1411574	1370816	644317	24680809
13525585	25883255	6714730	881069	1146405	436124	14865973
7853794	6920364	4255482	1067596	1042768	592944	3158131
279708	173371	94119	5688	43707	17420	78826
3316185	3754074	1954119	528389	564086	249832	2111156
16600399	12093754	5737700	2513454	906319	410681	6406214
9158391	5353948	2335495	470736	792446	368735	4323252
13029859	12601719	5946855	916197	2325604	554574	7626703
4231308	2826508	1620557	572576	462261	201064	1541624
5006895	6160158	4273497	1170475	967463	436221	3569659
7190290	8728369	5904287	1799804	1827415	828556	4705462
19197966	13585860	9493172	1801604	1757839	1282834	8759971
4476067	4793837	3164950	1141313	904677	237934	2028311
11285823	13395097	8886872	3270770	1811577	971616	7123335
13859740	21681303	8211782	1817937	1116100	272496	8983191
1397595	1641124	1251329	460657	290365	137515	900035
240937	1288806	272553	83024	33580	17438	718154
1129389	783814	330369	114405	48038	30045	327466
276739	526193	239643	111262	43064	3250	268305
15483534	36947213	7199738	2060579	521826	18259	24978261
4009276	4919508	1349867	203372	126035	23627	2862563
442425	2780830	725328	51095	20361	973	1804363

13-4 续表

单位：万元

分组	Item	所有者权益合计 Owners' Equity	营业收入 Business Revenue
总计	**Total**	**164830870**	**249615726**
煤炭开采和洗选业	Mining and Washing of Coal	27701770	27380019
石油和天然气开采业	Extraction of Petroleum and Natural Gas	22653516	14599770
黑色金属矿采选业	Mining and Processing of Ferrous Metal Ores	704126	1180048
有色金属矿采选业	Mining and Processing of Non-Ferrous Metal Ores	2633243	2707433
非金属矿采选业	Mining and Processing of Non-metal Ores	516051	2150872
开采专业及辅助性活动	Professional and Support Activities for Mining	1323316	2046809
农副食品加工业	Processing of Food from Agricultural Products	3115832	13055398
食品制造业	Manufacture of Foods	1720834	5889745
酒、饮料和精制茶制造业	Manufacture of Liquor, Beverages and Refined Tea	2652335	6495040
烟草制品业	Manufacture of Tobacco	1427855	2167595
纺织业	Manufacture of Textile	914711	2601172
纺织服装、服饰业	Manufacture of Textile, Wearing Apparel and Accessories	323315	862682
皮革、毛皮、羽毛及其制品和制鞋业	Manufacture of Leather, Fur, Feather and Related Products and Footwear	76673	288047
木材加工和木、竹、藤、棕、草制品业	Processing of Timber, Manufacture of Wood, Bamboo, Rattan, Palm and Straw Products	241669	501620
家具制造业	Manufacture of Furniture	225911	575623
造纸及纸制品业	Manufacture of Paper and Paper Products	403742	1023316
印刷和记录媒介复制业	Printing and Reproduction of Recording Media	741769	2074236
文教、工美、体育和娱乐用品制造业	Manufacture of Articles for Culture, Education, Arts and Crafts, Sport and Entertainment Activities	161227	635869
石油、煤炭及其他燃料加工业	Processing of Petroleum, Coal and Other Fuel	17969680	21453293
化学原料及化学制品制造业	Manufacture of Raw Chemical Materials and Chemical Products	11000943	12775587
医药制造业	Manufacture of Medicines	3662759	6859446
化学纤维制造业	Manufacture of Chemical Fibres	94545	237340
橡胶和塑料制品业	Manufacture of Rubber and Plastics Products	1623298	2751764
非金属矿物制品业	Manufacture of Non-metallic Mineral Products	5642714	15567101
黑色金属冶炼和压延加工业	Smelting and Pressing of Ferrous Metals	1030696	9480684
有色金属冶炼和压延加工业	Smelting and Pressing of Non-ferrous Metals	4972191	12746110
金属制品业	Manufacture of Metal Products	1235690	3825242
通用设备制造业	Manufacture of General Purpose Machinery	2577184	4431607
专用设备制造业	Manufacture of Special Purpose Machinery	3985727	6294963
汽车制造业	Manufacture of Automobiles	4803828	18084228
铁路、船舶、航空航天和其他运输设备制造业	Manufacture of Railway, Ship, Aerospace and Other Transport Equipments	2765525	3549243
电气机械和器材制造业	Manufacture of Electrical Machinery and Apparatus	6243239	9866647
计算机、通信和其他电子设备制造业	Manufacture of Computers, Communication and Other Electronic Equipment	12692211	11922666
仪器仪表制造业	Manufacture of Measuring Instruments and Machinery	712583	1296492
其他制造业	Other Manufacture	570651	218465
废弃资源综合利用业	Utilization of Waste Resources	456349	1153408
金属制品、机械和设备修理业	Repair Service of Metal Products, Machinery and Equipment	257888	278133
电力、热力生产和供应业	Production and Supply of Electric Power and Heat Power	11961862	16172039
燃气生产和供应业	Production and Supply of Gas	2056944	3961088
水的生产和供应业	Production and Supply of Water	976467	454891

continued

(10 000 yuan)

营业成本 Cost of Business	销售费用 Operating Expenses	管理费用 Manage-ment Expenses	财务费用 Financial Expenses	利润总额 Total Profits	亏损企业亏损额 Losses of Unprofitable Enterprises	平均用工人数（人） Average number of employed worker (person)
198064248	**6316177**	**9323445**	**3620286**	**23061746**	**1803888**	**1540656**
15063598	392806	1869783	550452	7454483	316681	169164
9230348	7327	585035	382325	2747550	267775	105503
1005405	14154	45275	15595	94397	5520	9609
2201082	33561	131521	11511	301773	7341	21463
1733118	122979	82260	10672	171026	1892	12107
1838829	12981	102729	-85	56735	16829	30881
11506372	317288	298788	70587	808492	3517	63370
4731597	305397	275110	23047	511385	25747	47967
4852030	495373	302789	34187	650954	13292	49591
725348	47748	108087	-908	31863		7727
2287208	26266	38200	25479	201446	39895	30934
716314	28109	33872	3738	76259	155	17787
239940	8527	11019	1993	21809	43	3581
434315	10628	13976	3988	38513	3667	4769
468692	22731	26101	2553	51938	13	6309
900493	21263	26567	9835	53518	2946	9582
1751102	71309	104306	15422	114657	3567	13896
559340	13911	21205	2702	36036	61	6054
16311760	401707	374402	698609	813467	45173	60639
10460455	326190	522755	350139	781429	266244	72345
4379747	1173175	356919	51233	764404	19044	48106
202737	1228	7069	1568	15198	106	950
2326702	78998	87290	42084	192066	5048	26539
12808329	467695	577032	141991	1469327	26594	97398
8622687	91885	131956	94433	283537	14782	34266
11572324	97183	365913	150900	518616	49109	60638
3324462	78607	126006	23024	265146	14457	30596
3684684	127516	222048	37823	282632	13713	42578
5185723	251168	330200	76674	262119	163948	55939
16807999	380599	400267	5533	615149	33304	86732
2892728	77989	191865	6312	284237	11029	31973
8728916	453743	455219	41314	335546	109652	63790
10472620	150638	317195	16583	1004961	30806	68702
977606	62593	72267	2484	145243	9360	11277
170304	5787	13104	-405	24611	2411	2437
1065905	14249	24783	9694	58947	390	4181
228518	2157	26995	5520	11669	2139	3369
13722785	30339	476697	587545	1252796	195645	100517
3522663	73488	115768	61337	266105	34194	16942
349463	16886	51076	52801	-8293	47801	10448

13-5 国有及国有控股工业企业主要经济指标(2019年)

单位：万元

分组	Item	企业单位数（个）Number of Enterprises (unit)	#亏损企业 Unprofitable Enterprises
总计	**Total**	**823**	**175**
煤炭开采和洗选业	Mining and Washing of Coal	78	12
石油和天然气开采业	Extraction of Petroleum and Natural Gas	5	1
黑色金属矿采选业	Mining and Processing of Ferrous Metal Ores	5	
有色金属矿采选业	Mining and Processing of Non-Ferrous Metal Ores	16	3
非金属矿采选业	Mining and Processing of Non-metal Ores	6	
开采专业及辅助性活动	Professional and Support Activities for Mining	6	1
农副食品加工业	Processing of Food from Agricultural Products	15	3
食品制造业	Manufacture of Foods	14	3
酒、饮料和精制茶制造业	Manufacture of Liquor, Beverages and Refined Tea	10	
烟草制品业	Manufacture of Tobacco	2	
纺织业	Manufacture of Textile	8	6
纺织服装、服饰业	Manufacture of Textile, Wearing Apparel and Accessories	2	
皮革、毛皮、羽毛及其制品和制鞋业	Manufacture of Leather, Fur, Feather and Related Products and Footwear	1	
木材加工和木、竹、藤、棕、草制品业	Processing of Timber, Manufacture of Wood, Bamboo, Rattan, Palm and Straw Products	1	
造纸及纸制品业	Manufacture of Paper and Paper Products	1	
印刷和记录媒介复制业	Printing and Reproduction of Recording Media	7	1
文教、工美、体育和娱乐用品制造业	Manufacture of Articles for Culture, Education, Arts and Crafts, Sport and Entertainment Activities	2	
石油、煤炭及其他燃料加工业	Processing of Petroleum, Coal and Other Fuel	13	4
化学原料及化学制品制造业	Manufacture of Raw Chemical Materials and Chemical Products	59	16
医药制造业	Manufacture of Medicines	15	2
化学纤维制造业	Manufacture of Chemical Fibres	2	
橡胶和塑料制品业	Manufacture of Rubber and Plastics Products	13	2
非金属矿物制品业	Manufacture of Non-metallic Mineral Products	47	4
黑色金属冶炼和压延加工业	Smelting and Pressing of Ferrous Metals	10	
有色金属冶炼和压延加工业	Smelting and Pressing of Non-ferrous Metals	37	7
金属制品业	Manufacture of Metal Products	23	6
通用设备制造业	Manufacture of General Purpose Machinery	35	8
专用设备制造业	Manufacture of Special Purpose Machinery	47	10
汽车制造业	Manufacture of Automobiles	29	6
铁路、船舶、航空航天和其他运输设备制造业	Manufacture of Railway, Ship, Aerospace and Other Transport Equipments	29	4
电气机械和器材制造业	Manufacture of Electrical Machinery and Apparatus	32	7
计算机、通信和其他电子设备制造业	Manufacture of Computers, Communication and Other Electronic Equipment	34	5
仪器仪表制造业	Manufacture of Measuring Instruments and Machinery	10	3
其他制造业	Other Manufacture	1	1
废弃资源综合利用业	Utilization of Waste Resources	9	1
金属制品、机械和设备修理业	Repair Service of Metal Products, Machinery and Equipment	6	1
电力、热力生产和供应业	Production and Supply of Electric Power and Heat Power	132	35
燃气生产和供应业	Production and Supply of Gas	21	5
水的生产和供应业	Production and Supply of Water	40	18

Main Indicators of State-owned and State-holding Industrial Enterprises (2019)

(10 000 yuan)

工业总产值 Gross Industrial Output Value	资产总计 Total Assets	流动资产合计 Total Current Assets	#应收账款 Accounts Receivable	#存货 Inventories	#产成品 Finished products	负债合计 Total Liabilities
124150235	**241871508**	**76396247**	**13192005**	**12829655**	**4642083**	**136072649**
18885117	35701201	13164954	1669082	477629	52107	16295630
15633913	46935928	2070777	51630	258925	142192	24301678
859442	439609	122496	30036	16058	15371	264901
1144854	3051921	948447	86615	173704	118554	866963
102105	92234	36931	8969	7497	3826	25528
1306554	2194884	1442864	433818	104813	18425	1198830
998304	523352	309532	27513	153149	62537	396891
310830	250520	107097	56835	14792	8562	187199
1227501	1171365	810752	107222	194219	39577	558392
2145227	1999262	1464557	85494	971315	20291	571407
256628	787576	410579	16260	90643	45694	464022
10000	9612	7983	7177	672	273	6449
20697	51967	32404	12761	6600	3975	17004
1474	9201	3440	83	59		9119
1840	777	560	340	220	220	22
372562	566658	362646	51515	71217	28086	176029
3773	4482	4124	652	597	226	1827
12762948	37456822	13925892	1052713	783659	387331	21546658
7581774	20497640	4320143	369432	665360	209126	12064564
464639	443337	279919	67672	89631	41235	168530
170848	78192	55979	3091	25119	10202	9781
1065847	2537264	1344805	355646	392359	154909	1610061
1649599	2547000	937206	295015	162659	48975	1333277
5888215	3744792	1553489	352858	589788	285594	3157529
7163608	9267246	3926175	607548	1715622	262227	5842502
572364	679638	479193	135219	214762	98669	501814
2081102	4372855	3233014	805951	682009	319616	2756106
2612588	4364101	3030133	1032381	1097108	479349	2534039
12868095	8413320	6783808	1088212	1420855	1143260	5774074
2806542	3259205	2179860	716397	697671	168153	1516115
3346272	5586903	4051899	1578858	755458	310994	2542311
1640581	6048560	1806930	377116	340209	106118	3786518
282278	321045	232616	97795	33471	11537	267990
16360	946333	41269	233	16922	11658	643188
509210	454692	118289	48631	9083	5763	166724
231362	449113	198204	97099	29600	137	243146
14195072	30744357	5153114	1302065	465987	6183	20568948
2566003	3333695	772641	118832	82676	20568	2014581
394108	2534851	671529	43239	17542	564	1682304

13-5 续表

单位：万元

分　　组	Item	所有者权益合　计 Owners' Equity	营业收入 Business Revenue
总　　计	**Total**	**105775272**	**122454856**
煤炭开采和洗选业	Mining and Washing of Coal	19404786	15866054
石油和天然气开采业	Extraction of Petroleum and Natural Gas	22634250	14578986
黑色金属矿采选业	Mining and Processing of Ferrous Metal Ores	174708	528925
有色金属矿采选业	Mining and Processing of Non-Ferrous Metal Ores	2184958	1200803
非金属矿采选业	Mining and Processing of Non-metal Ores	66707	103824
开采专业及辅助性活动	Professional and Support Activities for Mining	996054	1436081
农副食品加工业	Processing of Food from Agricultural Products	126461	997220
食品制造业	Manufacture of Foods	63321	310852
酒、饮料和精制茶制造业	Manufacture of Liquor, Beverages and Refined Tea	612972	1081073
烟草制品业	Manufacture of Tobacco	1427855	2167595
纺织业	Manufacture of Textile	323554	270660
纺织服装、服饰业	Manufacture of Textile, Wearing Apparel and Accessories	3163	9341
皮革、毛皮、羽毛及其制品和制鞋业	Manufacture of Leather, Fur, Feather and Related Products and Footwear	34963	22373
木材加工和木、竹、藤、棕、草制品业	Processing of Timber, Manufacture of Wood, Bamboo, Rattan, Palm and Straw Products	83	5596
造纸及纸制品业	Manufacture of Paper and Paper Products	755	1840
印刷和记录媒介复制业	Printing and Reproduction of Recording Media	390629	455450
文教、工美、体育和娱乐用品制造业	Manufacture of Articles for Culture, Education, Arts and Crafts, Sport and Entertainment Activities	2655	4844
石油、煤炭及其他燃料加工业	Processing of Petroleum, Coal and Other Fuel	15910164	16026456
化学原料及化学制品制造业	Manufacture of Raw Chemical Materials and Chemical Products	8433075	7744080
医药制造业	Manufacture of Medicines	274807	370989
化学纤维制造业	Manufacture of Chemical Fibres	68411	136755
橡胶和塑料制品业	Manufacture of Rubber and Plastics Products	927203	960973
非金属矿物制品业	Manufacture of Non-metallic Mineral Products	1213723	1625581
黑色金属冶炼和压延加工业	Smelting and Pressing of Ferrous Metals	587263	6498642
有色金属冶炼和压延加工业	Smelting and Pressing of Non-ferrous Metals	3424744	7466680
金属制品业	Manufacture of Metal Products	177824	546642
通用设备制造业	Manufacture of General Purpose Machinery	1616748	2017901
专用设备制造业	Manufacture of Special Purpose Machinery	1821794	2227166
汽车制造业	Manufacture of Automobiles	2639247	11989018
铁路、船舶、航空航天和其他运输设备制造业	Manufacture of Railway, Ship, Aerospace and Other Transport Equipments	1743090	2318107
电气机械和器材制造业	Manufacture of Electrical Machinery and Apparatus	3030189	3129811
计算机、通信和其他电子设备制造业	Manufacture of Computers, Communication and Other Electronic Equipment	2262042	1522960
仪器仪表制造业	Manufacture of Measuring Instruments and Machinery	53055	255894
其他制造业	Other Manufacture	303146	3
废弃资源综合利用业	Utilization of Waste Resources	287969	690520
金属制品、机械和设备修理业	Repair Service of Metal Products, Machinery and Equipment	205967	226149
电力、热力生产和供应业	Production and Supply of Electric Power and Heat Power	10175281	14882729
燃气生产和供应业	Production and Supply of Gas	1319114	2369452
水的生产和供应业	Production and Supply of Water	852546	406835

continued

(10 000 yuan)

营业成本 Cost of Business	销售费用 Operating Expenses	管理费用 Manage-ment Expenses	财务费用 Financial Expenses	利润总额 Total Profits	亏损企业亏损额 Losses of Unprofitable Enterprises	平均用工人数（人） Average number of employed worker (person)
92607842	**1886257**	**4747395**	**2569989**	**12866478**	**1250548**	**707779**
6923863	129563	1178564	392348	5813683	154862	100274
9213434	7011	583877	382094	2747203	267286	105260
441190	1324	17578	11481	51062		2719
919524	8960	81847	3345	119480	4843	12898
53165	24849	11615	165	9516		1352
1340163	3552	48995	-5963	21829	16133	19157
917422	36625	26573	9281	13606	2031	3606
250117	27160	21785	4563	5740	12951	3825
642004	120145	67060	-1611	179648		10066
725348	47748	108087	-908	31863		7727
277399	4453	11887	10640	-34727	37734	11569
7746	91	655	241	829		550
18593	443	416	51	2066		630
3817		491	-2	39		213
1651	55	45	1	44		36
359472	10701	36444	1072	37369	382	4368
3579	76	569	-1	412		150
11555388	292445	259673	620204	718812	10721	33128
6315407	179032	320424	279124	384259	230326	36772
231487	42950	10650	847	79777	260	3235
115565	607	4096	-71	11671		524
829109	31758	33497	28508	25194	1997	10285
1111966	37692	110854	34530	333549	4149	12873
5806346	68154	85705	75468	236911		20967
6833493	40181	243445	107048	162458	30051	31299
482012	16106	27116	7018	8716	3834	6683
1700057	57506	123794	17250	93890	7446	21392
1907012	78623	149058	35511	-70977	135519	25442
10945331	297462	188746	-23315	385118	27406	42373
1965451	42507	108741	-2286	134715	9676	18213
2927312	150692	212687	4374	82566	61186	27027
1405218	39219	110290	38341	42564	19787	17950
216781	7452	13615	770	6695	3614	1743
		2524	-74	-2402	2402	639
657764	3460	7427	4947	16339	307	1229
190137	564	20617	5175	9219	30	2698
12848531	19500	414662	449691	1051600	156555	89356
2149838	43777	57254	32527	167455	5489	9972
315152	13820	46030	47604	-11310	43573	9579

13-6 外商及港澳台商投资工业企业主要经济指标(2019年)

单位：万元

分组	Item	企业单位数(个) Number of Enterprises (unit)	#亏损企业 Unprofitable Enterprises
总计	**Total**	**211**	**39**
煤炭开采和洗选业	Mining and Washing of Coal	1	1
黑色金属矿采选业	Mining and Processing of Ferrous Metal Ores	1	
农副食品加工业	Processing of Food from Agricultural Products	8	
食品制造业	Manufacture of Foods	12	2
酒、饮料和精制茶制造业	Manufacture of Liquor, Beverages and Refined Tea	18	4
纺织服装、服饰业	Manufacture of Textile, Wearing Apparel and Accessories	3	
造纸及纸制品业	Manufacture of Paper and Paper Products	2	
印刷和记录媒介复制业	Printing and Reproduction of Recording Media	3	
石油、煤炭及其他燃料加工业	Processing of Petroleum, Coal and Other Fuel	1	
化学原料及化学制品制造业	Manufacture of Raw Chemical Materials and Chemical Products	17	2
医药制造业	Manufacture of Medicines	8	3
化学纤维制造业	Manufacture of Chemical Fibres	2	
橡胶和塑料制品业	Manufacture of Rubber and Plastics Products	3	2
非金属矿物制品业	Manufacture of Non-metallic Mineral Products	17	3
黑色金属冶炼和压延加工业	Smelting and Pressing of Ferrous Metals	1	
有色金属冶炼和压延加工业	Smelting and Pressing of Non-ferrous Metals	7	2
金属制品业	Manufacture of Metal Products	4	1
通用设备制造业	Manufacture of General Purpose Machinery	11	2
专用设备制造业	Manufacture of Special Purpose Machinery	14	3
汽车制造业	Manufacture of Automobiles	12	4
铁路、船舶、航空航天和其他运输设备制造业	Manufacture of Railway, Ship, Aerospace and Other Transport Equipments	10	
电气机械和器材制造业	Manufacture of Electrical Machinery and Apparatus	15	4
计算机、通信和其他电子设备制造业	Manufacture of Computers, Communication and Other Electronic Equipment	20	1
仪器仪表制造业	Manufacture of Measuring Instruments and Machinery	3	1
其他制造业	Other Manufacture	4	2
废弃资源综合利用业	Utilization of Waste Resources	2	
金属制品、机械和设备修理业	Repair Service of Metal Products, Machinery and Equipment	4	2
电力、热力生产和供应业	Production and Supply of Electric Power and Heat Power	5	
燃气生产和供应业	Production and Supply of Gas	3	

Main Indicators of Industrial Enterprises with Hong Kong, Macao, Taiwan and Foreign Funds (2019)

(10 000 yuan)

工业总产值 Gross Industrial Output Value	资产总计 Total Assets	流动资产 合 计 Total Current Assets	#应收账款 Accounts Receivable	#存 货 Inventories	#产成品 Finished products	负债合计 Total Liabilities
18108281	**22630525**	**9137986**	**1887093**	**1847190**	**772843**	**9832920**
363	107678	87731	5678	1697		723
11841	2838	127		127		2138
705082	388783	272255	41372	113265	68149	222790
1533126	667953	324023	183424	41770	17990	266075
625084	946372	504306	140309	98331	74062	529609
28615	21988	6511	1672	2318	1112	6677
58825	62945	48144	40579	5734	1503	44245
128294	34158	11987	8828	2201	779	20609
9882	45456	14767	7912	23	15	25228
510916	1092458	295641	65480	27042	15434	425288
996334	1050101	551630	94892	264579	233095	586842
153838	125654	62878	440	31612	13607	72276
145514	40241	18632	2063	6016	1189	31003
883159	958737	386972	88162	54138	14554	422373
4610	4399	4350	1194	2691		2224
430067	269885	215475	16995	68412	51367	235592
56909	78837	44639	11757	13445	5726	57682
268315	206290	140934	41618	39207	17566	57334
319304	1005330	739884	84891	145013	43151	496450
2917955	2815043	1465491	104949	164821	53438	1846552
243826	341040	301965	120983	55511	22327	116525
1057884	1047067	658996	227056	189096	96424	715467
6132384	8656066	2285606	469133	430831	23864	2045529
100665	159056	144759	25253	7543	2164	42297
70886	1134002	196187	59174	17927	12238	654759
6817	11191	4719	2579	104		1265
16644	27294	15462	2725	5746	1733	9278
74623	408554	40998	8535	25		327084
616519	921112	292920	29444	57967	1359	569008

13-6 续表

单位：万元

分组	Item	所有者权益合计 Owners' Equity	营业收入 Business Revenue
总计	**Total**	**12790810**	**15872002**
煤炭开采和洗选业	Mining and Washing of Coal	106956	363
黑色金属矿采选业	Mining and Processing of Ferrous Metal Ores	700	11134
农副食品加工业	Processing of Food from Agricultural Products	165993	734311
食品制造业	Manufacture of Foods	401877	1138854
酒、饮料和精制茶制造业	Manufacture of Liquor, Beverages and Refined Tea	416763	673765
纺织服装、服饰业	Manufacture of Textile, Wearing Apparel and Accessories	15311	27726
造纸及纸制品业	Manufacture of Paper and Paper Products	18700	66615
印刷和记录媒介复制业	Printing and Reproduction of Recording Media	13549	125373
石油、煤炭及其他燃料加工业	Processing of Petroleum, Coal and Other Fuel	20228	8599
化学原料及化学制品制造业	Manufacture of Raw Chemical Materials and Chemical Products	667170	569414
医药制造业	Manufacture of Medicines	463260	1079424
化学纤维制造业	Manufacture of Chemical Fibres	53378	136414
橡胶和塑料制品业	Manufacture of Rubber and Plastics Products	2937	30099
非金属矿物制品业	Manufacture of Non-metallic Mineral Products	536364	860469
黑色金属冶炼和压延加工业	Smelting and Pressing of Ferrous Metals	2174	4610
有色金属冶炼和压延加工业	Smelting and Pressing of Non-ferrous Metals	34293	388554
金属制品业	Manufacture of Metal Products	21155	81081
通用设备制造业	Manufacture of General Purpose Machinery	148955	247551
专用设备制造业	Manufacture of Special Purpose Machinery	508880	342423
汽车制造业	Manufacture of Automobiles	968491	2944286
铁路、船舶、航空航天和其他运输设备制造业	Manufacture of Railway, Ship, Aerospace and Other Transport Equipments	224515	212032
电气机械和器材制造业	Manufacture of Electrical Machinery and Apparatus	331601	1082678
计算机、通信和其他电子设备制造业	Manufacture of Computers, Communication and Other Electronic Equipment	6610045	4229000
仪器仪表制造业	Manufacture of Measuring Instruments and Machinery	116759	100636
其他制造业	Other Manufacture	479243	54540
废弃资源综合利用业	Utilization of Waste Resources	9926	6488
金属制品、机械和设备修理业	Repair Service of Metal Products, Machinery and Equipment	18016	20773
电力、热力生产和供应业	Production and Supply of Electric Power and Heat Power	81470	68325
燃气生产和供应业	Production and Supply of Gas	352104	626464

continued

(10 000 yuan)

营业成本 Cost of Business	销售费用 Operating Expenses	管理费用 Management Expenses	财务费用 Financial Expenses	利润总额 Total Profits	亏损企业亏损额 Losses of Unprofitable Enterprises	平均用工人数(人) Average number of employed worker (person)
13587778	**629203**	**606145**	**43753**	**1323267**	**61666**	**89694**
1780	62	2470	-99	-4107	4107	46
11067	6	34		16		30
679778	21401	11047	-38	21560		2531
887238	71487	96975	-67	85228	1925	7415
516990	113178	20170	6872	26448	3438	4653
22768	1121	1820	42	1380		829
55764	582	1400	186	8936		609
121014	1725	1013	955	4980		201
7898	77	92	24	195		396
432728	11461	22152	9076	84788	423	1149
680979	194619	96645	16736	55766	8126	6113
110074	816	5409	1462	11454		380
24082	417	929	412	1691	888	1467
590246	8000	38557	8315	206385	4260	4559
4101	90	98	36	286		11
383024	1750	4636	1323	49962	3116	837
72607	840	4538	1219	563	2868	749
210020	8845	8377	358	15607	575	1752
268932	11133	21926	6040	40522	7983	2780
3028776	43951	109377	18511	64433	2608	26883
153033	6568	9877	593	31658		1822
875655	89347	42537	12624	59182	16345	3845
3693982	14750	69389	-42285	431858	127	14708
59829	6940	4873	-3547	31640	358	705
35963	158	4659	-2639	14559	2411	758
3105	210	167	51	2881		137
16769	127	2668	189	-290	2109	218
36571	339	1583	7513	20721		299
603005	19206	22728	-110	54967		3812

13-7 大中型工业企业主要经济指标(2019年)

单位：万元

分组	Item	企业单位数（个）Number of Enterprises (unit)	#亏损企业 Unprofitable Enterprises
总计	**Total**	**813**	**122**
煤炭开采和洗选业	Mining and Washing of Coal	120	19
石油和天然气开采业	Extraction of Petroleum and Natural Gas	3	1
黑色金属矿采选业	Mining and Processing of Ferrous Metal Ores	9	3
有色金属矿采选业	Mining and Processing of Non-Ferrous Metal Ores	15	1
非金属矿采选业	Mining and Processing of Non-metal Ores	5	
开采专业及辅助性活动	Professional and Support Activities for Mining	9	1
农副食品加工业	Processing of Food from Agricultural Products	34	1
食品制造业	Manufacture of Foods	31	4
酒、饮料和精制茶制造业	Manufacture of Liquor, Beverages and Refined Tea	19	2
烟草制品业	Manufacture of Tobacco	2	
纺织业	Manufacture of Textile	23	7
纺织服装、服饰业	Manufacture of Textile, Wearing Apparel and Accessories	7	
皮革、毛皮、羽毛及其制品和制鞋业	Manufacture of Leather, Fur, Feather and Related Products and Footwear	3	
木材加工和木、竹、藤、棕、草制品业	Processing of Timber, Manufacture of Wood, Bamboo, Rattan, Palm and Straw Products	2	
家具制造业	Manufacture of Furniture	5	
造纸及纸制品业	Manufacture of Paper and Paper Products	7	2
印刷和记录媒介复制业	Printing and Reproduction of Recording Media	8	1
文教、工美、体育和娱乐用品制造业	Manufacture of Articles for Culture, Education, Arts and Crafts, Sport and Entertainment Activities	2	
石油、煤炭及其他燃料加工业	Processing of Petroleum, Coal and Other Fuel	33	8
化学原料及化学制品制造业	Manufacture of Raw Chemical Materials and Chemical Products	49	17
医药制造业	Manufacture of Medicines	34	
化学纤维制造业	Manufacture of Chemical Fibres	1	
橡胶和塑料制品业	Manufacture of Rubber and Plastics Products	10	
非金属矿物制品业	Manufacture of Non-metallic Mineral Products	48	1
黑色金属冶炼和压延加工业	Smelting and Pressing of Ferrous Metals	12	
有色金属冶炼和压延加工业	Smelting and Pressing of Non-ferrous Metals	42	9
金属制品业	Manufacture of Metal Products	20	1
通用设备制造业	Manufacture of General Purpose Machinery	18	5
专用设备制造业	Manufacture of Special Purpose Machinery	37	7
汽车制造业	Manufacture of Automobiles	29	2
铁路、船舶、航空航天和其他运输设备制造业	Manufacture of Railway, Ship, Aerospace and Other Transport Equipments	24	3
电气机械和器材制造业	Manufacture of Electrical Machinery and Apparatus	28	6
计算机、通信和其他电子设备制造业	Manufacture of Computers, Communication and Other Electronic Equipment	46	5
仪器仪表制造业	Manufacture of Measuring Instruments and Machinery	8	
废弃资源综合利用业	Utilization of Waste Resources	3	
金属制品、机械和设备修理业	Repair Service of Metal Products, Machinery and Equipment	2	
电力、热力生产和供应业	Production and Supply of Electric Power and Heat Power	48	14
燃气生产和供应业	Production and Supply of Gas	11	1
水的生产和供应业	Production and Supply of Water	6	1

Main Indicators of Large and Medium-sized Industrial Enterprises(2019)

(10 000 yuan)

工业总产值 Gross Industrial Output Value	资产总计 Total Assets	流动资产合计 Total Current Assets	#应收账款 Accounts Receivable	#存货 Inventories	#产成品 Finished products	负债合计 Total Liabilities
168839868	**275597129**	**96353986**	**17226661**	**16330820**	**6449278**	**147307890**
22812557	41635399	16621659	2071201	701223	183717	18448933
15619672	46922219	2069144	51626	257620	141530	24281848
1318632	787935	306243	50326	34936	29405	470496
1421620	3053590	964324	93664	134263	70887	721095
159605	85294	31111	8961	5792	2337	16164
1295506	1913903	1320749	304695	108850	16038	985981
3790306	2011648	1231234	144270	469834	227534	1183427
2711919	1341374	575122	264267	110645	61708	551816
1950153	2168234	1297307	266072	330423	115285	1202202
2145227	1999262	1464557	85494	971315	20291	571407
1428620	1140291	461461	30364	105530	56750	528381
237351	142247	82917	18411	45945	9079	59798
81915	70595	41315	14104	8662	5102	24566
122931	51407	28576	5591	7118	4046	9585
170040	84881	29538	5078	11654	5122	21259
408031	213046	89476	48829	24479	13803	111250
632568	678673	407648	60698	80841	30855	272901
30348	14627	8531	3832	4661	2774	3849
15654595	41036160	15396495	1219865	1140571	517880	23642746
8210428	21787601	4810976	463108	711541	232434	13025557
4844171	4503621	2971761	791657	668044	447901	2086828
100827	36014	24698	3091	10449	3480	2155
1287164	2574244	1417663	366873	407657	158916	1619714
4071102	3594628	1292316	327084	212964	116516	1663611
7571263	4391436	1815446	376526	653448	294380	3756282
9792925	8842510	4511420	664993	1894636	372131	4934078
1024148	1010599	673827	188746	210970	102740	653704
2080417	4156363	2995246	748840	633746	318085	2547639
3744469	5192302	3562213	1200306	1313575	617516	2990287
16162162	11734332	8318107	1543311	1490256	1114075	7533045
2515309	3364609	2236621	752715	703433	171307	1477703
6447038	9780537	6372468	2378536	1259565	676700	5144088
11831985	19231587	7125853	1475757	874715	181325	7604416
744383	598493	483877	162185	135624	94385	308826
68285	116295	87730	15263	18205	11992	60786
201567	385457	173484	87944	23455	5	219619
13483010	25213525	3978256	792639	461258	11267	16617889
2500076	3109599	725116	115420	88100	9780	1542774
167543	622593	349502	24320	4821	204	411188

13-7 续表

单位：万元

分 组	Item	所有者权益合 计 Owners' Equity	营业收入 Business Revenue
总 计	**Total**	**128286410**	**162434879**
煤炭开采和洗选业	Mining and Washing of Coal	23186464	19375822
石油和天然气开采业	Extraction of Petroleum and Natural Gas	22640371	14563725
黑色金属矿采选业	Mining and Processing of Ferrous Metal Ores	317440	646508
有色金属矿采选业	Mining and Processing of Non-Ferrous Metal Ores	2332495	1376032
非金属矿采选业	Mining and Processing of Non-metal Ores	69131	152346
开采专业及辅助性活动	Professional and Support Activities for Mining	927922	1422447
农副食品加工业	Processing of Food from Agricultural Products	828221	3598896
食品制造业	Manufacture of Foods	789558	2233727
酒、饮料和精制茶制造业	Manufacture of Liquor, Beverages and Refined Tea	966032	1817947
烟草制品业	Manufacture of Tobacco	1427855	2167595
纺织业	Manufacture of Textile	611910	1384801
纺织服装、服饰业	Manufacture of Textile, Wearing Apparel and Accessories	82449	206930
皮革、毛皮、羽毛及其制品和制鞋业	Manufacture of Leather, Fur, Feather and Related Products and Footwear	46029	72581
木材加工和木、竹、藤、棕、草制品业	Processing of Timber, Manufacture of Wood, Bamboo, Rattan, Palm and Straw Products	41822	109964
家具制造业	Manufacture of Furniture	63622	166531
造纸及纸制品业	Manufacture of Paper and Paper Products	101796	317780
印刷和记录媒介复制业	Printing and Reproduction of Recording Media	405772	716418
文教、工美、体育和娱乐用品制造业	Manufacture of Articles for Culture, Education, Arts and Crafts, Sport and Entertainment Activities	10777	21045
石油、煤炭及其他燃料加工业	Processing of Petroleum, Coal and Other Fuel	17393415	19026918
化学原料及化学制品制造业	Manufacture of Raw Chemical Materials and Chemical Products	8762045	8241461
医药制造业	Manufacture of Medicines	2416793	4415115
化学纤维制造业	Manufacture of Chemical Fibres	33859	76441
橡胶和塑料制品业	Manufacture of Rubber and Plastics Products	954530	1121734
非金属矿物制品业	Manufacture of Non-metallic Mineral Products	1931016	3904176
黑色金属冶炼和压延加工业	Smelting and Pressing of Ferrous Metals	635154	7794349
有色金属冶炼和压延加工业	Smelting and Pressing of Non-ferrous Metals	3905609	10255606
金属制品业	Manufacture of Metal Products	356895	969063
通用设备制造业	Manufacture of General Purpose Machinery	1608725	2031925
专用设备制造业	Manufacture of Special Purpose Machinery	2202014	3241222
汽车制造业	Manufacture of Automobiles	4201287	15512228
铁路、船舶、航空航天和其他运输设备制造业	Manufacture of Railway, Ship, Aerospace and Other Transport Equipments	1886906	1960088
电气机械和器材制造业	Manufacture of Electrical Machinery and Apparatus	4636449	5868898
计算机、通信和其他电子设备制造业	Manufacture of Computers, Communication and Other Electronic Equipment	11627171	10119451
仪器仪表制造业	Manufacture of Measuring Instruments and Machinery	289667	682109
废弃资源综合利用业	Utilization of Waste Resources	55509	50392
金属制品、机械和设备修理业	Repair Service of Metal Products, Machinery and Equipment	165838	201567
电力、热力生产和供应业	Production and Supply of Electric Power and Heat Power	8595636	14080054
燃气生产和供应业	Production and Supply of Gas	1566825	2357259
水的生产和供应业	Production and Supply of Water	211405	173728

continued

(10 000 yuan)

营业成本 Cost of Business	销售费用 Operating Expenses	管理费用 Manage-ment Expenses	财务费用 Financial Expenses	利润总额 Total Profits	亏损企业亏损额 Losses of Unprofitable Enterprises	平均用工人数（人） Average number of employed worker (person)
125573141	**3755893**	**5934030**	**2622909**	**16637777**	**1114440**	**977699**
9194660	201419	1387587	442015	6559039	140463	131417
9203161	7011	583714	382008	2745578	267286	105182
525079	2227	30183	12973	64994	4197	5586
1046653	23024	93458	718	191221	1495	15008
94056	31310	14073	180	7697		2037
1311504	4188	57288	-5385	24906	16133	21379
3180768	90073	76074	23701	234860	560	18428
1719248	162798	139916	4031	209455	8608	23314
1134063	247802	100566	7211	257398	1076	16397
725348	47748	108087	-908	31863		7727
1221370	11715	18746	15338	110642	34143	21048
166272	4600	6957	1201	25718		3454
61935	1206	2392	244	5141		1571
93228	4360	581	274	9647		1026
132597	7579	7223	792	17507		2417
267458	4561	4618	1708	28684	414	3635
584565	20475	45358	7384	47874	536	5556
16455	569	820	205	2243		649
14096349	347433	326057	677491	752730	26862	52386
6724196	183414	349723	313451	376558	243935	44969
2512718	969167	253832	24624	564436		26577
70029	315	1369	-33	2451		340
962638	33483	31724	28086	48314		11321
2999663	124932	149348	38631	563568	1337	28672
7015756	78040	110818	87548	251429		27922
9398768	66241	289564	116118	356144	17517	43107
812313	26807	37296	4242	111143	990	10261
1704643	58225	113871	15944	112934	4948	22134
2741256	129987	174595	48989	16738	134426	30525
14561140	306755	311635	-8977	507203	7794	69743
1587832	42944	112644	-1728	151784	7179	20569
5313964	328998	287415	12079	148226	78853	42800
9012578	100031	213866	5808	866797	7811	52911
549507	21364	16736	-3261	90900		3586
44584	3217	3116	325	14509		1175
171694	260	16769	4926	7481		2144
12343977	17081	385687	343672	917180	107777	85985
2131797	37275	51774	17765	195415	16	10176
139319	7262	18550	3521	7374	86	4565

13-8 规模以上工业企业主要经济效益指标(2019年)
Main Indicators on Economic Benefit of Industrial Enterprises above Designated Size (2019)

分 组	Item	总资产贡献率 (%) Ratio of Profits, Taxes and Interests to Average Assets (%)	资 产负债率 (%) Ratio of Debts to Assets (%)	流动资产周转率 (次/年) Turnover of Current Assets (times/year)	成本费用利润率 (%) Ratio of Profits to Total Industrial Cost (%)
总 计	**Total**	**11.85**	**53.96**	**1.85**	**10.53**
按登记注册类型分	**By Status of Registration**				
内资企业	Domestic Funded	12.11	54.67	1.86	10.66
国有企业	State-owned Enterprises	7.13	66.54	2.86	4.88
中央企业	Central	5.61	68.94	14.19	2.10
地方企业	Local	9.54	62.71	0.89	13.50
集体企业	Collective-owned Enterprises	17.59	54.35	1.34	16.05
股份合作企业	Cooperative Enterprises	10.11	42.95	1.34	5.14
联营企业	Joint Ownership Enterprises	-12.59	92.93	1.24	-45.54
国有联营企业	State Joint Ownership Enterprises	-12.59	92.93	1.24	-45.54
有限责任公司	Limited Liability Corporations	11.58	56.25	1.53	10.02
国有独资公司	State Sole Funded Corporations	11.61	54.89	1.11	10.89
其他有限责任公司	Other Limited Liability Corporations	11.56	57.09	1.78	9.74
股份有限公司	Share-holding Corporations Limited	12.22	51.48	2.54	17.73
私营企业	Private Enterprises	16.49	48.76	2.71	9.07
私营独资企业	Private-funded Enterprises	15.51	36.65	3.37	4.48
私营合伙企业	Private Partnership Enterprises	21.78	57.27	1.41	22.11
私营有限责任公司	Private Limited Liability Corporations	16.21	49.82	2.74	8.75
私营股份有限公司	Private Share-holding Corporations Ltd.	17.40	37.35	2.79	11.91
其他企业	Other Enterprises	35.02	24.01	5.52	18.47
港、澳、台商投资企业	Enterprises with Funds from Hong Kong, Macao and Taiwan	7.13	55.55	1.80	4.26
合资经营企业(港或澳、台资)	Joint-venture Enterprises	5.40	63.08	1.78	2.55
合作经营企业(港或澳、台资)	Cooperative Enterprises	3.10	8.16	1.51	-0.43
港澳台商独资经营企业	Enterprises with Sole Investment	13.27	31.24	2.26	8.57
港澳台商投资股份有限公司	Share-holding Corporations Ltd.	1.13	75.33	87.95	0.14
其他港澳台商投资企业	Other Enterprises with Funds from Hong Kong, Macao and Taiwan	10.56	34.29	0.78	21.69
外商投资企业	Foreign Funded Enterprises	8.15	40.54	1.71	10.57
中外合资经营企业	Joint-venture Enterprises	8.60	60.47	1.54	9.16
中外合作经营企业	Cooperation Enterprises	10.77	33.06	12.41	2.18
外资企业	Enterprises with Sole Funds	7.35	29.40	1.86	11.67
外商投资股份有限公司	Share-holding Corporations Ltd.	11.47	46.09	1.64	8.37
其他外商投资企业	Other Foreign Funded Enterprises	14.49	34.88	1.76	24.46

13-8 续表 continued

分 组	Item	总资产贡献率 (%) Ratio of Profits, Taxes and Interests to Average Assets (%)	资 产 负债率 (%) Ratio of Debts to Assets (%)	流动资产周转率 (次/年) Turnover of Current Assets (times/year)	成本费用利润率 (%) Ratio of Profits to Total Industrial Cost (%)
按经济组织类型分	**By Economic Type of Orgnization**				
独资企业	Appropratorship	7.70	49.06	234.93	6.53
国有企业	State-owned Enterprises	7.13	66.54	2.86	4.88
集体企业	Collective-owned Enterprises	17.59	54.35	1.34	16.05
私营独资企业	Private-funded Enterprises	15.51	36.65	3.37	4.48
港澳台商独资经营企业	Enterprises with Sole Investment	13.27	31.24	2.26	8.57
外资企业	Enterprises with Sole Funds	7.35	29.40	1.86	11.67
合作、合伙企业	Partnership	17.56	48.58	144.28	13.06
股份合作企业	Cooperative Enterprises	10.11	42.95	1.34	5.14
国有联营企业	State Joint Ownership Enterprises	-12.59	92.93	1.24	-45.54
私营合伙企业	Private Partnership Enterprises	21.78	57.27	1.41	22.11
合作经营企业(港或澳、台资)	Cooperative Enterprises	3.10	8.16	1.51	-0.43
中外合作经营企业	Cooperation Enterprises	10.77	33.06	12.41	2.18
其他企业(内资)	Other Enterprises	35.02	24.01	5.52	18.47
其他港澳台商投资企业	Other Enterprises with Funds from Hong Kong, Macao and Taiwan	10.56	34.29	0.78	21.69
其他外商投资企业	Other Foreign Funded Enterprises	14.49	34.88	1.76	24.46
股份有限公司	Share-holding Corporations Limited	12.41	50.86	252.68	12.42
股份有限公司(内资)	Share-holding Corporations Ltd.	12.22	51.48	2.54	17.73
私营股份有限公司	Private Share-holding Corporations Ltd.	17.40	37.35	2.79	11.91
港澳台商投资股份有限公司	Share-holding Corporations Ltd.with Funds from Hong Kong, Macao and Taiwan	1.13	75.33	87.95	0.14
外商投资股份有限公司	Share-holding Corporations Ltd.with Foreign Investment	11.47	46.09	1.64	8.37
有限责任公司	Limited Liability Corporations	12.03	55.60	172.16	7.83
国有独资公司	State Sole Funded Corporations	11.61	54.89	1.11	10.89
私营有限责任公司	Private Limited Liability Corporations	16.21	49.82	2.74	8.75
合资经营企业(港或澳、台资)	Joint-venture Enterprises	5.40	63.08	1.78	2.55
中外合资经营企业	Joint-venture Enterprises	8.60	60.47	1.54	9.16
其他有限责任公司	Other Corporations	11.56	57.09	1.78	9.74
按轻重工业分	**Grouped by Light & Heavy Industries**				
轻工业	Light Industry	19.53	47.04	2.61	8.74
重工业	Heavy Industry	11.03	54.71	1.73	10.98
按企业规模分	**Grouped by Size of Enterprises**				
大型企业	Large Enterprises	11.35	53.02	1.67	11.33
中型企业	Medium-sized Enterprises	13.47	54.96	1.73	13.60
小型企业	Small Enterprises	13.33	52.94	2.37	8.26
微型企业	Mini Enterprises	4.14	71.11	1.42	4.98

13-9 规模以上工业企业分行业主要经济效益指标(2019年)
Main Indicators on Economic Benefit of Industrial Enterprises above Designated Size by Industrial Sector (2019)

分组	Item	总资产贡献率(%) Ratio of Profits, Taxes and Interests to Average Assets(%)	资产负债率(%) Ratio of Debts to Assets (%)	流动资产周转率(次/年) Turnover of Current Assets (times/year)	成本费用利润率(%) Ratio of Profits to Total Industrial Cost (%)
总计	**Total**	**11.85**	**53.96**	**1.85**	**10.53**
煤炭开采和洗选业	Mining and Washing of Coal	22.69	47.24	1.29	41.61
石油和天然气开采业	Extraction of Petroleum and Natural Gas	11.62	51.77	7.01	26.76
黑色金属矿采选业	Mining and Processing of Ferrous Metal Ores	10.15	51.43	1.72	8.73
有色金属矿采选业	Mining and Processing of Non-Ferrous Metal Ores	12.80	32.15	2.08	12.57
非金属矿采选业	Mining and Processing of Non-metal Ores	28.36	40.78	5.17	8.76
开采专业及辅助性活动	Professional and Support Activities for Mining	3.17	54.79	1.03	2.86
农副食品加工业	Processing of Food from Agricultural Products	18.29	45.26	4.20	6.62
食品制造业	Manufacture of Foods	21.59	42.53	4.44	9.55
酒、饮料和精制茶制造业	Manufacture of Liquor, Beverages and Refined Tea	21.00	44.02	2.62	11.40
烟草制品业	Manufacture of Tobacco	68.45	28.58	1.48	3.60
纺织业	Manufacture of Textile	15.09	46.14	3.78	8.46
纺织服装、服饰业	Manufacture of Textile, Wearing Apparel and Accessories	18.38	35.35	3.11	9.72
皮革、毛皮、羽毛及其制品和制鞋业	Manufacture of Leather, Fur, Feather and Related Products and Footwear	16.88	59.01	2.91	8.30
木材加工和木、竹、藤、棕、草制品业	Processing of Timber, Manufacture of Wood, Bamboo, Rattan, Palm and Straw Products	13.51	36.73	2.83	8.32
家具制造业	Manufacture of Furniture	20.17	31.07	3.52	9.97
造纸及纸制品业	Manufacture of Paper and Paper Products	11.20	45.10	3.41	5.58
印刷和记录媒介复制业	Printing and Reproduction of Recording Media	12.43	47.77	2.72	5.87
文教、工美、体育和娱乐用品制造业	Manufacture of Articles for Culture, Education, Arts and Crafts, Sport and Entertainment Activities	18.98	29.60	4.79	6.03
石油、煤炭及其他燃料加工业	Processing of Petroleum, Coal and Other Fuel	11.12	57.87	1.32	4.56
化学原料及化学制品制造业	Manufacture of Raw Chemical Materials and Chemical Products	6.25	57.43	1.90	6.65
医药制造业	Manufacture of Medicines	17.24	45.64	1.61	12.66
化学纤维制造业	Manufacture of Chemical Fibres	12.03	45.47	2.52	7.08
橡胶和塑料制品业	Manufacture of Rubber and Plastics Products	8.20	56.24	1.41	7.52
非金属矿物制品业	Manufacture of Non-metallic Mineral Products	17.51	52.97	2.71	10.45
黑色金属冶炼和压延加工业	Smelting and Pressing of Ferrous Metals	11.11	80.75	4.06	3.15
有色金属冶炼和压延加工业	Smelting and Pressing of Non-ferrous Metals	7.39	60.52	2.14	4.23
金属制品业	Manufacture of Metal Products	13.18	54.54	2.36	7.41
通用设备制造业	Manufacture of General Purpose Machinery	7.30	57.95	1.04	6.79
专用设备制造业	Manufacture of Special Purpose Machinery	5.65	53.91	1.07	4.38
汽车制造业	Manufacture of Automobiles	7.01	64.48	1.90	3.46
铁路、船舶、航空航天和其他运输设备制造业	Manufacture of Railway, Ship, Aerospace and Other Transport Equipments	8.20	42.31	1.12	8.72
电气机械和器材制造业	Manufacture of Electrical Machinery and Apparatus	4.04	53.18	1.11	3.41
计算机、通信和其他电子设备制造业	Manufacture of Computers, Communication and Other Electronic Equipment	6.02	41.43	1.45	8.89
仪器仪表制造业	Manufacture of Measuring Instruments and Machinery	11.51	54.84	1.04	12.66
其他制造业	Other Manufacture	2.57	55.72	0.80	12.69
废弃资源综合利用业	Utilization of Waste Resources	15.70	41.78	3.49	5.28
金属制品、机械和设备修理业	Repair Service of Metal Products, Machinery and Equipment	4.62	50.99	1.16	4.39
电力、热力生产和供应业	Production and Supply of Electric Power and Heat Power	6.67	67.61	2.25	8.44
燃气生产和供应业	Production and Supply of Gas	7.40	58.19	2.93	7.04
水的生产和供应业	Production and Supply of Water	2.32	64.89	0.63	-1.76

13-10 国有及国有控股工业企业主要经济效益指标(2019年)
Main Indicators on Economic Benefit of State-owned and State-holding Industrial Enterprises(2019)

分 组	Item	总资产贡献率(%) Ratio of Profits, Taxes and Interests to Average Assets(%)	资 产 负债率(%) Ratio of Debts to Assets (%)	流动资产周转率(次/年) Turnover of Current Assets (times/year)	成本费用利润率(%) Ratio of Profits to Total Industrial Cost (%)
总 计	**Total**	**11.32**	**56.26**	**1.60**	**12.53**
煤炭开采和洗选业	Mining and Washing of Coal	25.04	45.64	1.21	67.13
石油和天然气开采业	Extraction of Petroleum and Natural Gas	11.63	51.78	7.04	26.81
黑色金属矿采选业	Mining and Processing of Ferrous Metal Ores	18.28	60.26	4.32	10.83
有色金属矿采选业	Mining and Processing of Non-Ferrous Metal Ores	7.55	28.41	1.27	11.53
非金属矿采选业	Mining and Processing of Non-metal Ores	18.51	27.68	2.81	10.43
开采专业及辅助性活动	Professional and Support Activities for Mining	1.30	54.62	1.00	1.54
农副食品加工业	Processing of Food from Agricultural Products	7.03	75.84	3.22	1.37
食品制造业	Manufacture of Foods	5.40	74.72	2.90	1.89
酒、饮料和精制茶制造业	Manufacture of Liquor, Beverages and Refined Tea	28.03	47.67	1.33	21.68
烟草制品业	Manufacture of Tobacco	68.45	28.58	1.48	3.60
纺织业	Manufacture of Textile	-2.79	58.92	0.66	-11.30
纺织服装、服饰业	Manufacture of Textile, Wearing Apparel and Accessories	15.05	67.09	1.17	9.50
皮革、毛皮、羽毛及其制品和制鞋业	Manufacture of Leather, Fur, Feather and Related Products and Footwear	4.25	32.72	0.69	9.95
木材加工和木、竹、藤、棕、草制品业	Processing of Timber, Manufacture of Wood, Bamboo, Rattan, Palm and Straw Products	5.64	99.10	1.63	0.90
造纸及纸制品业	Manufacture of Paper and Paper Products	15.44	2.83	3.29	2.48
印刷和记录媒介复制业	Printing and Reproduction of Recording Media	10.55	31.06	1.26	9.02
文教、工美、体育和娱乐用品制造业	Manufacture of Articles for Culture, Education, Arts and Crafts, Sport and Entertainment Activities	15.42	40.76	1.17	9.77
石油、煤炭及其他燃料加工业	Processing of Petroleum, Coal and Other Fuel	12.01	57.52	1.15	5.63
化学原料及化学制品制造业	Manufacture of Raw Chemical Materials and Chemical Products	5.01	58.86	1.79	5.39
医药制造业	Manufacture of Medicines	21.23	38.01	1.33	27.52
化学纤维制造业	Manufacture of Chemical Fibres	17.87	12.51	2.44	9.56
橡胶和塑料制品业	Manufacture of Rubber and Plastics Products	2.97	63.46	0.71	2.69
非金属矿物制品业	Manufacture of Non-metallic Mineral Products	18.17	52.35	1.73	25.53
黑色金属冶炼和压延加工业	Smelting and Pressing of Ferrous Metals	13.15	84.32	4.18	3.89
有色金属冶炼和压延加工业	Smelting and Pressing of Non-ferrous Metals	4.47	63.04	1.90	2.23
金属制品业	Manufacture of Metal Products	4.25	73.84	1.14	1.62
通用设备制造业	Manufacture of General Purpose Machinery	4.11	63.03	0.62	4.80
专用设备制造业	Manufacture of Special Purpose Machinery	0.47	58.07	0.74	-3.18
汽车制造业	Manufacture of Automobiles	6.59	68.63	1.77	3.34
铁路、船舶、航空航天和其他运输设备制造业	Manufacture of Railway, Ship, Aerospace and Other Transport Equipments	6.10	46.52	1.06	6.19
电气机械和器材制造业	Manufacture of Electrical Machinery and Apparatus	3.23	45.50	0.77	2.44
计算机、通信和其他电子设备制造业	Manufacture of Computers, Communication and Other Electronic Equipment	1.82	62.60	0.84	2.57
仪器仪表制造业	Manufacture of Measuring Instruments and Machinery	4.69	83.47	1.10	2.74
其他制造业	Other Manufacture	-0.25	67.97		-97.99
废弃资源综合利用业	Utilization of Waste Resources	10.67	36.67	5.84	2.42
金属制品、机械和设备修理业	Repair Service of Metal Products, Machinery and Equipment	4.47	54.14	1.14	4.26
电力、热力生产和供应业	Production and Supply of Electric Power and Heat Power	6.87	66.90	2.89	7.65
燃气生产和供应业	Production and Supply of Gas	6.96	60.43	3.07	7.32
水的生产和供应业	Production and Supply of Water	2.11	66.37	0.61	-2.68

13－11 外商及港澳台商投资工业企业主要经济效益指标(2019年) Main Indicators on Economic Benefit of Industrial Enterprises with Hong Kong, Macao, Taiwan and Foreign Funds (2019)

分组	Item	总资产贡献率(%) Ratio of Profits, Taxes and Interests to Average Assets(%)	资产负债率(%) Ratio of Debts to Assets (%)	流动资产周转率(次/年) Turnover of Current Assets (times/year)	成本费用利润率(%) Ratio of Profits to Total Industrial Cost (%)
总计	**Total**	**7.95**	**43.45**	**1.74**	**8.76**
煤炭开采和洗选业	Mining and Washing of Coal	-3.50	0.67		-97.49
黑色金属矿采选业	Mining and Processing of Ferrous Metal Ores	1.13	75.33	87.95	0.14
农副食品加工业	Processing of Food from Agricultural Products	6.12	57.30	2.70	3.03
食品制造业	Manufacture of Foods	18.09	39.83	3.51	8.04
酒、饮料和精制茶制造业	Manufacture of Liquor, Beverages and Refined Tea	5.69	55.96	1.34	4.01
纺织服装、服饰业	Manufacture of Textile, Wearing Apparel and Accessories	9.79	30.37	4.26	5.36
造纸及纸制品业	Manufacture of Paper and Paper Products	18.91	70.29	1.38	15.43
印刷和记录媒介复制业	Printing and Reproduction of Recording Media	20.17	60.33	10.46	3.99
石油、煤炭及其他燃料加工业	Processing of Petroleum, Coal and Other Fuel	1.53	55.50	0.58	2.41
化学原料及化学制品制造业	Manufacture of Raw Chemical Materials and Chemical Products	11.04	38.93	1.93	17.71
医药制造业	Manufacture of Medicines	10.44	55.88	1.96	5.62
化学纤维制造业	Manufacture of Chemical Fibres	12.38	57.52	2.17	9.73
橡胶和塑料制品业	Manufacture of Rubber and Plastics Products	9.01	77.04	1.62	6.54
非金属矿物制品业	Manufacture of Non-metallic Mineral Products	28.02	44.06	2.22	31.25
黑色金属冶炼和压延加工业	Smelting and Pressing of Ferrous Metals	7.21	50.56	1.06	6.62
有色金属冶炼和压延加工业	Smelting and Pressing of Non-ferrous Metals	24.84	87.29	1.80	12.74
金属制品业	Manufacture of Metal Products	5.67	73.17	1.82	0.70
通用设备制造业	Manufacture of General Purpose Machinery	9.20	27.79	1.76	6.74
专用设备制造业	Manufacture of Special Purpose Machinery	5.25	49.38	0.46	12.77
汽车制造业	Manufacture of Automobiles	5.40	65.60	2.01	2.00
铁路、船舶、航空航天和其他运输设备制造业	Manufacture of Railway, Ship, Aerospace and Other Transport Equipments	11.69	34.17	0.70	17.61
电气机械和器材制造业	Manufacture of Electrical Machinery and Apparatus	8.07	68.33	1.64	5.76
计算机、通信和其他电子设备制造业	Manufacture of Computers, Communication and Other Electronic Equipment	5.83	23.63	1.85	11.12
仪器仪表制造业	Manufacture of Measuring Instruments and Machinery	20.25	26.59	0.70	46.41
其他制造业	Other Manufacture	1.34	57.74	0.28	36.01
废弃资源综合利用业	Utilization of Waste Resources	28.87	11.30	1.37	81.56
金属制品、机械和设备修理业	Repair Service of Metal Products, Machinery and Equipment	-0.22	33.99	1.34	-1.37
电力、热力生产和供应业	Production and Supply of Electric Power and Heat Power	8.04	80.06	1.67	44.40
燃气生产和供应业	Production and Supply of Gas	6.28	61.77	2.14	8.52

13−12　大中型工业企业主要经济效益指标(2019年)

Main Indicators on Economic Benefit of Large and Medium-sized Industrial Enterprises(2019)

分　组	Item	总资产贡献率(%) Ratio of Profits, Taxes and Interests to Average Assets(%)	资　产负债率(%) Ratio of Debts to Assets (%)	流动资产周转率(次/年) Turnover of Current Assets (times/year)	成本费用利润率(%) Ratio of Profits to Total Industrial Cost (%)
总　计	**Total**	**11.82**	**53.45**	**1.69**	**11.95**
煤炭开采和洗选业	Mining and Washing of Coal	24.42	44.31	1.17	58.24
石油和天然气开采业	Extraction of Petroleum and Natural Gas	11.62	51.75	7.04	26.83
黑色金属矿采选业	Mining and Processing of Ferrous Metal Ores	13.48	59.71	2.11	11.39
有色金属矿采选业	Mining and Processing of Non-Ferrous Metal Ores	11.09	23.61	1.43	16.11
非金属矿采选业	Mining and Processing of Non-metal Ores	20.03	18.95	4.90	5.46
开采专业及辅助性活动	Professional and Support Activities for Mining	1.96	51.52	1.08	1.78
农副食品加工业	Processing of Food from Agricultural Products	15.52	58.83	2.92	6.96
食品制造业	Manufacture of Foods	21.05	41.14	3.88	10.30
酒、饮料和精制茶制造业	Manufacture of Liquor, Beverages and Refined Tea	20.14	55.45	1.40	17.20
烟草制品业	Manufacture of Tobacco	68.45	28.58	1.48	3.60
纺织业	Manufacture of Textile	12.61	46.34	3.00	8.72
纺织服装、服饰业	Manufacture of Textile, Wearing Apparel and Accessories	22.14	42.04	2.50	14.18
皮革、毛皮、羽毛及其制品和制鞋业	Manufacture of Leather, Fur, Feather and Related Products and Footwear	9.13	34.80	1.76	7.67
木材加工和木、竹、藤、棕、草制品业	Processing of Timber, Manufacture of Wood, Bamboo, Rattan, Palm and Straw Products	28.49	18.64	3.85	9.80
家具制造业	Manufacture of Furniture	26.11	25.05	5.64	11.78
造纸及纸制品业	Manufacture of Paper and Paper Products	17.06	52.22	3.55	10.28
印刷和记录媒介复制业	Printing and Reproduction of Recording Media	11.19	40.21	1.76	7.20
文教、工美、体育和娱乐用品制造业	Manufacture of Articles for Culture, Education, Arts and Crafts, Sport and Entertainment Activities	29.92	26.32	2.47	12.41
石油、煤炭及其他燃料加工业	Processing of Petroleum, Coal and Other Fuel	11.23	57.61	1.24	4.86
化学原料及化学制品制造业	Manufacture of Raw Chemical Materials and Chemical Products	4.89	59.78	1.71	4.95
医药制造业	Manufacture of Medicines	18.93	46.34	1.49	14.82
化学纤维制造业	Manufacture of Chemical Fibres	9.41	5.98	3.09	3.33
橡胶和塑料制品业	Manufacture of Rubber and Plastics Products	3.92	62.92	0.79	4.51
非金属矿物制品业	Manufacture of Non-metallic Mineral Products	21.40	46.28	3.02	16.90
黑色金属冶炼和压延加工业	Smelting and Pressing of Ferrous Metals	12.24	85.54	4.29	3.42
有色金属冶炼和压延加工业	Smelting and Pressing of Non-ferrous Metals	7.68	55.80	2.27	3.59
金属制品业	Manufacture of Metal Products	14.04	64.68	1.44	12.42
通用设备制造业	Manufacture of General Purpose Machinery	4.76	61.29	0.68	5.80
专用设备制造业	Manufacture of Special Purpose Machinery	2.86	57.59	0.91	0.53
汽车制造业	Manufacture of Automobiles	6.62	64.20	1.86	3.31
铁路、船舶、航空航天和其他运输设备制造业	Manufacture of Railway, Ship, Aerospace and Other Transport Equipments	6.12	43.92	0.88	8.42
电气机械和器材制造业	Manufacture of Electrical Machinery and Apparatus	2.62	52.60	0.92	2.45
计算机、通信和其他电子设备制造业	Manufacture of Computers, Communication and Other Electronic Equipment	5.76	39.54	1.42	9.00
仪器仪表制造业	Manufacture of Measuring Instruments and Machinery	17.22	51.60	1.41	15.40
废弃资源综合利用业	Utilization of Waste Resources	16.08	52.27	0.57	28.31
金属制品、机械和设备修理业	Repair Service of Metal Products, Machinery and Equipment	4.47	56.98	1.16	3.86
电力、热力生产和供应业	Production and Supply of Electric Power and Heat Power	7.42	65.91	3.54	7.00
燃气生产和供应业	Production and Supply of Gas	7.68	49.61	3.25	8.71
水的生产和供应业	Production and Supply of Water	3.31	66.04	0.50	4.37

13-13 主要工业产品产量
Output of Major Industrial Products

产 品 名 称		Item		2017	2018	2019
原 煤	(万吨)	Coal	(10 000 tons)	56959.93	62324.51	63412.36
天然原油	(万吨)	Crude Petroleum Oil	(10 000 tons)	3489.82	3519.49	3543.23
天然气	(亿立方米)	Natural Gas	(100 million cu.m)	419.40	444.48	473.42
铁矿石原矿	(万吨)	Crude Quantity of Iron Ore	(10 000 tons)	2395.22	2201.59	2049.66
锌金属含量	(万吨)	Zinc Metal Content	(10 000 tons)	29.53	24.92	21.71
钼精矿折合量	(万吨)	Reduced Quantity of Molybdenum Concentrate	(10 000 tons)	5.07	5.20	5.56
发电量	(亿千瓦小时)	Electricity	(100 million kwh)	1781.39	1782.22	2118.61
小麦粉	(万吨)	Wheat Meal	(10 000 tons)	631.42	584.92	638.13
精制食用植物油	(万吨)	Refined Edible Vegetable Oil	(10 000 tons)	190.69	190.51	199.52
饲 料	(万吨)	Feed	(10 000 tons)	452.82	385.73	449.21
乳制品	(万吨)	Dairy Products	(10 000 tons)	143.42	106.78	120.12
白 酒	(万千升)	Spirits	(10 000 kiloliter)	16.51	15.75	18.31
啤 酒	(万千升)	Beer	(10 000 kiloliter)	91.73	93.06	70.83
饮 料	(万吨)	Drinks	(10 000 tons)	728.55	705.30	1386.83
卷 烟	(亿支)	Cigarettes	(100 million pieces)	819.77	794.39	779.66
化学纤维	(万吨)	Chemical Fiber	(10 000 ton)	1.39	1.42	1.44
纱	(万吨)	Yarn	(10 000 tons)	42.60	39.41	31.85
布	(万米)	Cloth	(10 000 m)	92169.50	76716.00	69284.90
印染布	(万米)	Dyed Fabric	(10 000 m)	3610.00	3480.00	4479.00
服 装	(万件)	Garments	(10 000 cases)	3240.40	3745.40	5905.90
机制纸及纸板	(万吨)	Machine-made Paper and Paperboard	(10 000 tons)	75.95	72.41	66.97
纸制品	(万吨)	Paper Products	(10 000 tons)	124.90	156.23	165.17
原油加工量	(万吨)	Crude Runs	(10 000 tons)	1770.63	1799.43	1777.40
#汽 油		Gasoline		612.73	653.56	640.02
柴 油		Diesel Oil		722.63	697.53	663.44
焦 炭	(万吨)	Coke	(10 000 tons)	4050.41	4024.91	4686.63
硫酸(折100%)	(万吨)	Sulfuric Acid	(10 000 tons)	139.51	113.82	114.91
氢氧化钠(烧碱)	(万吨)	Caustic Soda	(10 000 tons)	99.89	100.16	107.99
碳化钙(电石)	(万吨)	Soda Ash	(10 000 tons)	271.36	287.20	271.37
合成氨	(万吨)	Synthetic Ammonia	(10 000 tons)	153.56	134.79	146.26

13-13 续表 continued

产品名称		Item		2017	2018	2019
化肥总计	(万吨)	Chemical Fertilizers	(10 000 tons)	148.39	128.90	126.52
氮 肥		Nitrogen Fertilizers		124.13	107.40	107.18
磷 肥		Phosphate Fertilizers		22.70	20.01	17.28
合成洗涤剂	(万吨)	Synthetic Detergents	(10 000 ton)	7.49	7.07	17.63
化学药品原药	(万吨)	Chemical Medicines	(10 000 ton)	2.49	2.31	3.92
精甲醇	(万吨)	Extract Methanol	(10 000 tons)	542.63	505.06	540.62
中成药	(万吨)	Traditional Chinese Medicine	(10 000 ton)	7.95	10.15	12.59
塑料制品	(万吨)	Plastic Articles	(10 000 tons)	82.21	88.73	106.12
水 泥	(万吨)	Cement	(10 000 tons)	7476.09	6270.83	6621.23
平板玻璃	(万重量箱)	Plain Glass	(10 000 weight cases)	2157.30	2104.47	1967.18
生 铁	(万吨)	Pig Iron	(10 000 tons)	1137.06	1157.61	1237.11
粗 钢	(万吨)	Crude Steel	(10 000 tons)	1184.26	1310.82	1430.75
钢 材	(万吨)	Rolled Steel	(10 000 tons)	1377.61	1445.15	2037.51
铝 材	(万吨)	Rolled Aluminum	(10 000 tons)	25.03	28.79	26.45
铁合金	(万吨)	Ferroalloy	(10 000 tons)	84.91	94.79	117.99
十种有色金属	(万吨)	Ten Kinds of Nonferrous Metals	(10 000 tons)	232.60	197.88	205.40
原铝(电解铝)	(万吨)	Electrolyzed Aluminum	(10 000 tons)	77.32	69.99	74.15
锌	(万吨)	Zinc Metal	(10 000 tons)	101.00	76.07	71.82
金属切削机床	(台)	Metal-cutting Machine Tools	(unit)	22005	18724	17623
# 数控机床		Computer Numerical Control Machine Tools		10629	10268	8688
金属成型机床(锻压设备)	(台)	Metal Forming Machines(Forging Equipment)	(unit)	12583	16594	11725
汽 车	(万辆)	Motor Vehicles	(unit)	61.63	62.13	54.70
#基本型乘用车(轿车)		Basic Type Passenger Vehicle(Car)		18.14	18.08	14.14
载货汽车		Trucks		19.06	18.32	19.23
交流电动机	(万千瓦)	Alternating Current Motors	(10 000 kw)	196.31	260.10	261.32
变压器	(万千伏安)	Transformers	(10 000 KVA)	14966.11	14150.19	18489.12
光 缆	(万芯千米)	Fiber Optic Cable	(10 000 Core.km)	586.35	716.10	676.75
电子元件	(亿只)	Electronic Components	(100 million units)	29.85	39.16	101.98

13-14 各市(区)规模以上工业企业工业总产值(1998-2019年)
Gross Industrial Output Value above Designated Size by City(District)(1998-2019)

单位：亿元 (100 million yuan)

年 份 Year	全 省 Shaanxi	西安市 Xi'an	铜川市 Tongchuan	宝鸡市 Baoji	咸阳市 Xianyang	渭南市 Weinan
1998	960.81	355.15	26.97	125.62	182.22	89.60
1999	1097.45	376.72	29.21	126.21	202.89	95.79
2000	1268.43	433.43	30.84	139.98	208.70	100.27
2001	1457.62	505.02	30.11	155.13	217.24	112.93
2002	1667.10	546.24	33.38	183.76	231.22	136.04
2003	2118.17	676.93	42.13	252.95	286.13	191.74
2004	2735.22	892.60	59.91	315.47	309.65	257.79
2005	3397.71	952.18	70.49	409.95	359.16	337.71
2006	4442.81	1194.60	99.53	536.67	458.52	377.63
2007	5692.33	1623.85	124.34	672.20	565.61	474.27
2008	7480.79	2030.76	166.84	895.77	860.24	638.00
2009	8470.40	2490.50	195.02	995.99	1038.83	767.22
2010	11199.84	3130.15	249.05	1340.45	1401.92	1039.83
2011	14283.48	3552.21	335.76	1701.80	1854.54	1360.03
2012	16926.49	4066.31	461.80	1986.69	2293.52	1634.36
2013	18982.47	4497.62	549.66	2258.52	2633.00	1728.47
2014	20015.88	4420.06	565.91	2274.97	3002.05	1959.32
2015	20333.98	4346.16	565.23	2599.43	3164.89	2053.87
2016	21837.61	4669.32	559.83	2929.65	3541.50	2141.37
2017	23825.18	5423.06	363.17	2856.12	3024.29	2052.56
2018	25192.36	5734.50	319.61	3154.27	2961.18	1969.62
2019	26623.11	6252.54	355.20	3354.08	2760.08	2004.48

13-14 续表 continued

单位：亿元 (100 million yuan)

年 份 Year	延安市 Yan'an	汉中市 Hanzhong	榆林市 Yulin	安康市 Ankang	商洛市 Shangluo	杨凌示范区 Yangling
1998	69.83	63.80	22.48	15.93	7.92	1.29
1999	83.90	62.58	24.60	16.37	9.45	1.28
2000	131.00	68.43	36.61	20.06	11.47	2.07
2001	160.78	76.31	68.20	20.63	14.19	3.58
2002	188.52	89.11	119.20	25.03	16.40	5.52
2003	255.93	110.07	142.27	30.45	22.00	13.34
2004	348.10	142.76	278.39	37.71	26.82	16.29
2005	537.00	165.41	360.04	43.57	32.76	16.53
2006	764.07	204.37	528.20	56.28	41.39	19.57
2007	905.20	241.11	773.87	81.56	60.08	28.17
2008	1053.51	260.60	1269.86	97.48	74.43	34.74
2009	969.50	310.79	1392.56	132.47	104.56	40.30
2010	1227.31	404.41	1917.70	192.15	176.99	40.09
2011	1504.86	545.42	2613.53	309.22	265.07	60.26
2012	1646.76	718.09	3130.98	482.20	365.04	79.87
2013	1612.32	856.10	3120.82	634.82	479.93	88.32
2014	1708.57	873.56	3449.20	787.97	634.11	110.86
2015	1417.24	922.03	3206.37	945.07	793.37	133.41
2016	1090.42	992.02	3272.50	1129.48	935.31	159.52
2017	1302.77	1171.69	4142.71	1379.51	1070.68	183.73
2018	1594.80	1376.22	4461.94	1648.77	1211.52	172.38
2019	1736.79	1379.24	4803.22	1869.90	1325.25	185.58

13−15　各市(区)规模以上工业企业主要经济指标(2019年)
Main Indicators of Industrial Enterprises above Designated Size by City(District)(2019)

单位：万元　(10 000 yuan)

地　区	Sector	企业单位数(个) Number of Enterprises (unit)	#亏损企业 Unprofitable Enterprises	资产总计 Total Assets	负债合计 Total Liabilities	所有者权益合计 Owners' Equity	营业收入 Revenue from Principal Business
全　省	**Shaanxi**	**6974**	**872**	**359589059**	**194047703**	**164830870**	**249615726**
西安市	Xi'an	1597	269	79333725	42339693	36955439	59612803
铜川市	Tongchuan	218	34	6402339	4501440	1900899	2949035
宝鸡市	Baoji	782	66	27480273	14787484	12671011	28615408
咸阳市	Xianyang	698	46	27658025	13888389	13694847	25436203
渭南市	Weinan	600	99	26644447	16773166	9844572	19960717
#韩城市	Hancheng	103	29	8491345	5445349	3045996	7901899
延安市	Yan'an	249	40	52658249	30183941	22474305	18988843
汉中市	Hanzhong	686	44	9486202	5779985	3471442	12543995
榆林市	Yulin	988	231	95679231	50675514	44954499	45145704
安康市	Ankang	743	8	8179040	2903912	5060901	17653094
商洛市	Shangluo	290	15	7171064	3719072	3407597	11195970
杨凌示范区	Yangling	118	20	2190393	1264541	919853	1519605

13−15　续表　continued

单位：万元　(10 000 yuan)

地　区	Sector	营业成本 Cost of Principal Business	销售费用 Eelling Expenses	管理费用 Management Expenses	财务费用 Financial Expenses	利润总额 Total Profits	亏损企业亏损额 Losses of Unprofitable Enterprises
全　省	**Shaanxi**	**198064248**	**6316177**	**9323445**	**3620286**	**23061746**	**1803888**
西安市	Xi'an	51415792	2424898	2254643	331852	2927289	482757
铜川市	Tongchuan	2330580	68692	202112	56845	287578	46897
宝鸡市	Baoji	23971430	719042	1088147	226799	1591835	56027
咸阳市	Xianyang	20467921	750272	844000	290490	2307794	138986
渭南市	Weinan	17169910	308604	555238	314867	860303	241394
#韩城市	Hancheng	6841443	52177	142836	94027	250493	79822
延安市	Yan'an	13065158	287483	770911	624115	1764391	274439
汉中市	Hanzhong	10658959	272878	406812	153928	590177	51557
榆林市	Yulin	29733850	643921	2122360	1215270	8460171	452825
安康市	Ankang	14448547	548269	609439	105145	1705109	601
商洛市	Shangluo	9791453	201899	257844	100252	966021	36922
杨凌示范区	Yangling	1156276	87487	64698	25784	205011	21484

主要统计指标解释

工业 指从事自然资源的开采，对采掘品和农产品进行加工和再加工的物质生产部门。具体包括：(1)对自然资源的开采，如采矿、晒盐等(但不包括禽兽捕猎和水产捕捞)；(2)对农副产品的加工、再加工，如粮油加工、食品加工、缫丝、纺织、制革等；(3)对采掘品的加工、再加工，如炼铁、炼钢、化工生产、石油加工、机器制造、木材加工等，以及电力、自来水、煤气的生产和供应等；(4)对工业品的修理、翻新，如机器设备的修理、交通运输工具(如汽车)的修理等。

国有及国有控股企业 根据企业实收资本中国有经济成分的出资人的实际投资情况，或国有经济成分的出资人对企业资产的实际控制、支配程度进行分类。以下情况为国有控股：(1）在企业的全部实收资本中，国有经济成分的出资人拥有的实收资本（股本）所占企业全部实收资本（股本）的比例大于50%的国有绝对控股。(2）在企业的全部实收资本中，国有经济成分的出资人拥有的实收资本（股本）所占比例虽未大于50%，但相对大于其他任何一方经济成分的出资人所占比例的国有相对控股；或者虽不大于其他经济成分，但根据协议规定拥有企业实际控制权的国有协议控股。(3）投资双方各占50%，且未明确由谁绝对控股的企业，若其中一方为国有经济成分的，一律按国有控股处理。

资产总计 指企业过去的交易或者事项形成的、由企业拥有或者控制的、预期会给企业带来经济利益的资源。资产一般按流动性分为流动资产和非流动资产。其中流动资产可分为货币资金、交易性金融资产、应收票据、应收账款、预付款项、其他应收款、存货等；非流动资产可分为长期股权投资、固定资产、无形资产及其他非流动资产等。来源于会计“资产负债表”中“资产总计”项目的期末余额数。

流动资产合计 资产满足以下条件之一应归为流动资产：(1）预计在一个正常营业周期中变现、出售或耗用，主要包括存货、应收账款等；(2）主要为交易目的而持有；(3）预计在资产负债表日起一年内（含一年）变现；(4）自资产负债日起一年内，交换其他资产或清偿负债的能力不受限制的现金或现金等价物。包括货币资金、应收票据、应收账款、存货等项目。来源于会计“资产负债表”中“流动资产合计”项目的期末余额数。

负债合计 指企业过去的交易或者事项形成的，预期会导致经济利益流出企业的现时义务。负债一般按偿还期长短分为流动负债和非流动负债。来源于会计“资产负债表”中“负债合计”项目的期末余额数。

应收账款 指企业因销售商品、提供劳务等经营活动所形成的债权，包括应向客户收取的货款、增值税款和为客户代垫的运杂费等。来源于会计“资产负债表”中“应收账款”项目的期末余额数。

存货 指企业在日常活动中持有以备出售的产成品或商品、处在生产过程中的在产品、在生产过程或提供劳务过程中耗用的材料或物料等，通常包括原材料、在产品、半成品、产成品、商品以及周转材料等。来源于会计“资产负债表”中“存货”项目的期末余额数。

产成品 指企业已经完成全部生产过程并验收入库，可以按照合同规定的条件送交订货单位，或者可以作为商品对外销售的产品。来源于会计“产成品”科目的借方余额。

营业收入 指企业经营主要业务和其他业务所确认的收入总额。营业收入包括“主营业务收入”和“其他业务收入”。来源于会计“利润表”中“营业收入”项目的本年累计数。

营业成本 指企业经营主要业务和其他业务所发生的成本总额。包括企业（单位）在报告期内从事销售商品、提供劳务等日常活动发生的各种耗费。包括“主营业务成本”和“其他业务成本”。来源于会计“利润表”中“营业成本”项目的本年累计数。

销售费用 指企业在销售商品和材料、提供劳务的过程中发生的各种费用，包括保险费、包装费、展览费和广告费、商品维修费、预计产品质量保证损失、运输费、装卸费等以及为销售本企业商品而专设的销售机构（含销售网点、售后服务网点等）的职工薪酬、业务费、折旧费等经营费用。

管理费用 指企业为组织和管理企业生产经营所发生的费用，包括企业在筹建期间内发生的开办费、董事会和行政管理部门在企业经营管理中发生的，或者应当由企业统一负担的公司经费等。来源于会计“利润表”中“管理费用”项目的本年累计数。

财务费用 指企业为筹集生产经营所需资金等而发生的筹资费用，包括企业生产经营期间发生的利息支出（减利息收入）、汇兑损失（减汇兑收益）以及相关的手续费等。来源于会计“利润表”中“财务费用”项目的本年累计数。

利润总额 指企业在一定会计期间的经营成果，是生产经营过程中各种收入扣除各种耗费后的盈余，反映企业在报告期内实现的盈亏总额。来源于会计“利润表”中“利润总额”项目的本年累计数。

平均用工人数 指报告期企业平均实际拥有的、参与本企业生产经营活动的人员数。

总资产贡献率 反映企业全部资产的获利能力，是企业经营业绩和管理水平的集中体现，是评价和考核企业盈利能力的核心指标。计算公式为：

$$\text{总资产贡献率(\%)}=\frac{\text{利润总额}+\text{税金总额}+\text{利息支出}}{\text{平均资金总额}}\times 100\%$$

公式中：税金总额为产品销售税金及附加与应交增值税之和；平均资产总额为期初期末资产之和的算术平均值。

资产负债率　该指标既反映企业经营风险的大小，也反映企业利用债权人提供的资金从事经营活动的能力。计算公式为：

$$资产负债率(\%)=\frac{负债总额}{资产总额}\times100\%$$

资产与负债均为报告期期末数。

流动资产周转次数　指一定时期内流动资产完成的周转次数，反映投入工业企业流动资金的周转速度。计算公式为：

$$流动资产周转次数=\frac{产品销售收入}{全部流动资产平均余额}$$

公式中：全部流动资产平均余额为期初和期末的流动资产之和的算术平均值。

成本费用利润率　反映企业投入的生产成本及费用的经济效益，同时也反映企业降低成本所取得的经济效益。计算公式为：

$$成本费用利润率(\%)=\frac{利润总额}{成本费用总额}\times100\%$$

公式中：成本费用总额为产品销售成本、销售费用、管理费用、财务费用之和。

Explanatory Notes on Main Statistical Indicators

Industry refers to the material production sector which is engaged in the extraction of natural resources and processing and reprocessing of minerals and agricultural products, including (1) extraction of natural resources, such as mining, salt production (but not including hunting and fishing); (2) processing and reprocessing of farm and sideline produces, such as rice husking, flour milling, wine making, oil pressing, silk reeling, spinning and weaving, and leather making; (3) manufacture of industrial products, such as steel making, iron smelting, chemicals manufacturing, petroleum processing, machine building, timber processing; water and gas production and electricity generation and supply; (4) repairing and renovating of industrial products such as the machinery.

State-owned and State-holding Enterprises They are classified according to the actual investment made by the contribor of state-owned part in the paid-in capital of the enterprises, or the degree of control or dominance of the contributor on the assets of the enterprises. The following cases are regarded as state-holding: (1) Absolute state-holding in which the contribors of state-owned parts possess more than 50% of all the paid-in capital (stocks) of the enterprises; (2) Relative state-holding in which the contribors of state-owned parts possess no more than 50% of the paid-in capital (stocks) of the enterprises, but more than that of any other contributors; or Agreed state-holding in which the contribors of state-owned parts possess no more than other contributors but have actual control over the enterprises according to agreements; (3) In the case both contributors possess 50% and it is not clear which one is in absolute holding position, the enterprise is regarded as state-holding enterprise if one of the contributor has state-owned elements.

Total Assets refer to all resources that are owned or controlled by enterprises through previous trades or transactions with expectation of making economic profits. Classified by the degree of liquidity, total assets include current assets and non-current assets. Current assets can be classified into monetary capital, trading financial assets, notes receivable, accounts receivable, advanced payments, other receivables and inventories. Non-current assets can be divided into long-term equity investment, fixed assets, intangible assets and other non-current assets. Data on this indicator can be obtained from the year-end figures of total assets in the Balance Sheet of accounting records.

Total Current Assets refer to the assets that meet one of the following requirements: (1) expected to be cashed, sold or used in a normal operation cycle, mainly including inventory and accounts receivable; (2) be owned for trading purpose mainly; (3) expected to be cashed in one year (including one year) from the day of the Balance Sheet; (4) unlimited cash or cash equivalents that can be exchanged with other assets or being capable of settling debts during one year since the day of the Balance Sheet. Included are monetary capital, notes receivable, accounts receivable and inventories. Data on this indicator can be obtained from the year-end figures of total current assets in the Balance Sheet of accounting records.

Total Liabilities refer to payable liabilities of enterprises that accumulated from previous trades or transactions with expectation of economic profits leaking out. In terms of payment, it can be divided into liquid liabilities and long-term liabilities. Data on this indicator can be obtained from the year-end figures of total liabilities in the Balance Sheet of accounting records.

Accounts Receivable refers to creditor's rights formed by business activities such as selling goods, providing labor, which include payment for goods that should be charged to the customer, value-added tax and advance freight for the clients. It comes from the ending balance of accounts receivable in balance sheet.

Inventories refers to finished goods or commodities held in preparation for sale in enterprises' daily activities, goods in the production process, material or the physical materials consumed in the production process or in the process of providing labor, usually include raw materials, goods in the production process, semi-finished products, finished products, goods and materials in flow. It comes from the ending balance of inventory in balance sheet.

Finished Goods refers to the products that the enterprises have completed all of the production process and accepted and put in storage, and can be sent to the ordering units in accordance with the contract stipulations, or can be on sale. It come from the debit balance of Finished Products of accounting.

Business Revenue refers to the total revenue recognized by an enterprise in its principal business and other business operations. Business revenue includes " revenue from principal Business" and " revenue from other business". It comes from this year's cumulative report of "business revenue" items from the "income statement".

Business Cost refers to the total cost incurred by an enterprise in its principal business and other business operations. It includes various expenditures incurred by enterprises (units) in their daily activities of selling goods and providing labour services during the reporting period. It includes "Cost of principal business" and "Cost of other business". It comes from this year's cumulative report of "operating cost" items from the "income statement".

Selling Expense refers to the cost during the sale of goods and materials, providing labour services, including insurance, packing, exhibition fees and advertising fees, merchandise maintenance costs, expected product quality guarantee loss, transportation fees, handling fees, and operating expenses for the sales of the company's products such as employee compensation, business expenses, depreciation costs

for dedicated sales offices (including sales outlets, after-sales service outlets, etc.).

Administrative Expense refers to the expenses for the organization and management of enterprise operating, including the start-up costs during the construction of enterprises, funds occurred during enterprises operating by board of directors and executive management in the enterprise management, or burden by enterprises. It comes from this year's cumulative current amount of management cost in income statement.

Financial Expenses refers to cost of raising fund for enterprises to raise funds for production and operation, including interest payments (a reduction in interest income), exchange loss (less exchange gains) and related fees during the period of production. It comes from this year's cumulative current amount of financial expenses in income statement.

Total Profits refers to the operation results in a certain accounting period, and it is the balance of various incomes minus various spendings in the course of operation, reflecting the total profits and losses of enterprises in reference period. Data are obtained from the this year's cumulative amount of total profits in the profit statement of the accounting record of enterprise.

Annual Average Employees refers to the number of persons engaged in the enterprise production and operation activities in the reporting period, which are actually owned by the enterprise.

Ratio of Profits, Taxes and Interests to Average Assets reflects the profit-making capability of all assets of the enterprise and is a key indicator manifesting the performance and management and evaluating the profit-making potential of the enterprise. It is calculated as follows:

$$\text{Ratio of Profits, Taxes and Interests to Average Assets (\%)} = \frac{\text{total profits} + \text{total taxes} + \text{interest payment}}{\text{average assets}} \times 100\%$$

In the above formula, total taxes is the sum of tax and extra charges on the sales of products and value-added tax payable; and average assets is the arithmetic mean of the sum of beginning assets and ending assets.

Ratio of Debts to Assets reflects both the operation risk and the capability of the enterprise in making use of the capital from the creditors. It is calculated as follows:

$$\text{Ratio of Debts to Assets (\%)} = \frac{\text{total debts}}{\text{total assets}} \times 100\%$$

Both assets and debts are figures at the end of the reference period.

Turnover of Working Capital refers to the number of times of turnover of working capital in a given period of time, which reflects the speed of the turnover of working capital of industrial enterprises, and is calculated as follows:

$$\text{Turnover of Working Capital} = \frac{\text{sales revenue of products}}{\text{average balance of total working capital}}$$

In the above formula, average balance of total working capital refers to the arithmetic mean of the sum of working capital at the beginning and at the end of the reference period.

Ratio of Profits to Total Industrial Costs refers to the ratio of profits realized in a given period to the total costs in the same period, which reflects the economic efficiency of input cost and is calculated as follows:

$$\text{Ratio of Profits to Total Industrial Cost (\%)} = \frac{\text{total profits}}{\text{total costs}} \times 100\%$$

Total costs in the above formula are the sum of cost of products sold, marketing cost, management cost and financial cost.

十四、建筑业

资料整理：郑　娟　郭　涛

简 要 说 明

一、本篇资料反映陕西建筑业概况和发展情况。内容包括：建筑业企业基本情况和生产经营情况。主要指标有企业个数、从业人员数、建筑业总产值、房屋建筑面积、利润税金、劳动生产率等。

二、本篇资料的统计范围：根据建筑业发展的实际情况，建筑业统计范围从 2002 年年报起由原具有建筑业资质等级四级及四级以上的独立核算的建筑业企业调整为具有建筑业资质的独立核算建筑业企业。2019 年起改为具有建筑业资质等级的总承包和专业承包施工企业，劳务分包企业不再纳入常规统计。

Brief Introduction

I. This chapter reflects the general situation and the development of the construction industry of Shaanxi Province. They cover the situation of production and management of the construction enterprises, including the number of enterprises, number of employed persons, gross output value, floor space of buildings under construction, profits and taxes and labour productivity etc.

II. Scope of Statistics

In view of the development of the construction industry, starting from 2002 the scope of construction statistics has been adjusted to include all the construction enterprises of various types of ownership with qualification certificates and independent accounting systems, replacing the previous criteria that required construction enterprises of various types of ownership to have qualification certificates at or above Class 4 with independent accounting systems. since 2019 which have to the general contracting and professional contracting construction enterprises which possess qualification grades,labor subcontracting enterprises will not included in regular statistics.

14.建筑业

2019年全省具有建筑业资质等级的总承包和专业承包施工企业		
企业个数	3263	个
# 国有及国有控股企业	312	个
总产值	7883.89	亿 元
# 国有及国有控股企业	4891.96	亿 元
房屋建筑竣工面积	6770.82	万平方米
房屋建筑面积竣工率	19.2	%

建筑业总产值（亿元）

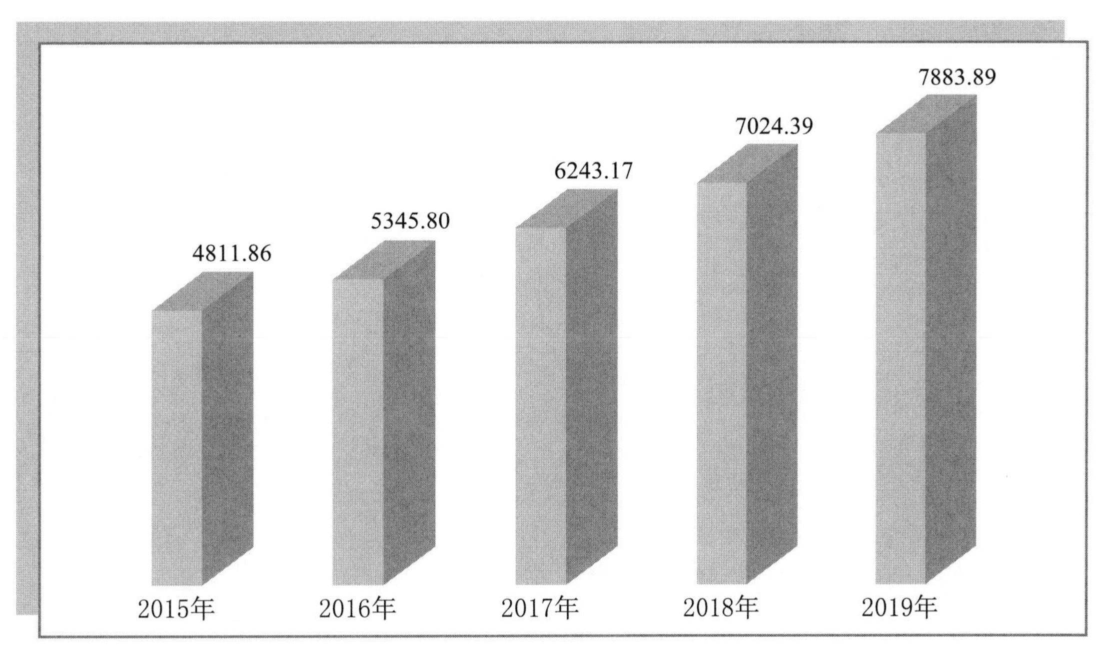

14-1 建筑业总产值
Gross Output Value of Construction

单位：万元 (10 000 yuan)

年份 Year	建筑业总产值 Gross Output Value of Construction	# 地方属企业 Local-owned	国有企业 State-owned	集体企业 Collective-owned
1978	86642	60131	75082	11560
1979	91932	66057	77854	14078
1980	97607	71142	80505	17102
1981	82528	65171	65789	16739
1982	98176	70799	79749	18427
1983	110401	75874	85828	24573
1984	139234	92633	111271	27963
1985	164405	100322	132119	32286
1986	183081	112965	150795	38357
1987	208180	125264	165971	42209
1988	242409	134927	197920	44489
1989	273554	144417	230069	43485
1990	325034	155840	278358	46676
1991	360774	173400	306098	54676
1992	479806	228929	410445	69361
1993	751613	331449	650865	100649
1994	980260	414949	856685	121941
1995	1065612	501076	914782	143870
1996	1294502	735145	940012	335948
1997	1642493	928341	1158205	461272
1998	1879804	983440	1399161	394712
1999	2183009	1188225	1640515	432628
2000	2423046	1205275	1843456	439089
2001	2797388	1424557	1970842	479810
2002	3473536	1735125	2474524	490351
2003	4409564	2076800	3138878	456851
2004	5231639	2688405	3878423	439996
2005	6586411	3011102	5068215	443869
2006	8306966	3918215	6108524	686188
2007	11734648	5906626	7794313	931517
2008	16556239	8501607	11138979	1036447
2009	23092674	11391659	16741395	1201810
2010	28637317	15426858	20021853	2220240
2011	34984999	20712510	24518351	3152250
2012	35407509	24154390	22000114	3849886
2013	40060698	15161904	24898794	2184911
2014	45663737	17620611	28043125	2177236
2015	48118597	18562290	29556307	1986698
2016	53458015	20002390	33455625	4714710
2017	62431659	24418939	38012720	5657725
2018	70243923	19928252	43101413	5393772
2019	78838885	20963805	48919595	5928536

注：1.1996年以后建筑业年报统计范围由往年的县及县以上(含县级建制镇)各种经济类型的建筑企业，改为具有建筑业资质等级四级及以上的各种经济类型的建筑施工企业。2002年改为具有建筑业资质等级的各种经济类型的建筑施工企业。2019年起改为具有建筑业资质等级的总承包和专业承包施工企业，劳务分包企业不再纳入常规统计。
2.1998年以后国有经济为国有及国有控股企业。

a) Since 1996, the statistical range of construction annual report have changed from construction enterprises of all economic types in counties and above counties level (contain county towns) to the construction enterprises of all economic types at fourth or higher quality grades,since 2002 which have changed to the all economic types construction enterprises which possess qualification grades,since 2019 which have changed to the general contracting and professional contracting construction enterprises which possess qualification grades,labor subcontracting enterprises will not included in regular statistics.

b) Since 1998, the state-owned enterprises are the state-owned and the state holding enterprises.

14-2 具有资质等级的建筑业企业主要指标(2019年)

指标	Item	企业数(个) Number of Enterprises (unit)	总产值(万元) Total Output Value (10 000yuan)	建筑工程 Construction
总计	**Total**	**3263**	**78838885**	**69105881**
# 国有及国有控股企业	State-owned and State-holding Enterprises	312	48919595	44462388
按登记注册类型分	**By Status of Registration**			
内资企业	Domestic Funded	3254	78780834	69058844
国有企业	State-owned Enterprises	61	1864277	1442343
集体企业	Collective-owned Enterprises	113	1787662	1556714
股份合作企业	Cooperative Enterprises	4	76509	68487
联营企业	Joint Ownership Enterprises	2	21440	21440
有限责任公司	Limited Liability Corporations	1100	55280263	49067295
股份有限公司	Share-holding Corporations Limited	72	4643493	4194380
私营企业	Private Enterprises	1901	15107105	12708102
其他企业	Other Enterprises	1	85	85
港、澳、台商投资企业	Enterprises with Funds from Hong Kong, Macao and Taiwan	2	42706	37624
与港澳台商合资经营	Joint-venture Enterprises	1	9129	7379
港、澳、台商独资	Enterprises with Sole Investment	1	33577	30244
外商投资企业	Foreign-invested Enterprise	7	15345	9413
中外合资经营企业	Joint-venture Enterprises	1	965	665
外资企业	Enterprises with Sole Funds	5	13168	8748
外商投资股份有限公司	Share-holding Corporations Ltd.	1	1212	
按国民经济行业分	**By Sector**			
房屋建筑业	Building	1747	41608794	37050236
住宅房屋建筑	House Building	1635	40444977	35973046
体育场馆建筑	Stadium Building	2	6694	6294
其他房屋建筑业	Other Building	110	1157123	1070896
土木工程建筑业	Building and Civil Engineering	978	32029247	29521697
铁路、道路、隧道和桥梁工程建筑	Railway Road Tunnel and Bridge Engineering Construction	620	24932947	24232873
水利和水运工程建筑	Water Conservancy and Inland Port	86	2433109	2308535
工矿工程建筑	Industrial and Mining Engineering	71	974051	778468
架线和管道工程建筑	Wiring and Piping Engineering	93	1615431	810306
节能环保工程施工	Energy Saving and Environmental Protection Engineering	13	167501	33697
电力工程施工	Electrical Engineering	29	927185	447232
其他土木工程建筑	Other Civil Engineering Construction	66	979024	910586
建筑安装业	Construction Installation	250	3667444	1484144
电气安装	Electrical Installation	121	962920	627478
管道和设备安装	Piping and Equipment Installation	60	1810938	541763
其他建筑安装业	Other Construction and Installation Industry	69	893586	314903
建筑装饰、装修和其他建筑业	Building Decoration and Other Construction	288	1533401	1049804
建筑装饰业和装修业	Construction Decoration	203	918718	733018
建筑物拆除和场地准备活动	Engineering Preparation	28	239338	224693
提供施工设备服务	Construction Equipment Services	9	29512	17860
其他未列明建筑	Other Construction Activities Unlisted	48	345833	74232

Main Production Indicators of Construction Enterprises Which Possess Qualification Grades(2019)

安装工程 Installation	其　他 Others	竣工产值 (万元) Output Value of Completed Construction (10 000 yuan)	从事主营业务活动从业人员平均人数(人) The Average Number of Employed Persons (person)	从事主营业务活动从业人员年末人数(人) Number of Employed Persons at Year-end (person)	# 工程技术人员 Engineers	# 现场施工人员 On-site Construction Personnel	按总产值计算劳动生产率 (元/人) Overall Labor Productivity by Gross Output Value (yuan/person)
6656506	**3076499**	**25245257**	**1712134**	**1453757**	**217989**	**820045**	**460471**
2811961	1645246	15344390	849503	706396	106449	455773	575861
6646703	3075286	25235445	1710283	1451158	217424	818278	460630
329660	92274	955385	54977	51319	7200	32032	339101
129813	101136	871297	60314	57696	7926	28386	296393
8022		53241	2458	2536	265	1944	311266
		15840	983	992	282	620	218104
4273558	1939411	17090655	1052567	846229	129291	506776	525195
412291	36822	933809	73572	71026	7036	36094	631150
1493360	905644	5315134	465397	421345	65424	212411	324607
		85	15	15		15	56600
5083		9212	1100	1910	221	1689	388239
1750			210	1020	91	929	434733
3333		9212	890	890	130	760	377269
4720	1212	600	751	689	344	78	204329
300		600	45	45	17		214444
4420			568	568	303	26	231826
	1212		138	76	24	52	87855
3333758	1224800	15914201	972828	819424	116366	432580	427710
3276576	1195355	15416380	933362	780162	111135	417510	433326
400		2560	198	198	67	68	338071
56782	29445	495260	39268	39064	5164	15002	294673
1477134	1030416	8180449	605006	534465	86762	331090	529404
158401	541672	5709413	460471	411216	62576	263662	541466
57033	67541	779138	46750	44123	8625	26682	520451
106740	88842	334682	27630	24891	3009	15438	352534
788845	16279	685024	36774	31032	7013	14037	439286
8028	125776	23226	3338	3546	1049	1840	501800
351944	128010	110659	11173	10712	1985	5960	829844
6143	62296	538307	18870	8945	2505	3471	518826
1622697	560603	600290	61132	46943	9279	23497	599922
321307	14134	259182	21807	17617	4544	5138	441564
854384	414791	257141	27787	18263	3200	11098	651721
447006	131678	83967	11538	11063	1535	7261	774472
222917	260680	550318	73168	52925	5582	32878	209573
90962	94739	385454	43847	42053	3480	26355	209528
2403	12241	122944	6916	5458	1122	4093	346064
3769	7882	9063	1139	1180	386	871	259101
125782	145818	32856	21266	4234	594	1559	162622

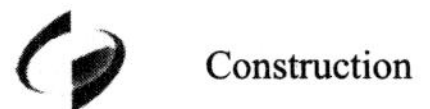

14–2 续表 1

指　　标	Item	企业数 (个) Number of Enterprises (unit)	总产值 (万元) Total Output Value (10 000yuan)	建筑工程 Construction
按隶属关系分	**By Jurisdiction of Management**			
中　央	Central	77	26368886	25110870
地　方	Local	399	20963805	17532889
其　他	Others	2787	31506195	26462122
按企业资质等级分	**By Qualification Grade**			
施工总承包	The General Contractor	2651	74103624	65659840
特　级	Special Grade	31	26213556	24138151
一　级	First Grade	290	26405656	23248919
二　级	Second Grade	1526	17295450	14719706
三级及以下	Third Grade and Below	804	4188962	3553063
专业承包	The Specialized Contractor	612	4735261	3446041
一　级	First Grade	185	2491697	1866089
二　级	Second Grade	244	1027095	723423
三级及以下	Third Grade and Below	183	1216469	856529
按运营状态分	**By Business State**			
正常运营	Operating	3199	78538700	68852547
停业(歇业)	Suspension	48	234640	195204
当年关闭	Closure in This Year	5	7282	7230
当年注销	Bankruptcy in This Year	2		
当年吊销	Revocation in This Year	1		
其　他	Others	8	58262	50900
按控股情况分	**By Holding Situation**			
国有控股	State-holding	312	48919595	44462388
集体控股	Group Holdings	177	5928536	4468883
私人控股	Private Holdings	2678	22803998	19103952
港澳台商控股	Hong Kong,Macao and Taiwan Holdings	2	42706	37624
外商控股	Foreign Holdings	7	15345	9413
其　他	Others	87	1128705	1023621

continued

安装工程 Installation	其　他 Others	竣工产值 （万元） Output Value of Completed Construction (10 000 yuan)	从事主营业务活动从业人员平均人数(人) The Average Number of Employed Persons (person)	从事主营业务活动从业人员年末人数(人) Number of Employed Persons at Year-end (person)	# 工程技术人员 Engineers	# 现场施工人员 On-site Construction Personnel	按总产值计算劳动生产率 （元/人） Overall Labor Productivity by Gross Output Value (yuan/person)
832627	425389	6519604	464406	430748	55114	297854	567798
2322789	1108127	8675197	368257	274121	48675	158870	569271
3501090	1542982	10050456	879471	748888	114200	363321	358240
5755051	2688734	23371624	1565273	1345637	198368	764441	473423
1472615	602790	8247614	450485	315521	42944	220533	581896
2345202	811535	7264551	497718	478083	64618	295154	530534
1668219	907524	6422848	494427	438002	68320	200514	349808
269014	366885	1436611	122643	114031	22486	48240	341557
901455	387765	1873633	146861	108120	19621	55604	322431
519472	106136	1220850	76946	61282	8793	36976	323824
165586	138086	332382	20804	18827	4067	8281	493701
216396	143543	320401	49111	28011	6761	10347	247698
6646998	3039155	25094242	1704048	1447236	216881	817397	460895
2285	37152	89738	4903	3391	701	1169	478565
	53	3063	431	373	69	15	168958
			1	1			
7222	140	58214	2751	2756	338	1464	211786
2811961	1645246	15344390	849503	706396	106449	455773	575861
1305829	153824	1597919	114757	108686	13929	51846	516617
2434625	1265422	7872549	712295	606516	91417	297576	320148
5083		9212	1100	1910	221	1689	388239
4720	1212	600	751	689	344	78	204329
94289	10795	420588	33728	29560	5629	13083	334649

14-2 续表 2

指　　标	Item	房屋建筑施工面积（万平方米） Floor Space of Buildings under Construction (10 000 sq.m)	# 本年新开工面积 New Buildings
总　　计	**Total**	**35276.67**	**10081.04**
# 国有及国有控股企业	State-owned and State-holding Enterprises	24655.90	5911.49
按登记注册类型分	**By Status of Registration**		
内资企业	Domestic Funded	35185.84	10072.92
国有企业	State-owned Enterprises	650.20	98.90
集体企业	Collective-owned Enterprises	976.48	588.00
股份合作企业	Cooperative Enterprises	45.69	26.12
联营企业	Joint Ownership Enterprises	1.35	1.35
有限责任公司	Limited Liability Corporations	26980.31	7070.15
股份有限公司	Share-holding Corporations Limited	1698.01	451.93
私营企业	Private Enterprises	4833.80	1836.46
其他企业	Other Enterprises		
港、澳、台商投资企业	Enterprises with Funds from Hong Kong, Macao and Taiwan	47.63	8.12
与港澳台商合资经营	Joint-venture Enterprises	0.01	0.00
港、澳、台商独资	Enterprises with Sole Investment	47.63	8.11
外商投资企业	Foreign-invested Enterprise	43.20	
中外合资经营企业	Joint-venture Enterprises		
外资企业	Enterprises with Sole Funds	43.20	
外商投资股份有限公司	Share-holding Corporations Ltd.		
按国民经济行业分	**By Sector**		
房屋建筑业	Building	32574.53	9215.58
住宅房屋建筑	House Building	32095.20	9050.62
体育场馆建筑	Stadium Building		
其他房屋建筑业	Other Building	479.33	164.96
土木工程建筑业	Building and Civil Engineering	1928.99	665.34
铁路、道路、隧道和桥梁工程建筑	Railway Road Tunnel and Bridge Engineering Construction	1184.11	468.65
水利和水运工程建筑	Water Conservancy and Inland Port	446.77	94.96
工矿工程建筑	Industrial and Mining Engineering	241.14	74.49
架线和管道工程建筑	Wiring and Piping Engineering	4.60	3.07
节能环保工程施工	Energy Saving and Environmental Protection Engineering	0.19	0.15
电力工程施工	Electrical Engineering	33.00	14.18
其他土木工程建筑	Other Civil Engineering Construction	19.17	9.84
建筑安装业	Construction Installation	653.47	139.58
电气安装	Electrical Installation	124.45	42.88
管道和设备安装	Piping and Equipment Installation	412.89	53.03
其他建筑安装业	Other Construction and Installation Industry	116.14	43.66
建筑装饰、装修和其他建筑业	Building Decoration and Other Construction	119.68	60.54
建筑装饰业和装修业	Construction Decoration	53.95	24.66
建筑物拆除和场地准备活动	Engineering Preparation	3.50	3.10
提供施工设备服务	Construction Equipment Services	24.71	18.53
其他未列明建筑	Other Construction Activities Unlisted	37.51	14.25

continued

房屋建筑竣工面积(万平方米) Floor Space of Buildings Completed (10 000 sq.m)	# 住宅 Residential Housing	房屋建筑面积竣工率(%) Rate of Floor Space of Buildings Completed(%)	资产总计(万元) Total Assets (10 000 yuan)	# 流动资产 Circula-ting Funds	固定资产原 价(万元) Original Value of Fixed Assets (10 000 yuan)	负债合计(万元) Total Liabilities (10 000 yuan)	所有者权益合计(万元) Owners' Equity (10 000 yuan)	# 实收资本 Paid-in Capitals
6770.82	**4389.66**	**19.2**	**86761097**	**71739932**	**7515618**	**64802802**	**21958295**	**19442587**
3213.39	2016.70	13.0	59814122	49536922	4346620	49157615	10656507	6010559
6746.33	4365.16	19.2	86282485	71263152	7513593	64415103	21867382	19428487
219.31	191.45	33.7	1378434	1218284	169294	1070754	307681	190546
496.50	317.66	50.8	1102177	864015	233999	569340	532837	355854
22.01	21.61	48.2	64664	54731	3101	11694	52970	52235
1.24	1.24	91.8	53905	16508	1221	28863	25042	14362
4052.84	2621.13	15.0	65279301	53761812	5244692	51682466	13596835	8083162
415.93	228.13	24.5	2670360	2255343	187036	2163007	507353	317196
1538.49	983.95	31.8	15733643	13092458	1674250	8888978	6844665	10415131
			1	1		0	1	1
24.50	24.50	51.4	64945	64918	49	53813	11132	5500
			31319	31315	7	27336	3983	500
24.50	24.50	51.4	33626	33603	41	26477	7149	5000
			413667	411862	1976	333886	79781	8600
			2109	2107	38	810	1300	1300
			405177	403440	1750	331686	73490	3300
			6381	6314	189	1390	4991	4000
6335.29	4163.25	19.4	38303755	33399931	2594170	27698446	10605309	11684716
6177.50	4083.95	19.2	36607198	31879722	2497474	26494237	10112960	11305640
2.67	1.38		10434	7502	2448	8220	2215	1900
155.12	77.92	32.4	1686124	1512707	94249	1195989	490134	377176
313.95	185.46	16.3	42632616	33307392	4461834	32905847	9726769	6673043
235.41	121.48	19.9	33830798	26500411	3360279	26838771	6992027	4791930
13.45	12.09	3.0	2809801	1957059	412785	1937460	872341	552306
50.00	45.94	20.7	1760611	1386693	232479	991739	768872	526471
2.40		52.3	1572951	1399865	149892	1125291	447659	336998
2.12		1117.5	331319	252528	8662	275361	55957	26195
2.99		9.1	1360568	991210	221971	1061829	298738	262227
7.58	5.94	39.5	966570	819625	75767	675396	291174	176917
64.23	27.00	9.8	4444393	3875433	317120	3317338	1127055	681707
20.93	13.59	16.8	1610527	1436455	114080	1212369	398157	294203
22.90	11.92	5.5	1950512	1630797	173385	1487087	463426	236434
20.40	1.50	17.6	883355	808181	29655	617882	265472	151069
57.35	13.95	47.9	1380332	1157175	142494	881170	499162	403121
51.96	12.36	96.3	956585	800653	77606	599556	357030	295742
			200870	177825	14708	164517	36353	35400
1.16		4.7	29407	19660	15685	12315	17092	6606
4.22	1.59	11.2	193470	159037	34496	104782	88687	65373

14-2 续表 3

指 标	Item	房屋建筑施工面积（万平方米）Floor Space of Buildings under Construction (10 000 sq.m)	# 本年新开工面积 New Buildings
按隶属关系分	**By Jurisdiction of Management**		
中 央	Central	9857.08	1371.64
地 方	Local	12992.85	3934.55
其 他	Others	12426.74	4774.85
按企业资质等级分	**By Qualification Grade**		
施工总承包	The General Contractor	34746.21	9824.66
特 级	Special Grade	18299.45	3726.23
一 级	First Grade	9176.56	2852.30
二 级	Second Grade	6321.99	2826.44
三级及以下	Third Grade and Below	948.21	419.69
专业承包	The Specialized Contractor	530.46	256.37
一 级	First Grade	285.24	126.04
二 级	Second Grade	106.07	55.81
三级及以下	Third Grade and Below	139.15	74.52
按运营状态分	**By Business State**		
正常运营	Operating	35113.25	9998.36
停业(歇业)	Suspension	91.16	37.49
当年关闭	Closure in This Year	4.90	4.90
当年注销	Bankruptcy in This Year		
当年吊销	Revocation in This Year		
其 他	Others	67.36	40.29
按控股情况分	**By Holding Situation**		
国有控股	State-holding	24655.90	5911.49
集体控股	Group Holdings	2361.96	1061.71
私人控股	Private Holdings	7854.39	2891.65
港澳台商控股	Hong Kong,Macao and Taiwan Holdings	47.63	8.12
外商控股	Foreign Holdings	43.20	
其 他	Others	313.58	208.07

continued

房屋建筑竣工面积(万平方米) Floor Space of Buildings Completed (10 000 sq.m)	# 住宅 Residential Housing	房屋建筑面积竣工率(%) Rate of Floor Space of Buildings Completed(%)	资产总计(万元) Total Assets (10 000 yuan)	# 流动资产 Circula-ting Funds	固定资产原价(万元) Original Value of Fixed Assets (10 000 yuan)	负债合计(万元) Total Liabilities (10 000 yuan)	所有者权益合计(万元) Owners' Equity (10 000 yuan)	# 实收资本 Paid-in Capitals
469.57	343.19	4.8	32320331	25009126	3378996	26912310	5408021	3218939
2833.70	1800.71	21.8	22677296	19703811	1119956	17791441	4885856	2723020
3467.54	2245.76	27.9	31763470	27026994	3016667	20099051	11664419	13500627
6532.21	4290.02	18.8	81470314	67157302	7090890	61050248	20420066	18421406
2082.91	1300.46	11.4	36348011	29101587	1986310	29850167	6497844	3251593
1896.02	1332.95	20.7	24327417	21281802	2270544	19125615	5201803	8723901
2100.08	1360.43	33.2	16549800	13550096	2207905	9678289	6871510	5203432
453.20	296.18	47.8	4245087	3223817	626131	2396177	1848910	1242481
238.62	99.64	45.0	5290783	4582630	424728	3752554	1538229	1021180
122.20	38.23	42.8	2717634	2443076	198191	1976822	740813	499553
84.84	42.57	80.0	1275817	1058269	122507	810222	465596	352868
31.57	18.85	22.7	1297331	1081285	104031	965510	331821	168760
6701.52	4380.73	19.1	86408017	71453439	7467049	64588443	21819574	19376520
13.47	7.96	14.8	312396	264094	34980	195925	116471	59597
1.77		36.1	6364	4074	762	3480	2884	2700
			727	698	103	3	724	600
54.07	0.97	80.3	33593	17626	12724	14951	18643	3170
3213.39	2016.70	13.0	59814122	49536922	4346620	49157615	10656507	6010559
829.65	568.14	35.1	3311667	2694531	452506	2442892	868775	612678
2554.86	1665.51	32.5	22486706	18500607	2575692	12419605	10067101	12611952
24.50	24.50	51.4	64945	64918	49	53813	11132	5500
			413667	411862	1976	333886	79781	8600
148.43	114.81	47.3	669991	531093	138775	394991	274999	193298

14-2 续表 4

指 标	Item	营业收入 (万元) Business Revenue (10 000 yuan)	营业成本 (万元) Cost of Business (10 000 yuan)	营业利润 (万元) Profits from Business (10 000 yuan)
总 计	**Total**	**76279858**	**71196837**	**1879504**
# 国有及国有控股企业	State-owned and State-holding Enterprises	50604129	47719685	1031253
按登记注册类型分	**By Status of Registration**			
内资企业	Domestic Funded	75602093	70560792	1853171
国有企业	State-owned Enterprises	1744703	1618811	27056
集体企业	Collective-owned Enterprises	1653777	1431875	70467
股份合作企业	Cooperative Enterprises	78552	73265	569
联营企业	Joint Ownership Enterprises	14564	12972	276
有限责任公司	Limited Liability Corporations	54919995	51541804	1251168
股份有限公司	Share-holding Corporations Limited	3162582	2963474	66754
私营企业	Private Enterprises	14027905	12918582	436880
其他企业	Other Enterprises	14	9	1
港、澳、台商投资企业	Enterprises with Funds from Hong Kong, Macao and Taiwan	88585	82194	5401
与港澳台商合资经营	Joint-venture Enterprises	51594	46567	4553
港、澳、台商独资	Enterprises with Sole Investment	36991	35626	848
外商投资企业	Foreign-invested Enterprise	589180	553852	20933
中外合资经营企业	Joint-venture Enterprises	1193	1085	16
外资企业	Enterprises with Sole Funds	582898	547908	20910
外商投资股份有限公司	Share-holding Corporations Ltd.	5090	4860	7
按国民经济行业分	**By Sector**			
房屋建筑业	Building	35063523	32598458	975788
住宅房屋建筑	House Building	33412730	31106239	910990
体育场馆建筑	Stadium Building	25148	22979	364
其他房屋建筑业	Other Building	1625646	1469241	64435
土木工程建筑业	Building and Civil Engineering	35999322	33859793	753572
铁路、道路、隧道和桥梁工程建筑	Railway Road Tunnel and Bridge Engineering Construction	28583258	27129852	573119
水利和水运工程建筑	Water Conservancy and Inland Port	2752778	2526977	55077
工矿工程建筑	Industrial and Mining Engineering	977244	869541	27608
架线和管道工程建筑	Wiring and Piping Engineering	1581971	1399134	36998
节能环保工程施工	Energy Saving and Environmental Protection Engineering	176854	152797	11438
电力工程施工	Electrical Engineering	976112	895925	20799
其他土木工程建筑	Other Civil Engineering Construction	951105	885568	28533
建筑安装业	Construction Installation	3740924	3389131	121210
电气安装	Electrical Installation	1177196	1044217	47470
管道和设备安装	Piping and Equipment Installation	1717609	1594140	39209
其他建筑安装业	Other Construction and Installation Industry	846119	750773	34530
建筑装饰、装修和其他建筑业	Building Decoration and Other Construction	1476089	1349455	28935
建筑装饰业和装修业	Construction Decoration	971760	893196	15802
建筑物拆除和场地准备活动	Engineering Preparation	251584	239487	2723
提供施工设备服务	Construction Equipment Services	30628	25123	384
其他未列明建筑	Other Construction Activities Unlisted	222117	191649	10025

continued

利润总额 (万元) Total Profits (10 000 yuan)	税金总额 (万元) Total Tax (10 000 yuan)	税金及附加 Taxes and Other Charges	应交增值税 Value-added Tax Payable	管理费用 (万元) Management Expenses (10 000 yuan)	应付职工薪酬 (万元) Wages Payable (10 000 yuan)	产值利润率 (%) Ratio of Profit to Gross Output Value (%)	产值利税率 (%) Ratio of Pre-tax Profit to Gross Output Value (%)	资产负债率 (%) Assets-Liability Ratio (%)
1906751	**1911761**	**513711**	**1398050**	**1958352**	**10154889**	**2.4**	**2.4**	**74.7**
1066638	837792	172418	665374	1032640	6736218	2.2	1.7	82.2
1880267	1899658	512160	1387498	1942939	10101786	2.4	2.4	74.7
29422	69207	24862	44345	65042	273389	1.6	3.7	77.7
70087	125888	55061	70827	78332	224629	3.9	7.0	51.7
574	4379	3761	618	935	7280	0.8	5.7	18.1
265	792	93	699	905	1978	1.2	3.7	53.5
1288493	1123252	263342	859911	1187019	7424250	2.3	2.0	79.2
67265	66219	14795	51424	84559	314257	1.4	1.4	81.0
424160	509921	150247	359674	526142	1855975	2.8	3.4	56.5
1	0		0	4	29	1.6	0.1	22.2
5439	2278	432	1845	712	5688	12.7	5.3	82.9
4553	1248	178	1069	314	2430	49.9	13.7	87.3
887	1030	254	776	398	3257	2.6	3.1	78.7
21045	9825	1120	8706	14702	47415	137.1	64.0	80.7
16	11	1	10	91	188	1.6	1.1	38.4
20947	9248	1081	8167	14426	45172	159.1	70.2	81.9
82	566	37	529	186	2055	6.8	46.7	21.8
969418	1159808	339724	820084	775154	5041017	2.3	2.8	72.3
904936	1088621	316491	772131	720061	4855216	2.2	2.7	72.4
353	143	62	80	1654	3021	5.3	2.1	78.8
64129	71045	23171	47874	53440	182780	5.5	6.1	70.9
788144	625427	143191	482237	971014	4462598	2.5	2.0	77.2
596989	406547	97711	308836	644563	3564040	2.4	1.6	79.3
61629	69511	18137	51374	66240	295573	2.5	2.9	69.0
27865	40729	7335	33394	52027	222442	2.9	4.2	56.3
38149	41023	9738	31286	128694	211188	2.4	2.5	71.5
11427	7524	900	6624	6564	23951	6.8	4.5	83.1
22561	15792	3633	12160	44959	80220	2.4	1.7	78.0
29524	44302	5737	38564	27967	65184	3.0	4.5	69.9
121404	83437	21057	62380	140285	453462	3.3	2.3	74.6
47027	23896	5010	18886	64550	161887	4.9	2.5	75.3
39027	38401	6080	32322	43145	203927	2.2	2.1	76.2
35349	21140	9967	11173	32591	87648	4.0	2.4	69.9
27786	43088	9740	33348	71899	197812	1.8	2.8	63.8
14883	22553	4190	18363	50850	123507	1.6	2.5	62.7
2445	9063	1450	7613	6239	36878	1.0	3.8	81.9
386	3313	1753	1559	2844	5594	1.3	11.2	41.9
10072	8159	2346	5813	11967	31833	2.9	2.4	54.2

14-2 续表 5

指 标	Item	营业收入 (万元) Business Revenue (10 000 yuan)	营业成本 (万元) Cost of Business (10 000 yuan)	营业利润 (万元) Profits from Business (10 000 yuan)
按隶属关系分	**By Jurisdiction of Management**			
中 央	Central	29937001	28484899	525671
地 方	Local	17906848	16621130	436315
其 他	Others	28436010	26090809	917518
按企业资质等级分	**By Qualification Grade**			
施工总承包	The General Contractor	71304978	66671937	1742105
特 级	Special Grade	30117974	28644324	601552
一 级	First Grade	21662041	20253830	439886
二 级	Second Grade	15497604	14183436	529073
三级及以下	Third Grade and Below	4027359	3590347	171595
专业承包	The Specialized Contractor	4974880	4524900	137399
一 级	First Grade	2778514	2565061	64932
二 级	Second Grade	1026849	902883	33676
三级及以下	Third Grade and Below	1169517	1056956	38792
按运营状态分	**By Business State**			
正常运营	Operating	76092261	71036218	1865839
停业(歇业)	Suspension	139430	123421	5226
当年关闭	Closure in This Year	7642	6689	625
当年注销	Bankruptcy in This Year		5	-4
当年吊销	Revocation in This Year			
其 他	Others	40526	30505	7819
按控股情况分	**By Holding Situation**			
国有控股	State-holding	50604129	47719685	1031253
集体控股	Group Holdings	4033239	3607938	120270
私人控股	Private Holdings	20102802	18441331	679391
港澳台商控股	Hong Kong,Macao and Taiwan Holdings	88585	82194	5401
外商控股	Foreign Holdings	589180	553852	20933
其 他	Others	861923	791837	22258

continued

利润总额 (万元) Total Profits (10 000 yuan)	税金总额 (万元) Total Tax (10 000 yuan)	税金及附加 Taxes and Other Charges	应交增值税 Value-added Tax Payable	管理费用 (万元) Manage-ment Expenses (10 000 yuan)	应付职工薪酬 (万元) Wages Payable (10 000 yuan)	产值利润率 (%) Ratio of Profit to Gross Output Value (%)	产值利税率 (%) Ratio of Pre-tax Profit to Gross Output Value (%)	资产负债率 (%) Assets-Liability Ratio (%)
562117	337563	65089	272473	614893	4188875	2.1	1.3	83.3
441434	475006	109616	365390	384009	2261465	2.1	2.3	78.5
903201	1099192	339006	760186	959451	3704549	2.9	3.5	63.3
1774599	1744555	475240	1269315	1743099	9586063	2.4	2.4	74.9
633287	387562	65816	321746	501514	3884701	2.4	1.5	82.1
443773	468445	112009	356435	493502	3048272	1.7	1.8	78.6
526427	717328	232406	484922	589594	2144118	3.0	4.1	58.5
171112	171220	65008	106212	158489	508972	4.1	4.1	56.4
132152	167206	38471	128735	215254	568826	2.8	3.5	70.9
64747	86777	14688	72089	108132	281219	2.6	3.5	72.7
33782	37836	12533	25304	58417	109804	3.3	3.7	63.5
33623	42593	11251	31342	48705	177804	2.8	3.5	74.4
1893376	1905143	511085	1394058	1950638	10126500	2.4	2.4	74.7
5186	3991	1485	2506	6198	20047	2.2	1.7	62.7
625	246	37	208	273	1071	8.6	3.4	54.7
-4								0.4
					18			
7568	2382	1104	1278	1244	7253	13.0	4.1	44.5
1066638	837792	172418	665374	1032640	6736218	2.2	1.7	82.2
126204	219529	88146	131383	189231	450934	2.1	3.7	73.8
665216	798829	237881	560949	695670	2789603	2.9	3.5	55.2
5439	2278	432	1845	712	5688	12.7	5.3	82.9
21045	9825	1120	8706	14702	47415	137.1	64.0	80.7
22209	43508	13715	29793	25399	125031	2.0	3.9	59.0

14—3 各市(区)建筑业企业个数(2019年)
Number of Construction Enterprises by City(District) (2019)

单位：个 (unit)

地 区	Region	企业个数 Number of Enterprises	中央企业 Central	地方企业 Local	施工总承包 General Contracting	专业承包 Professional Contracting	国有及国有控股企业 State-owned and State-holding	集体企业 Collective Owned
全 省	**Shaanxi**	**3263**	**77**	**3186**	**2651**	**612**	**312**	**177**
西安市	Xi'an	1286	61	1225	843	443	185	48
铜川市	Tongchuan	54	1	53	49	5	14	7
宝鸡市	Baoji	200	3	197	154	46	16	20
咸阳市	Xianyang	140	6	134	125	15	18	17
渭南市	Weinan	170	3	167	149	21	17	15
延安市	Yan'an	203		203	197	6	17	13
汉中市	Hanzhong	208		208	196	12	12	14
榆林市	Yulin	662	2	660	623	39	11	14
安康市	Ankang	189	1	188	173	16	10	15
商洛市	Shangluo	113		113	111	2	8	14
杨凌示范区	Yangling	38		38	31	7	4	

14—4 各市(区)建筑业企业总产值(2019年)
Gross Output Value of Construction Enterprises by City(District)(2019)

单位：万元 (10 000 yuan)

地 区	Region	总产值 Gross Output Value	中央企业 Central	地方企业 Local	施工总承包 General Contracting	专业承包 Professional Contracting	国有及国有控股企业 State-owned and State-holding	集体企业 Collective Owned
全 省	**Shaanxi**	**78838885**	**26368886**	**52469999**	**74103624**	**4735261**	**48919595**	**5928536**
西安市	Xi'an	45143850	21016958	24126891	41784914	3358935	34943356	1389132
铜川市	Tongchuan	505511	17372	488139	496557	8954	309804	75475
宝鸡市	Baoji	10048094	1591106	8456988	9105558	942537	3146602	2687421
咸阳市	Xianyang	7094502	3079941	4014560	6960866	133636	4849176	736286
渭南市	Weinan	3207996	649013	2558983	3113739	94256	1671857	259082
延安市	Yan'an	1551343		1551343	1540241	11102	525669	59563
汉中市	Hanzhong	2929616		2929616	2898374	31242	987138	112338
榆林市	Yulin	3461231	10307	3450924	3382168	79062	753653	117125
安康市	Ankang	2025283	4188	2021095	1972881	52401	470602	321162
商洛市	Shangluo	1495807		1495807	1495772	35	564877	170952
杨凌示范区	Yangling	1375653		1375653	1352553	23101	696861	

14-5 各市(区)建筑业企业直接从事主营业务活动平均人数(2019年)
The Average Number of Employed Persons Directly Engaged in the Main Business Activities at Year-end of Construction Enterprises by City(District)(2019)

单位：人 (person)

地 区	Region	直接从事建筑业活动平均人数 The Average Number of Employed Persons	中央企业 Central	地方企业 Local	施工总承包 General Contracting	专业承包 Professional Contracting	国有及国有控股企业 State-owned and State-holding	集体企业 Collective Owned
全 省	**Shaanxi**	**1712134**	**464406**	**1247728**	**1565273**	**146861**	**849503**	**114757**
西安市	Xi'an	1001850	434971	566879	892360	109490	694931	26664
铜川市	Tongchuan	12238	263	11975	11895	343	6560	2286
宝鸡市	Baoji	139816	4388	135428	116613	23203	29005	26024
咸阳市	Xianyang	102714	21243	81471	99185	3529	32552	20954
渭南市	Weinan	76428	3099	73329	72668	3760	22784	5706
延安市	Yan'an	41986		41986	41753	233	9408	2629
汉中市	Hanzhong	81425		81425	79745	1680	8686	4621
榆林市	Yulin	100324	228	100096	98309	2015	13520	5802
安康市	Ankang	76542	214	76328	74427	2115	16138	12115
商洛市	Shangluo	47775		47775	47735	40	10185	7956
杨凌示范区	Yangling	31036		31036	30583	453	5734	

14-6 各市(区)建筑业企业年末从业人数(2019年)
Annual Average Persons of Construction Enterprises by City(District)(2019)

单位：人 (person)

地 区	Region	从事主营业务活动从业人员年末人数 Number of Employed Persons at Year-end	中央企业 Central	地方企业 Local	施工总承包 General Contracting	专业承包 Professional Contracting	国有及国有控股企业 State-owned and State-holding	集体企业 Collective Owned
全 省	**Shaanxi**	**1453757**	**430748**	**1023009**	**1345637**	**108120**	**706396**	**108686**
西安市	Xi'an	835508	398333	437175	748611	86897	577446	25443
铜川市	Tongchuan	11531	263	11268	11189	342	6237	2033
宝鸡市	Baoji	97074	4711	92363	90657	6417	9656	23246
咸阳市	Xianyang	105912	23923	81989	102654	3258	34485	22586
渭南市	Weinan	72477	3074	69403	68818	3659	23936	5206
延安市	Yan'an	31099		31099	30600	499	6911	2313
汉中市	Hanzhong	78366		78366	76691	1675	8985	4626
榆林市	Yulin	80079	234	79845	77068	3011	10577	4407
安康市	Ankang	71212	210	71002	69321	1891	13277	11956
商洛市	Shangluo	43380		43380	43340	40	8723	6870
杨凌示范区	Yangling	27119		27119	26688	431	6163	

14–7 各市(区)建筑业企业房屋建筑施工面积(2019年)
Floor Space of Building under Construction in Construction Enterprises by City(District)(2019)

单位：万平方米 (10 000 sq.m)

地　区	Region	房屋建筑施工面积 Floor Space of Building under Construction	中央企业 Central	地方企业 Local	施工总承包 General Contracting	专业承包 Professional Contracting	国有及国有控股企业 State-owned and State-holding	集体企业 Collective Owned
全　省	**Shaanxi**	**35276.67**	**9857.08**	**25419.59**	**34746.21**	**530.46**	**24655.90**	**2361.96**
西安市	Xi'an	17174.05	5039.59	12134.45	16823.86	350.18	13665.50	266.90
铜川市	Tongchuan	458.03		458.03	457.88	0.15	360.43	60.94
宝鸡市	Baoji	3138.45		3138.45	3096.77	41.67	1309.40	1072.17
咸阳市	Xianyang	7583.69	4796.50	2787.20	7488.42	95.28	6583.75	390.66
渭南市	Weinan	1434.45	18.89	1415.56	1419.98	14.47	822.41	50.32
延安市	Yan'an	379.00		379.00	378.10	0.90	154.01	10.53
汉中市	Hanzhong	1428.44		1428.44	1419.53	8.90	458.89	51.35
榆林市	Yulin	1228.18		1228.18	1211.19	16.98	565.67	79.78
安康市	Ankang	1377.41	2.10	1375.31	1375.52	1.88	250.42	264.82
商洛市	Shangluo	856.94		856.94	856.94		410.02	114.51
杨凌示范区	Yangling	218.04		218.04	218.00	0.04	75.41	

14–8 各市(区)建筑业企业房屋建筑竣工面积(2019年)
Floor Space of Building Completed in Construction Enterprises by City(District)(2019)

单位：万平方米 (10 000 sq.m)

地　区	Region	房屋建筑竣工面积 Floor Space of Building Completed	中央企业 Central	地方企业 Local	施工总承包 General Contracting	专业承包 Professional Contracting	国有及国有控股企业 State-owned and State-holding	集体企业 Collective Owned
全　省	**Shaanxi**	**6770.82**	**469.57**	**6301.25**	**6532.21**	**238.62**	**3213.39**	**829.65**
西安市	Xi'an	2726.28	396.68	2329.61	2544.56	181.72	1811.92	160.69
铜川市	Tongchuan	72.68		72.68	72.56	0.12	28.92	19.31
宝鸡市	Baoji	706.83		706.83	684.00	22.83	176.75	166.30
咸阳市	Xianyang	1107.48	71.14	1036.34	1097.24	10.24	607.71	235.26
渭南市	Weinan	372.47	1.76	370.72	366.86	5.61	179.55	32.59
延安市	Yan'an	132.85		132.85	132.85		70.38	9.31
汉中市	Hanzhong	523.84		523.84	520.40	3.45	148.51	26.56
榆林市	Yulin	346.72		346.72	333.20	13.52	74.09	32.47
安康市	Ankang	450.06		450.06	448.97	1.08	50.00	101.90
商洛市	Shangluo	293.81		293.81	293.76	0.05	56.20	45.25
杨凌示范区	Yangling	37.81		37.81	37.81		9.34	

14-9 各市(区)建筑业企业竣工房屋价值(2019年)
Valuation of Building Completed in Construction Enterprises by City(District)(2019)

单位：万元 (10 000 yuan)

地 区	Region	竣工房屋价值 Valuation of Building Completed	中央企业 Central	地方企业 Local	施工总承包 General Contracting	专业承包 Professional Contracting	国有及国有控股企业 State-owned and State-holding	集体企业 Collective Owned
全 省	**Shaanxi**	**13405424**	**1145904**	**12259521**	**13185311**	**220113**	**7693450**	**1174031**
西 安 市	Xi'an	6268046	995273	5272773	6111021	157025	4678591	228425
铜 川 市	Tongchuan	101744		101744	101624	120	27962	26446
宝 鸡 市	Baoji	1295577		1295577	1267111	28467	423831	195857
咸 阳 市	Xianyang	2001994	145953	1856041	1998831	3163	1286758	325593
渭 南 市	Weinan	663039	4678	658361	653424	9615	351925	58052
延 安 市	Yan'an	319277		319277	319277		109483	19170
汉 中 市	Hanzhong	845717		845717	838046	7672	308369	41921
榆 林 市	Yulin	566442		566442	553920	12522	238481	36072
安 康 市	Ankang	801928		801928	800437	1491	157735	162143
商 洛 市	Shangluo	463806		463806	463767	39	82001	80353
杨凌示范区	Yangling	77854		77854	77854		28317	

14-10 各市(区)建筑业企业资产总计(2019年)
Total Assets of Construction Enterprises by City(District)(2019)

单位：万元 (10 000 yuan)

地 区	Region	资产合计 Total Assets	中央企业 Central	地方企业 Local	施工总承包 General Contracting	专业承包 Professional Contracting	国有及国有控股企业 State-owned and State-holding	集体企业 Collective Owned
全 省	**Shaanxi**	**86761097**	**32320331**	**54440766**	**81470314**	**5290783**	**59814122**	**3311667**
西 安 市	Xi'an	62365202	27426274	34938928	57942115	4423087	48607606	1508543
铜 川 市	Tongchuan	519263	9478	509785	509529	9734	306168	57411
宝 鸡 市	Baoji	4305128	1168067	3137061	3772208	532921	2118063	772350
咸 阳 市	Xianyang	5678481	3289849	2388632	5612679	65803	4509541	226041
渭 南 市	Weinan	2323316	402406	1920910	2289996	33320	1348158	140715
延 安 市	Yan'an	1730917		1730917	1710651	20265	329293	39038
汉 中 市	Hanzhong	1691766		1691766	1669055	22711	448153	44810
榆 林 市	Yulin	4435910	16165	4419745	4355477	80434	642828	155678
安 康 市	Ankang	1619673	8091	1611582	1553048	66625	427532	208377
商 洛 市	Shangluo	1005849		1005849	1001291	4558	372633	158704
杨凌示范区	Yangling	1085592		1085592	1054266	31327	704148	

14-11 各市(区)建筑业企业固定资产原价(2019年)
Fixed Assets of Construction Enterprises by City(District)(2019)

单位：万元 (10 000 yuan)

地区	Region	固定资产原价 Total Fixed Assets	中央企业 Central	地方企业 Local	施工总承包 General Contracting	专业承包 Professional Contracting	国有及国有控股企业 State-owned and State-holding	集体企业 Collective Owned
全　省	**Shaanxi**	**7515618**	**3378996**	**4136622**	**7090890**	**424728**	**4346620**	**452506**
西安市	Xi'an	4471379	2773304	1698075	4162406	308973	3406494	133140
铜川市	Tongchuan	40186	3813	36373	38549	1637	9468	16486
宝鸡市	Baoji	512325	80288	432037	461341	50984	129719	71103
咸阳市	Xianyang	741895	488864	253031	723976	17919	521576	79669
渭南市	Weinan	225523	30687	194836	215610	9913	46512	34334
延安市	Yan'an	264335		264335	259696	4639	20315	11243
汉中市	Hanzhong	185095		185095	180843	4252	19438	5604
榆林市	Yulin	545250	679	544571	529943	15307	11335	28224
安康市	Ankang	211315	1361	209955	203787	7528	20610	32278
商洛市	Shangluo	158636		158636	158349	287	32159	40426
杨凌示范区	Yangling	159679		159679	156392	3287	128996	

14-12 各市(区)建筑业企业流动资产合计(2019年)
Circulating Assets of Construction Enterprises by City(District)(2019)

单位：万元 (10 000 yuan)

地区	Region	流动资产合计 Circulating Assets	中央企业 Central	地方企业 Local	施工总承包 General Contracting	专业承包 Professional Contracting	国有及国有控股企业 State-owned and State-holding	集体企业 Collective Owned
全　省	**Shaanxi**	**71739932**	**25009126**	**46730806**	**67157302**	**4582630**	**49536922**	**2694531**
西安市	Xi'an	51492196	20667685	30824511	47596100	3896096	39423679	1319482
铜川市	Tongchuan	465784	8009	457775	457891	7893	288161	43176
宝鸡市	Baoji	3510998	1104194	2406804	3084676	426322	2000515	598546
咸阳市	Xianyang	4960180	2846382	2113798	4906225	53955	4008036	150950
渭南市	Weinan	2096369	360409	1735960	2075853	20516	1272215	109741
延安市	Yan'an	1352161		1352161	1336428	15734	296743	24900
汉中市	Hanzhong	1455982		1455982	1435806	20176	407958	34349
榆林市	Yulin	3502800	15126	3487674	3439305	63495	586257	121378
安康市	Ankang	1271708	7321	1264387	1225946	45762	405617	174194
商洛市	Shangluo	715032		715032	711798	3234	260375	117815
杨凌示范区	Yangling	916723		916723	887275	29447	587366	

14–13 各市(区)建筑业企业负债合计(2019年)
Total Liability of Construction Enterprises by City(District)(2019)

单位：万元 (10 000 yuan)

地　区	Reion	负债合计 Total Liability	中央企业 Central	地方企业 Local	施工总承包 General Contracting	专业承包 Professional Contracting	国有及国有控股企业 State-owned and State-holding	集体企业 Collective Owned
全　省	**Shaanxi**	**64802802**	**26912310**	**37890492**	**61050248**	**3752554**	**49157615**	**2442892**
西安市	Xi'an	48337117	22494670	25842448	45173742	3163375	39628363	1215122
铜川市	Tongchuan	415614	8889	406725	410747	4867	268020	42397
宝鸡市	Baoji	3275445	1075773	2199672	2847993	427452	1916102	642681
咸阳市	Xianyang	4540312	2963186	1577126	4499240	41072	3965711	82471
渭南市	Weinan	1803123	357137	1445986	1793222	9901	1225993	101438
延安市	Yan'an	1004109		1004109	993868	10241	294978	21017
汉中市	Hanzhong	1079757		1079757	1065827	13930	404283	23335
榆林市	Yulin	2379642	6134	2373508	2351032	28610	548296	95723
安康市	Ankang	926874	6522	920352	883055	43819	386803	130353
商洛市	Shangluo	365750		365750	365285	465	68517	88355
杨凌示范区	Yangling	675059		675059	666237	8822	450548	

14–14 各市(区)建筑业企业实收资本(2019年)
Contributed Capital of Construction Enterprises by City(District)(2019)

单位：万元 (10 000 yuan)

地　区	Region	实收资本 Contributed Capital	中央企业 Central	地方企业 Local	施工总承包 General Contracting	专业承包 Professional Contracting	国有及国有控股企业 State-owned and State-holding	集体企业 Collective Owned
全　省	**Shaanxi**	**19442587**	**3218939**	**16223648**	**18421406**	**1021180**	**6010559**	**612678**
西安市	Xi'an	14115116	2928836	11186279	13274976	840140	5132661	249220
铜川市	Tongchuan	87376	503	86873	84301	3075	22269	13798
宝鸡市	Baoji	577928	54368	523560	522079	55848	152577	71369
咸阳市	Xianyang	731284	180524	550760	717545	13738	293428	100989
渭南市	Weinan	365889	42439	323450	349970	15920	95212	27310
延安市	Yan'an	529584		529584	520218	9367	31675	13254
汉中市	Hanzhong	478775		478775	470950	7826	39793	17276
榆林市	Yulin	1668372	11621	1656751	1625910	42462	49446	42430
安康市	Ankang	397595	648	396947	385875	11720	33353	37509
商洛市	Shangluo	248314		248314	247114	1200	27645	39524
杨凌示范区	Yangling	242355		242355	222470	19885	132500	

14–15 各市(区)建筑业营业收入(2019年)
Business Revenue of Construction Enterprises by City(District)(2019)

单位：万元 (10 000 yuan)

地区	Region	营业收入 Business Revenue	中央企业 Central	地方企业 Local	施工总承包 General Contracting	专业承包 Professional Contracting	国有及国有控股企业 State-owned and State-holding	集体企业 Collective Owned
全省	**Shaanxi**	**76279858**	**29937001**	**46342857**	**71304978**	**4974880**	**50604129**	**4033239**
西安市	Xi'an	51389102	25370889	26018213	47367602	4021500	39698186	1380330
铜川市	Tongchuan	528914	17372	511542	519644	9269	308222	81323
宝鸡市	Baoji	5089249	1298817	3790432	4512786	576463	2362908	872236
咸阳市	Xianyang	6605756	2898041	3707716	6472792	132965	4442622	707892
渭南市	Weinan	1958914	332331	1626583	1900346	58567	755779	171805
延安市	Yan'an	1478277		1478277	1465690	12587	404738	66414
汉中市	Hanzhong	1820358		1820358	1795194	25165	470951	104496
榆林市	Yulin	3655503	14347	3641156	3567748	87755	672477	195543
安康市	Ankang	1536641	5204	1531436	1503129	33512	325059	250759
商洛市	Shangluo	1386670		1386670	1386631	40	553355	202441
杨凌示范区	Yangling	830475		830475	813416	17059	609832	

14–16 各市(区)建筑业企业利润总额(2019年)
Total Profits of Construction Enterprises by City(District)(2019)

单位：万元 (10 000 yuan)

地区	Region	利润总额 Total Profits	中央企业 Central	地方企业 Local	施工总承包 General Contracting	专业承包 Professional Contracting	国有及国有控股企业 State-owned and State-holding	集体企业 Collective Owned
全省	**Shaanxi**	**1906751**	**562117**	**1344634**	**1774599**	**132152**	**1066638**	**126204**
西安市	Xi'an	1144720	497296	647424	1048064	96656	862867	22793
铜川市	Tongchuan	6690	1	6689	6585	105	6347	129
宝鸡市	Baoji	152841	20075	132767	132056	20786	40287	35644
咸阳市	Xianyang	177800	43541	134259	177251	549	78696	37673
渭南市	Weinan	38157	881	37276	30893	7264	3589	3454
延安市	Yan'an	54426		54426	54624	-199	3836	3382
汉中市	Hanzhong	35131		35131	34470	661	-6976	1531
榆林市	Yulin	110727	249	110478	106779	3948	17698	5259
安康市	Ankang	62128	73	62055	60717	1411	6284	8958
商洛市	Shangluo	82445		82445	82437	8	31847	7382
杨凌示范区	Yangling	41687		41687	40725	962	22163	

14—17 各市(区)建筑业企业税金总额(2019年)
Total Tax of Construction Enterprises by City(District)(2019)

单位：万元 (10 000 yuan)

地区	Region	税金总额 Total Tax	中央企业 Central	地方企业 Local	施工总承包 General Contracting	专业承包 Professional Contracting	国有及国有控股企业 State-owned and State-holding	集体企业 Collective Owned
全　省	**Shaanxi**	**1911761**	**337563**	**1574198**	**1744555**	**167206**	**837792**	**219529**
西安市	Xi'an	937514	286557	650956	806656	130858	623994	25086
铜川市	Tongchuan	15572	817	14755	15306	266	5064	4632
宝鸡市	Baoji	153764	6446	147318	138091	15673	24758	37466
咸阳市	Xianyang	259417	38557	220860	253456	5962	81772	87932
渭南市	Weinan	70294	4127	66168	64558	5737	20586	9006
延安市	Yan'an	62041		62041	61127	914	7225	4895
汉中市	Hanzhong	90796		90796	88786	2010	10068	7330
榆林市	Yulin	138958	579	138379	135529	3430	7876	7654
安康市	Ankang	77325	480	76845	76019	1306	15948	13334
商洛市	Shangluo	80584		80584	80584	0	25898	22195
杨凌示范区	Yangling	25496		25496	24444	1052	14603	

14—18 各市(区)建筑业企业年末应收工程款(2019年)
Account Receivable of Projects at Year-end of Construction Enterprises by City(District)(2019)

单位：万元 (10 000 yuan)

地区	Region	年末应收工程款 Account Receivable of Projects at Year-end	中央企业 Central	地方企业 Local	施工总承包 General Contracting	专业承包 Professional Contracting	国有及国有控股企业 State-owned and State-holding	集体企业 Collective Owned
全　省	**Shaanxi**	**27034906**	**7583585**	**19451321**	**25149072**	**1885834**	**19086075**	**750696**
西安市	Xi'an	18445456	5732109	12713347	16873901	1571555	14290402	297517
铜川市	Tongchuan	183114	4279	178836	182027	1087	125721	15290
宝鸡市	Baoji	1879549	609284	1270265	1668419	211130	1170456	163344
咸阳市	Xianyang	2005570	1095605	909965	1985704	19866	1700958	51408
渭南市	Weinan	1035286	135507	899779	1028172	7115	731600	37866
延安市	Yan'an	584326		584326	572163	12163	92170	11426
汉中市	Hanzhong	640075		640075	627195	12880	235704	13524
榆林市	Yulin	1186888	6530	1180357	1163672	23215	233297	49945
安康市	Ankang	303198	271	302927	286612	16586	74683	45525
商洛市	Shangluo	365521		365521	365401	120	141372	64852
杨凌示范区	Yangling	405924		405924	395807	10117	289713	

14—19 各市(区)建筑业企业主要经济效益指标(2019年)

Main Indicators on Economic Efficiency of Construction Enterprises by City(District)(2019)

地 区	Region	人均利润 (元/人) Per Capita Profits (yuan/person)	人均利税 (元/人) Per Capita Pre-tax Profit (yuan/person)	劳动生产率 (元/人) Overall Labor Productivity (yuan/person)	人均施工面积 (平方米/人) Per Capita Floor Space of Buildings under Construction (sq.m/person)	人均竣工面积 (平方米/人) Per Capita Floor Space of Buildings Completed (sq.m/person)
全 省	**Shaanxi**	**7624**	**20026**	**460471**	**242.7**	**46.6**
西安市	Xi'an	7299	18190	450605	205.6	32.6
铜川市	Tongchuan	17237	33277	413067	397.2	63.0
宝鸡市	Baoji	6351	20060	718666	323.3	72.8
咸阳市	Xianyang	5957	24590	690704	716.0	104.6
渭南市	Weinan	18994	28422	419741	197.9	51.4
延安市	Yan'an	5714	21399	369490	121.9	42.7
汉中市	Hanzhong	22307	35845	359793	182.3	66.8
榆林市	Yulin	7232	22550	345005	153.4	43.3
安康市	Ankang	11462	22446	264598	193.4	63.2
商洛市	Shangluo	5262	19774	313094	197.5	67.7
杨凌示范区	Yangling	6505	16116	443244	80.4	13.9

14—19 续表 continued

地 区	Region	产值利润率 (%) Ratio of Profits to Output Value (%)	产值利税率 (%) Ratio of Pre-tax Profit to Gross Output Value (%)	资本利润率 (%) Ratio of Profits to Captitals (%)	资本利税率 (%) Ratio of Pre-tax Profits to Captitals (%)	资产负债率 (%) Assets-Liability Ratio (%)
全 省	**Shaanxi**	**2.4**	**4.8**	**9.8**	**19.6**	**74.7**
西安市	Xi'an	2.5	4.6	8.1	14.8	77.5
铜川市	Tongchuan	1.3	4.4	7.7	25.5	80.0
宝鸡市	Baoji	1.5	3.1	26.4	53.1	76.1
咸阳市	Xianyang	2.5	6.2	24.3	59.8	80.0
渭南市	Weinan	1.2	3.4	10.4	29.6	77.6
延安市	Yan'an	3.5	7.5	10.3	22.0	58.0
汉中市	Hanzhong	1.2	4.3	7.3	26.3	63.8
榆林市	Yulin	3.2	7.2	6.6	15.0	53.6
安康市	Ankang	3.1	6.9	15.6	35.1	57.2
商洛市	Shangluo	5.5	10.9	33.2	65.7	36.4
杨凌示范区	Yangling	3.0	4.9	17.2	27.7	62.2

主要统计指标解释

建筑业统计单位 指从事房屋、构筑物建造和设备安装活动的法人企业。建筑业法人企业应具有建筑业资质并能够独立核算，同时其应具备以下条件：①依法成立，有自己的名称、组织机构和场所，能够承担民事责任；②独立拥有和使用资产，承担负债，有权与其他单位签订合同；③独立核算盈亏，能够编制资产负债表。

建筑业总产值 是以货币形式表现的建筑业企业在一定时期内生产的建筑业产品和提供的服务的总和。建筑业总产值包括：

⑴建筑工程产值：指列入建筑工程预算内的各种工程价值。

⑵安装工程产值：指设备安装工程价值，不包括被安装设备本身的价值。

⑶其他产值：建筑业总产值中除建筑工程、安装工程以外的产值。包括房屋构筑物修理产值、非标准设备制造产值、总包企业向分包企业收取的管理费以及不能明确划分的施工活动所完成的产值。

a.房屋构筑物修理产值：指房屋和构筑物修理所完成的产值，但不包括被修理房屋、构筑物本身价值和生产设备的修理价值。

b.非标准设备制造产值：指加工制造没有定型的非标准生产设备的加工费和原材料价值(如化工厂、炼油厂用的各种罐、槽，矿井生产统一使用的各种漏斗、三角槽、阀门等)以及附属加工厂为本企业承建工程制作的非标准设备的价值。

房屋建筑施工面积 指在报告期内施过工的全部房屋建筑面积，包括本期新开工的房屋面积、上期施工跨入本期继续施工的房屋面积、上期停缓建在本期恢复施工的房屋面积、本期竣工的房屋面积及本期施工后又停缓建的房屋面积。

房屋建筑竣工面积 指在报告期内房屋建筑按照设计要求全部完工，达到了使用条件，经验收鉴定合格，正式移交使用单位的房屋建筑面积。

Explanatory Notes on Main Statistical Indicators

Statistical Unit in the Construction Industry refers to a corporate enterprise engaged in the construction of buildings and structures and in the installation of equipment. A corporate construction enterprise should have qualification certificates with independent accounting system, and should meet the following 3 requirements: a) being set up in line with relevant legal basis, having its full name, organization and location, and capable of taking civil liabilities; b) independently possessing and using its assets and assuming its liabilities, and entitled to sign contracts with other institutions; and c) making independent accounts of its profits and losses, and capable of compiling its own balance sheet.

Gross Output Value of Construction refers to total of construction products and services, expressed in money terms, produced or rendered by construction and installation enterprises during a given period of time. It includes:

(1) Output value of construction projects: the value of projects covered by the project budgets;

(2) Output value of installation projects: the value of the installation of equipment, (excluding the value of the equipment to be installed);

(3) Other output values: the output value of construction industry apart from that of construction projects and installation projects. It includes: output value of repair of buildings and structures; output value of non-standard equipment manufacturing; overhead expenses received by contracted enterprises from the sub-contracted enterprises and the completed output value of construction activities for which there is no clear definition.

a. Output value of repair of buildings and structures: the value created through the repairs of buildings or structures. It does not include the value of buildings or structures being repaired and the value of the repair of production equipment;

b. Output value of manufactured non-standard equipment: the value of non-standard production equipment, including raw materials and manufacturing cost, made for the construction project (i.e., chemical plant; kettles or tanks used by refineries; various fillers, triangle tanks, valves used by mines). It also includes the output value of equipment manufactured by subsidiary workshops.

Floor Space of Buildings Under Construction refers to floor space of buildings under construction during the reference period, including the floor space of buildings for which construction has newly started; buildings for which construction has started earlier and is continuing during the reference period; and buildings for which construction has been suspended earlier but has restarted during the reference period; buildings completed during the reference period; and buildings under construction but construction has subsequently been during the reference period.

Floor Space of Buildings Completed refers to the floor space of buildings that are completed in the reference period in accordance with the requirements of the design, up to the standard for being put into use, and having been checked and accepted by departments concerned as qualified ones.

十五、运输、邮电和服务业

Transport, Post and Telecommunication Services, and Service Industry

资料整理：巨振强　王晓飞　李护堂

简 要 说 明

一、本篇资料反映陕西交通运输业和邮政、电信发展的基本状况，服务业及企业信息化和电子商务情况。

二、规模以上服务业统计范围：

年营业收入2000万元及以上服务业法人单位。包括：交通运输、仓储和邮政业，信息传输、软件和信息技术服务业，水利、环境和公共设施管理业三个门类和卫生行业大类。

年营业收入1000万元及以上服务业法人单位。包括：租赁和商务服务业，科学研究和技术服务业，教育三个门类，以及物业管理、房地产中介服务、房地产租赁经营和其他房地产业四个行业小类。

年营业收入500万元及以上服务业法人单位。包括：居民服务、修理和其他服务业，文化、体育和娱乐业两个门类，以及社会工作行业大类。

三、信息化及电子商务情况统计范围是2019年末营业的规模以上企业。

四、本篇的资料来源：

本篇交通运输资料来源于省交通运输厅、省公安厅车管所、中国铁路西安局集团有限公司、西延铁路公司、东方航空公司西北分公司、长安航空有限责任公司、西安咸阳国际机场等。邮政电信资料来源于省通信管理局、省电信公司、省移动通信公司、省联通公司、省邮政管理局、省邮政公司等。

Brief Introduction

I. This chapter reflects the basic conditions of transportation industry, post and communication industry, service industry, enterprises informationization and electronic commerce of Shaanxi Province.

II. The Scopes of Service Industry above Designated Size:

Service industry activity unit with business revenue over 20 million yuan per year . include: transport, storage and post, information transmission, software and information technology, water conservancy, environment and public facilities management, and health services.

Service industry activity unit with business revenue over 10 million yuan per year. include: leasing and business services, scientific research and technical services, education, and property management, real estate intermediary services, real estate leasing and other real estate industry four sub-categories.

Service industry activity unit with business revenue over 5 million yuan per year. include: Residential service, repair and other services, culture, sports and entertainment, and social work.

III. The Scopes of enterprises informationization and electronic commerce is enterprises above designated size which have business at the end of 2019.

IV. Sources of Data:

Data on transportation industry are obtained from Department of Transport of Shaanxi Province, the DMV (department of motor vehicles) of Public Security Department of Shaanxi Province, Xi’an Railway Bureau, Xi Yan Railway Company, the Northwest Branch of China Eastern Airlines, Chang’an Airlines and Xi'an Xianyang International Airport , etc.

Data on post and telecommunication are obtained from Shaanxi Communications Administration, Shaanxi Telecommunication Company, Shaanxi Mobile Communication Company, Shaanxi Unicom Company, Shanxi Provincial Postal Administration and Shaanxi Post, etc.

15.运输、邮电和服务业

2019年全省		
客运量	72318	万人
货运量	154758	万吨
邮电业务总量	3560.62	亿元
每百人拥有固定电话	16.7	部
每百人拥有移动电话	121.0	部

快递业务量（万件）

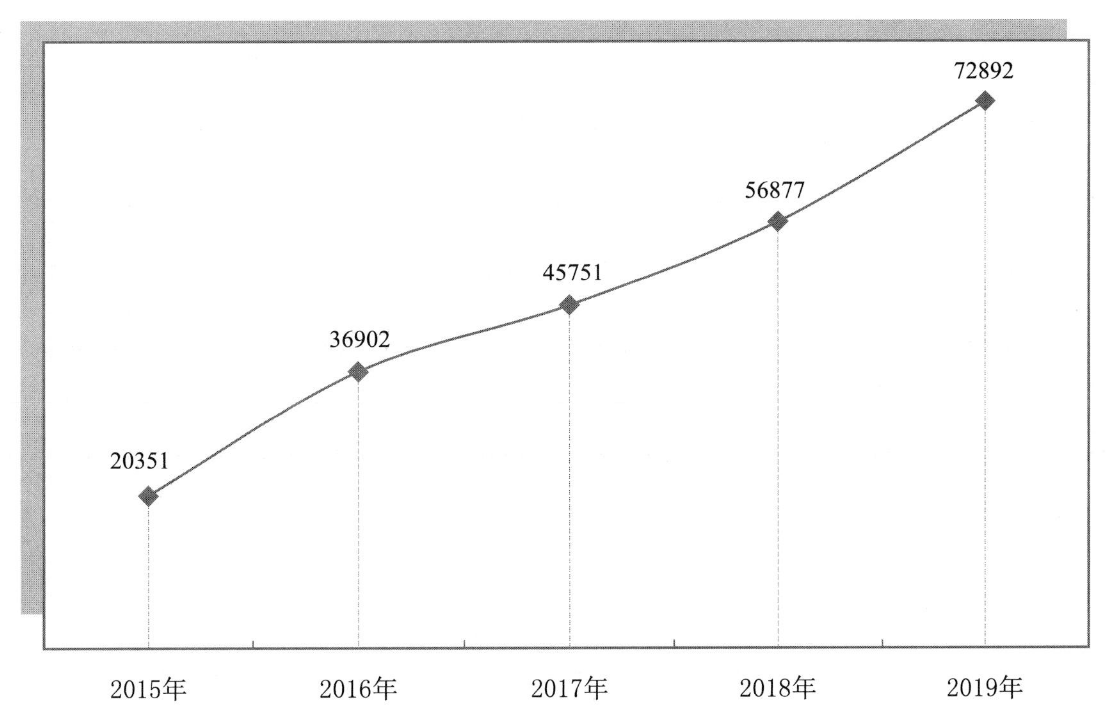

15-1 运输线路里程、质量和运输网密度
Length, Quality and Density of Transportation Routes

指 标	Item	2016	2017	2018	2019
一、运输线路里程 (公里)	**Length of Transport Routes (km)**				
铁路正线延展里程	Extension Length of the Trunk Lines	7807	8655	8714	10911
营业里程	Railways in Operation	4748	5108	5140	6224
公路通车里程	Total Length of Highways	172471	174395	177128	180070
内河航道里程	Navigable Inland Waterways	1066	1066	1066	1066
# 机动船航道	Motor Vessels	558	558	558	558
二、运输线路质量	**Quality of Transport Routes**				
铁路营业里程 (公里)	Length of Railways in Operation (km)	4748	5108	5140	6224
# 复线里程	Double-Tracking Length	3025	3445	3474	4792
复线里程比重 (%)	Proportion (%)	63.7	67.4	67.6	77.0
公路线路里程 (公里)	Length of Highways (km)	172471	174395	177128	180070
# 等级公路	Expressway and Class I to IV Highways	156844	159026	161028	166132
等级公路比重 (%)	Proportion (%)	90.9	91.2	90.9	92.3
内河航道里程 (公里)	Length of Navigable Inland Waterways (km)	1066	1066	1066	1066
# 水深一米以上	Depth of Water Above 1 m	558	558	558	558
水深一米以上比重 (%)	Proportion (%)	50.7	50.7	50.7	50.7
三、运输网密度	**Transport Density**				
1.铁 路	Railways				
省内营业里程 (公里)	Length of Province Railways in Operation(km)	4623	5108	5140	6224
密 度 (公里/平方公里)	Density (km/sq.km)	0.023	0.025	0.025	0.030
2.公 路	Highways				
线路长度 (公里)	Length of Routes (km)	172471	174395	177128	180070
密 度 (公里/平方公里)	Density (km/sq.km)	0.839	0.848	0.862	0.876
3.水 路	Waterways				
通航里程 (公里)	Length of Waterways in Operation (km)	1066	1066	1066	1066
密 度 (公里/平方公里)	Density (km/sq.km)	0.005	0.005	0.005	0.005

注：铁路线路为西安铁路局管线路。
a) The transport routes are managed by Xi'an Railway Bureau.

15−2 铁路、公路线路长度及民航航线
Length of Railways, Highways and Civil Aviation

指 标	Item	2016	2017	2018	2019
一、铁路线路长度	**Railways**				
正线延展里程 (公里)	Extension Length (km)	7807	8655	8714	10911
# 省境内	In Shaanxi	7512	8315	8739	9454
营业里程 (公里)	Length of Railways in operation (km)	4748	5108	5140	6224
# 省境内	In Shaanxi	4633	4972	5002	5419
二、公路线路长度	**Highways**				
公路线路里程 (公里)	Length of Highways (km)	172471	174395	177128	180070
# 高级路面	High Class and Sub-senior Class Pavement	113804	120312	124608	133193
等级公路 (公里)	Expressway and Class Ⅰ to Ⅳ Highways (km)	156844	159026	161028	166132
# 高速公路	Expressway	5181	5279	5475	5593
一级公路	Class Ⅰ Highway	1580	1575	1641	1919
二级公路	Class Ⅱ Highway	8990	9393	9734	10121
三级公路	Class Ⅲ Highway	15340	15776	15891	15117
四级公路	Class Ⅳ Highway	125752	127003	128288	133382
三、民用航空	**Civil Aviation**				
航线条数 (条)	Numbers of Routes (line)	313	337	345	370
# 国际航线	International Routes	46	57	64	88
通航城市 (个)	Number of Cities (unit)	171	198	211	235
# 国 际	International Routes	36	46	53	71

注：铁路线路省境内长度为国家反馈陕西省境内数据。民用航空数据取自西安咸阳国际机场。

a) Data of the length of railways in Shaanxi province refer to those responsed to Shaanxi.
Data of Civil Aviation is provided by Xi'an Xianyang International Airport.

15-3 运输工具
Transportation

指标		Item		2016	2017	2018	2019
一、铁路运输工具		**Means of Railway Transportations**					
机车	(台)	Locomotives	(unit)	1226	1271	1285	1305
# 蒸汽		Steam Locomotives					
内燃		Diesel Locomotives		228	225	224	224
电力		Electric Locomotives		998	1046	1061	1081
客车	(辆)	Passenger Coaches	(coach)	2924	3083	3113	3015
二、公路运输工具		**Means of Highway Transportations**					
民用汽车	(辆)	Civil Vehicles	(coach)	5014827	5573292	6234239	6818868
# 新注册		New Registrations		711227	850467	776512	781129
载客汽车	(辆)	Passenger Vehicles	(coach)	4356970	4896337	5499397	6085915
载货汽车	(辆)	Trucks	(coach)	518688	560368	626066	686768
汽车挂车	(辆)	Trailer Trucks	(coach)	49559	63402	72218	80177
拖拉机	(辆)	Tractors	(coach)	335577	337354	319632	320520
三、水运运输工具		**Means of Waterway Transportations**					
机动船	(艘)	Motor Vessels	(unit)	1160	1159	1135	1072
客船载客量	(客位)	Passenger Capacity of Passenger Ships	(seat)	18871	18915	18520	17983
货船净载重量	(吨)	Dead Weight Tonnage of Cargo Ships	(ton)	25598	22430	22430	26553
拖轮功率	(千瓦)	Drawing Power	(kw)	405	395	395	395
驳船	(艘)	Barges	(unit)	199	196	198	198

15-4 各市(区)公路里程(2019年末)
Length of Highways by City(District)(2019)

单位：公里 (km)

地区	Region	公路里程 Length of Highways	# 等级公路 Expressway and Class Ⅰ to Ⅳ Highways	# 高速公路 Expressway	# 一级公路 Class Ⅰ Highway	# 二级公路 Class Ⅱ Highway	# 三级公路 Class Ⅲ Highway
全省	**Shaanxi**	**180070**	**166132**	**5593**	**1919**	**10121**	**15117**
西安市	Xi'an	13386	13040	571	404	1334	1100
铜川市	Tongchuan	4143	3759	234	27	345	365
宝鸡市	Baoji	17003	16134	312	169	1102	1458
咸阳市	Xianyang	17038	15402	532	269	961	1778
渭南市	Weinan	19897	16990	397	329	863	1321
延安市	Yan'an	18289	17100	842	61	1526	2633
汉中市	Hanzhong	20914	19776	569	106	889	1087
榆林市	Yulin	29488	28438	1147	470	1688	3270
安康市	Ankang	25489	21976	525	1	798	1066
商洛市	Shangluo	14025	13126	451	77	538	953
杨凌示范区	Yangling	397	390	12	6	79	87

15–5 客运量、旅客周转量及构成

Passenger Traffic, Passenger-Kilometers and Composition

指　标	Item	2016	2017	2018	2019
一、客运量　（万人）	**Passenger Traffic　(10 000 persons)**	**70822**	**71138**	**72773**	**72318**
铁　路	Railways	8302	8908	10953	11461
公　路	Highways	61093	60724	60269	59015
水　运	Waterways	425	393	361	285
民用航空	Civil Aviation	1002	1113	1190	1558
二、旅客周转量（百万人公里）	**Passenger-Kilometers (million passenger-km)**	**88684**	**90765**	**95771**	**102166**
铁　路	Railways	46417	47103	51036	52362
公　路	Highways	29080	28915	28698	27971
水　运	Waterways	70	68	62	50
民用航空	Civil Aviation	13117	14679	15975	21783
三、客运量构成　(%)	**Composition of Passenger Traffic　(%)**	**100.00**	**100.00**	**100.00**	**100.00**
铁　路	Railways	11.72	12.52	15.05	15.85
公　路	Highways	86.26	85.36	82.82	81.60
水　运	Waterways	0.60	0.55	0.50	0.39
民用航空	Civil Aviation	1.41	1.56	1.63	2.15
四、旅客周转量构成　(%)	**Composition of passenger-Kilometers　(%)**	**100.00**	**100.00**	**100.00**	**100.00**
铁　路	Railways	52.34	51.90	53.29	51.25
公　路	Highways	32.79	31.86	29.97	27.38
水　运	Waterways	0.08	0.07	0.06	0.05
民用航空	Civil Aviation	14.79	16.17	16.68	21.32

注：本表资料为国家返馈陕西省境数。
a) Data in this table refer to those responsed to Shaanxi.

15-6 货运量、货物周转量及构成
Freight Traffic, Freight Ton-Kilometers and Composition

指 标	Item	2016	2017	2018	2019
一、货运量 （万吨）	**Freight Traffic (10 000 tons)**	**149049**	**163086**	**173253**	**154758**
铁 路	Railways	35459	39162	42245	44751
公 路	Highways	113360	123721	130823	109801
水 运	Waterways	224	196	177	197
民用航空	Civil Aviation	7	6	7	9
二、货物周转量（百万吨公里）	**Freight Ton-Kilometers (million ton-km)**	**344591**	**376163**	**402599**	**348345**
铁 路	Railways	151827	164177	172300	175015
公 路	Highways	192583	211821	230137	173142
水 运	Waterways	83	66	52	59
民用航空	Civil Aviation	99	99	110	130
三、货运量构成 (%)	**Composition of Freight Traffic (%)**	**100.00**	**100.00**	**100.00**	**100.00**
铁 路	Railways	23.79	24.01	24.38	28.92
公 路	Highways	76.06	75.86	75.51	70.95
水 运	Waterways	0.15	0.12	0.10	0.13
民用航空	Civil Aviation	0.00	0.00	0.00	0.01
四、货物周转量构成 (%)	**Composition of Freight Ton-Kilometers (%)**	**100.00**	**100.00**	**100.00**	**100.00**
铁 路	Railways	44.06	43.65	42.80	50.24
公 路	Highways	55.89	56.31	57.16	49.70
水 运	Waterways	0.02	0.02	0.01	0.02
民用航空	Civil Aviation	0.03	0.03	0.03	0.04

注：本表资料为国家返馈陕西省境数。
a) Data in this table refer to those responsed to Shaanxi.

15−7　民用车辆拥有量(2019年末)
Possession of Civil Vehicles(2019)

单位：辆　(unit)

地　区	Region	民用汽车总计 Total	# 新注册 New Registrations	载客汽车 Passenger Vehicles	载货汽车 Trucks	专项作业车	摩托车 Motorcycles	# 普通 Normal Motorcycles
全　省	**Shaanxi**	**6818868**	**781129**	**6085915**	**686768**	**46185**	**1319787**	**1288497**
西安市	Xi'an	3430559	426296	3139991	272625	17943	156639	151520
铜川市	Tongchuan	99602	10078	84499	14258	845	26618	25972
宝鸡市	Baoji	395021	44149	361431	30872	2718	84991	82834
咸阳市	Xianyang	456092	40247	419022	33969	3101	76918	76130
渭南市	Weinan	600584	62768	508441	89015	3128	93002	91487
延安市	Yan'an	381405	39842	323219	50469	7717	23873	23705
汉中市	Hanzhong	332298	38944	297855	33148	1295	333598	326453
榆林市	Yulin	734631	74738	613151	115529	5951	45828	43440
安康市	Ankang	199116	26284	167398	30364	1354	387633	378195
商洛市	Shangluo	106997	12926	92912	13212	873	83020	81226
杨凌示范区	Yangling	67523	3761	63795	2876	852	3239	3123

15−8　私人车辆拥有量(2019年末)
Possession of Private Vehicles(2019)

单位：辆　(unit)

地　区	Region	汽车总计 Total	# 载客汽车 Passenger Vehicles	# 载货汽车 Trucks	摩托车 Motorcycles	# 普通 Normal Motorcycles
全　省	**Shaanxi**	**6140765**	**5642520**	**481833**	**1300298**	**1269088**
西安市	Xi'an	3087541	2888561	191903	155526	150414
铜川市	Tongchuan	87121	77505	9207	26522	25878
宝鸡市	Baoji	352077	332441	18744	84675	82519
咸阳市	Xianyang	414962	392464	21226	76665	75877
渭南市	Weinan	539395	483882	54028	92466	90953
延安市	Yan'an	341430	302965	36851	23266	23099
汉中市	Hanzhong	307996	281079	26451	332946	325802
榆林市	Yulin	669415	581817	85107	45326	42942
安康市	Ankang	182848	156146	26321	386239	376842
商洛市	Shangluo	96177	84773	11149	73462	71673
杨凌示范区	Yangling	61800	60884	846	3204	3088

15—9 公路部门营运载客车拥有量(2019年末)
Possession of Vehicles in Operation for Highway Transportation(2019)

地 区	Region	载客汽车合计(辆) Total (unit)	班车客运车辆 Scheduled Coach		# 高级 Senior		# 中级 Medium	
			辆数 (unit)	客位 (seat)	辆数 (unit)	客位 (seat)	辆数 (unit)	客位 (seat)
全 省	**Shaanxi**	**21508**	**16156**	**429077**	**4525**	**177708**	**8172**	**191432**
西安市	Xi'an	5680	2323	93530	842	43638	694	30397
铜川市	Tongchuan	467	452	10826	121	4911	154	3141
宝鸡市	Baoji	1543	1154	30741	183	5809	763	21094
咸阳市	Xianyang	1995	1553	34139	423	12957	991	19282
渭南市	Weinan	2063	1917	48327	440	17373	1077	22243
延安市	Yan'an	1706	1313	28844	302	9308	779	16440
汉中市	Hanzhong	1231	1094	29953	486	15935	605	13966
榆林市	Yulin	1436	1349	34287	439	20095	634	10903
安康市	Ankang	1555	1524	28138	436	13628	415	8714
商洛市	Shangluo	1242	1063	30313	353	14352	624	15016
杨凌示范区	Yangling	97	87	2666	30	1147	57	1519

15—9 续表 continued

地 区	Region	# 普通 Ordinary		旅游客车 Tourist Bus		包车客车 Chartered Bus		其它客车 Others	
		辆数 (unit)	客位 (seat)	辆数 (unit)	客位 (seat)	辆数 (unit)	客位 (seat)	辆数 (unit)	客位 (seat)
全 省	**Shaanxi**	**3459**	**59937**	**5095**	**195303**	**102**	**2508**	**155**	**775**
西安市	Xi'an	787	19495	3357	124737				
铜川市	Tongchuan	177	2774	15	661				
宝鸡市	Baoji	208	3838	353	13289	36	1397		
咸阳市	Xianyang	139	1900	437	18737	5	250		
渭南市	Weinan	400	8711	144	5978	2	29		
延安市	Yan'an	232	3096	336	14903	57	803		
汉中市	Hanzhong	3	52	137	5116				
榆林市	Yulin	276	3289	87	3058				
安康市	Ankang	673	5796	31	1060				
商洛市	Shangluo	86	945	24	668			155	775
杨凌示范区	Yangling			10	414				

注：本表数字为在运管部门注册登记的全社会载客汽车数。
a) Data in this table refers to the whole society's for-hire vehicles registered in operation administration departments.

15-10 公路部门营运载货车拥有量(2019年末)

Possession of Vehicles in Operation for Highway Transportation(2019)

地区 Region	货车合计 Total		普通载货车辆 Ordinary Trucks		# 大型 Heavy		# 重型 Heavy		# 中型 Medium	
	辆数 (unit)	吨位 (ton)	辆数 (unit)	吨位 (ton)	辆数 (unit)	吨位 (ton)	辆数 (unit)	吨位 (ton)	辆数 (unit)	吨位 (ton)
全省 Shaanxi	**230249**	**3147057**	**97149**	**1121092**	**89325**	**1102543**	**76814**	**1024288**	**3195**	**10256**
西安市 Xi'an	64047	745220	48437	525415	44752	516921	38120	474417	981	3383
铜川市 Tongchuan	12311	194357	3560	50736	3461	50421	3224	49094	76	270
宝鸡市 Baoji	15279	231947	6764	76254	6293	75254	5522	70468	128	413
咸阳市 Xianyang	21134	299457	7313	100191	7135	99738	6769	97138	86	277
渭南市 Weinan	34887	532469	12623	156659	11930	155160	10881	148949	155	566
延安市 Yan'an	8250	101169	1992	20512	1774	20128	1384	17280	43	117
汉中市 Hanzhong	10109	141003	4988	58554	4520	57200	3860	53511	307	1053
榆林市 Yulin	57743	802518	7182	72365	6503	69930	4674	59024	679	2435
安康市 Ankang	2868	31489	1881	16694	1225	15521	922	13672	104	359
商洛市 Shangluo	2733	51330	2093	40601	1444	39211	1236	38072	631	1365
杨凌示范区 Yangling	888	16098	316	3111	288	3059	222	2663	5	18

15-10 续表 continued

地区 Region	专用载货车辆 Dedicated Trucks		# 集装箱 Container		牵引车 Tractors	挂车 Trailers	
	辆数 (unit)	吨位 (ton)	辆数 (unit)	TEU	辆数 (unit)	辆数 (unit)	吨位 (ton)
全省 Shaanxi	**10293**	**125169**	**35**	**808**	**59946**	**51843**	**1609935**
西安市 Xi'an	2378	22060	34	798	6451	4791	143070
铜川市 Tongchuan	439	3771			3932	3472	112298
宝鸡市 Baoji	370	3937			3178	3017	93792
咸阳市 Xianyang	545	6479			7080	5195	163448
渭南市 Weinan	620	4708	1	10	10139	9922	324924
延安市 Yan'an	2870	49113			1515	237	5937
汉中市 Hanzhong	301	2133			2249	2417	75622
榆林市 Yulin	2217	26290			24868	22096	669766
安康市 Ankang	261	2369			328	387	12058
商洛市 Shangluo	277	4141			147	216	6588
杨凌示范区 Yangling	15	168			59	93	2432

注：本表数字为在运管部门注册登记的全社会营运载货车数。
a) Data in this table refers to the whole society's for-hire vehicles registered in operation administration departments.

15-11 城市公共汽车情况(2019年)
Basic Statistics on Bus in Cities (2019)

地区 Region	运营车数(辆) Number of Operations (unit)	#汽油车 Gasoline	#柴油车 Diesel Cars	#天然气车 Natural Gas Vehicles	#双燃料车 Dual-fuel Vehicles	标准运营车数(标台) Number of Standard Operations (unit)	运营线路总长度(公里) Network Length (km)	客运量(万人次) Passengers Transported (10 000 person-times)	运营里程(万公里) Operating Distance (10 000 km)
全省 Shaanxi	**17342**	**1**	**987**	**5782**	**454**	**20541**	**22444**	**247326**	**98423**
西安市 Xi'an	9727			3386	5	12147	6217	137805	50713
铜川市 Tongchuan	340			66	92	374	307	4776	1693
宝鸡市 Baoji	1848		220	707	246	2048	4822	28108	11718
咸阳市 Xianyang	1155		34	260	45	1339	1988	13276	7417
渭南市 Weinan	938		142	83	14	995	2291	10219	6535
延安市 Yan'an	793		5	311	13	909	1145	17222	4759
汉中市 Hanzhong	766		229	200	15	833	1770	6863	4585
榆林市 Yulin	880		79	449	24	1005	1634	18153	5471
安康市 Ankang	484		151	192		499	1259	6165	3268
商洛市 Shangluo	345	1	125	72		330	857	4061	2085
杨凌示范区 Yangling	66		2	56		62.4	154	680	178

15-12 城市出租汽车情况(2019年)
Basic Statistics on Taxi in Cities (2019)

地区	Region	运营车数(辆) Number of Operations (unit)	客运量(万人次) Passengers Transported (10 000 person-times)	运营里程(万公里) Operating Distance (10 000 km)	载客里程(万公里) Passenger Milesdistance (10 000 km)
全省	**Shaanxi**	**38320**	**117368**	**452701**	**303603**
西安市	Xi'an	16832	42918	195769	125514
铜川市	Tongchuan	1081	4243	13990	9286
宝鸡市	Baoji	2843	7772	33372	21805
咸阳市	Xianyang	3413	12267	42919	26653
渭南市	Weinan	3137	11181	37055	26604
延安市	Yan'an	2686	10107	40677	30149
汉中市	Hanzhong	1726	4313	17412	11293
榆林市	Yulin	3640	12517	43260	32372
安康市	Ankang	1521	6731	11903	8883
商洛市	Shangluo	941	3315	9658	6881
杨凌示范区	Yangling	200	845	2773	1895

15-13 城市轨道交通情况
Urban Rail Transit

指标		Item		2016	2017	2018	2019
一、运营车辆		Operating Vechicles					
运营车数	(辆)	Number of Operating Vechicles	(vechicles)	630	750	1050	1122
地铁		Metro		630	750	1050	1122
编组列数	(列)	Number of Train Formation	(trains)	105	125	175	187
二、运营线路		Operating Routes					
运营线路条数	(条)	Number of Operating Routes	(line)	3	3	4	4
地铁		Metro		3	3	4	4
运营线路总长度	(公里)	Length of Operating Routes	(km)	89.0	89.0	123.4	130
地铁		Metro		89.0	89.0	123.4	130
三、运营服务		Operating Services					
客运量	(万人次)	Passenger Traffic	(10 000 persons)	40816	60534	73930	94368
旅客周转量	(万人公里)	Total Passenger Turnover	(10 000 passengers-km)	302609	467032	575324	707275
运营里程	(万车公里)	Operating Mileage	(1 0000 trains-km)	5437	9107	10146	14137

15-14 各市(区)公路客货运输量(2019年)
Passenger and Freight Traffic of Highway Departments by City(District)(2019)

地区	Region	客运量 (万人) Passenger Traffic (10 000 persons)	客运周转量 (万人公里) passenger-Kilometers (10 000 passenger-km)	货运量 (万吨) Freight Traffic (10 000 tons)	货运周转量 (万吨公里) Freight Ton-Kilometers (10 000 ton-km)
全省	**Shaanxi**	**59015**	**2797125**	**109801**	**17314192**
西安市	Xi'an	15261	877786	23835	3526547
铜川市	Tongchuan	1318	62640	7655	970057
宝鸡市	Baoji	9176	192435	10402	1273999
咸阳市	Xianyang	8306	215227	10982	1914142
渭南市	Weinan	10258	287985	16948	2479597
延安市	Yan'an	2956	199689	3731	518187
汉中市	Hanzhong	2171	220418	3918	548565
榆林市	Yulin	2634	324374	25478	5228091
安康市	Ankang	3332	213672	3880	470855
商洛市	Shangluo	3239	191109	2701	340687
杨凌示范区	Yangling	364	11790	270	43466

15-15 铁路客货运输量
Passenger and Freight Traffic of Railways

指　　标	Item	2016	2017	2018	2019
一、路局范围	Railways Bureau				
客运量 (万人)	Passenger Traffic (10 000 persons)	8398	9000	11046	11562
旅客周转量(百万人公里)	passenger-Kilometers(million passenger-km)	52041	52382	54503	55611
货运量 (万吨)	Freight Traffic (10 000 tons)	12195	14195	16715	18484
货物周转量(百万吨公里)	Freight Ton-Kilometers (million ton-km)	151367	163947	171009	174487
二、省境内	In Shaanxi Province				
客运量 (万人)	Passenger Traffic (10 000 persons)	8302	8908	10953	11461
旅客周转量(百万人公里)	Passenger-Kilometers(million passenger-km)	46417	47103	51036	52362
货运量 (万吨)	Freight Traffic (10 000 tons)	35459	39162	42245	44751
货物周转量(百万吨公里)	Freight Ton-Kilometers (million ton-km)	151827	164177	172300	175015

注：本表路局范围为中国铁路西安局集团有限公司数字，省境内为国家反馈数。
a) The data of Railways Bureau is provided by China Railway Xi'an Group Co., Ltd. The data in Shaanxi province refer to the number responsed from nation.

15-16 铁路分品类货物发送量
Volume of Freight Dispatched of Railways by Category of Cargo

单位：万吨 (10 000 tons)

品　　种	Item	2016	2017	2018	2019
合　计	**Total**	**12191**	**14195**	**16715**	**18484**
煤	Coal	8310	10191	12648	13872
焦　炭	Coke	607	688	615	648
石　油	Petroleum	938	800	819	890
钢铁及有色金属	Steel and Iron, and Non-Ferrous Metal	396	611	610	765
金属矿石	Metal Ores	70	68	57	91
非金属矿石	Non-metal Ores	100	105	111	110
矿建材料	Mineral Building Materials	179	176	189	276
水　泥	Cement	4	1	0	0
木　材	Timber	8	14	5	3
化肥及农药	Chemical Fertilizers and Pesticides	237	234	186	192
粮　食	Grain	273	78	110	91
其　他	Others	1068	1228	1365	1548

15—17 铁路运输主要经济技术指标
Principal Economic and Technical Indicators of Railway Transport

指　　标	Item	2016	2017	2018	2019
货车平均静载重 (吨)	Average Static Load of Freight Cars (ton)	62.2	63.3	63.5	63.6
货车周转时间 (天)	Turning Around Time of Freight Cars (day)	2.3	2.2	2.2	2.2
货运机车日产量 (万吨公里)	Average Daily Ton-kilometers of Freight Locomotives (10 000 ton-km)	98.7	103.4	103.0	103.4
内燃机车耗油 (公斤/万吨公里)	Oil Consumption of Diesel Locomotives (kg/10 000 ton-km)	66.3	66.8	60.0	48.4
电力机车耗电 (千瓦小时/万吨公里)	Electricity Consumption of Electric Locomotives (kwh/10 000 ton-km)	126.6	138.2	140.7	136.8
货物列车出发正点率 (%)	Punctuality Rate of Freight Trains at Departure (%)	99.2	99.1	98.4	98.0
货物列车运行正点率 (%)	Punctuality Rate of Freight Trains in Running (%)	99.6	99.3	98.6	98.1
旅客列车出发正点率 (%)	Punctuality Rate of Passenger Trains at Departure(%)	99.8	100.0	100.0	100.0
旅客列车运行正点率 (%)	Punctuality Rate of Passenger Trains in Running (%)	99.9	99.9	100.0	100.0
客运密度 (万人公里/公里)	Density of Passenger Traffic (10 000 person-km/km)	1096.1	1025.5	1060.3	893.5
每万名旅客拥有座卧车数 (辆)	Number of Seat Trains and Sleeping Trains Per 10 000 Passengers (unit)	5.8	5.8	6.5	7.0
每百万旅客人公里拥有座卧车数 (辆)	Number of Seat Trains and Sleeping Trains Per million Passenger-km (unit)	17.8	17.0	17.5	18.4
货物列车旅行速度 (公里/小时)	Running Speed of Freight Trains (km/hr)	32.9	35.6	37.1	38.7
货运密度 (万吨公里/公里)	Density of Freight Traffic (10 000 ton-km/km)	3188.0	3209.7	3326.8	2803.6
一次货物作业时间 (小时)	Handling Time of Freigh (hour)	15.9	16.0	16.7	17.2

15−18 邮电业务总量

Total Business Volume of Post and Telecommunication Services

年 份 Year	邮电业务总量(万元) Business Volume of Postal and Telecommunication Services (10 000 yuan)	函件(万件) Number of Letters (10 000 pcs)	报刊期发数(万份) Issue of Newspapers and Magazines (10 000 copies)	快递(万件) Pieces of Express Mail Services (10 000 pcs)	移动电话用户(户) Number of Mobile Telephone Subscribers (subscriber)	固定电话用户(户) Number of Fixed Telephone Subscribers (subscriber)	互联网宽带用户(户) Broadband Subscribers of Internet (subscriber)
1978	5025	9188	319			46456	
1980	5595	10386	494			51189	
1985	7871	13275	869			69806	
1990	16936	15955	506			117757	
1995	145408	24277	1017			679380	
2000	850392	17444	454	227	1516687	3452449	198744
2001	945861	18518	386	285	2917135	4190611	697869
2002	1331745	20323	347	298	4813341	5242930	1106756
2003	1741428	20307	312	335	6110004	6724932	1687600
2004	2447665	19915	283	366	7886903	7919404	1946200
2005	3311322	15119	286	397	9381001	8593167	2369000
2006	4242336	16072	276	489	11835813	9144717	1613600
2007	5294031	11677	279	607	16126583	9256886	1936310
2008	6287289	11219	301	767	19122464	8812380	2351717
2009	7455960	8690	365	883	23373712	8149710	2550542
2010	9028500	9734	517	2600	25182317	7818853	3688265
2011	3482544	5877	335	3942	29071848	7754819	3890780
2012	3855369	6061	337	5085	32647663	7720686	4395866
2013	4174992	4914	346	9552	35124609	7692876	5062419
2014	5666602	3310	375	13762	36072076	7507857	5524403
2015	7570868	2499	379	20351	36496502	7232758	6054228
2016	12038145	2176	316	36902	38132907	6798596	8029617
2017	9523115	1908	302	45751	42206130	6227910	9032156
2018	23547914	2194	302	56877	46886203	6507170	10573968
2019	35606165	1290	272	72892	46404960	6417378	11976613

注：邮电业务总量按不变价格计算，2011—2016年按2010年不变价格计算，2017—2019年按2015年不变价格计算。

a) The total amount of post and telecommunications services is calculated at the constant price, from 2011 to 2016 at the constant price in 2010 and 2017 to 2019 at the constant price in 2015.

15−19 邮电通信水平

Level of Post and Telecommunication Services

指 标	Item	2017	2018	2019
邮政通信水平	**Postal Services Available**			
平均每一营业网点服务面积(平方公里)	Average Area Served by Every Postal Office (sq.km)	113.89	114.08	114.08
平均每一营业网点服务人口 (万人)	Average People Served by Every Postal Office (10 000 persons)	2.12	2.14	2.14
平均每人每年发函件数 (件)	Annual Number of Letters Mailed per Capita (piece)	1.00	0.57	0.30
平均每百人订有报刊数 (份)	Number of Newspaper and Magazine Subscribed per 100 Persons(copy)	8.00	8.00	7.00
电信通信水平	**Telecommunication Services Available**			
电话普及率(包括移动电话)(部/百人)	Popularization Rate of Telephone (sets/100 persons)	126.28	138.17	136.27
固定电话普及率 (部/百人)	Popularization Rate of Fixed Telephone (sets/100 persons)	16.24	16.84	16.73
移动电话数普及率 (部/百人)	Popularization Rate of Mobile Telephone (sets/100 persons)	110.04	121.33	120.99

15-20 各市(区)邮政业务量(2019年)

Total Business Volume of Post Services by City(District)(2019)

地 区	Region	邮政业务总量 (万元) Business Volume of Postal cation Services (10 000 yuan)	函 件 (万件) Number of Letters (10 000 pcs)	包 裹 (万件) Package (10 000 pcs)	快 递 (万件) Pieces of Express Mail Services (10 000 pcs)	报刊累计数 (万份) Number of Total Newspapers and Magazines (10 000 copies)
全 省	**Shaanxi**	**1931220**	**1290**	**70**	**72892**	**45543**
西安市	Xi'an	1120889	1028	31	53876	14749
铜川市	Tongchuan	17105	11	1	354	1675
宝鸡市	Baoji	126896	50	5	3045	4055
咸阳市	Xianyang	233605	39	8	7577	3644
渭南市	Weinan	132098	39	5	3295	4726
延安市	Yan'an	46341	17	2	1082	3059
汉中市	Hanzhong	100753	46	8	1213	3367
榆林市	Yulin	66277	20	9	1278	4596
安康市	Ankang	50357	23	1	763	2391
商洛市	Shangluo	36899	16	2	411	3280

15-21 各市(区)电信业务量(2019年)

Total Business Volume of Telecommunication Services by City(District)(2019)

地 区	Region	电信业务总量 (万元) Business Volume of Telecommunication Services (10 000 yuan)	移动电话用户 (户) Number of Mobile Telephone Subscribers (subscriber)	固定电话用户 (户) Number of Fixed Telephone Subscribers (subscriber)	互联网宽带用户 (户) Broadband Subscribers of Internet (subscriber)
全 省	**Shaanxi**	**33674946**	**46404960**	**6417378**	**11976613**
西安市	Xi'an	13208591	17319414	2764146	4567476
铜川市	Tongchuan	544315	798736	80187	214930
宝鸡市	Baoji	2439005	3687920	540478	932377
咸阳市	Xianyang	3385022	4854084	398700	1296469
渭南市	Weinan	3286020	5014840	654962	1367107
延安市	Yan'an	2209641	2724192	385322	629592
汉中市	Hanzhong	2123964	3333113	475500	869552
榆林市	Yulin	3372787	4291411	582437	989535
安康市	Ankang	1848507	2575340	347652	713668
商洛市	Shangluo	1257093	1805910	187994	395907

15–22 规模以上服务业主要经济指标(2019年)

单位：万元

分组	Item	单位数（个）Number of Enterprises (unit)	资产总计 Total Assets	负债合计 Total Liabilities	所有者权益合计 Owners' Equity
总　计	**Total**	**4235**	**153911077**	**81462599**	**72448479**
按登记注册类型分	**By Status of Registration**				
内资企业	Domestic Funded	4141	150851746	79728477	71123269
国有企业	State-owned Enterprises	158	28695466	8243328	20452138
集体企业	Collective-owned Enterprises	27	274018	141509	132509
股份合作企业	Cooperative Enterprises	8	160539	63163	97376
联营企业	Joint Ownership Enterprises	4	152254	88046	64209
国有联营企业	State Joint Ownership Enterprises	3	145096	79566	65529
其他联营企业	Other Joint Ownership Enterprises	1	7159	8479	-1321
有限责任公司	Limited Liability Corporations	1814	103643854	62866504	40777349
国有独资公司	State Sole Funded Corporations	218	47209329	28569448	18639880
其他有限责任公司	Other Limited Liability Corporations	1596	56434525	34297056	22137469
股份有限公司	Share-holding Corporations Limited	139	9257901	2440910	6816991
私营企业	Private Enterprises	1787	7955198	5476377	2478821
私营独资企业	Private-funded Enterprises	86	113588	62947	50641
私营合作企业	Private Partnership Enterprises	18	85037	46116	38921
私营有限责任公司	Private Limited Liability Corporations	1611	7190816	5074778	2116038
私营股份有限公司	Private Share-holding Corporations Ltd.	72	565757	292536	273222
其他企业	Other Enterprises	204	712517	408640	303877
港、澳、台商投资企业	Enterprises with Funds from Hong Kong, Macao and Taiwan	35	1212394	778718	433676
合资经营企业(港或澳、台资)	Joint-venture Enterprises	10	365341	194682	170658
合作经营企业(港或澳、台资)	Cooperative Enterprises	1	21431	18472	2959
港澳台商独资经营企业	Enterprises with Sole Investment	18	497230	399715	97515
港澳台商投资股份有限公司	Share-holding Corporations Ltd.	4	300464	148425	152039
其他港、澳、台商投资企业	Other Enterprises with Funds from Hong Kong, Macao and Taiwan	2	27929	17424	10505
外商投资企业	Foreign Funded Enterprises	59	1846937	955404	891534
中外合资经营企业	Joint-venture Enterprises	15	393612	221447	172166
中外合作经营企业	Cooperation Enterprises	3	17700	5377	12323
外资企业	Enterprises with Sole Funds	31	491152	213727	277426
外商投资股份有限公司	Share-holding Corporations Ltd.	4	758785	392561	366224
其他外商投资企业	Other Foreign Funded Enterprises	6	185688	122292	63396

Main Indicators of Service Industry Enterprises above Designated Size(2019)

(10 000 yuan)

营业收入 Business Revenue	营业成本 Cost of Business	销售费用 Operating Expenses	管理费用 Manage-ment Expenses	财务费用 Financial Expenses	投资收益 Investment Income	营业利润 Operating Profit	利润总额 Total Profits	应付职工薪酬 Accrued Employee Payroll	平均用工人数(人) Average number of employed worker (person)
44803629	**35068861**	**1811470**	**3358421**	**1588178**	**558475**	**2931488**	**3013585**	**9498294**	**859089**
42970384	33892422	1660423	3211143	1547097	558314	2701481	2782629	9134850	836385
6851083	6531286	51080	445444	68419	217820	156574	137678	2299376	159140
215447	154993	12851	37069	-269	197	8662	8816	46898	8227
116168	84489	133	26179	1443	504	2696	9287	17118	2801
16034	6428	1312	3581	4114		-11259	-10464	3482	920
16034	6372	1312	3365	3372		-10246	-9450	3296	882
0	56		216	742		-1014	-1014	186	38
23997679	18479172	1002696	1602233	1331621	310700	1421977	1561013	4511355	370776
4672408	3282873	160762	322827	908222	177307	232121	286615	846896	81801
19325272	15196299	841934	1279406	423399	133393	1189856	1274399	3664460	288975
4529889	3171559	258375	324148	44058	13246	713592	709321	761289	58223
6706758	5080712	311708	678369	84214	15547	389554	345350	1351875	210971
110691	68475	6006	16612	2628		8074	8678	25238	6632
101032	58055	2018	22586	893	0	16121	16089	27303	3004
6080566	4699489	270644	598121	74745	14814	313890	266065	1196800	189683
414468	254693	33040	41050	5948	733	51470	54518	102534	11652
537327	383784	22269	94120	13497	300	19686	21627	143457	25327
841997	514566	103405	70042	22553	107	85261	86696	117011	8546
141127	95027	7088	13379	3409	83	-339	-484	26457	2883
8168	4129		1213	842		1930	1960	95	7
429953	231045	69574	40541	14037	24	59080	60844	57349	3450
216589	163474	25097	13522	3899		2813	2605	31207	1962
46160	20891	1648	1387	365		21776	21772	1903	244
991248	661873	47641	77236	18529	54	144746	144261	246434	14158
150435	112714	15497	12656	11217	38	-10149	-11057	29736	1943
20826	6551	187	1294	14	14	12630	12610	1808	221
378676	252430	10963	50859	2882	2	37058	37440	147797	7437
261756	173540	13203	6642	3992		59764	59762	31993	2135
179555	116638	7790	5784	424		45443	45506	35101	2422

15-22 续表

单位：万元

分　组	Item	单位数(个) Number of Enterprises (unit)	资产总计 Total Assets	负债合计 Total Liabilities	所有者权益合计 Owners' Equity
按国民经济行业分	**By Sector**				
铁路运输业	Railway Transport	13	29048815	8242801	20806014
道路运输业	Road Transport	539	33737142	20847378	12889765
水上运输业	Water Transport	1	433	28	406
航空运输业	Air Transport	16	3962743	1431384	2531359
管道运输业	Transport Via Pipelines	3	177568	122744	54825
多式联运和运输代理业	Multimodal Transport and Forwarding Agency	42	1052502	747005	305497
装卸搬运和仓储业	Loading, Unloading and Storage	135	2284744	1623220	661524
邮政业	Post	34	974667	646000	328668
电信、广播电视和卫星传输服务	Telecommunication, Radio and Television and Satellite Transmission Service	58	12039460	4602603	7436857
互联网和相关服务	Internet and Related Service	75	585250	287962	297288
软件和信息技术服务业	Software and Information Technology	235	4234249	2084384	2149865
物业管理	Property Management	322	2064016	1351624	712392
房地产中介服务	Real Estate Intermediary Service	15	41174	19541	21633
房地产租赁经营	Own Real Estate Business Activities	59	2128235	1741480	386756
其他房地产业	Other Real Estate	1	1342	546	796
租赁业	Leasing	37	245272	186825	58447
商务服务业	Business Services	619	26018235	15664054	10354181
研究和试验发展	Research and Experimental Development	33	1346655	439807	906848
专业技术服务业	Professional Technical Services	447	9585130	5658761	3926369
科技推广和应用服务业	Science and Technology Popularization and Application Services	55	627407	374393	253014
水利管理业	Management of Water Conservancy	9	184606	88137	96469
生态保护和环境治理业	Ecological Protection and Environmental	12	179835	85311	94524
公共设施管理业	Management of Public Facilities	199	4285447	2718063	1567384
土地管理业	Management of Land	7	10535316	7021310	3514006
居民服务业	Services to Households	91	240521	215727	24794
机动车、电子产品和日用产品修理业	Repair of Motor Vehicle,Electronics and Household Products	103	284343	211706	72638
其他服务业	Other Services	37	53817	27722	26095
教　育	Education	187	579245	285891	293354
卫　生	Health	208	1872863	1214495	658367
社会工作	Social Service	16	15173	7390	7783
新闻和出版业	Journalism and Publishing Activities	41	527810	259189	268620
广播、电视、电影和录音制作业	Radio, Television, Movies and Recordings Production Services	187	849757	499930	349827
文化艺术业	Cultural and Art Activities	173	2779272	1864477	914796
体　育	Sports Activities	25	61373	57031	4342
娱乐业	Entertainment	201	1306661	833683	472979

continued

(10 000 yuan)

营业收入 Business Revenue	营业成本 Cost of Business	销售费用 Operating Expenses	管理费用 Manage-ment Expenses	财务费用 Financial Expenses	投资收益 Investment Income	营业利润 Operating Profit	利润总额 Total Profits	应付职工薪酬 Accrued Employee Payroll	平均用工人数（人） Average number of employed worker (person)
6187729	5602953	7505	218825	163825	24358	200337	170479	1773236	90792
4242156	3350513	75179	293586	808573	30908	3065	66673	859381	107882
390	345		31			13	13	167	60
564622	520509	10516	57677	19939	23342	3717	8869	191187	10719
122435	94304		2876	566		23874	24368	11251	659
1103678	1046978	5605	27955	6153	6879	75201	87450	47666	6590
1092113	967070	37965	72449	26478	482	30884	41273	72851	10333
1490205	1255201	6722	176264	3181	-179	41057	9107	435701	44125
6825184	4757270	686507	379076	104321	6289	770730	749030	992181	66713
1013427	739088	120857	51580	1661	1812	84383	89796	63715	5637
4014514	2792506	146706	291524	14394	13131	345636	362090	1751531	80576
1211528	955270	17287	147687	14934	3247	88859	89871	342750	67650
52490	19736	15843	10601	-36	865	5911	5994	23342	2400
301847	123011	21691	68047	33618	9817	35881	38037	40836	3372
907	239	1	481	-2		183	183		1
180179	161475	5550	10664	1698		451	664	16325	2254
4500427	3617474	157786	365701	168064	317456	486159	432126	769989	122907
528758	386791	6658	55964	1148	10827	50633	58459	140578	6777
6187837	5044744	118673	450138	1720	35530	440831	463106	987026	71097
256285	182290	7187	15741	4939	1663	18556	18314	17850	2109
25556	24266	1005	4039	224		-2870	-1625	6661	978
76037	53124	8130	6671	1142	69	7026	8462	11657	1307
867934	589458	55063	127623	38111	2790	51456	71114	185909	35551
629630	423422	5965	25604	102443	44705	71837	72106	19457	1168
108375	62805	13991	25903	932	1461	5077	5606	32488	7966
138386	87488	8805	11758	3013	2191	8053	8031	18434	5438
70202	56244	1751	8716	210	85	2445	2887	31426	7785
425601	272935	23678	77762	5264	-598	41157	42351	121639	20779
977665	728129	59262	163428	25330	1588	-1732	6705	286903	37896
10609	5819	1160	2419	281		940	1126	2845	808
347642	263389	27660	46045	-1273	1659	11726	16146	61732	4948
393403	278100	49146	52518	8263	17634	22549	26094	40682	6434
353441	199453	67775	69182	17353	134	5790	22329	93998	15808
21261	10015	6251	3389	1016	-290	-236	-4322	5490	975
481179	396449	33595	36501	10697	622	1912	20678	41413	8595

15−23　各市(区)规模以上服务业主要经济指标(2019年)

单位：万元

地　区	Region	单位数(个) Number of Enterprises (unit)	资产总计 Total Assets	负债合计 Total Liabilities	所有者权益合计 Owners' Equity	营业收入 Business Revenue	营业成本 Cost of Business
全　省	**Shaanxi**	**4235**	**153911077**	**81462599**	**72448479**	**44803629**	**35068861**
西安市	Xi'an	2073	104128434	61721605	42406829	30725107	23447785
铜川市	Tongchuan	89	459073	305585	153488	336112	224905
宝鸡市	Baoji	273	1875449	1202247	673202	1042804	841466
咸阳市	Xianyang	216	1369052	726376	642677	1080628	726583
渭南市	Weinan	265	3414153	2073632	1340521	1281849	1012063
延安市	Yan'an	259	4247215	2584919	1662296	1005534	766421
汉中市	Hanzhong	342	2391695	1416114	975581	737741	552460
榆林市	Yulin	282	9431384	4135450	5295934	3146509	2401051
安康市	Ankang	318	1206229	585377	620852	614624	414315
商洛市	Shangluo	93	2502139	1666159	835980	347176	278067
杨凌示范区	Yangling	24	95301	46506	48795	92840	83751
省　直	Others	1	22790952	4998628	17792324	4392705	4319996

Main Indicators of Service Industry Enterprises above Designated Size by City(District)(2019)

(10 000 yuan)

销售费用 Operating Expenses	管理费用 Management Expenses	财务费用 Financial Expenses	投资收益 Investment Income	营业利润 Operating Profit	利润总额 Total Profits	应付职工薪酬 Accrued Employee Payroll	平均用工人数(人) Average number of employed worker (person)
1811470	**3358421**	**1588178**	**558475**	**2931488**	**3013585**	**9498294**	**859089**
1359410	2352142	1401354	282996	1972163	2054777	6343429	531920
13370	26380	1688	-74	67171	-1733	61062	9830
59307	85792	25694	20	26293	31573	164138	26482
62513	99762	14075	-8	121307	131557	158975	28200
62462	99651	32111	2623	72732	94717	208157	36647
66412	135359	17401	58200	75232	98629	195200	33453
43169	83577	11539	3238	41842	41701	186357	32316
74931	243304	35202	184285	549222	571684	437387	43211
44585	86368	5980	2641	52539	54606	119793	23495
18490	36335	8323	208	1537	4435	65076	10473
2885	4818	537	-13	1303	2027	6610	1291
3938	104933	34275	24358	-49854	-70385	1552109	81771

15—24 按行业分企业信息化及电子商务情况(2019年)

行　业	Industry	企业数(个) Number of Enterprises (unit)	期末使用计算机数(台) Computers Used at the End of Period (unit)
总　计	**Total**	**24750**	**1250333**
采矿业	Mining	822	88853
制造业	Manufacturing	5499	290567
电力、热力、燃气及水生产和供应业	Production and Supply of Electricity, Heat, Gas and Water	404	97961
建筑业	Construction	3183	124675
批发和零售业	Wholesale and Retail Trades	5989	123597
交通运输、仓储和邮政业	Transport, Storage and Post	757	74236
住宿和餐饮业	Hotels and Catering Services	2301	37369
信息传输、软件和信息技术服务业	Information Transmission, Software and Information Technology	357	195041
房地产业	Real Estate	2873	64295
租赁和商务服务业	Leasing and Business Services	634	23241
科学研究和技术服务业	Scientific Research and Technical Services	517	67118
水利、环境和公共设施管理业	Management of Water Conservancy, Environment and Public Facilities	217	8222
居民服务、修理和其他服务业	Service to Households, Repair and Other Services	219	2709
教　育	Education	182	15406
卫生和社会工作	Health and Social Service	212	20389
文化、体育和娱乐业	Culture, Sports and Entertainment	584	16654

15—25 各市(区)企业信息化及电子商务情况(2019年)

地　区	Region	企业数(个) Number of Enterprises (unit)	期末使用计算机数(台) Computers Used at the End of Period (unit)	每百人使用计算机数(台) Computers Used Per 100 Persons (unit)	企业拥有网站数(个) Websites of Enterprises (unit)
全　省	**Shaanxi**	**24750**	**1250333**	**34**	**11945**
西安市	Xi'an	8495	840137	47	5328
铜川市	Tongchuan	655	18140	26	219
宝鸡市	Baoji	2384	71078	25	1239
咸阳市	Xianyang	1814	57753	19	768
渭南市	Weinan	1941	50263	21	908
延安市	Yan'an	1383	39510	20	495
汉中市	Hanzhong	2165	37730	18	735
榆林市	Yulin	2642	78790	26	979
安康市	Ankang	2251	30450	16	695
商洛市	Shangluo	741	17881	16	403
杨凌示范区	Yangling	279	8601	26	176

注：有电子商务交易活动的企业是指通过互联网开展电子商务销售或电子商务采购的企业。
a) Enterprises with E-Commerce Transactions refers to those enterprises which performed sales or purchases through Internet.

Informatization and E-Commerce of Enterprises by Industrial Sector(2019)

每百人使用计算机数(台) Computers Used Per 100 Persons (unit)	企业拥有网站数(个) Websites of Enterprises (unit)	每百家企业拥有网站数(个) Websites Per 100 Enterprises (unit)	有电子商务交易活动 With Ecommerce Transactions		电子商务销售额(万元) Sales of Ecommerce (10 000 yuan)		电子商务采购额(万元) Perchases of Ecommerce (10 000 yuan)	
			企业数(个) Enterprises (unit)	比重(%) Proportion (%)		# 大陆以外区域销售 Sourcing Outside Mainland Area		# 大陆以外区域采购 Sourcing Outside Mainland Area
34	**11945**	**48**	**2713**	**11.0**	**19943219**	**189625**	**10211591**	**26538**
25	256	31	28	3.4	75336		16335	
29	3838	70	622	11.3	3054716	56397	734511	10476
82	207	51	15	3.7	85124		173737	
15	1382	43	118	3.7	965	1	2938746	10
40	2066	34	936	15.6	13931909	82627	5777633	9790
26	273	36	43	5.7	1414839	660	35656	580
24	807	35	580	25.2	246767	1752	3859	17
134	402	113	73	20.4	763059	32523	390870	54
40	1169	41	65	2.3	3265		3217	10
19	384	61	46	7.3	166920	15662	58176	3905
82	373	72	28	5.4	61419		60164	1650
22	137	63	40	18.4	41866		15245	12
13	97	44	15	6.8	4041		532	
71	113	62	9	4.9	47230		1067	
51	151	71	13	6.1	1925		138	
47	290	50	82	14.0	43838	4	1706	33

Informatization and E-Commerce of Enterprises by City(District)(2019)

每百家企业拥有网站数(个) Websites Per 100 Enterprises (unit)	有电子商务交易活动 With E-commerce Transactions		电子商务销售额(万元) Sales of Ecommerce (10 000 yuan)		电子商务采购额(万元) Perchases of Ecommerce (10 000 yuan)	
	企业数(个) Enterprises (unit)	比重(%) Proportion (%)		# 大陆以外区域销售 Sourcing Outside Mainland Area		# 大陆以外区域采购 Sourcing Outside Mainland Area
48	**2713**	**11.0**	**19943219**	**189626**	**10211591**	**26538**
63	1028	12.1	13389978	147142	5756793	14495
33	72	11.0	919496		91016	
52	348	14.6	919843	37938	811133	2905
42	168	9.3	1716590	119	1526003	8189
47	174	9.0	652158	71	437348	12
36	121	8.7	454392	262	210457	22
34	270	12.5	501905	484	325888	238
37	165	6.2	658115	459	669506	656
31	212	9.4	339721		187997	
54	105	14.2	300760	3120	146705	11
63	50	17.9	90262	31	48745	10

主要统计指标解释

铁路营业里程 又称营业长度，指投入客货运输营业或临时营业的线路长度。

公路里程 指报告期末公路的实际长度。统计范围：包括城间、城乡间、乡（村）间能行驶汽车的公共道路，公路通过城镇街道的里程，公路桥梁长度、隧道长度、渡口宽度。不包括城市街道里程，断头路里程，农（林）业生产用道路里程，工（矿）企业等内部道路里程。统计原则：按已竣工验收或交付使用的实际里程计算；两条或多条公路共同经由同一路段的重复里程，只计算一次。

内河航道里程 指在一定时期内，能通航运输船舶及排筏的天然河流、湖泊水库、运河及通航渠道的长度。包括全年季节性通航累计三个月以上的航道，不包括仅供零散流放竹、木排的河道。两省以河为界的航道里程，双方均按一半计算，以免重复。

货(客)运量 指在一定时期内，各种运输工具实际运送的货物重量(旅客数量)。货运按吨计算，客运按人计算。货物不论运输距离长短、货物类别，均按实际重量统计。旅客不论行程远近或票价多少，均按一人一次客运量统计；半价票、儿童票也按一人统计。

货物(旅客)周转量 指在一定时期内，由各种运输工具运送的货物(旅客)数量与其相应运输距离的乘积之总和。该指标可以反映运输业生产的总成果，也是编制和检查运输生产计划，计算运输效率、劳动生产率以及核算运输单位成本的主要基础资料。计算货物周转量通常按发出站与到达站之间的最短距离，也就是计费距离计算。计算公式为：

货物（旅客）周转量=Σ（货物（旅客）运输量×运输距离）

铁路货车平均静载重 指铁路货车在始发站静止状态下平均每车装载的货物重量，用以分析货车完成装车时车辆载重力的利用情况。计算公式为：

$$货车平均静载量=\frac{货物发送吨数}{装车数}$$

静载重的多少取决于运送货物的性质、种类、车辆的类型和装载技术的高低。根据货车的平均标记载重与静载重进行对比，可以反映货车载重能力的利用程度。计算公式为：

$$货车载重力利用率(\%)=\frac{货车平均静载重}{货车平均标记载重}\times100\%$$

铁路货运机车日产量 指在一定时期内，平均每台货运机车在一昼夜内所完成的总重吨公里数，包括载运货物的重量和车辆本身的自重。该指标从时间和牵引能力两方面反映了机车运用效率。计算公式为：

$$货运机车平均日产量=\frac{货运总重吨公里数}{货运机车台日数}$$

民用汽车拥有量 指报告期末，在公安交通管理部门按照《机动车注册登记工作规范》，已注册登记领有民用车辆牌照的全部汽车数量。汽车拥有量统计的主要分类：根据汽车结构分为载客汽车、载货汽车及其他汽车；根据汽车所有者不同分为个人(私人)汽车、单位汽车；根据汽车的使用性质分为营运汽车、非营运汽车；根据汽车大小规格不同载客汽车分为大型、中型、小型和微型，载货汽车分为重型、中型、轻型和微型。

邮电业务总量 指以货币形式表示的邮电企业为社会提供各类邮电服务的总数量，是用于观察邮电业务发展变化总趋势的综合性总量指标。分别按邮政业务总量和电信业务总量统计。邮电业务总量是以各类业务的实物量分别乘以相应的不变单价，得出各类业务的货币量再加总求得。

移动电话用户 指在电信运营企业营业网点办理开户登记手续，通过移动电话交换机进入移动电话网，占用移动电话号码的各类电话用户。包括各类签约用户、智能网预付费用户、无线上网卡用户。

固定电话用户 指在电信企业营业网点办理开户登记手续并已接入固定电话网上的全部电话用户。包括普通电话用户、无线市话用户、公用电话用户、窄带综合业务数字网（N—ISDN）用户、智能网专用接入终端用户等。

Explanatory Notes on Main Statistical Indicators

Length of Railways in Operation refers to the total length of the trunk line for passenger and freight transportation in full operation or temporary operation.

Length of Highways refers to the actual length of highways at the end of reference period. It covers public roads running vehicles among cities, city and rural areas, township (villages), highways passing through streets at small cities and towns, length of bridges and tunnels, width of ferry piers. It does not include the length of streets in cities, dead end highways, the length of streets built for agricultural (forest) production and inside factories (mines). It can only be calculated with the actual mileage having been completed, checked and accepted or put into operation. If two or more highways go the same section of the way, the length of the section is only calculated for once.

Length of Navigable Inland Waterways refers to the length of natural rivers, lakes, reservoirs and canals that are open to navigation for ships and rafts during a given period. It includes the channels with annual seasonal navigation for more than three months other than the waterways only for scattered bamboo and wooden rafts. If two provinces share one river as the border, the length of waterways will be half divided for each province to avoid duplication.

Freight (Passenger) Traffic refers to the volume of freight (passenger) transported with various means within a specific period of time. This indicator reflects the service of the transport industry towards the national economy and people's living conditions, as well as an important indicator used in formulating and monitoring transport production plans and research into the scale and pace of transport development. Freight transport is calculated in tons and passenger traffic is calculated in terms of number of persons. Freight transport is calculated in terms of the actual weight of the goods and takes no account of the type of freight and distance of travel. Passenger traffic is calculated by the principle that one person can be counted only once in one trip and takes no account of the travelling distance and ticket price. The passengers who travel with a half price ticket or a child's ticket is also calculated as one person.

Freight Ton-kilometres (Passenger-kilometres) refers to the sum of the product of the volume of transported cargo (passengers) multiplied by the transport distance. It is an important indicator to reflect the achievement of the transportation industry. This is an important indicator to show the total results of the transport industry; to prepare and examine the transport plan; and to serve as the main basic data for calculating the efficiency, labour productivity and unit cost of transport. Normally, the shortest distance between the departure station and the destination station (i.e., the payable distance) is the basis in calculating the freight ton-kilometres. The formula is as follows:

$$\begin{matrix}\text{Freight ton-kilometres}\\ \text{(passenger-kilometres)}\end{matrix} = \Sigma \begin{matrix}\text{freight}\\ \text{(passenger) traffic}\end{matrix} \times \begin{matrix}\text{distance of}\\ \text{transportation}\end{matrix}$$

Average Static Load of Freight Cars refers to the average cargo weight as loaded by each freight car under the static condition at the departure station. It is used to show the utilization extent of the loading capacity of the freight cars. The formula is:

$$\begin{matrix}\text{Static load (ton)}\\ \text{of freight car}\end{matrix} = \frac{\text{tonnage of goods dispatched}}{\text{number of freight cars loaded}}$$

The static load of freight cars is determined by the nature and type of goods loaded the type of vehicles, and the technique of loading. Comparison of the average marked load with the static load of freight cars provides indication on the degree of utilization of loading capacity of freight cars. For its calculation the following formula is applied:

$$\begin{matrix}\text{Utilization rate of}\\ \text{capacity of freight cars (\%)}\end{matrix} = \frac{\text{Average static load}}{\text{Average marked load}} \times 100\%$$

Average Daily Haul of Freight Locomotives refers to the average total ton-kilometres accomplished by each freight transport locomotive over one day and night during a given period of time. It includes both the weight of the goods carried and the dead weight of the train itself. It is a comprehensive indicator reflecting the locomotive efficiency in terms of both time and the pulling force.

$$\begin{matrix}\text{Average daily haul of}\\ \text{freight transport locomotive}\\ \text{(ton-kilometre)}\end{matrix} = \frac{\begin{matrix}\text{Total ton-kilometres}\\ \text{of freight}\end{matrix}}{\begin{matrix}\text{Daily number of freight}\\ \text{transport locomotive}\end{matrix}}$$

Possession of Civil Motor Vehicles refer to the total numbers of vehicles that are registered and received vehicles license tags according to the *Work Standard for Motor Vehicles Registration* formulated by the Transport Management Office under the department of public security at the end of the reference period. They are divided into categories. According to the structure of motor vehicles, they are divided into passenger vehicles, trucks and others; according to ownership into private vehicles and vehicles for the unit's use; according to kind of usage into working vehicles and non-working vehicles; and according to size of vehicles into large passenger vehicles, medium-sized passenger vehicles, small passenger vehicles and mini passenger vehicles, heavy trucks, light-heavy trucks, light trucks and mini-trucks.

Business Volume of Post and Telecommunications refers to the total amount of postal and telecommunication services, expressed in value terms, provided by the post and telecommunications departments for society. This indicator reflects the overall results of development of postal and telecommunication services. It can be classificated as postal services and telecommunication services. Business volume of post and telecommunications is the sum of all services in kind multiplying with the unit price (constant price) to get the total business value.

Mobile Telephone Subscribers refer to persons who have gone through registration procedures in the operation points of enterprises engaged in telecommunications and are hence connected with the mobile telephone communication network through the mobile telephone switchboards and occupy mobile phone numbers. Included are various types of subscriber, prepaid users for intelligent network and wireless network card users.

Local Telephone Subscribers refer to all subscribers who have gone through registration procedures in the operation points of enterprises engaged in telecommunications and are hence connected to the local telecommunications service provider through fixed line network. Included are general subscribers, wireless local telephone subscribers, public telephones subscribers, N-ISDN subscribers and intelligent network terminal subscribers.

十六、批发和零售业、住宿和餐饮业

Wholesale and Retail Trades, Hotels and Catering Services

资料整理：张 兵

简 要 说 明

一、本篇资料反映陕西批发和零售业、住宿和餐饮业的发展与经营状况，主要内容包括：社会消费品零售总额，限额以上批发和零售业、住宿和餐饮业基本情况、连锁经营情况，重点交易市场情况等。

二、限额以上企业指年主营业务收入2000万元及以上的批发企业（单位）；500万元及以上的零售业企业（单位）；200万元及以上的住宿和餐饮业企业（单位）。

三、批发业、零售业、住宿业、餐饮业大中小微型划分标准按照2011年《统计上大中小微型企业划分办法》标准执行。

Brief Introduction

I. This chapter reflects the management and development of wholesale and retail trades, hotels and catering services, mainly including: total retail sales of consumer goods, the basic conditions of enterprises above designated size in wholesale and retail trades, hotels and catering services, the conditions of chain stores, focus on transaction markets, etc.

II. Enterprises above designated size cover wholesale enterprises with revenue from principal business over 20 million yuan, retail enterprises with revenue from principal business over 5 million yuan, wholesale and retail enterprises with revenue from principal business over 2 million yuan.

III. The division standard of large/medium/small/mini sized enterprises of wholesale, retail trades,hotels and catering services is based on *the Division Standard of Large/Medium/Small/Mini Sized Enterprises* in 2011.

16.批发、零售和住宿、餐饮业

2019年全省				
限额以上法人企业数	8745	个		
批发业	1869	个		
零售业	4393	个		
住宿业	1111	个		
餐饮业	1372	个		
社会消费品零售总额	10213.02	亿元	比上年增长	7.4%
商品零售	9101.78	亿元	比上年增长	7.0%
餐饮收入	1111.24	亿元	比上年增长	10.4%

社会消费品零售总额构成

（2019年）

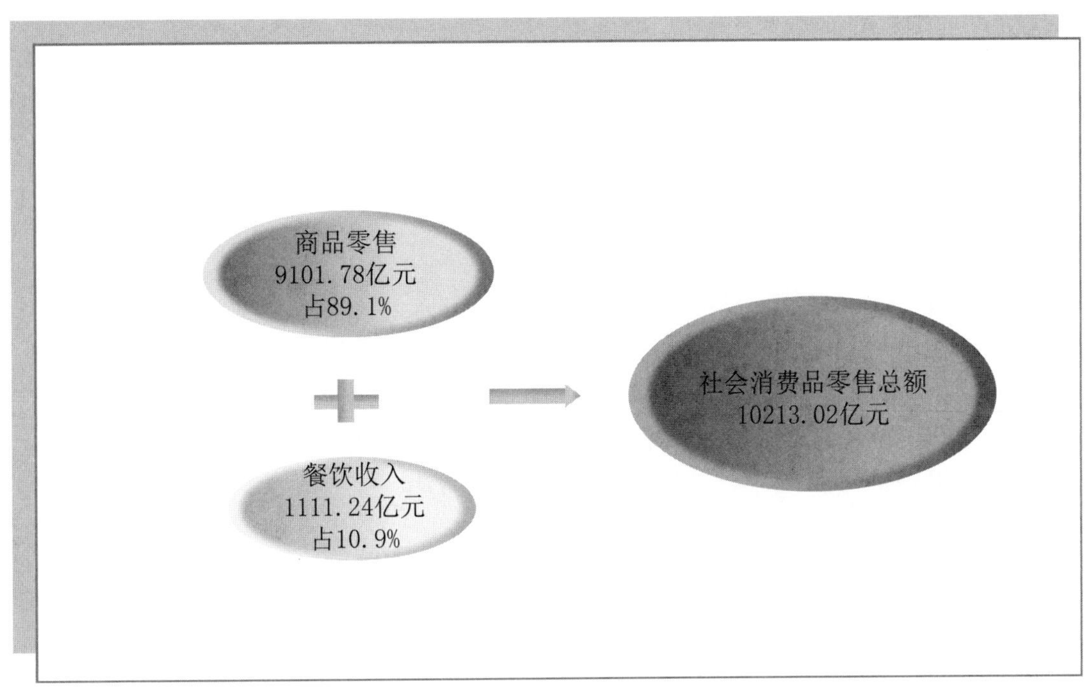

16-1 限额以上批发和零售业、住宿和餐饮业法人企业数和从业人员数

Number of Corporation Enterprises above Designated Size in Wholesale and Retail Trades, Hotels and Catering Services

地区	Region	法人企业数（个）Number of Corporation Enterprises (unit) 2018	2019	批发业 Wholesale Trade 2018	2019	零售业 Retail Trade 2018	2019	住宿业 Hotels 2018	2019	餐饮业 Catering Service 2018	2019
全 省	**Shaanxi**	**7613**	**8745**	**1351**	**1869**	**4032**	**4393**	**948**	**1111**	**1282**	**1372**
西安市	Xi'an	2084	2662	595	956	793	914	335	415	361	377
铜川市	Tongchuan	243	231	42	54	138	121	31	28	32	28
宝鸡市	Baoji	908	1015	116	150	538	584	100	114	154	167
咸阳市	Xianyang	698	725	43	56	483	480	33	39	139	150
渭南市	Weinan	727	781	86	101	439	476	72	75	130	129
# 韩城市	Hancheng	70	74	4	5	48	51	7	7	11	11
延安市	Yan'an	506	583	111	136	248	276	86	104	61	67
汉中市	Hanzhong	677	787	102	112	373	426	90	106	112	143
榆林市	Yulin	559	645	117	148	311	355	71	81	60	61
安康市	Ankang	904	983	99	113	524	558	86	105	195	207
商洛市	Shangluo	227	246	30	30	137	149	30	33	30	34
杨凌示范区	Yangling	80	87	10	13	48	54	14	11	8	9

16-1 续表 continued

地区	Region	从业人员数（人）Number of Employed Persons (person) 2018	2019	批发业 Wholesale Trade 2018	2019	零售业 Retail Trade 2018	2019	住宿业 Hotels 2018	2019	餐饮业 Catering Service 2018	2019
全 省	**Shaanxi**	**459320**	**467535**	**84950**	**93347**	**219167**	**217143**	**71573**	**73432**	**83630**	**83613**
西安市	Xi'an	226414	238189	45458	53085	101381	102846	35629	36724	43946	45534
铜川市	Tongchuan	8586	7762	1768	1961	4582	3595	1225	1247	1011	959
宝鸡市	Baoji	42460	41734	6009	6401	23811	23015	5768	5699	6872	6619
咸阳市	Xianyang	30232	28516	3252	3256	17632	16463	2265	1872	7083	6925
渭南市	Weinan	30919	30768	4465	4804	16242	16397	3877	3895	6335	5672
# 韩城市	Hancheng	4076	3962	453	496	2287	2239	987	873	349	354
延安市	Yan'an	19930	19555	4390	4196	8112	8101	4581	4860	2847	2398
汉中市	Hanzhong	28202	28598	4748	4707	14979	14475	5317	6010	3158	3406
榆林市	Yulin	30910	31351	8122	8093	12650	12421	6237	6941	3901	3896
安康市	Ankang	28045	28282	4091	4292	14118	14066	3198	3503	6638	6421
商洛市	Shangluo	10917	10623	2348	2229	4588	4701	2459	2183	1522	1510
杨凌示范区	Yangling	2705	2157	299	323	1072	1063	1017	498	317	273

16–2 社会消费品零售总额

Total Retail Sales of Consumer Goods in the Whole Province

单位：亿元 (100 million yuan)

年 份 Year	社会消费品零售总额 Total Retail Sales of Consumer Goods	按地区分 By Region			按行业分 By Sector	
		市的零售额 City	县的零售额 County	县以下的零售额 Under County Level	# 批发和零售业 Wholesale and Retail TradesTrades	# 住宿和餐饮业 Hotels and Catering Services
1978	33.37	11.93	9.79	11.65	28.29	1.32
1980	43.38	17.47	12.18	13.73	35.86	1.78
1985	80.01	39.83	19.45	20.73	61.23	3.84
1990	159.67	91.21	34.29	34.17	118.55	7.99
1991	176.60	102.21	36.98	37.41	126.83	9.29
1992	227.53	132.25	47.31	47.97	156.17	16.22
1993	260.34	154.59	52.44	53.31	172.84	19.76
1994	319.85	193.04	62.76	64.05	204.55	24.90
1995	401.03	244.02	80.43	76.57	254.96	31.84
1996	478.30	291.68	94.12	92.49	310.72	40.55
1997	557.35	347.00	104.39	105.97	361.52	51.82
1998	608.40	374.99	114.67	118.74	390.20	64.88
1999	666.12	412.52	125.24	128.36	432.39	73.17
2000	736.13	460.67	136.40	139.07	482.29	85.66
2001	822.50	521.68	148.53	152.29	544.13	100.88
2002	924.09	594.49	163.21	166.39	625.47	112.24
2003	1031.11	660.89	184.72	185.51	879.66	122.41
2004	1193.08	776.36	207.91	208.82	1032.47	136.98
2005	1368.82	899.15	233.80	235.87	1187.57	154.60
2006	1588.86	1036.57	278.01	274.29	1374.76	183.93
2007	1896.19	1260.20	314.46	321.53	1635.92	225.49
2008	2396.18	1594.96	404.72	396.50	2063.55	292.11

年 份 Year	社会消费品零售总额 Total Retail Sales of Consumer Goods	按销售单位所在地分 By Location of Establishments			按消费形态分 By Consumption Patterns	
		城 镇 Urban Areas	# 城 区 Urban District	乡 村 Rural Areas	商品零售 Retail Sales	餐饮收入 Catering income
2009	2822.53	2426.68	1628.03	395.84	2497.84	324.69
2010	3376.14	2906.62	1984.61	469.52	2991.61	384.53
2011	4044.28	3545.95	2556.79	498.32	3599.51	444.77
2012	4756.54	4180.15	3190.92	576.39	4233.91	522.63
2013	5452.65	4809.43	3697.94	643.22	4892.99	559.66
2014	6159.27	5473.42	4101.07	685.85	5553.78	605.50
2015	6859.09	6095.91	4519.09	763.18	6156.99	702.10
2016	7680.75	6839.96	5151.59	840.79	6898.24	782.51
2017	8611.22	7665.95	5585.38	945.27	7719.63	891.58
2018	9510.29	8482.17	6062.84	1028.13	8504.18	1006.12
2019	10213.02	9089.59	6434.20	1123.43	9101.78	1111.24

注：根据第四次全国经济普查结果对1993—2018年数据进行了修订。

a) Data from 1993 to 2018 were adjusted according to the 4rd national economic census.

16-3 各市(区)社会消费品零售总额

Total Retail Sales of Consumer Goods by City(District)

单位：亿元 (100 million yuan)

年份 Year	全省 Shaanxi	西安市 Xi'an	铜川市 Tongchuan	宝鸡市 Baoji	咸阳市 Xianyang	渭南市 Weinan
2000	736.13	368.96	13.49	70.75	68.70	56.95
2001	822.50	416.95	14.28	79.15	77.06	60.46
2002	924.09	473.12	15.52	89.32	86.19	64.39
2003	1031.11	518.67	17.19	102.68	98.22	70.44
2004	1193.08	601.12	19.35	120.36	115.27	78.53
2005	1368.82	698.37	21.05	134.29	128.34	89.19
2006	1588.86	819.32	23.25	151.22	143.10	103.75
2007	1896.19	979.18	26.49	174.65	165.75	125.46
2008	2396.18	1233.44	32.11	214.01	202.90	165.74
2009	2822.53	1469.37	38.70	251.33	238.23	191.26
2010	3376.14	1765.42	46.69	296.06	280.44	225.91
2011	4044.28	2146.43	55.90	343.34	324.80	264.98
2012	4756.54	2530.95	66.93	394.36	375.87	310.99
2013	5452.65	2898.62	79.45	451.05	432.08	358.49
2014	6159.27	3277.33	90.36	512.89	492.14	407.05
2015	6859.09	3620.90	102.70	581.76	558.65	462.28
2016	7680.75	4012.44	117.46	664.39	636.73	524.83
2017	8611.22	4422.72	130.27	752.10	732.75	603.83
2018	9510.29	4854.70	144.30	828.46	818.90	664.63
2019	10213.02	5140.93	156.50	904.31	900.39	718.81

16-3 续表 continued

单位：亿元 (100 million yuan)

年份 Year	延安市 Yan'an	汉中市 Hanzhong	榆林市 Yulin	安康市 Ankang	商洛市 Shangluo	杨凌示范区 Yangling
2000	23.92	43.84	38.23	29.68	19.41	2.22
2001	27.90	46.30	43.53	32.31	21.96	2.59
2002	32.97	49.59	49.97	35.29	24.61	3.12
2003	37.74	54.22	60.82	39.65	27.66	3.81
2004	44.81	59.28	72.12	45.88	31.60	4.77
2005	52.15	67.78	85.25	52.50	34.63	5.26
2006	60.40	79.15	103.51	60.93	38.37	5.85
2007	73.15	95.65	131.54	73.15	44.15	7.02
2008	94.79	121.80	176.07	92.84	53.96	8.52
2009	108.96	139.17	203.47	108.48	63.33	10.23
2010	132.39	164.95	247.62	129.36	74.73	12.58
2011	159.58	193.20	302.14	152.42	86.50	14.99
2012	192.26	226.61	361.23	179.32	100.23	17.78
2013	221.07	260.84	412.04	204.94	113.39	20.69
2014	252.52	296.68	446.80	232.44	126.98	24.08
2015	281.14	337.21	476.98	266.29	143.11	28.08
2016	310.52	390.81	511.44	317.99	161.16	32.98
2017	341.67	454.35	580.31	372.96	180.89	39.38
2018	380.84	507.82	644.04	421.27	200.10	45.22
2019	411.13	554.33	695.62	466.66	214.62	49.72

注：1.根据第四次全国经济普查结果对2000—2018年数据进行了修订。
2.2017—2019年西安市数据含西咸新区，2016年西安市、咸阳市为同口径修订数。

a) Data from 2000 to 2018 were adjusted according to the 4rd national economic census.

b) Data of Xi'an city in 2017-2019 included xixian new area, while in 2016, Xi'an city and xianyang city were revised for the same caliber.

16−4 各市(区)按销售单位所在地和消费形态分的社会消费品零售总额(2019年)

Total Retail Sales of Consumer Goods by Location of Establishments and Consumption Patterns by City(District)(2019)

单位：万元 (10 000 yuan)

地 区	Region	社会消费品零售总额 Total Retail Sales of Consumer Goods	# 限额以上消费品零售额 Retail Sales of Enterprises above Designated Size	按销售单位所在地分 By Location of Establishments 城 镇 Urban Areas	# 城 区 Urban District	乡 村 Rural Areas	按消费形态分 By Consumption Patterns 商品零售 Retail Sales	餐饮收入 Catering Income
全 省	Shaanxi	102130216	49701534	90895892	64342036	11234324	91017771	11112446
西 安 市	Xi'an	51409280	24945803	50391703	42804213	1017577	47336449	4072831
铜 川 市	Tongchuan	1565035	638903	1193238	822258	371797	1237031	328004
宝 鸡 市	Baoji	9043135	5583454	7763751	5495341	1279384	8007772	1035363
咸 阳 市	Xianyang	9003906	4860284	6875470	3201890	2128436	7272218	1731688
渭 南 市	Weinan	7188082	3651056	5726783	3275947	1461298	6329780	858302
# 韩城市	Hancheng	652518	259079	475938	297149	176580	591129	61390
延 安 市	Yan'an	4111274	1798740	3283714	1439169	827560	3678652	432622
汉 中 市	Hanzhong	5543256	2613458	4536640	1822557	1006616	4816135	727121
榆 林 市	Yulin	6956220	2347317	4963603	3312509	1992617	6113884	842336
安 康 市	Ankang	4666597	2479775	4100619	1352551	565978	3896133	770464
商 洛 市	Shangluo	2146209	593815	1633767	400023	512442	1910944	235265
杨凌示范区	Yangling	497224	188930	426606	415578	70617	418772	78452

16–5 各市、县(市、区)社会消费品零售总额
Total Retail Sales of Consumer Goods by City and County(City and District)

单位：万元 (10 000 yuan)

地　区	Region	2018	2019	地　区	Region	2018	2019
全　省	**Shaanxi**	**95102939**	**102130216**	千阳县	Qianyang	131769	142873
西安市	**Xi'an**	**48547037**	**51409280**	麟游县	Linyou	79562	87916
新城区	Xincheng	2928162	2931090	凤　县	Fengxian	273330	302303
碑林区	Beilin	5848574	6222883	太白县	Taibai	118387	128924
莲湖区	Lianhu	5071044	5537580	**咸阳市**	**Xianyang**	**8189033**	**9003906**
灞桥区	Baqiao	4174796	4486573	秦都区	Qindu	1741924	1828250
未央区	Weiyang	8653188	9042049	渭城区	Weicheng	217659	219756
雁塔区	Yanta	11077069	11623613	三原县	Sanyuan	898199	943745
阎良区	Yanliang	348127	383288	泾阳县	Jingyang	302397	589002
临潼区	Lintong	615713	647730	乾　县	Qianxian	727315	753019
长安区	Chang'an	2405090	2513319	礼泉县	Liquan	785698	843336
高陵区	Gaoling	1278010	1421147	永寿县	Yongshou	305193	336216
鄠邑区	Huyi	440527	467840	长武县	Changwu	274305	288492
蓝田县	Lantian	429120	476324	旬邑县	Xunyi	268026	286961
周至县	Zhouzhi	407658	408473	淳化县	Chunhua	287897	305134
西咸新区	Xixian	4869957	5247370	武功县	Wugong	727977	797594
铜川市	**Tongchuan**	**1443019**	**1565035**	兴平市	Xingping	1110941	1216311
王益区	Wangyi	642169	696227	彬州市	Binzhou	541503	596090
印台区	Yintai	155334	167683	**渭南市**	**Weinan**	**6646342**	**7188082**
耀州区	Yaozhou	562588	611595	临渭区	Linwei	1844261	1987922
宜君县	Yijun	82927	89530	华州区	Huazhou	269246	286879
宝鸡市	**Baoji**	**8284648**	**9043135**	潼关县	Tongguan	182932	198756
渭滨区	Weibin	2601258	2822911	大荔县	Dali	775166	839906
金台区	Jintai	2245757	2447695	合阳县	Heyang	451641	491198
陈仓区	Chencang	768811	833000	澄城县	Chengcheng	420030	454313
凤翔县	Fengxiang	437005	477351	蒲城县	Pucheng	761280	824544
岐山县	Qishan	604625	656944	白水县	Baishui	299066	321482
扶风县	Fufeng	396479	442765	富平县	Fuping	743192	806008
眉　县	Meixian	425163	474056	韩城市	Hancheng	593201	652518
陇　县	Longxian	202501	226396	华阴市	Hancheng	306327	324555

16–5 续表 continued

单位：万元 (10 000 persons)

地 区	Region	2018	2019	地 区	Region	2018	2019
延安市	**Yan'an**	**3808392**	**4111274**	靖边县	Jingbian	768085	844759
宝塔区	Baota	2218416	2400036	定边县	Dingbian	434875	472588
安塞区	Ansai	153975	167325	绥德县	Suide	234515	247580
延长县	Yanchang	76359	83380	米脂县	Mizhi	126730	140443
延川县	Yanchuan	127725	139026	佳 县	Jiaxian	92921	103441
志丹县	Zhidan	141961	142211	吴堡县	Wubu	124149	139201
吴起县	Wuqi	178890	194772	清涧县	Qingjian	157371	172312
甘泉县	Ganquan	54009	59146	子洲县	Zizhou	92838	103929
富 县	Fuxian	127972	138224	神木市	Shenmu	951465	990210
洛川县	Luochuan	232503	254025	**安康市**	**Ankang**	**4212695**	**4666597**
宜川县	Yichuan	93075	93356	汉滨区	Hanbin	1581844	1751386
黄龙县	Huanglong	37348	40574	汉阴县	Hanyin	441074	487468
黄陵县	Huangling	174868	190590	石泉县	Shiquan	283701	315526
子长市	Zichang	191290	208609	宁陕县	Ningshan	84998	93854
汉中市	**Hanzhong**	**5078235**	**5543256**	紫阳县	Ziyang	377045	418211
汉台区	Hantai	1965615	2131739	岚皋县	Langao	142422	157545
南郑区	Nanzheng	476937	523932	平利县	Pingli	264881	294065
城固县	Chenggu	493607	533394	镇坪县	Zhenping	71206	79337
洋 县	Yangxian	344876	380238	旬阳县	Xunyang	770572	853163
西乡县	Xixiang	438940	484585	白河县	Baihe	194952	216042
勉 县	Mianxian	434182	480017	**商洛市**	**Shangluo**	**2000956**	**2146209**
宁强县	Ningqiang	276930	304773	商州区	Shangzhou	612139	654073
略阳县	Lueyang	258455	279549	洛南县	Luonan	332010	358138
镇巴县	Zhenba	295476	323154	丹凤县	Danfeng	274428	294961
留坝县	Liuba	58844	64620	商南县	Shangnan	171761	184986
佛坪县	Foping	34374	37254	山阳县	Shanyang	299979	321227
榆林市	**Yulin**	**6440421**	**6956220**	镇安县	Zhen'an	199839	213824
榆阳区	Yuyang	2427577	2632277	柞水县	Zhashui	110800	119000
横山区	Hengshan	475934	511546	**杨凌示范区**	**Yangling**	**452161**	**497224**
府谷县	Fugu	553963	597934				

注：根据第四次全国经济普查结果对2018年数据进行了修订。
a) Data in 2018 were adjusted according to the 4rd national economic census.

16-6 限额以上批发和零售企业(单位)商品零售类值
Total Sales of Enterprises above Designated Size in Retail Trades by Category of Commodities

单位：万元 (10 000 yuan)

类　别	Item	2019
合　计	**Total**	**46888558**
1.粮油、食品类	Food	5955841
# 粮油类	Grain and Oil	1586320
肉禽蛋类	Meat, Poultry and Eggs	557658
水产品类	Aquatic Products	146254
蔬菜类	Vegetables	688424
干鲜果品类	Dried and Fresh Melons and Fruits	1621253
2.饮料类	Beverages	749672
3.烟酒类	Tobacco and Liquor	1335815
4.服装、鞋帽、针纺织品类	Garments, Shoes and Hats, Knitwear and Textiles	4607736
(1)服装类	Garments	3448574
(2)鞋帽类	Shoes and Hats	817672
(3)针纺织品类	Knitwear and Textiles	341491
5.化妆品类	Cosmetics	1051917
6.金银珠宝类	Gold, Silver and Jewellery	833125
7.日用品类	Daily Consumer Articles	1517817
# 可穿戴智能设备	Wearable Intelligent Devices	48710
8.五金、电料类	Hardware	315369
9.体育、娱乐用品类	Sports and Recreation Articles	305449
# 照相机类	Cameras	111442
10.书报杂志类	Newspapers and Magazines	588862
11.电子出版物及音像制品类	E-journals and Video Products	39293
12.家用电器和音像器材类	Household Appliances and Audio/Video Equipments	2917813
# 能效等级为1级和2级的商品	Products with Energy Efficiency Index in 1 and 2	689706
智能家用电器和音像器材	Intelligent Household Appliances and Audio/Video Equipments	995885
13.中西药品类	Traditional Chinese and Western Medicines	1923982
# 西药类	Western Medicine	1332167
中草药及中成药类	Traditional Chinese Medicines	358346
14.文化办公用品类	Cultural and Office Appliances	799838
# 计算机及其配套产品	Computers and Accessories	432891
15.家具类	Furniture	818336
16.通讯器材类	Communication Appliances	1171350
# 智能手机	Smartphones	514739
17.煤炭及制品类	Coal and Related Products	781096
18.木材及制品类	Wood and Wooden Products	
19.石油及制品类	Petroleum and Related Products	7887482
20.化工材料及制品类	Chemical Materials and Related Products	
21.金属材料类	Metal Materials	
22.建筑及装潢材料类	Building and Decoration Materials	693384
23.机电产品及设备类	Mechanical and Electrical Products	184210
24.汽车类	Automobiles	11258629
# 新能源汽车	New Energy Vehicles	320535
25.种子饲料类	Seeds and Feedstuff	
26.棉麻类	Cotton and Hemp	6783
27.其他类	Others	1144760

16-7 限额以上批发业商品购进、销售、库存总额(2019年)

单位：万元

指 标	Item	商品购进总额 Total Purchases Value	#进口 Imports
总 计	**Total**	**115198478**	**6695929**
按登记注册类型分	**By Status of Registration**		
内资企业	Domestic Funded Enterprises	99759257	1005762
国有企业	State-owned Enterprises	5230166	1103
集体企业	Collective-owned Enterprises	89546	
股份合作企业	Cooperative Enterprises	1030	
有限责任公司	Limited Liability Corporations	64990256	947506
国有独资公司	State Sole Funded Corporations	17777068	3349
其他有限责任公司	Other Limited Liability Corporations	47213188	944157
股份有限公司	Share-holding Corporations Ltd.	15426942	235
私营企业	Private Enterprises	13878209	56919
私营独资企业	Private-funded Enterprises	32995	
私营有限责任公司	Private Limited Liability Corporations	13672743	56919
私营股份有限公司	Private Share-holding Corporations Ltd.	172471	
其他企业	Other Enterprises	143108	
港、澳、台商投资企业	Enterprises with Funds from Hong Kong, Macao & Taiwan	84902	
港澳台商合资经营企业	Joint-venture Enterprises	14814	
港澳台商独资经营企业	Enterprises with Sole Investment	70088	
外商投资企业	Foreign Funded Enterprises	15354320	5690167
中外合资经营企业	Joint-venture Enterprises	11909308	3154989
外资企业	Enterprises with Sole Fund	2846500	2535177
外商投资股份有限公司	Share-holding Corporations Ltd.	273988	
其他外商投资企业	Other Foreign Funded Enterprises	324524	
按批发行业分	**By Wholesale Trade Sector**		
农、林、牧产品批发	Wholesale of Farming, Forestry, Animal Husbandry Products	456151	941
谷物、豆及薯类批发	Wholesale of Cereals, Beans and Tubers	261259	941
种子批发	Wholesale of Seeds and Forages	47054	
畜牧渔业饲料批发	Wholesale of Animal Husbandry and Fishery Feeds	18729	
棉、麻批发	Wholesale of Cotton and Hemp	29597	
林业产品批发	Wholesale of Forestry Products	16818	
牲畜批发	Wholesale of Livestock	15137	
其他农牧产品批发	Others	67557	
食品、饮料及烟草制品批发	Wholesale of Food, Beverages and Tobaccos	7158110	1291
米、面制品及食用油批发	Wholesale of Rice, Flour and Edible Oil	877745	
糕点、糖果及糖批发	Wholesale of Cake and Sugar	153459	259
果品、蔬菜批发	Wholesale of Vegetables and Fruits	1204910	1032
肉禽蛋奶及水产品批发	Wholesale of Poultry, Egg and Milk & Marine Products	188907	
盐及调味品批发	Wholesale of Salt and Condiments	33820	
营养和保健品批发	Wholesale of Nutrition and Health Products	3909	
酒、饮料及茶叶批发	Wholesale of Wines, Beverages and Tea	1538522	
烟草制品批发	Wholesale of Tobaccos	3052357	
其他食品批发	Others	104481	
纺织服装及家庭用品批发	Wholesale of Textiles, Garments and Daily Consumer Articles	1332199	361
纺织品、针织品及原料批发	Wholesale of Textiles, Knitwear and Textile Materials	27193	
服装批发	Wholesale of Garments	210364	361
鞋帽批发	Wholesale of Shoes and Hats	70929	
化妆品及卫生用品批发	Wholesale of Cosmetics and Health Consumer Articles	144853	
厨房、卫生间用具及日用杂货批发	Wholesale of Kitchen and Washroom Appliance and Various Household Supplies	5280	
家用视听设备批发	Wholesale of Domestic Audio-visual equipments	36973	
家用电器批发	Wholesale of Domestic Appliances	744003	
其他家庭用品批发	Others	92606	

Total Purchases, Sales and Inventory of Enterprises above Designated Size in Wholesale Trades(2019)

(10 000 yuan)

商品销售总额 Total Sales	#公共网络商品销售额 Sales of Public Network	#通过非自营平台实现的商品销售额 Sales of Non-self-supporting Platform	#批发 Wholesale Trades	#出口 Exports	年末库存 Stock at Year-end
125742165	**9677778**	**1694451**	**118987884**	**7220476**	**3976755**
110069628	9675120	1694451	103676950	1465090	3750777
6821779	3060732	1447506	6632961	35783	183345
106653			101884		4517
7994			1191		75
70423734	1633429	214388	67584989	753287	2390519
20640488	185411	183184	19106683	118368	1124808
49783246	1448017	31204	48478306	634920	1265711
16864936	4713426	800	14311818	446664	335152
15632968	257973	31757	14909197	229355	828302
45271			33080		1414
15383403	256663	31757	14680455	229355	812157
204293	1310		195662		14732
211564	9561		134911		8865
131548			73379		31644
15617			8109		
115932			65270		31644
15540988	2658		15237555	5755386	194334
11946497			11946497	3330759	124948
2946119	2658		2837546	2424627	40678
282368			112947		5366
366004			340565		23343
636416	2367		452511	14160	28449
369391			222574	14160	14467
50612			50565		5249
23976			23926		1297
32478			32478		840
62878			32795		5337
19235			17365		466
77845	2367		72807		794
9621125	3138478	1449984	8839387	18767	525581
917175	1045		806504		75669
164112	2947		112052		4604
1773307	38694	1945	1349816	15689	92172
208527	4802	300	201861		12316
43219			41775		5237
9159			8693		512
1896836	18460	233	1726197	3078	177033
4488986	3060732	1447506	4488338		143317
119805	11798		104151		14722
1482281	12026		1301943	154165	255436
29117			27320	1553	465
222959			193272	130779	18046
116292	4705		60923		34598
183546	163		175073		33447
12148	7159		10639		5226
37794			37743		2958
787627			783623	9557	159115
92799			13350	12277	1580

16-7 续表

单位：万元

指标	Item	商品购进总额 Total Purchases Value	# 进口 Imports
文化、体育用品及器材批发	Wholesale of Culture, Sports Appliances and Equipment	873631	
文具用品批发	Wholesale of Stationary	239131	
体育用品及器材批发	Wholesale of Sports Goods and Equipments	14008	
图书批发	Wholesale of Books	185370	
首饰、工艺品及收藏品批发	Wholesale of Jewelry, Artwork and Collections	397082	
其他文化用品批发	Others	38040	
医药及医疗器材批发	Wholesale of Medicines and Medical Appliances	4996441	15471
西药批发	Wholesale of Western Medicine	3933044	
中药批发	Wholesale of Traditional Chinese Medicinal	503572	
动物用药品批发	Wholesale of Animal Drugs	2130	
医疗用品及器材批发	Wholesale of Medical Treatment and Equipment	557696	15471
矿产品、建材及化工产品批发	Wholesale of Mineral Products, Building Materials and Chemical Products	91807642	4114446
煤炭及制品批发	Wholesale of Coal and Related Products	21335093	5416
石油及制品批发	Wholesale of Petroleum and Related Products	20453626	
非金属矿及制品批发	Wholesale of Metal Materials	69475	7
金属及金属矿批发	Wholesale of Metal Mine and Its Manufacture	41964669	3902639
建材批发	Wholesale of Building Materials	2685792	
化肥批发	Wholesale of Garments	369543	
农药批发	Wholesale of Pesticides	124115	
农用薄膜批发	Wholesale of Agricultural Film	5120	
其他化工产品批发	Others	4800209	206384
机械设备、五金交电及电子产品批发	Wholesale of Machinery, Hardware and Electronic Equipment	7241597	2533497
农业机械批发	Wholesale of Agricultural Machinery	122112	
汽车及零配件批发	Wholesale of Motor Vehicles and Parts	2095734	63
摩托车及零配件批发	Wholesale of Motorcycles and Motorcycle Parts	43086	
五金产品批发	Wholesale of Hardware Products	218432	128
电气设备批发	Wholesale of Electrical Equipments	596838	3764
计算机、软件及辅助设备批发	Wholesale of Computer, Software and Peripherals	159861	3201
通讯设备批发	Wholesale of Communication Equipments	319211	
广播影视设备批发	Wholesale of Radio and Television Equipments	17431	
其他机械设备及电子产品批发	Others	3668893	2526341
贸易经纪与代理	Trade Broker and Agency	204275	29922
贸易代理	Trade Agency	204275	29922
其他批发	Others	1128432	
再生物资回收与批发	Recovery and Wholesale of Regeneration Material	100256	
互联网批发	E-commerce Wholesale	844323	
其他未列明的批发	Any Other Wholesale	183854	
按经营形式分	**By Form of Management**		
独立门店	Independent Stores	64358108	6415106
连锁总店(总部)	General Chain Stores	626397	
连锁直营店	Chain Direct Store	98871	
其　　他	Others	50115103	280823
按单位规模分	**By Scale**		
大　型	Large	30702512	190808
中　型	Medium	63456358	3252666
小　型	Small	16425477	737354
微　型	Mini	4614133	2515101
按经营地分	**By Location of Establishments**		
城　镇	Urban Areas	112726035	6695929
乡　村	Rural Areas	2472443	

continued

(10 000 yuan)

商品销售总额 Total Sales	# 公共网络商品销售额 Sales of Public Network	# 通过非自营平台实现的商品销售额 Sales of Non-self-supporting Platform	# 批发 Wholesale Trades	# 出口 Exports	年末库存 Stock at Year-end
968203	198075	183184	940149	3997	62648
248021			245699		9758
15011			15011		2
234962	7299		221662		26001
430432	190776	183184	418000	3997	21148
39777			39777		5740
5892771	31381	27	5572830	8935	509638
4591325	28967	27	4316911	8935	383711
600809			570641		62696
2314			2314		5
698323	2414		682964		63226
97969166	5405414	37148	92975515	3642497	2329683
24607386	12282		24389881	107391	504642
21818127	685142		17864367		939506
77007			75633	24933	442
43055893	4470271	8044	42341438	3476948	665800
2833255	159069	24079	2753333	9570	96821
472962			453438		18221
143331	13454	800	142229		9176
5953	5953		5953	5953	
4955251	59243	4225	4949244	17703	95075
7769518	39970	16305	7540427	3213316	245978
132791			93512		8944
2230861			2149379	434495	70234
48771			47398		4217
269388	14260	14259	249518	62320	29131
702456	2308	2000	686307	199421	11621
172788	9161	46	150797	1227	10717
333809			327781	42412	12046
17675			17675		679
3860981	14242		3818060	2473441	98388
230738	7803	7803	217184	164640	9884
230738	7803	7803	217184	164640	9884
1171947	842264		1147938		9459
109216			106374		1820
841574	841574		841574		14
221157	690		199991		7625
68894824	1923228	220595	64594257	6501277	2383314
747929			398211		2562
98360			49204		1220
56001052	7754549	1473855	53946211	719199	1589659
34232530	3399392	1447506	30229762	624763	1508813
68931669	5227271	217216	67140693	3972975	1728415
17604477	1027732	27876	16922021	174147	661021
4973489	23382	1852	4695408	2448590	78506
123029818	9656402	1692540	116557167	7220230	3892190
2712346	21375	1911	2430717	247	84565

16-8 限额以上零售业商品购进、销售、库存总额(2019)

单位：万元

指标	Item	商品购进总额 Total Purchases Value	# 进口 Imports
总计	**Total**	**31792690**	**494421**
按登记注册类型分	**By Status of Registration**		
内资企业	Domestic Funded Enterprises	23452416	269232
国有企业	State-owned Enterprises	799116	
集体企业	Collective-owned Enterprises	366887	
股份合作企业	Cooperative Enterprises	15464	
联营企业	Joint Ownership Enterprises	1683	
集体联营企业	Collective Joint Ownership Enterprises	1683	
有限责任公司	Limited Liability Corporations	11407327	217460
国有独资公司	State Sole Funded Corporations	553701	9746
其他有限责任公司	Other Limited Liability Corporations	10853625	207714
股份有限公司	Share-holding Corporations Ltd.	909964	12
私营企业	Private Enterprises	9912765	51760
私营独资企业	Private-funded Enterprises	446705	
私营合伙企业	Private Partnership Enterprises	94484	
私营有限责任公司	Private Limited Liability Corporations	9135276	29735
私营股份有限公司	Private Share-holding Corporations Ltd.	236300	22025
其他企业	Other Enterprises	39211	
港、澳、台商投资企业	Enterprises with Funds from Hong Kong, Macao & Taiwan	2903446	119748
港澳台商合资经营企业	Joint-venture Enterprises	1006963	27531
港澳台商独资经营企业	Enterprises with Sole Investment	1814677	92217
港澳台商投资股份有限公司	Share-holding Corporations Ltd.	81807	
外商投资企业	Foreign Funded Enterprises	5436829	105441
中外合资经营企业	Joint-venture Enterprises	1439122	17345
外资企业	Enterprises with Sole Fund	3870999	88096
外商投资股份有限公司	Share-holding Corporations Ltd. with Foreign Investment	84970	
其他外商投资企业	Other Foreign Funded Enterprises	41737	
按零售行业分	**By Retail Trades Sector**		
综合零售	Integrated Retail	6249249	
百货零售	Retail of General Merchandise	2902081	
超级市场零售	Retail of Supermarkets	2999502	
便利店零售	Retail of Convenience Stores	40776	
其他综合零售	Others	306890	
食品、饮料及烟草制品专门零售	Special Retail of Food, Beverages and Tobaccos	1180699	6667
粮油零售	Retail of Grain and Oil	152942	
糕点、面包零售	Retail of Cake and Bread	14604	
果品、蔬菜零售	Retail of Melons and Fruits,Vegetables	304233	186
肉、禽、蛋及水产品零售	Retail of Meat, Poultry, Eggs and Aquatic Products	161500	
营养和保健品零售	Retail of Nourishment and Health Products	9432	
酒、饮料及茶叶零售	Retail of Beverages and Tea	284450	5973
烟草制品零售	Retail of Tobaccos	89723	
其他食品零售	Others	163815	508

Total Purchases, Sales and Inventory of Enterprises above Designated Size in Retail Trades (2019)

(10 000 yuan)

商品销售总额 Total Sales	#公共网络商品销售额 Sales of Public Network	#通过非自营平台实现的商品销售额 Sales of Non-self-supporting Platform	#批发 Wholesale Trades	#出口 Exports	年末库存 Stock at Year-end
39225408	**5862432**	**209058**	**1195062**	**851**	**2760470**
29390084	2261562	207047	857637	851	2247562
874985			179404		59634
452772	328		3257		11455
18328					405
1675					8
1675					8
15037303	934762	53833	365397	851	1103322
605281	3881	363	32129	851	80927
14432021	930881	53471	333268		1022395
1116201	78971	669	32332		109465
11832032	1247383	152545	273691		961211
501572	4766	2296	13442		24587
111320	2217		882		2659
10952254	1220382	136829	243345		913746
266885	20018	13421	16021		20219
56789	117		3556		2062
3152469	120561		297476		416586
1016910			261341		162592
2055239	120561		36135		222483
80320					31511
6682855	3480309	2011	39949		96322
1854157					30364
4476118	3262350	2011	27802		61969
88623			12147		1973
263957	217959				2017
8812824	124058	4692	35730		541826
4972953	75280	1217	22183		196564
3434786	27248	2510	6235		313029
54532	5109	865	668		10930
350553	16421	100	6644		21302
1596436	180003	33832	99768		134692
194295	37318	281	16693		13148
35812	5332		2292		559
437332	35427	2399	15974		44127
228206	35034	29405	16594		10419
12273	1156		1903		1256
367495	37748	1747	29407		38043
100578			6717		12097
220444	27989		10189		15044

16-8 续表 1

单位：万元

指 标	Item	商品购进总额 Total Purchases Value	# 进口 Imports
纺织、服装及日用品专门零售	Special Retail of Textiles, Garments and Daily Consumer Articles	1888860	982
纺织品及针织品零售	Retail of Textiles and Knitwear	23383	
服装零售	Retail of Garments	1454375	780
鞋帽零售	Retail of Shoes and Hats	239707	
化妆品及卫生用品零售	Retail of Cosmetics and Health Consumer Articles	72045	
厨具卫具及日用杂品零售	Retail of Livestock Kitchen, Bathroom Appliances and Groceries	14887	
钟表、眼镜零售	Retail of Clocks and Watches,Spectacles	13607	
箱、包零售	Retail of Luggage and Bags	3323	202
自行车等代步设备零售	Retail of Working Equipments such as Bicycle	2030	
其他日用品零售	Others	65502	
文化、体育用品及器材专门零售	Special Retail of Culture, Sports Appliances and Equipments	823278	9052
文具用品零售	Retail of Stationery	18255	
体育用品及器材零售	Retail of Sports Goods	60889	
图书、报刊零售	Retail of Books	565220	9052
音像制品、电子和数字出版物零售	Retail of Audiovisual Products and Digital Publications	330	
珠宝首饰零售	Retail of Jewelry	71230	
工艺美术品及收藏品零售	Retail of Artwork and Collections	86033	
乐器零售	Retail of Musical Instrument	10829	
照相器材零售	Retail of Photographic Equipment	2039	
其他文化用品零售	Others	8455	
医药及医疗器材专门零售	Special Retail of Medicines and Medical Appliances	1285413	765
西药零售	Retail of Western Medicine	1192069	
中药零售	Retail of Traditional Chinese Medicinal	35756	765
医疗用品及器材零售	Retail of Medical Supplies and Appliances	55146	
保健辅助治疗器材零售	Retail of Health Care Appliances	2442	
汽车、摩托车、燃料及零配件专门零售	Special Retail of Motor Vehicles, Motorcycles, Fuel and Parts	12905400	475534
汽车新车零售	Retail of New Motor Vehicles	9922689	467385
汽车旧车零售	Retail of Old Motor Vehicles	46522	
汽车零配件零售	Retail of Motor Vehicles and Parts	265614	8137
摩托车及零配件零售	Retail of Motorcycles and Parts	126826	12
机动车燃料零售	Retail of Fuel of Motor Vehicles	2377603	
机动车燃气零售	Retail of Gas of Motor Vehicles	166146	
家用电器及电子产品专门零售	Special Retail of Household Appliances and Electronic Products	1656688	
家用视听设备零售	Retail of Home Audio-visual Equipment	156582	
日用家电设备零售	Retail of Household Appliances	949520	
计算机、软件及辅助设备零售	Retail of Computer, Software and Peripherals	168055	
通信设备零售	Retail of Communication Equipment	324637	
其他电子产品零售	Others	57893	
五金、家具及室内装修材料专门零售	Special Retail of Hardware, Furniture and Decoration Materials	1023028	31
五金零售	Retail of Hardware	197338	
灯具零售	Retail of Light Fittings	13537	
家具零售	Retail of Furniture	415381	
涂料零售	Retail of Dope		
卫生洁具零售	Retail of Sanitary	3552	
木质装饰材料零售	Retail of Wooden Decorating Materials	12398	
陶瓷、石材装饰材料零售	Retail of Porcelainou Sand Stone Finishing Decorating Materials	57520	31
其他室内装修材料零售	Other Domestic Decorating Materials	323302	

continued

(10 000 yuan)

商品销售总额 Total Sales	# 公共网络商品销售额 Sales of Public Network	# 通过非自营平台实现的商品销售额 Sales of Non-self-supporting Platform	# 批发 Wholesale Trades	# 出口 Exports	年末库存 Stock at Year-end
2260037	7517	1690	279672		345926
35649	3181		3521		1141
1709963	2892	673	261907		223228
280332			208		86002
109429	355		2191		8136
21457	1016	1016	7574		3846
21296	73		309		9080
4336			1440		4512
2428					144
75149			2522		9837
924712	12045	309	37456	851	138491
24171	246		1579		2313
66477	175		18823		12658
613170	6244	33	12892	851	93092
297					55
80112			863		18194
112784	5380	276	2770		7722
13624					2758
2814			530		160
11262					1539
1766230	22730	149	102599		196570
1562049	22527	149	52826		180405
110742	204		46884		10683
90636			2889		5453
2803					29
14840939	308177	40199	396909		1168417
11284776	292458	37212	310695		1068738
79746	690	690			2921
276317	8313		140		32470
151126			4764		8303
2830578	6665	2296	75416		54058
218396	50	1	5894		1928
2391445	150106	5108	142255		116044
191258	13560		14605		7636
1553325	122342	3582	82781		52750
223240	8197	752	5351		19929
348458	579	102	25993		31312
75164	5429	672	13525		4417
1344354	17875	5800	36527		52695
222979	1098	7	19626		10538
16485	665				1316
578704	14705	5794	1056		22741
1010					50
4211					2554
21392			1156		948
76062			5506		3765
423511	1407		9183		10783

16−8 续表 2

单位：万元

指 标	Item	商品购进总额 Total Purchases Value	# 进口 Imports
货摊无店铺及其他零售业	Non-shop and Other non-mentiones-above Retails	4780075	1389
互联网零售	E-commerce Retails	4572233	1389
邮购及电视电话零售	Mail-order & Phone-order Retails	87017	
自动售货机零售	Vending Machine Retails	2911	
生活用燃料零售	Retail of Life Fuels	97949	
其他未列明的零售	Other Retail Not Classified Elsewhere	19965	
按经营形式分	**By Form of Management**		
独立门店	Independent Stores	23226483	480022
连锁总店(总部)	General Chain Stores	1451578	765
连锁直营店	Chain Direct Store	441489	
连锁加盟店	Chain Franchise	11551	
其 他	Others	6661589	13634
按单位规模分	**By Scale**		
大 型	Large	7295309	27531
中 型	Medium	15639787	367941
小 型	Small	7139559	80778
微 型	Mini	1718035	18170
按零售业态分	**By Business Categories**		
有店铺零售	Shop Retails	26795026	483963
食杂店	Grocery Store	205612	
便利店	Convenience Store	283368	
超 市	Supermarket	2051845	880
大型超市	Hypermarket	1951076	
仓储会员店	Warehouse Club	32319	
百货店	Department Store	2580690	
专业店	Specialty Store	9593064	122447
专卖店	Franchised Store	8857428	360606
家居建材商店	Building Material Store	578956	31
购物中心	Shopping Center	336478	
厂家直销中心	Factory Outlets Center	324188	
无店铺零售	Non-shop Retails	4997665	10457
电视购物	TV Shopping	87017	
邮 购	Mail-order	7024	
网上商店	Web Storefronts	4517029	695
自动售货亭	Vending Machine	2206	
电话购物	Telephone Shopping	2764	
其 他	Others	381624	9762
按经营地分	**By Location of Establishments**		
城 镇	Urban Areas	30334137	445320
乡 村	Rural Areas	1458553	49100

continued

(10 000 yuan)

商品销售总额 Total Sales	# 公共网络商品销售额 Sales of Public Network	# 通过非自营平台实现的商品销售额 Sales of Non-self-supporting Platform	# 批发 Wholesale Trades	# 出口 Exports	年末库存 Stock at Year-end
5288431	5039922	117280	64147		65809
5051657	4946787	114173	51413		59696
87921	87921				2169
3282	526		491		191
119660	4688	3108	9637		2440
25911			2606		1314
28774646	1192454	95686	648238		2056933
2282734	76485	56	17500		295316
884440	105978	1368	51197		39538
16680					1723
7266908	4487516	111948	478128	851	366959
9843200	977399		526427		715079
18293026	3433074	124470	290476	851	1301523
8587166	1039369	48524	255880		584395
2502016	412591	36064	122278		159474
33642950	818579	96377	1093730		2639668
237476	713		3670		11987
365943	12105	989	20924		25600
2477931	88314	599	33914		195931
2346535	39735	31416	750		220715
34620	5945	297	240		5797
4211922	29774	1112	26743		149650
11857117	241780	16612	427482		912966
10061644	377127	38868	524573		998732
735288	9997	5745	21610		27936
912105			1874		28529
402369	13090	741	31950		61826
5582457	5043854	112681	101333	851	120802
87921	87921				2169
7935	4497		2611		297
4986847	4905549	102142	50467		53394
2591			491		174
2773					160
494390	45887	10539	47764	851	64608
37486610	5708429	198317	1106475	851	2657817
1738798	154004	10741	88587		102653

16−9 各市(区)限额以上批发业商品购进总额(2019年)
Total Purchases of Enterprises above Designated Size in Wholesale Trades by City(District)(2019)

单位：亿元 (100 million yuan)

地区	Region	合计 Total	# 国有控股 State-holding	内资企业 Domestic Funded Enterprises	国有企业 State-owned Enterprises	集体企业 Collective-owned Enterprises	股份合作企业 Cooperative Enterprises
全省	**Shaanxi**	**11519.80**	**5904.60**	**9975.90**	**523.00**	**9.00**	**0.10**
西安市	Xi'an	7450.50	3352.10	5934.20	119.70	0.90	
铜川市	Tongchuan	150.20	28.40	150.20	5.80		
宝鸡市	Baoji	783.20	160.10	783.20	46.80	2.50	
咸阳市	Xianyang	110.10	35.40	110.10	34.10		
渭南市	Weinan	971.80	826.50	971.60	33.80	0.90	
# 韩城市	Hancheng	662.13	582.54				
延安市	Yan'an	276.90	76.50	276.90	20.40		
汉中市	Hanzhong	167.60	105.60	167.60	28.30	0.20	
榆林市	Yulin	1402.30	1221.80	1374.90	190.60	2.40	0.10
安康市	Ankang	143.50	59.50	143.50	18.10	2.00	
商洛市	Shangluo	55.30	35.20	55.30	23.20		
杨凌示范区	Yangling	8.40	3.60	8.40	2.10		

16−9 续表 continued

单位：亿元 (100 million yuan)

地区	Region	联营企业 State Joint Ownership Enterprises	有限责任公司 Limited Liability Corporations	股份有限公司 Share-holding Corporations Ltd.	私营企业 Private Enterprises	港、澳、台商投资企业 Enterprises with Funds from Hong Kong, Macao & Taiwan	外商投资企业 Enterprises with Foreign Investment
全省	**Shaanxi**		**6499.00**	**1542.70**	**1387.80**	**8.50**	**1535.40**
西安市	Xi'an		3715.10	972.30	1124.20	8.50	1507.80
铜川市	Tongchuan		120.40	14.10	9.10		
宝鸡市	Baoji		260.50	433.80	31.90		
咸阳市	Xianyang		55.30	0.60	19.30		
渭南市	Weinan		924.00	1.10	11.20		0.20
# 韩城市	Hancheng		660.26		1.87		
延安市	Yan'an		166.20	39.90	48.30		
汉中市	Hanzhong		100.50		38.60		
榆林市	Yulin		1079.60	42.80	58.80		27.40
安康市	Ankang		69.10	25.90	28.40		
商洛市	Shangluo		7.90	10.50	13.70		
杨凌示范区	Yangling		0.30	1.70	4.30		

16−10 各市(区)限额以上零售业商品购进总额(2019年)
Total Purchases of Enterprises above Designated Size in Retail Trades by City(District)(2019)

单位：亿元 (100 million yuan)

地 区	Region	合 计 Total	# 国有控股 State-holding	内资企业 Domestic Funded Enterprises	国有企业 State-owned Enterprises	集体企业 Collective-owned Enterprises	股份合作企业 Cooperative Enterprises
全 省	**Shaanxi**	**3179.30**	**363.20**	**2345.30**	**79.90**	**36.70**	**1.60**
西安市	Xi'an	1862.30	268.50	1067.50	65.00	2.60	
铜川市	Tongchuan	30.70	2.50	30.70	0.30	0.10	
宝鸡市	Baoji	270.40	29.70	257.60	5.70	18.80	
咸阳市	Xianyang	270.00	12.20	252.40	4.10	7.10	1.50
渭南市	Weinan	166.00	15.80	164.00	2.50	2.50	
# 韩城市	Hancheng	18.65	2.14	18.65	1.40		
延安市	Yan'an	88.20	6.40	85.80	0.70	2.10	
汉中市	Hanzhong	155.30	14.70	155.30		1.50	
榆林市	Yulin	143.90	5.70	140.30	1.30	0.30	
安康市	Ankang	147.40	3.60	147.40		1.60	
商洛市	Shangluo	30.50	3.30	29.80	0.20		0.10
杨凌示范区	Yangling	14.60	0.80	14.50	0.20		

16−10 续表 continued

单位：亿元 (100 million yuan)

地 区	Region	联营企业 State Joint Ownership Enterprises	有限责任公司 Limited Liability Corporations	股份有限公司 Share-holding Corporations Ltd.	私营企业 Private Enterprises	港、澳、台商投资企业 Enterprises with Funds from Hong Kong, Macao & Taiwan	外商投资企业 Enterprises with Foreign Investment
全 省	**Shaanxi**	**0.20**	**1140.70**	**91.00**	**991.30**	**290.30**	**543.70**
西安市	Xi'an		493.10	29.10	476.70	268.00	526.80
铜川市	Tongchuan		21.10	1.10	7.80		
宝鸡市	Baoji	0.20	154.50	20.60	55.40	0.40	12.40
咸阳市	Xianyang		96.10	4.90	138.70	16.00	1.60
渭南市	Weinan		101.30	15.60	42.00	2.00	
# 韩城市	Hancheng		13.51	0.46	3.28		
延安市	Yan'an		64.60	0.60	17.70	0.20	2.20
汉中市	Hanzhong		66.40	4.60	82.80		
榆林市	Yulin		69.20	8.40	61.00	3.60	
安康市	Ankang		52.80	3.10	89.90		
商洛市	Shangluo		18.20	2.00	9.30		0.70
杨凌示范区	Yangling		3.30	1.00	9.90	0.10	

16−11 各市(区)限额以上批发业商品销售总额(2019年)
Total Sales of Enterprises above Designated Size in Wholesale Trades by City(District)(2019)

单位：亿元 (100 million yuan)

地 区	Region	合 计 Total	# 国有控股 State-holding	内资企业 Domestic Funded Enterprises	国有企业 State-owned Enterprises	集体企业 Collective-owned Enterprises	股份合作企业 Cooperative Enterprises
全 省	**Shaanxi**	**12574.20**	**6547.30**	**11007.00**	**682.20**	**10.70**	**0.80**
西 安 市	Xi'an	7834.00	3495.50	6296.00	165.40	1.00	
铜 川 市	Tongchuan	160.20	34.90	160.20	9.50		
宝 鸡 市	Baoji	918.00	215.40	918.00	66.70	3.70	
咸 阳 市	Xianyang	161.90	82.10	161.90	48.10	0.20	
渭 南 市	Weinan	999.30	838.80	998.30	47.90	0.80	
# 韩城市	Hancheng	668.05	588.14	668.05			
延 安 市	Yan'an	305.60	94.30	305.60	30.20		
汉 中 市	Hanzhong	213.20	140.40	213.20	42.00	0.30	
榆 林 市	Yulin	1722.30	1515.20	1694.10	207.50	2.50	0.10
安 康 市	Ankang	173.20	73.20	173.20	29.70	2.20	
商 洛 市	Shangluo	75.40	52.70	75.40	32.30		0.70
杨凌示范区	Yangling	11.10	4.80	11.10	2.90		

16−11 续表 continued

单位：亿元 (100 million yuan)

地 区	Region	联营企业 State Joint Ownership Enterprises	有限责任公司 Limited Liability Corporations	股份有限公司 Share-holding Corporations Ltd.	私营企业 Private Enterprises	港、澳、台商投资企业 Enterprises with Funds from Hong Kong, Macao & Taiwan	外商投资企业 Enterprises with Foreign Investment
全 省	**Shaanxi**		**7042.3**	**1686.4**	**1563.2**	**13.2**	**1554.00**
西 安 市	Xi'an		3867.10	1003.30	1256.90	13.2	1524.80
铜 川 市	Tongchuan		122.50	16.10	11.10		
宝 鸡 市	Baoji		303.00	494.00	38.30		
咸 阳 市	Xianyang		55.40	33.30	23.70		
渭 南 市	Weinan		932.60	2.50	13.90		1.00
# 韩城市	Hancheng		666.23		1.82		
延 安 市	Yan'an		178.50	40.30	54.10		
汉 中 市	Hanzhong		125.20		45.70		
榆 林 市	Yulin		1367.20	50.50	64.80		28.20
安 康 市	Ankang		79.30	27.40	34.60		
商 洛 市	Shangluo		10.90	16.90	14.60		
杨凌示范区	Yangling		0.60	2.10	5.40		

16—12 各市(区)限额以上零售业商品销售总额（2019年）

Total Sales of Enterprises above Designated Size in Retail Trades by City(District)(2019)

单位：亿元 (100 million yuan)

地 区	Region	合 计 Total	# 国有控股 State-holding	内资企业 Domestic Funded Enterprises	国有企业 State-owned Enterprises	集体企业 Collective-owned Enterprises	股份合作企业 Cooperative Enterprises
全 省	**Shaanxi**	**3922.54**	**440.15**	**2939.01**	**87.50**	**45.28**	**1.83**
西 安 市	Xi'an	2288.52	333.92	1346.26	70.24	2.85	
铜 川 市	Tongchuan	43.67	3.03	43.54	0.29	0.15	
宝 鸡 市	Baoji	351.74	33.37	338.93	6.28	20.20	
咸 阳 市	Xianyang	327.54	14.80	309.32	5.15	9.83	1.77
渭 南 市	Weinan	205.56	17.92	203.59	2.85	4.72	
# 韩城市	Hancheng	19.75	2.13	19.75	1.39		
延 安 市	Yan'an	102.82	7.11	99.71	0.80	2.37	
汉 中 市	Hanzhong	190.66	15.97	190.66		1.63	
榆 林 市	Yulin	171.52	5.51	167.34	1.44	0.36	
安 康 市	Ankang	188.20	3.64	188.20		3.18	
商 洛 市	Shangluo	35.43	4.05	34.68	0.22		0.06
杨凌示范区	Yangling	16.89	0.83	16.76	0.22		

16—12 续表 continued

单位：亿元 (100 million yuan)

地 区	Region	联营企业 State Joint Ownership Enterprises	有限责任公司 Limited Liability Corporations	股份有限公司 Share-holding Corporations Ltd.	私营企业 Private Enterprises	港、澳、台商投资企业 Enterprises with Funds from Hong Kong, Macao & Taiwan	外商投资企业 Enterprises with Foreign Investment
全 省	**Shaanxi**	**0.17**	**1503.73**	**111.62**	**1183.20**	**315.25**	**668.29**
西 安 市	Xi'an		674.89	39.84	557.01	291.90	650.36
铜 川 市	Tongchuan		30.50	2.48	9.71		0.13
宝 鸡 市	Baoji	0.17	216.66	21.27	71.11	0.39	12.42
咸 阳 市	Xianyang		114.50	5.58	172.50	16.10	2.12
渭 南 市	Weinan		127.29	20.00	48.54	1.97	
# 韩城市	Hancheng		14.20	0.50	3.67		
延 安 市	Yan'an		75.43	0.60	20.37	0.59	2.51
汉 中 市	Hanzhong		84.16	5.13	99.74		
榆 林 市	Yulin		85.69	9.88	69.87	4.18	
安 康 市	Ankang		69.23	3.04	112.75		
商 洛 市	Shangluo		21.63	2.41	10.36		0.75
杨凌示范区	Yangling		3.76	1.39	11.23	0.13	

16－13 各市(区)限额以上批发业商品库存总额(2019年)
Total Inventory of Enterprises above Designated Size in Wholesale Trades by City(District)(2019)

单位：亿元 (100 million yuan)

地区	Region	合计 Total	# 国有控股 State-holding	内资企业 Domestic Funded Enterprises	国有企业 State-owned Enterprises	集体企业 Collective-owned Enterprises	股份合作企业 Cooperative Enterprises
全省	**Shaanxi**	**397.68**	**209.39**	**375.08**	**18.33**	**0.45**	**0.01**
西安市	Xi'an	206.52	77.68	184.47	5.48	0.07	
铜川市	Tongchuan	5.60	4.89	5.60	0.28		
宝鸡市	Baoji	36.86	3.35	36.86	1.58	0.05	
咸阳市	Xianyang	5.02	2.47	5.02	1.69	0.01	
渭南市	Weinan	75.54	72.48	75.53	1.43	0.02	
# 韩城市	Hancheng	5.71	5.60	5.71			
延安市	Yan'an	7.66	2.95	7.66	1.71		
汉中市	Hanzhong	7.15	3.76	7.15	1.69	0.01	
榆林市	Yulin	44.02	37.87	43.48	1.74	0.28	0.01
安康市	Ankang	7.04	2.63	7.04	1.94	0.01	
商洛市	Shangluo	1.80	1.18	1.80	0.66		0.00
杨凌示范区	Yangling	0.47	0.14	0.47	0.13		

16－13 续表 continued

单位：亿元 (100 million yuan)

地区	Region	联营企业 State Joint Ownership Enterprises	有限责任公司 Limited Liability Corporations	股份有限公司 Share-holding Corporations Ltd.	私营企业 Private Enterprises	港、澳、台商投资企业 Enterprises with Funds from Hong Kong, Macao & Taiwan	外商投资企业 Enterprises with Foreign Investment
全省	**Shaanxi**		**239.05**	**33.52**	**82.83**	**3.16**	**19.43**
西安市	Xi'an		103.08	8.63	67.21	3.16	18.89
铜川市	Tongchuan		4.39	0.77	0.14		
宝鸡市	Baoji		12.14	19.90	2.56		
咸阳市	Xianyang		1.27	0.73	1.31		
渭南市	Weinan		72.25	0.01	1.82		0.01
# 韩城市	Hancheng		5.63		0.08		
延安市	Yan'an		2.66	0.54	2.64		
汉中市	Hanzhong		2.95		2.50		
榆林市	Yulin		37.73	1.45	2.16		0.54
安康市	Ankang		2.09	1.11	1.89		
商洛市	Shangluo		0.37	0.30	0.46		
杨凌示范区	Yangling		0.12	0.07	0.15		

16-14 各市(区)限额以上零售业商品库存总额(2019年)
Total Inventory of Enterprises above Designated Size in Retail Trades by City(District)(2019)

单位：亿元 (100 million yuan)

地 区	Region	合 计 Total	# 国有控股 State-holding	内资企业 Domestic Funded Enterprises	国有企业 State-owned Enterprises	集体企业 Collective-owned Enterprises	股份合作企业 Cooperative Enterprises
全 省	**Shaanxi**	**276.05**	**26.86**	**224.76**	**5.96**	**1.15**	**0.04**
西 安 市	Xi'an	177.93	18.80	128.20	5.45	0.26	
铜 川 市	Tongchuan	2.38	0.07	2.38	0.00	0.00	
宝 鸡 市	Baoji	22.05	1.25	21.48	0.13	0.45	
咸 阳 市	Xianyang	7.67	0.87	7.49	0.06	0.07	0.03
渭 南 市	Weinan	12.45	0.31	12.18	0.09	0.10	
# 韩城市	Hancheng	0.70	0.11	0.70	0.09		
延 安 市	Yan'an	9.78	1.08	9.53	0.16	0.03	
汉 中 市	Hanzhong	12.80	2.26	12.80		0.02	
榆 林 市	Yulin	14.70	1.40	14.44	0.04	0.01	
安 康 市	Ankang	12.31	0.42	12.31		0.22	
商 洛 市	Shangluo	3.04	0.36	3.02	0.02		0.01
杨凌示范区	Yangling	0.93	0.03	0.92	0.00		

16-14 续表 continued

单位：亿元 (100 million yuan)

地 区	Region	联营企业 State Joint Ownership Enterprises	有限责任公司 Limited Liability Corporations	股份有限公司 Share-holding Corporations Ltd.	私营企业 Private Enterprises	港、澳、台商投资企业 Enterprises with Funds from Hong Kong, Macao & Taiwan	外商投资企业 Enterprises with Foreign Investment
全 省	**Shaanxi**	**0.00**	**110.33**	**10.95**	**96.12**	**41.66**	**9.63**
西 安 市	Xi'an		58.40	6.46	57.62	40.91	8.83
铜 川 市	Tongchuan		1.55	0.02	0.80		0.00
宝 鸡 市	Baoji	0.00	12.23	1.01	7.51	0.04	0.53
咸 阳 市	Xianyang		3.60	0.15	3.57	0.15	0.03
渭 南 市	Weinan		6.11	1.84	4.03	0.27	
# 韩城市	Hancheng		0.42	0.03	0.17		
延 安 市	Yan'an		7.71	0.05	1.57	0.03	0.23
汉 中 市	Hanzhong		6.08	0.15	6.56		
榆 林 市	Yulin		7.43	0.67	6.29	0.26	
安 康 市	Ankang		4.87	0.42	6.80		
商 洛 市	Shangluo		2.00	0.17	0.81		0.01
杨凌示范区	Yangling		0.33	0.01	0.56	0.01	

16–15 限额以上住宿业经营情况(2019年)

指标	Item	企业数(个) Number of Enterprises (unit)	营业额(万元) Business Value (10 000 yuan)	#客房收入 From Hotel Rooms
总计	**Total**	**1111**	**1513908**	**792996**
按登记注册类型分	**By Status of Registration**			
内资企业	Domestic Funded Enterprises	1096	1418912	746816
国有企业	State-owned Enterprises	45	82360	34003
集体企业	Collective-owned Enterprises	6	4687	3038
股份合作企业	Cooperative Enterprises	2	14955	3859
有限责任公司	Limited Liability Corporations	406	640929	329922
国有独资公司	State Sole Funded Corporations	18	57331	24744
其他有限责任公司	Other Limited Liability Corporations	388	583598	305179
股份有限公司	Share-holding Corporations Ltd.	24	28429	11389
私营企业	Private Enterprises	613	647552	364606
私营独资企业	Private-funded Enterprises	41	30978	15786
私营合伙企业	Private Partnership Enterprises	10	12955	4536
私营有限责任公司	Private Limited Liability Corporations	538	552434	324458
私营股份有限公司	Private Share-holding Corporations Ltd.	24	51185	19825
港、澳、台商投资企业	Enterprises with Funds from Hong Kong, Macao & Taiwan	7	50906	25673
与港澳台商合资经营企业	Joint-venture Enterprises	3	20987	10247
与港澳台商合资经作企业	Cooperative Enterprises	1	1892	1263
港澳台商独资经营企业	Enterprises with Sole Investment	3	28027	14163
外商投资企业	Foreign Funded Enterprises	8	44090	20508
中外合资经营企业	Joint-venture Enterprises	2	9393	2017
外资企业	Enterprises with Sole Fund	5	29707	16098
其他外商投资企业	Other Foreign Funded Enterprises	1	4990	2393
按行业分	**By Sector**			
旅游饭店	Tour Restaurant	540	989010	467718
一般旅馆	General Restaurant	524	470266	299165
经济型连锁酒店	Chain Economical Hotel	101	94072	71587
其他一般旅馆	Others	423	376194	227578
民宿服务	Bed and Breakfast Services	7	1775	1577
露营地服务	Camp Services	2	2556	1190
其他住宿服务	Other Hotel Services	38	50301	23347
按经营形式分	**By Form of Management**			
独立门店	Independent Stores	979	1367464	704238
连锁总店(总部)	General Chain Stores	2	1143	1143
连锁直营店	Chain Direct Store	14	12973	11934
连锁加盟店	Chain Franchise	56	39173	34136
其他	Others	60	93155	41546
按单位规模分	**By Scale**			
大型	Large	7	117407	53623
中型	Medium	128	560588	244061
小型	Small	869	768945	460058
微型	Mini	107	66969	35255
按星级分	**By Star Rating**			
五星	Five-star Level	20	138719	62306
四星	Four-star Level	65	154801	77768
三星	Three-star Level	139	197514	86147
二星	Two-star Level	30	62106	24392
一星	One-star Level	6	3170	1747
其他	Others	851	957599	540636
按经营地分	**By Location of Establishments**			
城镇	Urban Areas	1065	1475600	771794
乡村	Rural Areas	46	38308	21202

Management of Enterprises above Designated Size of Hotels(2019)

#公共网络客房收入 Public Network Income	#通过非自营平台实现的客房收入 Sales of Non-self-supporting Platform	#餐费收入 From Meals	#公共网络餐费收入 Public Network Income	#通过非自营平台实现的餐费收入 Sales of Non-self-supporting Platform	#商品销售收入 From Commodities	客房间数(间) Number of Hotel Rooms (unit)	床位数(个) Number of Beds (unit)	餐位数(位) Number of Dining-seats (seat)	餐饮营业面积(平方米) Operating Area (sq.m)
128142	**23952**	**618644**	**21397**	**6551**	**31580**	**134533**	**224342**	**278539**	**3523674**
120206	20092	581967	17463	3766	30240	130030	217420	267345	3396414
1910		43285	1		1675	4807	8845	18675	170920
10		765			122	547	963	740	11115
		11096				136	282	89	3964
51460	6127	261999	11959	3147	9927	56872	94895	115074	1530071
4618		28241	4333		584	4077	6894	14983	162028
46843	6127	233758	7626	3147	9343	52795	88001	100091	1368043
136		14503	30		512	2838	5256	6697	104139
66690	13966	250320	5472	620	18005	64830	107179	126070	1576205
644		13729	7		1023	2821	5232	7180	79146
2		7263			1058	680	1096	3366	18746
65707	13936	200240	5436	616	14519	59061	96760	106217	1405846
337	30	29087	30	4	1404	2268	4091	9307	72467
3661	1362	18473	216	150	229	2443	3787	6325	20123
2163	1362	5634	156	150	209	1018	1608	2982	12195
111		471				280	478	582	1427
1387		12368	60		20	1145	1701	2761	6501
4275	2498	18204	3718	2635	1111	2060	3135	4869	107137
376		4214	240		716	550	977	1998	2560
3180	1779	11825	3375	2531	163	1256	1798	2256	79788
719	719	2165	103	103	232	254	360	615	24789
73390	13434	445503	18668	6007	16906	79213	134349	203376	2350961
53329	10316	148055	2632	490	12267	51160	82908	66909	1039170
16590	2898	18537	432	83	1843	12109	18691	9985	228777
36739	7418	129518	2200	407	10424	39051	64217	56924	810393
634	203	189	43	4	9	287	495	370	13350
		1252			110	107	203	210	953
790		23645	54	50	2288	3766	6387	7674	119240
107343	19061	572020	16585	6469	28436	117823	198272	258719	3120304
12	12					257	511		
860		445			106	1934	2837	466	31694
11008	3042	3574	108	29	298	6793	10111	2199	113735
8919	1837	42605	4704	52	2739	7726	12611	17155	257941
20051	4366	48195	12094	5325	1187	3819	6520	8862	162014
32209	4993	273742	3741	305	6410	32985	53264	87431	1076977
69584	13927	271868	5404	871	20558	93330	156452	178050	2221985
6298	666	24838	158	50	3425	4399	8106	4196	62698
15169	579	61956	4931		763	7163	10904	20554	185813
13855	1649	61648	651	140	4935	13415	22183	35735	434521
3762	436	98551	312	107	3629	16674	30225	51800	511128
180	20	36591	27		702	2383	4409	11647	63783
298		1055			367	280	466	1150	15972
94879	21269	358843	15477	6304	21183	94618	156155	157653	2312457
124779	23877	602227	21269	6537	31311	128597	213020	268946	3389453
3363	75	16417	129	14	269	5936	11322	9593	134221

16-16 限额以上餐饮业经营情况(2019年)

指　　标	Item	企业数 (个) Number of Enter-prises (unit)	营业额 (万元) Business Value (10 000 yuan)	#客房收入 From Hotel Rooms
总　　计	**Total**	**1372**	**2251727**	**155631**
按登记注册类型分	**By Status of Registration**			
内资企业	Domestic Funded Enterprises	1359	2006227	155337
国有企业	State-owned Enterprises	11	23120	4476
集体企业	Collective-owned Enterprises	3	4382	263
有限责任公司	Limited Liability Corporations	453	790931	72472
国有独资公司	State Sole Funded Corporations	7	19263	2444
其他有限责任公司	Other Limited Liability Corporations	446	771669	70029
股份有限公司	Share-holding Corporations Ltd.	22	127966	6443
私营企业	Private Enterprises	867	1058319	71340
私营独资企业	Private-funded Enterprises	75	94915	5824
私营合伙企业	Private Partnership Enterprises	8	6375	1071
私营有限责任公司	Private Limited Liability Corporations	767	940471	63287
私营股份有限公司	Private Share-holding Corporations Ltd.	17	16559	1159
其他企业	Other Enterprises	3	1509	343
港、澳、台商投资企业	Enterprises with Funds from Hong Kong, Macao & Taiwan	6	87932	294
与港澳台商合资经营企业	Joint-venture Enterprises	2	7917	294
港澳台商独资经营企业	Enterprises with Sole Investment	4	80015	
外商投资企业	Foreign Funded Enterprises	7	157568	
中外合资经营企业	Joint-venture Enterprises	1	205	
外资企业	Enterprises with Sole Fund	3	150872	
外商投资股份有限公司	Share-holding Corporations Ltd.	1	2382	
其他外商投资企业	Other Foreign Funded Enterprises	2	4108	
按行业分	**By Sector**			
正餐服务	Restaurant	1300	1913742	155259
快餐服务	Fast Food	25	214835	
饮料及冷饮服务	Beverages and Cold Drinks	12	83681	
#茶馆服务	Tea	1	740	
咖啡馆服务	Café	7	58640	
酒吧服务	Bar	2	2369	
餐饮配送及外卖送餐服务	Catering Distribution And Delivery Services	10	5314	
餐饮配送服务	Catering Distribution	9	2963	
外卖送餐服务	Delivery Services	1	2351	
其他餐饮服务	Others	25	34155	372
#小吃服务	Snack	19	27069	372
按经营形式分	**By Form of Management**			
独立门店	Independent Stores	1288	1688771	144796
连锁总店	General Chain Stores	24	345101	
连锁直营店	Chain Direct Store	9	73738	
连锁加盟店	Chain Franchise	4	3470	
其　　他	Others	47	140647	10834
按单位规模分	**By Scale**			
大　型	Large	15	474348	3034
中　型	Medium	77	592161	43109
小　型	Small	1087	1094876	103687
微　型	Mini	193	90343	5801
按经营地分	**By Location of Establishments**			
城　镇	Urban Areas	1264	2171316	148638
乡　村	Rural Areas	108	80412	6992

Management of Enterprises above Designated Size of Catering Services(2019)

#公共网络客房收入 Public Network Income	#通过非自营平台实现的客房收入 Sales of Non-self-supporting Platform	#餐费收入 From Meals	#公共网络餐费收入 Public Network Income	#通过非自营平台实现的餐费收入 Sales of Non-self-supporting Platform	#商品销售收入 From Commodities	客房间数(间) Number of Hotel Rooms (unit)	床位数(个) Number of Beds (unit)	餐位数(位) Number of Dining-seats (seat)	餐饮营业面积(平方米) Operating Area (sq.m)
4176	**429**	**1910878**	**85615**	**7072**	**139209**	**26986**	**48462**	**711229**	**2374266**
4176	429	1680125	74319	7072	134459	26927	48344	676555	2252119
83	2	14562	176		3097	714	1370	3634	12720
		4057			62	82	156	826	2049
1034	111	666184	23971	6221	33857	12088	21147	228921	792567
		11569			1217	632	891	4027	43620
1034	111	654614	23971	6221	32640	11456	20256	224894	748947
264		91665	9583		24305	1144	1931	24306	187563
2795	316	902535	40589	851	73095	12870	23678	417578	1255520
168	38	79205	4161	5	9322	1359	2489	25276	93550
		4688			592	91	186	2018	10234
2628	278	804217	36402	846	62210	11091	20416	382680	1137318
		14426	27		971	329	587	7604	14418
		1123			44	29	62	1290	1700
		81974	7906		4677	59	118	14156	49916
		6633	1158		168	59	118	1545	14460
		75341	6748		4509			12611	35456
		148778	3390		73			20518	72231
		205						350	800
		142082	3390		73			19251	68048
		2382						137	283
		4108						780	3100
4176	429	1590395	62661	1372	131630	26903	48306	665208	2226712
		205235	10712		828			32531	104661
		77323	12143	5700	5893			9291	28473
		740						208	420
		52281	113		5893			6461	18197
		2369						632	2685
		4226	100		774			394	850
		1875	100		774			394	850
		2351							
		33699			84	83	156	3805	13570
		26613			84	83	156	3063	9830
4164	429	1404074	35913	1103	97558	25374	45339	538925	2042179
		338835	46476	5969	4786			106183	213007
		69045	592		4509			8156	23124
		3466	1100		4			346	1727
12		95458	1534		32352	1612	3123	57619	94229
369		436438	45390	5969	28207	281	485	150957	396704
342		477529	10224	8	47345	5302	9465	114431	415998
3287	429	919797	27353	1090	61610	20749	37201	432134	1507934
178		77114	2648	5	2047	654	1311	13707	53630
4150	429	1845228	81481	7072	132942	25313	45050	669689	2256101
26		65650	4134		6267	1673	3412	41540	118165

16-17 各市(区)限额以上住宿业和餐饮业经营情况(2019年)

地 区 Region	企业数 (个) Number of Enterprises (unit)	营业额 (万元) Business Value (10 000 yuan)	#客房收入 From Hotel Rooms	#公共网络客房收入 Public Network Income	#通过非自营平台实现的客房收入 Sales of Non-self-supporting Platform
一、住 宿 业 Hotels					
全 省 Shaanxi	**1111**	**1513908**	**792996**	**128142**	**23952**
西 安 市 Xi'an	415	768451	443217	103404	20917
铜 川 市 Tongchuan	28	41778	17216	668	
宝 鸡 市 Baoji	114	139223	62956	5866	946
咸 阳 市 Xianyang	39	68572	23964	355	78
渭 南 市 Weinan	75	72351	29180	228	
# 韩城市 Hancheng	7	8516	3976		
延 安 市 Yan'an	104	78084	50701	2444	174
汉 中 市 Hanzhong	106	106345	49034	7521	1081
榆 林 市 Yulin	81	102617	43365	2936	147
安 康 市 Ankang	105	93810	52866	3171	407
商 洛 市 Shangluo	33	34134	16035	580	203
杨凌示范区 Yangling	11	8544	4463	970	
二、餐 饮 业 Catering Services					
全 省 Shaanxi	**1372**	**2251727**	**155631**	**4176**	**429**
西 安 市 Xi'an	377	918242	15558	2079	246
铜 川 市 Tongchuan	28	29575	2123		
宝 鸡 市 Baoji	167	216262	23869	368	100
咸 阳 市 Xianyang	150	466477	34405	196	
渭 南 市 Weinan	129	202038	15020	268	69
# 韩城市 Hancheng	11	7436			
延 安 市 Yan'an	67	44332	6801	16	14
汉 中 市 Hanzhong	143	72399	4915	106	
榆 林 市 Yulin	61	57546	12982	423	
安 康 市 Ankang	207	209871	31637	705	
商 洛 市 Shangluo	34	27982	7810	17	
杨凌示范区 Yangling	9	7004	510		

Management of Enterprises above Designated Size in Hotels and Catering Services by City(District)(2019)

#餐费收入 From Meals	#公共网络餐费收入 Public Network Income	#通过非自营平台实现的餐费收入 Sales of Non-self-supporting Platform	#商品销售收入 From Commo-dities	客房间数(间) Number of Hotel Rooms (unit)	床位数(个) Number of Beds (unit)	餐位数(位) Number of Dining-seats (seat)	餐饮营业面积(平方米) Operating Area (sq.m)
618644	**21397**	**6551**	**31580**	**134533**	**224342**	**278539**	**3523674**
257372	17759	6186	10011	64764	104195	91296	1431060
22484	22		989	2599	4243	7039	95387
71655	389	0	3204	13520	23489	30517	387570
42256	152	109	1798	3905	6851	13961	122839
40274	157	50	2733	6661	11466	20500	216736
4540				1204	1949	5444	56095
25436	334	15	356	11152	20156	16986	270827
51556	781	16	4066	9583	15719	33349	303010
53584	1213	12	1630	9535	16012	34507	342076
34921	460	118	4389	7655	13295	19127	187794
15779	130	43	1793	3969	6847	9339	150355
3328			612	1190	2069	1918	16020
1910878	**85615**	**7072**	**139209**	**26986**	**48462**	**711229**	**2374266**
825280	69937	6726	46282	2706	4476	333710	963986
26663	353	2	477	344	578	10104	33472
180472	5540	283	10126	4280	8272	92441	336629
378941	1466		48591	4969	8565	59457	193454
168920	4796		15997	3028	5693	41891	146494
7436						3040	5892
34533	806	48	692	1229	2148	25901	95795
64550	971		2887	1143	2138	39864	126237
41575	256	0	1367	2886	5322	31193	110901
164872	348	13	11486	4712	8381	58125	277427
18756	269		1126	1469	2449	16678	69008
6314	874		179	220	440	1865	20863

16—18 限额以上批发业主要财务指标(2019年)

单位：万元

指　　标	Item	企业数（个） Number of Enterprises (unit)
总　计	**Total**	**1869**
按登记注册类型分	**By Status of Registration**	
内资企业	Domestic Funded Enterprises	1841
国有企业	State-owned Enterprises	52
集体企业	Collective-owned Enterprises	13
股份合作企业	Cooperative Enterprises	2
有限责任公司	Limited Liability Corporations	697
国有独资公司	State Sole Funded Corporations	58
其他有限责任公司	Other Limited Liability Corporations	639
股份有限公司	Share-holding Corporations Ltd.	48
私营企业	Private Enterprises	995
私营独资企业	Private-funded Enterprises	7
私营有限责任公司	Private Limited Liability Corporations	962
私营股份有限公司	Private Share-holding Corporations Ltd.	26
其他企业	Other Enterprises	34
港、澳、台商投资企业	Enterprises with Funds from Hong Kong, Macao & Taiwan	4
与港澳台商合资经营企业	Joint-venture Enterprises	1
港澳台商独资经营企业	Enterprises with Sole Investment	3
外商投资企业	Foreign Funded Enterprises	24
中外合资经营企业	Joint-venture Enterprises	6
外资企业	Enterprises with Sole Fund	16
外商投资股份有限公司	Share-holding Corporations Ltd.	1
其他外商投资企业	Other Foreign Funded Enterprises	1
按行业分	**By Sector**	
农、林、牧、渔产品批发	Wholesale of Farm Produce and Livestock Products	57
谷物、豆及薯类批发	Wholesale of Cereals,Beans and Tubers	16
种子批发	Wholesale of Seeds and Forages	13
畜牧渔业饲料批发	Wholesale of Animal Husbandry and Fishery Feeds	6
棉、麻批发	Wholesale of Cotton and Hemp	2
林业产品批发	Wholesale of Forestry Products	6
牲畜批发	Wholesale of livestock	3
其他农牧产品批发	Others	11
食品、饮料及烟草制品批发	Wholesale of Food, Beverages and Tobaccos	366
米、面制品及食用油批发	Wholesale of Rice, Flour and Edible Oil	43
糕点、糖果及糖批发	Wholesale of Cake and Sugar	11
果品、蔬菜批发	Wholesale of Vegetables and Fruits	168
肉、禽、蛋、奶及水产品批发	Wholesale of Meat, Poultry, Eggs and AquaticProducts	26
盐及调味品批发	Wholesale of Salt and Condiments	10
营养和保健品批发	Wholesale of Nutrition and Health Products	2
酒、饮料及茶叶批发	Wholesale of Beverages and Tea	70
烟草制品批发	Wholesale of Tobaccos	11
其他食品批发	Others	25
纺织、服装及家庭用品批发	Wholesale of Textiles, Garments and Daily Consumer Articles	64
纺织品、针织品及原料批发	Wholesale of Textiles, Knitwear and Textile Materials	7
服装批发	Wholesale of Garments	12
鞋帽批发	Wholesale of Shoes and hats	3
化妆品及卫生用品批发	Wholesale of Cosmetics and Health Consumer Articles	12
厨具卫具及日用杂品批发	Wholesale of Livestock Kitchen, Bathroom Appliances and Groceries	3
家用视听设备批发	Wholesale of Domestic Audio-visual equipments	4
日用家电批发	Wholesale of Household Appliances	19
其他家庭用品批发	Others	4

Main Financial Indicators of Enterprises above Designated Size in Wholesale Trades(2019)

(10 000 yuan)

资产合计 Total Assets	# 流动资产 Working Capital	负债合计 Total Liabilities	营业收入 Business Revenue	营业成本 Cost of Business	销售费用 Business Expenditure	营业利润 Profits from Business	利润总额 Total Profits
36831833	**29207625**	**25589566**	**107341784**	**101996300**	**2168378**	**1939095**	**1962185**
31417574	24625246	20653660	92810929	87759616	2088194	1848970	1870120
1861831	1382321	542161	6068055	4821818	194239	359684	368418
24191	17914	18825	100817	95884	1929	605	823
10222	9998	8920	7838	7353	92	284	283
19428301	15407441	12438228	61817468	59457662	1129457	1198973	1207031
3742607	2772238	2245704	17620260	16961792	353019	344554	343464
15685694	12635203	10192524	44197208	42495870	776438	854419	863567
4477662	3243401	3516265	10369591	10011228	285583	4286	2522
5554918	4533265	4108617	14259678	13197830	472421	276769	282310
5683	4169	2990	41536	38993	1027	442	442
5359540	4373894	3988886	14027800	12984436	464714	274740	280653
189695	155202	116741	190342	174401	6680	1587	1215
60451	30907	20644	187483	167843	4473	8371	8732
75454	64951	60039	117077	79610	22452	3853	3825
25348	25231	19234	13720	13348	0	105	99
50106	39719	40805	103357	66262	22452	3748	3726
5338804	4517429	4875868	14413778	14157074	57732	86272	88240
3552016	2985004	3260373	10963910	10829549	16790	18225	20267
1434043	1391306	1273782	2872695	2785996	19257	63621	63742
164307	-45772	179768	248425	235516	17985	-6649	-6644
188437	186891	161945	328749	306013	3700	11075	10875
355393	220895	212556	565085	525147	8573	15786	17618
120762	96948	93857	323552	316375	2399	1080	2222
45141	20035	12220	48245	41920	1496	1457	1579
7077	6471	3198	22963	21816	478	-119	-120
76712	31906	62596	29951	27675	390	-129	391
89379	54966	34059	50205	37572	1536	10267	10316
2453	1398	1826	18747	15725	814	1162	1162
13870	9170	4799	71421	64065	1462	2069	2069
3847329	3059312	1692366	8768041	6938810	426838	611785	624099
310166	240220	223963	890200	815806	26414	15974	17861
30664	28496	25446	149389	136901	5036	835	723
711548	343598	293274	1685084	1556790	39604	46177	47472
53643	50032	52962	197943	177587	15082	232	1115
92311	60313	28632	39255	33056	2633	361	764
6577	6442	1949	8506	6006	310	1480	1438
1341752	1224031	833182	1732915	1347045	178011	181954	184917
1250813	1063576	201506	3956959	2770343	154748	362862	367857
49854	42604	31452	107790	95276	4998	1911	1953
625168	561597	527075	1346493	1155777	74979	57675	58303
12726	10206	12325	27085	25851	291	6	151
96981	83711	83295	213280	200206	8384	1277	1670
51218	46075	43862	102829	65823	22573	4026	4006
81086	65325	42694	167556	141034	18641	4598	4598
11800	11727	10051	10506	7825	1914	80	86
11726	10215	55106	35350	32085	2843	-329	-314
333209	328223	267744	697151	649389	19188	17666	17710
26422	6115	11999	92738	33564	1145	30352	30396

16-18 续表

单位：万元

指标	Item	企业数(个) Number of Enterprises (unit)
文化、体育用品及器材批发	Wholesale of Culture, Sports Appliances and Equipment	43
文具用品批发	Wholesale of Stationary	14
体育用品及器材批发	Wholesale of Sports Goods	1
图书批发	Wholesale of Books	18
首饰、工艺品及收藏品批发	Wholesale of Jewelry, Artwork and Collections	7
其他文化用品批发	Others	3
医药及医疗器材批发	Wholesale of Medicines and Medical Appliances	205
西药批发	Wholesale of Western Medicine	101
中药批发	Wholesale of Traditional Chinese Medicinal Materials and Medicines	47
动物用药品批发	Wholesale of Animal Drugs	2
医疗用品及器材批发	Wholesale of Medical Materials and Medical Instruments	55
矿产品、建材及化工产品批发	Wholesale of Mineral Products, Building Materials and Chemical Products	810
煤炭及制品批发	Wholesale of Coal and Related Products	175
石油及制品批发	Wholesale of Petroleum and Related Products	132
非金属矿及制品批发	Wholesale of Metal Materials	5
金属及金属矿批发	Wholesale of Metal Materials	197
建材批发	Wholesale of Building Materials	146
化肥批发	Wholesale of Garments	51
农药批发	Wholesale of Pesticides	12
农用薄膜批发	Wholesale of Agricultural Film	1
其他化工产品批发	Others	91
机械设备、五金交电及电子产品批发	Wholesale of Machinery, Hardware and Electronic Equipment	272
农业机械批发	Wholesale of Agricultural Machinery	16
汽车及零配件批发	Wholesale of Motor Vehicles and Parts	55
摩托车及零配件批发	Hardware	5
五金产品批发	Wholesale of Household Appliances	34
电气设备批发	Wholesale of Electrical Appliance	22
计算机、软件及辅助设备批发	Wholesale of Computer, Software and Peripherals	22
通讯设备批发	Wholesale of Communication Equipments	21
广播影视设备批发	Wholesale of Radio and Television Equipments	1
其他机械设备及电子产品批发	Others	96
贸易经纪与代理	Trade Broker and Agency	7
贸易代理	Trade Agency	7
其他批发	Others	45
再生物资回收与批发	Recovery and Wholesale of Regeneration Material	8
互联网批发	E-commerce Wholesale	5
其他未列明的批发	Any other Wholesale	32
按经营形式分	**By Form of Management**	
独立门店	Independent Stores	1304
连锁总店(总部)	General Chain Stores	5
连锁直营店	Chain Direct Store	2
其　　他	Others	558
按单位规模分	**By Scale**	
大　型	Large	65
中　型	Medium	538
小　型	Small	1038
微　型	Mini	228
按经营地分	**By Location of Establishments**	
城　镇	Urban Areas	1704
乡　村	Rural Areas	165

continued

(10 000 yuan)

资产合计 Total Assets	# 流动资产 Working Capital	负债合计 Total Liabilities	营业收入 Business Revenue	营业成本 Cost of Business	销售费用 Business Expenditure	营业利润 Profits from Business	利润总额 Total Profits
397097	313884	258773	886431	825129	25551	9812	10218
70232	63249	53006	220288	214109	3148	210	410
2092	2076	1079	13199	12202	700	116	116
242714	170865	136281	234623	190811	16027	8422	8589
65673	63536	54208	382837	374284	4758	720	756
16386	14158	14198	35485	33723	918	344	347
3798842	3585951	3169353	5181831	4732861	183297	80598	82459
2835982	2680228	2433288	4017515	3721850	119889	42633	43909
395074	372238	325619	535380	486694	25584	6716	6963
2224	2052	1344	2056	1559	119	333	333
565562	531433	409101	626880	522758	37706	30916	31255
23747830	17737341	16443718	82138263	79763560	1279807	1005321	1006044
7461789	4296526	3455145	21028002	20005174	567391	759236	759346
3212068	1969236	2915842	19244644	18681337	367558	87944	83453
9916	9379	8164	73946	67506	4061	622	622
10121229	8801464	8138970	34264618	33768369	239706	77386	80305
793551	719908	528605	2514692	2424506	37248	18293	18674
117186	98146	67538	434644	388785	19667	8192	9092
92602	78870	48506	142071	113716	16307	8389	8547
2707	1669		5953	5120		16	24
1936782	1762142	1280949	4429692	4309047	27868	45244	45981
3782328	3478558	3055950	7188662	6826422	150718	152127	156123
52243	43983	28679	130238	108206	5975	8049	8031
656705	637227	621941	1963108	1907296	38115	-939	-362
13948	12496	11019	43368	40667	1337	417	415
155455	141552	100409	246718	224917	9266	4298	4329
535886	487977	396688	631093	579436	20982	11269	13866
81439	80006	53234	153564	145942	2401	1483	1464
314475	149349	105601	302857	288303	5455	50262	50534
1366	1361	1118	15532	14449	1014	-41	-37
1970811	1924607	1737261	3702185	3517206	66174	77330	77882
105995	103776	91467	220999	205131	8944	3420	3802
105995	103776	91467	220999	205131	8944	3420	3802
171852	146312	138309	1045980	1023464	9671	2572	3518
13043	10160	10701	105922	106272	722	682	720
52252	52139	50944	743172	741493	659	-898	-829
106557	84013	76664	196887	175699	8291	2788	3628
20345516	16185697	14851094	61199398	58237912	1355042	1084597	1095071
123385	109211	102386	727354	699498	14526	-553	-667
40292	5696	42377	86148	79253	8498	-2188	-2182
16322640	12907021	10593710	45328884	42979638	790312	857240	869963
11368692	8534066	7462603	29298927	26894220	885472	725675	729853
17985999	13969312	12723236	57479341	55419184	923685	935078	943089
5592389	4931718	3810130	15815302	15053788	335178	224897	234939
1884754	1772530	1593597	4748214	4629108	24043	53445	54303
35875987	28441737	24958095	104834940	99651211	2112266	1893644	1916512
955846	765889	631472	2506844	2345090	56112	45451	45672

16−19 限额以上零售业主要财务指标(2019年)

单位：万元

指　　标	Item	企业数(个) Number of Enterprises (unit)
总　计	**Total**	**4393**
按登记注册类型分	**By Status of Registration**	
内资企业	Domestic Funded Enterprises	4322
国有企业	State-owned Enterprises	40
集体企业	Collective-owned Enterprises	74
股份合作企业	Cooperative Enterprises	3
联营企业	Joint Ownership Enterprises	1
集体联营企业	Collective Joint Ownership Enterprises	1
有限责任公司	Limited Liability Corporations	1593
国有独资公司	State Sole Funded Corporations	71
其他有限责任公司	Other Limited Liability Corporations	1522
股份有限公司	Share-holding Corporations Ltd.	95
私营企业	Private Enterprises	2494
私营独资企业	Private-funded Enterprises	221
私营合伙企业	Private Partnership Enterprises	27
私营有限责任公司	Private Limited Liability Corporations	2184
私营股份有限公司	Private Share-holding Corporations Ltd.	62
其他企业	Other Enterprises	22
港、澳、台商投资企业	Enterprises with Funds from Hong Kong, Macao & Taiwan	34
港澳台商合资经营企业	Joint-venture Enterprises	7
港澳台商独资经营企业	Enterprises with Sole Investment	24
港澳台商投资股份有限公司	Share-holding Corporations Ltd.	3
外商投资企业	Foreign Funded Enterprises	37
中外合资经营企业	Joint-venture Enterprises	8
外资企业	Enterprises with Sole Fund	21
外商投资股份有限公司	Share-holding Corporations Ltd. with Foreign Investment	3
其他外商投资企业	Other Foreign Funded Enterprises	5
按行业分	**By Sector**	
综合零售	Integrated Retail	860
百货零售	Retail of General Merchandise	433
超级市场零售	Retail of Supermarkets	331
便利店零售	Retail of Convenience Stores	14
其他综合零售	Others	82
食品、饮料及烟草制品专门零售	Special Retail of Food, Beverages and Tobaccos	523
粮油零售	Retail of Grain and Oil	66
糕点、面包零售	Retail of Cake and Bread	13
果品、蔬菜零售	Retail of Melons and Fruits, Vegetables	140
肉、禽、蛋及水产品零售	Retail of Meat, Poultry, Eggs and Aquatic Products	51
营养和保健品零售	Retail of Nourishment and Health Products	9
酒、饮料及茶叶零售	Retail of Beverages and Tea	123
烟草制品零售	Retail of Tobaccos	25
其他食品零售	Others	96

Main Financial Indicators of Enterprises above Designated Size in Retail Trades(2019)

(10 000 yuan)

资产合计 Total Assets	# 流动资产 Working Capital	负债合计 Total Liabilities	营业收入 Business Revenue	营业成本 Cost of Business	销售费用 Business Expenditure	营业利润 Profits from Business	利润总额 Total Profits
17534625	**11943013**	**11838838**	**35088411**	**30438336**	**2331013**	**673764**	**710336**
13639204	9469716	9153415	26436428	23003376	1560033	473109	500047
414144	349012	274867	813369	736024	43257	21686	23377
74244	43612	41349	393609	317463	28547	10689	10635
1767	1347	775	17107	15275	723	268	268
78	63	13	1666	1503	1	71	
78	63	13	1666	1503	1	71	
7509786	4971131	4984997	13290774	11717484	732206	238639	257028
458225	315529	269912	568539	489029	39730	19450	27213
7051561	4655603	4715084	12722235	11228455	692476	219190	229815
984399	609503	506140	1059881	773296	51389	6129	8207
4631042	3480934	3332723	10806320	9397263	701254	194695	198509
123405	77332	63555	459648	414106	14952	14187	13874
15315	8719	6355	101064	81293	5685	3519	3526
4370964	3318753	3198568	9998239	8689592	668742	163207	168307
121358	76129	64245	247370	212273	11875	13783	12803
23745	14115	12552	53703	45069	2657	931	2024
1970648	1495665	1367827	2766285	2300286	271468	80301	83436
728413	645145	364781	897947	737058	90294	37903	44719
1166217	827558	916461	1793218	1495505	179070	39104	35449
76019	22962	86586	75120	67724	2104	3294	3268
1924773	977632	1317595	5885698	5134674	499512	120354	126853
813189	224780	385375	1580576	1311135	120745	104414	105243
886197	532855	705230	3984743	3517835	364743	19453	23194
10570	9970	8046	79275	70900	5930	-1197	-1215
214818	210027	218944	241105	234804	8094	-2315	-368
4932060	3060867	3324599	7825538	6388929	671590	110556	119186
3136771	1834012	2060185	4335581	3500942	300780	55376	56991
1647137	1137885	1190872	3122677	2588607	334828	50745	55807
40776	27594	20763	52842	41927	7261	-2591	-573
107376	61377	52780	314439	257453	28721	7026	6962
731931	479049	422701	1462538	1227313	95394	53085	53604
86082	60315	48925	174697	153270	5759	7365	8500
14017	9331	4364	33006	23718	4318	882	865
193458	113569	90748	405144	345523	19778	22253	23081
117494	55056	78812	200525	176241	10123	3286	2774
6206	4217	5024	11284	8851	1896	-1242	-1631
176272	138069	101713	340905	279567	22327	22381	22296
33514	30270	21889	90381	70457	2971	3259	3397
104888	68221	71226	206598	169685	28222	-5098	-5678

16-19 续表 1

单位：万元

指　　标	Item	企业数（个）Number of Enterprises (unit)
纺织、服装及日用品专门零售	Special Retail of Textiles, Garments and Daily Consumer Articles	186
纺织品及针织品零售	Retail of Textiles and Knitwear	20
服装零售	Retail of Garments	101
鞋帽零售	Retail of Shoes and Hats	6
化妆品及卫生用品零售	Retail of Cosmetics and Health Consumer Articles	19
厨具卫具及日用杂品零售	Retail of Livestock Kitchen, Bathroom Appliances and Groceries	9
钟表、眼镜零售	Retail of Clocks and Watches,Spectacles	9
箱、包零售	Retail of Luggage and Bags	5
自行车等代步设备零售	Retail of Working Equipments such as bicycle	2
其他日用品零售	Others	15
文化、体育用品及器材专门零售	Special Retail of Culture, Sports Appliances and Equipments	235
文具用品零售	Retail of Stationery	27
体育用品及器材零售	Retail of Sports Goods	10
图书、报刊零售	Retail of Books	116
音像制品、电子和数字出版物零售	Retail of Audiovisual Products and Digital Publications	1
珠宝首饰零售	Retail of Jewelry	37
工艺美术品及收藏品零售	Retail of Artwork and Collections	33
乐器零售	Retail of Musical Instrument	4
照相器材零售	Retail of Photographic Equipment	2
其他文化用品零售	Others	5
医药及医疗器材专门零售	Special Retail of Medicines and Medical Appliances	274
西药零售	Retail of Western Medicine	238
中药零售	Retail of Traditional Chinese Medicinal	15
医疗用品及器材零售	Retail of Medical Supplies and Appliances	20
保健辅助治疗器材零售	Retail of Health Care Appliances	1
汽车、摩托车、燃料及零配件专门零售	Special Retail of Motor Vehicles, Motorcycles, Fuel and Parts	1258
汽车新车零售	Retail of New Motor Vehicles	771
汽车旧车零售	Retail of Old Motor Vehicles	17
汽车零配件零售	Retail of Motor Vehicles and Parts	34
摩托车及零配件零售	Retail of Motorcycles and Parts	38
机动车燃油零售	Retail of Fuel Oil of Motor Vehicles	355
机动车燃气零售	Retail of Gas of Motor Vehicles	43
家用电器及电子产品专门零售	Special Retail of Household Appliances and Electronic Products	435
家用视听设备零售	Retail of Domestic Audio-visual Equipment	29
日用家电设备零售	Retail of Household Appliances	225
计算机、软件及辅助设备零售	Retail of Computer, Software and Peripherals	96
通信设备零售	Retail of Communication Equipment	58
其他电子产品零售	Others	27
五金、家具及室内装修材料专门零售	Special Retail of Hardware, Furniture and Decoration Materials	292
五金零售	Retail of Hardware	77
灯具零售	Retail of Light Fittings	10
家具零售	Retail of Furniture	116
涂料零售	Retail of Dope	1
卫生洁具零售	Retail of Sanitary	4
木质装饰材料零售	Retail of Dooden Decorating Materials	12
陶瓷、石材装饰材料零售	Retail of Porcelainous, Stone Finishing Decorating Materials	18
其他室内装修材料零售	Others	54

continued

(10 000 yuan)

资产合计 Total Assets	# 流动资产 Working Capital	负债合计 Total Liabilities	营业收入 Business Revenue	营业成本 Cost of Business	销售费用 Business Expenditure	营业利润 Profits from Business	利润总额 Total Profits
1317019	840755	643295	1956980	1569120	219198	80935	82971
11935	9681	6898	32541	26017	2617	1869	1875
1099645	655458	503584	1468109	1194250	162472	61530	63303
109606	99864	68507	243684	194939	31563	5674	5752
33845	23937	17463	97511	65016	5687	9126	9358
9480	9024	2909	18826	14526	1624	1699	1716
16172	12924	13154	18639	11787	3919	1182	1179
6915	6636	6857	3871	2955	479	-166	-166
2807	1625	1007	2358	1967	92	29	29
26615	21606	22916	71441	57662	10746	-9	-74
746071	523478	449162	854468	701345	67239	33221	47045
11214	8448	3088	22527	17985	911	1835	1837
27031	24059	13419	60675	50345	5190	1267	1224
505042	356887	270600	605744	502086	49867	24832	38359
232	204	2	297	98	5	183	183
64937	53293	37680	75210	67877	4159	-801	-777
126626	71219	117066	65382	43152	5365	4915	5234
3404	3230	2301	12028	9468	915	231	223
775	768	490	2378	2052	44	58	58
6812	5369	4515	10227	8281	783	702	704
896951	741497	690355	1580915	1273639	197655	32343	34197
752439	617984	599611	1404566	1132799	179786	24097	25616
69021	60243	48454	99313	83783	10246	2054	2056
72749	60532	40680	74233	54616	7526	6101	6435
2742	2738	1611	2803	2442	97	92	89
6220636	4304881	4490102	13295357	12196934	486599	220794	220964
4737890	3668423	3658713	10142941	9507371	292519	76925	76802
58534	52157	86866	58917	56602	3026	-12288	-12330
130043	90419	91956	242724	219684	10020	5487	5470
70566	32054	25606	149676	124649	5042	9960	10008
1094534	389250	535286	2500625	2125029	166081	135188	135475
129069	72578	91675	200473	163599	9912	5522	5540
895153	760512	558566	2130340	1846605	155909	29803	31061
41985	35073	29349	148882	130470	11218	1329	1404
544513	492759	343835	1403293	1202461	115926	16339	17222
148530	97098	81418	203650	175534	7461	8187	8367
118942	106448	85164	311589	282999	18574	1790	1863
41184	29135	18800	62925	55141	2730	2159	2204
707614	445168	490012	1246675	994824	103994	63787	69092
77342	62967	37633	199525	179219	5766	6314	6277
7139	5006	2770	14922	13176	268	899	898
420913	213311	334507	541624	409296	67522	25540	30920
829	445	279	802	743	4	32	32
2604	2571	2472	3555	2835	409	142	143
5861	4892	2854	17988	11375	1084	4158	4158
27123	22117	16743	67095	55357	5715	1111	1120
165803	133859	92754	401163	322822	23226	25591	25544

16-19 续表 2

单位：万元

指　　标	Item	企业数(个) Number of Enterprises (unit)
货摊、无店铺及其他零售	Non-shop and Other Retails	330
互联网零售	E-commerce Retails	288
邮购及电视、电话零售	Mail-order & Phone-order Retails	1
自动售货机零售	Vending Machine Retails	2
生活用燃料零售	Retail of Life Fuels	26
其他未列明的零售	Other Retail not Classified Elsewhere	13
按经营形式分	**By Form of Management**	
独立门店	Independent Stores	3890
连锁总店(总部)	**General Chain Stores**	**84**
连锁直营店	Chain Direct Store	38
连锁加盟店	Chain Franchise	4
其　他	Others	377
按单位规模分	**By Scale**	
大　型	Large	52
中　型	Medium	857
小　型	Small	2256
微　型	Mini	1228
按零售业态分	**By Business Categories**	
有店铺零售	Shop Retails	3992
食杂店	Grocery Store	41
便利店	Convenience Store	96
超　市	Supermarket	562
大型超市	Hypermarket	55
仓储会员店	Warehouse Club	12
百货店	Department Store	337
专业店	Specialty Store	1487
专卖店	Franchised Store	1153
家居建材商店	Building Material Store	139
购物中心	Shopping Center	44
厂家直销中心	Factory Outlets Center	66
无店铺零售	Non-shop Retails	401
电视购物	TV shopping	1
邮　购	Mail-order	5
网上商店	Web Storefronts	265
自动售货亭	Vending Machine	1
电话购物	Telephone Shopping	1
其　他	Others	128
按经营地分	**By Location of Establishments**	
城　镇	Urban Areas	4018
乡　村	Rural Areas	375

continued

(10 000 yuan)

资产合计 Total Assets	# 流动资产 Working Capital	负债合计 Total Liabilities	营业收入 Business Revenue	营业成本 Cost of Business	销售费用 Business Expenditure	营业利润 Profits from Business	利润总额 Total Profits
1087190	786807	770045	4735602	4239627	333436	49241	52218
777682	675193	610901	4505066	4038798	322119	43543	44774
18623	16201	11362	77807	73937	2096	804	1111
2614	1443	856	4585	2587	1787	-141	-138
275777	84704	138902	125561	105399	5536	4879	5323
12494	9266	8025	22582	18906	1898	157	1147
13231202	8523077	8762347	25964821	22591425	1445511	612879	636107
1736620	**1351079**	**1032949**	**1951539**	**1602813**	**260235**	**-6940**	**-387**
369410	314951	296718	802846	668536	87009	5761	6374
7013	5355	3648	15119	12349	1253	-2	79
2190380	1748553	1743176	6354086	5563213	537006	62067	68163
4693963	3103946	3075298	8722224	7115198	903637	215728	226892
8470726	5711647	6159497	16450844	14653210	1024566	148893	168405
3309602	2279008	1923573	7746806	6737404	333812	237267	243721
1060334	848412	680471	2168536	1932525	68998	71876	71319
16416916	11026045	10993326	30098907	25979758	1974133	620912	655183
32755	20000	11259	201963	142658	34495	5389	5434
176236	124091	133638	328725	269190	26255	5262	8202
842818	572532	497764	2293615	1955136	165117	52535	52771
1333813	875548	961513	2111481	1719012	250085	31136	38715
25401	22211	11780	32870	29690	2102	-152	-75
3351548	1811507	2087808	3645493	2906252	271777	55553	57224
5447000	3779691	3612843	10796479	9419896	688301	261874	277727
4123637	3125341	2829406	8902822	8016998	427120	169167	169747
403424	233275	330208	677090	532640	67386	33226	38455
359360	200564	259438	744229	666471	24971	5740	6127
320924	261286	257668	364141	321814	16524	1183	855
1117709	916968	845512	4989504	4458578	356880	52852	55154
18623	16201	11362	77807	73937	2096	804	1111
3593	1805	1197	9044	7048	649	1080	1080
743140	657195	592651	4442685	3991537	318420	40465	41619
2073	1103	814	3898	1945	1777	-143	-140
1821	1820	760	2692	2313	145	88	88
348460	238844	238728	453379	381798	33793	10558	11395
16788796	11490122	11370607	33561621	29061833	2279170	643781	675428
745828	452891	468231	1526790	1376503	51843	29983	34909

16—20 限额以上住宿业主要财务指标(2019年)

单位：万元

指　　标	Item	企业数(个) Number of Enterprises (unit)	资产合计 Total Assets
总　计	**Total**	**1111**	**4505388**
按登记注册类型分	**By Status of Registration**		
内资企业	Domestic Funded Enterprises	1096	3816121
国有企业	State-owned Enterprises	45	195329
集体企业	Collective-owned Enterprises	6	11983
股份合作企业	Cooperative Enterprises	2	1506
有限责任公司	Limited Liability Corporations	406	2422407
国有独资公司	State Sole Funded Corporations	18	101912
其他有限责任公司	Other Limited Liability Corporations	388	2320495
股份有限公司	Share-holding Corporations Ltd.	24	47411
私营企业	Private Enterprises	613	1137485
私营独资企业	Private-funded Enterprises	41	26559
私营合伙企业	Private Partnership Enterprises	10	7372
私营有限责任公司	Private Limited Liability Corporations	538	1043340
私营股份有限公司	Private Share-holding Corporations Ltd.	24	60215
港、澳、台商投资企业	Enterprises with Funds from Hong Kong, Macao & Taiwan	7	199818
与港澳台商合资经营企业	Joint-venture Enterprises	3	116286
与港澳台商合作经营企业	Cooperative Enterprises	1	3084
港澳台商独资经营企业	Enterprises with Sole Investment	3	80448
外商投资企业	Foreign Funded Enterprises	8	489449
中外合资经营企业	Joint-venture Enterprises	2	40897
外资企业	Share-holding Corporations Ltd. with Foreign Investment	5	447057
其他外商投资企业	Other Foreign Funded Enterprises	1	1495
按行业分	**By Sector**		
旅游饭店	Tour Restaurant	540	3642228
一般旅馆	General Restaurant	524	764643
# 经济型连锁酒店	Chain Economical Hotel	101	157478
民宿服务	Bed and Breakfast Services	7	4882
露营地服务	Camp Services	2	7704
其他住宿服务	Other Hotel Services	38	85932
按经营形式分	**By Form of Management**		
独立门店	Independent Stores	979	3964328
连锁总店(总部)	General Chain Store	2	368
连锁直营店	Chain Direct Store	14	36720
连锁加盟店	Chain Franchise	56	66578
其　他	Others	60	437394
按单位规模分	**By Scale**		
大　型	Large	7	903170
中　型	Medium	128	1916526
小　型	Small	869	1534614
微　型	Mini	107	151078
按星级分	**By Star Rating**		
五　星	Five-star Level	20	430377
四　星	Four-star Level	65	547717
三　星	Three-star Level	139	331542
二　星	Two-star Level	30	36625
一　星	One-star Level	6	3574
其　他	Others	851	3155552
按经营地分	**By Location of Establishments**		
城　镇	Urban Areas	1065	4338011
乡　村	Rural Areas	46	167377

Main Financial Indicators in Hotels above Designated Size(2019)

(10 000 yuan)

# 流动资产 Working Capital	负债合计 Total Liabilities	营业收入 Business Revenue	营业成本 Cost of Business	销售费用 Business Expenditure	营业利润 Profits from Business	利润总额 Total Profits
1695632	**3650830**	**1446149**	**689845**	**385646**	**-66887**	**-63087**
1411998	2998677	1350850	648215	362388	-55668	-49273
39687	105922	78861	36450	22995	-2104	-1522
9067	21416	4787	3092	553	-108	-60
343	1090	13397	539	258	295	295
856751	2096907	613090	277770	182825	-46775	-44468
40225	159521	55153	16187	20971	-4188	-4022
816527	1937386	557937	261583	161854	-42587	-40446
10221	19989	27744	17258	4712	1203	1212
495930	753353	612971	313106	151047	-8178	-4730
9865	10605	29920	19358	4159	2190	2237
4293	2098	12661	8721	1930	757	757
450051	704702	525298	260172	136546	-13874	-10524
31722	35949	45092	24855	8412	2749	2800
85093	169151	46093	15882	12678	-1026	-3773
52712	124832	17848	7758	5493	-3579	-6383
342	18714	1773	566	683	-812	-790
32038	25605	26472	7558	6503	3365	3400
198542	483003	49206	25749	10580	-10193	-10041
17605	40022	8982	6776	1056	-1898	-1812
179581	441637	35529	18155	7375	-8088	-8030
1356	1344	4695	818	2149	-207	-199
1346512	3129360	950290	436289	266178	-60556	-57594
324524	476727	445352	230986	106588	-4485	-3604
77098	104722	87489	33350	31337	591	583
3192	3522	1729	880	550	-185	-184
1203	3107	2508	758	146	-365	-365
20201	38113	46269	20933	12184	-1295	-1340
1381709	3289162	1307343	636454	338683	-69781	-66454
94	8	1128	483	11	14	11
28858	30509	12353	1678	6731	1693	1671
42947	46384	38526	11396	12890	-1673	-1505
242025	284767	86799	39836	27331	2860	3190
233579	804512	119169	75929	23343	-19926	-19660
736015	1683912	534218	192580	168602	-31966	-29805
688913	1070040	732005	382016	183431	-15063	-13669
37126	92366	60757	39321	10271	69	47
164728	483941	131677	42518	44468	-8242	-4820
162478	452556	147577	53354	42381	-5656	-4526
117804	261602	187943	90594	49871	922	1224
9778	18289	58562	24266	9948	2732	2778
1267	357	3066	1917	353	24	44
1239578	2434084	917324	477196	238624	-56667	-57787
1656179	3563540	1409613	668238	377408	-65433	-62133
39454	87290	36536	21608	8238	-1454	-954

16−21 限额以上餐饮业主要财务指标(2019年)

单位：万元

指　　标	Item	企业数(个) Number of Enterprises (unit)	资产合计 Total Assets
总　　计	**Total**	**1372**	**1686619**
按登记注册类型分	**By Status of Registration**		
内资企业	Domestic Funded Enterprises	1359	1551175
国有企业	State-owned Enterprises	11	14040
集体企业	Collective-owned Enterprises	3	401
有限责任公司	Limited Liability Corporations	453	666311
国有独资公司	State Sole Funded Corporations	7	112149
其他有限责任公司	Other Limited Liability Corporations	446	554162
股份有限公司	Share-holding Corporations Ltd.	22	210370
私营企业	Private Enterprises	867	658313
私营独资企业	Private-funded Enterprises	75	56225
私营合伙企业	Private Partnership Enterprises	8	2858
私营有限责任公司	Private Limited Liability Corporations	767	589726
私营股份有限公司	Private Share-holding Corporations Ltd.	17	9505
其他企业	Other Enterprises	3	1740
港、澳、台商投资企业	Enterprises with Funds from Hong Kong, Macao & Taiwan	6	73560
与港澳台商合资经营企业	Joint-venture Enterprises	2	3498
港澳台商独资经营企业	Enterprises with Sole Investment	4	70062
外商投资企业	Foreign Funded Enterprises	7	61885
中外合资经营企业	Joint-venture Enterprises	1	248
外资企业	Enterprises with Sole Fund	3	58893
外商投资股份有限公司	Share-holding Corporations Ltd.	1	59
其他外商投资企业	Other Foreign Funded Enterprises	2	2685
按行业分	**By Sector**		
正餐服务	Restaurant	1300	1520499
快餐服务	Fast Food	25	96126
饮料及冷饮服务	Beverages and Cold Drinks	12	56257
#茶馆服务	Tea	1	934
咖啡馆服务	Café	7	46335
酒吧服务	Bar	2	1100
餐饮配送及外卖送餐服务	Catering Distribution And Delivery Services	10	3747
餐饮配送服务	Catering Distribution	9	2749
外卖送餐服务	Delivery Services	1	998
其他餐饮服务	Others	25	9991
#小吃服务	Snack	19	8869
按经营形式分	**By Form of Management**		
独立门店	Independent Stores	1288	1351571
连锁总店(总部)	General Chain Stores	24	162808
连锁直营店	Chain Direct Store	9	53408
连锁加盟店	Chain Franchise	4	2078
其　他	Others	47	116754
按单位规模分	**By Scale**		
大　型	Large	15	381238
中　型	Medium	77	503339
小　型	Small	1087	741872
微　型	Mini	193	60170
按经营地分	**By Location of Establishments**		
城　镇	Urban Areas	1264	1613677
乡　村	Rural Areas	108	72942

Main Financial Indicators of Enterprises above Designated Size in Catering Services(2019)

(10 000 yuan)

# 流动资产 Working Capital	负债合计 Total Liabilities	营业收入 Business Revenue	营业成本 Cost of Business	销售费用 Business Expenditure	营业利润 Profits from Business	利润总额 Total Profits
723599	**923791**	**2124047**	**1335898**	**444068**	**103784**	**105503**
661809	858217	1892752	1232223	363943	76180	77868
4872	4143	20701	14790	2059	2048	2053
266	234	4272	3507	170	503	503
263398	418162	743227	498208	122273	20713	21600
24645	59050	18614	11242	4197	-313	-270
238753	359113	724614	486966	118077	21026	21869
85737	93985	119406	66295	36815	3245	3781
306592	341177	1003821	648477	202526	49577	49837
23394	17515	92560	66353	11525	4255	4324
1284	992	6179	3741	868	653	634
277340	320664	889909	566787	189148	43656	43867
4575	2006	15174	11595	986	1014	1013
944	516	1325	947	101	94	94
34213	39772	82602	25827	41563	11603	11837
1631	9055	7559	4409	3381	-931	-918
32582	30717	75043	21418	38182	12534	12754
27578	25802	148693	77849	38562	16001	15798
248	48	194	73	128	-14	-14
25202	24274	142326	72808	38035	15725	15608
22	11	2382	1727	82	203	203
2105	1469	3792	3241	317	87	2
646661	845061	1803817	1168930	350194	74661	76391
35465	49984	203036	105614	58416	18634	18332
34456	22198	78310	35068	31757	7330	7600
354	115	699	481	30	43	45
30614	13783	54802	25295	19943	7389	7707
533	118	2284	965	541	212	212
2866	1443	5315	2599	1168	775	786
1909	1276	2963	1839	188	171	173
957	167	2351	760	980	604	612
4150	5106	33570	23688	2534	2384	2394
3727	4835	26560	17324	2458	2014	2024
570644	749627	1591645	1077212	270488	65740	66572
42788	98875	323521	156702	115790	16829	16834
37397	15200	69184	22432	25108	12914	13170
1565	737	3463	1665	1296	300	313
71206	59352	136235	77888	31388	8001	8613
154605	169784	445479	209074	152134	35037	35955
215463	362604	554785	363643	117135	-655	-674
320592	368423	1040376	709344	164452	62328	63135
32939	22981	83408	53836	10348	7074	7086
702925	890410	2046500	1281403	435485	98446	100299
20674	33380	77547	54495	8583	5337	5204

16-22 批发和零售业、住宿和餐饮业连锁经营情况(2019年)
Chain Management of Enterprises of Wholesale, Retail Trades, Hotels and and Catering Services(2019)

类 别		Item		合 计 Total	直营店 Regular Chain	加盟店 Franchise Chain
批发和零售业		**Wholesale and Retail Trades**				
门店总数	(个)	Number of Stores	(unit)	4992	4617	375
年末零售营业面积	(平方米)	Retail Operating Area at year-end	(sq.m)	2716981	2688940	28041
年末从业人员数	(人)	Number of Employed Persons at year-end	(person)	42062	40608	1454
连锁门店商品购进总额	(万元)	Total Purchases Value of General Chain Stores	(10 000 yuan)	8816023	8780090	35933
# 统一配送商品购进额		Centralized Purchase and Delivery		7434131	7399191	34940
# 自有配送商品购进额		Self Centralized Purchase and Delivery		3212568	3210980	1587
非自有配送商品购进额		Non-self Centralized Purchase and Delivery		507549	507549	
连锁门店商品销售额	(万元)	Total Sale of General Chain Stores	(10 000 yuan)	10879409	10836828	42580
# 零售额		Retail Value		5460036	5417493	42543
住宿和餐饮业		**Hotels and Catering Services**				
门店总数	(个)	Number of Stores	(unit)	488	481	7
年末餐饮营业面积	(平方米)	Retail Operating Area at year-end	(sq.m)	161223	159873	1350
年末从业人员数	(人)	Number of Employed Persons at year-end	(person)	15920	15771	149
餐位数	(位)	Number of Dining-seats	(seat)	89194	88926	268
连锁门店商品购进总额	(万元)	Total Purchases Value of General Chain Stores	(10 000 yuan)	105666	104588	1078
# 统一配送商品购进额		Centralized Purchase and Delivery		103016	103016	
# 自有配送商品购进额		Self Centralized Purchase and Delivery		75594	75594	
非自有配送商品购进额		Non-self Centralized Purchase and Delivery		18083	18083	
连锁门店营业额	(万元)	Business Revenue of General Chain Stores	(10 000 yuan)	301093	298409	2684
# 餐费收入		Revenue From Meals		292834	290150	2684
商品销售额		Total Sales of Commodities		8095	8095	

16—23 限额以上产业活动单位和个体户批发业商品购、销、存总额(2019年) Total Purchases, Sales and Inventory of Industrial Activity Units and Individuals above Designated Size in Wholesale Trades(2019)

单位：万元 (10 000 yuan)

指　　标	Item	商品购进总额 Total Purchases Value	商品销售总额 Total Sales	年末库存 Stock at Year-end
总　计	**Total**	**253624**	**274075**	**3652**
按登记注册类型分	**By Status of Registration**			
内资企业	Domestic Funded Enterprises	247713	256225	221
国有企业	State-owned Enterprises	238237	245160	
股份有限公司	Share-holding Corporations Ltd.	9476	11065	221
外商投资企业	Foreign Funded Enterprises		12202	2946
外资企业	Enterprises with Sole Fund		12202	2946
个体经营	Individual Business	5911	5648	485
个体户	Individual	5911	5648	485
按行业分	**By Sector**			
食品、饮料及烟草制品批发	Wholesale of Food, Beverages and Tobaccos	3696	15744	3177
米、面制品及食用油批发	Wholesale of Rice, Flour and Edible Oil	3696	3542	231
糕点、糖果及糖批发	Wholesale of Cake and Sugar		12202	2946
纺织服装及家庭用品批发	Wholesale of Textiles, Garments and Daily	3670	4064	221
厨具卫具及日用杂品批发	Wholesale of Livestock Kitchen, Bathroom Appliances and Groceries	3670	4064	221
矿产品、建材及化工产品批发	Wholesale of Mineral Products, Building Materials and Chemical Products	240452	247266	254
煤炭及制品批发	Wholesale of Coal and Related Products	238237	245160	
化肥批发	Wholesale of Garments	2215	2106	254
机械设备、五金交电及电子产品批发	Wholesale of Machinery, Hardware and Electronic Equipment	5806	7001	
农业机械批发	Wholesale of Agricultural Machinery	5806	7001	
按经营形式分	**By Form of Management**			
独立门店	Independent Stores	11716	12649	485
其　他	Others	241907	261426	3167
按经营地分	**By Location of Establishments**			
城　镇	Urban Areas	253624	274075	3652

16-24 限额以上产业活动单位和个体户零售业商品购、销、存总额(2019年)

Total Purchases, Sales and Inventory of Industrial Activity Units and Individuals above Designated Size in Retail Trades(2019)

单位：万元 (10 000 yuan)

指 标	Item	商品购进总额 Total Purchases Value	商品销售总额 Total Sales	年末库存 Stock at year-end
总 计	**Total**	**820057**	**928715**	**53344**
按登记注册类型分	**By Status of Registration**			
内资企业	Domestic Funded Enterprises	114298	144997	11341
国有企业	State-owned Enterprises	4277	7893	661
集体企业	Collective-owned Enterprises	12763	18159	857
有限责任公司	Limited Liability Corporations	91508	112825	9566
国有独资公司	State Sole Funded Corporations	192	6803	17
其他有限责任公司	Other Limited Liability Corporations	91315	106022	9549
私营企业	Private Enterprises	5225	5616	215
私营有限责任公司	Private Limited Liability Corporations	5225	5616	215
其他企业	Others	526	504	42
个体经营	Individual Business	705759	783718	42003
个体户	Individual	653306	729823	40915
个人合伙	Individual Partnership	52453	53895	1088
按行业分	**By Sector**			
综合零售	Integrated Retail	255258	291271	25650
百货零售	Retail of General Merchandise	123936	144424	14010
超级市场零售	Retail of Supermarkets	97153	109855	9556
便利店零售	Retail of Convenience Stores	2658	2355	435
其他综合零售	Others	31511	34638	1650
食品、饮料及烟草制品专门零售	Special Retail of Food, Beverages and Tobaccos	153858	163729	7619
粮油零售	Retail of Grain and Oil	63725	66973	2906
糕点、面包零售	Retail of Cake and Bread	4866	4683	373
果品、蔬菜零售	Retail of Melons and Fruits,Vegetables	18497	20382	1000
肉、禽、蛋、奶及水产品零售	Retail of Meat, Poultry, Eggs and Aquatic Products	5088	5061	482
营养和保健品零售	Retail of Nourishment and Health Products	12079	12621	116
酒、饮料及茶叶零售	Retail of Beverages and Tea	40700	44059	2328
烟草制品零售	Retail of Tobaccos	2491	2432	296
其他食品零售	Others	6413	7518	117
纺织、服装及日用品专门零售	Special Retail of Textiles, Garments and Daily Consumer Articles	109076	119703	4834
纺织品及针织品零售	Retail of Textiles and Knitwear	15134	15965	486
服装零售	Retail of Garments	55743	62560	3131
鞋帽零售	Retail of Shoes and Hats	2986	3775	132
化妆品及卫生用品零售	Retail of Cosmetics and Health Consumer Articles	27955	28905	764
厨具卫具及日用杂品零售	Retail of Livestock Kitchen, Bathroom Appliances and Groceries	1638	1770	45
钟表、眼镜零售	Retail of Clocks and Watches,Spectacles	1276	1587	144
箱包零售	Retail of Luggage and Bags	350	656	76
自行车等代步设备零售	Retail of Working Equipments such as bicycle	1596	2087	23
其他日用品零售	Others	2398	2399	33
文化、体育用品及器材专门零售	Special Retail of Culture, Sports Appliances and Equipment	56703	65751	3218
文具用品零售	Retail of Stationary	8237	8636	305
体育用品及器材零售	Retail of Sports Goods	503	718	32
图书、报刊零售	Retail of Books	3252	3717	146
珠宝首饰零售	Retail of Jewelry	42716	50340	2208
工艺美术品及收藏品零售	Retail of Artwork and Collections	482	508	26
乐器零售	Retail of Musical Instrument	1514	1831	500

16-24 续表 continued

单位：万元 (10 000 yuan)

指 标	Item	商品购进总额 Total Purchases Value	商品销售总额 Total Sales	年末库存 Stock at year-end
医药及医疗器材专门零售	Special Retail of Medicines and Medical Appliances	21074	23572	2422
西药零售	Retail of Medicines	16146	16600	2167
医疗用品及器材零售	Retail of Medical Supplies and Appliances	4928	6972	255
汽车、摩托车、零配件和燃料及其他动力销售	Retail of Automobile, Motorcycle,Spare parts,fuel and other power	42753	61008	2132
汽车新车零售	Retail of New Motor Vehicles	3522	4848	204
汽车旧车零售	Retail of Old Motor Vehicles	1179	1355	31
汽车零配件零售	Retail of Motor Vehicles and Parts	535	531	43
摩托车及零配件零售	Retail of Motor Vehicles and Parts	9449	12602	497
机动车燃油零售	Retail of Fuel of Motor Vehicles	24146	36921	1263
机动车燃气零售	Retail of Gas of Motor Vehicles	2603	2784	12
机动车充电销售	Sale of Vehicles Charging	1319	1967	82
家用电器及电子产品专门零售	Special Retail of Household Appliances and Electronic Products	108088	118391	4080
家用视听设备零售	Retail of Home Audio-visual Equipment	9608	10281	214
日用家电零售	Retail of Household Appliances	35970	43340	2530
计算机、软件及辅助设备零售	Retail of Computer, Software and Peripherals	36088	37139	846
通信设备零售	Retail of Communication Equipment	26422	27631	490
五金、家具及室内装修材料	Special Retail of Hardware, Furniture and Decoration Materials	69824	81068	3194
五金零售	Retail of Hardware	11173	12059	564
灯具零售	Retail of Light Fittings	4139	4830	182
家具零售	Retail of Furniture	34940	42815	1262
卫生洁具零售	Retail of Sanitary	2502	2941	112
木质装饰材料零售	Retail of Dooden Decorating Materials	5928	6220	244
陶瓷、石材装饰材料零售	Retail of Porcelainous, Stone Finishing Decorating Materials	2325	2841	169
其他室内装修材料零售	Others	8816	9362	661
货摊、无店铺及其他零售业	Non-shop and Other Retails	3424	4221	195
互联网零售	E-commerce Retails	367	513	80
其他未列明的零售	Other Retail Not Classified Elsewhere	3057	3708	115
按经营形式分	**By Form of Management**			
独立门店	Independent Stores	798979	906544	51645
连锁直营店	Chain Direct Store	13801	13634	1076
连锁加盟店	Chain Franchise	240	240	240
其 他	Others	7037	8297	382
按零售业态分	**By Business Categories**			
有店铺零售	Shop Retails	819278	927657	53256
食杂店	Grocery Store	25043	27441	1158
便利店	Convenience Store	36346	36398	3317
折扣店	Discount Store	1100	1180	150
超 市	Supermarket	210890	231392	16044
大型超市	Hypermarket	3015	3172	123
百货店	Department Store	50365	55679	2520
专业店	Specialty Store	223342	265629	12257
专卖店	Franchised Store	185267	206158	8255
家居建材商店	Building Material Store	17620	19580	1029
购物中心	Shopping Center	65064	79589	8356
厂家直销中心	Factory Outlets Center	1228	1439	47
无店铺零售	Non-shop Retails	779	1058	88
网上商店	Web Storefronts	779	1058	88
按经营地分	**By Location of Establishments**			
城 镇	Urban Areas	804927	907232	51864
乡 村	Rural Areas	15130	21483	1480

16–25 限额以上产业活动单位和个体户住宿业经营情况(2019年)
Management of Industrial Activity Units and Individuals above Designated Size of Hotels(2019)

单位：万元 (10 000 yuan)

指　　标	Item	营业额 Business Value	# 客房收入 From Hotel Rooms	# 餐费收入 From Meals	# 商品销售收入 From Commo-dities
总　计	**Total**	**234691**	**111366**	**100314**	**12229**
按登记注册类型分	**By Status of Registration**				
内资企业	Domestic Funded Enterprises	177748	78919	78682	10663
国有企业	State-owned Enterprises	21096	8584	10184	414
集体企业	Collective-owned Enterprises	357	130	228	
有限责任公司	Limited Liability Corporations	118813	55505	56715	835
其他有限责任公司	Other Limited Liability Corporations	118813	55505	56715	835
股份有限公司	Share-holding Corporations Ltd.	19740	3960	4765	9385
私营企业	Private Enterprises	16035	9303	6536	14
私营有限责任公司	Private Limited Liability Corporations	16035	9303	6536	14
其他企业	Others	1707	1438	254	15
港澳台商投资企业	Enterprises with Funds from Hong Kong, Macao & Taiwan	17352	8674	8103	
港澳台商独资企业	Enterprises with Sole Investment	17352	8674	8103	
个体经营	Individual Business	39591	23773	13529	1566
个体户	Individual	39327	23591	13449	1563
个体合伙	Individual Partnership	264	182	80	3
按行业分	**By Sector**				
旅游饭店	Tour Restaurant	175712	79850	77078	10487
一般旅馆	General Restaurant	56069	30224	21873	1699
# 经济型连锁酒店	Chain Economical Hotel	1518	1193	307	18
其他住宿服务	Other Hotel Services	2910	1292	1362	43
按经营形式分	**By Form of Management**				
独立门店	Independent Stores	219304	101400	95575	11966
连锁加盟店	Chain Franchise	725	725		
其　他	Others	14662	9242	4739	264
按星级分	**By Star Rating**				
五　星	Five-star Level	82350	42291	36418	234
四　星	Four-star Level	16958	6983	9017	16
三　星	Three-star Level	8189	3512	4145	42
二　星	Two-star Level	3140	1433	1694	13
一　星	One-star Level	2160	1511	583	65
其　他	Others	121895	55636	48457	11859
按经营地分	**By Location of Establishments**				
城　镇	Urban Areas	231725	109816	98899	12229
乡　村	Rural Areas	2965	1550	1415	

16-26 限额以上产业活动单位和个体户餐饮业经营情况(2019年) Management of Industrial Activity Units and Individuals above Designated Size of Catering Services(2019)

单位：万元 (10 000 yuan)

指标	Item	营业额 Business Revenue	# 客房收入 From Hotel Rooms	# 餐费收入 From Meals	# 商品销售收入 From Commo-dities
总计	**Total**	278789	26418	239646	9922
按登记注册类型分	**By Status of Registration**				
内资企业	Domestic Funded Enterprises	62377	22959	36088	894
国有企业	State-owned Enterprises	10134	1192	8704	238
集体企业	Collective-owned Enterprises	928	323	606	
有限责任公司	Limited Liability Corporations	35225	15317	17199	638
国有独资公司	State Sole Funded Corporations	669	66	604	
其他有限责任公司	Other Limited Liability Corporations	34556	15252	16595	638
私营企业	Private Enterprises	2499		2499	
私营有限责任公司	Private Limited Liability Corporations	2499		2499	
其他企业	Other Enterprises	13591	6127	7081	18
个体经营	Individual Business	216412	3459	203558	9028
个体户	Individual	216412	3459	203558	9028
按行业分	**By Sector**				
正餐服务	Restaurant	273315	26418	234587	9539
快餐服务	Fast Food	1624		1439	153
饮料及冷饮服务	Beverages and Cold Drinks	317		317	
其他餐饮服务	Others	3533		3304	230
# 小吃服务	Snack	2725		2496	230
按经营形式分	**By Form of Management**				
独立门店	Independent Stores	246261	12585	221673	9657
连锁直营店	Chain Direct Store	1047		1047	
连锁加盟店	Chain Franchise	2465		2409	24
其他	Others	29016	13833	14517	241
按经营地分	**By Location of Establishments**				
城镇	Urban Areas	274395	26297	235552	9743
乡村	Rural Areas	4394	121	4094	179

16–27 重点交易市场情况(2019年)
Focus on Transaction Markets(2019)

分类	Item	市场数(个) Number of Markets (unit)	摊位数(个) Number of Booths (unit)	年末出租摊位数(个) Number of Rented Stall(unit)	营业面积(平方米) Operating Area (sq.m)	成交额(万元) Turnover (10 000 yuan)
总　计	**Total**	**51**	**42099**	**37112**	**4075274**	**8918120**
按市场类别分	**By Type of Markets**					
1.综合市场	Integrated Markets	6	5778	4962	227743	178413
工业消费品综合市场	Industrial Consumable Comprehensive Markets	2	2780	2033	94000	37172
农产品综合市场	Farm Produce Comprehensive Markets	2	1872	1803	78217	53843
其他综合市场	Other Comprehensive Markets	2	1126	1126	55526	87398
2.专业市场	Special Markets	45	36321	32150	3847531	8739707
生产资料市场	Production Markets	10	8482	7754	1393854	1363215
建材市场	Building Material Markets	8	7475	6828	1334300	771055
金属材料市场	Metallic Material Markets	1	160	121	7300	439060
机械设备市场	Mechanical Equipment Markets	1	847	805	52254	153100
农产品市场	Farm Produce Markets	10	10183	8386	759077	4570889
粮油市场	Grain and Oil Markets	1	270	270	11444	320650
水产品市场	Aquatic Product Markets	1	1800	1800	123333	900000
蔬菜市场	Vegetables Markets	4	2555	2353	298000	1364368
干鲜果品市场	Dried and Fresh Melons and Fruits Markets	3	4378	2783	286300	1735871
其他农产品市场	Others	1	1180	1180	40000	250000
纺织、服装、鞋帽市场	Textiles, Clothing, Shoes and Hats Markets	5	8403	7683	448382	1286790
服装市场	Clothing Markets	3	5195	4527	213200	655219
鞋帽市场	Shoes and Hats Markets	2	3208	3156	235182	631571
电器、通讯器材、电子设备市场	Electrical Appliances, Communication Appliances and Electronical Appliances Markets	4	2295	2295	129021	145953
通讯器材市场	Communication Appliances Markets	2	1427	1427	65800	23300
计算机及辅助设备市场	Computer and Auxillary Equipments Markets	2	868	868	63221	122653
家具、五金及装饰材料市场	Furniture,Hardware and Decoration Materials Markets	14	5335	4435	1078450	1182160
家具市场	Furniture Markets	7	2202	2121	615095	699119
装饰材料市场	Decoration Materials Markets	3	1219	1121	285532	193493
灯具市场	Light Fittings Markets	2	581	440	30000	147541
五金材料市场	Hardware Materials Markets	1	800	220	11000	9000
其他装修市场	Others	1	533	533	136823	133007
汽车、摩托车及零配件市场	Cars, Motorcycles and Spare Parts Markets	2	1623	1597	38747	190700
汽车市场	Cars Markets	1	1113	1087	37347	130700
机动车零配件市场	Motor Vehicle Spare Parts Markets	1	510	510	1400	60000
按营业状态分	**By Operating Status**					
常年营业	Perennial Operating	51	42099	37112	4075274	8918120
按经营方式分	**By Mode of Management**					
以批发为主	Wholesale Trade	28	24971	21974	1822203	6770814
以零售为主	Retail Trade	23	17128	15138	2253071	2147306
按经营环境分	**By Environment of Management**					
露天式	Open air	11	6288	5837	933787	1413109
封闭式	Closed	35	28387	25915	2817087	5711927
其　他	Others	5	7424	5360	324400	1793084

16–28 重点交易市场商品销售类值(2019年)
Total Sales at Main Trade Markets by Category of Commodities(2019)

类　别	Item	年末出租摊位数(个) Number of Rented Stall(unit)	成交额(万元) Turnover (10 000 yuan)
总　计	**Total**	**37112**	**8918120**
粮油、食品类	Food	10171	4537824
# 粮油类	Grain and Oil	495	442957
肉禽蛋类	Meat, Poultry and Eggs	1030	441836
水产品类	Aquatic Products	1185	574282
蔬菜类	Vegetables	3234	1146786
干鲜果品类	Dried and Fresh Melons and Fruits	4171	1927121
饮料类	Beverages	381	20240
烟酒类	Tobacco and Liquor	191	17834
服装、鞋帽、针纺织品类	Garments, Shoes and Hats, Knitwear and Textiles	8025	1226309
服装类	Garments	4690	652493
鞋帽类	Shoes and Hats	2189	491635
针纺织品类	Knitwear and Textiles	1146	82181
化妆品类	Cosmetics	156	12566
金银珠宝类	Gold, Silver and Jewellery	21	6713
日用品类	Daily Consumer Articles	860	145089
# 可穿戴智能设备	Wearable Intelligent Devices	24	107
五金、电料类	Hardware	716	83870
体育、娱乐用品类	Sports and Recreation Articles	394	26907
# 照相器材类	Photographic Equipments	71	13121
书报杂志类	Newspapers and Magazines	3	16
电子出版物及音像制品类	E-journals and Video Products	4	35
家用电器和音像器材类	Household Appliances and Audio/Video Equipments	363	41861
# 智能家用电器和音像器材	Intelligent Household Appliances and Audio/Video Equipments	25	1500
文化办公用品类	Cultural and Office Appliances	1128	68649
# 计算机及其配套产品	Computer and Auxillary Equipments	998	54120
家具类	Furniture	2539	840063
通讯器材类	Communication Appliances	1006	43757
# 智能手机	Smartphones	965	38719
化工材料及制品类	Chemical Materials and Products	231	155310
金属材料类	Metal Materials	109	308031
建筑及装潢材料类	Building and Decoration Materials	8263	1066311
机电产品及设备类	Mechanical and Electrical Products and Equipments	635	101915
汽车类	Automobiles	1597	190700
种子饲料类	Seeds and Feedstuff	5	210
棉麻类	Cottons and Linens	6	30
其他类	Others	308	23880

16—29 重点交易市场成交情况(2019年) Turnover of Main Commodity Transaction Markets(2019)

市场 Market	年末出租摊位数(个) Number of Rented Stall(unit)	成交额(万元) Turnover (10 000 yuan)	市场 Market	年末出租摊位数(个) Number of Rented Stall(unit)	成交额(万元) Turnover (10 000 yuan)
陕西义乌商城物业管理有限公司	580	11909	西安大明宫五金机电灯饰城	220	9000
陕西银邦经营管理有限公司	2311	107473	西北管材铝塑型材批发基地	108	18910
康复路交易广场	1271	485376	(西安源兴实业有限公司)		
(陕西丹尼尔康复路大卖场有限公司)			北三环大明宫建材家居市场	3400	410000
丹尼尔商城	1121	397740	(西安大明宫建材家居有限公司)		
(陕西丹尼尔市场股份有限公司)			大明宫建材家居含光路店	533	133007
锦绣国际商贸城有限公司	2035	233831	光彩灯具城	260	136741
西安胡家庙果品批发市场	154	35539	西部家具城	302	229569
西安粮油批发交易市场	270	320650	欣桥市场	1548	491053
西安赛格电脑城	408	57646	三森家居建材城	638	292850
(西安赛格商贸有限公司)			西安朱雀农副产品物流中心	1180	250000
百脑汇电脑城	460	65007	西安海荣赛格电子市场有限公司	336	13300
西安东新科技贸易中心	1091	10000	西安雨润农产品全球采购有限公司	2529	1662700
西安市玉林汽配批发市场有限责任公司	510	60000	咸阳新阳光西北农副产品交易中心	456	620115
西安海纳汽车服务有限公司西安汽配市场	1087	130700	咸阳市秦都区嘉惠商业区	945	62370
西安蔚蓝机电市场有限公司	805	153100	咸阳天元建材市场	600	88256
陕西三盟庆安建材市场	320	10000	大荔县同州农副产品批发市场	1641	20843
西安市方欣冷冻市场	1800	900000	向阳沟蔬菜批发市场	149	63200
西安国亨市场	810	61500	(延安兴延贸易有限公司向阳沟蔬菜批发市场)		
陕西省生产资料第一交易市场	121	439060	居然之家(延安居然之家建材家居有限公司)	115	10200
西安大明宫灞桥建材家具股份有限公司	471	36000	大明宫建材家居延安新区店	163	10450
贝斯特建材五金机电市场	938	13450	(延安恒通佳业商业运营管理有限公司)		
红星美凯龙盛龙龙首店	170	17500	中国供销延安农产品批发市场	162	33000
(西安盛龙商业运营管理有限公司)			(延安新农商大市场有限公司)		
同泰灯具城(陕西同泰实业有限公司)	180	10800	汉中市多联水果批发市场	100	37632
大明宫建材家居北二环店	500	180000	陕西省汉中市汽车运输总公司运达批发市场	1453	25263
(西安大明宫现代家居有限责任公司)			汉中皇冠过街楼蔬菜批发市场	200	190000
明珠家居(西安明珠家居有限公司)	251	45000	汉中华夏建材城	715	38650
红星美凯龙辛家庙商场	357	59000	汉中汉森建材城	247	11789
(陕西鸿瑞家居生活广场有限公司)			绥德县五一商城综合批发市场	316	25898
大明宫钻石店	288	45000	安康市满意建材市场有限公司	487	147043
(西安大明宫家居实业有限公司)					

主要统计指标解释

批发业 指向其他批发或零售单位（含个体经营者）及其他企事业单位、机关团体等批量销售生活用品、生产资料的活动，以及从事进出口贸易和贸易经纪与代理的活动，包括拥有货物所有权，并以本单位(公司)的名义进行交易活动，也包括不拥有货物的所有权，收取佣金的商品代理、商品代售活动；还包括各类商品批发市场中固定摊位的批发活动，以及以销售为目的的收购活动。

零售业 指百货商店、超级市场、专门零售商店、品牌专卖店、售货摊等主要面向最终消费者（如居民等）的销售活动，以互联网、邮政、电话、售货机等方式的销售活动，还包括在同一地点，后面加工生产，前面销售的店铺（如面包房）；谷物、种子、饲料、牲畜、矿产品、生产用原料、化工原料、农用化工产品、机械设备（乘用车、计算机及通信设备除外）等生产资料的销售不作为零售活动；多数零售商对其销售的货物拥有所有权，但有些则是充当委托人的代理人，进行委托销售或以收取佣金的方式进行销售。

住宿业 指为旅行者提供短期留宿场所的活动，有些单位只提供住宿，也有些单位提供住宿、饮食、商务、娱乐一体的服务，不包括主要按月或按年长期出租房屋住所的活动。

餐饮业 指通过即时制作加工、商业销售和服务性劳动等，向消费者提供食品和消费场所及设施的服务。

社会消费品零售总额 企业（单位、个体户）通过交易直接售给个人、社会集团非生产、非经营用的实物商品金额，以及提供餐饮服务所取得的收入金额。个人包括城乡居民和入境人员，社会集团包括机关、社会团体、部队、学校、企事业单位、居委会或村委会等。

批发和零售业商品购进、销售、库存总额 指各种登记注册类型的批发和零售业企业(单位)以本企业(单位)为总体的，从国内、国外市场购进的商品总量，销售和出口的商品总量、库存的商品总量等情况。该指标可以反映商品流转过程中商品的购进、销售、库存之间的比例关系和存在的问题。

商品购进总额 从本企业以外的单位和个人购进（包括从国外直接进口）作为转卖或加工后转卖的商品金额（含增值税）。商品购进包括：（1）从工农业生产者、批发和零售业、住宿和餐饮业、出版社或报社的出版发行部门和其他服务业等企事业单位和个体经营户购进的商品；（2）从机关、社会团体购进的商品；（3）从海关、市场管理部门购进的缉私和没收的商品；（4）从居民收购的废旧商品等。不包括：（1）企业为本单位自身经营用，不是作为转卖而购进的商品，如材料物资、包装物、低值易耗品、办公用品等；（2）未通过买卖行为而收入的商品，如接受其他部门移交的商品、借入的商品、收入代其他单位保管的商品、其他单位赠送的样品、加工回收的成品等；（3）经本单位介绍，由买卖双方直接结算，本单位只收取手续费的业务；（4）销售退回和买方拒付货款的商品；（5）商品溢余；（6）期货交易商品。

进口 直接从国外进口或委托外贸企业代理进口的商品金额，不包括从国内有关单位购进的进口商品。对外贸易企业只统计自主经营进口的商品，不统计受托代理进口的商品。

商品销售总额 指对本单位以外的单位和个人出售的商品金额（包括售给本单位消费用的商品，含增值税）。商品销售包括：（1）售给个人和社会集团消费用的商品；（2）售给农业、工业、建筑业、服务业等国民经济各行业用于生产、经营用的商品，包括售予批发和零售业作为转卖或加工后转卖的商品；（3）对国（境）外直接出口的商品。不包括：（1）未通过买卖行为付出的商品，如因机构变动移交给其他企业单位的商品、借出的商品、归还受其他单位委托代保管的商品、付出的加工原料和赠送给其他单位的样品等；（2）促销返券所销售的、不计入营业收入的商品；（3）经本单位介绍，由买卖双方直接结算，本单位只收取手续费的业务；（4）未发生所有权转移的商品预付卡销售，如加油卡；（5）汽车维修、电话卡销售等服务性经济活动；（6）购货退回的商品；（7）商品损耗和损失；（8）出售本单位自用的废旧物资；（9）期货交易商品；（10）自来水供应企业、电力企业、天然气供应企业提供的水、电、气。

出口 直接向国（境）外出口商品和委托外贸企业代理出口的商品金额，商品出口不包括售给外贸企业出口或加工后出口的商品，以及在国内市场以外币销售的商品。外贸企业只统计自主经营出口的商品，不包括受托代理出口的商品。

库存总额 指报告期末各种登记注册类型的批发和零售业企业(单位)已取得所有权的商品。它反映批发和零售业企业(单位)的商品库存情况和对市场商品供应的保证程度。商品库存包括：(1)存放在批发和零售业经营单位(如门市部、批发站、经营处)仓库、货场、货柜和货架中的商品；(2)挑选、整理、包装中的商品；(3)已记入购进而尚未运到本单位的商品，即发货单或银行承兑凭证已到而货未到的商品；(4)寄放他处的商品，如因购货方拒绝承付而暂时存放在购货方的商品和已办完加工成品收回手续而未提回的商品；(5)委托其他单位代销(未作销售或调出)尚未售出的商品；(6)代其他单位购进尚未交付的商品。不包括所有权不属于本单位的商品、委托外单位加工生产尚未收回成品的商品、外贸企业代理其他单位从国外进口尚未付给订货单位的商品、代国家物资储备部门保管的商品等。

住宿和餐饮业营业额 指住宿和餐饮业单位在经营活动中，因提供服务或销售商品等取得的全部收入（含增值税），收入主要来源于提供客房、餐费服务、商品销售和其他服务，如商务服务。不包括多产业法人企业附营的其他行业产业活动单位的餐费收入、商品销售收入等各项收入。其中，客房收入指住宿和餐饮业单位在经营活动中因提供住宿服务取得的收入（含增值税）。不包括多产业法人企业附营的其他行业产业活动单位的客房收入。餐费收入指本单位为顾客提供就餐服务取得的收入（含增值税）。包括：经烹饪、调制加工后出售的各种食品，如主食、炒菜、凉拌菜等的收入。不包括多产业法人企业附营的其他行业产业活动单位的餐费收入。

连锁总店（总部） 指负责连锁企业资源（商号、商誉、经营模式、服务标准、管理模式等）的开发、配置、控制或使用等功能的企业核心管理机构。连锁经营是指经营同类商品或服务，使用统一商号的若干店铺，在同一总店（总部）的管理下，采取统一采购或特许经营等方式，实现规模效益的组织形式，包括直营连锁、特许连锁和自愿连锁三种形式。其中，直营连锁是指连锁店铺由连锁公司全资或控股开设，在总部的直接控制下，开展统一经营的连锁经营形式；特许连锁是指拥有注册商标、企业标志、专利、专有技术等经营资源的企业（特许人），以合同形式将其拥有的经营资源许可其他经营者（被特许人）使用，被特许人按合同约定在统一的经营模式下开展经营，并向特许人支付特许经营费用的连锁经营形式；自愿连锁是指若干个店铺或企业自愿组合起来，在不改变各自资产所有权关系的情况下，以同一个品牌形象面对消费者，以共同进货为纽带开展的连锁经营形式。

Explanatory Notes on Main Statistical Indicators

Wholesale Trade refers to the activities of selling wholesale commodities for daily use and capital goods to enterprises of wholesale and retail trades (including self-employed individuals) and other enterprises, institutions and government organs and organizations, and the activities of engaging in import and export and acting as a trade agent. The wholesaler may have the ownership of the commodities for wholesale and trade in the name of its own (a company), and the wholesaler can act as commission agent or commodity broker without the ownership of commodities. Also included are the wholesale activities at the fixed stalls in wholesale market and the acquisition for sales purpose.

Retail Trade refers to the activities of department store, supermarket, franchised store, brand store, retail stall and on-the-spot-making-selling store selling commodities to the final consumers (residents) by any means including internet, post, telephone, sales machine. It also includes shops with sales and production located in the same places (such as bakeries). Retail trade excludes the activities of sales of capital goods such as grain, seed, feed, livestock, mineral products, raw material for production, industrial chemicals, chemical products for agricultural use, machine and equipment (excluding vehicles, computers and communication equipment). Most retailers have the ownership of commodities to sell, but some are acting as agents or brokers to make transactions for a commission.

Hotel Services refer to the accommodation services provided to visitors. Some units may provide only accommodation while others provide a combination of accommodation, meals, business services and/or recreational facilities. It excludes activities related to the provision of long-term primary residences in facilities such as apartments typically leased on a monthly or annual basis.

Catering Services refer to the activities of providing foods, serving locations and facilities to customers through instant processing, commercial sales and service-type labor.

Total Retail Sales of Consumer Goods refer to the amount obtained by enterprises (units, self-employed individuals) through direct sales of non-production and non-business physical commodity to individuals, social institutions, and revenue from providing catering services. Individuals include rural and urban households, population from abroad, social institutions include government agencies, social organizations, military units, schools, institutions, neighbourhood (village) committees.

Purchase, Sales and Stock of Commodities by Wholesale and Retail Trades refer to the total volume of commodities purchased, total volume of sales and exports, and the stock of commodities by wholesale and retail enterprises (establishments) of different status of registration from domestic and overseas markets. This indicator reflects the relationship among purchase, sales and stock of commodities in the circulation of goods and reveals the existing problems.

Total Purchases of Commodities refer to the total value of purchases of commodities by enterprises (establishments) from other establishments or individuals (including direct import from abroad) for the purpose of re-selling, either with or without further processing of the commodities purchased. The commodities include: (1) commodities purchased from agricultural and industrial producer, wholesaler, retailer, publishing house and other enterprises, institutions and individual operators of service business; (2) commodities purchased from institutions and government departments; (3) confiscated goods purchased from the customs authorities or market management agencies; (4) second-hand goods and wastes purchased from residents; The commodities exclude (1) commodities purchased by enterprises (establishments) for use in their own business operation, commodities obtained without buying or selling procedures such as materials, consumable goods of low value, office appliance, etc. (2) received goods without trading, such as goods handed over from others, borrowed goods, preserved goods for others, donated goods from others, processed and retrieved goods, etc. (3) goods of direct settlement between buyer and seller with handling fees introduced by others, (4) goods returned or refused to pay by the buyer, (5) excessive goods, (6) futures trading commodities.

Import refers to the amount of goods imported directly from abroad or imported entrusted to foreign trade enterprises as agents, excluding imports purchased from relevant domestic units. Foreign trade enterprises only count imported goods independently, not imported goods entrusted by agents.

Total Sales of Commodities refer to value of commodities sold by the establishments to other establishments and individuals (including goods sold for self consumption, including the value-added tax). The commodities include: (1) commodities sold to individuals and social groups for their consumption; (2) commodities sold to establishments in all industries for their production and operation, including agriculture, industry, construction, and catering services including commodities sold to wholesale and retail establishments for re-selling, with or without further processing; and (3) commodities for direct export to abroad. Excluded are (1) extended commodities without trading, such as goods handed over to other enterprises and institutions because of the change of organizations, lent goods, returned goods preserved for others, extended processing materials and samples donated to others, (2) goods sold by coupon rebates that are not included in business income, (3) goods of direct settlement between buyer and seller with handling fees introduced by others, (4) prepaid cards for goods without transfer of ownership, such as gas cards, (5) Service-oriented economic activities such as automobile maintenance and telephone card sales, (6) goods returned after purchase, (7) damaged and spoiled goods, (8) waste and used goods of self use, (9) futures trading commodities, (10) water, electricity and gas supplied by water supply enterprises, electric power enterprises and natural gas supply enterprises.

Export refers to the amount of goods exported directly to foreign countries (borders) or exported entrusted to foreign trade enterprises as agents. Commodity export does not include goods sold to foreign trade enterprises for export or exported after processing, as well as goods sold in foreign currencies in the domestic market. Foreign trade enterprises only count the goods they export independently, excluding those exported by trusted agents.

Total Stock of Commodities refers to total commodities possessed by wholesaler and retailer of various types of registration status at the end of the reference period, reflecting the commodity stock level of various wholesaler and retailer and the potential for market supply. It includes: (1) Commodities located in storage, garages, counters, and shelves of operating places (such as sale stores, wholesale centres, and operating offices); (2) Commodities in the process of being selected, sorted, and packed; (3) Commodities not arrived but recorded as purchase in the account, i.e. commodities not arrived but payment receipts for the commodities from the sellers or the banks arrived; (4)Commodities deposited in other places rather than places mentioned above, for instance: commodities in the hold of purchasers temporarily due to the refusal of payment and commodities not taken back after going through the formalities; (5) Commodities entrusted to other units to sell but not sold yet; (6) Commodities purchased for other units but not delivered yet. Commodities not included as stock are those not owned by the enterprises (units), commodities on commission for processing but not yet delivered, imported commodities of agency of foreign trade enterprise but not yet delivered to ordering units and finally those put in stock on behalf of the state material reserves units.

Business Revenue of Hotels and Catering Services refers to total revenue (including VAT) of hotels and catering services received from providing services or selling commodities through business activities, income comes mainly from providing hotels, catering services, selling of commodities and other services, such as commodity services. It does not include revenue such as meal fees, selling of commodities of other industrial units affiliated with multi industrial legal entities. Income from hotels refers to income (including VAT) of hotels and catering services by providing lodging services through business activities. Income from catering services refers to income (including VAT) from providing catering services, including selling of cooked or prepared foods, such as staple food, cooked dishes, or cold dishes. It does not include meal fees of other industrial units affiliated with multi industrial legal entities.

Chain Head Stores (headquarter) refer to the core leading stores responsible for development, allocation, administration and utilization of resources (name of stores, brand of stores, operation model, service standard, management way, etc.) of chain stores. Chain stores refers to the stores engaged in providing homogeneous commodities or services, with the central leadership of head store (headquarters) and guided by common policies, conduct centralized purchase and distributed selling of commodities, in order to gain better efficiency through standardized operation. The chain stores include regular chain stores, franchise chain stores and voluntary chain stores.

Regular Chain store refers to chain stores that are invested or controlled by the headquarters. They operate under direct and unified management from the headquarters.

Franchise chain store refers to the chain stores (franchisees) which are franchised with operation resources such as trade marks, names, patent and operation know-how by the franchisors in form of contract and pay the operation fees to the franchisors.

Voluntary chain store refers to the stores operate jointly on the voluntary bases while maintaining their status of independent legal entities with full ownership of their assets. They sell goods of same brand from same channel of resource to the consumers.

十七、对外经济贸易和旅游

Foreign Trade and Tourism

资料整理：杜康凯

简 要 说 明

一、本篇资料反映陕西对外贸易和旅游业发展状况，内容包括进出口总值，进出口货物的品种、数(重)量、金额，利用外资、旅游人数和旅游收入，星级饭店基本情况等。

二、进出口商品总值按收发货人所在地统计。收发货人所在地是指境内进出口企业报关注册的登记地。

三、本篇资料由西安海关、省商务厅、省文化和旅游厅提供。

Brief Introduction

I. This chapter reflects development of international trades and tourism of Shaanxi, including kind, quantity(weight) and value of imported and exported products, utilization of foreign funds, tourist number and tourism revenue, basic conditions of star hotels, etc.

II. Total value of imported and exported commodities are calculated according to the location of consignors and consignees. The location of consignors and consignees is the place of registration where the resident imported and exported enterprises declare and register at customs.

III. The data sources are provided by Xi’an Customs District, Shaanxi Provincial Department of Commerce and Shaanxi Provincial Department of Culture and Tourism.

17.对外经济贸易和旅游

2019年全省				
进出口总值	3515.52	亿 元	比上年增长	0.1%
# 出 口	1873.35	亿 元	比上年下降	9.9%
实际利用外商直接投资额	77.29	亿美元	比上年增长	12.9%
入境旅游人数	465.72	万 人	比上年增长	6.5%
国际旅游收入	33.68	亿美元	比上年增长	7.7%

实际利用外商直接投资（亿美元）

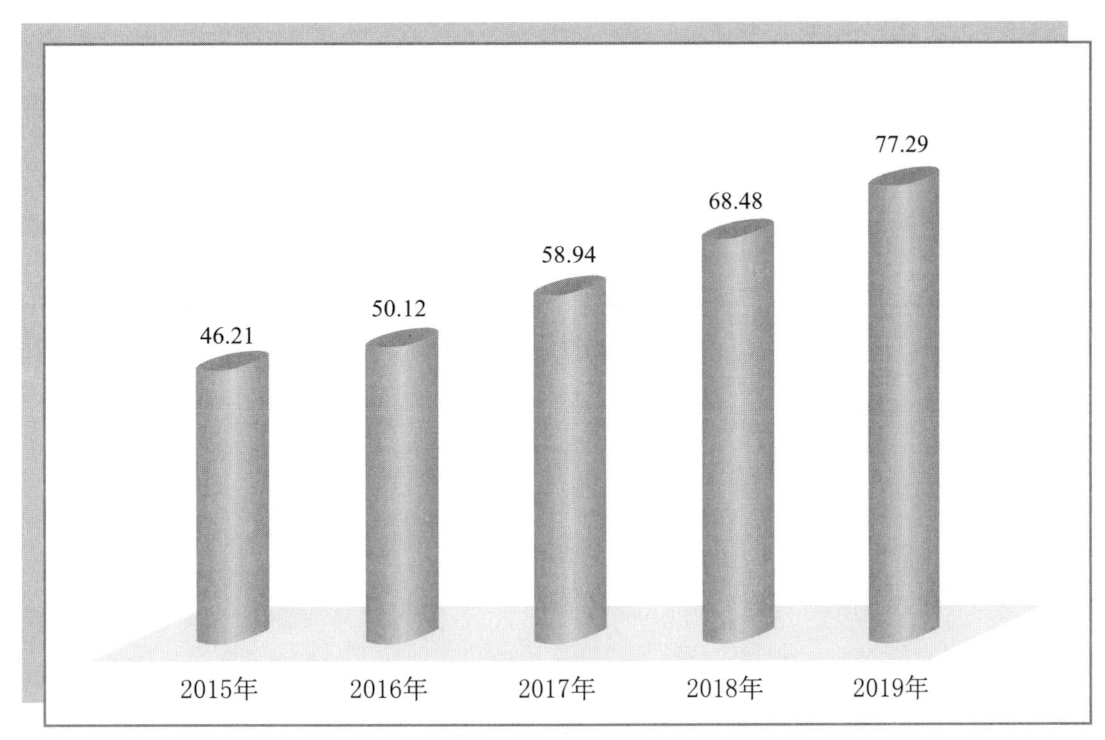

17-1　外贸进出口总值
Total Value of Imports and Exports in Foreign Trade

年　份 Year	进出口总值(万美元) Total Value of Imports and Exports (USD 10 000)	出　口 Exports	进　口 Imports
1978		1190	
1980		973	
1985	15712	10359	5353
1990	57728	46059	11669
1991	81359	60502	20857
1992	111885	76531	35354
1993	149599	99347	50252
1994	160061	121615	38446
1995	173323	128261	45062
1996	178406	126922	51484
1997	173413	123120	50293
1998	205148	117668	87480
1999	200834	115225	85609
2000	214009	131003	83006
2001	206444	111044	95400
2002	222517	137717	84800
2003	278371	173523	104848
2004	364238	239658	124580
2005	457684	307581	150103
2006	536025	362960	173065
2007	688804	467244	221560
2008	832867	538066	294801
2009	840539	398815	441724
2010	1208283	620773	587510
2011	1462344	701085	761258
2012	1479854	865178	614677
2013	2012881	1022617	990265
年　份 Year	进出口总值(万元人民币) Total Value of Imports and Exports (10 000 yuan)	出　口 Exports	进　口 Imports
2014	16807150	8554836	8252314
2015	18952493	9184651	9767842
2016	19763020	10450661	9312360
2017	27196506	16597326	10599180
2018	35128162	20783306	14344855
2019	35155176	18733467	16421709

17—2 按贸易方式分外贸进口总值
Total Value of Imports in Foreign Trade by Type of Trade

单位：万元 (10 000 yuan)

贸易方式类别	Type of Trade	2018	2019	2019年比2018年增长(%) Growth Rate in 2019 over 2018(%)
进口总值	**Total Imports**	**14344855**	**16421709**	**14.5**
1.一般贸易	General Trade	3249206	3817443	17.5
2.国家间、国际组织无偿援助和赠送的物资	Between Countries, International Organizations Aid and Donated Materials			
3.华侨、港澳台同胞、外籍华人捐赠物资	The overseas Chinese, Hong Kong, Macao, Taiwan,Chinese of foreign Donated Materials			
4.来料加工装配贸易	Assembly Processing Trade	6295085	6464966	2.7
5.进料加工贸易	Processing With Imported Trade	3306105	3294445	-0.4
6.来料加工装配进口的设备	Assembly Processing Trade Equipment	817	44	-94.6
7.租赁贸易	Lease Trade		77	
8.外商投资企业作为投资进口的设备、物品	Foreign-invested Enterprises as the Import Investment of Equipment, Goods	14572		-100.0
9.出料加工贸易	Material Processing	2126	1249	-41.3
10.易货贸易	Barter			
11.保税监管场所进出境货物(保税仓库进出境货物)	Inward and Outward Goods of Free Trade Storehouse	174991	272300	55.6
12.海关特殊监管区域物流货物(保税区仓储转口货物)	Re-export Goods of Free Trade Zone Re-exports	322479	801703	148.6
13.海关特殊监管区域进口设备(出口加工区进口设备)	Export Processing Zones Imported Equipment	957236	1653141	72.7
14.其　他	Other	22238	116341	423.2

17—3 按贸易方式分外贸出口总值
Total Value of Exports in Foreign Trade by Type of Trade

单位：万元 (10 000 yuan)

贸易方式类别	Type of Trade	2018	2019	2019年比2018年增长(%) Growth Rate in 2019 over 2018(%)
出口总值	**Total Exports**	**20783306**	**18733467**	**-9.9**
1.一般贸易	General Trade	4482092	4903875	9.4
2.国家间、国际组织无偿援助和赠送的物资	Between Countries, International Organizations Aid and Donated Materials	7290	6968	-4.4
3.来料加工装配贸易	Assembly Processing Trade	9630149	7048205	-26.8
4.进料加工贸易	Processing With Imported Trade	3031167	3852247	27.1
5.对外承包工程出口货物	Exports Contracted Projects	279054	89517	-67.9
6.租赁贸易	Lease Trade	139	4809	3359.7
7.易货贸易	Barter			
8.出料加工贸易	Material Processing	252	795	215.5
9.保税监管场所进出境货物(保税仓库进出境货物)	Inward and Outward Goods of Free Trade Storehouse	6109	19645	221.6
10.海关特殊监管区域物流货物	Re-export Goods of Free Trade Zone	3337282	2785700	-16.5
11.其　他	Others	9772	21699	122.1

17–4 按国别(地区)分外贸进出口总值(2019年)
Total Value of Imports and Exports in Foreign Trade by Country (Region)(2019)

单位：万元 (10 000 yuan)

国别(地区)	Country(Region)	进出口 Total	出口 Exports	进口 Imports
总 值	**Total**	**35155176**	**18733467**	**16421709**
阿富汗	Afghanistan	1816	1816	
巴 林	bahrain	2482	2482	
孟加拉国	Bangladesh	38484	38353	131
不 丹	Bhutan	55	55	
文 莱	Brunei	1022	1022	
缅 甸	Myanmar	50171	42072	8098
柬埔寨	Cambodia	26243	26204	39
塞浦路斯	Cyprus	431	425	6
朝 鲜	Korea DPR	20	20	
中国香港	Hong Kong,China	3454319	3450753	3566
印 度	India	251725	225962	25763
印度尼西亚	Indonesia	97873	88641	9232
伊 朗	Iran	82941	81516	1425
伊拉克	Iraq	19400	19400	
以色列	Israel	55964	18945	37019
日 本	Japan	1895286	430830	1464457
约 旦	Jordan	2790	2789	1
科威特	Kuwait	44801	44801	
老 挝	Laos	15028	15022	6
黎巴嫩	Lebanon	1473	1473	
中国澳门	Macau,China	3305	3305	
马来西亚	Malaysia	908210	724615	183595
马尔代夫	Maldives	162	162	
蒙 古	Mongolia	12761	12672	88
尼泊尔	Nepal	3281	3254	27
阿 曼	Oman	61737	6337	55400
巴基斯坦	Pakistan	37129	36795	334
巴勒斯坦	Palestine	71	71	
菲律宾	Philippines	112535	85630	26905
卡塔尔	Qatar	3431	1515	1916
沙特阿拉伯	Saudi Arabia	84206	33122	51084
新加坡	Singapore	961851	721343	240508
韩 国	Korea Rep.	7310775	3546820	3763956
斯里兰卡	Sri Lanka	13194	13057	137
叙利亚	Syria	1557	1557	
泰 国	Thailand	177094	135830	41264
土耳其	Turkey	44526	40756	3771
阿联酋	United Arab Emirates	84905	81873	3032
也 门	Yemen	4508	4508	
越 南	Vietnam	425453	418662	6791
中华人民共和国	People's Republic of China	294878		294878
中国台湾	Taiwan,China	7877943	2023900	5854043
东帝汶	Timor Leste	273	273	
哈萨克斯坦	Kazakhstan	191912	105579	86333
吉尔吉斯斯坦	Kirghizia	14956	14954	2
塔吉克斯坦	Tadzhikistan	16803	16800	3
土库曼斯坦	Turkmenistan	25094	25094	
乌兹别克斯坦	Uzbekistan	46648	38183	8465
阿尔及利亚	Algeria	95129	95129	
安哥拉	Angola	60466	8949	51517

17-4 续表 1 continued

单位：万元 (10 000 yuan)

国别(地区)	Country(Region)	进出口 Total	出口 Exports	进口 Imports
贝　宁	benin	3154	3154	
博茨瓦纳	Botswana	45	45	
布隆迪	Burundi	86	86	
喀麦隆	Cameroon	5255	4485	770
中　非	Central African	106	105	1
乍　得	Chad	26	26	
科摩罗	Comoros	516	516	
刚果(布)	Congo	2970	2970	
吉布提	Djibouti	956	956	
埃　及	Egypt	139987	139722	265
赤道几内亚	Eq. Guinea	50182	137	50046
埃塞俄比亚	Ethiopia	3280	3276	4
加　蓬	Gabon	2910	2910	
冈比亚	Gambia	231	231	
加　纳	Ghana	10406	9929	477
几内亚	Guinea	17282	17282	
几内亚比绍	Guinea-Bissau	6	6	
科特迪瓦	Cote d'lvoire	4758	4739	19
肯尼亚	Kenya	5429	4921	509
利比里亚	Liberia	469	469	
利比亚	Libya	1213	1213	
马达加斯加	Madagascar	3455	3416	38
马拉维	Malawi	505	505	
马　里	Mali	2091	2091	
毛里塔尼亚	Mauritania	272	272	
毛里求斯	Mauritius	1612	1592	21
摩洛哥	Morocco	13407	9557	3849
莫桑比克	Mozambique	12087	12087	1
纳米比亚	Namibia	1527	1062	465
尼日尔	Niger	623	623	
尼日利亚	Nigeria	67836	67139	697
留尼汪	Reunion	251	251	
卢旺达	Rwanda	593	593	
塞内加尔	Senegal	2686	2686	1
塞舌尔	Seychelles	183	183	
塞拉利昂	Sierra leone	264	264	
索马里	Somalia	364	364	
南　非	South Africa	133837	93433	40403
苏　丹	Sudan	22238	18796	3442
坦桑尼亚	Tanzania	8230	8223	7
多　哥	Togo	2789	2789	
突尼斯	Tunisia	5882	5550	332
乌干达	Uganda	2309	2276	33
布基纳法索	Burkina Faso	267	267	
刚果(金)	Congo DR	6159	6159	
赞比亚	Zambia	40577	10616	29960
津巴布韦	Zimbabwe	4410	4211	199
莱索托	Lesotho	32	32	
斯威士兰	Swaziland	301	301	
厄立特里亚	Eritrea	664	664	
南苏丹共和国	Republic of South Sudan	12	12	
非洲其他国家(地区)	Other Countries (Regions) in Africa	1	1	

17-4 续表 2 continued

单位：万元 (10 000 yuan)

国别(地区)	Country(Region)	进出口 Total	出口 Exports	进口 Imports
比利时	Belgium	105422	41654	63768
丹　麦	Denmark	19924	12172	7752
英　国	United Kingdom	226610	159708	66902
德　国	Germany	1053003	661057	391946
法　国	France	558180	464083	94097
爱尔兰	Ireland	93502	45508	47993
意大利	Italy	168864	80135	88729
卢森堡	Luxembourg	4614	905	3708
荷　兰	Netherlands	687808	491693	196115
希　腊	Greece	7547	7482	64
葡萄牙	Portugal	8595	8388	208
西班牙	Spain	135487	123618	11869
阿尔巴尼亚	Albania	423	345	79
奥地利	Austria	155830	118407	37423
保加利亚	Bulgaria	9610	4237	5374
芬　兰	Finland	22254	11796	10457
匈牙利	Hungary	86533	59357	27176
冰　岛	Iceland	144	144	
列支敦士登	Liechtenstein	118		118
马耳他	Malta	417	390	27
摩纳哥	Monaco	1		1
挪　威	Norway	12900	5795	7105
波　兰	Poland	190335	158406	31929
罗马尼亚	Romania	14959	13156	1802
瑞　典	Sweden	72339	33864	38476
瑞　士	Switzerland	93314	12075	81239
爱沙尼亚	Estonia	3132	3071	61
拉脱维亚	Latvia	686	668	18
立陶宛	Lithuania	5735	1872	3863
格鲁吉亚	Georgia	6821	6662	159
亚美尼亚	Armenia	324	323	1
阿塞拜疆	Azerbaijan	2191	2186	6
白俄罗斯	Byelorussia	25137	19879	5257
摩尔多瓦	Moldavia	354	302	53
俄罗斯联邦	Russia	323966	168001	155966
乌克兰	Ukraine	85257	71825	13433
斯洛文尼亚	Slovenia	49803	49633	170
克罗地亚	Croatia	1912	1826	86
捷　克	Czech	80623	64839	15785
斯洛伐克	Slovak	21428	18770	2659
北马其顿共和国	Macedonia	192	191	
波　黑	Bosnia & Herzegovina	127	123	4
法罗群岛	Faroe Islands	55	55	
塞尔维亚	Serbia	2070	2060	10
黑　山	Montenegro	69	69	
安提瓜和巴布达	Antigua and Barbuda	2	2	
阿根廷	Argentina	91096	41515	49581
阿鲁巴	Aruba	38	38	
巴哈马	Bahamas	161	161	
巴巴多斯	Barbados	114	114	
伯利兹	Belize	41	41	
玻利维亚	Bolivia	3390	3040	350

17-4 续表 3 continued

单位：万元 (10 000 yuan)

国别(地区)	Country(Region)	进出口 Total	出 口 Exports	进 口 Imports
巴 西	Brazil	369365	158853	210512
智 利	Chile	393493	62430	331063
哥伦比亚	Colombia	76116	36374	39742
多米尼克	Dominica	25	25	
哥斯达黎加	Costa Rica	3394	3239	155
古 巴	Cuba	2869	2869	
库腊索岛	Curacao	19	19	
多米尼加共和国	Dominica Rep.	5135	5112	23
厄瓜多尔	Ecuador	22693	22597	96
法属圭亚那	French Guyana	17	17	
格林纳达	Grenada	3	3	
瓜德罗普	Guadeloupe	136	136	
危地马拉	Guatemala	3919	3902	17
圭亚那	Guyana	202	202	
海 地	Haiti	128	128	
洪都拉斯	Honduras	722	719	3
牙买加	Jamaica	6883	6883	
马提尼克	Martinique	37	37	
墨西哥	Mexico	505238	488132	17107
尼加拉瓜	Nicaragua	1011	1011	
巴拿马	Panama	4936	4936	
巴拉圭	Paraguay	6067	6067	
秘 鲁	Peru	55428	14109	41319
波多黎各	Puerto Rico	9689	179	9510
圣卢西亚	Saint Lucia	67	67	
萨尔瓦多	El Salvador	398	398	
苏里南	Surinam	153	153	
特立尼达和多巴哥	Trinidad and Tobago	628	628	
乌拉圭	Uruguay	6724	5973	751
委内瑞拉	Venezuela	2983	2983	1
英属维尔京群岛	Virgin Is.(E)	215		215
圣其茨和尼维斯	St.Kitts-Nevis	55	55	
荷属安的列斯群岛	Andreas Is.(N)	24	24	
加拿大	Canada	255461	76923	178538
美 国	United States	2811664	1573804	1237860
百慕大	Bermuda	2	2	
澳大利亚	Australia	634230	125851	508379
斐 济	Fiji	887	887	
新喀里多尼亚	New Caledonia (Fr)	558	558	
瓦努阿图	Vanuatu	927		927
新西兰	New Zealand	12010	7288	4722
巴布亚新几内亚	Papua New Guinea	1149	1149	
所罗门群岛	Solomon Is.	53	53	
汤 加	Tonga	15	15	
萨摩亚	Samoa	180	180	
基里巴斯	Kiribati	4	4	
图瓦卢	Tuvalu	1	1	
马绍尔群岛	Marshall Is.	62	62	
帕 劳	Palau	1	1	
法属波利尼西亚	Polynesia (F)	248	248	
大洋洲其他国家(地区)	Other Countries (Regions) in Oceania	16	16	
国别(地区)不详	Others	23625		23625

17-5 进出口商品分类金额(2019年)
Value of Imports and Exports by HS Section and Division(2019)

单位：万元 (10 000 yuan)

商品分类	HS Section and Division	出口 Exports	进口 Imports
总值	**Total**	**18733467**	**16421709**
第一类 活动物；动物产品	**Live Animals; Animal Products**		
第1章 活动物	Live Animals	1037	3964
第2章 肉及食用杂碎	Meat and Edible Meat Offal		7583
第3章 鱼、甲壳动物、软体动物及其他水生无脊椎动物	Fish and Crustaceans Molluscs and Other Aquatic Invertebrates		52666
第4章 乳品；蛋品；天然蜂蜜；其他食用动物产品	Dairy Produce; Birds' Eggs; Natural Honey; Edible Products of Animal Origin, not ElsewhereSpecified or Included	675	4669
第5章 其他动物产品	Products of Animal Origin, not Elsewhere Specified or Included	86	2
第二类 植物产品	**Vegetable Products**		
第6章 活树及其他活植物；鳞茎、根及类似品；插花及装饰用簇叶	Live Tree and Other Plants; Bulbs, Roots and the Like; Cut Flowers and Ornamental Foliage	87	47
第7章 食用蔬菜、根及块茎	Edible Vegetables and Certain Roots and Tubers	18484	13800
第8章 食用水果及坚果；甜瓜或柑桔属水果的果皮	Edible Fruit and Nuts; Peel of Citrus Fruit or Melons	58489	22652
第9章 咖啡、茶、马黛茶及调味香料	Coffee, Tea, Mate and Spices	3245	371
第10章 谷物	Cereals	1276	1170
第11章 制粉工业产品；麦芽；淀粉；菊粉；面筋	Products of The Milling Industry; Malt; Starches;Inulin; Wheat Gluten	3298	63
第12章 含油子仁及果实；杂项子仁及果实；工业用或药用植物；稻草、秸秆及饲料	Oil Seeds and Oleaginous Fruits; Miscellaneous Grains, Seeds and Fruit; Industrial or Medicinal Plants; Straw and Fodder	5738	247401
第13章 虫胶；树胶、树脂及其他	Lac; Gums, Resins And Other Vegetable Saps and Extracts	88842	1188
第14章 编结用植物材料；其他植物产品	Vegetable Plaiting Materials; Vegetable Products Not Elsewhere Specified or Included	208	175
第三类 动、植物油、脂及其分解产品；精制的食用油脂	**Animal or Vegetable Fats and Oils and their Cleavage Products；Prepared**		
第15章 动、植物油、脂及其分解产品；精制的食用油脂；动、植物蜡	Animal or Vegetable Fats and Oils and Their Products; Prepared Edible Fats; Animal or Vegetable Waxes	502	16270
第四类 食品；饮料、酒及醋；烟草、烟草及烟草代用品的制品	**Prepared Foodstuffs; Beverages, Spirits And Vinegar; Tobacco and Manufactured Tobacco Substitutes**		
第16章 肉、鱼、甲壳动物、软体动物及其他水生无脊椎动物的制品	Preparations of Meat, of Fish or of Crustaceans, Molluscs or other Aquatic Invertebrates	70	
第17章 糖及糖食	Sugars and Sugar Confectionery	477	148
第18章 可可及可可制品	Cocoa and Cocoa Preparations	4	147
第19章 谷物、粮食粉、淀粉或乳的制品；糕饼点心	Preparations of Cereals, Flour, Starch or Milk; Pastry-Cooks' Products	74	9774
第20章 蔬菜、水果、坚果或植物其他部分的制品	Preparations of Vegetables, Fruit, Nuts or Other Parts of Plants	136390	15875
第21章 杂项食品	Miscellaneous Edible Preparations	9846	2169
第22章 饮料、酒及醋	Beverages, Spirits and Vinegar	363	1236
第23章 食品工业的残渣及废料；配制的动物饲料	Residues and Waste from The Food Industries; Prepared Animal Fodder	2855	1535
第24章 烟草、烟草及烟草代用品的制品	Tobacco and Manufactured Tobacco Substitutes	4811	

17-5 续表 1 continued

单位：万元 (10 000 yuan)

商品分类	HS Section and Division	出口 Exports	进口 Imports
第五类 矿产品	**Mineral Products**		
第25章 盐；硫磺；泥土及石料；石膏料、石灰及水泥	Salt; Sulphur; Earths and Stone; Plastering Materials, Lime and Cement	16432	6351
第26章 矿砂、矿渣及矿灰	Ores, Slag and Ash	244	507621
第27章 矿物燃料、矿物油及其蒸馏产品；沥青物质；矿物蜡	Mineral Fuels, Mineral Oils and Products of Their Distillation; Bituminous Substances; Mineral Waxes	70893	265255
第六类 化学工业及其相关工业的产品	**Products of The Chemical or Industries Allied**		
第28章 无机化学品；贵金属、稀土金属、放射性元素及其同位素的有机及无机化合物	Inorganic Chemicals; Organic or Inorganic Compounds of Precious Metals, of Rare-Earth Metals, of Radioactive Elements or of Isotopes	65392	434300
第29章 有机化学品	Organic Chemicals	279288	116619
第30章 药品	Pharmaceutical Products	3920	302887
第31章 肥料	Fertilizers	3254	1
第32章 鞣料浸膏及染料浸膏；鞣酸及其衍生物；染料、颜料及其他着色料；油漆及清漆；油灰及其他类似胶粘剂；墨水、油墨	Tanning or Dyeing Extracts; Tannins and Their Derivatives; Dyes, Pigments and Other Colouring Matter;Paints and Varnishes; Putty and Other Mastics; Inks	8572	22042
第33章 精油及香膏；芳香料制品及化妆盥洗品	Essential Oils and Retinoid; Perfumery, Cosmetic or Toilet Preparations	1843	2923
第34章 肥皂、有机表面活性剂、洗涤剂、润滑剂、人造蜡、调制蜡、光洁剂、蜡烛及类似品、塑型用膏、“牙科 用蜡”及牙科用熟石膏制剂	Soap,Organic Surface-Active Agents,Washing Preparations,Lubricating Preparations, Waxes, Polishing or Scouring Preparations, Candles and Similar Articles, Modelling Pastes, "Dental Waxes" And Dental Preparations With a Basis of Plast	4120	32028
第35章 蛋白类物质；改性淀粉；胶；酶	Albuminoidal Substances; Modified Starches; Glues; Enzymes	8071	7330
第36章 炸药；烟火制品；火柴；引火合金；易燃材料制品	Explosives; Pyrotechnic Products; Matches; Pyrophoric Alloys; Certain Combustible Preparations	297	5863
第37章 照相及电影用品	Photographic or Cinematographic Goods	246	57263
第38章 杂项化学产品	Miscellaneous Chemical Products	295987	186050
第七类 塑料及其制品；橡胶及其制品	**Plastics and Articles Thereof Rubber and Articles Thereof**		
第39章 塑料及其制品	Plastics and Articles Thereof	95843	204705
第40章 橡胶及其制品	Rubber and Articles Thereof	81808	22988
第八类 生皮、皮革、毛皮及其制品；鞍具及挽具；旅行用品、手提包及类似品；动物肠线(蚕胶丝除外)制品	**Raw Hides and Skins, Leather, Fur Skins and Thereof; Saddlery and Harness; Travel Goods,Articles Handbags and Similar Containers; Articles of Animal Gut (Other Than Silk- Worm Gut)**		
第41章 生皮(毛皮除外)及皮革	Raw Hides and Skins(Other Than Fur Skins) and Leather		18
第42章 皮革制品；鞍具及挽具；旅行用品、手提包及类似容器；动物肠线(蚕胶丝除外)制品	Articles of Leather; Saddlery and Harness; Travel Goods, Handbags and Similar Containers; Articles of Animal Gut(Other Than Silk-Worm Gut)	11798	1830
第43章 毛皮、人造毛皮及其制品	Fur Skins and Artificial Fur; Manufactures Thereof	141	

17-5 续表 2 continued

单位：万元 (10 000 yuan)

商品分类	HS Section and Division	出口 Exports	进口 Imports
第九类 木及木制品；木炭；软木及软木制品；稻草，秸秆、针茅或其他编结材料制品；篮筐及柳条编结品	**Wood and Articles of Wood; Wood Charcoal; Cork and Articles of Cork; Manufactures of Straw, of Esparto or of Other Plaiting Materials; Basket Ware and Wickerwork**		
第44章 木及木制品；木炭	Wood and Articles of Wood; Wood Charcoal	6768	5924
第45章 软木及软木制品	Cork and Articles of Cork	1621	121
第46章 稻草、秸秆、针茅或其他编结材料制品；篮筐及柳条编结品	Manufactures of Straw, of Esparto or of Other Plaiting Materials; Basket Ware and Wickerwork	188	
第十类 木浆及其他纤维状纤维素浆；纸及纸板的废碎品；纸、纸板及其制品	**Pulp of Wood or of Other Fibrous Cellulosic Material; Waste and Scrap of Paper or Paperboard; Paper and Paperboard and Articles Thereof**		
第47章 木浆及其他纤维状纤维素浆；回收(废碎)纸或纸板	Pulp of Wood or of Other Fibrous Cellulosic Material; Waste and Scrap of Paper or Paperboard	2677	
第48章 纸及纸板；纸浆、纸或纸板制品	Paper and Paperboard; Articles of Paper Pulp, of Paper or Paperboard	9359	6274
第49章 书籍、报纸、印刷图画及其他印刷品；手稿、打字稿及设计图纸	Printed Books, Newspapers, Pictures and Other Products of The Printing Industry; Manuscripts, Typescripts and Plans	1642	4892
第十一类 纺织原料及纺织制品	**Textiles and Textile Articles**		
第50章 蚕丝	Silk	817	2
第51章 羊毛、动物细毛或粗毛；马毛纱线及其机织物	Wool, Fine or Coarse Animal Hair; Horsehair Yarn and Woven Fabric	5950	96
第52章 棉花	Cotton	38088	1858
第53章 其他植物纺织纤维；纸纱线及其机织物	Other Vegetable Textile Fibres; Paper Yarn and Woven Fabrics of Paper Yarn	482	
第54章 化学纤维长丝	Man-Made Filaments	11986	9210
第55章 化学纤维短纤	Man-Made Short Fibres	62049	70
第56章 絮胎、毡呢及无纺织物；特种纱线；线、绳、索、缆及其制品	Wadding, Felt and Nonwoven; Special Yarns; Twine, Cordage, Ropes and Cables and Articles Thereof	5660	794
第57章 地毯及纺织材料的其他铺地制品	Carpets and Other Textile Floor Coverings	804	71
第58章 特种机织物；簇绒织物；花边；装饰毯；装饰带；刺绣品	Special Woven Fabrics; Tufted Textile Fabrics; Lace; Tapestries; Trimmings; Embroidery	461	102
第59章 浸渍、涂布、包覆或层压的纺织物；工业用纺织制品	Impregnated, Coated, Covered or Laminated Textile Fabrics; Textile Articles of a Kind Suitable for Industrial Use	3941	2419
第60章 针织物及钩编织物	Knitted or Crocheted Fabrics	32379	45
第61章 针织或钩编的服装及衣着附件	Articles of Apparel and Clothing Accessories, Knitted or Crocheted	17589	1829
第62章 非针织或非钩编的服装及衣着附件	Articles of Apparel and Clothing Accessories, not Knitted or Crocheted	31767	927
第63章 其他纺织制成品；成套物品；旧衣着及旧纺织品；碎织物	Other Made Up Textile Articles; Sets; Worn Clothing And Worn Textile Articles; Rags Articles; Rags	39311	1331

17-5 续表 3 continued

单位：万元 (10 000 yuan)

商品分类	HS Section and Division	出口 Exports	进口 Imports
第十二类 鞋、帽、伞、杖、鞭及其零件；已加工的羽毛及其制品；人造花；人发制品	**Footwear, Headgear, Umbrellas, Sun Umbrellas, Walking-Sticks, Seat-Sticks, Whips, Riding-Crops and Parts Thereof; Prepared Feathers and Articles Made Therewith; Artificial Flowers; Articles of Human Hair**		
第64章 鞋靴、护腿和类似品及其零件	Footwear, Gaiters and The Like; Parts of Such Articles	32853	1609
第65章 帽类及其零件	Headgear and Parts Thereof	2590	345
第66章 雨伞、阳伞、手杖、鞭子、马鞭及其零件	Umbrellas, Sun Umbrellas, Walking-Sticks, Seat-Sticks, Whips, Riding-Crops And Parts Thereof	818	138
第67章 已加工羽毛、羽绒及其制品；人造花；人发制品	Prepared Feathers and Down and Articles Made of Feathers or of Down; Artificial Flowers; Articles of Human Hair	2298	
第十三类 石料、石膏、水泥、石棉、云母及类似材料的制品；陶瓷产品；玻璃及其制品	**Articles of Stone, Plaster, Cement, Asbestos, Mica or Similar Materials; Ceramic Products; Glass and Glassware**		
第68章 石料、石膏、水泥、石棉、云母及类似材料的制品	Articles of Stone, Plaster, Cement, Asbestos, Mica or Similar Materials; Ceramic Products; Glass and Glassware	7074	17395
第69章 陶瓷产品	Ceramic Products	7924	21604
第70章 玻璃及其制品	Glass and Glassware	57493	28661
第十四类 天然或养殖珍珠、宝石或半宝石、贵金属、包贵金属及其制品；仿首饰；硬币	**Natural or Cultured Pearls, Precious or Semi-Precious Stones, Precious Metals, Metals Clad With Precious Metal and Stones, Precious Metals, Metals Clad With Precious Metal and Articles Thereof; Imitation Jewellery; Coin**		
第71章 天然或养殖珍珠、宝石或半宝石、 贵金属、包贵金属及其制品；仿首饰；硬币	Natural or Cultured Pearls, Precious or Semi-Precious Stones, Precious Metals, Metals Clad With Precious Metal and Articles Thereof; Imitation Jewellery; Coin	13849	56710
第十五类 贱金属及其制品	**Base Metals and Articles of Base Metal**		
第72章 钢铁	Iron and Steel	39229	31161
第73章 钢铁制品	Articles of Iron or Steel	179529	103781
第74章 铜及其制品	Copper and Articles Thereof	12090	796694
第75章 镍及其制品	Nickel and Articles Thereof	2824	24716
第76章 铝及其制品	Aluminium and Articles Thereof	42203	104945
第78章 铅及其制品	Lead and Articles Thereof	22	186
第79章 锌及其制品	Zinc and Articles Thereof	104	2005
第80章 锡及其制品	Tin and Articles Thereof	54	232
第81章 其他贱金属、金属陶瓷及其制品	Other Base Metals; Cermets; Articles Thereof	249599	58375
第82章 贱金属工具、器具、利口器、餐匙、餐叉及其零件	Tools, Implements, Cutlery, Spoons and Forks, of Base Metal; Parts Thereof of Base Metal	41011	9747
第83章 贱金属杂项制品	Miscellaneous Articles of Base Metal	23978	6558
第十六类 机器、机械器具、电气设备及其零件； 录音机及放声机、电视图像	**Machinery and Mechanical Appliances; Electrical Equipment; Parts Thereof; Sound Recorders and Reproducers, Television Image and Sound Recorders and Reproducers; and and Accessories of Recorders and Reproducers; and Parts and Accessories of Such Artic**		
第84章 核反应堆、锅炉、机器、机械器具及其零件	Nuclear Reactors, Boilers, Machinery and Mechanical Appliances; Parts Thereof	4998068	3013550

17-5 续表 4 continued

单位：万元 (10 000 yuan)

商 品 分 类	HS Section and Division	出 口 Exports	进 口 Imports
第85章 电机、电气设备及其零件；录音机及放声机、电视图像、声音的录制和重放设备及其零件、附件	Electrical Machinery and Equipment and Parts Thereof; Sound Recorders and Reproducers, Television Image and Sound Recorders and Reproducers, and Parts and Accessories of Such Articles	10323914	8689838
第十七类 车辆、航空器、船舶及有关运输设备	**Vehicles, Aircraft, Vessels and Associated Transport Equipment**		
第86章 铁道及电车道机车、车辆及其零件；铁道及电车轨道固定装置及其零件、附件；各种机械(包括电动机械)交通信号设备	Railway or Tramway Locomotives, Rolling-Stock and Parts Thereof; Railway or Tramway Track Fixtures And Fittings and Parts Thereof; Mechanical(Including Electro-Mechanical) Traffic Signalling Equipment of All Kinds	2179	16583
第87章 车辆及其零件、附件，但铁道及电车道车辆除外	Vehicles Other Than Railway or Tramway Rolling-Associated Stock, and Parts and Accessories Thereof	605872	23765
第88章 航空器、航天器及其零件	Aircraft, Spacecraft, and Parts Thereof	31000	37850
第89章 船舶及浮动结构体	Ships, Boats and Floating Structures	166	132
第十八类 光学、照相、电影、计量、检验、医疗或外科用仪器及设备、精密仪器及设备；钟表；乐器；上述物品的零件、附件	**Optical, Photographic, Cinematographic, Measuring, Checking, Precision, Medical or Surgical Instruments and Apparatus; Clocks And Watches; Musical Instruments; Parts and Accessories Thereof**		
第90章 光学、照相、电影、计量、检验、医疗或外科用仪器及设备、精密仪器及设备；上述物品的零件、附件	Optical, Photographic, Cinematographic, Measuring, Checking, Precision Medical or Surgical Instruments and Apparatus; Parts and Accessories Thereof	387083	639844
第91章 钟表及其零件	Clocks and Watches and Parts Thereof	839	237
第92章 乐器及其零件、附件	Musical Instruments; Parts and Accessories of Such Articles	659	558
第十九类 武器、弹药及其零件、附件	**Arms and Ammunition; Parts and Accessories Thereof**		
第93章 武器、弹药及其零件、附件	Arms and Ammunition; Parts and Accessories Thereof	19	
第二十类 杂项制品	**Miscellaneous Manufactured Articles**		
第94章 家具；寝具、褥垫、弹簧床垫、软坐垫及类似的填充制品；未列名灯具及照明装置；发光标志、发光名牌及类似品；活动房屋	Furniture; Bedding, Mattresses, Mattress Supports, Cushions and Similar Stuffed Furnishings; Lamps and Lighting Fittings, not Elsewhere Specified or Included; Illuminated Signs, Illuminated	37985	10727
第95章 玩具、游戏品、运动用品及其零件、附件	Toys, Games and Sports Requisites; Parts and Accessories Thereof	47939	1203
第96章 杂项制品	Miscellaneous Manufactured Articles	9188	3688
第二十一类 艺术品、收藏品及古物	**Works of Art, Collectors' Pieces and Antiques**		
第97章 艺术品、收藏品及古物	Works of Art, Collectors' Pieces and Antiques	51	470
第二十二类 特殊交易品及未分类商品	**Commodities and Transactions not Classified According to Kind**		
第98章 特殊交易品及未分类商品	Commodities and Transactions not Classified According to Kind	13646	106772

17-6 主要出口商品数量、金额(2019年)
Main Export Commodities in Volume and Value(2019)

商品名称		Item		数 量 Volume	金 额（万元） Value
粮 食	（千克）	Grain	(kg)	14957790	12860
谷物及谷物粉		Cereals and Cereals Flour		3260115	1276
薯类及含有淀粉的块茎		Potato and Tuber Containing Starch		590423	110
豆 类		Beans		11107252	11474
蔬 菜	（千克）	Vegetables	(kg)	7445601	9107
#鲜或冷冻蔬菜		Fresh or Refrigerated Vegetables		4002315	1589
干的食用菌类		Dry Edible Fungus		45673	511
鲜的、干水果及坚果	（千克）	Fresh, Dried Fruits and Nuts	(kg)	75801133	58461
#橘、橙		Mandarins and Oranges		2994173	1936
苹 果		Apples		55741728	41736
梨		Pears		13328637	10704
乳 品	（千克）	Milk and Dairy Products	(kg)	56000	445
果蔬汁	（千克）	Vegetable and Fruit Juice	(kg)	156688836	121267
#苹果汁		Apple Juice		147551637	114583
食用油籽	（千克）	Edible Oil Seeds	(kg)	87502	86
#大 豆		Soybean		13002	14
花生、花生仁		Peanuts		59000	52
食用植物油(包括棕榈油)	（千克）	Edible Vegetable Oil (including Palm Oil)	(kg)	2590	11
#葵花油		Sunflower Oil		2470	11
天然蜂蜜	（千克）	Natural Honey	(kg)	40440	110
茶 叶	（千克）	Tea	(kg)	223672	1867
辣椒干	（千克）	Dried Capsicum	(kg)	605372	1140
蘑菇罐头	（千克）	Canned Mushrooms	(kg)	1875166	9735
中药材及中式成药	（千克）	Medical Materials and Medicaments of Chinese Type	(kg)	912309	4994
#植物性药材		Herbal Medicine		854355	3095
烤 烟	（千克）	Flue-cured Tobacco	(kg)	1594092	2582
纸 烟	（千克）	Cigarette	(kg)	67172	1256
肥 料	（千克）	Fertilizers		13682642	3254
矿物肥料及化肥		Mineral Fertilizers and Chemical Fertilizers		13662642	3206
#尿 素		Urea		7261110	1724
氮、磷、钾复合肥		Compound Fertilizers of Nitrogen, Phosphor and Kalium		4000	6
磷酸氢二铵		Diammonium Phosphape		115500	75
氯化钾		Potassium Chloride		800	1
硫酸钾		Potassium Sulfate		90001	78
锯 材	（千克）	Wood Sawn	(kg)	24100	9
胶合板及类似多层板	（千克）	Plywood and Similar Laminates	(kg)	1073416	921
印刷品	（千克）	Printed Matter	(kg)	367216	1642
生 丝	（千克）	Raw Silk	(kg)	14918	626
山羊绒	（千克）	Cashmere	(kg)	50532	4034
黏土及其他耐火矿物	（千克）	Clay and Other Refractory Minerals	(kg)	158900	62
#天然石墨		Natural Graphite		135480	51
天然碳酸镁；氧化镁		Natural Magnesium Carbonate;Magnesium Oxide		1020	3
天然硫酸钡(重晶石)	（千克）	Natural Barium Sulfate (barite)	(kg)	1613000	295
钼矿砂及其精矿	（千克）	Molybdenum Ores and Concentrates	(kg)	20000	215
焦炭、半焦炭	（千克）	Coke and Semi-coke	(kg)	511191698	69664
成品油	（千克）	Petroleum Products Refined	(kg)	248563	395
稀土及其制品	（千克）	Rare Earth and its Products	(kg)	218831	1840
#稀 土		Rare Earth		191320	1068

17-6 续表 1 continued

商品名称		Item		数量 Volume	金额（万元） Value
氧化铝	（千克）	Aluminum Oxide	(kg)	106925	75
钨 品	（千克）	Tungsten Products		188161	8724
钨及其制品		Tungsten and its Products	(kg)	188161	8724
氧化锌及过氧化锌	（千克）	Zinc oxide and zinc Peroxide	(kg)	80	1
碳酸钠(纯碱)	（千克）	Sodium carbonate (soda ash)	(kg)	46520	18
合成有机染料	（千克）	Synthetic Organic Dyestuffs	(kg)	63400	390
锌钡白(立德粉)	（千克）	lithopone	(kg)	85000	64
医药品	（千克）	Medical and Pharmaceutical Products	(kg)	2332205	63707
#维生素C		Vitamin C		111001	540
抗菌素(制剂除外)		Antibiotics(Except Preparations)		320437	8322
中式成药		Medicaments of Chinese Type		57954	1899
医用敷料		Pharmaceutical Goods		29454	264
口腔及牙齿清洁剂	（千克）	Oral and Dental Cleanser	(kg)	110	1
洗衣粉	（千克）	Detergent	(kg)	55743	23
松香及树脂酸	（千克）	Rosin and Resin acids	(kg)	151200	143
杀虫剂、除草剂及类似品	（千克）	Pesticides, Herbicides and the Like	(kg)	2525953	8020
初级形状的聚氯乙烯	（千克）	The Primary PVC	(kg)	20306859	11401
新的充气橡胶轮胎	（千克）	New Pneumatic Rubber Tyres	(kg)	45987549	74579
家用或装饰用木制品	（千克）	Wood Articles for Household or Decoration Use	(kg)	2431753	3025
纸及纸板(未切成型的)	（千克）	Paper and Paperboard (Unchopped in Shape)	(kg)	1213458	2282
#牛皮纸		Kraft Paper		8740	66
纺织纱线、织物及制品		Textile yarns, Fabrics and Articles			197345
#棉纱线	（千克）	Cotton Yarn	(kg)	72271	157
丝织物		Silk Fabrics			191
棉机织物		Cotton Woven Fabrics			37934
亚麻及苎麻机织物	（米）	Flax or Ramie Woven Fabric	(m)	288041	477
合成短纤与棉混纺机织物	（米）	Synthetic Short Fibre and Cotton-fibre Mixture Woven Fabric	(m)	44554753	24545
地 毯	（米）	Carpets	(m)	344203	804
塑料编织带(周转带除外)	（条）	Bags of PP or PE Strip(Except Turnover Bags)	(unit)	19424604	2635
水泥及水泥熟料	（千克）	Cement and Cement Clinkers	(kg)	150777	72
花岗岩石材及制品	（千克）	Granite Material and Products	(kg)	2595960	684
平板玻璃	（千克）	Plate Glass	(kg)	887894	192
玻璃制品	（千克）	Glass Products	(kg)	17055198	38424
#玻璃器皿		Glassware		15677420	35914
陶瓷产品	（千克）	Ceramic Products	(kg)	12141194	7924
#家用陶瓷		Household Ceramics		718230	2041
建筑用陶瓷		Building Ceramics		11207286	4663
装饰用陶瓷		Decorative Ceramics		101798	185
珍珠、钻石、宝石及半宝石		Pearls,Diamonds,Gems and Semi-gems			7
铁合金	（千克）	Ferroalloy	(kg)	17920639	17204
钢坯及粗锻件	（千克）	Billet and Crude Forgings	(kg)	195	34
钢 材	（千克）	Rolled Steel	(kg)	107426843	111463
#钢铁棒材		Steel Bar		12216724	5969
角钢及型钢		Angle Steel and Section Steel		4741137	2816
钢铁板材		Steel Plate		6584994	8422
钢铁线材		Steel Wire		8388668	5940
钢铁管配件		Steel Tube Accessories		24913108	39029

17-6 续表 2 continued

商品名称		Item		数量 Volume	金额（万元） Value
未锻轧铜及铜材	（千克）	Unwrought Copper and its Alloys	(kg)	2285497	9899
铜　材		Rolled Copper		2285497	9899
未锻轧铝及铝材	（千克）	Unwrought Aluminum and its Alloys	(kg)	11906974	22363
未锻造的铝(包括铝合金)		Unwrought Aluminum (Including Aluminum Alloy)		102910	158
铝　材		Rolled Aluminum		11804064	22205
镁及其制品(包括废碎料)	（千克）	Magnesium and its Products (Including Scrap)	(kg)	9253630	18959
未锻轧锰	（千克）	Unwrought Manganese	(kg)	10000	14
钢铁或铜制标准紧固件	（千克）	Iron or Copper Standard Fasteners	(kg)	5664258	9651
不锈钢厨具、餐具等家用器具	（千克）	Stainless Steel Kitchenware, Tableware and Other Household Appliances	(kg)	156525	796
餐桌、厨房及其他家用搪瓷器	（千克）	Table, Enamel Kitchen and other Household Enamel Devices	(kg)	1019768	1685
手用或机用工具	（千克）	Hand Tools and Tools for Machines	(kg)	12073832	38041
电　扇	（台）	Fans	(unit)	1177981	7254
空气调节器(车用除外)	（台）	Air Conditioner (Except Automotive Air Conditioner)	(unit)	4562	887
冰　箱	（台）	Refrigerator	(unit)	693	117
洗衣机	（台）	Washing Machine	(unit)	42	529
微波炉	（个）	Microwave Oven	(unit)	8	1
家用空气净化器	（个）	Home Air Purifier	(unit)	14649	616
纺织机械及零件		Textile Machinery and Parts			4335
家用缝纫机	（台）	Household Use Sewing Machines	(unit)	5196	57
工业用缝纫机	（台）	Industrial Use Sewing Machines	(unit)	107692	34179
金属加工机床	（台）	Metalworking Machine Tools	(unit)	29408	23111
#车　床		Lathes		1301	10320
铣　床		Milling Machines		34	85
电子计算器(包括具有计算功能的袖珍数据记录重现机)	（台）	Electric Calculator	(unit)	191151	78
自动数据处理设备及其部件		Automatic Data Processing Machines and Components			2054933
#自动数据处理设备	（台）	Automatic Digital Processing Equipments	(unit)	27284	3687
#平板电脑		Tablets		811	35
便携式电脑(平板电脑除外)		Portable Computers (Except Tablets)		26104	2467
微型电脑		Minicomputers		213	238
打印机(包括多功能一体机)	（台）	Printers(Including All-in-one Printers)	(unit)	1408	200
中央处理部件	（台）	Central Processing Unit	(unit)	660	1410
显示器	（台）	Display	(unit)	166102	30785
#液晶显示器		Liquid Crystal Display		166089	30782
存储部件	（台）	Storage Unit	(unit)	41435010	2016880
键盘、鼠标器	（个）	Keyboard, Mouse	(unit)	183603	347
自动数据处理设备零件	（千克）	Parts for Auto Data Processing Equipment	(kg)	687855	2273988
液晶显示板	（个）	Liquid Crystal Display Panel	(unit)	2262105	125544
轴　承	（套）	Bearings	(unit)	32857531	21898
电动机及发电机	（台）	Electric Motors and Generators	(unit)	2047054	20418
风力发电机组	（台）	Wind Generating Unit	(unit)	161	9
变压器	（个）	Transformers	(unit)	4201413	38787
静止式变流器		Static Converters			22263
原电池	（个）	Primary Cells and Batteries	(unit)	782703	147
蓄电池	（个）	Storage Batteries	(unit)	7905198	569850
#铅酸蓄电池		Lead Acid Storage Batteries		28669	1243
太阳能电池	（个）	Solar Batteries	(unit)	58513273	914561
电话机	（台）	Telephones	(unit)	1278682	35580
#手持或车载无线电话机		Hand-held or Vehicle-mounted Wireless Telephone		1274072	34629

17-6 续表 3 continued

商品名称		Item		数量 Volume	金额(万元) Value
扬声器	(个)	Loudspeakers	(unit)	520861	1906
激光唱机	(台)	CD Players	(unit)	93432	2609
录、放像机	(台)	VCR and videoplayers	(unit)	29194	1080
#DVD播放机		DVD Players		26360	335
声音录制或重放设备	(台)	Sound Recording or Playback Apparatus	(unit)	171398	2949
收音设备	(台)	Radio Sets	(unit)	1158271	9024
彩色电视机	(台)	Color TV Sets	(unit)	27910	1922
#液晶电视机		LCD TV sets		27908	1921
录放音、像机及唱机的零附件		Parts of VCR, Videoplayers and CD Players			42
电视、收音机及无线电讯设备的零件附件	(千克)	Parts of Television, Radio and Radio Communicatio	(kg)	1615083	32204
电容器	(千克)	Electrical Capacitors	(kg)	3586251	23487
印刷电路	(块)	Printed Circuit	(unit)	26968637	39310
通断保护电路装置及零件		Electrical Apparatus for Swithing or Protecting Electrical Circuits and Parts			161839
二极管及类似半导体器件	(个)	Diode and Semi Conductors	(unit)	452450107	970822
集成电路	(个)	Integrated Circuit	(unit)	5643770044	8034101
#处理器及控制器		Processor and Controller		712194206	56114
存储器		Memorizer		2525469068	7852672
放大器		Amplifier		35778262	2063
电线和电缆	(千克)	Insulated Wire or Cable	(kg)	3541555	18998
集装箱	(个)	Containers	(unit)	6	308
汽　车	(辆)	Motor Vehicles	(unit)	25363	375526
#小轿车		Cars		8951	38248
小客车(九座及以下)		Minibus (9 seats and below)		74	710
货车		Trucks		14974	284919
电动载人汽车	(辆)	Electric Passenger Cars	(unit)	247	4857
纯电动轿车及越野车		Pure Electric Cars and Off-road Vehicles		245	4839
插电式混合动力轿车及越野车		Plug-in Hybrid Cars and Off-road Vehicles		1	15
非插电式混合动力轿车及越野车		Non-plug-in hybrid Cars and Off-road Vehicles		1	3
装有引擎的汽车底盘	(台)	Automobile Chassis Fitted With an Engine	(unit)	131	3268
汽车零配件		Parts of Motor Vehicles			198281
摩托车	(辆)	Motorcycle	(unit)	39420	4655
自行车	(辆)	Bicycles	(unit)	719	78
摩托车及自行车的零配件		Parts of Motorcycles and Bicycles			2255
照相机	(台)	Cameras	(unit)	9	42
#数字式相机		Digital Cameras		8	20
眼镜及其零件		Glasses and Parts			14849
眼镜片	(片)	Eyeglass lens	(unit)	588242	13245
眼镜架及其零件	(千克)	Eyeglass Frame and Parts	(kg)	904	337
眼镜成品	(千克)	Finished Eyeglass	(kg)	78845	1267
医疗仪器和器械		Medical Instruments and Appliances			20437
手　表	(只)	Wrist Watches	(unit)	125238	225
电动手表		Electric Watches		125238	225
日用钟	(只)	Clocks	(unit)	146005	343
家具及其零件		Furniture and Parts			14155
床垫、寝具及类似品		Mattresses,Bedding Articles and Analogues			2256
灯具、照明装置及类似品		Lights,Lighting Apparatus and Analogues			20050
箱包及类似容器	(千克)	Luggage and similar Containers	(kg)	1352888	11371
体育用品及设备		Sporting Goods and Equipments			4628

17-6 续表 4 continued

商品名称		Item		数量 Volume	金额(万元) Value
服装及衣着附件		Clothing and Accessories			52899
#织物制服装		Textile Garments			45866
非针织钩编织物服装		Garments, not Knitted or Crocheted			29796
针织或钩编的服装		Garments, Knitted or Crocheted			16070
皮革手套	(千克)	Leather Gloves	(kg)	16004	100
织物制手套	(双)	Textile Gloves	(pair)	2151507	1341
织物制袜子		Textile Socks			380
帽　类	(个)	Hats	(unit)	1932467	2578
鞋　类	(千克)	Footwear	(kg)	4816699	32853
鞋	(千克)	Shoes	(kg)	4756667	32369
#外底及鞋面均以橡胶或塑料制的鞋		Rubber or Plastic Shoes		3849955	25697
皮面鞋		Leather Shoes		652050	4522
橡胶或塑料底纺织材料为面的鞋		Cloth Shoes with Outer of Rubber or Artificial Plastic Materials		179788	1877
鞋靴零件；护腿及类似品	(千克)	Shoes Accessories, Leg Guards and Analogs	(kg)	60032	484
塑料制品	(千克)	Plastic Articles	(kg)	12425902	31090
玩　具		Toys			34429
游戏机及零附件		Game Machine and Accessories			26
圣诞用品	(千克)	Articles for Christmas	(kg)	1278435	4930
足球、篮球、排球	(个)	Football,Basketball,Volleyball	(unit)	141331	374
打火机	(个)	Lighters	(unit)	7834652	486
艺术珍藏品及古董		Art Collections and Antiques			51
伞	(千克)	Umbrellas	(kg)	95554	456
竹编结品	(千克)	Bamboo Products	(kg)	2401	4
草编结品	(千克)	Straw Mats and Straw Products	(kg)	11432	40
柳编结品	(千克)	Wickerwork	(kg)	2523	10
文化产品		Cultural Products			75672
图书	(千克)	Books	(kg)	119220	430
报纸和期刊	(千克)	Newspapers and Magazines	(kg)	1751	33
新型存储媒介		New Storage Medium			1
其他出版物	(千克)	Other publications	(kg)	235493	764
雕塑工艺品		Sculpture Crafts			5383
金属工艺品	(千克)	Metal Crafts	(kg)	5775673	11874
花画工艺品		Flower Painting Crafts			4604
天然植物纤维编织工艺品	(千克)	Natural Plant Fiber Weaving Crafts	(kg)	43783	131
抽纱刺绣工艺品		Drawnwork and Embroidery Crafts			637
珠宝首饰及有关物品	(千克)	Jewellery and Related Articles	(kg)	5753	144
园林、陈设艺术陶瓷制品	(千克)	Garden and Furnishings Art Ceramic Products	(kg)	101798	185
蚕丝及机织物		Silk and Woven Fabrics			67
文　具		Stationeries			184
乐　器		Musical Instruments			659
玩　具		Toys			34429
游艺用品及室内游艺器材		Entertainment Supplies and Indoor Entertainment Equipments			26
其他娱乐用品		Other Entertainment Items			7331
胶印机	(台)	Offset Printers	(unit)	1	9
印刷机		Printers			7327
广播电视接收及发射设备	(台)	Receiving and Transmitting Equipments for Radio	(unit)	6	13
广播电视节目制作设备	(台)	Program Production Equipments for Radio and Te	(unit)	67191	1032
电影制作及放映设备		Production and Projection Equipments for Film			410

17-7 主要进口商品数量、金额(2019年)
Main Import Commodities in Volume and Value(2019)

商品名称		Item		数量 Volume	金额(万元) Value
粮　食	(千克)	Grain	(kg)	888241440	249125
谷物及谷物粉	(千克)	Cereals and Cereals Flour	(kg)	10593148	1176
小　麦		Wheat		10593146	1176
#小麦粉		Wheat Flour		24000	6
大　豆	(千克)	Soybean	(kg)	846611792	234148
食用植物油	(千克)	Edible Vegetable Oil	(kg)	31199764	16013
#橄榄油		Olive Oil		2535	10
葵花油		Sunflower Oil		80910	44
菜子油及芥子油		Rapeseed oil and Mustard Oil		31116319	15959
酒　类	(升)	Alcohol	(liter)	340756	1173
#啤　酒		Beer		56571	46
葡萄酒		Wine		283336	1119
天然橡胶(包括胶乳)	(千克)	Natural Rubber (including latex)	(kg)	201600	180
合成橡胶(包括胶乳)	(千克)	Synthetic Rubber (including Latex)	(kg)	713419	1406
锯　材	(千克)	Wood Sawn	(kg)	30551392	4938
棉　花	(千克)	Cotton	(kg)	1130738	1509
纺织用合成纤维	(千克)	Synthetic Fibers Suitable for Spinning	(kg)	910	4
#聚丙烯腈纤维		Polyacrylonitrile Fibres		750	4
铁矿砂及其精矿	(千克)	Iron Ore	(kg)	4653094761	291068
锰矿砂及其精矿	(千克)	Manganese Ores and Concentrates	(kg)	11930195	1586
铜矿砂及其精矿	(千克)	Copper Ores and Concentrates	(kg)	282722	136
铬矿砂及其精矿	(千克)	Chromium ores and Concentrates	(kg)	19718917	1938
铅矿砂及其精矿	(千克)	Lead ores and Concentrates	(kg)	45662855	30156
氧化铝	(千克)	Aluminum Oxide	(kg)	235604	637
煤及褐煤	(千克)	Coal and Lignite	(kg)	3223490	50
无烟煤		Anthracite Coal		12250	5
褐　煤		Lignite		3211240	45
原　油	(千克)	Crude Oil	(kg)	648576095	231676
成品油	(千克)	Petroleum Products Refined	(kg)	14894	141
乙二醇	(千克)	Ethylene Glycol	(kg)	600	4
医药品	(千克)	Pharmaceutical Products	(kg)	371727	304164
美容化妆品及护肤品	(千克)	Beauty Cosmetics and Skin Care Products	(kg)	820116	2492
肥　料	(千克)	Fertilizers	(kg)	376	1
矿物肥料及化肥		Mineral Fertilizers and Chemical Fertilizers		376	1
氮、磷、钾复合肥		Compound Fertilizers of Nitrogen, Phosphor and Kalium		376	1
合成有机染料	(千克)	Synthetic Organic Dyestuffs	(kg)	15993	99
钛白粉	(千克)	Titanium Dioxide	(kg)	160000	402
聚合物油漆及清漆	(千克)	Polymer Paints and Varnishes	(kg)	187507	10206
感光材料	(千克)	Photosensitive Materials	(kg)	18340	134

17-7 续表 1 continued

商品名称		Item		数 量 Volume	金 额(万元) Value
初级形状的塑料	(千克)	Plastic in primary Forms	(kg)	15269116	22164
#初级形状的聚乙烯		Polyethylene in Primary Forms		2934875	1368
初级形状的线型低密度聚乙烯		Linear Low Density Polyethylene in Primary Forms		173250	114
初级形状的聚丙烯		Polypropylene in Primary Forms		392090	730
初级形状的苯乙烯聚合物		Polystyrene in Primary Forms		276045	273
#ABS树脂		ABS Copolymers		1000	3
初级形状的聚酯		Polyester in Primary Forms		83800	248
聚酰胺切片		Polyamide Slice		10730	40
非泡沫塑料的板、片、膜、箔	(千克)	Non-Foam Plastic Plates,Sheets,Films and Foils	(kg)	4410173	71934
杀虫剂、除草剂及类似品	(千克)	Pesticides, Herbicides and Similar Products	(kg)	216107	422
纸及纸板(未切成型的)	(千克)	Paper and Paperboard (Unchopped in Shape)	(kg)	4971241	5334
#牛皮纸		Kraft Papers		128567	99
涂布纸		Coated Papers		2449716	2546
纺织纱线、织物及制品		Textile Yarns, Fabrics and Products			14601
棉纱线	(千克)	Cotton Yarns	(kg)	8409	23
合成纤维纱线	(千克)	Synthetic Fiber Yarns	(kg)	573682	8889
丝织物	(米)	silk Fabrics	(m)	39	2
棉机织物		Cotton Woven Fabrics			329
合成纤维长丝机织物	(米)	Woven Fabrics of Synthetic Filament	(m)	84683	303
合成短纤与棉混纺机织物	(米)	Mixed Woven Fabrics of Synthetic Staple and Cotton	(m)	47	1
化纤起绒、绳绒及毛圈机织物	(米)	Woven Fabrics of Synthetic Interlock,Chenille and Terry	(m)	159	8
涂覆浸渍塑料的织物	(千克)	Plastics-coated Fabrics	(kg)	36149	396
针织或钩编织物	(米)	Knitted or Crocheted Fabrics	(m)	34511	45
服装及衣着附件		Clothing and Accessories			5137
玻璃纤维及其制品	(千克)	Glass Fibers and Relative Products	(kg)	103675	3044
钢坯及粗锻件	(千克)	Steel Billets and Rough Forgings	(kg)	13554	84
钢 材	(千克)	Rolled Steels	(kg)	10950035	70380
#钢铁棒材		Steel Bars		4777724	18833
角钢及型钢		Angle Irons and Shaped Steels		18840	127
钢铁板材		Steel Plates		1382222	4734
钢铁管材及空心异型材		Steel Pipes and Hollow Profiles		2394104	21573
钢铁制标准坚固件	(千克)	Iron Standard Fasteners	(kg)	575695	18444
未锻轧铜及铜材	(千克)	Unforged Copper and Rolled Copper	(kg)	184407206	792678
未锻轧铜(包括铜合金)		Unwrought Copper (Including Copper Alloys)		181061341	760094
铜 材		Rolled Copper		3345865	32584
未锻轧铝及铝材	(千克)	Unforged Aluminum and Rolled Aluminum	(kg)	12685073	81833
未锻轧铝(包括铝合金)		Unwrought Aluminum (Including Aluminum Alloys)		27240	28
铝 材		Rolled Aluminum		12657833	81805
钢铁或铝制结构体及其部件	(千克)	Structure and Relative Parts Made of Steel or Aluminum	(kg)	2183859	11675
蒸汽锅炉及过热水锅炉	(台)	Steam Boilers and Superheated Water Boilers	(unit)	3	1589
活塞式内燃机的零件	(千克)	Parts of Piston Internal-combustion Engines	(kg)	349218	8706

17-7 续表 2 continued

商品名称		Item		数量 Volume	金额(万元) Value
涡轮喷气发动机	(台)	Turbojet Engine	(unit)	6	1069
液泵及液体提升机	(台)	Liquid Pumps and Elevators	(unit)	20042	22769
制冷设备用压缩机	(台)	Compressors for Refrigerating Equipment	(unit)	210	119
空气调节器(车用除外)	(台)	Air Conditioner(except Automotive Air Conditioner)	(unit)	33	1462
冷冻机和制冷设备	(台)	Refrigerators and Refrigeration Equipment	(unit)	71	2085
家用空气净化器	(个)	Home Air Purifier	(unit)	9088	3111
非家用型水的过滤、净化机器	(台)	Non-household Water Filtering or Purifying Apparatuses	(unit)	1308	4705
饮料及液体食品灌装设备	(台)	Filling Equipments for Beverages and Liquid Food	(unit)	6	11205
机械提升搬运装卸设备及零件		Mechanical Lift Handling Equipment and Relative Parts			24818
建筑及采矿用机械及零件		Machinery and Parts for Construction and Mining			26817
食品、饮料工业用加工机械及零件		Machinery and Parts for Food and Beverage Processing			943
制造纸及纸制品用机械及零件		Machinery and Parts for Manufacturing Paper and Paper Products			681
印刷、装订机械及零件		Machinery and parts for Printing and Binding			6270
纺织机械及零件		Textile Machinery and Parts			1040
#纱线织物等后整理机器	(台)	Yarns, Fabrics and other Finishing Machines	(unit)	113	915
工业用缝纫机	(台)	Industrial Use Sewing Machines	(unit)	74	104
金属加工机床	(台)	Metalworking Machine Tools	(unit)	314	72676
#加工中心		Machining center		54	14673
数控机床		NC Machine Tools		140	48086
金属轧机及零件		Metal Mills and Parts			1431
橡胶或塑料加工机械及零件		Machinery and Parts for Rubber or Plastic Processing			20187
型模及金属铸造用型箱		Casting Molds for Metal Forging			2737
阀 门	(套)	Valves	(set)	1016809	54123
自动数据处理设备及其部件		Automatic Data Processing Machines and Components			107937
#数字式自动数据处理设备	(台)	Automatic Data Processing Machines	(unit)	702	1646
数字式中央处理部件	(台)	Digital Central Processing Unit	(unit)	2232	9416
存储部件	(台)	Storage Units	(unit)	247094	70422
自动数据处理设备的零件	(千克)	Parts for Auto Data Processing Equipment	(kg)	323941	706681
制造单晶柱或晶圆用的机器及装置	(台)	Machines and Devices for Manufacturing Single Crystal Column or Wafer	(unit)	88	73048
制造半导体器件或集成电路用的机器及装置	(台)	Machines and Devices for Manufacturing Semiconductor Devices or Integrated Circuits	(unit)	543	833076
制造平板显示器用的机器及装置	(台)	Machines and Devices for Manufacturing Flat Panel Displays	(unit)	31	27409
电动机及发电机	(台)	Electric Motors and Generators	(unit)	12768	9599
发电机组及旋转式变流机	(台)	Generator Sets and Rotaty Converters	(unit)	6	4212
变压、整流、电感器及零件		Transformers, Rectifiers, Inductors and Relative Parts			35726
蓄电池	(个)	Electric Accumulators	(unit)	10971	4632
#铅酸蓄电池		Lead Acid Storage Batteries		917	125
电话机	(台)	Telephones	(unit)	40001	359
数字式程控电话或电报交换机	(台)	Digital Program-controlled Telephones or Telegraph Switching Equipments	(unit)	44	1
无线电导航雷达及遥控设备	(台)	Radionavigation Radar and Telecommand Equipments	(unit)	194	2907
电视摄像机、数字照相机及视频摄录一体机	(台)	Television Cameras, Digital Cameras and All-in-one Video Camera Recorders	(unit)	2157	2886
声音录制或重放设备	(台)	Sound Recording or Playback Apparatus	(unit)	1	1
收音设备(包括收录音组合机及整套散件)	(台)	Sound Recording Apparatus(Including Radio Combination and a Complete Set of Spare Parts)	(unit)	2	4

17−7 续表 3 continued

商品名称		Item		数量 Volume	金额(万元) Value
电视、收音机及无线电讯设备的零附件	(千克)	Parts of Television, Radio and Radio Communication Equipment	(kg)	36807	2941
电容器	(千克)	Electrical Capacitors	(kg)	187545	40133
电阻器	(千克)	Resistor	(kg)	201509	27116
印刷电路	(块)	Printed Circuit	(unit)	563629352	76537
断路保护电路装置及零件		Electrical Apparatus for Swithing or Protecting Electrical Circuits and Parts			117344
二极管及类似半导体器件	(个)	Diode and Semi Conductors	(unit)	652809214	47255
集成电路	(个)	Integrated Circuit	(unit)	7213501194	8073255
电线和电缆	(千克)	Insulated Wire or Cable	(kg)	535005	20713
汽　车	(辆)	Motor Vehicles	(unit)	5	1778
专用汽车		Special Vehicles		1	98
货　车		Trucks		4	1680
汽车零配件		Auto parts			24228
飞机及其他航空器	(架)	Aircraft and Others	(unit)	71	8738
航空器零件	(千克)	Parts of Air Craft	(kg)	120754	28215
液晶显示板	(个)	LCD Panels	(unit)	38845	1973
医疗仪器及器械		Medical Instruments and Appliances			14618
计量检测分析自控仪器及器具		Automatic Control Instruments and Apparatus for Measurement and Analysis			529954
手　表	(只)	Wrist watches	(unit)	491	22
电动手表		Electric Watches		491	22
印刷品	(千克)	Pressworks	(kg)	330197	4825
塑料制品	(千克)	Plastic Articles	(kg)	4311343	57710
文化产品		Cultural Products			14966
图书	(千克)	Books	(kg)	314595	2468
报纸和期刊	(千克)	Newspapers and Magazines	(kg)	11421	1419
新型存储媒介		New Storage Medium			611
其他出版物	(千克)	Other publications	(kg)	4149	189
雕塑工艺品		Sculpture Crafts			72
金属工艺品	(千克)	Metal Crafts	(kg)	993	17
花画工艺品		Flower Painting Crafts			239
地毯、挂毯	(平方米)	Carpets, Tapestries	(sq.m)	110	2
珠宝首饰及有关物品		Jewellery and Related Articles			585
园林、陈设艺术陶瓷制品	(千克)	Garden and Furnishings Art Ceramic Products	(kg)	3556	31
蚕丝及机织物		Silk and Woven Fabrics			24
收藏品	(千克)	Collections	(kg)	7473	177
乐　器		Musical Instruments			558
玩　具		Toys			778
其他娱乐用品		Other Entertainment Items			1
胶印机	(台)	Offset Printers	(unit)	1	1913
印刷机	(台)	Printers	(unit)	9	3848
广播电视接收及发射设备	(台)	Receiving and Transmitting Equipments for Radio and Television	(unit)	13	3
广播电视节目制作设备	(台)	Program Production Equipments for Radio and Television	(unit)	1663	1360
电影制作及放映设备		Production and Projection Equipments for Film			667

17-8 利用外资情况
Utilization of Foreign Capital

单位：万美元 (USD 10 000)

年份 Year	签订合同项目(个) Number of Signed Projects (unit)	签订外商投资合同 Contracts of Direct Foreign Investments		实际利用外商投资 Amount of FDI Actually Utilized	
		金额 Value	比上年增长% Growth Rate as Preceding Year(%)	金额 Value	比上年增长% Growth Rate as Preceding Year(%)
1983	2	823		25	
1984	7	154	-81.3	129	416.0
1985	50	42848	27723.4	818	534.1
1986	34	34786	-18.8	942	15.2
1987	18	17381	-50.0	2890	206.8
1988	14	2096	-87.9	18007	523.1
1989	22	2650	26.4	9679	-46.2
1990	24	1134	-57.2	4191	-56.7
1991	54	2068	82.4	3159	-24.6
1992	424	52290	2428.5	4583	45.1
1993	790	92204	76.3	23432	411.3
1994	444	41142	-55.4	23809	1.6
1995	272	41518	0.9	32407	36.1
1996	280	60054	44.6	33008	1.9
1997	182	64954	8.2	61016	84.9
1998	196	37582	-42.1	30010	-50.8
1999	157	42693	13.6	24197	-19.4
2000	215	49931	17.0	28842	19.2
2001	223	73009	46.2	36455	26.4
2002	203	84060	15.1	41064	12.6
2003	229	83428	-0.8	46602	13.5
2004	271	104877	25.7	52664	13.0
2005	256	158237	50.9	62839	19.3
2006	255	203530	28.6	92489	47.2
2007	184	197311	-3.1	119516	29.2
2008	156	181781	-7.9	136954	14.6
2009	101	140117	-22.9	151053	10.3
2010	139	221030	57.8	182006	20.5
2011	138	254910	15.3	235483	29.4
2012	144	515036	102	293609	24.7
2013	204	372078	-28	367800	25.3
2014	141	585453	57.4	417557	13.5
2015	112	578208	-1.2	462118	10.7
2016	116	463330	-19.9	501178	8.5
2017	203	1002910	116.5	589437	17.6
2018	283	537672	-46.4	684794	16.2
2019	323	298131	-44.6	772947	12.9

17–9 外商投资情况

Foreign Investment

单位：万美元 (USD 10 000)

分组	Groups	项目数(个) Number of Projects (unit)		合同外资 Contracted Foreign Investments		实际外资 Actually Utilized Foreign Investments	
		2018	2019	2018	2019	2018	2019
总计	**Total**	**283**	**323**	**537672**	**298131**	**684794**	**772947**
按投资方式分	**By Investment Form**						
中外合资企业	Equity Joint Venture	113	121	254368	103224	69686	40083
中外合作企业	Contractural Joint Venture	5		1908			
外资企业	Wholly Foreign-owned Enterprise	164	202	281395	194907	146126	359481
外商投资股份制	FDI Shareholding Inc.	1		1			2479
外方股东留存收益	Foreign Shareholders Retained Earnings					228893	
境外融资	Overseas Financing					240089	218573
加工装配	Processing and Assembling						152331
按国民经济行业分	**By Sector**						
农、林、牧、渔业	Agriculture, Forestry, Animal Husbandry and Fishery	8	3	1812	575	1011	71
采矿业	Mining	3	3	20256	52943		51218
制造业	Manufacturing	48	52	114705	97367	74537	493126
电力、热力、燃气及水生产和供应业	Production and Supply of Electricity, Heat, Gas and Water	7	6	10342	9206	5726	7030
建筑业	Construction	7	7	6932	11715		50598
批发和零售业	Wholesale and Retail Trades	61	83	104127	28943	49525	34845
交通运输、仓储和邮政业	Transport, Storage and Post	13	11	31926	6329	24002	8209
住宿和餐饮业	Hotels and Catering Services	10	13	632	560		1632
信息传输、软件和信息技术服务业	Information Transmission, Software and Information Technology	26	41	35447	11752	2350	4233
金融业	Financial Intermediation	21	4	45061	-1679	10431	4051
房地产业	Real Estate	16	15	56893	2044	45715	69902
租赁和商务服务业	Leasing and Business Services	31	45	17539	16613	2136	9495
科学研究和技术服务业	Scientific Research and Technical Services	18	27	85756	9040	277	1711
水利、环境和公共设施管理业	Management of Water Conservancy, Environment and Public Facilities	8	3	1237	2227		5155
居民服务、修理和其他服务业	Service to Households, Repair and Other Services	4	3	586	403	102	25828
教育	Education		2		42		
卫生和社会工作	Health and Social Services	1	1	4320	1		394
文化、体育和娱乐业	Culture, Sports and Entertainment	1	4	101	50050		5449

注：2018年实际外资按国民经济行业分未含外方股东留存收益和境外融资。
a)Actual foreign investment by sector in 2018 does not contain the foreign shareholders retained earnings and overseas financing.

17–9 续表 continued

单位：万美元 (USD 10 000)

分 组	Groups	项目数(个) Number of Projects (unit)		合同外资 Contracted Foreign Investments		实际外资 Actually Utilized Foreign Investments	
		2018	2019	2018	2019	2018	2019
按国别(地区)分	**By Country(Region)**						
孟加拉	Bangladesh		1		50		
塞浦路斯	Cyprus		1		213		
香 港	Hong Kong, China	115	100	372314	185329	127242	252858
印 度	India	2	3	2	123		
印度尼西亚	Indonesia		2		51		
菲律宾	Philippines						910
伊 朗	Iran		1		43		
以色列	Israel		1		43		
日 本	Japan	11	5	-344	2936	268	37560
澳 门	Macao, China	3	1	2351	1274	9	8579
马来西亚	Malaysia	6	4	2813	2665		242
巴基斯坦	Pakistan	7	10	186	299		
巴勒斯坦	Palestine		2		20		
新加坡	Singapore	13	9	19350	8282	18705	45940
韩 国	Korea Rep.	30	25	16241	13072	32042	240581
泰 国	Thailand		1		14		
土耳其	Turkey		2		26		
也 门	Yemen	1	1		7		
台湾省	Taiwan, China	8	18	744	8794	556	114213
哈萨克斯坦	Kazakhstan	2	9	536	133		
吉尔吉斯斯坦	Kyrgyzstan		2		86		
塔吉克斯坦	Tajikistan		4		71		
乌兹别克斯坦	Uzbekistan		2		22		
埃 及	Egypt	1		7			
加 纳	Ghana		1		10		
摩洛哥	Morocco		2		21		
塞舌尔	Seychelles			211		228	151
南 非	South Africa	1		1020			
赞比亚	Zambia		1		1		
丹 麦	Denmark			-25614			
英 国	United Kingdom	4	5	710	1496	255	570
德 国	Germany	3	6	4109	-171	2376	1371
法 国	France	1	1	5	60	2026	12198
意大利	Italy		1	48	45		
卢森堡	Luxembourg						6296
荷 兰	Netherlands	2	1	29164	4	3234	6056
西班牙	Spain	1		7			
芬 兰	Finland	1		73			
挪 威	Norway	1		23			
波 兰	Poland		2		44		
罗马尼亚	Rumania	1	1	15	14		
瑞 典	Sweden	1		197			432
瑞 士	Switzerland		2		2156		525
爱沙尼亚	Estonia				20		
格鲁吉亚	Georgia	1		1			
白俄罗斯	Byelorussia		1		7		
俄罗斯联邦	Russian Federation	3	16	103	435		
乌克兰	Ukraine	8	11	520	164		
阿根廷	Argentina				45	65	45
巴 西	Brazil	2	2	1	102		
开曼群岛	Cayman Is.		1	70	84		1111
墨西哥	Mexico	1		10			
乌拉圭	Uruguay				135	586	135
英属维尔京群岛	Virgin.Is (E)	5	3	75741	1202	5966	5737
加拿大	Canada	3	9	63	1425		
美 国	United States	13	16	8193	2008	4121	23259
澳大利亚	Australia	4	5	258	1851		182
新西兰	New Zealand	1	1	1	7		40
萨摩亚	Samoa	1	1	-158	4328	150	555
创业投资性公司	Venture Investments		3		1949	119	
投资性公司投资	Investment Companies	12	15	28701	57136	17864	13401

17—10 旅游业发展情况
Development of Tourism

指　　标	Item	2015	2016	2017	2018	2019
入境旅游人数　（万人次）	Number of Overseas Visitor Arrivals (10 000 person-times)	293.03	338.20	383.74	437.14	465.72
1.港澳同胞	Chinese Compatriots From Hong Kong and Macao	58.08	63.86	69.88	76.16	79.28
2.台湾同胞	Chinese Compatriots From Taiwan Province	40.80	45.82	51.81	53.68	56.82
3.外 国 人	Foreigners	194.15	228.52	262.06	307.30	329.62
国际旅游收入(万美元)	Foreign Exchange Earnings from International Tourism (USD 10 000)	200022	233855	270440	312642	336765
1.长途交通	Long Distance Transportation	69170	80914	97899	72533	60281
飞　机	Civil Aviation	54943	61972	78157	55963	53546
火　车	Railway	7824	10757	11088	12193	5725
汽　车	Highway	6403	8185	8654	4377	1010
2.景区游览	Sightseeing	27529	10056	12711	28763	25594
3.住　宿	Accommodation	12101	34611	42459	44395	34013
4.餐　饮	Food and Beverage	8705	14265	17849	30639	20206
5.购　物	Shopping	8327	39522	41107	70657	96652
6.娱　乐	Entertainment	33772	9588	10547	19071	11113
7.邮电通讯	Postal and Communication Services	4924	7016	7302	18759	1684
8.市内交通	Local Transportation	6390	6080	7031	8129	3704
9.其他服务	Other Service	29102	31804	33534	19696	83518
入境游客在陕人均天花费（美元/人天）	Per Capita Days Spent of Visitors in Shaanxi (USD/per-day)		195	207	225	251
国内旅游人数　（万人次）	Number of Domestic Visitors (10 000 person-times)	38274	44575	51901	62588	70249
国内旅游收入　（亿元）	Earnings from Domestic Tourism (100 million yuan)	2904	3659	4603	5789	6979
旅行社数　（个）	Number of Travel Agencies (unit)	665	708	751	845	867

17－11　旅游总收入和总人数
Total Income and Number of Visitors

年　份 Year	总收入 (亿元) Total Income (100 million yuan)	国内旅游收入 (亿元) Domestic Tourism (100 million yuan)	国际旅游收入 (万美元) International Tourism (USD 10 000)	总人数 (万人次) Total Number (10 000 persons)	国内游客 Domestic Vistiors	国际游客 International Vistiors
1991	27	23	5482	1532	1500	32
1992	31	25	7505	1594	1550	44
1993	35	28	8900	1746	1700	46
1994	39	30	11279	1794	1750	44
1995	54	42	14090	2144	2100	44
1996	77	61	19820	2350	2300	50
1997	86	67	22464	2554	2500	54
1998	95	74	24717	2604	2550	54
1999	111	88	27189	2663	2600	63
2000	150	127	28000	3131	3060	71
2001	168	142	30871	3436	3360	76
2002	187	158	35097	3818	3733	85
2003	160	144	19800	3347	3300	47
2004	301	271	36136	5312	5232	80
2005	353	316	44625	6081	5988	93
2006	418	378	51000	7056	6950	106
2007	504	458	61200	8138	8015	123
2008	607	561	66011	9182	9056	126
2009	767	715	77107	11555	11410	145
2010	984	916	101596	14566	14354	212
2011	1324	1240	129505	18406	18135	270
2012	1713	1610	159747	23276	22941	335
2013	2135	2031	167620	28514	28161	352
2014	2521	2435	141630	33219	32953	266
2015	3006	2904	200022	38567	38274	293
2016	3813	3659	233855	44913	44575	338
2017	4814	4630	270400	52284	51901	384
2018	5995	5789	312642	63025	62588	437
2019	7212	6979	336765	70714	70249	466

17－12 入境旅游人数
Number of Oversea Visitor Arrivals

单位：人次 (person-time)

国别和地区	Country and Region	2015	2016	2017	2018	2019
总　　计	**Total**	**2930347**	**3382047**	**3837439**	**4371420**	**4657160**
港澳同胞	Chinese Compatriots From Hong Kong and Macao	580847	638628	698802	761647	792782
台湾同胞	Chinese Compatriots From Taiwan Province	408011	458230	518078	536781	568229
日　　本	Japan	95712	115270	152810	162095	184008
韩　　国	Korea Rep.	348803	401291	310739	559690	626979
蒙　　古	Mongolia	1160	1758	2492	2724	3041
菲 律 宾	Philippines	5292	5691	8439	9233	9368
印　　度	India	28589	32560	38765	44540	66410
越　　南	Vietnam	3352	4047	5851	7634	8709
缅　　甸	Myanmar	1268	2377	2868	3875	4455
朝　　鲜	Korea DPR	868	500	1121	1018	1384
巴基斯坦	Pakistan	7228	10909	22287	22061	36012
英　　国	United Kingdom	126863	143895	153952	148475	161860
法　　国	France	107090	101837	117944	128587	121897
德　　国	Germany	115683	104782	130488	124033	129373
意 大 利	Italy	43236	55928	68196	76206	81863
瑞　　士	Switzerland	19359	18146	20672	21339	21664
瑞　　典	Sweden	12548	12079	14798	12689	12729
俄 罗 斯	Russia	19874	25319	36082	36611	40638
西 班 牙	Spain	41910	54082	65922	75435	77214
美　　国	United States	300857	352475	401495	391525	388048
加 拿 大	Canada	72815	94364	129360	93385	63089
澳大利亚	Australia	97878	115144	152027	142884	164778
新 西 兰	New Zealand	14226	17995	21879	30037	31286
泰　　国	Thailand	25544	37824	47353	59798	66521
新 加 坡	Singapore	36520	51783	73644	71573	86182
印度尼西亚	Indonesia	14049	18289	25016	25180	26301
马来西亚	Malaysia	81058	103793	124345	162589	177273
其　　他	Others	319707	403051	492014	659776	705067

17-13 各市(区)对外经济和国际旅游情况(2019年)
Foreign Economy Trade and International Tourism by City(District)(2019)

地　区	Region	进出口总值 (万元) Total Value of Imports and Exports (10 000 yuan)	#出　口 Exports	外商投资 Foreign Capital			星级饭店数 (个) Number of Star-rated Hotel (unit)
				项目数 (个) Number of Projects (unit)	合同外资 (万美元) Contracts of Foreign Investments (USD 10 000)	实际外资 (万美元) Actually Utilized Foreign Investments (USD 10 000)	
全　省	**Shaanxi**	**35157545**	**18732696**	**323**	**298131**	**772947**	**323**
西安市	Xi'an	32430562	17302068	191	79422	665666	87
铜川市	Tongchuan	39056	32106	8	4388	4004	10
宝鸡市	Baoji	839836	437951	9	3590	11088	19
咸阳市	Xianyang	893009	333502	19	12717	10019	15
渭南市	Weinan	140755	116899	8	4360	5048	24
#韩城市	Hancheng				1000	2508	26
延安市	Yan'an	241918	13156	9	-648	3887	40
汉中市	Hanzhong	101155	91509	11	12224	5427	27
榆林市	Yulin	94771	82976	4	2729	11496	29
安康市	Ankang	88195	86521	9	54807	4830	23
商洛市	Shangluo	178965	176411	2	5477	5061	13
杨凌示范区	Yangling	109323	59598	7	2894	3841	4
西咸新区	Xixian New Area			46	116988	40072	6

17−14　主要星级饭店基本情况(2019年)
Basic Conditions of Main Star-Degree-Hotels(2019)

饭店名称	Name of Hotel	地　址	Address
五星级	**Five Star**		
喜来登大酒店	Sheraton Xian Hotel	西安市沣镐东路262号	No.262 East Fenghao Avenue,Xi'an
西安君樂城堡酒店	Grand Park Xian	西安市环城南路西段12号	No.12 West Section,South City Ring Road,Xi'an
索菲特人民大厦	Sofitel,Renmin Square, Xi'an	西安市东新街319号	No.319 East New Street,Xi'an
西安香格里拉大酒店	Shangri-la Hotel,Xi'an	西安市科技路38号乙	No.38 Keji Road,Xi'an
天域凯莱大酒店	Tian-yu Gloria Grand Hotel	西安市雁塔北路15号	No.15 North Yanta Road,Xi'an
西安建国饭店	Jianguo Hotel	西安市互助路2号	No.2 Huzhu Road,Xi'an
陕西世纪金源大饭店	Empark Grand Hotel	西安市建工路19号	No.19 Jiangong Road,Xi'an
西安高新希尔顿酒店	Hilton Xi'an High-tech Zone	西安市高新区沣惠南路22号	No.22 West Fenghui Avenue,Xi'an
西安阳光国际大酒店	Grand Soluxe International Hotel	西安市解放路177号	No.177 Jiefang Road,Xi'an
西安赛瑞喜来登大酒店	Sheraton Xian North City Hotel	西安市未央路32号	No.32 Weiyang Road,Xi'an
西安富力希尔顿酒店	Hilton Xian	西安市东新街199号	No.199 East New Street,Xi'an
西安皇冠假日酒店	Crowne Plaza Xi'an	西安市朱雀路中段1号	No.1 Middle Zhuque Road,Xi'an
西安威斯汀酒店	The Westin Xian	西安市慈恩路66号	No.66 Ci'en Road,Xi'an
西安悦豪酒店	Yohol Hotel	西安市二环南路西段180号	No.180 West Section,South Erhuan,Xi'an
西安西藏大厦	Xi'an Tibet Building	西安市友谊东路333号	No.333 East Youyi Road,Xi'an
永昌国际大酒店	Yongchang International Hotel	榆林市高新技术产业园区朝阳路	Yulin High-tech Industrial Park Chaoyang road Road,Yulin
四星级	**Four Star**		
古都文化大酒店	Grand Dynasty Culture Hotel	西安市莲湖路172号	No.172 Lianhu Road,Xi'an
西安宾馆	Xi'an Hotel	西安市长安北路58号	No.58 North Chang'an Road,Xi'an
西安骊苑大酒店	Le Garden Hotel,xian	西安市劳动南路8号	No.8 South Laodong Road,Xi'an
唐城宾馆	Tangcheng Hotel	西安市含光路南段229号	No.229 South Hanguang Road,Xi'an
陕西皇城豪门酒店	Grand Noble Hotel Xi'an	西安市东大街334号	No.334 East Street,Xi'an
东方大酒店	Orient Hotel Xi'an	西安市朱雀大街393号	No.393 Zhuque Street,Xi'an
润天宾馆	Runtian Hotel	西安市阎良区润天大道15号	No.15 Runtian Road,Yanlian District,Xi'an
高速神州酒店	Gaosu Shenzhou Hotel	西安市环城东路南段8号	No.8 South Section,East City Ring Road,Xi'an
陕西奥罗国际大酒店	Aurum International Hotel	西安市南新街30号	No.30 South New Street,Xi'an
西京国际饭店	West Capital International Hotel	西安市西大街135号	No.135 West Street,Xi'an
西安天翼新商务酒店	Tianyi Commercial Hotel,Xi'an	西安市西二环南段281号	No.281 South Section ,West Second,Xi'an
西安美居人民大厦	Mercure Xi'an on Renmin Square	西安市东新街319号	No.319 East New Street,Xi'an
西安志诚丽柏酒店	Ziction Liberal Hotel,Xi'an	西安市高新路46号	No.46 Gaoxin Road,Xi'an
西安延长石油时代大酒店	Times Hotel	西安市文景路南段18号	No.18 South Wenjing Road,Xi'an
西安皇后大酒店	Xi'an Empress Hotel	西安市兴庆路45号	No.45 Xingqing Road,Xi'an
西安美丽豪国际酒店	Merlinhod Hotel,Xi'an	西安市西大街79号	No.79 West Street,Xi'an
西安绿地假日酒店	Holiday Inn Xi'an Greenland Century City	西安市锦业路5号	No.5 Jinye Road, Xi'an
陕西华山国际酒店	Huashan Mountain International Hotel	西安市北大街199号	No.199 North Street,Xi'an

17-14 续表 continued

饭店名称	Name of Hotel	地址	Address
长庆宾馆	Changqing Hotel	西安市未央路151号	No.151 Weiyang Road,Xi'an
西安长征国际酒店	Long March International Hotel	西安市高新区西部大道1号	No.1,West Avenue,New&Hi-tech Industrial Development Zone,Xi'an
西安新都酒店	Xin Du Hotel,Xi'an	西安市长安区郭杜北街58号	No.58 North Guodu Street,Chang'an District,Xi'an
西安富海明都酒店	Fuhai Mingdu Hotel,Xi'an	西安市文艺北路228号	No.228 North Wenyi Road,Xi'an
陕西省止园饭店	ZhiYuan hotel,Shaanxi	西安市青年路111号	No.111 Qingnian Road, Xi'an
西安名都国际酒店	Ming Du International Hotel	西安市未央路140号	No.140 Weiyang Road,Xi'an
西安米拉梭酒店	Long March Milaso Hotel	西安市纺西街222号	No.222 Fangxi Street,Xi'an
道温泉酒店	Tor Resort & SPA	周至县楼观台	Louguantai,Zhouzhi
怡和酒店	Yi He Hotel	宝鸡市火炬路10号	No.10 Huoju Road,Baoji
高新君悦国际酒店	Gaoxin Junyue International Hotel	宝鸡市高新区高新大道69号	No.69 New&Hi Avenue,New&Hi-tech Industrial Development Zone,Baoji
红螺湾假日酒店	Hongluo Harbor Holiday Hotel	咸阳市渭阳西路中段	Middle Section ,West Weiyang Road, Xianyang
国贸大酒店	Guomao Hotel	咸阳市渭阳中路	Weiyang Zhong Road,Xianyang
正阳国际大酒店	Zhengyang International Hotel	铜川新区正阳路16号	No.16 Zhengyang Road, New Zone of Tongchuan
宜君迎宾馆	Yijun Yingbin Hotel	宜君县宜阳中街88号	No.88 Yiyang Zhong Street,Yijun
延安旅游大厦	Yan'an Tourism Mansion	延安市中心街什字	Central Street,Yanan
延安丽森酒店	Neeson Hotel	延安市双拥大道丽森路	Lisen Road,Double Support Avenue,Yanar
延安高第华苑大酒店	Gaodee Garden Hotel	延安市大桥街6号	No.6 Daqiao Street,Yanan
延安维也纳国际大酒店	Vienna International Hotel,Yan'an	延安市火车站南侧	South of Railway Station,Yanan
延安龙飞盛世国际酒店	Long Fei Sheng Shi International Hotel,YanAn	延安市双拥大道3333号	No.3333 Double Support Avenue,Yanan
延安隆华花园酒店	Longhua Garden Hotel	延安市西沟隆华路1号	No.1 Longhua Road, Yanan
延安圣通大酒店	Shengtong Hotel	延安市东滨路103号	No.103 Dongbin Road, Yanan
黄陵桥山滨湖酒店	Qiaoshan Binhu Hotel	黄陵县黄帝陵西侧	West Tomb of Huangdi,Huangling
延飞丽柏酒店	Yanfei Libo Hotel	延安市七里铺街与南桥交汇处东南角	Southeast Corner,Interchange of Qilipu and Nanqiao,Yanan
亚华商务酒店	Yahua Business Hotel	神木市东兴街南段	South Section of dongxing street, Shenmu
天峰国际酒店	Tianfeng International Hotel	神木市中兴街中段	Middle Section,Zhongxing Street,Shenmu
五洲国际大饭店	Wuzhou International Hotel	神木市东兴街北段	Nouth Section,Dongxing Street,Shenmu
邮政大酒店	Post Hotel	汉中市天汉大道中段	Middle Section,Tianhan Avenue,Hanzhong
红叶大酒店	Red Leaf Hotel	汉中市劳动东路中段33号	Middle Section,East Laodong Road, Hanzhong
金江大酒店	Jinjian Hotel	汉中市人民路北段123号	No.123 North Renmin Road,Hanzhong
明江国际酒店	MingJiang International Hotel	安康市滨江大道4号	No.4 Binjiang Avenue,AnKang
京康国际酒店	JingKang International Hotel	安康市金堂路3号	No.3 JinTang Road,AnKang
正阳大酒店	Zhengyang Hotel	白河县城关镇狮子山新区	Shizishan New District,Chengguan Town, Baihe
天鹿酒店	Tianlu Hotel	商南县塘坝广场西南角	Southwestern Corner,Tangba Square, Shangnan
杨凌国际会展中心酒店	Yangling Intn'l.Convention & Exhibition Hotel	杨凌示范区新桥北路1号	No.1 North New Bridge Road,Yangling

主要统计指标解释

进出口总额 指实际进出我国国境的货物总金额。包括对外贸易实际进出口货物，来料加工装配进出口货物，国家间、联合国及国际组织无偿援助物资和赠送品，华侨、港澳台同胞和外籍华人捐赠品，租赁期满归承租人所有的租赁货物，进料加工进出口货物，边境地方贸易及边境地区小额贸易进出口货物(边民互市贸易除外)，中外合资企业、中外合作经营企业、外商独资经营企业进出口货物和公用物品，到、离岸价格在规定限额以上的进出口货样和广告品(无商业价值、无使用价值和免费提供出口的除外)，从保税仓库提取在中国境内销售的进口货物，以及其他进出口货物。该指标可以观察一个国家在对外贸易方面的总规模。我国规定出口货物按离岸价格统计，进口货物按到岸价格统计。

商品收发货人所在地进、出口额 指在所在地海关注册登记的有进出口经营权的企业实际进、出口额。

商品目的地进口额和商品货源地出口额 目的地进口额指进口货物的消费、使用或最终抵运地的实际进口额；货源地出口额指出口货物的产地或原始发货地的实际出口额。

利用外资 指我国各级政府、部门、企业和其他经济组织通过对外借款、吸收外商直接投资以及用其他方式筹措的境外现汇、设备、技术等。

外商直接投资 是指外国投资者在我国境内通过设立外商投资企业、合伙企业、与中方投资者共同进行石油资源的合作勘探开发以及设立外国公司分支机构等方式进行投资。外国投资者可以用现金、实物、无形资产、股权等投资，还可以用从外商投资企业获得的利润进行再投资。

入境游客 指报告期内来中国（大陆）观光、度假、探亲访友、就医疗养、购物、参加会议或从事经济、文化、体育、宗教活动的外国人、港澳台同胞等游客（即入境旅游人数）。统计时，入境游客按每入境一次统计 1 人次。入境旅游人数包括入境过夜游客和入境一日游游客。

国内游客 指报告期内在中国（大陆）观光游览、度假、探亲访友、就医疗养、购物、参加会议或从事经济、文化、体育、宗教活动的中国（大陆）居民人数，其出游的目的不是通过所从事的活动谋取报酬。统计时，国内游客按每出游一次统计 1 人次。

国际旅游收入 指入境游客在中国（大陆）境内旅行、游览过程中用于交通、参观游览、住宿、餐饮、购物、娱乐等全部花费。

国内旅游收入(旅游总花费) 指国内游客在国内旅行、游览过程中用于交通、参观游览、住宿、餐饮、购物、娱乐等全部花费。

星级饭店 指设备、设施、服务符合《旅游饭店星级的划分与评定》（GB/T14308—2010）标准，经过有关旅游管理权威部门评定（验收）后授予“星级”称号的饭店。

Explanatory Notes on Main Statistical Indicators

Total Imports and Exports at Customs refer to the real value of commodities imported and exported across the border of China. They include the actual imports and exports through foreign trade, imported and exported goods under the processing and assembling trades and materials, supplies and gifts as aid given gratis between governments and by the United Nations and other international organizations, and contributions donated by overseas Chinese, compatriots in Hong Kong and Macao and Chinese with foreign citizenship, leasing commodities owned by tenant at the expiration of leasing period, the imported and exported commodities processed with imported materials, commodities trading in border areas (excluding mutual exchange goods), the imported and exported commodities and articles for public use of the Sino-foreign joint ventures, cooperative enterprises and ventures with sole foreign investment. Also included is import or export of samples and advertising goods for which CIF or FOB value are beyond the permitted ceiling (excluding goods of no trading or use value and free commodities for export), imported goods sold in China from bonded warehouses and other imported or exported goods. The indicator of the total imports and exports at customs can be used to observe the total size of external trade in a country. In accordance with the stipulation of the Chinese government, imports are calculated at CIF, while exports are calculated at FOB.

Import or Export Value by Location of China's Foreign Trade Managing Units refers to actual value of imports and exports carried out by corporations which have been registered by the local Customs house and are vested with right to run import export business.

Import Value of Commodities by Place of Destination and Export Value of Commodities by Place of Origin in China The former indicator refers to the value of import commodities of the places of their consumption, utilization or the places of their final destination. The latter indicator refers to the value of export commodities of the places of their origin or the places of the commodities dispatched.

Utilization of Foreign Capitals refers to remittance, equipment and technology financed from abroad, by loans, foreign direct investment and other forms undertaken by the Chinese governments at all levels, by various departments, enterprises and other economic units.

Foreign Direct Investment refers to foreign investment in China through the establishment of foreign invested enterprises, cooperative exploration and development of petroleum resources with domestic investors and the establishment of branch organizations of foreign enterprises. Foreign investment can be made in forms of cash, physical investment, intangible assets and equity, in addition with reinvestment of the foreign enterprises with the profits gained from the investment.

Overseas Visitor Arrivals refer to the number of tourists of foreigners, Chinese compatriots from Hong Kong, Macao and Taiwan who come to China (mainland) within the reference period for sight-seeing, vacation, visiting relatives, medical treatment, shopping, attending conference, or to engage in economic, cultural, sports and religious activities (namely the number of overseas visitor arrivals). In compiling statistics, each arrival is counted as one person-time. The number of overseas visitor arrivals includes inbound overnight tourists and one-day tourists.

Number of Domestic Tourists refers to the number of Chinese (mainland) residents who travel within China (mainland) for sight-seeing, vacation, visiting relatives, medical treatment, shopping, attending conference, or to engage in economic, cultural, sports and religious activities. In compiling statistics, each time of travelling is counted as one person-time.

Foreign Exchange Earnings from International Tourism refer to the total expenditure of foreigners, overseas Chinese, Chinese compatriots from Hong Kong, Macao and Taiwan during their stay in the mainland of China on transportation, sighting, accommodation, food, shopping and entertainment.

Income from Domestic Tourism refer to expenditure of domestic tourists on transportation, sighting, accommodation, food, shopping and entertainment while they travel.

Star-rated Hotels refer to hotels rated with stars as evaluated (accepted) by the relevant tourism authorities according to GB/T14308-2010 standard with reference to their infrastructure, facilities and service levels.

十八、教育、科技和文化

Education, Science, Technology and Culture

资料整理：杨小侠　董清刚　潘英杰

简 要 说 明

一、本篇资料反映陕西教育、科学技术活动和文化事业的基本情况。

二、本篇资料主要包括：

1．各级各类教育基本情况，指标主要包括各级各类的学校数、在校生数、招生数、毕业生数、教职工数和专任教师数等。

2．科技活动情况，科技成果及科技人员情况，专利申请和授权，规模以上工业企业研究与试验发展（R&D）活动发展情况等。

3．文化艺术、文物、图书馆、新闻出版、广播、电影、电视等文化事业的机构、人员及业务活动开展情况等。

三、本篇资料来源：

教育统计资料由省教育厅提供。

科技统计资料由省科技厅、省人力资源和社会保障厅、省知识产权局提供（其中规模以上工业企业科技活动由统计局根据统计年报整理）。

文化统计资料由省文化和旅游厅、省新闻出版局、省广播电视局、省文物局等有关部门提供。

Brief Introduction

Ⅰ. This chapter reflects the basic conditions on the development Shaanxi's education, science and technology.

Ⅱ. The data in this chapter mainly include:

1. The data on tertiary, secondary, primary, and kindergarten education and various types of adult education at all levels, including the number of schools, the number of students enrolled, the number of new enrollments, the number of graduates, the number of staff and workers, and the number of full-time teachers of various levels and categories.

2. The data on scientific and technological, including personnel, achievements and prizes of scientific and technical, numbers of patent applications accepted and granted, R&D activities development of industrial enterprises above designated size, etc.

3. The data on institutions, personnel and business activities of culture and arts, cultural relics, libraries, news and publication, radio, film and television, etc.

III. Data sources:

Data on education are provided by Shaanxi Provincial Department of Education.

Data on science and technology are provided by Shaanxi Provincial Department of Science and Technology, Shaanxi Provincial Department of Human Resources and Social Security and Shaanxi Provincial Office of Intellectual Property. (Science and technology activities of industrial enterprises above designated size are processed and prepared in accordance with the annual statistical reports provided by Shaanxi Provincial Bureau of Statistics.

Data on culture are provided by Shaanxi Provincial Department of Culture and Tourism, Shaanxi Provincial Bureau of Press and Publication、Shaanxi Provincial Bureau of Radio and Television, Shaanxi Provincial Bureau of Cultural Relics and the related departments.

18.教育、科技和文化

2019年全省		
普通高等学校在校学生	112.20	万人
普通高等学校毕业生	29.35	万人
专利申请量	92087	件
专利授权量	44101	件

高等学校在校学生数（万人）

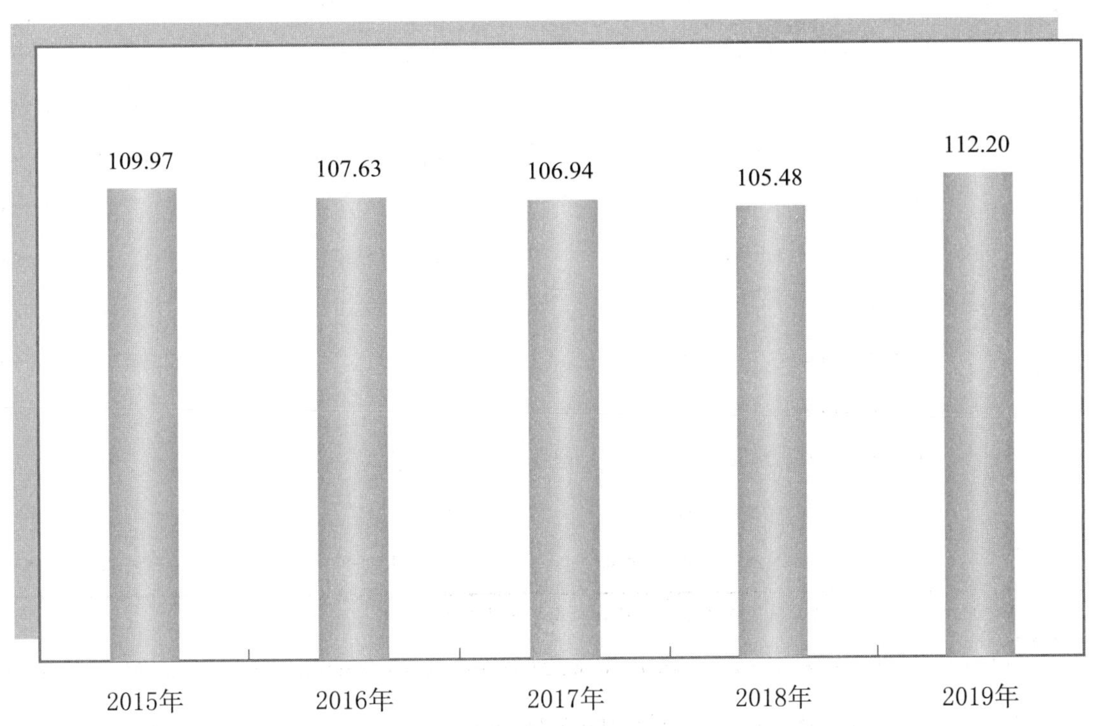

18-1 各级各类教育基本情况(2019年)
Basic Statistics on Schools by Level and Type of School(2019)

指　标	Item	学校数(所) Number of Schools (unit)	毕业生数(人) Graduates (person)	招生数(人) New Enrollment (person)	在校学生数(人) Total Enrollment (person)	教职工数(人) Teachers and Staff (person)	# 专任教师 Full-time Teachers
一、高等教育	Higher Education	109	518057	641584	1799138	110382	72298
1.研究生(含科研机构)	Institutions Providing Postgraduate Programs (Include Research Institutions)	50	32470	48195	146685		20399
# 普通高校	Regular Institutions of Higher Education	28	32295	47977	146020		19703
2.普通高等教育	Regular Higher Education	95	293496	371892	1121990	107917	70318
# 地方院校	Local Universities	89	266212	342216	1002640	82918	56079
(1)本　科	Enrolled in Full Undergraduate Courses	57	160501	183848	693238		
# 地方院校	Local Universities	51	133217	154172	573888		
(2)专　科	Enrolled in Specialized Courses	38	132995	188044	428752		
# 地方院校	Local Universities	38	132995	188044	428752		
3.成人高等教育	Higher Education for Adult		62355	97646	194354		
# 成人高等学校	Institutions of Higher Education for Adult	14	5369	17285	37734	2465	1284
4.网络本专科	Students Enrolled in Internet-based Courses		129736	123851	336109		
# 本　科	Enrolled in Full Undergraduate Courses		48405	54436	133657		
二、中等职业教育学校	Vocational Secondary Education	375	118970	172788	443405	30445	21232
普通中等专业学校	Regular Specialized Secondary Schools	31	16899	26031	61959	3096	2151
成人中等专业学校	Adult Specialized Secondary Schools	3	194	60	294	184	98
职业高中学校	Vocational Senior Secondary Schools	196	55925	83100	195276	15620	12098
技工学校	Technical Schools	145	45952	63597	185876	11545	6885
三、普通中学	Regular Secondary Schools	2083	603595	605031	1807410	200738	157396
高　中	Senior Secondary Schools	471	252235	212712	683891	87873	57473
初　中	Junior Secondary Schools	1612	351360	392319	1123519	112865	99923
四、小　学	Primary Schools	4640	390191	510915	2775874	167072	170709
五、幼儿园(含学前班)	Kindergartens(include Pre-schools)	8048	518758	460931	1389532	169716	95048
六、特殊教育学校	Special Education	66	674	995	6335	1842	1519
七、工读学校	Schools for Juvenile Delinquents	1	15	7	10	42	32
八、成人中、小学	Adult High and Primary Schools	211	28603		22927	686	400
九、职业技术培训机构	Vocational and Technical Training Institution	5925	1441474		1383148	41998	27442

注：1.研究生培养机构中所含24所普通高等学校的教职工数已计入高等学校教职工总数中。
2.普通高等学校数含12所独立学院。

a) Teachers and staff of regular institutions of higher education include the 24 regular institutions of higher education in institutions providing postgraduate programs.

b) Number of regular institutions of higher education include 12 independent colleges.

18—2 普通高等学校基本情况
Basic Statistics on Regular Institutions of Higher Education

年 份 Year	学校数 (所) Number of Schools (unit)	招生数 (万人) New Enrollment (10 000 persons)	在校学生数 (万人) Total Enrollment (10 000 persons)	毕业生数 (万人) Graduates (10 000 persons)	教职工数 (人) Teachers and Staff (person)	# 专任教师 Full-time Teachers
1978	30	1.37	3.44	0.82	27210	10699
1980	34	1.44	5.39	0.38	31694	12066
1985	45	2.86	8.21	1.47	43210	16516
1990	47	2.62	9.54	2.81	51130	19558
1995	46	4.07	12.83	3.75	52440	20200
2000	39	9.52	24.17	3.51	52220	20723
2001	47	11.55	31.74	4.35	58846	23613
2002	52	14.70	41.16	5.16	63412	27637
2003	57	16.84	49.97	7.98	67405	35716
2004	62	19.98	58.39	11.10	74607	37145
2005	72	20.89	66.69	14.06	82317	42864
2006	76	21.91	72.62	16.23	87981	47549
2007	76	24.36	77.65	19.55	90306	50741
2008	76	27.64	83.97	21.73	94196	53740
2009	77	27.30	89.37	21.20	96485	56171
2010	78	27.44	92.78	23.55	98536	58288
2011	78	29.69	96.48	25.89	99010	59171
2012	79	32.45	102.63	26.53	100881	61500
2013	80	31.13	107.76	25.38	102017	64171
2014	80	30.64	109.96	27.74	103332	64970
2015	80	30.61	109.97	29.97	103911	66506
2016	81	30.45	107.63	32.13	103453	66133
2017	81	30.48	106.94	30.51	103994	66930
2018	95	30.35	105.48	31.10	106096	68459
2019	95	37.19	112.20	29.35	107917	70318

注：2018—2019年普通高等学校数中含12所独立学院。
a) Number of regular institutions of higher education of 2018-2019 include 12 independent colleges.

18—3 中等职业学校基本情况
Basic Statistics on Vocational Secondary Schools

年 份 Year	学校数 (所) Number of Schools (unit)	招生数 (万人) New Enrollment (10 000 persons)	在校学生数 (万人) Total Enrollment (10 000 persons)	毕业生数 (万人) Graduates (10 000 persons)	教职工数 (人) Teachers and Staff (person)	# 专任教师 Full-time Teachers
1978	89	1.77	2.93	0.45	10401	3297
1980	162	2.54	6.55	0.92	15246	5699
1985	382	5.54	11.92	3.14	29279	11893
1990	499	7.48	17.99	5.89	39880	17960
1995	569	11.64	27.01	8.39	41736	20926
2000	648	13.66	36.37	11.38	40692	21693
2001	535	13.07	34.43	11.49	38050	20746
2002	533	17.26	38.54	10.80	37540	22760
2003	607	20.12	45.57	12.14	41265	25043
2004	588	22.61	50.88	13.33	41817	23868
2005	563	25.43	55.84	15.92	40698	28525
2006	573	28.78	63.55	18.12	40347	25902
2007	691	37.18	76.44	23.09	31986	20916
2008	676	37.19	84.99	25.41	49713	35742
2009	680	35.23	89.91	25.98	52727	36834
2010	663	35.20	89.93	27.35	51534	34619
2011	616	31.45	84.67	30.59	48923	33274
2012	564	24.98	73.31	29.09	44041	30063
2013	520	21.43	60.56	25.76	43440	33025
2014	491	17.71	50.26	22.43	37306	27483
2015	435	14.93	43.69	15.91	30890	21704
2016	398	15.69	41.17	15.19	31655	22643
2017	380	16.46	41.56	13.39	29990	21194
2018	369	13.80	39.97	11.50	29476	20928
2019	375	17.28	44.34	11.89	30445	21232

18-4 普通中学基本情况
Basic Statistics on Regular Secondary Schools

年 份 Year	学校数 (所) Number of Schools (unit)	招生数 (万人) New Enrollment (10 000 persons)	在校学生数 (万人) Total Enrollment (10 000 persons)	毕业生数 (万人) Graduates (10 000 persons)	教职工数 (人) Teachers and Staff (person)	# 专任教师 Full-time Teachers
1978	7558	90.52	193.47	73.47	116097	91701
1980	5838	52.56	180.85	31.21	127056	97643
1985	3103	56.24	170.33	41.32	122187	93102
1990	3041	47.18	132.64	45.95	127861	98272
1995	2788	55.71	145.07	37.48	129046	100084
2000	2599	88.94	230.52	56.25	149267	122279
2001	2680	97.02	254.75	63.42	160109	131183
2002	2699	103.01	278.26	72.35	169628	140192
2003	2714	104.15	295.41	80.51	178330	148437
2004	2719	103.73	302.56	90.27	185508	154242
2005	2727	102.44	304.56	97.20	191041	159138
2006	2688	102.32	307.93	97.72	193560	162876
2007	2637	96.95	300.09	101.67	195705	166340
2008	2583	93.73	288.87	101.84	198259	169126
2009	2509	88.08	274.68	98.86	198656	170177
2010	2436	83.18	259.91	93.76	198543	170482
2011	2363	79.47	246.80	89.61	210135	170878
2012	2295	73.02	225.70	83.86	207578	168822
2013	2252	68.31	210.13	77.35	206168	167457
2014	2220	63.94	196.83	71.17	203128	164374
2015	2215	61.07	187.57	66.95	200853	161752
2016	2176	61.42	183.42	64.32	198548	159395
2017	2094	59.99	180.63	61.50	197886	157291
2018	2072	60.78	180.81	59.98	197466	155892
2019	2083	60.50	180.74	60.36	200738	157396

18-5 普通小学基本情况
Basic Statistics on Regular Primary Schools

年 份 Year	学校数 (所) Number of Schools (unit)	招生数 (万人) New Enrollment (10 000 persons)	在校学生数 (万人) Total Enrollment (10 000 persons)	毕业生数 (万人) Graduates (10 000 persons)	教职工数 (人) Teachers and Staff (person)	# 专任教师 Full-time Teachers
1978	39747	117.01	450.51	67.91	180682	173003
1980	40800	87.10	452.14	58.76	198082	187394
1985	38815	59.93	367.87	61.41	186208	169225
1990	37155	58.42	353.75	42.74	193292	176756
1995	36471	86.30	451.58	50.12	200359	183152
2000	33336	68.22	480.93	77.00	199395	182297
2001	29359	66.87	461.57	81.32	200185	183464
2002	26989	59.51	433.22	83.04	203733	188394
2003	24922	53.01	401.48	80.62	206447	190964
2004	22988	48.16	370.97	76.57	204007	188062
2005	20711	43.59	340.09	72.46	203262	186644
2006	18590	48.52	325.11	67.98	200256	184573
2007	16316	45.43	305.53	65.26	198058	182940
2008	14185	43.18	286.48	61.79	196323	180898
2009	11583	40.99	271.44	55.56	193530	178320
2010	9710	40.86	261.04	50.59	190545	175184
2011	8867	40.77	253.60	46.46	173769	171011
2012	7994	37.89	234.62	44.86	169723	166822
2013	7356	38.81	227.33	40.05	163908	162841
2014	6574	40.50	226.41	37.46	160287	147511
2015	5851	42.58	233.11	34.76	155843	143064
2016	5507	46.24	241.78	35.98	156019	142761
2017	4752	48.05	252.31	35.99	157442	144065
2018	4714	51.36	265.61	37.60	161425	164159
2019	4640	51.09	277.59	39.02	167072	170709

18-6 技工学校基本情况(2019年)
Basic Statistics on Technical Schools(2019)

指　　标	Item	学校数(所) Number of Schools (unit)	招生数(人) New Enrollment (person)	在校学生数(人) Total Enrollment (person)	毕业生数(人) Graduates (person)	教职工数(人) Teachers and Staff (person)	#专任教师 Full-time Teachers
总　　计	**Total**	**145**	**63597**	**185876**	**45952**	**11545**	**6885**
一、地方人社部门办校	Run by Labour Department	7	3595	9916	1994	640	533
二、国有经济单位办校	Run by State-owned Unit	55	12576	32530	9156	3032	2093
行业办校	Run by Sector	32	5963	16137	3879	1279	946
企业办校	Run by Enterprise	23	6613	16393	5277	1753	1147
三、民　办	Run by Private	83	47426	143430	34802	7873	4259

18-7 全省科技活动情况
Scientific and Technological Activities in the Whole Province

指　　标	Item	2016	2017	2018
一、机构数　(个)	Number of Institutions　(unit)			
1.科研院所	Research Institutions	106	104	101
2.高等院校	Regular Institutions of Higher Education	443	571	589
3.规模以上工业企业	Large and Medium-sized Industrial Enterprises	626	652	519
4.其　他	Others	122	154	131
二、R&D经费内部支出　(万元)	Internal Expenditure on R&D　(10 000 yuan)	4195554	4609363	5324201
1.按来源构成分	By Composition of Source			
政府资金	Government Funds	2231466	2326046	2668607
企业资金	Self-raised Funds by Enterprises	1856926	2108775	2399652
境外资金	Foreign capital	2774	5641	4946
其他资金	Others	104388	168900	250996
2.按隶属关系分	By Jurisdiction of Management			
中　央	Central	2761864	2936854	3415569
地　方	Local	1433689	1672508	1908632
三、科技成果与著作情况	Achievements and Books in S&T			
1.科技论文　(篇)	Technical and Scientific Papers　(piece)	74300	78926	89793
2.出版科技著作　(种)	Kinds of Published Scientific Books　(unit)	1768	1907	2087

18−8 地方公有经济企业专业技术人才分行业情况(2019年)
Situation of Professional and Technical Personnel in Local Public Economy Enterprises(2019)

单位：人 (person)

行业	Sector	总计 Total	#工程技术人员 Engineering	#农业技术人员 Agriculture	#科学研究人员 Scientific Research	#卫生技术人员 Health Care	#教学人员 Teaching
总计	**Total**	**189887**	**115514**	**1071**	**1339**	**7810**	**1445**
农、林、牧、渔业	Agriculture, Forestry, Animal Husbandry and Fishery	2842	1035	675	53	14	34
采矿业	Mining	33070	20901	79	1	383	389
制造业	Manufacturing	48966	30181	92	704	754	299
电力、热力、燃气及水生产和供应业	Production and Supply of Electricity, Heat,Gas and Water	12408	8942	3	1	18	41
建筑业	Construction	35807	30111	34	2	54	14
批发和零售业	Wholesale and Retail Trades	4590	316	34	2	1968	9
交通运输、仓储和邮政业	Traffic, Transport, Storage and Post	10861	6289	34	14	101	47
住宿和餐饮业	Hotels and Catering Services	1386	218	3		18	13
信息传输、软件和信息技术服务业	Information Transmission, Software and Information Services	1057	544	20	19	23	12
金融业	Financial Intermediation	6735	286		28	43	5
房地产业	Real Estate	4077	3008	36	6	11	6
租赁和商务服务业	Leasing and Business Services	651	215	14		36	2
科学研究和技术服务业	Scientific Research, Technology Services	12403	9814		484	123	103
水利.环境和公共设施管理业	Management of Water Conservancy, Environment and Public Facilities	3694	2765	16	20	1	2
居民服务、修理和其他服务业	Residents Service, Repair and other Services	2656	502	1		173	29
教育	Education	645	4				430
卫生和社会工作	Health, Social Work	4316	50			4085	
文化、体育和娱乐业	Culture, Sports and Entertainment	3389	316		5	5	10
公共管理、社会保障和社会组织	Public Management, Social Security and Social Organization	334	17	30			

18-9 规模以上工业企业研究与试验发展(R&D)人员和经费支出情况(2018年)
R&D Personnel and Expenditure of Industrial Enterprises above Designated (2018)

分 组	Item	R&D人员(人) R&D Personnel (person)	#研究人员 Research Personnel	R&D经费内部支出(万元) R&D Internal Expenditure (10 000 yuan)	#政府资金 Government Funds	#企业资金 Enterprises Funds	#境外资金 Foreign Funds
总 计	**Total**	**56926**	**24359**	**2165554**	**380600**	**1759589**	**705**
按企业规模分	**Grouped by Size of Enterprises**						
大 型	Large Enterprises	34092	15354	1581938	348997	1210552	506
中 型	Medium-sized Enterprises	10808	4724	271929	17283	253973	107
小 型	Small Enterprises	11910	4240	309093	14250	292540	92
微 型	Micro Enterprises	116	41	2594	70	2524	
按登记注册类型分	**By Status of Registration**						
内资企业	Domestic Funded	54005	22963	1978391	380251	1572822	658
国有企业	State-owned Enterprises	6296	3023	219681	40289	179143	
集体企业	Collective-owned Enterprises	14	8	872		872	
股份合作企业	Cooperative Enterprises	17	3	566		566	
有限责任公司	Limited Liability Corporations	37661	15931	1461562	321189	1115814	527
国有独资公司	State Sole Funded Corporations	8503	4004	431220	35618	394993	9
其他有限责任公司	Other Limited Liability Corporations	29158	11927	1030341	285571	720821	518
股份有限公司	Share-holding Corporations Limited	4739	2234	171264	12936	158170	131
私营企业	Private Enterprises	5278	1764	124446	5837	118257	
私营独资企业	Private-funded Enterprises	32	6	1921	3	1918	
私营有限责任公司	Private Limited Liability Corporations	4678	1546	111017	4201	106465	
私营股份有限公司	Private Share-holding Corporations Ltd.	568	212	11508	1634	9874	
港、澳、台商投资企业	Enterprises with Funds from Hong Kong, Macao and Taiwan	321	90	11062	179	10883	
合资经营企业(港或澳、台资)	Joint-venture Enterprises	152	62	9278	179	9099	
港澳台商独资经营企业	Enterprises with Sole Investment	169	28	1784		1784	
外商投资企业	Foreign Funded Enterprises	2600	1306	176101	170	175884	47
中外合资经营企业	Joint-venture Enterprises	1013	513	29632	170	29462	
外资企业	Enterprises with Sole Funds	1572	784	145837		145789	47
其他外商投资企业	Other Foreign Funded Enterprises	15	9	633		633	
按国民经济行业分	**By Sector**						
采矿业	Mining	1966	1007	67178	10108	57051	19
煤炭开采和洗选业	Mining and Washing of Coal	459	194	26404	18	26386	
石油和天然气开采业	Extraction of Petroleum and Natural Gas	688	393	20778	5856	14903	19
有色金属矿采选业	Mining and Processing of Non-Ferrous Metal Ores	256	108	6724		6724	
非金属矿采选业	Mining and Processing of Nonmetal Ores	26	6	389	0	389	
开采辅助活动	Support Activities for Mining	537	306	12885	4234	8650	
制造业	Manufacturing	54037	23074	2091891	370490	1696054	687
农副食品加工业	Processing of Food from Agricultural Products	1065	280	24818	796	24022	
食品制造业	Manufacture of Foods	652	169	18287	292	17995	

18-9 续表 continued

分 组	Item	R&D人员(人) R&D Personnel (person)	#研究人员 Research Personnel	R&D经费内部支出(万元) R&D Internal Expenditure (10 000 yuan)	#政府资金 Government Funds	#企业资金 Enterprises Funds	#境外资金 Foreign Funds
酒、饮料和精制茶制造业	Manufacture of Wine,Beverages and Refined Tea	690	166	24402	1943	22370	
烟草制品业	Manufacture of Tobacco	39	16	774		774	
纺织业	Manufacture of Textile	75	23	4099	205	3894	
纺织服装、服饰业	Manufacture of Textile and Clothing	168	49	1287	100	1187	
皮革、毛皮、羽毛及其制品和制鞋业	Manufacture of Leather, Fur, Feather and Related Products and Footwear	18	7	724		724	
木材加工和木、竹、藤、棕、草制品业	Processing of Timber, Manufacture of Wood, Bamboo, Rattan,Palm and Straw Products	47	7	1122		1122	
造纸和纸制品业	Manufacture of Paper and Paper Products	99	24	3939		3939	
印刷和记录媒介复制业	Printing, Reproduction of Recording Media	271	82	7299	23	7253	
文教、工美、体育和娱乐用品制造业	Manufacture of Articles for Culture, Education, Arts and Crafts, Sport and Entertainment Activities	6	2	151		151	
石油加工、炼焦和核燃料加工业	Processing of Petroleum, Coking, Processing Nuclear Fuel	982	410	211054	539	210515	
化学原料和化学制品制造业	Manufacture of Chemical Raw Material and Chemical Products	4221	1915	131781	36525	95237	0.4
医药制造业	Manufacture of Medicines	2465	780	49888	2385	47005	146
化学纤维制造业	Manufacture of Chemical Fibers	77	34	1502		1502	
橡胶和塑料制品业	Manufacture of Rubber and Plastics	560	185	17917	3857	13650	6
非金属矿物制品业	Manufacture of Non-metallic Mineral Products	932	391	25629	1590	23703	86
黑色金属冶炼和压延加工业	Smelting and Pressing of Ferrous Metals	844	313	55177	437	35960	
有色金属冶炼和压延加工业	Smelting and Pressing of Non-ferrous Metals	2044	994	94210	13342	80619	
金属制品业	Manufacture of Metal Products	1729	859	52027	4642	47382	3
通用设备制造业	Manufacture of General Purpose Machinery	2632	1225	135871	10581	125291	
专用设备制造业	Manufacture of Special Purpose Machinery	3938	1830	104690	21121	83342	124
汽车制造业	Automotive Industry	4093	2027	236551	21176	212820	228
铁路、船舶、航空航天和其他运输设备制造业	Manufacture of Railway,Shipping,Aerospace and Other Transport Equipments	11848	5163	359000	155707	203262	31
电气机械和器材制造业	Manufacture of Electrical Machinery and Equipment	3881	1711	102852	4191	96535	63
计算机、通信和其他电子设备制造业	Manufacture of Computers,Communication and Other Electronic Equipment	6461	2896	333849	48678	285171	
仪器仪表制造业	Manufacture of Measuring Instrument and Machinery	3926	1439	85481	42312	43169	
其他制造业	Other Manufacturing	103	41	1847	49	1798	
废弃资源综合利用业	Utilization of Waste Resources	126	25	1658		1658	
金属制品、机械和设备修理业	Industry of Metalwork,Machinery, and Equipment Repair	45	11	4006		4006	
电力、热力、燃气及水生产和供应业	Production and Supply of Electricity,Heat,Gas and Water	923	278	6485	2	6483	
电力、热力生产和供应业	Production and Supply of Electric Power and Heat Power	902	270	6012	2	6011	
燃气生产和供应业	Production and Supply of Gas	21	8	473		473	

18－10 规模以上工业企业新产品开发、生产及销售情况(2018年)
Developing, Producing and Sales of Industrial Enterprises above Designated (2018)

分组	Item	新产品开发项目数(项) Number of New products Development Project (item)	新产品开发经费支出(万元) New products Development Expenditure (10 000 yuan)	新产品产值(万元) New products Output Value (10 000 yuan)	新产品销售收入(万元) New products Sales Income (10 000 yuan)
总计	**Total**	**6103**	**2350624**	**22991060**	**20333648**
按企业规模分	**Grouped by Size of Enterprises**				
大型	Large Enterprises	2208	1578586	17717062	15593357
中型	Medium-sized Enterprises	1358	353299	3248525	2875493
小型	Small Enterprises	2486	413504	2002399	1843154
微型	Micro Enterprises	51	5235	23075	21644
按登记注册类型分	**By Status of Registration**				
内资企业	Domestic Funded	5829	2115112	22267693	19736698
国有企业	State-owned Enterprises	369	258464	800793	673532
集体企业	Collective-owned Enterprises	6	1614	1052	1091
股份合作企业	Cooperative Enterprises	3	610	4303	2701
有限责任公司	Limited Liability Corporations	3514	1497788	16637164	14611009
国有独资公司	State Sole Funded Corporations	1306	374808	3588958	3623258
其他有限责任公司	Other Limited Liability Corporations	2208	1122979	13048205	10987751
股份有限公司	Share-holding Corporations Limited	768	169857	2494852	2357643
私营企业	Private Enterprises	1169	186779	2329530	2090723
私营独资企业	Private-funded Enterprises	3	1926	6664	6045
私营有限责任公司	Private Limited Liability Corporations	983	164955	2168050	1952102
私营股份有限公司	Private Share-holding Corporations Ltd.	183	19898	154816	132576
港、澳、台商投资企业	Enterprises with Funds from Hong Kong, Macao and Taiwan	43	12337	443109	336890
合资经营企业(港或澳、台资)	Joint-venture Enterprises	21	9787	399504	313643
港澳台商独资经营企业	Enterprises with Sole Investment	13	1223		2432
其他港澳台投资企业	Other Enterprises with Funds from Hong Kong, Macao and Taiwan	9	1328	43604	20815
外商投资企业	Foreign Funded Enterprises	231	223174	280259	260061
中外合资经营企业	Joint-venture Enterprises	164	44472	224527	216344
外资企业	Enterprises with Sole Funds	59	147307	40669	38121
外商投资股份有限公司	Share-holding Corporations Ltd.	5	30763	15064	5597
其他外商投资企业	Other Foreign Funded Enterprises	3	633		
按国民经济行业分	**By Sector**				
采矿业	Mining	294	45188	14398	196073
煤炭开采和洗选业	Mining and Washing of Coal	28	14004		
石油和天然气开采业	Extraction of Petroleum and Natural Gas	50	9376	135	
有色金属矿采选业	Mining and Processing of Non-Ferrous Metal Ores	21	5956	650	182806
非金属矿采选业	Mining and Processing of Nonmetal Ores	6	549	8535	8343
开采辅助活动	Support Activities for Mining	189	15304	5079	4924
制造业	Manufacturing	5767	2300975	22975300	20136531
农副食品加工业	Processing of Food from Agricultural Products	173	33649	268997	260341
食品制造业	Manufacture of Foods	138	33348	188668	165071

18-10 续表 continued

分组	Item	新产品开发项目数(项) Number of New products Development Project (item)	新产品开发经费支出(万元) New products Development Expenditure (10 000 yuan)	新产品产值(万元) New products Output Value (10 000 yuan)	新产品销售收入(万元) New products Sales Income (10 000 yuan)
酒、饮料和精制茶制造业	Manufacture of Wine,Beverages and Refined Tea	128	27493	68496	56296
烟草制品业	Manufacture of Tobacco	8	874	92070	98413
纺织业	Manufacture of Textile	20	7464	28244	27382
纺织服装、服饰业	Manufacture of Textile and Clothing	14	2218	31427	29949
皮革、毛皮、羽毛及其制品和制鞋业	Manufacture of Leather, Fur, Feather and Related Products and Footwear	18	2941	20393	38375
木材加工和木、竹、藤、棕、草制品业	Processing of Timber, Manufacture of Wood, Bamboo, Rattan, Palm and Straw Products	2	192	8000	8000
家具制造业	Manufacture of Furniture	1	180	156	124
造纸和纸制品业	Manufacture of Paper and Paper Products	8	1572	2398	2421
印刷和记录媒介复制业	Printing, Reproduction of Recording Media	26	8208	40796	33887
石油加工、炼焦和核燃料加工业	Processing of Petroleum, Coking, Processing Nuclear Fuel	59	49143	191617	174617
化学原料和化学制品制造业	Manufacture of Chemical Raw Material and Chemical Products	377	118373	2586835	2389568
医药制造业	Manufacture of Medicines	412	94784	623777	519315
化学纤维制造业	Manufacture of Chemical Fibers	8	1502		
橡胶和塑料制品业	Manufacture of Rubber and Plastics	132	19545	127081	114219
非金属矿物制品业	Manufacture of Non-metallic Mineral Products	107	29102	138082	140656
黑色金属冶炼和压延加工业	Smelting and Pressing of Ferrous Metals	49	35747	472863	534434
有色金属冶炼和压延加工业	Smelting and Pressing of Non-ferrous Metals	349	112064	1274796	1220253
金属制品业	Manufacture of Metal Products	219	63043	255685	234981
通用设备制造业	Manufacture of General Purpose Machinery	295	191609	634398	595768
专用设备制造业	Manufacture of Special Purpose Machinery	606	128395	818098	765046
汽车制造业	Automotive Industry	321	271416	8541671	6521070
铁路、船舶、航空航天和其他运输设备制造业	Manufacture of Railway,Shipping,Aerospace and Other Transport Equipments	736	463621	2682325	2708985
电气机械和器材制造业	Manufacture of Electrical Machinery and Equipment	896	172981	2402119	2295806
计算机、通信和其他电子设备制造业	Manufacture of Computers,Communication and Other Electronic Equipment	406	335005	938950	671058
仪器仪表制造业	Manufacture of Measuring Instrument and Machinery	230	90562	523538	515693
其他制造业	Other Manufacturing	19	2402	2185	5004
废弃资源综合利用业	Utilization of Waste Resources	6	970	11636	9800
金属制品、机械和设备修理业	Industry of Metalwork,Machinery, and Equipment Repair	4	2575		
电力、热力、燃气及水生产和供应业	Production and Supply of Electricity,Heat,Gas and Water	42	4460	1362	1044
电力、热力生产和供应业	Production and Supply of Electric Power and Heat Power	39	4379	12	68
燃气生产和供应业	Production and Supply of Gas	3	81		
水的生产和供应业	Production and Supply of Water			1350	976

18－11 规模以上工业企业自主知识产权保护情况(2018年)
Proprietary Intellectual Property Rights of Industrial Enterprises above Designated (2018)

分　　组	Item	专利申请数 (件) Number of Patent Application (piece)	#发明专利 Patent of Invention	有效发明专利数 (件) Number of Effective Patent Invention (piece)	#境外授权 Abroad Authorization
总　　计	**Total**	**10182**	**4436**	**16892**	**132**
按企业规模分	**Grouped by Size of Enterprises**				
大　型	Large Enterprises	4709	2243	7280	55
中　型	Medium-sized Enterprises	2410	917	4164	24
小　型	Small Enterprises	2990	1235	5252	53
微　型	Micro Enterprises	73	41	196	
按登记注册类型分	**By Status of Registration**				
内资企业	Domestic Funded	9964	4327	16169	125
国有企业	State-owned Enterprises	823	533	1647	1
集体企业	Collective-owned Enterprises				
股份合作企业	Cooperative Enterprises			6	
有限责任公司	Limited Liability Corporations	6115	2647	9564	72
国有独资公司	State Sole Funded Corporations	1715	752	2651	32
其他有限责任公司	Other Limited Liability Corporations	4400	1895	6913	40
股份有限公司	Share-holding Corporations Limited	1463	546	2792	35
私营企业	Private Enterprises	1563	601	2160	17
私营独资企业	Private-funded Enterprises				
私营有限责任公司	Private Limited Liability Corporations	1305	517	1843	12
私营股份有限公司	Private Share-holding Corporations Ltd.	258	84	317	5
港、澳、台商投资企业	Enterprises with Funds from Hong Kong, Macao and Taiwan	70	30	103	
合资经营企业(港或澳、台资)	Joint-venture Enterprises	42	23	71	
港、澳、台商独资经营企业	Enterprises with Sole Investment	3	1	7	
其他港澳台投资企业	Other Enterprises with Funds from Hong Kong, Macao and Taiwan	25	6	25	
外商投资企业	Foreign Funded Enterprises	148	79	620	7
中外合资经营企业	Joint-venture Enterprises	133	75	567	4
外资企业	Enterprises with Sole Funds	15	4	53	3
按国民经济行业分	**By Sector**				
采矿业	Mining	770	293	1202	3
煤炭开采和洗选业	Mining and Washing of Coal	299	86	152	
石油和天然气开采业	Extraction of Petroleum and Natural Gas	303	130	424	1
黑色金属矿采选业	Mining and Processing of Ferrous Metal Ores			3	
有色金属矿采选业	Mining and Processing of Non-Ferrous Metal Ores	45	26	129	
非金属矿采选业	Mining and Processing of Nonmetal Ores	22	1	15	
开采辅助活动	Support Activities for Mining	101	50	479	2

18-11 续表 1 continued

分组	Item	专利申请数（件）Number of Patent Application (piece)	#发明专利 Patent of Invention	有效发明专利数（件）Number of Effective Patent Invention (piece)	#境外授权 Abroad Authorization
制造业	Manufacturing	9133	4006	15504	128
农副食品加工业	Processing of Food from Agricultural Products	109	45	77	
食品制造业	Manufacture of Foods	117	69	83	
酒、饮料和精制茶制造业	Manufacture of Wine,Beverages and Refined Tea	80	55	97	
烟草制品业	Manufacture of Tobacco	40	7	14	
纺织业	Manufacture of Textile	20	13	53	
纺织服装、服饰业	Manufacture of Textile and Clothing	12	1	7	
皮革、毛皮、羽毛及其制品和制鞋业	Manufacture of Leather, Fur, Feather and Related Products and Footwear	18	4	5	
造纸和纸制品业	Manufacture of Paper and Paper Products	14	2	20	
印刷和记录媒介复制业	Printing, Reproduction of Recording Media	33	8	77	
文教、工美、体育和娱乐用品制造业	Manufacture of Articles for Culture, Education, Arts and Crafts, Sport and Entertainment Activities				
石油加工、炼焦和核燃料加工业	Processing of Petroleum, Coking, Processing Nuclear Fuel	330	169	386	3
化学原料和化学制品制造业	Manufacture of Chemical Raw Material and Chemical Products	652	384	1198	2
医药制造业	Manufacture of Medicines	261	141	663	11
化学纤维制造业	Manufacture of Chemical Fibers	7	2		
橡胶和塑料制品业	Manufacture of Rubber and Plastics	127	58	289	
非金属矿物制品业	Manufacture of Non-metallic Mineral Products	244	85	299	
黑色金属冶炼和压延加工业	Smelting and Pressing of Ferrous Metals	119	57	134	
有色金属冶炼和压延加工业	Smelting and Pressing of Non-ferrous Metals	310	179	831	5
金属制品业	Manufacture of Metal Products	220	122	325	
通用设备制造业	Manufacture of General Purpose Machinery	430	191	886	
专用设备制造业	Manufacture of Special Purpose Machinery	1314	463	2309	27
汽车制造业	Automotive Industry	799	227	354	30
铁路、船舶、航空航天和其他运输设备制造业	Manufacture of Railway,Shipping,Aerospace and Other Transport Equipments	1538	785	3290	4
电气机械和器材制造业	Manufacture of Electrical Machinery and Equipment	1083	310	1206	13
计算机、通信和其他电子设备制造业	Manufacture of Computers,Communication and Other Electronic Equipment	864	428	2007	33
仪器仪表制造业	Manufacture of Measuring Instrument and Machinery	380	195	846	
其他制造业	Other Manufacturing	4	4	48	
废弃资源综合利用业	Utilization of Waste Resources	8	2		
电力、热力、燃气及水生产和供应业	Production and Supply of Electricity,Heat,Gas and Water	279	137	186	1
电力、热力生产和供应业	Production and Supply of Electric Power and Heat Power	263	133	181	1
燃气生产和供应业	Production and Supply of Gas	14	2	3	
水的生产和供应业	Production and Supply of Water	2	2	2	

18-11 续表 2 continued

分组	Item	发表科技论文(篇) Pulish Technical Thesis (piece)	拥有注册商标数(件) Number of Registered Trademark (piece)	#境外注册 Abroad Register	形成国家或行业标准数(项) Number of National and Trade Standards (item)
总计	**Total**	**6420**	**10596**	**1259**	**600**
按企业规模分	**Grouped by Size of Enterprises**				
大型	Large Enterprises	5216	3816	888	292
中型	Medium-sized Enterprises	944	2548	275	178
小型	Small Enterprises	256	3996	96	130
微型	Micro Enterprises	4	236		
按登记注册类型分	**By Status of Registration**				
内资企业	Domestic Funded	6376	10193	1249	590
国有企业	State-owned Enterprises	835	216		179
集体企业	Collective-owned Enterprises		2		
股份合作企业	Cooperative Enterprises				
有限责任公司	Limited Liability Corporations	4422	6245	984	317
国有独资公司	State Sole Funded Corporations	1247	904	43	127
其他有限责任公司	Other Limited Liability Corporations	3175	5341	941	190
股份有限公司	Share-holding Corporations Limited	1032	1968	245	41
私营企业	Private Enterprises	87	1762	20	53
私营独资企业	Private-funded Enterprises		3		
私营有限责任公司	Private Limited Liability Corporations	83	1638	20	35
私营股份有限公司	Private Share-holding Corporations Ltd.	4	121		18
港、澳、台商投资企业	Enterprises with Funds from Hong Kong, Macao and Taiwan	3	72		2
合资经营企业(港或澳、台资)	Joint-venture Enterprises	3	11		2
港、澳、台商独资经营企业	Enterprises with Sole Investment		3		
其他港澳台投资企业	Other Enterprises with Funds from Hong Kong, Macao and Taiwan		58		
外商投资企业	Foreign Funded Enterprises	41	331	10	8
中外合资经营企业	Joint-venture Enterprises	41	73		8
外资企业	Enterprises with Sole Funds		258	10	
按国民经济行业分	**By Sector**				
采矿业	Mining	1635	83		3
煤炭开采和洗选业	Mining and Washing of Coal	858	64		1
石油和天然气开采业	Extraction of Petroleum and Natural Gas	568			
黑色金属矿采选业	Mining and Processing of Ferrous Metal Ores				
有色金属矿采选业	Mining and Processing of Non-Ferrous Metal Ores	58	1		2
非金属矿采选业	Mining and Processing of Nonmetal Ores	1	4		
开采辅助活动	Support Activities for Mining	150	14		

18-11 续表 3 continued

分组	Item	发表科技论文(篇) Pulish Technical Thesis (piece)	拥有注册商标数(件) Number of Registered Trademark (piece)	#境外注册 Abroad Register	形成国家或行业标准数(项) Number of National and Trade Standards (item)
制造业	Manufacturing	4363	10485	1259	596
农副食品加工业	Processing of Food from Agricultural Products	11	168		10
食品制造业	Manufacture of Foods	10	367		10
酒、饮料和精制茶制造业	Manufacture of Wine,Beverages and Refined Tea	3	420	4	5
烟草制品业	Manufacture of Tobacco	44	160		1
纺织业	Manufacture of Textile		8	1	
纺织服装、服饰业	Manufacture of Textile and Clothing	1	5		
皮革、毛皮、羽毛及其制品和制鞋业	Manufacture of Leather, Fur, Feather and Related Products and Footwear	7	5		1
造纸和纸制品业	Manufacture of Paper and Paper Products		1		
印刷和记录媒介复制业	Printing, Reproduction of Recording Media		7		5
文教、工美、体育和娱乐用品制造业	Manufacture of Articles for Culture, Education, Arts and Crafts, Sport and Entertainment Activities		4		
石油加工、炼焦和核燃料加工业	Processing of Petroleum, Coking, Processing Nuclear Fuel	246	48		1
化学原料和化学制品制造业	Manufacture of Chemical Raw Material and Chemical Products	476	2068	167	44
医药制造业	Manufacture of Medicines	52	1771	18	14
化学纤维制造业	Manufacture of Chemical Fibers	5			
橡胶和塑料制品业	Manufacture of Rubber and Plastics	62	153	9	7
非金属矿物制品业	Manufacture of Non-metallic Mineral Products	40	79		20
黑色金属冶炼和压延加工业	Smelting and Pressing of Ferrous Metals	369	11		6
有色金属冶炼和压延加工业	Smelting and Pressing of Non-ferrous Metals	179	367	59	37
金属制品业	Manufacture of Metal Products	151	103		28
通用设备制造业	Manufacture of General Purpose Machinery	119	284	13	32
专用设备制造业	Manufacture of Special Purpose Machinery	344	570	30	49
汽车制造业	Automotive Industry	571	1963	838	16
铁路、船舶、航空航天和其他运输设备制造业	Manufacture of Railway,Shipping,Aerospace and Other Transport Equipments	1216	379	5	184
电气机械和器材制造业	Manufacture of Electrical Machinery and Equipment	179	330	15	85
计算机、通信和其他电子设备制造业	Manufacture of Computers,Communication and Other Electronic Equipment	217	990	98	30
仪器仪表制造业	Manufacture of Measuring Instrument and Machinery	61	133	2	11
其他制造业	Other Manufacturing		91		
废弃资源综合利用业	Utilization of Waste Resources				
电力、热力、燃气及水生产和供应业	Production and Supply of Electricity,Heat,Gas and Water	422	28		1
电力、热力生产和供应业	Production and Supply of Electric Power and Heat Power	387	28		1
燃气生产和供应业	Production and Supply of Gas	31			
水的生产和供应业	Production and Supply of Water	4			

18-12 专 利 项 目
Patent Items

单位:件 (piece)

指　　标	Item	2017	2018	2019
一、申请量总计	**Patents Application Accepted**	**98935**	**76512**	**92087**
发明专利	Inventions	46607	30888	34812
实用新型专利	Utility Models	31595	35241	40395
外观设计专利	Designs	20733	10383	16880
二、授权量总计	**Patents Application Granted**	**34554**	**41479**	**44101**
发明专利	Inventions	8774	8884	9843
实用新型专利	Utility Models	17003	24205	26574
外观设计专利	Designs	8777	8390	7684

18-13 各类技术合同签定情况
Statistics on Technical Contracts Signed by Type

指　　标	Item	合同数(项) Number of Contracts (unit)			成交金额(亿元) Turnover Fulfilled (100 million yuan)		
		2017	2018	2019	2017	2018	2019
合　　计	**Total**	**31355**	**37952**	**53004**	**921.55**	**1125.28**	**1467.83**
技术开发合同	Technical Development Contracts	9172	13904	16407	342.03	297.75	354.88
技术转让合同	Technology Transfer Contracts	359	513	679	19.30	16.76	17.81
技术咨询合同	Technical Consultation Contracts	1319	1401	1573	11.64	8.69	13.63
技术服务合同	Technical Service Contracts	20505	22134	34345	548.58	802.08	1081.52

18-14 文化事业
Development of Culture Industry

指标	Item	2017	2018	2019
艺术表演团体演出场次(万场次)	Number of Performance of Art Troupes (10 000 shows)	5.9	8.3	5.7
观众人次 (万人次)	Number of Spectators (10 000 person-times)	4252	4938	4809
图书馆藏书数 (万册)	Total Collections in Public Libraries (10 000 volumes)	1733	1893	2097
书刊文献外借人次 (万人次)	Number of Books Borrowed by the Readers (10 000 person-times)	454	469	533
书刊文献外借册数 (万册次)	Number of Books and Magazines Lent to Readers (10 000 volume-times)	795	888	1003

18-15 文化事业机构和人员
Number of Institution and Personnel in Cultural Industry

指标	Item	2017		2018		2019	
		机构数 (个) Number of Institutions (unit)	人数 (人) Number of Persons (person)	机构数 (个) Number of Institutions (unit)	人数 (人) Number of Persons (person)	机构数 (个) Number of Institutions (unit)	人数 (人) Number of Persons (person)
总计	**Total**	**2088**	**21557**	**2058**	**21057**	**2049**	**22439**
# 一、艺术事业	Arts						
# 表演团体	Arts Performance Troupes	92	6247	92	6121	91	6002
表演场所	Arts Performance Places	82	1529	80	1447	79	1430
二、图书馆事业	Public Libraries	110	2020	111	2085	111	2383
三、群众文化事业	Mass Culture	1536	7162	1507	7057	1498	7031
四、艺术教育事业	Culture and Education	3	130	3	130	3	130

18-16 群众艺术馆、文化馆(站)活动情况
Activities Statistics on Mass Art Centers and Cultural Centers(Stations)

指　　标	Item	2017	2018	2019
机构数 (个)	Number of Institutions (unit)	1536	1507	1498
举办展览次数 (次)	Number of Exhibitions (unit)	5629	5378	5264
组织文艺活动次数 (次)	Art Performances and Story-telling Sessions (time)	26583	28988	30490
举办训练班班次 (次)	Number of Training Courses (time)	12842	17279	15477
举办训练班结业人数(万人次)	Number of Training Course Completers (10 000 person-times)	101	117	115
总收入 (万元)	Total Income (10 000 yuan)	62491	62529	62006
总支出 (万元)	Total Expenditure (10 000 yuan)	64913	63006	63918

注：本表含乡镇文化站的活动情况。
a) Data in this table include those of township cultural stations.

18-17 文　物　事　业
Development of Cultural Relics

指　　标	Item	2017	2018	2019
文物机构	**Cultural Relics Institutions**			
机构数 (个)	Number of Institutions (unit)	658	676	674
人员数 (人)	Number of Persons (person)	15085	16040	15416
藏品件数 (件)	Number of Collections (piece)	4004127	4046736	4077113
# 一级品	Grade One	7312	7354	7176
二级品	Grade Two	14802	15119	14758
三级品	Grade Three	84310	86061	83923
参观人次 (万人次)	Number of Spectators (10 000 person-times)	7764	8607	8982
# **博物馆**	**Museums**			
机构数 (个)	Number of Institutions (unit)	282	294	294
人员数 (人)	Number of Persons (person)	8732	9354	8881
藏品件数 (件)	Number of Collections (piece)	3792154	3810089	3845472
# 一级品	Grade One	6482	6497	6550
二级品	Grade Two	13060	13034	13133
三级品	Grade Three	72041	72045	72554
参观人次 (万人次)	Number of Spectators (10 000 person-times)	5791	6713	6792
基本陈列 (个)	Permanent Exhibition (unit)	712	710	677
举办展览 (个)	Exhibition Hold (unit)	475	453	491

18－18 广播电视基本情况
Basic Statistics on Radio and Television

指　　标	Item	2017	2018	2019
一、无线广播宣传基本情况	Radio			
广播电台（座）	Number of Broadcasting Stations (set)	10	10	10
调频广播发射台（座）	Relaying Stations of Frequency Modulation Broadcasting (unit)	205	197	192
调频广播发射机部数和功率（部／千瓦）	Stations and Power of Frequency Modulation Broadcasting (unit/kw)	392/515.48	409/520.3	426/444.65
节目套数（套）	Number of Radio Programs (set)	111	112	112
全年播出时间(时：分)	Length of Public Radio Programs Broadcasted(hour:minute)	462546:33	467126.23(时)	452427.2(时)
广播人口覆盖率（%）	Radio Coverage of Population (%)	98.6	98.84	98.87
全年制作广播节目(时)	Length of Radio Programs Produced (hour)	237767	244831.98	229929.45
新闻节目	News Programs	41902	40719.52	39472.2
专题节目	Special Subject Programs	68615	65243.23	63583.54
文艺节目	General Entertainment Programs	47679	67953.43	61503.23
其他类	Others	79571	70915.8	65370.48
二、电视宣传基本情况	Television			
电视台（座）	Number of TV Stations (set)	10	10	10
发射台及转播台（座）	TV Transmission and Relaying Stations (unit)	205	197	192
发射机功率(部／千瓦)	Power of Transmision (unit/kw)	301/527.81	339/559.14	370/579.98
节目套数（套）	Number of TV Programs (set)	122	122	122
全年播出时间(时：分)	Length of Public TV Programs Broadcasted (hour:minute)	618695:22	611591.62(时)	571138.54(时)
电视人口覆盖率（%）	TV Coverage of Population (%)	98.99	99.34	99.38
制作电视节目（时）	Length of TV Programs Produced (hour)	127553	121921.38	133940.72
新闻节目	News Programs	36855	34962.08	39747.15
专题节目	Special Subject Programs	28300	30527.65	33028.47
文艺节目	General Entertainment Programs	18666	18862.42	16917.31
影视剧节目	TV Play Programs	935	386	574
其他节目	Others	42797	37182.83	43673.79
三、县广播电视台（个）	Number of Broadcasting Stations (unit)	88	88	88

注：调频广播发射台含调频广播发射台和电视发射台。
a) Number of relaying stations of frequency modulation include relaying stations of frequency modulation and TV.

18-19 各市(区)文化事业情况(2019年)
Basic Statistics on Cultural Industry by City(District)(2019)

地 区	Region	公共图书馆 (个) Public Libraries (unit)	公共图书馆藏书量 (千册) Total Collections (1000 volumes)	群众艺术馆、文化馆 (个) Art Centers Cultural Centers (unit)	文化站 (个) Cultural Stations (unit)	广播人口覆盖率 (%) Radio Coverage of Population (%)	电视人口覆盖率 (%) TV Coverage of Population (%)
全 省	**Shaanxi**	**111**	**20968**	**122**	**1376**	**98.87**	**99.38**
西安市	Xi'an	12	2602	15	186	99.99	99.99
铜川市	Tongchuan	5	693	5	40	99.96	100.00
宝鸡市	Baoji	13	1795	14	115	99.93	99.97
咸阳市	Xianyang	12	1869	14	131	99.78	99.78
渭南市	Weinan	12	1783	12	137	96.66	98.15
# 韩城市	Hancheng	1	244	1	8	99.62	99.50
延安市	Yan'an	13	1259	15	132	99.90	99.90
汉中市	Hanzhong	11	1063	13	177	98.33	99.43
榆林市	Yulin	12	1993	13	216	98.27	98.70
安康市	Ankang	11	1725	11	139	99.53	99.70
商洛市	Shangluo	8	735	8	98	97.94	99.46
杨凌示范区	Yangling	1	42	1	5	100.00	100.00
省直单位	Others	1	5411	1			

注：公共图书馆藏书量不含电子图书。
a)The public library hldings don't include electronic book.

主要统计指标解释

普通高等学校　指通过国家普通高等教育招生考试，招收高中毕业生为主要培养对象，实施高等学历教育的全日制大学、独立设置的学院、独立学院和高等专科学校、高等职业学校及其他普通高教机构。

大学、独立设置的学院主要实施本科及本科层次以上的教育。独立学院主要实施本科层次的教育。高等专科学校、高等职业学校实施专科层次的教育。其他普通高教机构是指承担国家普通招生计划任务不计校数的机构，包括普通高等学校分校、大专班等。

成人高等学校　指通过国家成人高等教育招生考试，招收具有高中毕业或同等学力的人员为主要培养对象，利用函授、业余、脱产等多种形式，对其实施高等学历教育的学校。包括：职工高等学校、农民高等学校、管理干部学院、教育学院、独立函授学院、广播电视大学、其他成人高教机构等。其他成人高教机构是指承担国家成人招生计划任务不计校数的机构。

研究与试验发展(R&D)　指在科学技术领域，为增加知识总量，以及运用这些知识去创造新的应用进行的系统的创造性的活动，包括基础研究、应用研究、试验发展三类活动。国际上通常采用 R&D 活动的规模和强度指标反映一国的科技实力和核心竞争力。

R&D 人员　指参与研究与试验发展项目研究、管理和辅助工作的人员，包括项目(课题)组人员，企业科技行政管理人员和直接为项目(课题)活动提供服务的辅助人员。反映投入从事拥有自主知识产权的研究开发活动的人力规模。

R&D 人员全时当量　指全时人员数加非全时人员按工作量折算为全时人员数的总和。例如：有两个全时人员和三个非全时人员(工作时间分别为 20%、30%和 70%)，则全时当量为 2+0.2+0.3+0.7=3.2 人年。为国际上比较科技人力投入而制定的可比指标。

R&D 经费支出合计　指调查单位用于内部开展 R&D 活动（基础研究、应用研究和试验发展）的实际支出。包括用于 R&D 项目（课题）活动的直接支出，以及间接用于 R&D 活动的管理费、服务费、与 R&D 有关的基本建设支出以及外协加工费等。不包括生产性活动支出、归还贷款支出以及与外单位合作或委托外单位进行 R&D 活动而转拨给对方的经费支出。

专业技术人员　指从事专业技术工作和专业技术管理工作的人员，即企事业单位中已经聘任专业技术职务从事专业技术工作和专业技术管理工作的人员，以及未聘任专业技术职务，现在专业技术岗位上工作的人员。包括工程技术人员，农业技术人员，科学研究人员，卫生技术人员，教学人员，经济人员，会计人员，统计人员，翻译人员，图书资料、档案、文博人员，新闻出版人员，律师、公证人员，广播电视播音人员，工艺美术人员，体育人员，艺术人员及企业政治思想工作人员，共十七个专业技术职务类别。用来反映科技人力资源情况。

专利　是专利权的简称，是对发明人的发明创造经审查合格后，由专利局依据专利法授予发明人和设计人对该项发明创造享有的专有权。包括发明、实用新型和外观设计。反映拥有自主知识产权的科技和设计成果情况。

发明（专利）　指对产品、方法或者其改进所提出的新的技术方案。是国际通行的反映拥有自主知识产权技术的核心指标。

实用新型（专利）　指对产品的形状、构造或者其结合所提出的适于实用的新的技术方案。反映具有一定技术含量的技术成果情况。

外观设计（专利）　指对产品的形状、图案、色彩或者其结合所作出的富有美感并适于工业上应用的新设计。反映拥有自主知识产权的外观设计成果情况。

艺术表演团体　指由文化部门主办或实行行业管理（经文化行政部门审批或已申报登记并领取相关许可证），专门从事表演艺术等活动的各类专业艺术表演团体，含民间职业剧团。不包括群众业余文艺表演团体。

艺术表演场馆　指由文化部门主办或实行行业管理（经文化市场行政部门审批或已申报登记并领取相关许可证），有观众席、舞台、灯光设备，公开售票、专供文艺团体演出的文化活动场所。

广播/电视节目综合人口覆盖率　指根据原国家广电总局制定的《广播电视人口覆盖率统计技术标准和方法》进行统计调查的，在对象区内能接收到由中央、省、地市或县通过无线、有线或卫星等各种技术方式转播的各级广播/电视节目的人口数占总人口数的百分比。

Explanatory Notes on Main Statistical Indicators

Regular Institutions of Higher Education refer to educational establishments recruiting graduates from senior secondary schools as the main target through National Matriculation TEST. They include full-time universities, independently established colleges, colleges, and institutions of higher professional education, institutions of higher vocational education and other institutions of higher education.

Universities and independently established colleges primarily provide undergraduate and above courses; colleges mainly impart undergraduate courses, institutions of higher professional education and institutions of higher vocational education primarily provide professional trainings; and other institutions of higher education refer to educational establishments, which are responsible for enrolling higher education students under the State Plan but not enumerated in the total number of schools, including: branch schools of universities and colleges and junior colleges.

Institutions of Higher Education for Adults refer to educational establishments, enrolling personnel with senior secondary school or equivalent education through National Matriculation TEST for Adult, and providing higher education courses in forms of correspondence, spare time, or full time for adults. Institutions of higher learning for adults include schools of higher education for staff and workers, schools of higher education for peasants, colleges for management cadres, pedagogical colleges, independent correspondence colleges, radio and television universities and other educational establishments of higher education for adult. Other educational establishments of higher education for adult refer undertakings to enrol adult students but not enumerated in the number of schools under the State Plan.

Research and Development (R&D) refers to systematic and creative activities in the field of science and technology aiming at increasing the knowledge and using the knowledge for new application. R&D includes 3 categories of activities: basic research, applied research and experimentation for development. The scale and intensity of R&D are widely used internationally to reflect the strength of S&T and the core competitiveness of a country in the world.

R & D Personnel refer to persons engaged in research, management and supporting activities of R & D, including persons in the project teams, persons engaged in the management of S&T activities of enterprises and supporting staff providing direct service to the research projects. This indicator reflects the size of personnel engaged in R&D activities with independent intellectual property.

Full-time Equivalent of R&D Personnel refers to the sum of the full-time persons and the full-time equivalent of part-time persons converted by workload. For instance, if there are 2 full-time persons and 3 part-time workers (20%, 30% and 70% of working hours respectively on R&D activities), the full-time equivalent are 2+0.2+0.3+0.7=3.2 person-years. This is an internationally comparable indicator of S&T manpower input.

Total Expenditure of Funds on R&D refers to the real expenditure of surveyed units on their own R&D activities (basic research, application study, test and development) including direct expenditure on R&D activities, indirect expenditure of management and services on R&D activities, expenditure on capital construction and material processing by others. Excluding the expenditure on production activities, return of loan, and fees transferred to cooperated and entrusted agencies on R&D activities.

Professional and Technical Personnel refer to persons engaged in professional and technical work or in the management of professional and technical activities, i.e., people with professional or technical positions who are engaged in professional and technical work or in the management of professional and technical activities, and people without professional or technical positions but are working on professional or technical posts. They include professionals and technicians working in 17 categories of technical occupations including engineering, agriculture, scientific researches, medical service, teaching, economic research and application, accounting, statistics, translation, libraries, archives, cultural and museum service, journalism and publication, lawyers, notarization service, radio and television broadcasting, handicraft and fine arts, sports, performing art, and political workers in enterprises. This indicator reflects the condition of human resources in S&T.

Patent is an abbreviation for the patent right and refers to the exclusive right of ownership by the inventors or designers for the creation or inventions, given from the patent offices after due process of assessment and approval in accordance with the Patent Law. Patents are granted for inventions, utility models and designs. This indicator reflects the achievements of S&T and design with independent intellectual property.

Patented Inventions refer to new technical proposals to the products or methods or their modifications. This is universal core indicator reflecting the technologies with independent intellectual property.

Patented Utility Models refer to the practical and new technical proposals on the shape and structure of the product or the combination of both. This indicator reflects the condition of technological results with certain technical content.

Designs refer to the aesthetics and industrially applicable new designs for the shape, pattern and colour of the product, or their combinations. This indicator reflects the appearance design achievements with independent intellectual property.

Arts Performance Troupes refer to the various professional performing arts groups, which sponsored by the cultural sectors or guided by the cultural society (approved by the cultural administration authority, or registered and permitted with the relative certificate), including non-governmental troupes. The mass amateur arts performance troupes are not included.

Arts Performance Places refer to the various sites for cultural activities, which sponsored by the cultural sectors or guided by the cultural society (approved by the cultural market administration, or registered and permitted with the relative certificate), with the facility of auditorium, stage and lighting, and selling tickets in public.

The Population Coverage Rate of Radio/Television refers to the percentage of the whole country's population who can receive radio/television programmes transmitted by national, provincial, municipal or county stations through wireless, cable or satellite techniques, according to *Statistical Standard and Method on Television and Radio Coverage of Population* established by the former State Administration of Broadcasting, Film and Television.

十九、体育、卫生和其他

Sports, Public Health and Others

资料整理：杨小侠

简 要 说 明

一、本篇资料反映陕西体育、卫生、社会福利、安全生产等情况。

二、本篇资料主要内容及资料来源：

体育部分主要包括体育系统职工人数、群众体育活动开展情况及运动竞技成绩等，资料由省体育局提供。

卫生部分主要包括卫生机构、床位及人员数，农村合作医疗情况等，资料由省卫生健康委提供。

社会福利部分主要包括各种社会福利事业的机构数、收养救济人数、婚姻登记状况等，资料由省民政厅提供。

交通、火灾、伤亡事故情况由省公安厅、省安全生产监督管理局提供。

律师、公证及人民调解工作等资料由省司法厅提供。

Brief Introduction

Ⅰ. This chapter reflects the development of Shaanxi's sports, public health, social welfare, safe production and other undertakings.

Ⅱ. Primary coverage and data sources:

The data on sports mainly include the number of staff and workers in sports departments, mass sports and athletics sports, etc. The data are provided by Shaanxi Provincial Bureau of Sports.

The data on public health mainly include the number of health institutions, hospital beds and personnel, situation of rural cooperative medical service and etc. The data are provided by the Provincial Health Commission.

The data on social welfare mainly include the number of institutions, the number of persons receiving social welfare relief funds and marriage registration status, etc. The data are provided by Shaanxi Provincial Department of Civil Affairs.

The data on traffic, fire and casualties accident are provided by Shaanxi Provincial Department of Public Security and Shaanxi Provincial Bureau of Work Safety.

The data on lawyer, notarization and the people's mediation work are provided by Shaanxi Province Federation of Trade Unions, Shaanxi Women's Federation and Shaanxi Provincial Department of Justice.

19.体育、卫生和其他

2019年全省		
等级运动员发展人数	1800	人
等级裁判员发展人数	2849	人
卫生机构数（不含个体诊所）	5144	个
# 医 院	2841	个
卫生技术人员	35.38	万人
# 执业(助理)医师	10.87	万人

卫生机构床位数（万张）

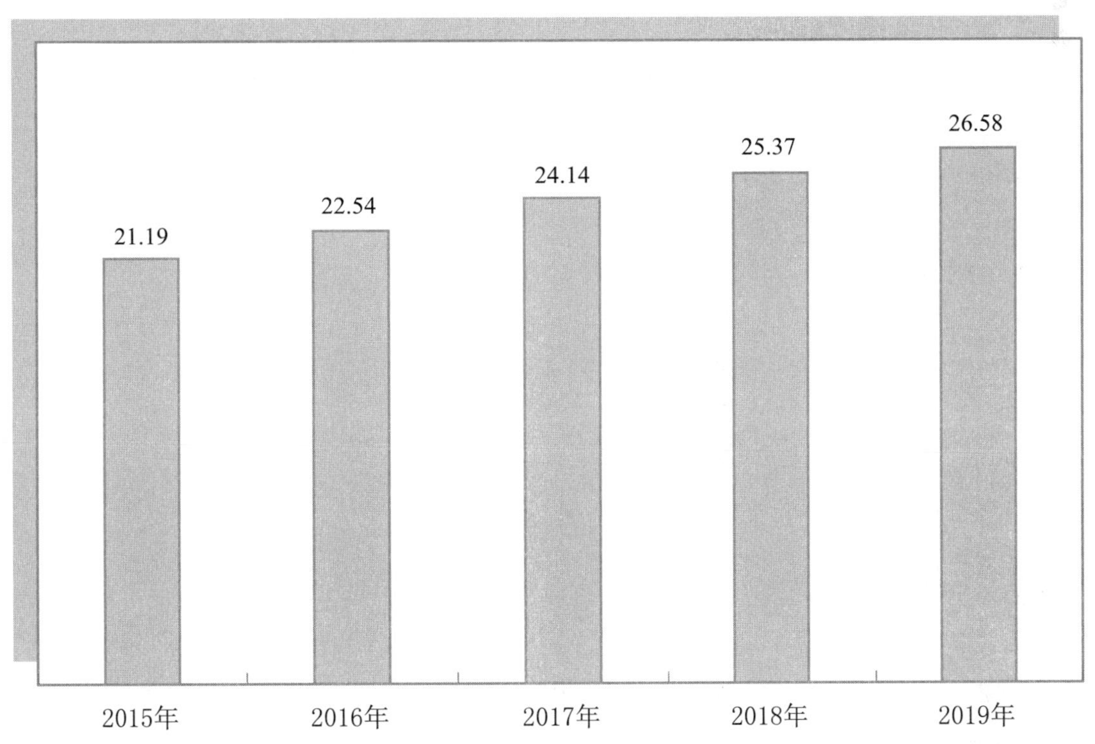

19−1 体 育 事 业
Statistics on Sports Industry

指　　标		Item		2015	2016	2017	2018	2019
一、体育系统职工人数	（人）	Employees Sports System	(person)	5446	5420	5711	5380	6262
二、等级运动员发展人数	（人）	Number of Class Athlete Development	(person)	593	1162	1033	1338	1800
#女运动员		Female Athletes		150	331	449	593	667
#国际健将		International Masters Sports		2	4		1	13
运动健将		Masters of Sports		33	40	37	38	124
三、等级裁判员发展人数	（人）	Number of Graded Referees	(person)	1886	2450	1838	2605	2849
#女裁判员		Female Referees		456	560	536	728	794
#国家级		National Referees			12	13	52	37
四、少年儿童业余体校	（所）	Spare-time Sports School	(unit)	76	66	64	82	82
#重点体校		Key Sports School		10	57		31	31
在校学生	（人）	Number of Students in School	(person)	9861	15580	12081	16300	16390
五、取得冠军次数	（次）	Number of Champions	(time)	18	15	40	65	70
世界冠军		International Champion		2	2	6	10	25
亚洲冠军		Asian Champions		1	3	3	6	5
全国冠军		National Champion		15	10	31	49	40

19−2 等级运动员发展人数(2019年)
Number of Athletes in Grades by Type of Sports (2019)

单位：人　　　　(person)

地　区	Region	等级运动员 Number of Athletesin Grades	#女 Women	#国际级健将 International Masters Sports	#运动健将 Masters of Sports	#一级 First Grade	#二级 Second Grade
全　省	**Shaanxi**	**1800**	**667**	**13**	**124**	**572**	**1091**
省级直属	Directly under the Provincial	964	381	13	124	572	255
西安市	Xi'an	283	87				283
铜川市	Tongchuan	29	4				29
宝鸡市	Baoji	116	57				116
咸阳市	Xianyang	62	26				62
渭南市	Weinan	105	35				105
延安市	Yan'an	50	20				50
汉中市	Hanzhong	79	17				79
榆林市	Yulin	75	26				75
安康市	Ankang	26	10				26
商洛市	Shangluo	11	4				11

19–3 卫生机构、床位及人员数
Number of Health Units, Beds and Staff

年份 Year	卫生机构（个） Health Institutions (unit)	#医院 Hospitals	卫生机构床位（万张） Number of Hospital Beds (10 000 beds)	#医院 Hospitals	卫生技术人员（万人） Medical Technical Personnel (10 000 persons)	#医生 Doctors	#护士(师) Nurses
1978	5598	3064	5.39	4.99	7.12	3.43	1.11
1979	5780	3078	5.78	5.32	7.58	3.60	1.17
1980	5845	3095	6.08	5.52	8.05	3.72	1.19
1981	6158	3109	6.37	5.72	8.84	4.07	1.40
1982	6369	3113	6.51	5.92	9.23	4.20	1.57
1983	6280	3106	6.66	6.06	9.57	4.38	1.73
1984	6251	3119	6.87	6.23	10.01	4.63	1.81
1985	6346	2218	7.20	6.46	10.61	4.97	1.88
1986	6309	2439	7.45	6.70	10.89	5.12	1.93
1987	6293	2559	7.68	6.95	11.22	5.29	2.04
1988	6248	2502	8.03	7.22	11.48	5.70	2.41
1989	6312	2515	8.29	7.47	11.63	5.84	2.64
1990	6416	2521	8.55	7.80	11.82	5.91	2.72
1991	6433	2577	9.02	8.22	11.99	5.87	2.81
1992	6404	2604	9.29	8.51	12.33	5.97	2.87
1993	6215	2389	9.56	8.81	12.28	5.89	2.91
1994	6227	3040	9.84	9.07	12.60	6.20	3.03
1995	6215	3313	9.88	9.05	12.80	6.28	3.10
1996	6033	3315	9.59	9.05	12.82	6.30	3.10
1997	5947	3217	9.48	9.04	12.99	6.23	3.25
1998	5639	2779	9.48	9.09	13.03	6.17	3.37
1999	5493	2753	9.68	9.22	13.28	6.37	3.48
2000	5572	2779	9.69	9.26	13.34	6.43	3.56
2001	5563	2780	9.91	9.43	13.53	6.60	3.62
2002	5240	2748	10.00	9.53	13.53	5.95	3.65
2003	5039	2740	10.27	9.89	13.47	6.03	3.72
2004	5138	2710	10.31	9.97	13.46	5.97	3.75
2005	5366	2674	10.67	10.34	13.66	6.03	3.85
2006	5385	2672	11.12	10.90	13.91	6.06	4.07
2007	4753	2645	11.78	11.42	14.17	5.93	4.25
2008	4429	2629	12.52	12.31	14.82	5.81	4.69
2009	4421	2660	13.45	13.05	16.29	6.13	5.44
2010	4638	2639	14.24	13.72	17.77	6.28	6.13
2011	4669	2611	15.38	14.69	19.73	6.57	7.02
2012	4684	2603	16.92	16.31	21.63	6.95	7.94
2013	6290	2634	18.51	17.93	23.91	7.44	8.96
2014	6314	2587	19.94	19.37	25.26	7.65	9.72
2015	6186	2612	21.19	20.63	26.54	7.95	10.43
2016	5823	2655	22.54	22.10	28.88	8.57	11.69
2017	5293	2710	24.14	23.71	31.03	9.32	12.70
2018	5146	2729	25.37	24.94	32.78	9.88	13.80
2019	5144	2841	26.58	26.12	35.38	10.87	15.04

注：1.本表卫生机构不含个体诊所，医院、医院床位数含卫生院、妇幼保健院和专科疾病防治院。2013年起新增计划生育技术服务机构。
2.2002年起医生为执业医师和执业助理医师，护士(师)为注册护师。

a) The health institutions in the table does not include private clinics.Hospitals and hospital beds include health center, women and children care agencies and specialized disease prevention &treatment institutes. Since 2013, Family Planning Technical Service Institutions.

b) Since 2002, doctors refer to practicing physicians, practicing physician assistants, nurses (division) refer to registered nurses.

19-4 各类卫生机构、床位及人员数(2019年)
Number of Various Health Units, Beds and Staff (2019)

指　标	Item	机构数(个) Health Institutions (unit)	床位数(张) Beds (bed)	人员合计(人) Persons Engaged (person)	卫生技术人员 Medical Technical Personnel	其他技术人员 Other Technical Personnel	管理人员 Management	工勤人员 Support Staff
总　计	**Total**	**35404**	**265814**	**435556**	**353840**	**3800**	**26615**	**24075**
一、医院	Hospitals	1209	215855	272825	233578	2405	18670	18172
综合医院	Comprehensive Hospitals	756	153774	203462	175344	1683	13436	12999
中医医院	Hospitals of Traditional Chinese Medicine	168	32802	40142	34478	417	2601	2646
中西医结合医院	Hospitals Combined by Medium Doctors	16	2397	3356	2802	17	351	186
专科医院	Specialized Hospitals	263	26520	25721	20829	284	2273	2335
护理院	Nursing homes	6	362	144	125	4	9	6
二、基层医疗卫生机构	Basic Medical and Health Institutions	33619	40119	129700	94584	651	4257	2982
社区卫生服务中心(站)	Community Health Service Center (station)	666	3692	13165	11189	132	1059	785
社区卫生服务中心	Community Health Service Center	265	3592	9639	8083	111	729	716
社区卫生服务站	Community Health Service station	401	100	3526	3106	21	330	69
卫生院	Commune Hospitals	1540	36330	50959	46261	485	2544	1669
街道卫生院	Hospitals in the Streets	8	214	473	422		19	32
乡镇卫生院	Township Hospitals	1532	36116	50486	45839	485	2525	1637
中心卫生院	Center Hospital	626	21446	27634	25114	278	1275	967
乡卫生院	Rural Hospitals	906	14670	22852	20725	207	1250	670
村卫生室	Village Clinic	23747		35722	8496			
门诊部	Outpatient Departments	487	97	7871	7131	22	423	295
综合门诊部	Comprehensive Outpatient Departments	206	63	3858	3539	16	187	116
中医门诊部	Chinese Medical Outpatient Department	59	10	603	530	1	47	25
中西医结合门诊部	Combination of Traditional Chinese and Western Medicine Outpatient Department	4		48	45		2	1
专科门诊部	Specialist OutPatient Department	218	24	3362	3017	5	187	153
诊所、卫生所、医务室	Clinics, Health Institute, Medical Office	7179		21983	21507	12	231	233
诊　所	Clinics	6513		19555	19184	12	186	173
卫生所、医务室	Health Institute, Medical Office	666		2428	2323		45	60
三、专业公共卫生机构	Specialty Public Health Agency	493	9042	30770	24308	606	3222	2634
疾病预防控制中心	Disease Prevention and Controlling Center	120		6621	5102	194	742	583
专科疾病防治院(所、站)	Specialized Disease Prevention and Treatment Centers (stations)	5	968	873	676	4	105	88
健康教育所(站、中心)	Health Education Offices (stations or centers)	7		215	113	34	35	33
妇幼保健院(所、站)	Maternity and Child Care Centers (stations)	115	8074	16933	14103	219	1429	1182
急救中心(站)	First-aid Center (station)	5		201	89	4	46	62
采供血机构	Blood Collecting and Supply Organizations	11		881	566	44	127	144
卫生监督所(中心)	Health Supervision Centers	116		3142	2345	41	372	384
计划生育技术服务机构	Family Planning Technical Service Institutions	114		1904	1314	66	366	158
四、其他卫生机构	Other Health Institutions	83	798	2261	1370	138	466	287
疗养院	Sanatoriums	4	798	240	165	8	36	31
医学研究机构	Research Institutes of Medical Science	7		208	135	22	33	18
医学在职培训机构	Medical On-the-job Training Organizations	32		757	456	98	158	45
统计信息中心	Statistical Information Center	5		288	88	5	70	125
临床检验中心(所、站)	Clinical Laboratory Center	2		43			41	2
其　他	Others	33		725	526	5	128	66

注：本表人员合计中含乡村医生和卫生员。

a) Summation-personnel in this table includes country doctors and medical orderlies.

19-5 法定传染病发病率和死亡率(2019年)
The Incidence and Death of Infectious Diseases(2019)

病　　名	Diseases	发病率 (1/10万) Incidence (1/100 000)	死亡率 (1/10万) Death Rate (1/100 000)	病死率 (%) Mortality Rate (%)
合　　计	**Total**	**922.0861**	**0.7841**	**0.0850**
鼠　　疫	The Plague			
霍　　乱	Cholera			
传染性非典	SARS			
艾 滋 病	AIDS	2.8594	0.5201	18.1900
肝　　炎	Hepatitis	60.8065	0.0181	0.0298
脊　　灰	Poliomyelitis			
人感染高致病性禽流感	Highly Pathogenic Avian Influenza			
麻　　疹	Measles	0.1268		
出 血 热	Hemorrhagic Fever	3.0121	0.0052	0.1718
狂 犬 病	Hydrophobia	0.0336	0.0336	100.0000
乙　　脑	JE	0.0854	0.0078	9.0909
登 革 热	Dengue Fever	0.0750		
炭　　疽	Anthrax	0.0052		
痢　　疾	Dysentery	7.0490		
肺 结 核	Pulmonary Tuberculosis	55.5508	0.1604	0.2888
伤寒+副伤寒	Typhoid and Paratyphoid Fever	0.1268		
流　　脑	Epidemic Encephalitis			
百 日 咳	Pertussis	6.1562		
白　　喉	Diphtheria			
新生儿破伤风	Newborn Tetanus			
猩 红 热	Scarlet Fever	9.7480		
布　　病	Brucellosis	2.8465		
淋　　病	Gonorrhea	3.9592		
梅　　毒	Syphilis	27.5386	0.0104	0.0376
钩 体 病	Leptospirosis	0.0026		
血吸虫病	Schistosomiasis	0.0052		
疟　　疾	Malaria	0.2407	0.0026	1.0753
人感染H7N9禽流感	HpAI H7N9			
流行性感冒	Influenza	545.1883	0.0233	0.0043
流行性腮腺炎	Mumps	20.5906		
风　　疹	Rubella	3.1493		
急性出血性结膜炎	Acute Hemorrhagic Conjunctivitis	1.7234		
麻 风 病	Leprosy	0.0104		
斑疹伤寒	Typhus	0.0569		
黑 热 病	Black Fever	0.0828		
包 虫 病	Echinococcosis	0.0233		
丝 虫 病	Filariasis			
其它感染性腹泻病	Other Infectious Diarrhoea	65.8370		
手足口病	Hand, Foot and Mouth Disease	105.1964	0.0026	0.0025

19–6 出院病人前十位疾病构成(2019年)
Discharged Patients Diseases of the Top Ten (2019)

序号 NO.	市 City		
	疾 病	Diseases	构 成 (%) Constitute
1	呼吸系统疾病	Respiratory System Diseases	18.06
2	循环系统疾病	Circulatory System Diseases	18.43
3	妊娠、分娩和产褥期	Pregnancy, Childbirth and the Puerperium	13.28
4	消化系统疾病	Digestive Diseases	10.17
5	损伤、中毒	Injury, Poisoning	7.37
6	其它接收医疗服务	Other Medical Services	10.51
7	泌尿生殖系统疾病	Genitourinary System Diseases	5.70
8	肿瘤	Tumor Diseases	6.58
9	眼和附器疾病	Eye and appendage diseases	5.55
10	肌肉骨骼系统和结缔组织疾病	Musculoskeletal and Connective Tissue Diseases	4.35
	构成合计	Total	100.00

19–6 续表 continued

序号 NO.	县 County		
	疾 病	Disease	构 成 (%) Constitute
1	呼吸系统疾病	Respiratory System Diseases	27.44
2	循环系统疾病	Circulatory System Diseases	24.36
3	妊娠、分娩和产褥期	Pregnancy, Childbirth and the Puerperium	10.86
4	消化系统疾病	Digestive Diseases	10.82
5	损伤、中毒	Injury, Poisoning	9.92
6	其它接收医疗服务	Other Medical Services	3.15
7	泌尿生殖系统疾病	Genitourinary System Diseases	5.46
8	肿瘤	Tumor Diseases	2.98
9	眼和附器疾病	Eye and appendage diseases	1.80
10	肌肉骨骼系统和结缔组织疾病小计	Musculoskeletal and Connective Tissue Diseases	3.21
	构成合计	Total	100.00

19—7 各市(区)卫生机构、床位及人员数(2019年)
Number of Health Institutions, Beds and Persons Engaged by City(District) (2019)

地区	Region	机构数 (个) Health Institutions (unit)	床位数 (张) Beds Total (bed)	人员数 (人) Total Staff (person)	卫生技术人员 (人) Medical Technical Personnel (person)	# 执业(助理)医师 Lecensed (Assistant) Doctors	# 注册护士 Registered Nurses
全省	**Shaanxi**	**35404**	**265814**	**435556**	**353840**	**3800**	**26615**
西安市	Xi'an	7011	72549	136333	112243	936	10229
铜川市	Tongchuan	871	6585	11852	9600	130	771
宝鸡市	Baoji	2890	27625	40223	32999	343	2305
咸阳市	Xianyang	4329	29937	52220	44471	255	2478
渭南市	Weinan	4251	33279	52033	41625	320	2555
延安市	Yan'an	2631	14560	24298	18317	253	2083
汉中市	Hanzhong	3691	25377	33536	26735	639	1456
榆林市	Yulin	3826	21803	36743	29207	345	2636
安康市	Ankang	2927	17405	24368	20012	389	903
商洛市	Shangluo	2782	14986	21156	16131	168	1110
杨凌示范区	Yangling	195	1708	2794	2500	22	89

19—8 农村村级卫生组织情况(2019年)
Situations of Health Institutions in Rural Village (2019)

地区	Region	村卫生室 (个) Village Health Room (unit)	乡村医生和卫生员 (人) Rural Doctors and Health Workers (person)	乡村医生 Rural Doctors	卫生员 Health Workers
全省	**Shaanxi**	**23747**	**27226**	**26381**	**845**
西安市	Xi'an	3193	3024	2838	186
铜川市	Tongchuan	549	538	495	43
宝鸡市	Baoji	1751	2647	2510	137
咸阳市	Xianyang	3115	3123	3097	26
渭南市	Weinan	3053	5417	5271	146
延安市	Yan'an	2028	2178	2154	24
汉中市	Hanzhong	2704	2950	2882	68
榆林市	Yulin	2776	2587	2439	148
安康市	Ankang	2317	2094	2077	17
商洛市	Shangluo	2148	2585	2535	50
杨凌示范区	Yangling	113	83	83	

19－9 社区卫生服务中心(站)情况(2019年)
Statistics on Community Health Service Centers (Stations) (2019)

地 区	Region	社区卫生服务中心(站)(个) Community Health Service Center(station) (unit)	床位数(张) Beds (bed)	人员数(人) Persons Engaged (person)	卫生技术人员(人) Medical Technical Personnel (person)	# 执业(助理)医师 Lecensed (Assistant) Doctors	# 注册护士 Registered Nurses
全 省	**Shaanxi**	**666**	**3692**	**13165**	**11189**	**3644**	**4482**
西安市	Xi'an	244	1719	6882	5723	1706	2193
铜川市	Tongchuan	41	378	582	492	135	221
宝鸡市	Baoji	69	568	1271	1105	402	471
咸阳市	Xianyang	120	134	1585	1415	549	648
渭南市	Weinan	69	400	945	827	310	329
延安市	Yan'an	24	91	331	280	100	104
汉中市	Hanzhong	19	93	336	282	88	115
榆林市	Yulin	58	259	798	662	227	248
安康市	Ankang	15		223	210	67	88
商洛市	Shangluo	4	50	123	110	43	35
杨凌示范区	Yangling	3		89	83	17	30

19－10 新型农村合作医疗情况
Statistics on New Cooperative Medical System

年 份 Years	实行新型农村合作医疗县(区)(个) Number of Counties Implementing NCMS (unit)	参加新农合人数(万人) Number of Enrollees (10 000 persons)	参合率(%) Rate of Enrollees (%)
2007	104	2434.95	90.05
2008	104	2495.47	91.58
2009	104	2566.11	92.97
2010	104	2581.38	95.00
2011	104	2631.66	97.10
2012	104	2649.65	98.70
2013	91	2550.35	99.40
2014	91	2569.95	99.80
2015	92	2581.16	99.97
2016	92	2578.28	99.83
2017	92	2553.42	99.27
2018	92	2534.25	98.74
2019	92	2510.33	98.83

19—11 社会福利事业单位基本情况(2019年)
Basic Statistics on Social Welfare Institutions (2019)

指标	Item	院数(个) Number of Homes (unit)	工作人员(人) Number of Staff and Workers (person)	床位(张) Number of Beds (bed)	年在院总人数(万人) Number of Persons Housed (10 000 persons)
一、民政部门办收养性社会福利事业单位	Adopting Social Welfare Institutions Established by the Home Department	345	7033	45306	379.4
#城市福利院	Urban Welfare	47	1337	11108	220.54
二、老年收养性机构	Adoption of the Old Institutions	653	10950	93899	1162.4

注：1.城市福利院包括社会福利院、社会儿童福利院、社会精神病人福利院。
2.老年收养性机构包括城镇、农村的敬老院、养老院、老年性公寓。

a) Urban welfare include social welfare, social welfare homes, social welfare of mental patients.

b) Old adoption of institutions include urban and rural areas of the nursing home, nursing homes, senile apartment.

19—12 城镇社区服务设施(2019年)
Urban Welfare Facilities (2019)

地区	Region	城镇社区服务设施数(个) Urban Welfare Facilities (unit)	从业人员(人) Employed Persons (person)
全省	**Shaanxi**	**10895**	**41194**
西安市	Xi'an	2103	12498
铜川市	Tongchuan	435	1493
宝鸡市	Baoji	1217	3320
咸阳市	Xianyang	1368	4001
渭南市	Weinan	1165	3789
延安市	Yan'an	640	2725
汉中市	Hanzhong	1434	4311
榆林市	Yulin	588	2520
安康市	Ankang	1267	3962
商洛市	Shangluo	506	2057
西咸新区	Xixian New Area	172	518

19-13 工会工作(2019年)
Basic Statistics on Trade Unions (2019)

项目		Item		实有数 Number
基层工会	(个)	Basic Trade Unions	(unit)	115772
工会女职工组织	(个)	Women Workers Organization	(unit)	110304
工会经费审查委员会	(个)	Review Organization of Trade Union Funds	(unit)	57293
工会会员	(万人)	Union Members	(10 000 persons)	910.64
#女　性		Women		322.18
#农民工		Migrant Workers		386.07
专职工会工作人员	(人)	Full-time Union Staff	(person)	29620
兼职职工会工作人员	(人)	Part-time Union Staff	(person)	282506
建立职代会制度的工会	(个)	Union System Workers'Congress	(unit)	92831
职代会制度覆盖职工	(万人)	The Number of Staff and Workers covered by Workers Congress System	(10 000 persons)	710.14
#职代会中职工代表		Workers representatives of workers' congress		48.02
建立职工技协组织	(个)	Establish Staff Technical Association Organizations	(unit)	520
职工技协组织会员	(万人)	Staff Technical Association Members	(10 000 persons)	4.7
建立劳动争议调解委员会	(个)	Establish Labor Dispute Mediation Mommittees	(unit)	48861

19-14 律师、公证及人民调解工作(2019年)
Lawyers, Notarization and Mediation of Civil Disputes (2019)

项目		Item		实有数 Number
一、律师工作		**Lawyers**		
律师人员	(人)	Number of Lawyers	(person)	11446
#专　职		Full-time Lawyers		9784
兼　职		Part-time Lawyers		517
刑事诉讼辩护及代理	(件)	Agent of Criminal Defense	(case)	23793
民事诉讼代理	(件)	Agent of Civil Case	(case)	90025
行政诉讼代理	(件)	Agent of Administrative Action	(case)	4222
担任法律顾问	(家)	As Legal Advisers	(unit)	13024
律师事务所	(个)	Number of Law Offices	(unit)	654
二、公证工作		**Notarial Personnel**		
公证处	(个)	Number of Notary Offices	(unit)	**118**
#涉外公证处		Foreign-related Notary Offices		25
公证人员	(人)	Notarial Personnel	(person)	1180
办理公证文书	(件)	Notarized Documents	(case)	202518
三、人民调解工作		**Number of People's Mediation**		
人民调解委员会	(个)	Number of People's Mediation Committees	(unit)	22591
调解委员	(人)	Member of a Mediation Committee	(person)	89498
调解民间纠纷	(件)	Number of Civil Disputes Mediated	(case)	101884

19-15 国内公证文书分类(2019年)
Domestic Notarized Documents by Type (2019)

分　类	Type	办证件数(件) Number of Notarial Documents Issued (case)	分　类	Type	办证件数(件) Number of Notarial Documents Issued (case)
合　计	**Total**	**202518**	赠　与	Presentation Documents	1265
合同(协议)	Contracts	19932	遗　嘱	Testaments	1125
买卖合同	Sale and Purchase Contracts	3849	保证(担保)	Guarantees	64
赠与合同	Gift Contracts	684	承诺(要约)	Offer(Acceptance)	4
借款合同	Loan Contracts	3509	其　他	Others	159
租赁合同	Lease Contracts	2722	现场监督	Field Supervision	1586
承揽合同	Work Contracts	335	招标投标	Bidding	92
建设工程合同	Engineering and Construction Contracts	8	拍　卖	Auctions	66
			开奖、评选	Lottery	10
委托合同	Application Contracts	1760	公司会议	Corporate Meeting	
担保合同	Guaranty Contracts	524	抽签(摇号)	Draw Lots	541
土地使用权合同	Land Use Rights Contracts	152	其　他	Others	877
知识产权合同	Intellectual Property Contracts	2	保全证据	Evidence Preservation	7962
承包合同	Contracts	388	公司章程	Corporation Constitutions	25
企业经营合同	Operation Enterprises Contracts	19	组织资格	Organization Qualification	1
劳动(劳务)合同	Labor contracts	171	财产权	Property Right	22
其他合同	Other contracts	2350	身　份	Status	1036
合伙协议	Partnership Agreements	72	收养关系	Adoption Relationship	48
财产分割协议	Property Partitioning Contracts	165	婚姻状况	Marital Status	920
财产约定协议	Property Agreements	295	亲属关系	Kindred Relationship	4574
扶养协议	Legacy-support Agreements	90	有无违法犯罪记录	have or no Illegal and Criminal Record	4548
出国留学协议	Foreign Study Agreements	369	其他有法律意义事实	Other Facts of Legal Significance	1244
拆迁安置协议	Compensation and Resettlement Agreements	12	证书(执照)	Certificate(License)	12708
			签名(印鉴)	Signatures and Seals	3489
赔偿协议	Indemity Agreements	150	文本相符	Text Conformity	4928
还款协议	Payment Contracts	229	赋予执行效力	Given Executory Effect	54360
其　他	Others	2077	执行证书	Execution Certificate	2579
继　承	Inheritances	24819	抵押登记	Mortgage Registration	120
单方法律行为	Unilateral Legal Act	47565	提　存	Drawing	33
委　托	Proxy	33732	保　管	Reserve	1
声　明	Announcement	11216	其　他	Others	10018

19-16 婚姻登记情况
Registered Marriages

指 标	Item	2015	2016	2017	2018	2019
一、登记结婚数 (对)	**Number of Registered Marriages (couples)**	**356413**	**332952**	**300594**	**300405**	**271861**
内地居民登记结婚数 (对)	Registered Marriages in the Mainland (couples)	355978	332406	300135	299897	271292
涉外婚姻数 (对)	Number of Marriages with Foreigner (couples)	435	546	459	508	569
初婚数 (人)	Number of First Marriages (person)	598491	544943	482662	467482	409810
再婚数 (人)	Number of Re-marriages (person)	113465	119869	118526	133328	133912
# 恢复结婚数	Restoration of Marriages	6997	12670	11432	14111	14189
二、登记离婚数 (对)	**Number of Registered Divorces (couples)**	**74097**	**78588**	**85870**	**100174**	**107016**
内地居民登记离婚数 (对)	Registered Divorces in the Mainland (couples)	74038	78526	85787	100108	106933
涉外婚姻数 (对)	Number of Divorces with Foreigner (couples)	59	62	83	66	83

19-17 各市(区)婚姻登记情况(2019年)
Registered Marriages by City(District) (2019)

地 区	Region	登记结婚数(对) Number of Registered Marriages (couples)	初婚数(人) Number of First Marriages (person)	再婚数(人) Number of Re-marriages (person)	# 恢复结婚数 Restoration of Marriages	登记离婚数(对) Number of Registered Divorces (couples)
全 省	**Shaanxi**	**271861**	**409810**	**133912**	**14189**	**107016**
西安市	Xi'an	79407	117951	40863	3872	35776
铜川市	Tongchuan	4706	6890	2522	297	1954
宝鸡市	Baoji	22188	34225	10151	1016	7286
咸阳市	Xianyang	31919	48604	15234	2146	11972
渭南市	Weinan	33637	48457	18817	1751	13208
延安市	Yan'an	13669	20347	6991	1185	5663
汉中市	Hanzhong	21545	31883	11207	592	7775
榆林市	Yulin	23900	37814	9986	1774	8352
安康市	Ankang	18189	28928	7450	587	7010
商洛市	Shangluo	14224	22568	5880	375	4522
西咸新区	Xixian New Area	7908	11243	4573	594	3416
厅级小计	Others	569	900	238		82

19−18 交通事故情况(2019年)
Basic Statistics on Traffic Accidents(2019)

地 区	Region	事故次数(起) Number of Accidents (case)	死亡人数(人) Number of Deaths (person)	受伤人数(人) Number of Injuries (person)	损失折款(万元) Converted into Cash Losses (10 000 yuan)
全 省	**Shaanxi**	**5584**	**1241**	**5694**	**3799**
西安市	Xi'an	2875	373	3047	1776
铜川市	Tongchuan	198	24	256	53
宝鸡市	Baoji	632	105	696	243
咸阳市	Xianyang	172	58	112	214
渭南市	Weinan	385	117	378	250
延安市	Yan'an	167	151	90	93
汉中市	Hanzhong	208	68	195	91
榆林市	Yulin	444	152	292	687
安康市	Ankang	123	66	100	164
商洛市	Shangluo	181	72	181	56
杨凌示范区	Yangling	16	5	13	6
西咸新区	Xixian New Area	160	50	171	152
铁 路	Railway	7		7	1
民 航	Civil Aviation	16		19	14

19−19 火灾事故情况(2019年)
Basic Statistics on Fires(2019)

地 区	Region	事故次数(起) Number of Accidents (case)	死亡人数(人) Number of Deaths (person)	受伤人数(人) Number of Injuries (person)	损失折款(万元) Losses Converted into Cash (10 000 yuan)
全 省	**Shaanxi**	**7920**	**45**	**19**	**12296**
西安市	Xi'an	1867	15	2	1889
铜川市	Tongchuan	218	2	1	498
宝鸡市	Baoji	906	3	1	1580
咸阳市	Xianyang	784	2		999
渭南市	Weinan	534		3	913
延安市	Yan'an	331	3	3	1708
汉中市	Hanzhong	741	7	1	1053
榆林市	Yulin	907	2	1	807
安康市	Ankang	741	6	4	1619
商洛市	Shangluo	465	3	3	592
杨凌示范区	Yangling	54			31
西咸新区	Xixian New Area	372	2		605

19—20 各类伤亡事故情况(2019年)
Statistics on Various Fatal Accidents (2019)

类别	Type	总计 Total		较大事故 Larger Accidents		重大事故 Major Accidents	
		起数(起) Times (time)	死亡(人) Deaths (person)	起数(起) Times (time)	死亡(人) Deaths (person)	起数(起) Times (time)	死亡(人) Deaths (person)
全　省	**Shaanxi**	**750**	**582**	**21**	**77**	**1**	**21**
农林牧渔业	Agriculture, Forestry, Animal Husbandry and Fishery	12	5				
#农业机械	Agricultural Machinery	12	5				
采矿业	Mining	40	67	2	9	1	21
煤矿	Coal Mine	22	49	2	9	1	21
金属非金属矿山	Metallic and Nonmetallic Mine	18	18				
商贸制造业	Manufacturing	37	47	3	14		
#化工	Chemical Industry	5	14	2	11		
烟花爆竹	Fireworks	1	1				
冶金机械八行业	Eight Branches about Metallurgy Machinery	12	16	1	3		
建筑业	Construction	70	88	3	12		
#屋建筑及市政工程	Housing Construction and Municipal Engineering	39	43				
交通建设工程	Transportation Construction	7	16	2	9		
交通运输和仓储业	Traffic, Transport, Storage and Post	574	355	12	39		
#铁路运输业	Railway Transport	20	20				
道路运输业	Road Transport	549	331	12	39		
水上运输业	Water Transport						
其他行业	Others	17	20	1	3		

19—21 收养登记情况(2019年)
Statistics on Social Donation and Adopting Registration (2019)

地区	Region	收养登记合计(人) Number of Registered Adoption (person)	中国公民 Adoption by Chinese	外国人 Adoption by Foreigners
全　省	**Shaanxi**	**310**	**251**	**59**
西安市	Xi'an	97	97	
铜川市	Tongchuan	5	5	
宝鸡市	Baoji	16	16	
咸阳市	Xianyang	22	22	
渭南市	Weinan	4	4	
延安市	Yan'an	1	1	
汉中市	Hanzhong	48	48	
榆林市	Yulin	9	9	
安康市	Ankang	38	38	
商洛市	Shangluo	4	4	
西咸新区	Xixian New Area	7	7	
厅级小计	Others	59		59

主要统计指标解释

卫生机构 指从卫生(卫生计生)行政部门取得《医疗机构执业许可证》、《中医诊所备案证》、《计划生育技术服务许可证》，或从民政、工商行政、机构编制管理部门取得法人单位登记证书，为社会提供医疗服务、公共卫生服务或从事医学科研和医学在职培训等工作的单位。医疗卫生机构包括医院、基层医疗卫生机构、专业公共卫生机构、其他医疗卫生机构。

卫生技术人员 包括执业医师、执业助理医师、注册护士、药师（士）、检验技师（士）、影像技师、卫生监督员和见习医（药、护、技）师（士）等卫生专业人员。不包括从事管理工作的卫生技术人员(如院长、副院长、党委书记等)。

执业医师 指《医师执业证》“级别”为“执业医师”且实际从事医疗、预防保健工作的人员，不包括实际从事管理工作的执业医师。执业医师类别分为临床、中医、口腔和公共卫生四类。

执业助理医师 指《医师执业证》“级别”为“执业助理医师”且实际从事医疗、预防保健工作的人员，不包括实际从事管理工作的执业助理医师。执业助理医师类别分为临床、中医、口腔和公共卫生四类。

社区卫生服务中心(站) 指为本社区居民提供预防、医疗、保健、康复、健康教育、计划生育技术服务等的基层卫生机构。包括社区卫生服务中心和社区卫生服务站。

社会福利企业 指以集中安置有一定劳动能力的残疾人员就业为目（残疾职工占生产人员 10%以上）、带有社会福利性质的企业总称。主要包括福利工厂、假肢厂和其他福利企业。

城镇社区服务设施数 指报告期末城镇（街道办事处、居委会）设立的以非盈利为目的，为本社区居民服务，特别是为老年人、残疾人、儿童服务的社区服务中心、活动站、服务站、养老院、老年公寓（托老所），残疾人工疗站、残疾儿童日托所、家务服务站、婚姻介绍所等福利性设施以及职工社会保险管理服务的机构数。几种不同类型的社区服务单位，共用一个场所的，只能统计为一个社区服务设施。成为社区服务设施的条件：（1）是独立核算单位；（2）有固定的从业人员；（3）有一定的服务项目；（4）有一定的场所。

公证人员 指在公证处工作的人员总称，包括公证处主任、副主任、公证员、公证员助理(助理公证员)和其他从事辅助性工作的人员。

公证文书 指公证处根据当事人申请，依照事实和法律，按照法定程序制作的，具有法律效力的司法证明文书。

Explanatory Notes on Main Statistical Indicators

Health Care Institutions refer to the units which have been qualified the Certification of Health Care Institution, filing certificate of traditional Chinese medicine clinic, certification of family planning technical service by the administration of public health, or qualified the Certification of Corporate Unit by the civil affairs, administration for industry and commerce, commission office for public sector reform, and engaging in medical health care services, public health services, or medicine research and on-job training, etc., including: hospitals, health care institutions at grass-root level, specialized public health institutions, and other medical and health care institutions.

Medical Technical Personnel refer to the professional staff engaged in health care, including licensed doctors, licensed assistant doctors, registered nurses, pharmacists, laboratory technicians, imaging staff, health care supervisors and intern doctors, pharmacists, nurses, and technical personnel, excluding the medical technical personnel engaged in managerial job (e.g. president, vice president and secretary of the party committee etc).

Licensed Doctors refer to the medical workers who have obtained the licenses of qualified doctors and are employed in medical treatment, disease prevention or healthcare institutions, excluding the licensed doctors engaged in management job. The licensed doctors are divided into 4 categories: clinician, Chinese medicine physicians, dentist and public health physicians.

Licensed Assistant Doctors refer to the medical workers who have obtained the licenses of qualified assistant doctors and are employed in medical treatment, disease prevention or healthcare institutions, excluding the licensed assistant doctors engaged in management job. The classification of licensed assistant doctors is clinician, Chinese medicine, dentist and public health.

Community Health Service Centers (stations) refer to the primary units that provide the health care for community residents, such as disease prevention and control, medical treatment, health care, rehabilitation, health education, family planning technical services, including community health service centers and community health service stations.

Social Welfare Enterprises refers to those welfare-oriented enterprises employing a significant number of handicapped people with certain labour ability (handicapped employees shall exceed 10% of the production staff), including welfare factories, artificial limb plants as well as other welfare enterprises.

Number of Service Facilities in Urban Communities refers to the number non-profit welfare facilities set up by urban communities (community offices and residents' committees) to serve the community residents, including, among others, community-based centers that serve senior citizens, the handicapped or children, recreational centers, service centers, nursing homes, apartments for the elderly (nursery for the aged), work and treatment stations for the handicapped, day-care centers for handicapped children, domestic help agencies and dating services, as well as social insurance management agencies for the employees. Different types of community service providers that share the same premise are regarded as one community service facility. The requirements for a social service facility of communities include: (1) independent accounting; (2) fixed employees; (3) provision of services; and (4) premises.

Notary Personnel refers to people working for notary offices including: directors, deputy directors, notaries, assistant notaries and other people providing assistance.

Notary Documents refer to the judicial notary documents drawn up at the request of the interested party and are in accordance with facts and the law and following certain legal proceedings.

二十、水利

资料整理：陈 艳 郭力涛 文 燕

简 要 说 明

一、本篇资料反映陕西水利建设基本情况。主要内容包括水利建设投资，水利工程供水，水库，灌区，灌溉面积，水土保持，农村水电装机等情况。

二、本篇资料由省水利厅提供。

Brief Introduction

Ⅰ. This chapter reflects the basic conditions of Shaanxi's water conservancy, mainly including investment in water conservancy projects, water supply of water conservancy projects, reservoir, irrigated area, water and soil conservation, basic statisticson rural hydropower installed capacity and etc.

Ⅱ. The data are provided by Shaanxi Province Department of Water Resources.

20.水 利

2019年全省		
水利建设投资	328.51	亿 元
灌溉面积	1444.13	千公顷
水利工程供水量	92.55	亿立方米
水库数量	1101	座

水利建设投资（亿元）

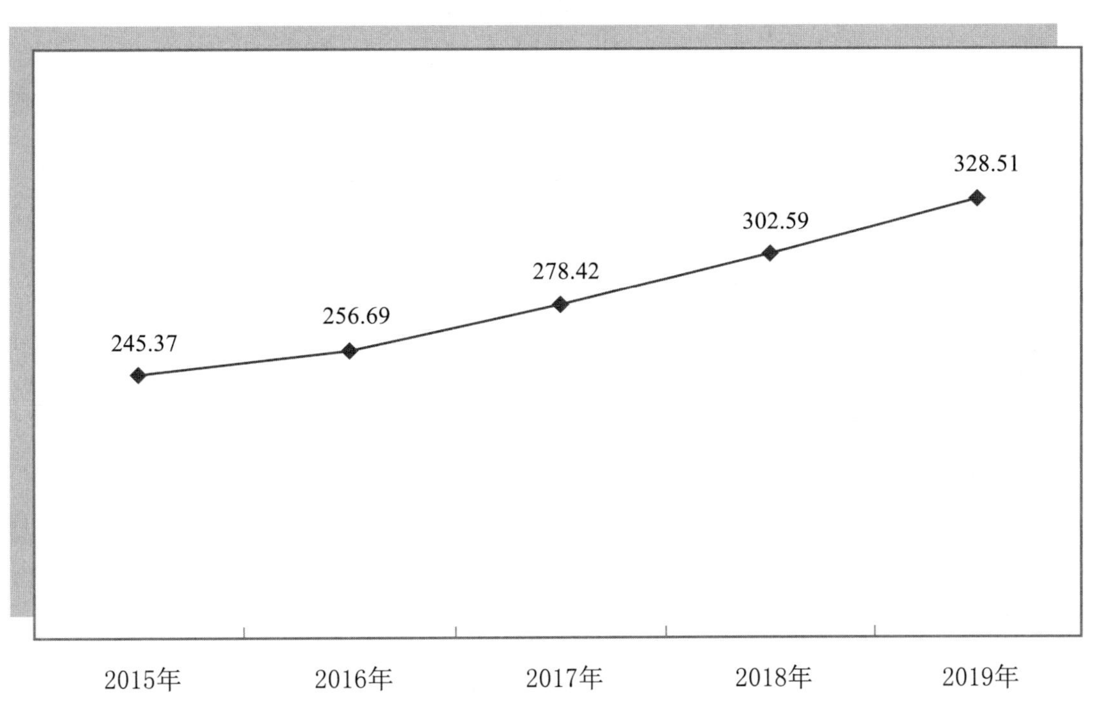

20—1 水利建设投资情况(2019年)
Construction Investment Situation of Hydroproject(2019)

单位：万元 (10 000 yuan)

地 区	Region	水利建设投资总计 Total	中 央 Central Level	省 级 Provincial Level	市 级 City Level	县及县以下 at and below County Level	民间投资 Nongovernment Investment
全 省	**Shaanxi**	**3285093**	**1014133**	**508940**	**446379**	**328499**	**987142**
省 属	Provincial	410226	113616	74537			222073
西安市	Xi'an	543865	13268	22335	161778	29700	316783
铜川市	Tongchuan	70257	10906	25130	24681	3168	6372
宝鸡市	Baoji	183750	57898	74438	1864	13896	35654
咸阳市	Xianyang	180130	47642	40634	47963	21292	22599
渭南市	Weinan	268870	175511	58043	12907	2343	20066
# 韩城市	Hancheng	32706	7920	2377		2343	20066
延安市	Yan'an	362244	56411	68164	134864	70473	32332
汉中市	Hanzhong	293675	194782	31017	398	35804	31675
榆林市	Yulin	288698	52805	68600	48825	25535	92933
安康市	Ankang	277644	179636	16434	2340	53702	25532
商洛市	Shangluo	206807	106221	23680		14371	62535
杨凌示范区	Yangling	22965	4316	1384	10760	575	5929
西咸新区	Xixian New Area	175964	1121	4545		57639	112658

注：水利建设投资主要包括：防洪、险库、重点水源及枢纽、灌排、城乡供排水、水土保持及生态治理、农村小水电、渔业等。
a)Construction investment of hydroproject mainly includes flood protection ,dangerous reservoir,key water source and key position,irrigation and drainage ,potable water,water and soil conservation ,rual small hydropower ,fishery industry etc.

20–2 用水总量(2019年)

Water Use (2019)

单位：万立方米　　(10 000 cu.m)

地　区	Region	用水总量 Water Use	农业用水量 Farmland Irrigation Water	#耕地灌溉用水量 Water Consumption of Forestry, Animal Husbandry, Fishery and Livestock	工业生产用水量 Consumption of Industry Water	城镇生活用水量 Consumption of Town Public Water	乡村生活用水量 Residents Living Water	生态环境用水量 Ecological Environment Water
全　省	**Shaanxi**	**925545**	**551299**	**450348**	**148370**	**93600**	**49212**	**44845**
西安市	Xi'an	188002	55160	45739	44527	35504	7984	26426
铜川市	Tongchuan	8446	3315	2189	1931	1745	615	342
宝鸡市	Baoji	78485	50214	39351	9851	8462	5554	2062
咸阳市	Xianyang	90039	56323	45993	13070	7562	6155	3122
渭南市	Weinan	150068	112477	91003	15126	8888	6309	4180
#韩城市	Hancheng	8685	2432	1128	4080	1010	300	613
延安市	Yan'an	28274	10766	7039	8462	4235	2682	918
汉中市	Hanzhong	161617	135771	121765	10205	6518	5501	1394
榆林市	Yulin	88178	48722	41898	24672	5805	5053	1679
安康市	Ankang	77747	53926	40864	8511	6338	5563	1159
商洛市	Shangluo	29964	13905	8787	5274	5217	2779	1515
杨凌示范区	Yangling	3820	1891	939	525	825	139	208
西咸新区	Xixian New Area	20905	8829	4781	6217	2501	878	1841

20–3 水利工程供水总量(2019年)

Water Supply by Water Projects(2019)

单位：万立方米

地　区	Region	供水总量 Water Supply	地表水源供水量 Surface Water Supply	地下水源供水量 Groundwater Supply	深层水 Deep Water	浅层水 Shallow Water	微咸水 A Little Salty Water	非常规水源供水量 Other Walter Supply	污水处理回用 Waste Water reuse	其　他 Other Walter
全　省	**Shaanxi**	**925544**	**584673**	**311166**	**3897**	**307269**	**2131**	**29705**	**27998**	**1708**
西安市	Xi'an	188002	87481	82520	1368	81152	341	18001	17834	168
铜川市	Tongchuan	8446	6107	1920		1920		419	187	232
宝鸡市	Baoji	78485	39389	37465	34	37431		1631	1391	240
咸阳市	Xianyang	90039	48543	38571	731	37840		2925	2747	178
渭南市	Weinan	150068	90202	57065	181	56884	1037	2801	2764	37
#韩城市	Hancheng	8685	3326	4319		4319		1040	1020	20
延安市	Yan'an	28274	18056	9398	1338	8060		820	716	104
汉中市	Hanzhong	161617	140155	21208		21208		254		254
榆林市	Yulin	88178	52007	34861		34861	753	1310	982	328
安康市	Ankang	77747	74002	3641		3641		104		104
商洛市	Shangluo	29963	21810	8090		8090		63		63
杨凌示范区	Yangling	3820	1535	2001		2001		283	283	
西咸新区	Xixian New Area	20905	5386	14425	245	14180		1094	1094	

20-4 堤防情况(2019年)
Dikes Situation(2019)

地　区	Region	堤防总长度(公里) Dikes Total Length (km)	1级堤防 Level 1 Dikes	2级堤防 Level 2 Dikes	3级堤防 Level 3 Dikes	4级堤防 Level 4 Dikes	5级堤防 Level 5 Dikes	5级以下堤防 Other Grades Dikes	达标堤防长度(公里) Length of Standard Dikes (km)	1级堤防 Level 1 Dikes	2级堤防 Level 2 Dikes
全　省	**Shaanxi**	**7801**	**519**	**467**	**906**	**1730**	**2120**	**2059**	**5197**	**497**	**427**
西安市	Xi'an	1063	224	107	104	252	306	71	924	224	107
铜川市	Tongchuan	203		1	48	79	66	8	82		
宝鸡市	Baoji	623	105	79	67	141	198	33	572	102	79
咸阳市	Xianyang	176	27	32	12	55	50		170	27	32
渭南市	Weinan	543	50	87	22	139	204	40	465	50	76
# 韩城市	Hancheng	39			9	26	4		39		
延安市	Yan'an	479		42	316	82	25	14	425		15
汉中市	Hanzhong	1202	29	51	93	347	184	497	576	29	49
榆林市	Yulin	639		19	138	78	181	223	410		19
安康市	Ankang	1062	4	2	37	290	273	456	536	4	2
商洛市	Shangluo	1694		35	55	260	632	713	961		35
杨凌示范区	Yangling	22	12	1	2	7			15	12	1
西咸新区	Xixian New Area	95	68	12	12			4	62	49	12

20-4 续表 continued

地　区	Region	3级堤防 Level 3 Dikes	4级堤防 Level 4 Dikes	5级堤防 Level 5 Dikes	本年新增堤防达标长度(公里) Newly Increased Standard Dikes Length This Year(km)	全部堤防保护人口(万人) All the Dikes Protected the Population (10 000 persons)	全部堤防保护耕地(千公顷) All the Dikes Protected the Farmland (1 000 hectares)
全　省	**Shaanxi**	**841**	**1499**	**1933**	**343**	**1197.16**	**631.68**
西安市	Xi'an	104	222	267	13	246.93	99.36
铜川市	Tongchuan	9	11	62	1	35.63	5.20
宝鸡市	Baoji	61	133	198	56	151.11	72.16
咸阳市	Xianyang	12	55	44		95.62	25.15
渭南市	Weinan	22	132	184	38	91.59	98.25
# 韩城市	Hancheng	9	26	4	0.4	2.27	1.65
延安市	Yan'an	310	81	19	12	133.43	151.26
汉中市	Hanzhong	92	277	128	59	138.02	92.99
榆林市	Yulin	137	78	175	51	99.77	17.42
安康市	Ankang	36	257	237	18	69.51	16.57
商洛市	Shangluo	55	253	618	52	106.32	49.49
杨凌示范区	Yangling	2				6.13	2.10
西咸新区	Xixian New Area	2			44	23.10	1.73

20-5 灌溉面积(2019年)
Irrigated Areas(2019)

单位：千公顷 (1 000 hectares)

地 区	Region	总灌溉面积 Irrigated Areas This Year	耕地灌溉 Effective Irrigated Areas	林地灌溉 Irrigated Wooded-land Areas	园地灌溉 Garden Plot Irrigated Areas	牧草地灌溉 Irrigated Pasture
全 省	**Shaanxi**	**1444.13**	**1285.16**	**19.80**	**137.82**	**1.36**
西安市	Xi'an	186.82	173.12	2.06	11.65	
铜川市	Tongchuan	26.53	19.33		7.19	
宝鸡市	Baoji	178.75	152.97	0.78	24.99	0.01
咸阳市	Xianyang	224.97	213.64	1.29	10.04	
渭南市	Weinan	375.77	336.13	2.94	36.70	
# 韩城市	Hancheng	13.06	12.94		0.12	
延安市	Yan'an	52.46	39.76	0.10	12.33	0.27
汉中市	Hanzhong	133.33	112.97	7.28	13.08	
榆林市	Yulin	149.44	134.21	3.24	11.11	0.88
安康市	Ankang	55.18	48.01	1.60	5.42	0.15
商洛市	Shangluo	24.71	24.71			
杨凌示范区	Yangling	5.86	5.57	0.03	0.26	
西咸新区	Xixian New Area	30.33	24.75	0.48	5.05	0.05

20-5 续表 Continued

单位：千公顷 (1 000 hectares)

地 区	Region	节水灌溉面积 Water Saving Irrigation Areas	喷灌 Spray Irrigation	微灌 Micro Irrigation	低压管灌 Low Pressure Pipe Irrigation	其他节水灌溉 Others	有效实灌面积 Effectively Irrigated Areas	旱涝保收面积 Stable-harvest Farming Areas
全 省	**Shaanxi**	**971.29**	**36.01**	**68.13**	**367.98**	**499.17**	**1060.86**	**742.88**
西安市	Xi'an	158.01	4.89	4.45	86.23	62.44	150.41	126.14
铜川市	Tongchuan	21.21	0.40	7.07	12.30	1.43	3.46	4.22
宝鸡市	Baoji	152.56	5.10	11.61	53.63	82.22	116.43	109.53
咸阳市	Xianyang	149.36	2.78	8.95	60.47	77.17	170.44	102.22
渭南市	Weinan	250.91	3.95	16.14	62.00	168.82	287.80	175.12
# 韩城市	Hancheng	11.52	0.08	0.16	3.98	7.30	9.25	8.50
延安市	Yan'an	41.86	4.13	8.16	28.16	1.41	27.05	13.87
汉中市	Hanzhong	73.58	4.81	2.46	5.89	60.42	106.55	82.97
榆林市	Yulin	48.90	4.80	4.68	37.76	1.65	115.97	65.33
安康市	Ankang	38.57	2.95	2.25	8.84	24.53	38.91	35.30
商洛市	Shangluo	10.69	1.16	0.57	6.43	2.53	18.89	11.04
杨凌示范区	Yangling	4.46	0.06	1.46	2.03	0.91	5.36	4.62
西咸新区	Xixian New Area	21.19	0.98	0.34	4.23	15.64	19.59	12.52

20-6 万亩以上灌区基本情况(2019年)
Basic Irrigated Area above 10 000 Acres (2019)

地 区	Region	灌区数 (处) Number of Irrigated Areas (unit)	50万亩以上 Over 500000 Mu	30～50万亩 300000-500000 Mu	10～30万亩 100000-300000 Mu	5～10万亩 50000-100000 Mu	1～5万亩 10000-50000 Mu
全 省	**Shaanxi**	**190**	**8**	**4**	**13**	**18**	**147**
西 安 市	Xi'an	24			3	2	19
铜 川 市	Tongchuan	4		1			3
宝 鸡 市	Baoji	21	1	1	1	2	16
咸 阳 市	Xianyang	27	2	1	2	3	19
渭 南 市	Weinan	47	4	1	3	4	35
# 韩城市	hancheng	3			1		2
延 安 市	Yan'an	13			1		12
汉 中 市	Hanzhong	20	1		3	5	11
榆 林 市	Yulin	18					18
安 康 市	Ankang	7				2	5
商 洛 市	Shangluo	8					8
西咸新区	Xixian New Area	1					1

20-6 续表 continued

地 区	Region	灌区耕地面积 (千公顷) Area of Irrigated Land (1000 hectares)	50万亩以上 Over 500000 Mu	30～50万亩 300000-500000 Mu	10～30万亩 100000-300000 Mu	5～10万亩 50000-100000 Mu	1～5万亩 10000-50000 Mu
全 省	**Shaanxi**	**905.77**	**460.45**	**65.62**	**116.64**	**64.93**	**148.43**
西 安 市	Xi'an	71.11		3.42	39.57	11.36	16.11
铜 川 市	Tongchuan	13.00		4.38			3.33
宝 鸡 市	Baoji	138.95	86.84	17.48	6.45	9.47	13.43
咸 阳 市	Xianyang	172.71	115.25	16.01	10.72	8.20	15.98
渭 南 市	Weinan	337.81	233.15	24.33	22.20	12.60	31.98
# 韩城市	hancheng	12.86			7.88		4.03
延 安 市	Yan'an	26.21			10.90		15.21
汉 中 市	Hanzhong	80.25	21.65		26.80	14.93	13.26
榆 林 市	Yulin	36.48					24.58
安 康 市	Ankang	14.90				8.37	4.47
商 洛 市	Shangluo	9.61					8.90
西咸新区	Xixian New Area	4.74	3.56				1.18

20-7　水库情况(2019年)
Situation of Reservoir (2019)

地　区	Region	水库数量(座) Reservoir Volume (block)	大型水库 large	中型水库 Medium	小型水库 Small	水库库容(万立方米) Reservoir Storage Capacity (10 000 cu.m)	大型水库 large	中型水库 Medium	小型水库 Small
全　省	**Shaanxi**	**1101**	**12**	**77**	**1012**	**937973**	**535030**	**285362**	**117581**
西安市	Xi'an	92	1	2	89	38004	20000	6800	11204
铜川市	Tongchuan	32		3	29	11743		8185	3558
宝鸡市	Baoji	106	2	6	98	91830	57400	22972	11458
咸阳市	Xianyang	71	1	8	62	50457	12000	25804	12653
渭南市	Weinan	118		6	112	33810		18503	15307
#韩城市	hancheng	11		1	10	6565		4360	2205
延安市	Yan'an	39	1	8	30	56283	20300	28591	7392
汉中市	Hanzhong	343	1	8	334	63999	10980	29064	23955
榆林市	Yulin	93	1	26	66	170162	38900	115130	16132
安康市	Ankang	153	5	8	140	407079	375450	21177	10452
商洛市	Shangluo	52		2	50	14325		9138	5187
杨凌示范区	Yangling								
西咸新区	Xixian New Area	2			2	282			282

20-8　水土保持情况(2019年)
Basic Statistics on Soil and Water Conservation(2019)

单位：千公顷　　(1 000 hectares)

地　区	Region	累计水土流失治理面积 Total Area of Soil Erosion under Control	#小流域治理面积 Area of Small Watershed under Control	本年新增治理面积(含生态修复) Area of Newly Increased Soil Erosion under Control This Year	#小流域治理面积 Area of Small Watershed under Control	本年减少水土流失面积 Area of Decreased Soil Erosion This Year	#自然因素 Natural Factors	#人为因素 Human Factors
全　省	**Shaanxi**	**8039.84**	**3102.09**	**306.42**	**70.01**	**184.53**	**164.33**	**20.20**
西安市	Xi'an	209.31	24.56	10.50		8.50	4.01	4.49
铜川市	Tongchuan	223.30	77.43	10.56	0.35	5.34	4.78	0.56
宝鸡市	Baoji	625.26	177.72	20.00	7.45	9.29	8.69	0.60
咸阳市	Xianyang	540.28	239.20	23.30	9.25	9.09	6.86	2.23
渭南市	Weinan	512.29	191.77	28.49	2.93	20.87	20.02	0.85
#韩城市	Hancheng	78.22	21.39	4.49		1.35	0.50	0.85
延安市	Yan'an	1611.50	482.22	59.04	13.16	38.00	32.30	5.70
汉中市	Hanzhong	932.48	390.78	28.29	9.22	9.21	7.33	1.88
榆林市	Yulin	1801.61	797.65	71.21	9.18	68.17	66.08	2.09
安康市	Ankang	775.74	305.68	30.40	6.34	2.02	1.89	0.13
商洛市	Shangluo	789.43	406.06	24.43	12.03	14.04	12.37	1.67
杨凌示范区	Yangling	6.90	6.02	0.10	0.10			
西咸新区	Xixian New Area	11.74	3.00	0.10				

20-9 农村水电装机情况(2019年)
Basic Statistics on Rural Hydropower Installed Capacity(2019)

地 区	Region	处数(处) Number (unit)	容量(千瓦) Capacity (kw)	1(含)~5万千瓦(含) 10000kw(inclusive)-50000kw(inclusive)		0.1(含)~1万千瓦 1000kw(inclusive)-10000kw	
				处数(处) Number (unit)	容量(千瓦) Capacity (kw)	处数(处) Number (unit)	容量(千瓦) Capacity (kw)
全 省	**Shaanxi**	**685**	**1627881**	**33**	**650460**	**246**	**842950**
省 属	DirectlyundertheProvincialGovernment	10	69450	2	37400	7	31550
西安市	Xi'an	49	80418	1	20000	16	50500
铜川市	Tongchuan	1	4200			1	4200
宝鸡市	Baoji	110	157685	1	26000	38	101790
咸阳市	Xianyang	9	87100	1	48000	7	38300
渭南市	Weinan	11	39240			9	38630
延安市	Yan'an	10	6695			2	2760
汉中市	Hanzhong	206	539517	14	269100	64	234270
榆林市	Yulin	5	18350			4	17450
安康市	Ankang	186	522115	12	208960	81	281040
商洛市	Shangluo	87	102391	2	41000	17	42460
杨凌示范区	Yangling	1	720				

20-9 续表 continued

地 区	Region	0.1万千瓦以下 Under1000kw		本年新增装机 NewlyIncreasedHydropower InstalledCapacityThisYear		全年发电量(万千瓦时) Annual Electricity Generation (10000kwh)	年利用小时(小时) Annual Use Hours (hour)
		处数(处) Number (unit)	容量(千瓦) Capacity (kw)	处数(处) Number (unit)	容量(千瓦) Capacity (kw)		
全 省	**Shaanxi**	**406**	**134471**	**4**	**54880**	**499434**	**3068**
省 属	DirectlyundertheProvincialGovernment	1	500			31450	3956
西安市	Xi'an	32	9918			22088	2747
铜川市	Tongchuan					855	2036
宝鸡市	Baoji	71	29895		3270	44538	2825
咸阳市	Xianyang	1	800			39659	4553
渭南市	Weinan	2	610			11642	2966
延安市	Yan'an	8	3935			1929	2881
汉中市	Hanzhong	128	36147	2	18210	156425	2899
榆林市	Yulin	1	900		1600	6847	3731
安康市	Ankang	93	32115		17000	164234	3146
商洛市	Shangluo	68	18931	2	14800	19559	1910
杨凌示范区	Yangling	1	720			208	2889

主要统计指标解释

灌溉面积　指一个地区当年农、林、牧等灌溉面积的总和。总灌溉面积=有效灌溉面积（耕地）+林地灌溉面积+园地灌溉面积+牧草灌溉面积+其他灌溉面积。

有效灌溉面积（农田或耕地灌溉面积）　指灌溉工程或设备已基本配套，有一定水源，土地比较平整，在一般年景可以进行正常灌溉的农田或耕地灌溉面积。

节水灌溉面积　是指在给农作物进行灌溉时采用先进的设备和手段，在满足农作物需要用水的同时减少了用水。一般要有水源保证，利用渠道防渗、管灌、喷滴灌等工程节水措施，当年已进行正常灌溉的农田、果园、林地、牧草等面积，不包括农作物种植方式、种植品种改变等非工程节水措施的灌溉面积。节水灌溉面积包括渠道防渗面积、低压管道输水灌溉面积、喷灌面积、微灌面积和其他工程节水灌溉面积。在同一灌溉面积上，采用多种节水灌溉工程措施时，只能依主要工程或措施统计一种，不得重复计算。

有效实灌面积　指利用灌溉工程和设施，在有效灌溉面积中当年实际已进行正常（灌水一次以上）灌溉的耕地面积。在同一亩耕地上，报告期内无论灌水几次，都应按一亩计算，而不应按灌溉亩次计算。凡是肩挑、人抬、马拉抗旱点种的面积，一律不算实灌面积。

旱涝保收面积　指有效灌溉面积中，遇旱能灌，遇涝能排的面积。灌溉设施的抗旱能力，按各地不同情况，应达到三十天到五十天，适宜发展双季稻的地方，应达到五十到七十天，除涝达到五年一遇以上标准，防洪一般达到二十年一遇标准的有效灌溉面积。

水土流失　是由于水力、重力、风力等外力引起的水土资源和土地生产力遭到破坏和损失的现象。造成水土流失的原因可分为自然原因和人类活动原因两类。遭到水土流失侵害和损失的土地面积称水土流失面积。

水土流失治理面积（又称水土保持面积）　是指在水土流失面积上，按照综合治理的原则，采取各种治理措施如：坡改梯、淤地坝、谷坊、造林、种草、封山育林育草（指有种林、种草补植任务的）等，以及按小流域综合治理措施所治理的水土流失面积总和。

灌区　是指在蓄水灌溉工程、引水灌溉工程、提水灌溉工程等灌溉工程中，灌溉设备齐全、渠系配套完整，自成灌溉体系，有统一管理，设计灌溉面积为万亩及以上和有效灌溉面积达到万亩及以上的灌溉区域。灌区由各省水利厅审定、备案。

堤防　是指修筑在江、河、湖、海岸适用于防止洪水的工程。堤防工程按防洪标准分为五个级别：防洪标准[重现期(年)]＞=100 为 1 级，100—50 为 2 级，50—30 为 3 级，30—20 为 4 级，20—10 为 5 级。

供水量　指各种水利供水工程为农业灌溉、工业生产、城镇生活、乡村生活、生态环境等方面的实际供水量，它包括输水损失的毛水量，按供水对象所在区域进行统计。供水量来源包括地表水供水量（蓄水、引水、提水、调水）、地下水供水量和其他水源供水量。

水库　在江河上筑坝（闸）所形成的拦洪蓄水和调节水流的水利工程建筑物，可以用来灌溉、发电、防洪和养鱼。总库容在 1 亿立方米及以上为大型水库，1000（含 1000）万立方米至 1 亿立方米为中型水库，10 万立方米至 1000 万立方米为小型水库。

水库库容　校核洪水位以下的水库容积，包括死库容、兴利库容、调洪库容（减掉和兴利库容重复部分）之总和，称为总库容。它是一项表示水库工程规模的代表性指标，是划分水库等级、确定工程安全标准的重要依据。

Explanatory Notes on Main Statistical Indicators

Irrigated Area The sum of irrigated areas for agricultural, forest, pasture and grazing areas in a particular region. The total irrigation area is equal to the sum of effective irrigated areas (arable land), forest irrigated areas, orchard irrigated areas, grazing irrigated areas and other irrigated areas.

Effective Irrigated Areas (irrigated areas of farmland or cultivated land) The effective irrigated area refers to farmland or cultivated land with irrigation in normal years, equipped with installed irrigation facilities, water source and relatively leveled land.

Water-saving Irrigated Areas It refers to reducing water consumption by advanced equipment and measures when irrigating, which also meeting the need of plants. Generally, there are actual water resources, and taking measures of leakage free channel, pipe irrigation, jetting and dropping irrigation to save water. The normal irrigation area of arable land, forest areas, orchard areas, grazing areas etc., which do not take water saving measures, such as non engineering measures of planting manner and planting variety in the current year are not included in this indicator. It includes leakage free channel, jetting and dropping irrigation, tiny irrigation, and others. In the same area, with more than two water saving measures taken, only one main project can be counted.

Actual Effective Irrigated Area The area of effective irrigated land has been applied irrigation (once or more than once) in the current year, taking the advantage of irrigation works or facilities. No matter how many times irrigation is made in the same area of land within report period, it is all counted as one mu, but not be counted according to the irrigation times. All non-mechanized irrigated areas such as irrigated area with drought-relief measures of people or animal carrying water for irrigation are not included.

Farmlands with Stable Yields Despite of Drought or Waterlogging Farmlands, within effective irrigation areas, can irrigate in drought season and drain in flood season. According to drought-resistant capacity of irrigation facilities under varied conditions of different regions, irrigation may last for 30 days to 50 days, and may last for 50 days to 70 days in the regions suitable for double cropping rice. Waterlogging control in the effective irrigated areas should reach the standard of once in five years return period and flood control should reach the standard of once in twenty years return period.

Soil Erosion Damage or losses of water resources and land productivity caused by external forces, such as water power, gravity and wind etc. Soil erosion is usually caused by two reasons of nature or human activities. The damaged or lost farmland areas caused by soil erosion are termed as soil erosion areas.

Improved Eroded Area (also named soil and water conservation area) The sum of improved eroded areas in Mountinous or hilly areas, has implemented comprehensive control measures, including terraced fields, silt retention dam, check dam, reforestation, grass plantation, enclosed reforestation and grass planting (refers to the area with tasks of planting forest and grass) and small watershed comprehensive management, in line with the principle of integrated management.

Irrigation District Irrigation area has above 10,000 mu of designed and effective irrigated area, with complete irrigation facilities, sub-canal system, self-established irrigation system and unified management system, under water storage irrigation project, water diversion irrigation project or pumping irrigation projects. Irrigation districts are approved and recorded by provincial departments of water resources.

Embankment Embankment project is constructed along the banks of river, lake or coast to prevent flood disasters. Embankment project can divided into five classes according to the standard of preventing flood disasters. Class 1: with reappear year over 100 years, class 2: 100-50, class 3: 50-30; class 4: 30-20, class 5: 20-10.

Quantity of Water Supply Actual quantity of water supply provided by all kinds of water supply projects for irrigation, industrial, domestic water use in urban and rural areas and ecological environment etc, including gross water loss in water transportation and data are sorted according to water consumption region for statistics. The quantity of water supply consists of quantity of surface water (water storage, water diversion, pumping and water transfer), groundwater and quantity of water supply of other water sources.

Reservoir Storage area that is formed by constructing dams (gates) to detain and store water resources and regulate water flow. Large reservoir: the total storage capacity is over 100 million m^3.Medium reservoir: the total storage capacity is between 10 million m^3 (including 10 million m^3) to 100 million m^3.Small reservoir: the total storage capacity is between 0.1 million m^3 to 10 million m^3.

Storage Capacity of Reservoir It is also called total storage capacity. It refers to storage capacity above the check water level, including dead storage capacity, usable storage capacity, and flood control storage capacity (deducting the repeating part of usable storage). It is a key index for the total scale of a reservoir, and is a key index for dividing the class of reservoir and deciding standard of project safety.

二十一、全国各省、自治区、直辖市主要指标

Main Indicators of National Economy by Countrywide, Province, Autonomous Region and Municipality

资料整理：孙士梅

简 要 说 明

一、本篇资料反映全国各省、市、自治区经济发展情况，包括人口、生产总值、居民消费价格指数、居民收入、财政、固定资产投资、农林牧渔业总产值、主要产品产量、社会消费品零售总额、进出口总额等指标。

二、本篇资料来源于《中国统计摘要-2020》。

Brief Introduction

Ⅰ. This chapter reflects economic development of China's provinces, cities and autonomous region, including population,gross domestic product, consumer price indices, resident income,finance,investment in fixed assets, gross output value of agriculture, forestry, animal husbandry and fisheries,output of major products, total retail sales of consumer goods, total export import volume, etc.

Ⅱ. The data sources are obtained from "Chinese statistical abstract-2020".

21–1 年末常住人口
Resident Population At Year-end

地 区	Region	年末常住人口(万人) Resident Population at year-end (10 000 persons)		城镇人口比重(%) Proportion of Urban Population(%)	
		2018	2019	2018	2019
全 国	**National Total**	**139538**	**140005**	**59.58**	**60.60**
北 京	Beijing	2154	2154	86.50	86.60
天 津	Tianjin	1560	1562	83.15	83.48
河 北	Hebei	7556	7592	56.43	57.62
山 西	Shanxi	3718	3729	58.41	59.55
内蒙古	Inner Mongolia	2534	2540	62.71	63.37
辽 宁	Liaoning	4359	4352	68.10	68.11
吉 林	Jilin	2704	2691	57.53	58.27
黑龙江	Heilongjiang	3773	3751	60.10	60.90
上 海	Shanghai	2424	2428	88.10	88.30
江 苏	Jiangsu	8051	8070	69.61	70.61
浙 江	Zhejiang	5737	5850	68.90	70.00
安 徽	Anhui	6324	6366	54.69	55.81
福 建	Fujian	3941	3973	65.82	66.50
江 西	Jiangxi	4648	4666	56.02	57.42
山 东	Shandong	10047	10070	61.18	61.51
河 南	Henan	9605	9640	51.71	53.21
湖 北	Hubei	5917	5927	60.30	61.00
湖 南	Hunan	6899	6918	56.02	57.22
广 东	Guangdong	11346	11521	70.70	71.40
广 西	Guangxi	4926	4960	50.22	51.09
海 南	Hainan	934	945	59.06	59.23
重 庆	Chongqing	3102	3124	65.50	66.80
四 川	Sichuan	8341	8375	52.29	53.79
贵 州	Guizhou	3600	3623	47.52	49.02
云 南	Yunnan	4830	4858	47.81	48.91
西 藏	Tibet	344	351	31.14	31.54
陕 西	Shaanxi	3864	3876	58.13	59.43
甘 肃	Gansu	2637	2647	47.69	48.49
青 海	Qinghai	603	608	54.47	55.52
宁 夏	Ningxia	688	695	58.88	59.86
新 疆	Xinjiang	2487	2523	50.91	51.87

21-2 生产总值(2019年)
Gross Domestic Product(2019)

地区	Region	生产总值(亿元) Gross Domestic Product (100 million yuan)	第一产业 Primary Industry	第二产业 Secondary Industry	第三产业 Tertiary Industry	生产总值指数(上年=100) Index of Gross Domestic Product (preceding year=100)	人均生产总值(元) Per Capita GDP (yuan)
全国	**National Total**	**990865.1**	**70466.7**	**386165.3**	**534233.1**	**106.1**	**70892**
北京	Beijing	35371.3	113.7	5715.1	29542.5	106.1	164220
天津	Tianjin	14104.3	185.2	4969.2	8949.9	104.8	90371
河北	Hebei	35104.5	3518.4	13597.3	17988.8	106.8	46348
山西	Shanxi	17026.7	824.7	7453.1	8748.9	106.2	45724
内蒙古	Inner Mongolia	17212.5	1863.2	6818.9	8530.5	105.2	67852
辽宁	Liaoning	24909.5	2177.8	9531.2	13200.4	105.5	57191
吉林	Jilin	11726.8	1287.3	4134.8	6304.7	103.0	43475
黑龙江	Heilongjiang	13612.7	3182.5	3615.2	6815.0	104.2	36183
上海	Shanghai	38155.3	103.9	10299.2	27752.3	106.0	157279
江苏	Jiangsu	99631.5	4296.3	44270.5	51064.7	106.1	123607
浙江	Zhejiang	62351.7	2097.4	26566.6	33687.8	106.8	107624
安徽	Anhui	37114.0	2915.7	15337.9	18860.4	107.5	58496
福建	Fujian	42395.0	2596.2	20581.7	19217.0	107.6	107139
江西	Jiangxi	24757.5	2057.6	10939.8	11760.1	108.0	53164
山东	Shandong	71067.5	5116.4	28310.9	37640.2	105.5	70653
河南	Henan	54259.2	4635.4	23605.8	26018.0	107.0	56388
湖北	Hubei	45828.3	3809.1	19098.6	22920.6	107.5	77387
湖南	Hunan	39752.1	3647.0	14947.0	21158.2	107.6	57540
广东	Guangdong	107671.1	4351.3	43546.4	59773.4	106.2	94172
广西	Guangxi	21237.1	3387.7	7077.4	10772.0	106.0	42964
海南	Hainan	5308.9	1080.4	1099.0	3129.5	105.8	56507
重庆	Chongqing	23605.8	1551.4	9496.8	12557.5	106.3	75828
四川	Sichuan	46615.8	4807.2	17365.3	24443.3	107.5	55774
贵州	Guizhou	16769.3	2280.6	6058.5	8430.3	108.3	46433
云南	Yunnan	23223.8	3037.6	7961.6	12224.6	108.1	47944
西藏	Tibet	1697.8	138.2	635.6	924.0	108.1	48902
陕西	**Shaanxi**	**25793.2**	**1990.9**	**11980.8**	**11821.5**	**106.0**	**66649**
甘肃	Gansu	8718.3	1050.5	2862.4	4805.4	106.2	32995
青海	Qinghai	2966.0	301.9	1159.8	1504.3	106.3	48981
宁夏	Ningxia	3748.5	279.9	1584.7	1883.8	106.5	54217
新疆	Xinjiang	13597.1	1781.8	4795.5	7019.9	106.2	54280

注：本表绝对数按当年价格计算，指数按不变价格计算。
a) Level data in this table are calculated at current prices, while index at constant prices.

21-3 居民消费价格分类指数(2019年)
Consumer Price Index by Category(2019)

(上年=100) (preceding year=100)

地 区	Region	总指数 General Index	食品烟酒 Food, Tobacco and Liquor	衣 着 Clothing	居 住 Residence	生活用品及服务 Articles for Daily Use and Services	交通和通信 Transport and Communi-cation	教育文化和娱乐 Education, Culture and Recreation	医疗保健 Health Care	其他用品和服务 Other Articles and Services
全 国	**National Total**	**102.9**	**107.0**	**101.6**	**101.4**	**100.9**	**98.3**	**102.2**	**102.4**	**103.4**
北 京	Beijing	102.3	105.2	101.9	101.3	99.7	97.2	101.0	108.4	103.2
天 津	Tianjin	102.7	104.6	102.1	102.4	100.9	99.3	104.2	100.9	105.0
河 北	Hebei	103.0	105.9	101.2	101.6	101.2	97.9	103.4	104.4	104.6
山 西	Shanxi	102.7	106.3	101.1	101.7	100.4	98.7	102.9	101.8	102.5
内蒙古	Inner Mongolia	102.4	105.4	101.8	101.8	100.8	98.8	101.2	101.7	102.5
辽 宁	Liaoning	102.4	106.1	101.8	100.7	100.7	98.2	101.7	101.6	102.8
吉 林	Jilin	103.0	107.5	102.1	102.3	101.5	96.6	102.1	101.7	103.6
黑龙江	Heilongjiang	102.8	107.4	100.9	99.6	100.3	99.3	103.5	102.0	102.9
上 海	Shanghai	102.5	105.0	103.2	101.9	100.9	97.8	101.2	103.3	103.3
江 苏	Jiangsu	103.1	107.1	102.8	101.9	102.3	98.9	102.6	101.0	104.2
浙 江	Zhejiang	102.9	106.2	101.8	100.6	101.8	99.0	103.7	104.8	103.2
安 徽	Anhui	102.7	107.1	102.1	100.8	101.3	97.5	102.2	101.5	103.0
福 建	Fujian	102.6	107.3	102.7	100.5	100.6	97.8	101.4	101.4	103.1
江 西	Jiangxi	102.9	107.8	100.9	101.0	100.3	97.8	102.4	101.0	102.9
山 东	Shandong	103.2	107.9	101.2	102.2	100.9	97.8	102.5	102.0	104.1
河 南	Henan	103.0	107.4	100.7	100.8	100.6	99.0	102.7	101.9	105.2
湖 北	Hubei	103.1	107.0	101.6	101.9	100.4	99.3	102.5	101.8	102.6
湖 南	Hunan	102.9	107.3	101.1	101.5	100.5	98.6	102.0	101.4	102.5
广 东	Guangdong	103.4	108.1	102.1	100.8	100.6	98.3	102.2	103.9	103.5
广 西	Guangxi	103.7	109.5	101.7	101.7	101.1	98.1	102.1	101.8	103.0
海 南	Hainan	103.4	108.1	102.1	101.1	101.0	99.1	101.4	101.5	104.1
重 庆	Chongqing	102.7	106.8	100.2	102.0	100.6	98.6	101.9	100.7	102.8
四 川	Sichuan	103.2	108.9	101.2	101.5	100.2	97.1	100.8	102.8	103.2
贵 州	Guizhou	102.4	106.4	100.2	101.1	100.1	98.5	100.6	102.9	101.9
云 南	Yunnan	102.5	106.6	99.9	101.5	100.6	98.2	101.9	102.0	102.3
西 藏	Tibet	102.3	103.3	104.0	101.9	103.7	98.7	100.2	103.0	102.7
陕 西	**Shaanxi**	**102.9**	**105.6**	**102.1**	**102.4**	**101.3**	**98.8**	**102.8**	**101.4**	**104.0**
甘 肃	Gansu	102.3	105.4	100.7	101.7	100.8	99.0	100.7	102.0	102.8
青 海	Qinghai	102.5	105.3	100.4	100.7	100.5	98.8	103.7	102.1	103.5
宁 夏	Ningxia	102.1	104.8	100.4	101.1	100.0	98.1	100.3	104.0	103.9
新 疆	Xinjiang	101.9	104.9	99.9	101.7	101.3	98.2	100.8	101.1	103.2

21-4 居民人均可支配收入
Per Capita Disposable Income of Households

单位：元 (yuan)

地区	Region	全体居民人均可支配收入 Per Capita Disposable Income of Households		城镇居民人均可支配收入 Per Capita Disposable Income of Urban Households		农村居民人均可支配收入 Per Capita Disposable Income of Rural Households	
		2018	2019	2018	2019	2018	2019
全　国	**National Total**	**28228**	**30733**	**39251**	**42359**	**14617**	**16021**
北　京	Beijing	62361	67756	67990	73849	26490	28928
天　津	Tianjin	39506	42404	42976	46119	23065	24804
河　北	Hebei	23446	25665	32977	35738	14031	15373
山　西	Shanxi	21990	23828	31035	33262	11750	12902
内蒙古	Inner Mongolia	28376	30555	38305	40782	13803	15283
辽　宁	Liaoning	29701	31820	37342	39777	14656	16108
吉　林	Jilin	22798	24563	30172	32299	13748	14936
黑龙江	Heilongjiang	22726	24254	29191	30945	13804	14982
上　海	Shanghai	64183	69442	68034	73615	30375	33195
江　苏	Jiangsu	38096	41400	47200	51056	20845	22675
浙　江	Zhejiang	45840	49899	55574	60182	27302	29876
安　徽	Anhui	23984	26415	34393	37540	13996	15416
福　建	Fujian	32644	35616	42121	45620	17821	19568
江　西	Jiangxi	24080	26262	33819	36546	14460	15796
山　东	Shandong	29205	31597	39549	42329	16297	17775
河　南	Henan	21964	23903	31874	34201	13831	15164
湖　北	Hubei	25815	28319	34455	37601	14978	16391
湖　南	Hunan	25241	27680	36698	39842	14093	15395
广　东	Guangdong	35810	39014	44341	48118	17168	18818
广　西	Guangxi	21485	23328	32436	34745	12435	13676
海　南	Hainan	24579	26679	33349	36017	13989	15113
重　庆	Chongqing	26386	28920	34889	37939	13781	15133
四　川	Sichuan	22461	24703	33216	36154	13331	14670
贵　州	Guizhou	18430	20397	31592	34404	9716	10756
云　南	Yunnan	20084	22082	33488	36238	10768	11902
西　藏	Tibet	17286	19501	33797	37410	11450	12951
陕　西	**Shaanxi**	**22528**	**24666**	**33319**	**36098**	**11213**	**12326**
甘　肃	Gansu	17488	19139	29957	32323	8804	9629
青　海	Qinghai	20757	22618	31515	33830	10393	11499
宁　夏	Ningxia	22400	24412	31895	34328	11708	12858
新　疆	Xinjiang	21500	23103	32764	34664	11975	13122

21-5　地方一般公共预算收支
Local General Public Budget Revenue and Expenditure

单位：亿元　　(100 million yuan)

地　区	Region	一般公共预算收入 General Public Budget Revenue		一般公共预算支出 General Public Budget Expenditure	
		2018	2019	2018	2019
地方合计	**Region Total**	**97903.4**	**101076.8**	**188196.3**	**203758.9**
北　京	Beijing	5785.9	5817.1	7471.4	7408.3
天　津	Tianjin	2106.2	2410.3	3103.2	3508.7
河　北	Hebei	3513.9	3742.7	7726.2	8313.7
山　西	Shanxi	2292.7	2347.6	4283.9	4713.1
内蒙古	Inner Mongolia	1857.6	2059.7	4831.5	5097.9
辽　宁	Liaoning	2616.1	2652.0	5337.7	5761.4
吉　林	Jilin	1240.9	1116.9	3789.6	3933.4
黑龙江	Heilongjiang	1282.6	1262.6	4676.8	5011.6
上　海	Shanghai	7108.1	7165.1	8351.5	8179.3
江　苏	Jiangsu	8630.2	8802.4	11657.4	12573.6
浙　江	Zhejiang	6598.2	7048.0	8629.5	10053.0
安　徽	Anhui	3048.7	3182.5	6572.1	7391.0
福　建	Fujian	3007.4	3052.7	4832.7	5097.3
江　西	Jiangxi	2373.0	2486.5	5667.5	6402.6
山　东	Shandong	6485.4	6526.6	10101.0	10736.8
河　南	Henan	3766.0	4041.6	9217.7	10176.3
湖　北	Hubei	3307.1	3388.4	7258.3	7967.7
湖　南	Hunan	2860.8	3007.0	7479.6	8091.8
广　东	Guangdong	12105.3	12651.5	15729.3	17314.1
广　西	Guangxi	1681.4	1811.9	5310.7	5849.0
海　南	Hainan	752.7	814.1	1691.3	1859.1
重　庆	Chongqing	2265.5	2134.9	4540.9	4847.8
四　川	Sichuan	3911.0	4070.7	9707.5	10349.6
贵　州	Guizhou	1726.9	1767.4	5029.7	5921.4
云　南	Yunnan	1994.3	2073.5	6075.0	6770.1
西　藏	Tibet	230.4	222.0	1970.7	2180.9
陕　西	**Shaanxi**	**2243.1**	**2287.9**	**5302.4**	**5718.5**
甘　肃	Gansu	871.1	850.2	3772.2	3956.7
青　海	Qinghai	272.9	282.1	1647.4	1863.7
宁　夏	Ningxia	436.5	423.6	1419.1	1438.4
新　疆	Xinjiang	1531.4	1577.6	5012.5	5269.1

21-6 固定资产投资
Investment in Fixed Assets

地区	Region	固定资产投资(不含农户)增长速度(%) The growth rate of Investment in Fixed Assets (Excluding Rural Households)(%)		房地产开发投资(亿元) Total Investment in Real Estate Development (100 million yuan)	
		2018	2019	2018	2019
全国	**National Total**	**5.9**	**5.4**	**120263.51**	**132194.26**
北京	Beijing	-5.4	-2.5	3873.35	3838.38
天津	Tianjin	-4.9	13.1	2424.49	2727.82
河北	Hebei	5.7	6.5	4476.40	4347.05
山西	Shanxi	5.7	9.3	1376.59	1656.50
内蒙古	Inner Mongolia	-28.3	6.7	882.85	1041.95
辽宁	Liaoning	3.9	0.3	2599.27	2833.95
吉林	Jilin	1.4	-16.2	1175.88	1315.52
黑龙江	Heilongjiang	-4.7	6.3	944.40	958.01
上海	Shanghai	5.2	5.1	4033.18	4231.38
江苏	Jiangsu	5.5	5.1	10982.34	12009.35
浙江	Zhejiang	7.2	10.0	9944.93	10682.97
安徽	Anhui	11.8	9.2	5974.11	6670.48
福建	Fujian	11.5	5.9	4940.34	5673.13
江西	Jiangxi	11.1	9.2	2174.93	2239.11
山东	Shandong	3.8	-8.2	7552.97	8614.89
河南	Henan	8.1	8.0	7015.47	7464.59
湖北	Hubei	10.9	10.7	4693.12	5111.73
湖南	Hunan	10.0	10.1	3945.95	4445.47
广东	Guangdong	10.7	11.1	14412.19	15852.16
广西	Guangxi	10.7	9.6	3004.13	3814.41
海南	Hainan	-12.5	-9.2	1715.04	1336.18
重庆	Chongqing	7.0	5.6	4248.76	4439.30
四川	Sichuan	10.2	8.6	5697.87	6573.24
贵州	Guizhou	15.8	0.9	2349.23	2990.81
云南	Yunnan	11.6	8.5	3247.23	4151.41
西藏	Tibet	9.9	-2.2	92.60	129.56
陕西	**Shaanxi**	**10.4**	**2.5**	**3534.67**	**3903.65**
甘肃	Gansu	-3.9	6.6	1116.39	1257.85
青海	Qinghai	7.3	5.0	351.82	406.29
宁夏	Ningxia	-18.2	-10.3	449.57	403.09
新疆	Xinjiang	-25.2	2.5	1033.44	1074.04

注：本表各地区固定资产投资不含跨省项目。
a) This table, investment in fixed assets by region do not include inter-provincial projects.

21—7 商品房销售面积和销售额(2019年)
Floor Space and Total Sale of Commercialized Buildings(2019)

地　　区	Region	商品房销售面积(万平方米) Floor Space of Commercialized Buildings Sold(10 000 sq.m)	#住　宅 Residential Buildings	商品房销售额(亿元) Total Sale of Commercialized Buildings Sold(100 million yuan)	#住　宅 Residential Buildings
全　　国	**National Total**	**171557.9**	**150144.3**	**159725.1**	**139440.0**
北　　京	Beijing	938.9	789.0	3371.0	3032.4
天　　津	Tianjin	1478.7	1382.6	2274.1	2132.5
河　　北	Hebei	5282.7	4770.4	4138.6	3714.6
山　　西	Shanxi	2366.1	2169.3	1631.8	1452.4
内 蒙 古	Inner Mongolia	2008.2	1803.5	1243.9	1104.1
辽　　宁	Liaoning	3696.3	3412.5	3049.1	2814.9
吉　　林	Jilin	2122.3	1874.0	1581.5	1373.5
黑 龙 江	Heilongjiang	1684.5	1461.1	1268.2	1070.0
上　　海	Shanghai	1696.3	1353.7	5203.8	4457.2
江　　苏	Jiangsu	13972.9	12545.0	16259.6	14894.8
浙　　江	Zhejiang	9378.3	7804.0	14352.1	12723.1
安　　徽	Anhui	9229.4	8323.9	6823.5	6126.7
福　　建	Fujian	6456.1	5073.7	6938.8	5685.3
江　　西	Jiangxi	6458.9	5679.0	4710.4	4038.0
山　　东	Shandong	12727.3	11429.0	10271.2	9287.1
河　　南	Henan	14277.6	12981.6	9010.0	8016.9
湖　　北	Hubei	8602.0	7967.1	7751.8	6903.7
湖　　南	Hunan	9103.5	8073.2	5578.0	4721.4
广　　东	Guangdong	13846.5	11872.6	19748.2	16758.0
广　　西	Guangxi	6711.8	6076.9	4366.2	3913.4
海　　南	Hainan	829.3	721.6	1275.8	1090.6
重　　庆	Chongqing	6104.7	5149.1	5129.4	4457.8
四　　川	Sichuan	12978.6	10451.1	9666.7	7869.0
贵　　州	Guizhou	5323.3	4612.1	3183.6	2527.4
云　　南	Yunnan	4835.4	4064.5	3846.2	3255.8
西　　藏	Tibet	127.7	110.5	96.8	81.2
陕　　西	**Shaanxi**	**4401.1**	**3818.3**	**3960.2**	**3359.2**
甘　　肃	Gansu	1705.3	1569.2	1019.3	907.1
青　　海	Qinghai	480.5	406.7	367.3	295.6
宁　　夏	Ningxia	1009.5	887.3	573.9	498.5
新　　疆	Xinjiang	1724.2	1511.7	1034.3	877.9

21−8 农林牧渔业总产值(2019年)

Gross Output Value of Farming, Forestry, Animal Husbandry and Fishery (2019)

地区	Region	农林牧渔业总产值(亿元) Total Gross Output Value (100 million yuan)	#农业 Farming	#林业 Forestry	#牧业 Animal Husbandry	#渔业 Fishery	农林牧渔业总产值比上年增长(%) Total Gross Output Value Over the Previous Year (%)
全国	**National Total**	**123967.9**	**66066.5**	**5775.7**	**33064.3**	**12572.4**	**2.8**
北京	Beijing	281.7	102.3	115.6	49.3	5.3	-6.3
天津	Tianjin	414.4	202.9	24.9	100.4	71.4	0.6
河北	Hebei	6061.5	3114.9	231.4	2035.4	212.5	1.9
山西	Shanxi	1626.5	936.8	101.3	478.6	6.9	2.0
内蒙古	Inner Mongolia	3176.3	1606.3	100.9	1390.5	27.8	2.1
辽宁	Liaoning	4368.2	1912.0	117.4	1479.5	669.6	3.0
吉林	Jilin	2442.7	1014.1	68.1	1239.6	40.1	2.3
黑龙江	Heilongjiang	5930.0	3774.5	193.9	1671.8	123.1	2.5
上海	Shanghai	284.8	145.8	18.3	48.2	55.0	-7.3
江苏	Jiangsu	7503.2	3828.6	162.0	1213.0	1741.0	0.7
浙江	Zhejiang	3355.2	1595.0	185.5	395.2	1080.9	1.8
安徽	Anhui	5162.1	2365.4	351.3	1628.9	521.3	2.3
福建	Fujian	4636.6	1774.8	417.3	914.4	1361.7	3.6
江西	Jiangxi	3481.3	1624.3	342.8	888.9	476.5	3.0
山东	Shandong	9671.7	4914.4	197.7	2412.1	1397.4	0.8
河南	Henan	8541.8	5408.6	140.8	2316.5	118.2	3.0
湖北	Hubei	6681.9	3257.9	258.5	1521.5	1152.7	3.5
湖南	Hunan	6405.1	3052.1	430.7	2003.1	441.8	3.2
广东	Guangdong	7175.9	3530.2	408.5	1404.1	1524.8	3.5
广西	Guangxi	5498.8	3102.3	410.5	1189.7	538.9	4.8
海南	Hainan	1689.4	819.6	106.4	300.8	390.9	2.6
重庆	Chongqing	2337.8	1397.5	113.1	679.5	105.3	2.8
四川	Sichuan	7889.3	4395.0	372.2	2647.9	263.5	2.6
贵州	Guizhou	3889.0	2535.7	275.4	829.6	57.7	5.9
云南	Yunnan	4935.7	2680.2	395.5	1600.7	105.4	5.6
西藏	Tibet	212.8	94.9	3.5	108.4	0.4	7.7
陕西	**Shaanxi**	**3536.8**	**2445.8**	**106.1**	**757.2**	**31.4**	**4.3**
甘肃	Gansu	1887.6	1306.4	38.1	395.6	2.0	5.8
青海	Qinghai	454.4	181.3	11.3	250.8	3.9	4.6
宁夏	Ningxia	584.8	330.8	11.2	197.8	17.4	3.1
新疆	Xinjiang	3850.6	2616.3	65.6	915.3	27.5	3.5

﹝格计算，增长速度按可比价格计算。
:urrent prices, while the growth rate are at constant prices.

21-9 主要农产品产量(2019年)
Output of Major Farm Crops (2019)

单位：万吨 (10 000 tons)

地 区	Region	粮 食 Grain	棉 花 Cotton	油 料 Oil-bearing Crops	蔬 菜 Vegetables	水 果 Fruit	肉 类 Meat	奶 类 Milk
全 国	**National Total**	**66384.3**	**588.9**	**3493.0**	**72102.6**	**27400.8**	**7758.8**	**3297.6**
北 京	Beijing	28.8	0.001	0.3	111.5	59.9	5.1	26.4
天 津	Tianjin	223.3	1.8	0.4	242.8	57.4	30.4	47.4
河 北	Hebei	3739.2	22.7	119.5	5093.1	1391.5	433.4	433.8
山 西	Shanxi	1361.8	0.3	13.7	827.8	862.7	91.0	92.3
内蒙古	Inner Mongolia	3652.5	0.01	228.7	1090.8	280.4	264.6	582.9
辽 宁	Liaoning	2430.0	0.002	97.7	1885.4	820.7	367.9	134.7
吉 林	Jilin	3877.9		81.8	445.4	153.9	243.2	40.0
黑龙江	Heilongjiang	7503.0		11.5	655.4	165.0	237.1	467.0
上 海	Shanghai	95.9	0.01	0.8	268.1	48.1	10.8	29.7
江 苏	Jiangsu	3706.2	1.6	94.3	5643.7	983.6	274.5	62.4
浙 江	Zhejiang	592.1	0.8	31.9	1903.1	744.1	94.3	15.5
安 徽	Anhui	4054.0	5.6	161.4	2213.6	706.3	402.8	33.8
福 建	Fujian	493.9	0.004	22.0	1570.7	727.2	255.2	15.0
江 西	Jiangxi	2157.5	6.6	120.8	1581.8	693.3	299.8	7.3
山 东	Shandong	5357.0	19.6	289.0	8181.1	2840.2	704.0	234.5
河 南	Henan	6695.4	2.7	645.5	7368.7	2589.7	560.4	208.5
湖 北	Hubei	2725.0	14.4	313.9	4086.7	1010.2	349.2	13.4
湖 南	Hunan	2974.8	8.2	239.2	3969.4	1062.0	459.4	6.3
广 东	Guangdong	1240.8		110.2	3528.0	1768.6	412.1	13.9
广 西	Guangxi	1332.0	0.1	71.6	3636.4	2472.1	380.0	8.7
海 南	Hainan	145.0		8.7	572.0	456.1	67.1	0.2
重 庆	Chongqing	1075.2		65.2	2008.8	476.4	163.8	4.2
四 川	Sichuan	3498.5	0.3	367.4	4639.1	1136.7	559.5	66.8
贵 州	Guizhou	1051.2	0.04	103.0	2734.8	442.0	205.9	5.3
云 南	Yunnan	1870.0	0.0004	62.5	2304.1	860.3	405.9	66.7
西 藏	Tibet	103.9		5.7	77.5	2.4	28.4	48.2
陕 西	**Shaanxi**	**1231.1**	**0.8**	**60.1**	**1897.4**	**2012.8**	**109.5**	**159.7**
甘 肃	Gansu	1162.6	3.3	63.2	1388.8	710.1	101.7	44.7
青 海	Qinghai	105.5		28.9	151.9	3.7	37.4	35.5
宁 夏	Ningxia	373.2		7.7	565.9	258.6	33.5	183.4
新 疆	Xinjiang	1527.1	500.2	66.4	1458.8	1604.8	170.7	209.4

:果产量含果用瓜。
ion includes melons for fruits use.

21-10 主要工业产品产量(2019年)
Output of Major Industrial Products(2019)

地区	Region	原煤(万吨) Coal (10 000 units)	原油(万吨) Crude oil (10 000 units)	天然气(亿立方米) Natural Gas (100 million cu.m)	水泥(万吨) Cement (10 000 units)	粗钢(万吨) Crude Steel (10 000 units)	钢材(万吨) Rolled Steel (10 000 units)	汽车(万辆) Motor Vehicles (10 000 units)	发电量(亿千瓦小时) Electricity (100 million kwh)
全国	**National Total**	**384633.2**	**19101.4**	**1761.7**	**235012.1**	**99634.2**	**120477.4**	**2552.8**	**75034.3**
北京	Beijing	36.1		29.7	318.8		170.7	164.0	464.1
天津	Tianjin		3111.9	34.9	687.7	2194.8	5455.0	104.1	733.0
河北	Hebei	5075.2	550.0	5.8	10523.8	24157.7	28409.6	105.0	3297.7
山西	Shanxi	98795.4		64.6	5257.5	6039.1	5594.2	6.5	3361.7
内蒙古	Inner Mongolia	109068.1	11.8	22.1	3377.7	2653.7	2563.8		5495.1
辽宁	Liaoning	3292.0	1053.3	6.2	4677.4	7361.9	7254.4	79.2	2072.9
吉林	Jilin	1255.6	385.7	10.3	1815.0	1356.6	1544.2	288.9	946.4
黑龙江	Heilongjiang	5390.9	3110.0	45.7	1989.6	896.1	782.0	18.9	1111.9
上海	Shanghai		39.1	12.5	441.5	1640.3	1819.7	274.9	822.1
江苏	Jiangsu	1102.7	151.4	12.2	16072.3	12017.1	14211.4	82.8	5166.4
浙江	Zhejiang			0.0	13441.0	1350.7	3468.2	99.1	3537.6
安徽	Anhui	10989.5		2.1	14018.8	3222.5	3158.4	77.6	2886.7
福建	Fujian	845.7			9475.0	2390.3	3737.7	16.9	2578.0
江西	Jiangxi	503.6		0.0	9691.3	2524.5	2795.7	49.1	1375.9
山东	Shandong	11918.1	2237.8	5.1	14643.0	6357.0	9289.4	77.7	5897.2
河南	Henan	10937.8	251.1	3.0	10496.6	3299.1	3838.0	60.9	2888.3
湖北	Hubei	40.8	53.6	4.9	11626.0	3611.5	3771.6	224.0	2957.5
湖南	Hunan	1473.5			11251.2	2385.7	2451.6	56.1	1559.4
广东	Guangdong		1475.1	112.1	16895.5	3229.1	4510.5	311.7	5051.0
广西	Guangxi	406.2	50.3	0.2	12093.0	2662.7	3346.7	183.0	1846.3
海南	Hainan		30.5	1.0	2019.0				345.7
重庆	Chongqing	1171.4		65.1	6757.7	920.9	1136.4	138.3	811.6
四川	Sichuan	3396.6	8.4	441.4	14184.6	2733.3	3308.2	61.9	3923.9
贵州	Guizhou	13167.9		3.2	11061.1	442.3	707.7	4.6	2206.5
云南	Yunnan	5522.9			12907.4	2154.7	2323.3	10.0	3465.6
西藏	Tibet				1080.9				85.5
陕西	**Shaanxi**	**63412.4**	**3543.2**	**473.4**	**6621.2**	**1430.7**	**2037.5**	**54.7**	**2118.6**
甘肃	Gansu	3684.6	58.1	0.1	4450.1	877.8	936.7	0.1	1630.5
青海	Qinghai	1286.5	228.0	64.0	1348.8	178.8	180.6		886.1
宁夏	Ningxia	7476.9			1889.7	308.6	306.2		1766.0
新疆	Xinjiang	24165.3	2752.1	342.0	3877.1	1236.9	1367.9	2.5	3670.5

21-11 社会消费品零售总额和进出口总额
Total Retail Sales of Consumer Goods and Total Import and Export

地区	Region	社会消费品零售总额(亿元) Total Retail Sales of Consumer Goods(100 million yuan)		进出口总额(亿元人民币) Total Import and Export (RMB 100 million)		出口总额(亿元人民币) Total Exports (RMB 100 million)	
		2018	2019	2018	2019	2018	2019
全国	**National Total**	**380986.9**	**411649.0**	**305008.1**	**315504.8**	**164127.8**	**172342.3**
北京	Beijing	11747.7	12270.1	27185.5	28669.4	4872.2	5169.2
天津	Tianjin	5533.0	5516.1	8080.2	7346.3	3208.1	3017.9
河北	Hebei	16537.1	17934.2	3553.2	4001.9	2242.2	2370.6
山西	Shanxi	7338.5	7909.2	1369.1	1447.0	810.5	807.0
内蒙古	Inner Mongolia	7311.1	7610.6	1034.7	1095.8	378.3	376.8
辽宁	Liaoning	14142.8	15008.6	7557.7	7256.4	3214.5	3130.6
吉林	Jilin	7520.4	7777.2	1363.1	1302.6	325.8	324.2
黑龙江	Heilongjiang	9317.4	9898.4	1749.5	1866.4	294.0	349.6
上海	Shanghai	12668.7	13497.2	34012.1	34053.1	13665.1	13725.4
江苏	Jiangsu	33230.4	35291.2	43793.5	43383.8	26653.0	27211.9
浙江	Zhejiang	25007.9	27176.4	28511.6	30838.7	21174.5	23075.3
安徽	Anhui	12100.1	13377.7	4141.9	4738.5	2385.8	2785.7
福建	Fujian	14317.4	15749.7	12345.6	13309.8	7613.1	8280.7
江西	Jiangxi	7566.4	8421.6	3161.7	3512.6	2223.0	2497.2
山东	Shandong	33605.0	35770.6	19302.9	20422.0	10568.0	11131.1
河南	Henan	20594.7	22733.0	5511.7	5713.7	3578.7	3756.5
湖北	Hubei	18333.6	20224.2	3485.8	3944.8	2252.1	2486.0
湖南	Hunan	15638.3	17239.5	3075.7	4343.1	2024.5	3076.9
广东	Guangdong	39501.1	42664.5	71602.1	71457.0	42706.5	43396.3
广西	Guangxi	8291.6	8873.0	4104.4	4695.2	2175.5	2597.6
海南	Hainan	1717.1	1808.3	848.2	905.9	297.8	343.7
重庆	Chongqing	7977.0	8667.3	5221.0	5793.2	3393.7	3713.3
四川	Sichuan	18254.5	20144.3	5946.7	6766.5	3332.7	3892.8
贵州	Guizhou	3971.2	4174.2	500.9	453.6	337.6	327.1
云南	Yunnan	6826.0	7539.2	1970.6	2323.9	847.6	1037.3
西藏	Tibet	597.6	649.3	47.5	48.8	28.6	37.5
陕西	**Shaanxi**	**9510.3**	**10213.0**	**3512.8**	**3515.5**	**2078.3**	**1873.3**
甘肃	Gansu	3428.3	3692.4	395.4	379.9	145.8	131.3
青海	Qinghai	835.6	880.8	48.2	37.2	31.1	20.2
宁夏	Ningxia	935.8	984.5	248.9	240.6	180.1	148.9
新疆	Xinjiang	3187.0	3361.6	1325.5	1641.0	1088.9	1250.3

2019年陕西省统计局大事记

1月2日，陕西省委常委、常务副省长、省政府第四次全国经济普查领导小组组长梁桂深入基层，来到企业检查指导经济普查入户登记工作，看望和慰问一线普查员，对积极配合经济普查工作的普查对象表示感谢，并向大家致以新年的问候。

1月，在全省开展的城乡妇女岗位建功创建活动中，省统计局工业处被陕西省妇女联合会授予“陕西省巾帼建功先进集体”荣誉称号，综合处马靖同志被授予“陕西省巾帼建功标兵”荣誉称号。

1月9日，陕西省人民政府办公厅对2018年度全省政务信息政务督查工作先进单位和先进个人进行了通报表彰（陕政办函〔2019〕11号）。省统计局政务信息和政务督查工作双双被评为全省先进单位，曹瑞天同志、曹生花同志分别被评为全省政务信息工作和全省政务督查工作先进个人。

1月10日，西藏自治区统计局召开全国统计调查系统第二批短期援藏工作总结表彰会，省统计局岳洋同志被评为援藏干部先进个人，连续两年获此殊荣。

1月11日，中国信息报6版头条，以《强化政府职责 推进依法治统》为题刊登对省统计局党组书记、局长张晓光专访。

1月24日，2019年度全省统计工作会议在西安召开。

1月24日，省统计局召开全省统计系统党风廉政建设工作会议。

1月24日，陕西省人民政府新闻办公室举行新闻发布会，邀请省统计局新闻发言人、总统计师张烨发布2018年全省国民经济运行情况，并回答了记者提问。

2月13日，国家统计局局长、国务院第四次全国经济普查领导小组副组长宁吉喆同志率调研组来陕调研四经普登记工作情况。

2月，陕西省人民政府办公厅通报了2018年度全省政务公开工作绩效第三方评估情况（陕政办函[2019]26号），结果显示，省统计局在省政府工作部门和直属机构评估中荣获优秀等次，名次居第四位。

2月25日，省统计局受邀参加陕西广播电视台《秦风热线》直播节目，总统计师张烨在直播间向广大听众深入解读《2019陕西人民新年愿望》。

2月26日，陕西省委办公厅对2018年度全省党委系统信息工作先进集体和先进个人进行了通报表彰（陕办字〔2019〕53号）。省统计局被评为全省党委系统信息工作先进集体，霍冲同志被评为全省党委系统信息工作先进个人。

3月，省直机关工会工委下发《关于表彰2017—2018年度省直机关模范（先进）职工之家的通报》（陕直工会发〔2019〕1号）文件，特授予省统计局“模范职工之家”荣誉称号。

3月7日，《陕西日报》要闻版整版全文刊登《2018年陕西省国民经济和社会发展统计公报》，以《追

赶超越迈出新步伐 全面建成小康社会迈上新台阶》为题在要闻版刊登了对省统计局党组书记、局长张晓光的专访。

3 月 15 日，国家发展改革委副主任兼国家统计局局长、国务院第四次全国经济普查领导小组副组长宁吉喆在《陕西省统计局关于宁吉喆同志来陕讲话精神贯彻落实情况的报告》上作出批示。

3 月，省统计局建立推动陕西高质量发展统计监测指标体系。

4 月 9 日–10 日，全国普查中心系统工作会议在西安召开。国家统计局党组成员、副局长鲜祖德出席会议并讲话。

4 月 9 日，国家统计局党组成员、副局长鲜祖德一行赴西安市高新区就一季度工业经济运行情况和军民融合产业发展情况进行调研。

4 月 14 日，国家发展改革委副主任兼国家统计局局长、党组书记宁吉喆至延川县调研基层统计工作，看望慰问基层统计工作者。

4 月 19 日，陕西省人民政府新闻办公室举行新闻发布会，邀请省统计局新闻发言人、总统计师张烨发布 2019 年一季度全省国民经济运行情况，并回答了记者提问。

4 月 19 日，国家统计局总工程师文兼武，数据管理中心副主任梁达敏及教育中心四级职员杨青等一行来陕西省统计局调研统计信息化建设情况。

4 月 22 日，省统计局召开“激扬青春、奉献统计”青年座谈会。

5 月 25 日–31 日，省统计局在厦门大学经济学院举办青年干部业务能力提升培训班。

5 月，省统计局完成 2019 年全国小康建设满意度调查。

6 月 4 日–5 日，省人大常委会副主任朱静芝在省统计局党组书记、局长张晓光陪同下，赴扶风调研脱贫攻坚工作，要求扶风县进一步加大工作力度，完善工作举措，切实解决“两不愁三保障”突出问题。

6 月 5 日，省统计局联合农工党陕西省委会在省统计局帮扶的杏林镇东坡村开展“脱贫攻坚送健康”大型义诊活动。

6 月，根据中共陕西省委《关于张烨同志任职的通知》（陕干字〔2019〕205 号）和陕西省人民政府《关于张烨任免职的通知》（陕政任字〔2019〕127 号）决定，张烨同志任陕西省统计局党组成员、副局长，免去其陕西省统计局总统计师职务。

6 月 11 日，省统计局召开“不忘初心、牢记使命”主题教育动员部署大会。

6 月 14 日，省委、省政府召开全省年度目标责任考核总结表彰会议，省统计局荣获 2018 年度全省目标责任考核优秀单位。

6 月 14 日，省统计局举行 “不忘初心、牢记使命”主题教育专题学习暨学习班开班式。

6 月 25 日，国务院第四次全国经济普查领导小组办公室主任贾楠一行赴陕西省榆林市靖边县调研指导四经普事后质量抽查工作。

6 月 28 日，省统计局党组书记、局长张晓光同志为全局党员作题为《坚守初心不忘本 牢记使命勇担当》党课辅导。

7 月 17 日，陕西省人民政府新闻办公室举行新闻发布会，邀请省统计局新闻发言人、副局长张烨发布 2019 年上半年全省国民经济运行情况，并回答了记者提问。

7 月 23 日–31 日，省统计局赴西藏开展统计援藏业务培训工作。

7 月 24 日，省统计局印发《陕西省新产业新业态新商业模式统计监测制度（试行）》，对全省“三新”统计工作进行了安排部署。

7 月，省统计局在全省 107 个县（区）开展了 2019 年上半年陕西民营经济发展状况快速调查。

7 月 30 日，省统计局党组书记、局长张晓光赴扶风县杏林镇东坡村开展“不忘初心，牢记使命”主题教育暨脱贫攻坚调研。

7 月 31 日，省统计局召开“不忘初心、牢记使命”主题教育调研成果交流研讨会。

8 月 5 日，中国信息报头版以《陕西、云南统计局多途径征求意见全方位检视问题》为题，报道陕西省统计局“不忘初心、牢记使命”主题教育开展情况。

9 月 2 日，省统计局召开全局干部大会，宣布省委决定，徐强同志任省统计局党组书记、局长。省委常委、省政府常务副省长梁桂出席会议并讲话，省委组织部副部长王晓林宣读省委决定并主持会议，省政府副秘书长夏晓中参加会议，徐强作表态发言。

9 月，根据陕西省政府《关于徐强等任免职的通知》(陕政任字〔2019〕203 号)，胡清升同志任陕西省统计局总统计师（试用期一年）。

9 月 17 日，由陕西省统计局主办，铜川市统计局承办的陕西省第十届“中国统计开放日”活动在铜川市隆重举办，社会公众、企业代表、媒体记者、基层普查员、统计工作者等 500 余人齐聚一堂，共同庆祝统计人的重要节日。本届统计开放日以“不忘统计初心 践行时代使命”为主题，展现陕西统计砥砺奋进、开拓创新的精神风貌，反映统计系统“不忘初心、牢记使命”主题教育成果。

9 月 19 日–20 日，国家统计局党组成员、副局长鲜祖德一行来陕西调研“不忘初心 、牢记使命”主题教育开展情况。

9 月，为了全面、系统反映新中国成立 70 年来陕西经济社会发展取得的伟大成就，省统计局专门组织相关力量，加工整理了大量的历史资料，编印出版了《陕西 70 年》资料汇编。

9 月，省统计局与陕西广播电视台联合推出《壮丽七十年 奋进新时代》系列广播访谈节目。

9 月，省统计局印发聚焦统计造假问题专项整治工作方案。

9 月，省统计局为服务全省经济稳增长工作，印发了《陕西省统计局促进经济稳增长十二条工作措施（统计“1434”行动方案）》。

9 月，《陕西统计年鉴 – 2019》编印完成，并由中国统计出版社正式出版。

9月，省统计局举办“歌唱祖国 倾情统计”庆祝新中国成立70周年歌咏比赛。

10月10日–11日，全国统计系统公文处理培训班在西安举办，国家统计局办公室副主任吴小武、省统计局党组成员、副局长王冬羽出席。

10月14日，国家发展改革委副主任兼国家统计局局长、党组书记宁吉喆赴陕西指导“不忘初心、牢记使命”主题教育开展情况并调研统计基层基础工作。

10月17日，全国第六个扶贫日，为巩固省统计局帮扶村扶风县杏林镇东坡村脱贫成果，省统计局机关党委组织青年志愿者赴东坡村开展“统计志愿进乡村 爱心赠书助扶贫”志愿活动。

10月22日，陕西省人民政府新闻办公室举行新闻发布会，邀请省统计局新闻发言人、副局长张烨发布2019年前三季度全省国民经济运行情况，并回答了记者提问。

11月20日–22日，第七次全国人口普查准备工作布置会在陕西西安召开。省委常委、常务副省长梁桂出席会议并致辞。会议由国家统计局总统计师曾玉平主持，国务院第七次全国人口普查领导小组办公室主任、国家统计局副局长李晓超参加会议并讲话。

11月26日，省统计局印发了《陕西省市（区）生产总值统一核算实施方案》。

12月18日，省统计局举办第二期陕西统计大讲堂，邀请如是金融研究院院长、经济观察报、民生财富首席经济学家管清友博士为大家作了“百年变局与中国经济的未来”的讲座。

12月19日，陕西西部网2019年度通联大会暨政务融媒体创新论坛在西安举行，省统计局被评为2018年度网络宣传工作先进单位。

12月，全省集中开展以《宪法》和《统计法》《统计法实施条例》为主要内容的统计法治宣传教育活动。

（曹瑞天）

2019年陕西调查总队大事记

1月31日，陕西调查总队召开国家统计局党组巡视整改工作动员大会，部署系统整改落实工作。党组书记、总队长作动员讲话，总队机关全体干部职工参加会议。

2月22日，陕西调查总队印发《中共国家统计局陕西调查总队党组工作规则》。

2月22日—24日，陕西调查总队组织开展2019年公务员招录面试工作。

2月26日—27日，陕西统计调查工作会议暨总队领导班子考核大会在西安召开。

3月7日，陕西省统计局、国家统计局陕西调查总队联合发布《2018年陕西省国民经济和社会发展统计公报》。

3月11日，陕西调查总队印发《陕西国家调查队系统统计违法案件报告与备案办法》《陕西各级调查队防范和惩治统计造假弄虚作假责任制实施办法（试行）》《陕西调查总队统计执法责任制》《陕西调查总队重大统计违法案件审议办法》。

3月13日，陕西调查总队党组审议通过《陕西调查队系统干部队伍建设规划（2019—2024年）》。

3月14日，陕西调查总队印发《陕西国家统计调查系统信息系统安全管理办法》《陕西国家统计调查系统网络运维管理实施细则》《陕西国家统计调查系统计算机设备使用管理规定》。

3月17日，国家统计局党组成员、副局长盛来运来陕西督导陕西调查总队党组巡视整改专题民主生活会。

4月2日，陕西国家统计调查系统全面从严治党工作会议在西安召开。

4月9日，国家统计局党组成员、副局长鲜祖德来陕调研。

4月14日，国家发展改革委副主任兼国家统计局局长、党组书记宁吉喆来陕调研。

4月18日—19日，国家统计局总工程师文兼武来陕调研。

5月7日，陕西调查总队印发《国家统计局陕西调查总队政务信息工作管理办法（试行）》。

5月19日—20日，陕西调查总队党组2019年第一轮巡察动员会在西安召开，启动2019年第一轮巡察工作，对2市5县调查队开展常规巡察。

5月22日，陕西国家统计调查系统“县账市管”试点工作推进会在渭南召开。

5月24日，陕西调查总队举办系统首届青年干部统计分析写作竞赛。

6月18日，陕西调查总队、西安调查队“不忘初心、牢记使命”主题教育动员部署会在西安召开。

6月18日，陕西调查总队党组印发《中共国家统计局陕西调查总队党组开展“不忘初心、牢记使命”主题教育实施方案》。

6月19日，陕西调查总队党组印发《关于解决形式主义突出问题为基层减负若干举措的通知》。

6 月 20 日，陕西调查总队举行统计执法 “双随机”抽查启动仪式，启动 2019 年统计执法“双随机”抽查工作。

6 月 21 日，陕西调查总队办公室印发《关于在“不忘初心、牢记使命”主题教育中认真开展专项整治工作的通知》。

7 月 1 日，陕西调查总队、西安调查队共同举办纪念建党 98 周年暨总队机关“两优一先”表彰大会。

7 月 5 日–6 日，国家统计局党组成员、副局长毛有丰在陕参加中国统计教育学会第七次会员代表大会并到陕西调查总队调研。

7 月 18 日–20 日，国家统计局党组成员、副局长盛来运来陕指导陕西调查总队开展“不忘初心、牢记使命”主题教育工作并调研。

7 月，陕西调查总队报送的《民营经济系列研究报告之三：政策纾困显成效 执行还需细准稳》《陕西“放管服”改革成效显著 破障减负仍需加力》获省领导批示。

8 月 10 日，陕西调查总队召开全省调查队系统 2019 年中工作座谈会，党组书记、总队长孙学光作题为《牢记初心使命 勇于实干担当 加快推动陕西国家统计调查事业新发展》的工作报告。

8 月 19 日，陕西调查总队成立青年理论学习组。

8 月 22 日，陕西调查总队报送的《防止“一刀切”，促进企业生产》获省领导批示。

8 月 26 日，陕西调查总队印发《中共国家统计局陕西调查总队党组理论学习中心组学习制度》《陕西国家调查队系统业务工作考核办法（试行）》《陕西调查总队培训管理办法》。

8 月 29 日，陕西调查总队召开第一批“不忘初心、牢记使命”主题教育总结大会，国家统计局第五巡回指导组到会指导。

9 月 5 日，陕西调查总队党组印发《关于进一步规范市县级调查队纪检监察干部职责的通知》。

9 月 16 日，陕西调查总队党组印发《中共国家统计局陕西调查总队党组关于开展第二批“不忘初心、牢记使命”主题教育的指导意见》《国家统计局陕西调查总队第二批“不忘初心、牢记使命”主题教育巡回指导工作方案》；9 月 18 日，召开陕西国家统计调查系统第二批“不忘初心、牢记使命”主题教育动员部署会，全面启动第二批主题教育。

9 月 16 日–27 日，陕西调查总队举办 2019 年新招录公务员初任培训班。

9 月 19 日–20 日，国家统计局党组成员、副局长、国家统计局第二批主题教育第二巡回指导组组长鲜祖德来陕指导“不忘初心、牢记使命”主题教育开展情况并调研。

9 月 20 日，陕西调查总队举办主题为“坚守统计初心、践行时代使命”的中国统计开放日活动。

9 月 22 日–24 日，陕西调查总队与省统计局联合组织 2019 年度统计执法资格培训考试。

9 月，陕西调查总队报送的《种植结构持续优化 深层问题亟待破解》获省领导批示。

10 月 6 日，陕西调查总队报送的《陕西重点群体就业创业形势稳中有忧》获省领导批示。

10月14日，国家发改委副主任兼国家统计局局长、党组书记宁吉喆来陕，指导临潼调查队开展“不忘初心、牢记使命”主题教育并调研。

10月31日，陕西调查总队完成脱贫攻坚普查试点工作。

11月21日，国家统计局党组成员、副局长李晓超，总统计师曾玉平来陕调研。

11月，陕西调查总队建成集团版OA办公系统，省市县三级实现互通互联。

11月，陕西调查总队完成系统广域网建设与中心机房改造工程。

12月6日，陕西调查总队和省统计局联合印发《关于做好粮食畜牧业统计调查数据归口管理工作的通知》，对粮食、畜牧业统计调查数据归口管理工作进行安排部署。

12月24日，陕西调查总队报送的《2019年陕西经济运行状况汇报》获省领导批示。

12月25日，省长刘国中专题听取陕西调查总队工作汇报。对陕西调查总队过去一年的工作给予充分肯定，表示省委省政府将进一步支持总队工作，全力保障陕西调查总队做好全省脱贫攻坚普查工作。

12月，陕西国家统计调查系统视频会议系统建成。

（倪卫校）

陕西省统计局机构一览表

- 行政单位
  - 办公室
  - 统计执法监督处
  - 统计设计管理处
  - 国民经济综合统计处
  - 国民经济核算处
  - 工业统计处
  - 能源与环境统计处
  - 固定资产投资统计处
  - 贸易外经统计处
  - 人口与就业统计处
  - 社会科技与文化产业统计处
  - 农村社会经济统计处
  - 人事处（离退休人员服务管理处）
  - 财务处
  - 机关党委
- 参照公务员法管理的事业单位
  - 陕西省地方社会经济调查中心（副厅级）
    - 组织指导处
    - 县域经济监测考核处
    - 服务业调查处
    - 城乡居民收入调查处
    - 新兴产业调查处
    - 非公有制经济调查处
    - 农村社会发展监测处
    - 社情民意调查处
    - 宏观数据管理处
  - 陕西省统计普查中心

陕西调查总队机构一览表

总队机关

- 办公室
- 执法监督处
- 制度方法处
- 综合处
- 分析研究处
- 农业调查处
- 农村调查处
- 居民收支调查处
- 住户监测处
- 劳动力调查处
- 生产价格调查处
- 消费价格调查处
- 专项调查处
- 信息技术应用处
- 人事教育处
- 财务管理处
- 纪检监察室（巡察办）
- 机关党委

市级调查队

- 西安调查队
- 铜川调查队
- 宝鸡调查队
- 咸阳调查队
- 渭南调查队
- 延安调查队
- 汉中调查队
- 榆林调查队
- 安康调查队
- 商洛调查队

县级调查队

- 杨凌
- 雁塔　临潼　长安　鄠邑　西咸新区　蓝田　周至
- 耀州　宜君
- 陈仓　凤翔　扶风　眉县
- 三原　泾阳　礼泉　彬州　旬邑
- 大荔　合阳　澄城　蒲城　富平
- 子长　志丹　黄陵　宜川
- 城固　勉县　略阳
- 定边　绥德　清涧　子洲　神木
- 汉阴　紫阳　旬阳
- 洛南　商南

统计职业道德规范

忠诚统计

乐于奉献

实事求是

不出假数

依法统计

严守秘密

公正透明

服务社会

陕西统计人精神

严谨　求实　卓越　奉献

严谨：是统计人的科学态度。严谨即严肃谨慎、严密周到。体现在统计人在工作中不浮夸、不马虎、不好高骛远、不粗枝大叶，认真求证每一个统计数据和统计指标、仔细核对每一张统计报表、深入分析每一次统计调查，努力提高统计数据质量、维护政府统计公信力。

求实：是统计人的职业素养。“求”是探究、求证；“实”，真也，是反映在统计数据中的真理、规律。求实，是贯穿于统计生产全过程的一种工作理念。

卓越：是统计人的工作标准。卓越，意味着杰出与超越。是社会发展对统计工作提出的要求，也是检验统计工作好坏的标准。

奉献：是统计人的职业要求。奉献就是付出、给予、呈现。展现统计人在平凡的岗位上，将甘于奉献化作对工作的无限热爱，受得清苦、耐得寂寞、吃苦耐劳、无怨无悔。